상법(상)

경익수 · 송달섭

청목출판사

머리말

사회생활을 하게 되면 법률지식이 필수적인 요소임을 깨닫게 된다. 그렇지만 법률용어부터 이해하기 어려운 사정으로 인하여 다른 분야와는 달리 선뜻 다가가지지는 않는 분야라고 생각된다. 사회생활의 경험이 없는 학생들로서는 더욱 그러할 것이다. 더구나 특별법분야인 상법의 경우에는 더 말할 나위가 없을 것이다.

상법은 6개편 935개 조문으로 구성된 방대한 양인데다가, 그간의 상법교재들이 대부분 사법시험에 대비하기 위하여 마련된 것들이어서, 법학공부에 초보인 학생들이 상법을 공부하기에는 분량이 많을 뿐만 아니라 내용도 지나치게 이론적·전문적이었다고 사료된다. 이에 상법을 공부하고자 하는 사람들로 하여금 꼭 필요한 내용을 좀더 알기 쉽게 할 수 있는 교재가 필요하다고 판단되어 상법총칙·상행위·회사의 3개편에 대하여 그간의 강의안을 정리하여 상법(상)으로 출간하게 되었다.

독자들의 이해를 돕기 위하여 예를 많이 들었고 가급적 도표로 정리하였으며 대법원판례도 많이 소개하였다.

늘 곁에서 묵묵히 도와 주시는 송달섭 교수님과 출판을 함에 있어서 지원을 아끼지 않으신 청목출판사의 유성열 대표님 및 심재국 상무님께 감사드립니다.

2022년 1월 27일

경익수

차 례

제 2 편 상행위법

1

제 3 편 회 사

제1편

상법총칙

제 1 장

서 론

Ⅰ. 상법의 개념

1. 형식적 의의의 상법

형식적 의의의 상법이란 상법전(商法典)의 형식을 갖춘 것을 가리키는 것으로서, 각 국가마다 입법형식·법전의 유무 등의 점에 있어서 차이가 있다.

형식적 의의의 상법전은 대부분 사법(私法)적인 규정이고, 부분적으로는 형벌법규·소송법규·국제사법적 규정 등의 공법적인 규정도 있다. 그 예로는 회사법상의 벌칙규정, 상법 총칙상의 등기에 관한 규정 등이 있다.

상법전을 기업법(企業法)으로 보고, 기업법을 '기업조직법'과 '기업활동법'으로 나누면, 상법 제1편과 제3편은 기업조직법에 속하고 제2편·제4편·제5편·제6편은 기업활동법에 속한다고 할 수 있다.

우리나라 최초의 상법은 1962년 1월 20일 제정되어 1963년 1월 1일 시행되었다.

우리 상법은 조선시대에 조선총독부 민사령에 의하여 독일 상법전을 모체로 한 일본의 명치상법(明治商法)을 도입한 계수법이다(의용상법, 依用商法). 그러나 프랑스 상법의 영향도 부분적으로 있고, 회사법(특히 주식회사) 영역에 있어서는 영미법의 영향도 크다.

2. 실질적 의의의 상법

상법을 실질적 의의에서 파악하는 것은 '상법이 규율하여야 할 생활관계의 실체'를 통일적·체계적으로 규명하여 상법의 영역을 파악하려는 것이다.

상법의 실질적 의의는 상법이 규율하는 생활관계 내지 법률사실을 어떻게 보느냐에 따라 견해가 달라지는데, 이에 관하여는 형식설·사적 발생적 관련설·매개행위설·집단거래설·상적 색채설(商的 色彩說)·기업설 등의 여러 학설이 있으나, 통설은 '기업에 관한 법'으로 보고 있다(독일·일본도 마찬가지). 이때 기업이란, 조직성·계속성·영리성을 본질로 하는 바, 영리를 목적으로 계속적으로 활동하는 주체를 말한다.

3. 양자의 관계

실질적 의의의 상법은 학문적 입장에서 법을 본 것으로서 통일성·체계성을 중요시하는 한편, 형식적 의의의 상법은 법률정책적 견지에서 실제성·편의성을 위주로 하여 제정된 것이므로, 양자는 그 범위가 일치하지 않으며, 대체적으로 실질적 의의의 상법이 상법전 외에 다른 특별법들을 포함하는바 실질적 의의의 상법이 형식적 의의의 상법보다 범위가 넓다 하겠다.

Ⅱ. 상법의 지위

상법은 기업의 생활관계를 규율하는 법으로서 법체계상 특수한 위치를 차지하고 있으므로 제법(諸法)과 비교하여 그 지위를 파악할 필요가 있다.

1. 상법과 민법

민법의 재산법분야와 상법은 관계가 밀접한 한편, 다음과 같은 3가지 관점에서 고찰할 수 있다.

(1) 상법이 고유의 규정을 두고 있는 경우

상법은, 민법에 대하여 일반법과 특별법의 관계에 있는바, 민법에는 규정이 없는 많은 고유한 제도들이 있다.

(2) 상법이 민법의 원칙규정에 대하여 예외규정을 두고 있는 경우

민법 제339조에 따르면 유질계약(流質契約)이 금지되나, 상법 제59조에 따르면 유질계약이 허용된다.[1]

유질계약이란 변제기 전의 계약으로써 채무자가 채무의 이행을 하지 않을 때에는 채권자가 질권의 소유권을 질권자에게 취득하게 하거나 채권자가 질권을 임의로 처분하여 그 매매대금(賣買代金)을 우선적으로 채권변제에 충당하는 것을 말한다.

민법은 서민금융의 법적 수단인 질권의 사회적 기능에 비추어 차주(借主)의 경제적 빈궁을 이용하여 부당한 이익을 취하지 못하도록 유질계약을 금지하고, 변제기 이후에 당사자 간에 질권을 처분하는 계약을 하는 것은 자유이다.

이에 대하여 당사자 간의 자유경쟁을 존중하는 상사질권(商事質權)과 소액의 금융을 목적으로 하는 전당포의 질권에 있어서는 유질계약이 인정된다(전당포영업법 제21조).

(3) 상법이 민법의 일반규정에 의존하고 있는 경우

기간의 계산에 관하여, 민법은 명시규정을 두고 있으나 상법은 규정을 두고 있지 않다. 그러므로 상법과 관련하여 기간을 정함에 있어서는 (상법 제1조에 근거하여) 민법 제155조부터 제161조에 걸쳐 규정되어 있는 '기간'에 관한 규정이 적용된다. '기간을 일, 주, 월 또는 연으로 정한 때에는 기간의 초일(初日)은 산입하지 아니 한다. 그러나 그 기간이 오전 영시로부터 시작하는 때에는 그러하지 아니 하다'라고 규정하고 있는 민법 제157조가 그 대표적인 예이다.

(4) 민상법통일론

민상법통일론이란 민법과 상법의 한계가 애매하므로 민법전과 상법전을 하나의 법전(法典)으로 통일하여야 한다는 이론을 말한다. 이 이론은 1847년에 이탈리아의 몬타넬리(Montanelli)가 처음 주장하였고 1888년에 비반테(Vivante)가 동조하였다. 이 이론에 따라 1911년 스위스 채무법, 1925년 태국 민법, 1929년 중국 민법, 1942년 이탈리아 민법 등이 제정되었다.

민상법통일론은 상법의 형식적 자주성을 부정하는 것으로서, 그 논거로는 (i) 상법은 상인단체에만 적용되는 계급법이 아니라 일반인의 일상생활에도 적용되므로 민법과 구분할 필요가 없다는 것, (ii) 입법과정에서 대기업의 이익만을 고려하여 일반인의 이익이

1) 민법 제339조의 규정은 상행위로 인하여 생긴 채권을 담보하기 위하여 설정한 질권에는 적용되지 않는다.

희생될 수 있다는 것, (iii) 상법과 민법을 구별할 학리상의 정확한 구별이 없고 상(商) 또는 상인(商人)이라는 개념이 불명확하므로 두 법 중에서 어느 것을 적용하여야 할 것인지가 애매하여 당사자의 권리의무 · 재판의 능률 · 법률생활의 안정을 저해한다는 것, (iv) 사법이론(私法理論)의 통일적 발전을 방해한다는 것 등이 있다.

그러나 그러한 논거에 대하여 (i) 상법은 기업적 생활관계를 규율하므로 일반적 생활관계를 규율하는 민법에 비하여 여러 가지 특수성을 가진다는 것, (ii) 상법은 당사자 간의 이해관계의 조정 및 국민경제 전체의 이익을 도모하는 것으로서 그 제정과정에서 반드시 일반인의 이익을 희생시키고 대기업의 이익만을 옹호한다고 할 수는 없다는 것, (iii) 상법과 민법의 구별이나 상법상의 개념이 확실하지 않은 것은 상법의 일부규정에 한정되는 것일 뿐이며 이는 입법기술에 의하여 극복될 수 있다는 것, (iv) 사법이론의 통일적 발전은 법학의 연구태도와 방법의 문제이며 오히려 상법의 독특한 이념과 성격을 살리는 것이 자연스럽고 상법과 민법의 관련성과 한계를 함께 인식함으로써 사법이론의 진정한 발전을 가져올 수 있다는 것 등의 비판이 있다.

민상법통일론은 오늘날 그 근거를 잃고 있으며, '민상법분리론'이 지배적 견해이다. 나아가 상법을 기업의 생활관계에 관한 모든 법규를 포함하는 단일법전(單一法典)으로 제정하는 것보다는 개정의 편의와 국제적 통일을 기하기 위하여 회사법 · 보험법 · 해상법 등의 단행법으로 독립시켜야 한다는 주장이 나오고 있다.

(5) 상법의 자주성

증권채권과 지시채권 등의 제도는 구 상법(舊商法) 상의 내용이었는데, 이것이 일반적으로 이용되자 민법화된 것이다. 이와 같이 상법은 계속 창조되는 한편, 그 일부는 민법화하기도 한다. 그러므로 상법은 민법과 분리하여 별개의 법으로서 존립하여야 한다.

2. 상법과 노동법

영업주 A · 상업사용인 B · 고객 C의 3자 관계를 살필 때, AB 사이에는 상사대리와 노무의 2개의 관계가 병존한다. (i) A가 B에게 영리행위와 관련하여 대리권을 수여하면 B는 C와 계약을 체결할 수 있고 그 효력은 A에게 미친다. 다만 민사대리의 경우에는 본인이 사망하면 대리권은 자동으로 소멸하는 데 반하여, 상사대리의 경우에는 제3자의 거래상의 지위와 안전을 보호하기 위하여 A가 사망하더라도 대리권이 계속 존속한다. (ii) 한편 AB 양자 간 노동계약의 관점에서는 사회정책적 견지에서 파악하게 되고 제3자(거래계)의 입장은 고려대상이 되지 않는다. 그러나 프랑스의 노동주(勞動株) · 독일의 경영협의회의 경우는 양자가 교착하는 예에 해당하며, 우리의 종업원지주제도[2]도 상법과 노동법이 교착하는 경우에 해당한다.

3. 상법과 경제법

(1) 총설

경제법은 독일이 제1차 세계대전시 전쟁으로 인한 군수사업에 따른 인플레이션의 격증 때문에 국민경제생활을 간섭 · 규제 · 통제할 필요가 생김에 따라 마련한 경제법령이다. 그 후 평화시에도 경제부흥 내지 경제위기극복을 위하여 경제정책상 국민경제생활을 통제하고자 평화통제입법으로서 경제법이 잔류하게 되었다. 가격 또는 출고를 조절하는 모든 카르텔(cartel)을 금지하고 있는 것이 그 예이다.

미국의 독점금지법은 클레이튼법(Clayton Act)과 서먼법(Sherman Act)으로부터 시작되었다.

우리나라도 경제의 발전과 더불어 대기업의 횡포가 늘어나자 1980년 12월 31일 '독점규제 및 공정거래에 관한 법률'을 제정하였다.[3]

(2) 양법의 관계

1) 대립설(분리설)

대립설은, 경제법의 이념(국민경제이익을 기초로 개개 경제주체를 초월하는 입장에서 경제를 규제)은 통제를 바탕으로 하고 상법의 이념(기업생활관계에서 개개 경제주체 상호간의 이익조정)은 자유를 바탕으로 하는 바, 양자는 상반되는 것으로서 구별되어야 한다는 견해이다.

2) 합일설(보완설)

규제내용을 통제에 역점을 둘 것인가 자유방임을 바탕으로 할 것인가 하는 것은 입법정책의 문제이고, 입법정책은 시대와 경우에 따라 유동적이다. 예컨대 상법도 주식상호보유금지 내지 보유주식의 의결권제한 등 통제입법을 필요로 한다.

---

2) 종업원이 주식을 가지고 있으므로, 종업원이라는 신분에 있어서는 노동법 적용의 대상이 되고 주식보유의 상황에 있어서는 상법 적용의 대상이 되는바, 양 법률이 교착하는 경우가 된다.

3) 미국과 일본의 경우는 독점이 금지되므로 독점금지법이라고하는 것이 맞지만, 우리나라는 원칙적으로는 독점을 금지하고 예외적으로 허용하면서 규제하고 있으므로 독점금지법이 아니라 '독점규제법'이라고 하여야 할 것이다. 최근에는 흔히들 '공정거래법'이라고 약칭한다.

Ⅲ. 상법의 이념과 특성

1. 상법의 이념

(1) 기업조직상의 특색(기업유지강화제도)

오늘날 기업은 국민의 막대한 재산을 흡수 · 저축하며 노동의 기회를 제공함으로써 다수인의 소득의 원천이 되어 있는 바, 기업은 이미 어느 개인의 이윤추구의 수단에 불과한 것이 아니라 그 자체가 하나의 사회적 존재로 되어 있다. 따라서 이와 같이 사회적 존재가 된 기업이 소멸되면 개인경제 뿐만 아니라 국민경제에 미치는 손실이 막대할 것이다. 그러므로 기업이 개인경제와 국민경제에서 차지하는 중요한 기능과 지위로 인하여 이러한 기업의 형성을 쉽게 하고 기업을 유지강화하는 것이 상법의 이념으로 되어 있다.

이를 위하여 상법은, 기업의 영리성을 보장하고 자본집중의 촉진과 인력의 보충을 위한 규정을 두며 기업의 영속성을 보장하기 위하여, 기업의 위험을 분산하고 기업의 독립성을 보전하고 소유와 경영을 분리하는 규정을 두고 있으며 기업의 소멸을 가능한 한 회피하는 규정을 두고 있다.

1) 기업존립의 기반형성

기업의 존립기반의 형성을 도모하기 위하여, 상법은 영리성의 보장 · 자본집중의 촉진 · 노력의 보충 · 위험부담의 완화 등에 관한 제도를 마련하고 있다.

① 영리성의 보장

상인 · 상행위 · 회사 등은 영리성이 그 기초이므로, 상법은 기업활동의 유상성을 도모하기 위하여 법정이율의 인상(제54조) · 금전소비대차 및 체당금의 이자청구권(제55조) · 상인의 보수청구권(제61조) 등의 규정을 두고 있다.

② 자본집중의 촉진

기업은 업종에 따라 적정한 규모의 자본이 필요하고 그에 따른 자본의 확보가 요구되므로, 상법은 기업으로 하여금 필요한 자본을 확보할 수 있도록 익명조합 · 수권자본제도 · 주식 · 사채 · 각종의 회사제도를 마련하고 있다.

③ 노력의 보충

기업을 운영함에 있어서 혼자서 할 수도 있으나 경우에 따라서는 타인의 도움이 필요한 경우도 있다. 이러한 경우를 위하여 상법은 (민법상 인정되고 있는 대리·위임·고용·도급·조합 등의 제도 외에) 상업사용인·대리상·중개인·합명회사 등의 제도를 두고 있다.

④ 위험부담의 완화

기업은 영리성·반복성·집단성·비개인성·정형성 등의 특질상 민법과는 다른 책임제도가 요구되어, 책임이 경감되기도 하고 가중되기도 한다. 그런데 기업의 설립을 손쉽게 하기 위하여는 기업의 운영이 여의치 않게 되었을 때 그로 인한 위험부담을 완화시켜 줄 수 있는 장치가 필요하다.

a. 위험분산제도

상법은 기업의 위험을 분산하는 다양한 제도를 마련하고 있다. 예컨대 (i) 개인투자의 경우에는 위험을 혼자서 부담하게 되지만, 회사 등 공동투자의 경우에는 손실·위험을 공동으로 부담할 수 있게 된다. (ii) 보험가입자들의 보험가입에 의하여 대형사고의 위험이 분산되고, 재보험에 가입하는 경우에는 그 위험이 더욱 분산된다.

b. 유한책임제도(책임제한제도)

회사의 사원에 있어서는 입사계약의 내용에 따라 일정 한도 내에서만 책임을 지는 유한책임사원제도가 있고, 운송인 등의 경우에는 그 상대적 영리성상 손해배상책임의 일반이론이 적용되지 않고 법률상의 최고한도까지만 책임을 지면 되는 유한책임제도(책임제한제도)가 있는데, 이들 역시 위험부담완화의 일종이다.

2) 기업활동의 보장

상법은 기업의 활동을 보장하기 위하여 다음과 같은 제도들을 마련하고 있다.

① 기업은 그 기업을 구성하는 인적 요소로부터 분리되어 독립한 경제주체로서 활동할 수 있어야 하므로, (i) 상인은 그 성명에 갈음하여 상호를 선정하여 사용하고 가계부에 갈음하여 상업장부를 사용하도록 하고 있고, (ii) 민법의 경우에는 본인이 사망하면 대리권관계가 소멸하지만, 상법의 경우에는 상행위로 인한 대리권은 본인의 사망과 관계없이 지속되도록 하고 있으며(제50조),[4] (iii) 각종 회사는 구성원들의 자연인으로서의 인격(권리의무의 주체로서의 지위) 외에 별도의 법인격이 부여되고 있다(제171조).

② 기업경영의 합리화

영리추구가 주목적인 기업의 경영의 합리화를 꾀하기 위하여 (i) 기업의 소유와 경영의 분리를 전제로 한 전문경영인제도와 (ii) 익명조합원제도(제78조)를 두고 있으며 (iii) 지

4) 즉 상인은 사망하더라도 상인이 운영하던 기업은 계속하여 유지되도록 하고 있다.

배인제도(제10조 이하)도 마련하고 있다.

③ 기업금융의 원활화

원활한 금융은 기업의 경영을 위한 필수불가결의 요소이다. 그리하여 상법은 기업의 금융조달을 위하여 사원의 출자, 주식제도(특히 수권자본제도), 사채제도 등을 마련하고 있다.

3) 기업해소의 방지

기업의 설립은 쉽지 않은 일이고 기업이 사회에 끼치는 영향이 적지 않으므로, 일단 설립되어 활동하고 있는 기업은 가급적 소멸되지 않도록 하여야 할 것인바, 상법은 기업의 해소를 방지하기 위하여 여러 가지 제도를 마련하고 있다.

① 회사계속제도

회사가 존립기간의 만료 기타 정관으로 정한 사유의 발생 또는 총사원의 동의로 인하여 해산된 경우에는 사원의 전부 또는 일부의 동의로 회사를 계속할 수 있고(제229조 제1항 본문), 사원이 1인으로 된 경우에는 새로 사원을 가입시켜서 회사를 계속할 수 있다(동조 제2항).

② 회사의 조직변경제도

회사는 법인격의 동일성은 유지하면서 법률상의 조직을 변경하여, 다른 종류의 회사로 될 수 있다. 그러나 법정조직의 변경은 회사의 동일성을 해하기 때문에 일반적으로 인정되어서는 아니 된다. 상법은 이러한 이상과 조화될 수 있는 범위 내에서 기업유지의 정신상 합명회사와 합자회사 간의 조직변경과 유한회사 또는 유한책임회사와 주식회사 간의 조직변경을 인정하고 있다(제242조 제1항, 제286조 제1항, 제604조 제1항, 제607조 제1항).

(2) 기업활동상의 특색

기업은 국민의 방대한 재산을 관리하고 또한 대다수의 국민에게 노동의 기회를 제공하는 사회적 존재이기 때문에, 상법은 이러한 기업의 유지강화 뿐만 아니라 기업활동의 왕성을 위하여 많은 규정을 두고 있다. 이러한 기업활동의 왕성을 위하여 기업거래는 간이·신속함과 정형화를 요구하고 있으며, 거래개체는 그 유통성의 확보를 위한 조치 즉 거래의 안전을 위한 조치를 요구하고 있다.

1) 계약자유의 원칙

기업은 계약을 함에 있어서 법이 허용하는 범위 내에서 당사자의 의사에 따라 자유롭게 법률관계를 정할 수 있다(계약체결 여부의 자유·내용의 자유·방식의 자유 등).

2) 개성의 상실

상법상은 계약당사자가 누구인지가 민법 등에 비하여 덜 중요하다. 그리하여 (i) 중개인이 상행위의 당사자 중 일방의 성명·상호를 상대방에게 표시하지 않는 경우, 상대방은 중개인에 대하여 이행을 청구할 수 있고(제90조, 중개인의 개입의무), (ii) 주식회사의 자본금 확보에 대하여는 주식인수인이 부담하여야 하는 것이 원칙이지만 출자자의 개성이 무시될 수 있으므로 주식인수인이 인수 또는 납입을 하지 않은 부분이 있으면 발기인이 그들을 대신하여 자본금을 확보할 책임을 진다(발기인의 자본금충실책임, 제321조).

3) 거래의 신속화·거래안전의 보호

기업의 거래는 (i) 영리성이 본질이고, 영리성은 투하자본의 순환속도에 비례하므로 상거래는 '신속성'이 요구되고, (ii) 계속성·반복성·집단성상 '거래안전의 보호'가 요구된다.

① 거래의 신속화

상법은 거래의 신속을 도모하기 위하여 다음과 같은 제도를 두고 있다.

a. 상사대리

민사대리의 경우에는 대리인이 본인을 위한 것임을 표시하지 않은 때에는 그 의사표시는 대리인 자신을 위하여 행한 것으로 보는 데 반하여(민법 제115조, 현명주의), 상사대리의 경우에는 상행위의 대리인이 본인을 위한 것임을 표시하지 않아도 그 행위는 본인을 위하여 행한 것으로서 효력이 있다(즉 본인에 대하여 효력이 있다)(상법 제48조, 비현명주의).

b. 간이신속주의

일반법률행위로 인한 채권은 10년간 행사하지 않으면 소멸시효가 완성하는 데 반하여(민법 제162조 제1항), 상행위로 인한 채권은 본법에 다른 규정이 없는 때에는 5년간 행사하지 않으면 소멸시효가 완성한다(상법 제64조 본문, 단기소멸시효).

c. 매도인의 공탁권·자조매각권

상인 간의 매매에 있어서, 매수인이 목적물의 수령을 거부하거나 이를 수령할 수 없는 때에는 매도인은 그 물건을 공탁하거나 상당한 기간을 정하여 최고한 후 경매할 수 있다. 이 경우에는 지체 없이 매수인에 대하여 그 통지를 발송하여야 한다. 매수인에 대하여 최고를 할 수 없거나 목적물이 멸실 또는 훼손될 염려가 있는 때에는 최고 없이 경매할 수 있다. 매도인이 그 목적물을 경매한 때에는 그 대금에서 경매비용을 공제한 잔액을 공탁하여야 하되, 그 전부나 일부를 매매대금에 충당할 수 있다(제67조).

d. 확정기매매에 있어서의 해제의제

매매의 성질 또는 당사자의 의사표시에 의하여 일정일시 또는 일정기간 내에 이행하지 않으면 계약의 목적을 달성할 수 없는 경우에 일방이 이행시기를 경과한 때에는 상대방은 즉시 그 이행을 청구하지 않으면 (별도의 계약해제의 의사표시를 하지 않더라도) 계약을 해제한 것으로 본다(제68조).

〈해제와 해지의 비교〉

	해 제	해 지
의의	유효한 계약의 효력을 당사자 일방이 소급적으로 계약관계를 소멸시켜 계약이 처음부터 존재하지 않았던 것과 같이 회복시키는 행위	이미 유효하게 성립되어 온 계속적 계약의 효력을 계약의 당사자 일방이 장래에 향하여 계약관계를 소멸시키는 일방적 행위
적용대상	일시적 계약관계	계속적 계약관계
효력발생시기	소급하여 효력 발생	장래에 향하여만 효력 발생
의무	원상회복의무	정산의무

e. 계약의 정형화

계약당사자는 '계약자유의 원칙'에 따라 계약을 체결함이 원칙이나, 이렇게 할 경우 현재와 같은 대량성의 사회에서는 영리추구의 요건의 하나인 거래의 신속을 기대하기 어려워, 약관(約款)을 통하여 거래의 신속을 꾀하고 있다. 이러한 것을 가리켜 '계약의 정형화'라고 한다.

② 거래의 안전

거래의 안전이란 재산의 거래에 있어서 거래당사자와 거래당사자가 아닌 자 간의 이해가 충돌하는 경우에 그 지위를 보호하는 것을 말한다. 이때 거래하는 당사자의 지위가 보호되는 것을 가리켜 '정적 안전(靜的 安全)'이라고 하고, 거래당사자가 아닌 자의 지위가 보호되는 것을 가리켜 '동적 안전(動的 安全)'이라고 한다. 이때 이 동적 안전과 정적 안전이 적절하게 타협되는 것이 가장 이상적이라 할 것이다.

근대법은 '정적 안전'의 보호에 주안점을 두었었는데, 자본주의가 발달함에 따라 재화(財貨)의 유통이 빈번해짐으로써 그 유통의 신속과 안전을 위하여 '동적 안전'이 점차 중시되게 되었다.

거래의 안전을 도모하기 위한 장치로는 다음과 같은 것들이 있다.

a. 공시주위

공시주의란 제3자의 이해에 영향을 미칠 수 있는 사항(그 중에서도 특히 권리능력, 행위능력, 권리의 발생·변동·소멸 등)에 관하여 제3자로 하여금 그것을 알 수 있도록 공시하여 거래의 안전을 도모하는 것을 말한다. 그 예로서 각종의 등기제도와 공고제도가 있다.

b. 외관존중주의(표시에 의한 금반언의 원칙 · 권리외관이론)

외관존중주의란 외관이 생기게 한 자는 외관을 신뢰한 자에 대하여 외관에 따른 책임을 져야 한다는 원칙을 말한다. 집단적 · 반복적인 기업거래를 신속 · 원활 · 안전하게 처리하기 위하여 외관을 기준으로 하여 법률관계를 처리할 필요로부터 발전한 원칙이다.

그 예로는, 영업양도에 있어서 상호속용시 양수인의 책임(제42조) · 지배인의 대리권의 제한의 효력(제11조 제3항) · 표현지배인(제14조) · 명의대여자의 책임(제24조) · 유사발기인의 책임(제327조)[5] · 고가물의 명시와 손해배상책임(제153조) 등이 있다.

c. 엄격책임주의

기업이 일반인에 비하여 우월한 지위에 있으므로 기업 측에 의무와 책임을 엄격히 지우는 것이 거래의 안전에 필요하다. 그리하여 상법은 다수채무자의 연대책임(제57조 제1항), 상사보증채무의 연대성(동조 제2항), 상인의 물건보관의무(제60조), 상사매매에 있어서 목적물의 검사 및 하자통지의무(제69조), 운송주선인 · 운송인 · 공중접객업자 · 창고업자 · 해상운송인 등의 손해배상책임 등에 관한 규정을 두고 있다.

d. 기존상태존중주의

기존상태존중주의란 기존의 상태에 대하여 법률상으로는 효력을 인정할 수 없지만 '사실상의 효력'을 인정함으로써 거래의 안전을 꾀하는 것을 말한다. 그 예로서 사실상의 회사, 주주총회결의 취소 · 무효 주장의 제한, 회사법상의 소송제기에 있어서의 제한 등이 있다.

2. 상법의 특성

상법은 기업에 관한 특별사법으로서 경제법칙에 따르는 성격을 많이 갖고 있어 민법 등 다른 법역에 비하여 현저한 특성을 갖고 있다. 즉 시간적 면에서는 '유동적 · 진보적 경향'을 띄고 있고, 공간적 면에서는 '통일적 · 세계법적 경향'을 띄고 있다.

한편 상법규정 중 상행위편(기업활동법 · 기업거래법) · 보험편 · 해상편 · 항공운송권

5) 유사발기인이란 (발기인은 아니지만) 주식청약서 주식모집광고 기타 모집에 관한 문서에 자기의 성명 및 회사의 설립에 찬조하는 취지의 기재를 하는 것을 승낙한 자를 말한다(제327조).

은 '임의규정'의 성질을 띄고 있고, 총칙편 · 회사편(기업조직법) 및 어음법 · 수표법은 '강행규정'의 성질을 띄고 있다.

Ⅳ. 상법의 법원(法源)과 효력

상법의 법원이란 기업의 특유한 생활관계를 규율하는 법규범으로서의 상법(실질적 의의의 상법)의 존재형식을 말한다. 이하에서는 상법의 법원의 종류와 상사(商事)에 관한 적용법규의 적용순서에 대하여 설명한다.

1. 상법의 법원의 종류

(1) 상사제정법

1) 상법전

우리나라의 상법전은 1962년 1월 20일 공포되고 1963년 1월 1일부터 시행되었는데, 이것이 가장 기본적인 상법의 법원이다. 제정상법(制定商法)은 전문 5편(총칙 · 상행위 · 회사 · 보험 · 해상)과 부칙으로 되어 있었다.

그 후 경제사정과 기업조직의 여건 등에서 많은 변동이 있어 시대에 맞지 않는 부분이 많게 되어, 총칙편 · 상행위편은 1984년 · 1995년 · 2010년에 개정되었고, 회사편은 1984년 · 1995년 · 1998년 · 1999년 · 2001년 · 2009년 · 2011년 · 2014년 · 2015년 · 2020년에 개정되었으며, 보험편과 해상편은 1991년에 대폭 개정되었고, 해상편은 다시 2007년에 개정되었으며, 2011년 개정시에는 제6편 항공운송편이 신설되었다. 또한 2014년 3월에 보험편의 전면개정이 있었고, 동년 5월에 회사법과 항공운송법이 일부 개정되었으며, 2015년도에는 기업의 원활한 구조조정 및 투자활동을 촉진하기 위하여 M&A와 관련한 삼각분할합병 · 삼각주식교환의 제도, 간이영업양수도제도 등이 도입되었다(현재 전문 6편 935개조 및 부칙). 또한 2020년 12월에는 다중대표소송·감사위원회 위원의 분리선임·감사 등 선임시 주주총회결의요건의 완화·배당기준일·소수주주권 등의 분야가 개정되었다.

2) 상사특별법령

상사특별법령은 '상법전에 부속된 상사특별법령'과 '상법전과 독립한 상사특별법령'이 있다. 상법전에 부속된 상사특별법령으로는 상법시행령 · 선박소유자 등의 책임제한절차에 관한 법률 · 상업등기규칙 등이 있고, 상법전과 독립한 상사특별법령으로는 자본시장과 금융투자업에 관한 법률(약칭 자본시장법) · 은행법 · 보험법 · 독점규제 및 공정거래에 관한 법률(약칭 공정거래법)·주식회사의 외부감사에 관한 법률(약칭 외감법)·약관의 규제에 관한 법률(약칭 약관규제법) 등이 있다.

3) 상사관계조약 및 국제법규

조약은 국가 간의 계약인 동시에 국내법으로서의 성격도 가진다. 헌법 제6조 1항은 '헌법에 의하여 체결·공포된 조약과 일반적으로 승인된 국제법규는 국내법과 같은 효력을 가진다'고 규정하고 있다. 그러므로 조약 중 상사에 관한 것과 일반적으로 승인된 국제법규 중 상사에 관한 것은 상법의 법원이 된다.

(2) 상관습법

상법 제1조는 '상사에 관하여 본법에 규정이 없으면 상관습법에 의하고 상관습법이 없으면 민법의 규정에 의한다'고 규정하고 있다. 여기서 상관습법이란 입법기관에 의하여 제정된 것이 아니라 관행으로 존재하는 기업관계에 관한 법을 말한다. 상관습법은 합리적·진보적·기술적이며 기업거래의 편의를 위하여 의식적으로 형성되는 특성이 있다.

과거, 주식회사는 설립시에 주권을 발행하여야 하는데 실제로는 발행을 하지 않아 주식을 양도할 수 없었는데 그 대응책으로 주금납입영수증의 교부로써 주권의 교부를 대신하고 있었는데, 이에 대하여 대법원은 인정하지 않았으나 관습상 주권의 교부가 없어도 주식의 양도가 행하여지고 있어 1984년 상법 개정시 회사가 성립 후 6개월이 경과하였음에도 불구하고 계속하여 주권을 발행하지 않는 경우에는 (회사의 귀책사유이지 주주의 귀책사유는 아니므로) 주권 없이도 주식을 양도할 수 있도록 하였다(제4335조 제3항 단서).

현재는 상업신용장·해상화물운송에 있어서의 보증도·상인간 계속적 물품공급거래시인 수증의 발행교부 등에서 상관습법의 예를 찾아 볼 수 있다.

(3) 상사자치법

상사자치법이란 회사 기타의 기업단체가 그 조직과 구성원에 관하여 자주적으로 제정하는 자치규약(정관)을 말하는데, 이러한 자치법규도 상법의 법원이 된다. 회사의 정관·증권거래소의 업무규정 등이 이에 해당한다.

(4) 상사판례

성문법주의 국가에서는 판례의 법원성을 인정하고 있지 않다. 판례의 경우 법의 형식으로 존재하는 것이 아니라 '법을 적용한 실례(實例)'에 불과하기 때문이다.

하지만 대법원의 판결을 바꾸는 것은 쉽지 않다. 이것은 하급심판결이 대법원의 판결을 따라야 한다는 것이 아니라 대법원의 판결과 다른 판결을 하는 경우 대법원에서 하급심 판결이 파기되는 경우가 많기 때문이다. 법관은 독립하여 재판을 행할 수가 있기 때문에 꼭 대법원의 판결에 따라 판결을 하여야 하는 것은 아니지만 판결의 경우에 기속력이 있기 때문에 법관은 당해판결에 있어서는 상급심의 판결에 위배되는 판결을 하는 것이 어렵기 때문이다. 이러한 것은 당해판결에만 해당하는 것이지 이전에 생긴 유사한 판결에 대하여까지 동일한 판결을 할 것을 요구하는 것은 아니다.

요컨대 상사판례는 기본적으로는 법원성이 인정되는 것은 아니나 판결이 수정적 작용을 하는 범위 내에서는 법원성을 인정할 수 있을 것이다.

(5) 조리(條理)

조리란 사물의 합리성 내지 본질적 법칙, 즉 이성에 의하여 승인된 공동생활에 있어서의 법리를 말한다. 조리의 '상법의 법원으로서의 지위에 대하여는 긍정설과 부정설로 견해가 나누이고 있다.

(6) 적용순위

상사에 대하여, 상사자치법 상사특별법령 · 상사조약 상법전 · 상관습법 민사자치법 민사특별법령 · 민사조약 민법전 · 민사관습법 조리의 순으로 적용한다.

이 순위는 자치법 우선의 원칙 · 특별법 우선의 원칙 · 제정법 우선의 원칙(성문법국가의 경우) 등에 기반한다.

2. 상법의 효력(적용범위)

상법의 효력은 때 · 곳 · 사람 · 사항의 4 방면에서 제한을 받는다.

(1) 때에 관한 효력

시간적으로 선후관계에 있는 2 이상의 법규 간의 효력에 관하여는, (i) 동 순위에 있는 여러 개의 법규에 관하여는 '신법은 구법을 변경한다'는 원칙이 있고, (ii) 보통법과 특별법의 관계에 있는 여러 개의 법규에 관하여는 '일반적 신법은 특별적 구법을 변경하지 않는다'는 원칙이 있다(상법시행법 제3조).

법이 변경된 경우에는 '행위시의 법'이 적용되는 것이 원칙이다(법률불소급의 원칙). 경과규정 등의 입법에 의하여 신법의 소급적용이 가능하기도 하다.

(2) 곳에 관한 효력

상법은 국내법으로서 원칙적으로 한국의 모든 영토에 적용된다. 다만 예외적으로 우리 상법이 한국영토 밖에서 적용되기도 하고 이와 반대로 외국 상법이 한국 영토 내에서 적용되기도 하는데, 이와 같은 사항을 다루고 있는 것이 국제사법(國際私法)이다.

(3) 사람에 관한 효력

국내법인 상법은 원칙적으로 모든 한국인에게 적용된다. 다만 두 가지 예외가 있다. (i) 국제사법상의 문제로서 특정한 경우에는 우리 상법이 외국인에 대하여 적용되는 경우가 있고, 반면에 외국 상법이 우리 국민에 적용되는 경우도 있다. (ii) 상법의 국제사법적 적용범위의 문제와는 별도로 상법 중의 어떤 규정은 일부의 상인에게는 적용되지 않는 경우가 있는데, '소상인(小商人)'의 경우가 바로 그것이다(상법 제9조 참조).

(4) 사항에 관한 효력

상법은 앞에서 살핀 적용범위를 전제로 하여 '상사(商事)에 관한 사항'에 한정되어 효력이 있다.

제 2 장
기업의 주체

Ⅰ. 상인의 의의

1. 상인의 개념

기업의 주체인 상인의 개념을 정하는 데에는 다음과 같은 3가지 입법주의가 있다.

(1) 상인주의(주관주의 · 형식주의)

상인주의란 행위의 종류와 내용에 관계없이 형식적으로 상인적 방법에 의하여 영업을 하는 자를 상인으로 하는 입법주의를 말한다(독일 상법 · 스위스 채무법 등).

(2) 상행위주의(객관주의 · 실질주의)

상행위주의란, 특정한 행위를 상행위로 정하고서, 이러한 행위를 영업으로 하는 자를 상인으로 하는 입법주의를 말한다(스페인 상법).

(3) 절충주의

절충주의란 상인주의와 상행위주의를 절충하여 상인을 정하는 입법주의를 말한다(일본 상법).

우리 상법은 제4조에서 기본적 상행위를 전제로 하여 '당연상인'에 관하여 규정하고 있고, 제5조에서 상행위를 전제로 하지 않는 '의제상인'에 관하여 규정하고 있는데, 의제상인의 경우에는 상행위를 전제로 하지 않고 상인개념을 정하고 있으므로 형식주의에 해당하고 당연상인의 경우에는 상행위를 전제로 하여 상인개념을 정하고 있는 점에서는 실질주의에 해당하나, 이 당연상인의 개념의 전제가 되는 상행위는 상인과 무관한 상행위가 아니라 상인과 관련하여서만 파악될 수 있는 영업적 상행위라는 점에서 순수한 실질주의라고는 할 수 없다. 그러므로 우리 상법의 상인에 관한 입법주의는 '형식주의에 가까운 절충주의(상인주의적 또는 주관주의적 절충주의)'라고 할 것이다.

상법상 기업의 주체로는 당연상인(제4조), 의제상인(제5조), 소상인(제9조) 등이 있다.

2. 당연상인(고유상인 · 실질상인)

(1) 의의

당연상인이란 자기명의로 상행위를 하는 자를 말한다(제4조).

1) '자기명의'로 상행위를 하여야 한다

'자기명의'란 자신이 영업행위로 인하여 발생하는 권리의무의 주체(법률상 · 형식상의 당사자)가 된다는 뜻이다. 그러므로 영업상의 손익의 주체 또는 행정청에 대한 납세 · 신고의 주체 등과 무관하며, 타인을 통하여 영업행위를 대리시키더라도(상사대리 · 민사대리) 무방하다.

실제 상거래를 수행하는 자(점원) · 사업자등록증서의 명의자 · 영업허가취득자 · 명의대여자 등은 이에 속하지 않는다. 또한 삯바느질 · 지게꾼 등과 새마을금고 · 농업협동조합 · 광업진흥공사 등도 영업성이 없어 당연상인에 속하지 않는다.

상법규정을 보면, '명의'와 구별하여야 하는 개념으로서 '계산'이라는 용어가 종종 나오는데, 이때 계산이란 법률행위의 경제적 · 실질적 효과의 귀속주체가 된다는 뜻을 가리키며, 예컨대 위탁매매업자는 '자기명의로 타인의 계산으로 물건 또는 유가증권의 매매를 영업으로 하는 자'라고 하며 '자기명의와 타인의 계산'이라는 표현으로 되어 있다. '명의'와 '계산'이라는 두 개념을 조합하면 '자기명의 · 자기계산, 자기명의 · 타인계산, 타인명의 · 자기계산, 타인명의 · 타인계산'으로 구성할 수 있다.

2) '상행위'를 하여야 한다

상행위란 일반적으로는 영리목적의 동종행위를 반복적으로 행하는 것을 말한다(영리성 · 동일성 · 반복성 등).

그런데 여기에서 말하는 상행위란 제46조에 열거된 22종의 기본적 상행위와 특별법에서 상행위로 인정하고 있는 것(담보부사채신신탁법 제23조 · 신탁법 제4조)을 말한다(한정성).

(2) 당연상인의 개념의 기초가 되는 상행위

1) 기본적 상행위

제46조에 열거되어 있는 22개의 행위를 영업으로 할 때에 이를 '기본적 상행위'라고 한다. 그러나 이에 해당한다 하더라도 오로지 임금을 받을 목적으로 물건을 제조하거나 노무에 종사하는 경우에는 제외된다. 왜냐하면 이러한 경우에는 기업이라고 하기에 너무 영세하여 상법을 적용하는 것이 무리이기 때문이다.

22개의 열거된 행위는 매매, 임대차, 제조·가공 또는 수선에 관한 행위, 전기·전파 또는 물의 공급에 관한 행위, 작업 또는 노무의 도급의 인수, 출판·인쇄·촬영에 관한 행위, 광고·통신 또는 정보에 관한 행위, 수신·여신·환 기타의 금융거래, 공중이 이용하는 시설에 의한 거래, 상행위의 대리의 인수, 중개인에 관한 행위, 위탁매매 기타의 주선에 관한 행위, 운송의 인수, 임치의 인수, 신탁의 인수, 상호부금 기타 이와 유사한 행위, 보험, 광물 또는 토석의 채취에 관한 행위, 기계·시설·그 밖의 재산의 금융리스에 관한 행위, 상호·상표 등의 사용허락에 의한 영업에 관한 행위, 영업상 채권의 매입·회수 등에 관한 행위, 신용카드·전자화폐 등을 이용한 지급결제업무의 인수 등이다.

2) 특별법상의 상행위(절대적 상행위)

절대적 상행위란 행위의 성질상 동종행위가 반복되는 것은 아니나 그 영리성 등으로 인하여 당연히 절대적으로 상행위로 하여야 하는 것을 말한다. 그 예로는 담보부사채신탁법에 의한 사채총액의 인수(제23조)와 신탁법에 의한 신탁의 인수[1)]가 있다.

3) 기타의 상행위

상행위의 개념에는 이밖에도 보조적 상행위(제47조)와 준상행위가(의제상인의 행위, 제66조)가 있다.

3. 의제상인(擬制商人)

의제상인이란 당연상인의 개념의 전제가 되는 상행위는 상법상 제한적으로 열거되어 있기 때문에 당연상인과 유사한 설비와 방식으로 영업을 하는 자가 생기는 경우에 이러한 행위는 제46조에 해당하지 않으므로 상행위성이 인정되지 않아 상법이 적용되지 않아 불합리하게 되므로 이들에게도 상법을 적용하기 위한 확대근거로서 마련된 개념이다. 이에는 '설비상인'과 '민사회사'가 있다.

---

1) 신탁법 제4조에서 '신탁의 인수를 업으로 하는 자'라고 규정하고 있으나, 이것은 상법이 제46조 제15호에서 이미 규정하고 있으므로 그렇게 의미 있는 규정은 아니다.

(1) 설비상인

상법 제5조 제1항은 '점포 기타 유사한 설비에 의하여 상인적 방법으로 영업을 하는 자는 상행위를 하지 않더라도 상인으로 본다'고 규정하고 있는데, 이러한 자를 가리켜 '설비상인'이라고 한다. 설비상인의 개념은 상인적 설비와 상인적 방법의 두 요소로 분석할 수 있다.

'점포 기타 유사한 설비'란 불특정다수인과 계속적으로 영업을 할 수 있는 장소적 거점 내지 물적 설비를 말한다.

'상인적 방법으로 영업을 하는 자'란 제46조에 열거된 상행위를 행하는 것은 아니지만 영리를 추구하는 행위를 하는 자를 말한다.

설비상인의 예로는 농수산물을 생산하는 원시생산업자의 판매행위를 들 수 있다.

(2) 민사회사

회사는 상행위를 하지 않더라도 상인으로 본다(제5조 제2항).

회사는 '상사회사'와 '민사회사'로도 나눌 수 있는데, 영리목적으로 상행위를 하는 회사를 가리켜 상사회사라고 하고 영리목적으로 상행위 이외의 행위를 하는 회사를 가리켜 민사회사라고 한다. 그런데 민사회사도 상사회사의 설립조건에 따라 설립되고(민법 제39조 제1항), 상사회사에 관한 모든 규정이 준용되므로(동규정 제2항) 양자 모두 상법이 적용되는바 구별의 실익은 없다.

민사회사의 예로는, 제염업을 하는 회사가 해수를 이용하여 만든 식염을 판매하는 행위 · 목축업을 하는 회사가 생산된 우유를 판매하는 행위 · 양계업을 하는 회사가 계란을 판매하는 행위 등이 있다.[2)]

4. 소상인(小商人)

상법은 어느 정도의 규모를 가진 영업을 전제로 한다. 그러므로 소규모의 단순조직의 상인에 대하여 상법을 적용하는 것은 실익이 적고 번잡하며 가혹하여 제9조에서 소상인의 개념을 두었다.

소상인이란 '자본금액이 1,000만원에 미달하는 상인으로서 회사가 아닌 자'이다(상법의 일부규정의 시행에 관한 규정 제2조). 이때의 자본금은 회사법상의 자본금과 같이 특별한

2) 농산물·해산물 등을 경작하여 채취·판매하는 자는 원칙적으로는 상인에 포함하지 않으나, 의제상인의 요건을 갖추면 상인에 포함된다.

의미가 있는 것은 아니고 단순히 영업재산의 현재가격을 의미하는 정도로 보면 된다.

회사는 자본금이 1,000만원 미만이더라도 소상인에 포함되지 않는다.

소상인에게는 '완전상인 · 보통상인'에게 요구되는 지배인 · 상호 · 상업장부 · 상업등기에 관한 규정은 적용하지 않는다. 이때 '적용하지 않는다'는 말의 의미는 소상인이 이러한 제도를 이용할 수 없다는 것이 아니라, 이러한 제도를 이용할 수는 있되 그 이용에 따른 의무가 부과되지 않는다는 것이다.

Ⅱ. 상인자격의 취득과 상실

1. 상인자격

상인자격을 취득할 수 있는 법률상의 지위를 상인능력이라 한다. 민법상의 권리능력자는 상법상 모두 상인능력이 있다고 할 것이다. 그리고 상인능력이 있는 자는 상법 제4조와 제5조의 요건을 구비함으로써 상인자격을 취득한다.

상인자격의 유무는 상법의 적용대상이 되는지 여부와 직결되므로 매우 중요한 사항이다.

2. 자연인의 상인자격

(1) 상인자격의 취득

자연인은 생존하는 동안 권리능력(즉 상인능력)이 있으므로 생존하는 동안에는 상법 제4조 또는 제5조의 요건을 구비하여 상인자격을 취득하게 된다. 문제는 상인자격의 취득시기인데 이에 관하여는 명문규정이 없으므로 학설과 판례를 참고하지 않을 수 없다. 다수설과 판례에 의하면, 영업준비행위를 통하여 영업의사가 객관적으로 나타났을 때, 즉 거래상대방에게 영업준비행위라는 것이 인식되었을 때에 상인자격을 취득한다고 한다. 대법원판례 1999년 1월 29일 선고 98다1584에 따르면, 부동산임대업을 개시할 목적으로 그 준비행위의 일환으로 당시 같은 영업행위를 하고 있던 자로부터 건물을 매수한 경우, 이 매수행위는 보조적 상행위로서의 개업준비행위에 해당하므로 이 개업준비행위를 착수하였을 때에 상인자격을 취득한다고 한다.

(2) 상인자격의 상실

자연인의 상인자격은 영업의 종료, 즉 영업의 폐지로써 상실된다.

영업종료의 원인에는 상인의 의사에 의하는 경우와 상인의 의사 이외의 원인(법률에 의한 영업금지)에 의하는 경우가 있다.

자연인인 상인이 사망하면, 상법의 이념인 기업유지강화의 정신에 따라, 그 영업은 원칙적으로 상속인에게 상속되어 상속인이 상인자격을 취득하게 된다. 사망으로 인하여 영업이 당연히 종료되고 상인자격이 없어지는 것이 아니다.

3. 법인의 상인자격

(1) 상인자격의 취득

1) 사법인

영리법인은 일반적으로 회사인데, 회사는 설립된 때에 상인자격을 취득한다. 회사는 '태생적 상인'이므로 상인자격의 취득시기와 법인격의 취득시기가 같다.

학술 · 종교 · 기예 · 자선 등의 공익사업을 목적으로 하는 사단법인 또는 재단법인(양자 모두 비영리법인)이 부수적인 영리사업과 관련하여 상인자격을 취득할 수 있는지 여부가 문제되는데, 통설에 따르면 공익법인이 그 목적인 공익사업을 수행하는 데 필요하거나 유익한 수단으로서 영업을 할 수 있다고 보므로, 공익법인은 부수적으로 상인자격을 취득할 수 있다고 할 것이다.

그러나 협동조합 · 새마을금고 · 신용보증기금 등 민상법 이외의 특별법(농업협동조합법 · 새마을금고법 · 신용보증기금법 등)에 의하여 설립되는 각종의 특수법인은 법인격 부여의 목적이 특별법상 비영리적인 특정사업에 한정되어 있어 그 이외의 사업(즉 영업)을 할 수 없으므로, 이러한 특수법인은 처음부터 상인능력이 없어 상인자격을 취득할 수 없다고 할 것이다.

2) 공법인

상법 제2조는 공법인의 상행위에 대하여 규정하고 있는데, 이것은 공법인이 상인자격을 취득할 수 있음을 전제로 한 것이라 할 것이다.

국가 또는 지방자치단체와 같은 '일반공법인'은 그 목적이나 활동에 제한이 없으므로 상인능력이 있고, 따라서 상인자격을 취득할 수 있다(철도 · 지하철 · 수도 사업 등).

그러나 농업기반공사와 같이 특별법(농어촌정비법)에 의하여 설립되는 '특수공법인'은 각각 법률에 의하여 법인격부여의 목적이 비영리적 특정사업에 국한되어 있어 그 이외의 사업은 할 수 없으므로 처음부터 상인능력이 없어 상인자격을 취득할 수 없다.

(2) 상인자격의 상실

사법인(私法人) 중 영리법인인 회사의 경우에는 '청산을 사실상 종결한 때'에 법인격의 소멸과 함께 상인자격을 상실한다.

사법인 중 공익법인과 일반공법인이 부수적으로 영업을 함으로써 상인자격을 취득한 경우에는 그 상인자격의 상실시기는 자연인상인의 경우와 같다(즉, 영업의 종료).

4. 영업능력

영업능력이란 상인자격을 취득한 자가 스스로 유효한 영업활동을 할 수 있는 능력을 말한다. 민법에서의 행위능력은 상법에서는 영업능력에 해당한다. 따라서 민법상의 행위무능력자는 상인자격(권리능력)을 취득하더라도 영업능력(행위능력)은 취득할 수 없다.

(1) 미성년자

1) 미성년자가 스스로 영업을 하는 경우

미성년자는 상인자격을 취득하더라도 원칙적으로 스스로 유효한 영업을 할 수 없고, 법정대리인의 허락을 얻은 경우에만 유효하게 영업행위를 할 수 있고, 허락을 얻은 특정한 영업에 관하여는 성년자와 동일한 영업능력이 인정된다(민법 제8조 제1항). 미성년자가 법정대리인의 허락을 얻어 스스로 영업을 하는 경우에는 거래의 안전을 위하여 상업등기부에 이를 등기하여야 한다(제6조).

법정대리인은 이 허락을 취소 또는 제한할 수 있는데, 다만 선의의 제3자에게 대항하지 못한다(민법 제8조 제2항) 법정대리인이 영업의 허락을 취소 또는 제한한 때에도 거래의 안전을 위하여 지체 없이 이를 등기하여야 한다(제40조).

2) 법정대리인이 영업을 하는 경우

법정대리인은 미성년자를 대리하여 영업을 할 수 있는데, 이때 미성년자가 상인이 되는 것이지 법정대리인이 상인이 되는 것은 아니다. 법정대리인이 미성년자를 대리하여 영업을 하는 경우에도 거래의 안전을 위하여 이를 등기하여야 한다(제8조 제1항).

법정대리인의 대리권에 대한 제한은 선의의 제3자에게 대항하지 못한다(동조 제2항). 법정대리인의 대리권의 소멸은 등기사항의 소멸이므로 변경등기를 요한다(제40조).

3) 미성년자가 인적 회사의 무한책임사원인 경우

미성년자가 법정대리인의 허락을 얻어 인적 회사의 무한책임사원이 된 때에는 그 사원자격으로 인한 행위에는 능력자로 본다(제7조). 이때 '사원자격으로 인한 행위'란 회사에 대한 관계에서는 출자이행의무 등을 부담하는 것을 의미하고, 회사채권자에 대한 관계에서는 무한책임을 부담하는 것을 의미한다. 미성년자가 회사를 대표하는 등 기관자격으로서 하는 행위에는 능력의 제한을 받지 않으므로(민법 제117조) 사원자격으로 인한 행위에 해당하지 않는다.

(2) 피한정후견인

가정법원은 질병·장애·노령·그 밖의 사유로 인한 정신적 제약으로 사무를 처리할 능력이 부족한 사람에 대하여 본인·배우자·4촌 이내의 친족·미성년후견인·미성년후견감독인·성년후견인·성년후견감독인·특정후견인·특정후견감독인·검사 또는 지방자치단체의 장의 청구에 의하여 한정후견개시의 심판을 한다(민법 제12조). 가정법원은 피한정후견인이 한정후견인의 동의를 받아야 하는 행위의 범위를 정할 수 있고(민법 제13조 제1항)), 가정법원은 본인·배우자·4촌 이내의 친족·한정후견인·한정후견감독인·검사 또는 지방자치단체의 장의 청구에 의하여 상기 한정후견인의 동의를 받아야만 할 수 있는 행위의 범위를 변경할 수 있다(동조 제2항).

5. 영업의 제한

(1) 공법상의 제한

① 금지행위

음란한 문서나 도화 기타 물건의 판매·제조, 마약매매 등의 금지행위는 무효이다.

② 인가 · 허가 필요행위

은행업, 제약업, 식품업 등의 경우에는 해당 인가·허가를 요한다.

③ 영업금지행위

공무원·공증인·변호사 등은 신분의 공익성상 영업활동이 금지된다.

(2) 사법상의 제한

① 상법상 당사자 간의 이익조정

상업사용인·영업양도인·대리상·업무집행사원·이사 등은 경업금지의무가 부과된다.

② 당사자 간의 계약으로 제한

당사자 간의 계약에 의하여 영업을 제한할 수 있는데, 이를 위반하여 영업을 행한 경우, 거래행위 자체의 사법상의 효력은 유효하되 당사자 간에 계약의 해지 또는 손해배상의 청구 등이 뒤따를 수 있다.

제 3 장

기업의 인적 설비

기업은 '인적 설비'와 '물적 설비'를 필요로 한다. 인적 설비에는 '기업의 경영자(기업의 주체, 즉 상인)'과 '기업의 보조자'가 있다. 그런데 기업의 인적 설비라고 하면 기업의 보조자를 가리키는 것으로 보는 것이 일반적이다.

기업의 보조자에는 '특정한 상인에 종속하여 기업의 내부에서 기업을 보조하는 자'와 '기업의 외부에서 독립한 상인으로서 기업을 보조하는 자'가 있다. 전자에 해당하는 자로는 상업사용인이 있고, 후자에 해당하는 자로는 대리상 · 중개인 · 위탁매매인 · 운송주선인 · 운송인 · 공중접객업자 · 창고업자 · 금융리스업자 · 가맹업자 · 채권매입업자 · 신용카드 등의 업자가 있다.

Ⅰ. 상업사용인의 의의

상업사용인이란 특정한 상인에 종속하여 상시 계속적으로 영업주를 위하여 대외적인 업무를 보조하는 자, 즉 특정한 상인에 종속되어 기업 내부에서 영업주(상인)를 보조하는 자를 말한다. 특정한 상인을 보조하는 점에서 대리상 등의 상인과 공통되는 점이 있으나, 이들은 기업의 외부에서 독립적으로 보조하는 상인이므로 구별된다.[1)]

상업사용인은 자연인에 한정되며, 반드시 영업주와의 고용관계를 요구하는 것은 아니다.

상법상 상업사용인에는 지배인 · 부분적 포괄대리권을 가진 상업사용인 · 물건판매점

1) 민사대리는 각 행위마다 개별적인 위임이 필요한 반면, 상사대리의 경우에는 그렇지 않고 법률이 정하는 바에 의하여 행할 수 있다.
무능력자를 대리하여 영업하는 법정대리인은 대리인, 업무집행사원 · 대표이사 · 감사는 회사의 기관, 대리사 · 중개인 · 위탁매매인 등은 독립한 상인에 해당하므로 상업사용인에 속하지 않는다.

포사용인(의제상업사용인) 등이 있다.

Ⅱ. 상업사용인의 종류

1. 지배인

(1) 의의

지배인이란 영업주에 갈음하여 영업에 관한 재판상 · 재판외의 모든 행위를 할 수 있는 대리권을 가진 자를 말한다. 이러한 포괄적인 대리권을 가리켜 '지배권'이라고 한다.[2)]

(2) 자격

지배인은 의사능력을 가진 자연인이어야 하지만, 행위능력의 유무와는 무관하다.

그러나 (i) 직무의 성질상 감사와의 겸임은 허용되지 않으며(제411조 · 제570조: 업무집행사원 또는 이사는 지배인을 겸할 수 있다), (ii) 모회사인 주식회사나 유한회사의 감사는 그 성질상 회사 및 자회사의 지배인을 겸할 수 없다.

(3) 선임 · 종임

① 선임

지배인은 영업주와의 대리권수여계약에 의하여 선임되는데, 지배인을 선임할 수 있는 자는 '상인 또는 그 대리인'이다.

② 종임

지배인의 지위는 지배인선임계약의 내용에 따라 계약의 종료 또는 대리권의 소멸(영업주의 영업폐지 내지 회사의 해산, 지배인의 사망 · 파산 · 금치산, 지배인의 무능력 · 해임 · 사임, 영업주의 파산 등)에 의하여 종료된다.

③ 등기

지배인의 선임과 종임은 등기사항이므로(제13조) 지배인을 둔 본점 · 지점의 소재지에서 영업주가 등기하여야 한다.

④ 자격과 수

자연인은 지배인이 될 수 있으나 법인은 지배인이 될 수 없다. 무능력자도 지배인이

2) 비현명주의, 본인 사망의 경우 등에 관한 상사대리의 특칙이 적용된다.

될 수 있고, 회사의 대표기관은 지배인이 될 수 없다.[3)]

하나의 영업소에 수인의 지배인을 둘 수 있다. 이때 각자 지배인이 되는 것이 원칙이고(각자지배, 단독지배), 필요한 경우 공동지배인으로 할 수 있다(공동지배).

(4) 지배인의 권한(지배인의 대리권: 지배권)

① 내용

지배인의 권한은 수권행위(授權行爲)에 따라 부여된다는 점에서는 임의대리에 해당하지만, 상법규정상 영업주에 갈음하여 영업에 관한 재판상 · 재판외의 모든 행위를 할 수 있다.

② 특성

a. 포괄성

지배인은 영업주의 일신전속적인 것이 아닌 한 재판상 · 재판외의 모든 행위를 대신할 수 있다. 그러나 영업에 관한 행위이어야 하므로(즉 영업의 존재를 전제로 하여야 하므로) 영업주의 신분상의 행위 또는 영업 자체의 처분(즉 양도, 폐지 등)을 할 권한은 포함되지 않는다.

영업주의 영업에 관한 행위인지 여부는 지배인의 주관적 의사와는 관계없이 객관적으로 결정하여야 한다.

영업에 관한 '재판상의 행위'란 소송행위를 말하는 것으로서, 지배인이 소송당사자의 자격을 갖는다는 것이 아니라 소송대리인이 되는 것을 말한다.

영업에 관한 '재판외의 행위'란 사법(私法)상의 모든 적법행위를 의미한다(불법행위 제외).

b. 정형성

일반적으로 대리권의 내용은 수임계약에 따라 정하여지나, 지배인의 대리권의 범위는 '영업에 관한 재판상 재판외의 모든 행위'라고 법률에 의하여 정형화(법정)되어 있다.

c. 획일성

지배인의 대리권의 내용은 거래의 안전을 위하여 획일성이 요구된다. 즉 영업주가 거래의 종류 · 금액 · 장소 등에 대하여 지배인에게 가한 대리권에 대한 제한은 지배인의 위반시 대내적으로는 해임 또는 손해배상청구의 사유가 되는 데 그치고 대외적으로는 선의

---

3) 이사, 유한책임사원, 주주, 대표권 없는 합명회사의 업무집행사원, 익명조합원 등은 지배인을 겸직할 수 있다.

의 제3자에게 대항하지 못한다(제11조 제3항).

③ 지배권의 영역

지배권은 영업주의 영업을 단위로 하여 정하여지나, 영업주가 여러 개의 상호를 사용하여 여러 개의 영업을 할 경우에는 각 상호에 관한 영업으로 한정되고, 영업상 여러 개의 영업소가 있는 경우에는 각 영업소의 영업으로 한정된다.

한 개의 영업소에 수 개의 영업이 있는 경우에는 각 영업마다 지배권이 성립하며, 1인의 지배인이 수 개의 영업(소)의 지배인을 겸하는 것은 무방하다.

④ 지배권의 제한

a. 의의

지배권은 그 범위가 법률상 정하여져 있으므로 제한을 가하더라도 선의의 제3자에게 대항할 수 없는 것이 원칙이다(제11조 제3항). 그러나 제한을 금지하는 것은 아니고, 제한된 경우 그 제한은 영업주와 지배인 간의 내부관계에서는 유효하고, 제한의 위반시에는 영업주에 의한 해임 또는 손해배상청구의 사유가 된다.

b. 공동지배

지배인이 수인 있는 경우에는 각자가 '단독대리'를 함이 원칙이다. 그러나 영업주가 수인의 지배인으로 하여금 공동으로만 지배권을 행사하게 할 수 있는데 이를 가리켜 '공동지배'라 한다((제12조). 이 경우 공동으로써만 대리의 효과가 발생하는 결과, 실제상 '지배권의 제한'과 동일한 효과가 생긴다. 이러한 것은 능동대리(적극대리)의 경우에 한하고, 수동대리(소극대리)의 경우에는 단독대리에 의하게 된다.[4)]

공동지배인제도는 거래상대방에게 이해관계가 크므로 공시할 필요가 있다. 그러므로 영업주가 공동지배인을 두는 경우에는 이에 관한 사항과 그 변경 또는 소멸에 관하여 등기하여야 한다.

(5) 표현지배인

① 의의

본점 또는 지점의 본부장, 지점장, 그밖에 지배인으로 인정될 만한 명칭을 사용하는 자는 실제로는 지배인이 아닌 경우에도 상대방이 선의인 경우에는 지배인으로 의제하고 있는바, 이를 가리켜 '표현지배인'이라고 한다(제14조).

이 제도는, 거래의 안전을 도모하기 위한 독일법상의 '외관존중주의' 내지 영미법상의

4) 유사한 권한남용방지책으로서 주식회사의 공동대표이사 · 합명회사의 공동대표사원 등도 있다.

'표시에 의한 금반언의 원칙'에 입각한 것으로서, 민법 제125조 · 제126조 · 제129조상의 표현대리제도가 구체화 · 강화된 것이다.

② 요건

a. 명칭의 부여(외관의 작출)

영업주가 표현지배인에게 지배인으로 믿을 만한 명칭의 사용을 명시적 또는 묵시적으로 허락하였어야 한다.

'영업주임 기타 유사한 명칭'의 예로는 본부장 · 지점장 · 영업부장 · 출장소장 · 사무소장 등이 있다. 그러나 보험회사의 지사장이나 영업소장의 경우는 보험모집과 보험료징수의 주선을 하는 데 불과하고 보험계약의 체결대리권이 없으므로 이에 해당하지 않는다.[5)]

b. 외관에 대한 신뢰

거래상대방이 그 외관을 신뢰하였어야 한다.

c. 상대방의 선의

표현지배인과 거래하는 상대방은 '선의'이어야 한다. 선의인 데에 과실이 있는 경우, 그 과실이 경과실인 경우에는 선의로 볼 것이나 중과실인 경우에는 악의로 보아야 할 것이다(통설).

악의 · 중과실에 대한 입증책임은 영업주에게 있다.

③ 효과

표현지배인이 성립하는 경우에 대하여 상법은 '본점 또는 지점의 지배인과 동일한 권한이 있는 것으로 본다'고 규정하고 있다. 즉 영업주는 상대방에 대하여 표현지배인의 영업상의 행위에 대하여 책임을 진다. 다만 재판상의 행위에 대하여는 그러하지 아니 하다.[6)]

거래시를 기준으로 하여 제3자가 악의인 경우(지배인으로 인정될만한 명칭을 사용하고 있지만 실제로는 지배인이 아닌 것을 안 경우)에는 그러하지 아니 하다.

2. 부분적 포괄대리권을 가진 상업사용인

(1) 의의

부분적 포괄대리권을 가진 상업사용인이란 '영업주의 영업의 특정한 종류 또는 특정한

5) 상법상 유사제도로서 제395조의 표현대표이사제도를 들 수 있다: 사장 부사장 전무 상무 기타 회사를 대표할 권한이 있는 것으로 인정될 만한 명칭을 사용한 이사의 행위에 대하여는 대표권이 없는 경우에도 회사는 선의의 제3자에 대하여 책임을 진다.

6) 무권대리는 (i) 협의의 무권대리와 (ii) 표현대리로 나눌 수 있다. 협의의 무권대리의 경우 무권대리인은 거래상대방의 선택에 따라 이행책임 또는 손해배상책임을 지고, 표현대리의 경우 영업주는 상대방에 대한 이행책임을 지고 표현지배인은 영업주에 대하여 손해배상책임을 진다.

사항(판매 · 구입 · 출납 등 제한된 업무)에 관하여 재판외의 모든 행위를 할 수 있는 대리권을 가진 상업사용인'을 말한다(제15조).

보통 회사의 과장 · 계장 · 대리 등의 명칭을 가진 상업사용인이 이에 해당한다(증권회사의 지점장대리, 회사의 영업부장과 과장대리, 영업소장, 관리부장, 관리과장 등).[7]

부분적 포괄대리권을 가진 상업사용인은 대리권의 범위가 좁으므로 선 · 해임에 있어서 등기를 요하지 않는다.

(2) 대리권의 포괄성과 획일성

부분적 포괄대리권을 가진 상업사용인은 특정한 종류 또는 특정한 사항(예: 무역업 중 수입업무)에 대하여는 재판상의 행위를 제외한 모든 행위를 할 권한이 있으며, 영업주로부터 대리권에 제한이 있더라도 선의의 제3자에게 대항할 수 없다. 요컨대 부분적으로는 국한되지만, 그 국한된 범위 내에서는 포괄적 · 획일적 대리권이 인정된다.

(3) 부분적 포괄대리권을 가진 상업사용인의 선임과 종임은 지배인의 경우와 달리 등기사항이 아니다.

3. 물건판매점포사용인(의제상업사용인)

물건을 판매하는 점포의 사용인은 그 판매에 관한 모든 권한이 있는 것으로 본다(제16조 제1항). 예컨대 일반가사사용인 · 회계담당자 · 타자수 · 일반사무직원 등은 물건의 판매에 관한 대리권이 없지만, 외관에 따른 거래안전의 보호상 물건판매의 대리권이 있는 것처럼 의제한다는 것이다. 그러나 물건판매점포사용인의 대리권의 의제는 악의의 제3자에게는 적용되지 않는다(동조 제2항).

물건판매점포사용인은 물건을 판매하는 점포의 사용인에 대하여만 적용되고(장소적 제한: 따라서 외판사원은 이에 해당하지 않는다), 물건의 판매에 관하여만 권한이 있는 것으로 의제된다(업무적 제한).

영업주와 물건판매점포사용인 사이에 고용관계를 요하는지 여부에 관하여는 필요설과 불필요설로 견해가 나누이고 있다.

---

7) 그러나 판례에 따르면 회사의 자금과장과 은행의 계리부장대리는 포함되지 않는다.

Ⅲ. 상업사용인의 경업피지의무

1. 취지(영업주와 상업사용인 간의 이해관계충돌의 방지)

상업사용인은 영업주를 대리하여 각종의 영업활동을 행하는 과정에서 영업주의 영업비밀 · 고객관계 등을 잘 알게 되는데, 상업사용인이 이를 이용하여 스스로 영업주와 경쟁관계에 있는 거래를 하여 자신의 이익을 위하거나 다른 영업주를 도와 그의 이익을 위하여 활동한다면, 상업사용인은 그를 선임한 영업주의 신뢰를 위반함은 물론 영업주의 이익을 해하게 된다. 그러므로 상법은 영업주와 상업사용인 간의 신뢰관계를 유지하고 영업주의 이익을 보호하기 위하여 특별히 '부작위의무(不作爲義務)'를 규정하고 있는 것이다(광의의 경업피지의무, 제17조 제1항).

상법은 소정의 대리권을 선량한 관리자의 주의의무(선관주의의무)로써 성실하게 행사하여야 하는 지위를 고려하여 일정한 부작위의무에 관한 규정을 두고 있다. 즉 상업사용인 · 대리상 · 합명회사의 사원 · 합자회사의 무한책임사원 · 주식회사 유한회사의 이사 등의 경업피지의무가 있고, 이밖에 영업양도인의 영업금지의무가 있다(이것은 앞의 경업피지의무와는 그 성격을 달리 한다).

2. 내용

상법은 상업사용인에 대하여 두 가지 부작위의무를 규정하고 있는데, 그 하나는 '경업금지의무(협의의 경업피지의무)'이고 다른 하나는 '겸직금지의무(특정지위취임금지의무)'이다.

(1) 경업금지의무(협의의 경업피지의무)

상법은 상업사용인은 '영업주의 허락이 없으면 자기 또는 제3자의 계산으로 영업주의 영업부류에 속하는 거래를 하지 못한다'고 규정하고 있는데(제17조 제1항 전단), 이것이 상업사용인의 경업금지의무이다.

이때 '영업부류에 속하는 거래'란 영업주가 영업으로 하는 거래(기본적 상행위 또는 준상행위)를 의미하고, 영업주가 영업을 위하여 하는 거래(예금 또는 어음행위 등의 보조적 상행위)는 의미하지 않는다.

'자기 또는 제3자의 계산으로 거래한다'는 것은 자기 또는 제3자의 명의로 그러한 거래를 한다는 것이 아니라 자기 또는 제3자의 이익을 위하여 (그 손익계산으로) 거래를 하는 것을 말하고, 따라서 거래의 당사자가 누구인지는 묻지 않는다.

(2) 겸직금지의무(특정지위취임금지의무)

상법은 동 규정 후단에서 상업사용인은 '영업주의 허락이 없으면 회사의 무한책임사원, 이사 또는 다른 상인의 사용인이 되지 못한다'고 규정하고 있는데, 이것이 상업사용인의 겸직금지의무이다.[8)]

상업사용인은 대리상 · 무한책임사원 · 이사 등의 겸직금지의무와는 달리 '다른 상인'의 상업사용인도 겸하지 못한다.

3. 의무위반의 효과

(1) 경업금지의무위반행위의 효력

부작위의무는 영업주와의 내부관계에 그치는 것이고 영업주를 보호하기 위하여 제3자의 이익을 해할 수는 없는 것이기 때문에, 위반행위 자체가 무효로 되는 것은 아니다. 그러므로 상업사용인이 경업금지의무를 위반하여 제3자와 거래를 한 경우, 그 거래 자체의 사법상의 효력은 제3자의 선의 · 악의를 불문하고 유효하다.

(2) 경업행위금지위반의 경우

① 상업사용인의 계산으로 위반거래를 한 경우(협의의 개입권)

상업사용인이 영업주의 허락 없이 영업주의 영업부류에 속하는 거래를 자기의 계산을 한 때에는 영업주는 이를 영업주의 계산으로 한 것으로 볼 수 있다(제17조 제2항 전단). 이를 가리켜 '(협의의) 개입권'이라 한다.

이 개입권의 법적 성질은 형성권(形成權)[9)]이다.

② 제3자의 계산으로 위반거래를 한 경우(이득양도청구권 또는 탈취권)

상업사용인이 영업주의 허락 없이 영업주의 영업부류에 속한 거래를 제3자의 계산으로 한 때에는 영업주는 상업사용인에 대하여 그로 인한 이득을 양도할 것을 청구할 수 있다.

영업주가 개입권을 행사하면, 영업주가 상업사용인의 거래의 상대방에 대하여 직접 당

---

8) 이때 '다른 회사'의 범위에 대하여, 대리상 · 무한책임사원 · 이사 등의 겸직금지의무와 비교할 때 동종영업을 목적으로 하는 다른 회사를 의미한다고 보는 제한설(소수설)과 영업의 내용을 불문하고 '다른 모든 회사'를 의미한다고 보는 무제한설(다수설)로 견해가 나누이고 있다.

9) 형성권이란 권리자의 일방적 의사표시에 의하여 새로운 법률관계의 형성, 즉 권리의 발생 · 변경 · 소멸이라는 일정한 법률효과를 발생시키는 권리를 말한다.

사자가 되는 것은 아니고, 다만 거래의 경제적 효과가 영업주에게 귀속된다는 의미이고, 이러한 개입권을 가리켜 '실질적 개입권 또는 내부적 개입권'이라고 한다.

이때 주의하여야 할 것은 제17조 제3항의 '전항'의 의미는 경업금지의무만을 가리키는 것이지 겸직금지의무까지 포함하는 것은 아닌 점이다.

③ 영업주의 권리의 소멸

영업주의 협의의 개입권과 이득양도청구권은 영업주가 거래를 안 날로부터 2주간 또는 거래가 있은 날로부터 1년을 경과하면 소멸한다(제17조 제4항, 제척기간10)).

④ 계약해지권 · 손해배상청구권

상업사용인이 경업금지의무를 위반한 경우 영업주는 개입권 외에도 계약의 해지 또는 손해배상을 청구할 수 있다(제17조 제3항). 즉 영업주는 협의의 개입권 또는 이득양도청구권의 행사 외에, 고용계약 등 상업사용인과의 기초적 법률관계를 해지할 수 있고, 다른 별도의 손해가 있는 경우에는 영업주는 상업사용인에 대하여 손해배상을 청구할 수 있다.

(3) 겸직금지의무위반의 경우

겸직금지의무의 위반에 관하여는 상법에 규정이 없으나, 상업사용인이 이 의무를 위반하여 다른 회사의 무한책임사원 · 이사가 되거나 다른 상인의 상업사용인이 된 경우, 그 취임 자체는 유효하되, 영업주는 그 상업사용인에 대하여 대리권수여의 계약을 해지할 수 있고, 이와 '선택적으로 또는 병행하여' 손해배상청구도 할 수 있다(제17조 제3항의 유추적용).

상업사용인의 겸직금지의무를 위반하여 특정지위에 취임한 행위는 '거래'에 해당하는 것이 아니므로 영업주가 개입권을 행사할 수 없다(통설).

---

10) 제척기간(除斥期間)이란 어떤 권리에 대하여 법률이 예정하는 존속기간을 말한다. 법정기간의 경과로써 당연히 권리의 소멸을 가져오는 것이다. 즉 권리의 존속기간인 제척기간이 만료하게 되면 그 권리는 당연히 소멸하게 된다.
소멸시효와 비슷하지만 다음의 점에서 다르다: (i) 제척기간에는 시효에 있어서 생길 수 있는 포기 · 중단 · 정지 등이 없다. (ii) 시효의 이익은 당사자가 원용함으로써 재판에서 고려되는 것이지만, 제척기간은 당연히 효력을 발생하기 때문에 법원은 이를 기초로 재판하여야 한다.
그러나 어떤 것이 소멸시효 또는 제척기간에 해당하는지의 구별은 쉽지 않다. 민법은 제척기간에 대하여 여러 곳에 분산적으로 규정하고 있을 뿐 체계적으로 규정하고 있는 것은 아니다. 대략 법문에 '시효에 의하여'라고 규정된 것 이외의 것은 제척기간으로 해석된다.

제 4 장

기업의 물적 설비

제 1 절 영업소

Ⅰ. 의의

영업소란 상인의 영업상의 본거지 또는 기업활동을 지휘・통솔하는 장소적 중심을 말한다. 그러므로 영업소로서의 실체를 구비하여 내부적 독립성・대외적 영업활동의 주체성 등이 인정될 수 있어야 한다.[1)]

Ⅱ. 종류

상법상의 영업소의 종류에는 본점과 지점이 있다.

본점은 기업활동 전체의 지휘명령의 중심점으로서의 지위를 가진 영업소를 말하고, 지점은 본점의 지휘를 받으면서 부분적으로는 독립된 기능을 하는 영업소를 말한다.

Ⅲ. 등기

개인상인은 영업소의 등기를 요하지 않고, 회사는 본점소재지를 등기하여야 한다.

---

1) 대판 1978년 12월 13일 선고 78다1567은, 보험회사의 영업소는 단순히 본・지점의 지휘감독 아래 기계적으로 제한된 보조적 사무만을 처리하므로 상법상의 영업소로 볼 수 없다고 판시하였다.

Ⅳ. 법률적 효과

1. 일반적 효과

영업소는 자연인의 주소에 해당하는 법률상의 효과를 가지고 있다. 즉 (i) 상행위로 인한 채무의 이행장소, (ii) 증권채권의 변제장소, (iii) 재판적의 결정, (iv) 상업등기소의 결정, (v) 소송서류송달의 장소, (vi) 파산·화의 사건에 있어서 관할법원의 결정요소 등의 효과가 있다.

2. 지점의 법률적 효과

지점은 독립한 영업소로서 (i) 지점만을 독립적으로 영업양도의 대상으로 할 수 있고, (ii) 지점영업만을 위하여 지배인을 선임할 수 있으며, (iii) 상업등기의 대항력을 결정하기 위한 독립적 단위가 되고, (iv) 표현지배인의 여부를 결정하는 표준이 된다.

제2절 상 호

Ⅰ. 의의

상법에 상호의 정의에 대한 규정은 없으나, '상인이 영업상 자기를 표시하기 위하여 사용하는 명칭'이라고 정의할 수 있다(상인의 명칭 · 상인의 영업상의 명칭 · 상인이 자기를 표시하는 명칭 등으로도 표현).

상호는 명칭이므로 문자로 표시되고 발음할 수 있는 것이어야 한다. 따라서 기호나 도안 같은 것들은 (상표에 해당하므로) 상호에 포함되지 않는다.

Ⅱ. 상호의 선정

1. 입법주의

상인이 상호를 선정함에 있어서 상호를 어느 정도로 기업의 진실과 합치시킬 것인지에 대하여, 상호자유주의 · 상호진실주의 · 상호절충주의로 견해가 나누이고, 절충주의는 다시 진실주의적 절충주의(독일)와 자유주의적 절충주의(한국 · 일본)로 나누인다.

(1) 상호자유주의(영미법계)

상호가 실체와 일치할 것을 요구하지 않는 입장을 가리켜 상호자유주의라고 한다. 상인으로서는 어떠한 상호라도 사용할 수 있으므로 상호선택의 폭이 넓어지는 한편 소비자 등의 입장에서는 신뢰하기 어려운 면이 있다.

(2) 상호진실주의(프랑스 · 라틴국가)

상호가 영업의 실체와 일치할 것을 요구하는 입장을 가리켜 상호진실주의라고 한다. 상인으로서는 상호선택의 폭이 좁아지는 한편 소비자 등의 입장에서는 상호를 신뢰할 수 있게 된다.

(3) 상호절충주의

상호절충주의란 새로운 상호의 선정에 대하여는 실체와 일치할 것을 요구하나 기존영업의 상속 · 양수 · 변경의 경우에는 종전의 상호를 그대로 사용하는 것(실체와 불일치)이 허용되는 것을 말한다.

2. 상법상의 상호선정

(1) 원칙(상호선정의 자유)

상법 제18조는 '상인은 그 성명 기타의 명칭으로 상호를 정할 수 있다'고 규정하고 있다. 그러므로 상인은 자유롭게 선택하여 상호를 정할 수 있고, 진실과 일치할 필요는 없다.

(2) 예외(상호선정의 제한)

상호자유주의를 채택하는 경우에는 일반 공중들에게 오인의 위험이 있어 공공 또는 개인의 이익의 보호를 위하여 상호선정의 자유에 대하여 필요한 최소한의 범위 내에서 다음과 같이 제한을 하고 있다.

① 회사의 상호

회사의 상호는 그 종류에 따라 합명회사 · 합자회사 · 유한책임회사 · 주식회사 · 유한회사 등의 문자를 사용하여야 한다(제19조).

은행 · 신탁 · 보험 · 증권 등의 특수한 영업을 목적으로 하는 회사는 상호에 은행 · 신탁 · 보험 · 증권 등의 문자를 사용하여야 한다. 보험업을 영위하는 회사는 보험사업의 종류를 표시하여야 한다(보험업법 제8조: xx생명보험주식회사).

② 회사가 아닌 상인의 상호

회사가 아니면 상호에 '회사'임을 표시하는 문자를 사용하지 못한다(제20조). 예컨대 '합명상회'와 같이 회사로 오인할 수 있는 문자의 사용도 허용되지 않는다.

③ 주체를 오인시킬 상호사용의 금지

누구든지 부정한 목적으로 타인의 영업으로 오인할 수 있는 상호를 사용하지 못한다(부정목적사용의 금지. 제23조 제1항).

'부정한 목적'이란 타인이 축적해 놓은 신용 등을 이용하여 경제적인 이익을 얻으려는 의도를 말한다.

'사용'이란 계약체결 · 문서상의 기명 등 법률상의 사용뿐만 아니라 간판 등 사실상의 사용도 포함한다.

자기의 명칭을 사용당함으로써 손해발생의 우려가 있는 자 또는 (이러한 우려가 없더라도) 상호를 등기한 자는, 위반자에 대하여 그 사용의 폐지를 청구할 수 있고(제2항) 손해가 생겼을 때에는 배상을 청구할 수 있으며(제3항) 부정목적사용자에 대하여는 과태료의 처분이 있다(제28조).[2)]

소상인에 대하여는 상호에 관한 규정이 적용되지 않으나(제9조), 소상인이 부정한 목적으로 타인의 명칭을 사용하는 경우는 제9조의 취지에 해당하지 않으므로 제23조가 적용된다고 보는 것이 다수설이다.

④ 명의대여자의 책임

a. 의의

명의대여자란 타인에게 자기의 성명 또는 상호를 사용하여 영업을 할 것을 허락한 자로서, 이러한 자는 자기를 영업주로 오인하여 거래한 제3자에 대하여 그 타인과 연대하여 변제할 책임이 있다(제24조: 외관존중의 법리 · 표시에 의한 금반언의 법리).

b. 요건

명의대여자에게 위와 같은 책임을 지우기 위한 요건은 다음과 같다.

2) 국내에서 널리 인식된 타인의 성명 또는 상호와 동일하거나 유사한 것을 사용하여 타인의 영업상의 시설 또는 활동과 혼동을 일으키게 하는 행위(부정경쟁행위)를 한 자가 있는 경우에는 그로 인하여 영업상의 이익이 침해되거나 침해될 우려가 있는 자는 법원에 그 행위의 금지 또는 예방을 청구할 수 있다. 위반자는 손해배상의 책임이 있고, 3년 이하의 징역 또는 5천만원 이하의 벌금의 형사처벌이 가하여진다(부정경쟁방지법 제23조 제1호 나목).

ⅰ) 명의대여(명의사용의 허락: 외관의 작출)

타인에게 자기의 성명 또는 상호를 사용하여 영업을 할 것을 명시적 · 묵시적으로 허락하여야 한다. 타인이 자기의 명칭을 임의로 사용하고 있는 것을 알면서 방치하는 경우에는 '묵시적 허락'이 있는 것으로 본다. 그러나 단순한 부작위만으로는 묵시적 허락이 있다고 하기에 부족하고, 사무실의 사용 허락 · 수입 일부의 수령 등의 부가적 사정이 있어야 한다.

명의대여자가 상인이어야 하는지 여부에 대하여는 상인임을 요하지 않는다는 견해(비요건설)가 통설 · 판례의 입장이다. 그러므로 공법인도 명의대여자의 책임을 질 수 있다.

이때 성명 또는 상호는 동일하지 않더라도 유사하여 객관적으로 대여자의 명칭으로 인식될 수 있으면 족하다. 대한여행사 국제항공권판매처 · 하도급을 주면서 당해회사의 현장소장의 명칭을 사용하게 한 경우 · 보험회사 부산지사 등은 명의대여에 해당하고, 회사명 완주군농업기계 아래 대리점이라고 쓰여 있는 경우에는 지점 · 영업소 · 출장소 등의 경우와는 달리 명의대여에 해당하지 않는다고 한 판례가 있다.[3)]

ⅱ) 외관의 존재

명의대여자가 전혀 영업을 하지 않는 경우에는 명의의 동일성만 있으면 된다.

명의대여자가 영업을 하는 경우에는 명의의 동일성 외에 영업외관의 동일성까지 있어야 한다. 그러나 이러한 영업외관의 의미는 엄격하게 해석할 것은 아니고 완화하여 해석하여야 할 것이다.

ⅲ) 거래상대방의 선의

거래상내방의 선의란 명의차용자의 거래상대방이 명의대여자를 영업주로 오인하였어야 하는 것을 말한다.

거래상대방의 선의에 중과실이 있는 경우에는 악의에 준하여 볼 것이고(중과실면책설: 통설),[4)] 경과실이 있는 경우에는 제24조의 제3자보호의 취지상 명의대여자의 책임을 인정하는 것이 타당하다.

상대방의 선의 · 무과실에 대한 입증책임은 명의대여자에게 있다.

---

3) 대판 1989년 9월 12일 선고 88다카26390 판결.

4) 대판 1991년 11월 21일 선고 91다18309 판결은, 상법 제24조에 의한 명의대여자의 책임은 명의자를 영업주로 오인하여 거래한 제3자를 보호하기 위한 것이므로 거래상대방이 명의대여사실을 알았거나 알지 못한 데 대하여 중과실이 있는 때에는 명의대여자는 책임을 지지 않는다고 판시하였다.

c. 효과

i) 책임의 성질

상법 제24조는 '그 타인과 연대하여 변제할 책임이 있다'고 규정하고 있다. 이때 연대는 부진정연대채무[5]를 부담한다는 의미이다. 부진정연대채무의 경우에는 채무자 1인에 대한 이행청구 또는 채무자 1인이 한 채무의 승인 등과 같은 소멸시효의 중단사유나 시효이익의 포기는 다른 채무자에게 효력을 미치지 않는다.

ii) 책임의 범위

상법 제24조는 명의대여자는 '자기를 영업주로 오인하여 거래한 제3자에 대하여 명의차용자와 연대하여 변제할 책임이 있다'고 규정하고 있는바, 명의대여자는 명의차용자의 영업상의 거래로 인한 채무(이행채무 또는 불이행으로 인한 손해배상채무)에 대하여 책임을 진다. 이 경우 명의대여자에게 명의차용자에 대한 구상권이 인정된다.

명의차용자의 불법행위로 인하여 생긴 채무는 거래로 인한 것이 아니므로 명의대여자에게 책임을 물을 수 없다. 불법행위의 경우에는 오인과 손해발생 사이에 인과관계가 있을 수 없으므로, 명의차용자의 불법행위에 대하여는 명의대여자의 표현책임이 아니라 사용자의 책임에 관한 민법 제756조의 문제로서 다루어야 할 것이다.

명의사용의 범위 또는 기간에 대하여 정함이 있는 경우 그 범위를 초월하여 거래를 한 때, 제3자에게 정당한 사유가 있는 경우를 제외하고는, 명의대여자는 원칙적으로 책임을 지지 않는다.

iii) 상호의 양도와 명의대여자의 책임

제25조상 상호는 영업을 폐지하거나 영업과 함께 양도할 수 있는데, 따라서 상호양도시 제24조에 따라서 양도인의 책임이 생기는지가 문제시된다. 이 경우 (i) 상호양도의 등기가 있으면 제3자의 중과실이 인정될 것이므로 양도인의 책임이 생기지 않으나, (ii) 등기가 없으면 제3자보호상 양도인의 책임을 인정하여야 할 것이다.

3. 부정경쟁방지법상의 상호선정제한

부정경쟁방지법 제2조 제1호가 (i) 국내에 널리 인식된 타인의 성명, 상호, 상표, 상품의 용기·포장, 그 밖에 타인의 상품임을 표시한 표지와 동일하거나 유사한 것을 사용하

---

5) 부진정연대채무란 수인이 동일한 목적을 지닌 채무를 부담하고 각 채무자가 각각 전부의 급부의무를 지며 1인의 채무자의 완전한 이행에 의하여 다른 채무가 소멸하는 관계를 말한다. 예를 들면 부주의로 수치물을 도난당한 수치인의 채무불이행에 의한 배상의무와 절취자의 불법행위에 의한 배상의무의 관계이다(제755조, 제756조, 제759조 등).

거나 이러한 것을 사용한 상품을 판매 · 반포 또는 수입 · 수출하여 타인의 상품과 혼동하게 하는 행위(가목), (ii) 국내에 널리 인식된 타인의 성명, 상호, 표장, 그 밖에 타인의 영업임을 표시하는 표지(상품 판매 · 서비스 제공방법 또는 간판 · 외관 · 실내장식 등 영업제공 장소의 전체적인 외관을 포함한다)와 동일하거나 유사한 것을 사용하여 타인의 영업상의 시설 또는 활동과 혼동하게 하는 행위(나목), (iii) 가목 또는 나목의 혼동하게 하는 행위 외에 비상업적 사용 등 대통령령으로 정하는 정당한 사유 없이 국내에 널리 인식된 타인의 성명, 상호, 상표, 상품의 용기 · 포장, 그 밖에 타인의 상품 또는 영업임을 표시한 표지(타인의 영업임을 표시하는 표지에 관하여는 상품 판매 · 서비스 제공방법 또는 간판 · 외관 · 실내장식 등 영업제공 장소의 전체적인 외관을 포함한다)와 동일하거나 유사한 것을 사용하거나 이러한 것을 사용한 상품을 판매 · 반포 또는 수입 · 수출하여 타인의 표지의 식별력이나 명성을 손상하는 행위(다목) 등은 부정경쟁행위라고 규정하고 있으므로 상호 선정상의 제한이 된다.

Ⅲ. 상호의 수

1. 개인상인의 경우

동일한 영업에는 단일상호를 사용하여야 하는데(제21조 제1항), 이를 가리켜 '상호단일의 원칙'이라고 한다.

동일한 영업에 관하여 수 개의 영업소가 있는 경우에도 모든 영업소에 동일한 상호를 사용하여야 한다. 그러나 지점의 상호에는 본점과의 종속관계를 표시하여야 한다(동조 제2항).

2. 회사의 경우

회사의 상호는 회사의 전인격(全人格)을 표시하는 유일한 명칭으로서 1개만 있으므로, 회사가 수 개의 영업을 하더라도 1개의 상호만을 사용하여야 한다. 회사가 수 개의 영업소를 가지는 경우에는 본점과의 종속관계를 표시하여야 한다.

Ⅳ. 상호의 가등기(假登記)

상법은 상인 자신은 물론 일반대중의 이해관계를 위하여 상호등기제도를 두고 있다.

회사의 경우에는 상호는 설립등기사항이므로 반드시 등기하여야 하나(회사등기부), 개인상인의 경우에는 등기를 할 것인지의 여부는 상인의 자유이고 등기하는 경우에는 상호등기부에 하게 된다.

1. 의의

상호의 가등기란 상호의 본등기를 할 요건이 갖추어지기 전에 장래의 상호등기의 보전을 위하여 미리 하여 두는 등기를 말한다(제22조의 2).

2. 기능

타인이 등기한 상호는 동일행정구역 내에서는 등기하지 못하게 되어 있다(제22조). 그런데 회사, 특히 물적 회사는 설립과정상 어느 정도 시일을 필요로 하는 바 설립과정기간 동안에 다른 회사가 그 지역에서 동일한 상호를 등기할 수 있으므로 타인으로부터의 상호등기의 방해를 방지하는 데 그 기능이 있다.

3. 적용대상

상호가등기제도는 상인 중에서 '회사'에만 적용되는 제도로서(개인상인에게는 상호의 가등기제도가 인정되지 않는다), (i) 회사의 설립 전에는 물적 회사에만 인정되고, (ii) 설립 후에는 각종의 회사가 회사의 상호 · 목적 · 본점소재지를 변경하는 경우에 인정된다.

4. 효력

(1) 사전등기배척

상호의 가등기는 본등기와 동일한 등기배척력이 있다. 즉 상호의 가등기를 하면 동일한 서울특별시 · 광역시 · 시 · 군에서 동종영업의 상호를 등기하지 못한다.

(2) 사후등기배척

등기공무원의 심사착오 등으로, 가등기된 상호와 동일하거나 명백히 구별할 수 없는 상호가 등기된 경우(본등기), 가등기를 신청한 회사(가등기상호권자)는 후등기의 말소청구권이 인정된다.

5. 공탁금

상호가등기시에는 가등기제도의 남용을 방지하기 위하여 대법원규칙이 정하는 소정의 금액을 공탁하여야 한다.

이 공탁금은 (i) 예정된 기간 내에 본등기를 마친 때에는 반환되고, (ii) 가등기가 말소된 때에는 국고에 귀속된다.

6. 말소

(1) 회사의 신청에 의한 말소

상호등기의 필요가 없게 된 경우 · 가등기한 상호를 변경한 경우 · 가등기 후 본점을 이전한 경우, 회사 또는 발기인이 가등기의 말소신청을 하여야 한다.

(2) 등기공무원에 의한 직권말소

회사대표자가 소정기간 내에 회사설립등기 기타의 본등기를 하지 않은 경우, 등기공무원이 가등기를 직권으로 말소한다.

V. 상호권

1. 의의

상호권이란 상인이 적법하게 선정한 상호를 타인의 방해를 받지 않고 사용할 수 있는 '상호사용권(적극적 상호권)'과 타인이 부정한 목적으로 자기가 사용하는 상호와 동일하거나 유사한 상호를 사용하는 경우에 이를 배척할 수 있는 '상호전용권(소극적 상호권)'을 말한다.

상호권은 상호의 등기 여부와 관계없이 인정되는 권리이다.

2. 법적 성질

상호권은, 기업의 명칭이라는 점에서는 인격권적 성질을 가지고 기업에 전속된 것이 아니라 양도성이 인정되는 점에서는 재산권적 성질도 가지므로, '인격권적 성질을 가진 재산권'이라고 보는 것이 다수설의 입장이다.

3. 내용

(1) 상호사용권

상인은, 등기 여부와 관계없이, 자신이 선정한 상호를 타인의 방해를 받지 않고 사용할 수 있는 권리인 상호사용권을 가진다.

(2) 상호전용권

상인은, 등기 여부와 관계없이, 배타력이 인정되는 상호권(누구든지 부정한 목적으로 자기의 영업으로 오인할 수 있는 상호를 사용하는 자가 있는 경우에는 그 폐지를 청구할 수 있는 권리)인 상호전용권을 가진다.

상호전용권은 상호의 등기를 하면 그 배타성이 더 강화되는바, 등기 후의 상호전용권이 등기 전의 상호전용권에 비하여 어떻게 변화되는지 살펴보기로 한다.

① 등기 전의 상호전용권

a. 상호사용폐지청구권

i) 의의

누구든지 부정한 목적으로 타인의 영업으로 오인할 수 있는 상호를 사용하지 못하고(제23조 제1항), 이를 위반하여 상호를 사용하는 자가 있는 경우에는 이로 인하여 손해를 받을 염려가 있는 자는 그 사용폐지를 청구할 수 있다(동조 제2항). 이것이 미등기상호에 인정되는 상호전용권의 내용으로서의 상호사용폐지청구권이다.

ii) 요건

가해자 측은 부정한 목적으로 상호권자의 영업으로 오인할 수 있는 상호를 사용하여야 한다.

피해자 측은 그로 인하여 손해를 받을 염려가 있어야 하고, 이러한 손해를 받을 염려가 있음은 피해자인 상호권자가 입증하여야 한다.

iii) 효과

미등기상호권자는 가해자에 대하여 상호사용폐지청구권을 행사할 수 있다. 이때 '부정한 목적과 손해발생의 염려가 있음'을 입증하여야 한다. 그리고 상호사용폐지청구권의 일환으로서 가해자의 상호가 등기된 경우에는 상호등기말소청구권을 행사할 수 있다.

b. 손해배상청구권

상호의 부정사용으로 인하여 매출이 감소하거나 신용이 훼손되는 등 손해가 발생한 경우, 미등기상호권자는 상호사용폐지청구권을 행사할 수 있을 뿐만 아니라 별도로 손해배상청구권을 행사할 수 있다.

등기상호권자는 상호사용폐지청구시 부정목적에 대한 입증책임이 전환되어 손해발생의 염려를 입증할 필요가 없다.

c. 과태료

타인의 상호를 부정사용한 자는 200만원 이하의 과태료의 처벌을 받는다(제28조).

② 등기 후의 상호전용권

상호는 등기를 하면 상호전용권의 배타성이 강화되는데, 이때 배타성이 강화된다는 말의 의미는 상호전용권의 내용에 있어서 실질적인 차이가 있다는 것이 아니라 배타성의 주장이 쉬어진다(배타성의 행사요건이 완화된다)는 의미이다.

즉 동일한 서울특별시 · 광역시 · 시 · 군에서 동종영업으로 타인이 등기한 상호를 사용하는 자는 부정한 목적으로 사용하는 것으로 추정되기 때문에(제23조 제4항), 이 경우 가해자는 부정한 목적이 아니라는 점을 입증하여야 하고 피해자인 등기상호권자는 상호의 부정사용으로 인하여 손해를 받을 염려가 있음을 입증하지 않아도 상호전용권을 행사할 수 있다(제23조 제2항 후단).

4. 등기상호권자의 사전등기배척권

(1) 원칙

등기상호권자는 상호전용권을 쉽게 행사할 수 있는 이점 외에, 타인에 대한 사전등기배척권을 갖는다. 즉 타인이 등기한 상호는 동일한 서울특별시 · 광역시 · 시 · 군에서 동종영업의 상호로 등기하지 못한다(제22조, 등기배척권).

(2) 상호의 가등기

전술한 바와 같이 주식회사 또는 유한회사의 설립시 · 회사의 상호 또는 녹적의 변경시 · 회사의 본점이전시에는 본점소재지를 관할하는 등기소 또는 이전할 곳을 관할하는 등기소에 상호의 가등기를 신청할 수 있는바, 상호의 가등기를 하게 되면 결과적으로 타인에 대한 사전등기배척권를 갖게 된다(제22조 의 2).

5. 상호의 부정사용에 대한 제재

회사가 아니면서 회사임을 표시하는 문자를 사용하거나 부정한 목적으로 타인의 영업으로 오인할 수 있는 상호를 사용한 자는 200만원 이하의 과태료의 제재를 받는다(제28조).

〈미등기상호와 등기상호의 비교〉

기 준	미등기상호	등기상호
동일상호 등기배척력	X	O
상호사용권	O	O
상호전용권	O	O 행사요건 완화 (i) 부정목적의 추정 (입증책임의 전환) (ii) 손해염려에 대한 입증 불요

6. 상호의 변동

(1) 상호의 양도

① 원칙

상호는 영업과 함께 하는 경우에 한하여 양도할 수 있다(제25조 제1항 후단). 이는 상호의 인격권적 성질을 반영한 것이다.

② 예외

영업이 폐지된 경우에는 (양도의 대상인 영업이 없으므로) 상호만을 양도할 수 있다(제25조 제1항 전단). 이는 상호의 재산권적 성질을 반영한 것이다.

③ 양도방법

상호의 양도는 당사자 간의 의사표시의 일치에 의하여 효력이 생기며, 특별한 방식은 요하지 않는다. 다만 등기상호의 경우에는 제3자에 대한 대항요건으로서 변경등기를 요한다(제25조 제2항).

개인상인은 회사의 상호를 양수할 수 없고, 회사상인은 다른 종류의 회사 내지 개인상인의 상호를 양수할 수 없다.

(2) 상호의 상속

상호는 재산권적 성질을 가지므로 양도도 할 수 있고 상속도 할 수 있다.

상법에는 상호의 상속에 관하여 규정이 없으나, 비송사건절차법(非訟事件節次法)에 등기상호의 상속에 관한 규정이 있다.

(3) 상호의 변경 · 상호의 폐지

개인상인의 경우에는 상호를 변경함에 있어 제한이 없다. 회사의 경우에는 상호가 정관의 절대적 기재사항이므로 정관변경의 절차를 요한다. 등기상호의 변경에는 반드시 변경등기를 요한다(대항요건).

상호를 등기한 자는 그 상호를 변경 또는 폐지하였을 때에는 지체 없이 변경 또는 소멸의 등기를 하여야 한다(제40조). 이 경우 상호를 등기한 자가 상호를 변경 또는 폐지하였음에도 불구하고 2주간 내에 상호를 등기한 자가 변경 또는 폐지의 등기를 하지 않는 때에는 이해관계인은 그 등기의 말소를 청구할 수 있다(제27조).

상호의 폐지 여부는 사실의 문제로서 그 판단이 쉽지 않으므로 상호등기자가 정당한 사유 없이 2년간 상호를 사용하지 않는 때에는 상호를 폐지한 것으로 본다(제26조).

제 3 절 상업장부

Ⅰ. 의의

상업장부란 '상인이 그 영업과 재산의 상황을 명백히 하기 위하여 법률상의 의무로써 작성하는 장부'를 말하며, 이에는 '회계장부'와 '대차대조표'[6]의 두 가지가 있다.

상업장부와 재무제표[7]는 동일하지는 않다. 예컨대 대차대조표는 상업장부이면서 재무제표이기도 하나, 회계장부는 상업장부이지만 재무제표는 아니다.

상업장부에 해당하지 않지만 상업장부로 오인되기 쉬운 것을 살피면, (i) 그 성격상 상업장부에 해당하지 않는 것으로는 중개인일기장 · 주주명부 · 주주총회의사록 · 사채원부 · 사채권자집회의사록 · 영업보고서 · 손익계산서 등이 있고, (ii) 작성의무가 없기 때문에 상업장부에 해당하지 않는 것으로는 상호보험회사가 작성하는 재무제표 · 소상인의 영업상의 장부 등이 있다.

---

6) 자본시장법은 일본강정기 때부터 사용하여 온 대차대조표라는 용어를 2011년 도입된 국제회계기준에 부합되도록 재무상태표로 변경하였으나, 상법은 계속해서 대차대조표라는 용어를 사용하고 있다.

7) 재무제표란 기업의 경영에 따른 재무상태를 파악하기 위하여 회계원칙에 따라 간단하게 표시한 재무보고서를 말한다.

Ⅱ. 입법주의

상업장부에 관하여는 3가지 입법주의가 있다.

(1) 간섭주의(엄격주의)

상업장부의 작성이 법률상 요구되고, 그 법은 작성에 관하여 엄격한 기재방법을 요구하는 등 단속법적인 성격을 띠며, 그 대신 기재내용에 대하여는 증거력이 인정되는 입장을 가리켜 간섭주의라고 한다. 프랑스 등에서 이용한다.

(2) 방임주의

상업장부의 작성이 법률상 요구되지 않는 한편, 파산시에 상업장부가 작성되어 있지 않은 경우 등에는 형벌제재를 가함으로써 상업장부의 작성을 간접적으로 강제하는 입장을 가리켜 방임주의라고 한다. 영미법계에서 이용한다.

(3) 절충주의

자유주의와 방임주의를 절충한 절충주의는 우리 상법이 취하고 있는 입장으로서, 상업장부의 작성의무를 부과하되, 대체적인 규정만을 두고 있을 뿐 그 형식 · 내용에 관하여 상세한 규정을 두고 있지는 않다.

Ⅲ. 상업장부에 관한 의무

1. 작성의무

소상인을 제외한 모든 상인은 상업장부를 작성할 의무가 있다(제29조 제1항).

상업장부의 작성에 관하여는 이 법에 규정한 것을 제외하고는 '일반적으로 공정 · 타당한 회계관행'에 의한다(제29조 제2항). 여기서 '이 법에 규정한 것'이란 예컨대 주식회사의 회계에 관한 제447조 이하의 규정 등을 가리킨다.

'일반적으로 공정타당한 회계관행'이란 '주식회사 등의 외부감사에 관한 법률(이하 '외감법'이라 함)' 제5조에 근거한 기업회계기준을 가리키고, 기업회계기준 제4조에 의하면 기업회계기준은 외감법의 적용대상인 주식회사 및 주식회사 이외의 기업의 회계처리에도

적용하게 되어 있으므로 거의 모든 기업의 회계기준으로 된다.[8)]

상업장부의 작성에 관하여 상법에 규정된 것을 제외하고는 일반적으로 공정타당한 회계관행에 의하도록 하고 있는 것은 (i) 회계에 관한 사항을 모두 상법에 규정할 수 없고, (ii) 상법상의 회계와 기업회계를 가급적 일치시킬 필요가 있기 때문이다.

2. 보존의무

소상인을 제외한 모든 상인은 10년간 상업장부와 영업에 관한 중요서류를 보존할 의무가 있다(제33조 제1항 본문).

(1) 보존대상

① 상업장부

보존대상에는 우선 '상업장부'가 있다. 이에 해당하는 것으로는 부기상의 총계정원정·일기장·분개장·전표·청구서·어음·수표 등이 있다.

② 영업에 관한 중요서류

'영업에 관한 중요서류'란 분쟁발생시 그 해결을 위한 증거자료가 될 수 있는 서류들을 말하며, 이에 해당하는 것으로는 중개인일기장 · 주주명부 · 주주총회의사록 · 이사회의사록 · 감사보고서 · 영업보고서 · 거래에 관한 FAX · 계약서 · 영수증 등이 있다.

---

8) 한편 최근 국제회계기준(IFRS: International Financial Reporting Standards)이 도입되었는데 국제회계기준이란 자본시장의 세계화 추세에 따라 각국에서 사용하는 다양한 회계기준에 대한 상호 불신의 벽을 허물고 고품질·단일화된 기준 하의 재무정보에 대한 요구가 증대되어 이러한 요구에 부응하기 위하여 국제적인 회계기준제정기구인 '국제회계기준위원회(IASB: International Accounting Standards Board)'에서 제정한 회계기준을 말한다.
우리나라는 2011년도부터, 이해관계자가 많고 중요한 상장법인과 금융기관 등에는 '한국채택국제회계기준(K-IFRS: Korea-International Financial Reporting Standards)'을 의무적으로 적용하고, 비상장회사들은 중요성 정도 및 현실적인 어려움 등을 고려하여 중소기업회계처리특례규칙을 적용하게 하는 등 보다 완화된 기준인 '일반회계기준'을 적용하여, 이원화된 체제로 운영하고 있다.
EU 국가들의 경우 경제공동체로 통합되어 단일화된 회계기준이 필요하게 되었고, 우리나라의 경우에는 SK텔레콤이 미국의 NASDAQ에 상장되어 있는데 만약 국제회계기준이 적용되지 않는다면 한국에서는 한국의 주주들을 위하여 한국 기준의 제무재표를 작성하여 공시하고 미국에서는 미국 주주들을 위하여 미국 기준의 재무제표를 작성하여 공시하여야 하는데 이것은 기업의 입장에서는 매우 번거롭고 비용의 낭비가 될 것이며 투자자의 입장에서는 어떤 기준에 따르는 것이 해당 기업의 진정한 실적인지를 판별하는 등에 대하여 의문이 생길 수 있다. 그리하여 세계화와 더불어 국제회계기준이 자연스럽게 등장하게 된 것이다.
국제회계기준위원회가 제정한 국제회계기준을 대한민국에서 채택하여 적용하는 회계기준을 가리켜 '한국채택국제회계기준'이라고 하므로, 양자는 번역상 오해가 있을 만한 부분에 대한 보충설명을 제외하고는 결국 같은 것이다.

(2) 보존기간

① 원칙

상인은 상업장부와 영업에 관한 중요서류를 10년간 보존할 의무가 있다.

10년의 기간은 장부를 폐쇄한 날로부터 기산한다(제33조 제2항)(결산마감시설).

② 예외

a. 전표 또는 이와 유사한 서류는 보존기간이 5년으로 단축된다.

b. 마이크로필름 기타의 전산정보처리조직에 의하여 전표의 기록이 보존되는 경우에는 전표 자체의 보존의무는 없어진다(제33조 제3항·제4항). 전산정보처리방법에 의한 보존은 원본보존의무를 이행하는 것으로서, 보존기간도 10년이며 제출의무·증거력 등도 동일하다.

③ 회사의 보존의무

회사는 회계의 장부와 영업 및 청산에 관한 중요서류는 본점소재지에서 청산종결의 등기를 한 후 10년간 보존하여야 한다(제266조, 제269조, 제541조, 제613조).

그러나 전표 기타 유사한 서류는 보존기간이 5년으로 단축된다.

3. 제출의무

법원은 신청에 의하여 또는 직권으로 소송당사자에게 상업장부 또는 그 일부분의 제출을 명할 수 있다(제33조).

법원의 제출명령에 응하지 않는 경우에 대하여는 (상법에 관련 규정이 없어) 민사소송법의 서증일반(書證一般)에 관한 규정에 의하게 될 것이므로, 법원은 (i) 상대방의 주장을 진실한 것으로 인정할 수 있고, (ii) 상대방의 사용을 방해할 목적으로 상업장부를 폐기하거나 사용하지 못하게 한 때 역시 상대방의 주장을 진실한 것으로 인정할 수 있다.

상업장부의 법적 증거력에 관하여도 상법상 규정이 없으므로 민사소송법의 일반원칙상 법원의 자유심증에 의한다.

4. 의무위반에 대한 제재

상법에 상업장부에 관한 의무위반에 대하여는 규정이 없어, (i) 개인상인의 경우에는 의무위반에 대하여 제재할 수 없다. (ii) 회사의 경우에는 부실기재 또는 누락이 있는 경우에 대하여는 벌칙이 있고(제635조 제1항), 물적 회사의 이사는 법령위반에 의하여 회사·제3자에 대하여 손해배상책임이 생길 수 있으며, 인적 회사의 업무집행사원은 중대한 업무위반행위로 인정되는 경우 법원에 의한 업무집행권한상실선고의 사유가 될 수 있다.

상인이 파산한 경우에는 상업장부의 부작성, 불완전한 작성, 기재의 부정・은닉・손괴 등에 대하여 '사기파산 또는 과태파산'을 이유로 형사제제를 가할 수 있다.

Ⅳ. 회계장부

1. 의의・종류

회계장부에는 협의의 회계장부(고유의 회계장부)와 광의의 회계장부(재산목록회계장부)의 2이 있다.

(1) 협의의 회계장부

협의의 회계장부(제30조 제1항)란 '상인이 영업상의 재산 및 손익의 상황을 명백히 하기 위하여 거래와 기타 영업상의 재산에 영향이 있는 사항을 기재하는 장부'를 말한다. 이는 대차대조표 작성의 기초가 되는 회계기록으로서, '매 거래를 기재한 전표(입금전표・출금전표・대체전표), 거래의 발생순서 또는 거래의 유형 등에 따라 작성한 분개장(일반분개장・특수분개장), 그리고 이를 다시 종합하여 기재한 총계정원장 등' 명칭 여하를 불문하고 실질적으로 거래와 기타 영업상의 재산에 영향을 미치는 사항을 기재한 것인지 여부에 따라서 협의의 회계장부에 포함되는지 여부가 결정된다.[9)]

(2) 광의의 회계장부

상법 제30조 제2항은 '상인은 개업시와 매년 1회 이상 일정시기에 그리고 회사는 설립시와 매 결산기에 회계장부를 작성하고 그에 의하여 대차대조표를 작성하여야 한다'고 규정하고 있다. 이에 따라 개업시 또는 회사설립시에는 영업상의 재산을 망라적으로 명백히 하기 위한 회계장부를 작성하고 이에 따라 대차대조표를 작성하여야 하는데, 이러한 경우의 회계장부는 통상의 재산목록에 가까우므로 재산목록회계장부라 하고, 이것이 광의의 회계장부에 해당하는 것이다.

2. 기재사항

협의의 회계장부에는 '거래와 기타 영업상의 재산에 영향이 있는 사항'을 기재하여야

9) 매 결산기의 회계장부는 성질상 협의의 회계장부에 해당한다.

하고, 광의의 회계장부에는 영업상의 재산을 명백하게 망라적으로 기재하여야 하며, 각각 기재하는 재산에는 일정한 방법에 의하여 평가한 가액을 붙여야 한다(제31조).

'거래'란 법률상의 거래를 말한다. 즉 계약을 가리킨다.

'영업상의 재산' 이란 상인이 영업목적을 위하여 가진 개개의 재산을 말한다.

'영업상의 재산에 영향이 있는 사항'이란 부기상의 거래를 말한다. '부기상의 거래'란 재산과 자본의 증감변화의 사실로서 영업상의 거래뿐만 아니라 사실상의 재산의 변동을 가져오는 모든 사항이 포함된다.

3. 기재방법

기재방법에 대하여는 상법에 아무런 규정이 없으므로 (i) 단식부기 · 복식부기, (ii) 중요성의 원칙 · 충분성의 원칙 등 일반적으로 공정타당한 회계관행 즉 기업회계기준에 따라서 작성하면 된다.

4. 기재시기

기재시기 역시 일반적으로 공정 타당한 회계관행에 따라서 상당한 시기에 기재하여야 할 것이다.

5. 자산평가

자산의 평가방법은 상인 자신과 제3자에게 중대한 영향을 끼친다. (i) 자산의 과대평가는 가공의 재산이나 이익을 계상하게 함으로써 기업의 합리적 경영을 불가능하게 하고 그에 따른 이익분배는 기업의 재산적 기초를 부실하게 하며, (ii) 자산의 과소평가는 비밀준비금을 적립하는 결과를 가져와 기업의 자산과 손익관계를 불분명하게 한다.

2010년 5월 상법 개정에서 종전의 자산평가의 원칙에 관한 규정인 제31조를 삭제하고 '일반적으로 공정타당한 회계관행'에 따르도록 하였다. 이것은 법률에 구체적인 회계관행을 두지 않는 국제적 추세에 부합시키고, 변화하는 기업회계관행에 신속하게 대응할 수 있게 하려는 취지이다.

주식회사 · 유한회사의 재무제표작성시의 자산평가에 있어서는 고정자산을 제외한 유동자산 · 금전채권 · 사채 · 주식 등의 평가에 관하여 별도의 규정(제452조, 제583조)이 있다.

회계장부에 기재할 자산에는 일정한 평가원칙에 따라서 평가한 가액을 붙여야 한다. 이 평가원칙은 회계장부뿐만 아니라 (유도법에 기하여 작성되는) 대차대조표에도 적용된다.

(1) 자산, 부채, 자본

기업회계기준(이하 '기준'이라고 함)에 따르면 재무상태표(대차대조표)는 자산·부채·자본으로 구성되고(자산 = 자본 + 부채), 각 항목은 다음과 같이 구분된다(기준 2.17).

자산은 유동자산(당좌자산·재고자산)과 비유동자산(투자자산·유형자산·무형자산·기타 비유동자산)으로 구분한다. 유동자산이란 비교적 단기간(1년 내)에 현금화되거나 정상적인 경영활동과정에서 소멸될 자산을 가리키고, 비유동자산은 장기간(1년 이상)에 걸쳐 기업이 소유 또는 지배하는 자산을 가리킨다.

자본은 자본금·자본잉여금·자본조정·기타 포괄손익누계액 및 이익잉여금(또는 결손금)으로 구분한다.[10)]

부채는 유동부채(流動負債)와 비유동부채(非流動負債)로 구분한다. 유동부채란 만기가 1년 이내 도래하는 부채를 말하고, 비유동부채(또는 고정부채)는 부채 중에서 만기가 1년 이후에 도래하는 것을 말한다.

(2) 유동자산의 평가

자산을 평가하는 방법에는 '원가주의 · 시가주의 · 저가주의'의 3이 있다. 원가주의는 자산의 평가를 시장가격의 변동을 무시하고 취득원가에 의하여 평가하는 방법이고, 시가주의는 자산의 현재의 시장가격에 의하여 평가하는 방법이며, 저가주의는 시가와 원가를 비교하여 저가인 것을 기준으로 하는 방법이다.[11)]

기업회계기준은 이 중에서 '저가주의'를 채택하고 있다(기준 7.4).

(3) 비유동자산

비유동자산의 평가에는 감가상각을 하여야 한다. 즉 원가주의에 의하여 평가를 하되, 통상의 감가상각(기업경영상 필연적으로 발생하는 감손: 정액법 · 정율법 · 비례법)을 하며, 필요한 경우에는 우발적 감가상각(예상하지 못한 원인에 의한 감가상각)을 한다.

영구자산으로서 가치의 감소가 없는 토지 등은 감가상각의 대상에서 제외된다.

---

10) 자본잉여금이란 주식발행초과금 · 감자차익 · 자기주식처분이익을 말하고, 자본조정이란 주식발행차금·감자차손·자기주식처분손실을 말한다.

11) 개인상인의 경우에는 원가기록의 보존이 곤란하여 원가기록의 추정이 불가능하고, 시가주의의 경우에는 평가익 즉 미실현이익이 발생하여 현실적으로 이익이 없음에도 불구하고 이익배당이 가능하게 되는 모순이 있다.

(4) 비상상업장부의 평가원칙

비상상업장부의 자산평가원칙은 그 작성목적에 따라 다르다. 기업의 해체를 전제로 하는 비상대차대조표 · 비상재산목록 등을 작성함에는 일반원칙을 수정하여 매각가격을 기준으로 하여 자산을 평가하여야 할 것이다.

6. 재산목록

(1) 의의

재산목록이란 일정시기에 기업이 보유하는 재산, 즉 자산과 부채에 관하여 그 종류 · 수량 · 금액에 관한 명세를 기재한 총목록으로서, 작성시기에 따라서 통상재산목록(개업 · 결산)과 비상재산목록(청산)으로 나눌 수 있는데, 상법은 청산재산목록의 작성만 요구하고 있다.

(2) 대차대조표의 작성방법

대차대조표의 작성방법에는 재산목록법과 유도법이 있다. 과거에는 대차대조표의 작성에 재산목록법[12]이 사용되었으나 현재는 유도법이 사용되고 있다(제30조 제2항). 유도법이란 계속적으로 기록되는 장부의 기록을 근거로 한 자산 · 부채 · 자본의 장부가격에 따라서 대차대조표를 작성하는 방법을 말한다. 그러므로 재산목록의 작성은 요하지 않는다.

(3) 상법상 재산목록의 작성이 필요한 경우

회사의 청산시 청산절차를 위하여 기업의 보유재산을 정확하게 파악할 필요가 있으므로, (i) 합명회사 · 합자회사의 임의청산의 경우와 (ii) 주식회사 · 유한회사의 청산시 청산인이 취임 후 작성하여 주주총회의 승인을 얻기 위한 경우에 작성한다.

청산재산목록에는 실지조사의 결과를 기초로 하여 법률상의 재산 · 회계상의 재산으로 인정되는 모든 것을 기재하여야 한다. 단 이연자산[13]은 제외한다.

---

12) 재산목록이란 기업재산(소극재산인 부채도 포함)을 실지재고에 따라 조사하여 대상재산의 종류 · 수량 · 가액 등을 표시한 명세서이다. 종래 재산목록은 재무제표의 중심적 위치를 점하고 있었으며 재무상태표도 이에 근거하여 작성되었으나, 현재는 정식의 복식부기절차에 의한 유도법에 의하여 재무상태표가 작성됨에 따라 그 중요성을 상실하게 되었다.

13) 지출의 효과가 다음 사업연도 이후까지 미치는 경우에는 이를 전액 당해 사업연도의 비용으로 계상할 수가 없다. 이처럼 일정한 화폐적 지출의 효과가 다음 사업연도 이후까지 미칠 때 그 지출액을 자산으로 처리하는 것을 가리켜 이연자산이라고 한다.

V. 대차대조표

1. 의의

대차대조표란 기업의 재정상태를 명백히 하기 위하여 일정시기의 자산 · 부채 · 자본의 과목으로 나누어 기업의 재무상태를 일람표시한 것을 말한다. 회계장부는 영업의 동적 상태를 나타내는 장부이나, 대차대조표는 일정시점에 있어서의 영업의 정적 상태를 나타내는 장부이다.

대차대조표에는 통상대차대조표(개업대차대조표와 결산대차대조표)와 비상대차대조표(합병대차대조표 · 분할대차대조표 · 청산대차대조표 · 파산대차대조표)가 있으며, 전자는 사업의 계속을 전제로 하고 후자는 사업의 폐지를 전제로 하므로 기재할 재산의 범위와 평가기준 등에 있어서 차이가 있어 기업회계기준에 의하여 작성하도록 하고 있다.

2. 작성시기

상인은 영업을 개시한 때(개업대차대조표)와 매년 1회 이상 일정시기에, 회사는 성립시와 매결산기에(결산대차대조표), 회계장부에 의하여 대차대조표를 작성하여야 하고, 작성자가 기명날인 또는 서명하여야 한다(제30조 제2항).

3. 작성방법

상법 제30조 제2항은 상인으로 하여금 일정시기에 회계장부에 의하여 대차대조표를 작성하도록 하고 있다(제30조 제2항). 이를 가리켜 유도법이라고 한다.

4. 자산의 평가방법

대차대조표에 있어서의 자산평가는 회계장부에 있어서의 자산평가방법을 적용한다.

제 5 장

상업등기

Ⅰ. 의의

상업등기란 일정한 사항을 공시할 목적으로 상법규정에 의하여 상업등기부 또는 전산정보처리조직에 하는 등기를 말한다(제34조). 전산정보처리조직에 의한 상업등기란 전산등기부(등기사항을 기록한 자기디스크: 즉 등기소의 컴퓨터)에 등기사항을 기재함으로써 하는 등기를 가리킨다(제34조의 2).

상업등기는 상법규정에 의하여 등기할 사항을 등기하는 제도이므로, 민법에 의한 부동산등기 또는 법인등기 · 보험업법에 의한 상호회사의 등기 · 특별법에 의한 법인의 설립등기 · 선박등기 등은 상업등기에 해당하지 않는다.

상업등기부에는 상호 · 무능력자 · 법정대리인 · 지배인 · 합명회사 · 합자회사 · 유한책임회사 · 주식회사 · 유한회사 · 외국회사에 관한 10종의 등기부가 있다.

Ⅱ. 목적

기업에게는 영업비밀의 유지도 이익이 되지만, 상법이 기업으로 하여금 일정사항을 공시하도록 유도하는 것은 공시의 결과 기업 및 기업과 거래하는 제3자에게 유리하기 때문이다. 즉 (i) 기업 측에서 보면, 상인의 기초 · 책임관계 등을 공시함으로써 상인의 사회적 신용을 증대시키고, 경영의 건전화 · 합리화를 촉진시키는 기회를 갖게 되며, 공시에 의하여 제3자에게 대항할 수 있는 수단을 얻게 되는 이점이 있고, (ii) 기업과 거래하는 제3자 측에서 보면, 기업과의 거래관계에서 생기는 법률적 · 경제적 효과를 예측할 수 있는 유력한 수단을 얻게 되는 이점이 있다.

상업등기제도는 기업의 대표적인 기업공시제도이다. 기업에 관한 기타의 공시제도로는 회사의 공고에 대한 강제(제289조 제3항·제449조 제3항), 재무제표 등의 열람 또는 그 등본·초본의 교부청구(제448조 제2항) 등이 있다.

Ⅲ. 등기사항

등기사항이란 '상법의 규정에 의하여 상업등기부에 등기하도록 정하여진 사항'을 말한다. 어떠한 사항을 등기사항으로 할 것인가는 입법정책의 문제이다.

영업비밀의 유지와 신용확보를 위한 공시, 이 양자 간의 이익을 조절하여 결정하여야 하므로 상법은 등기사항을 개별적으로 규정하고 있다.

등기사항은 각종의 기준에 따라 다음과 같이 분류할 수 있다.

1. 등기주체에 따른 분류

등기주체를 기준으로 하여 등기사항을 분류하면, (i) 상호·지배인 등 상인이면 누구에게나 적용되는 상인 일반에 관한 사항, (ii) 미성년자·한정치산자 등 개인상인에만 적용되는 사항, (iii) 회사에만 적용되는 사항 등이 있다.

2. 절대적 등기사항 · 상대적 등기사항

절대적 등기사항은 당사자의 의사 여하와 관계없이 반드시 등기하여야 하는 사항을 말한다. 회사의 설립등기가 그 예이다.

상대적 등기사항은 당사자의 의사에 따라서 등기 여부를 정할 수 있는 사항을 말한다. 즉 등기할 권리는 있으나 등기하여야 하는 의무는 없다(예: 개인상인의 상호). 그렇지만 상대적 등기사항이더라도 일단 등기하면 그에 대한 변경·소멸의 등기는 절대적 등기사항이 되는 점에 주의하여야 한다.

3. 설정적(창설적) 등기사항 · 면책적(해소적) 등기사항

등기함으로써 새로운 법률관계가 설정되는 사항을 가리켜 설정적(창설적) 등기사항이라 한다. 회사의 설립등기, 선임등기 등이 그 예이다.

등기함으로써 기존의 법률관계가 해소되는 사항을 가리켜 면책적(해소적) 등기사항이라 한다. 상호폐지등기, 해임등기, 퇴사등기, 회사의 해산, 지배인의 퇴임 등이 그 예이다.

4. 지점소재지에서의 등기

본점소재지에서 등기할 사항은 법률에 다른 정함이 없으면 지점소재지에서도 등기하여야 한다(제35조).

5. 변경등기 · 소멸등기

등기사항이 변경·소멸된 때 당사자는 지체 없이 변경·소멸의 등기를 하여야 한다(제40조).

Ⅳ. 등기절차

1. 당사자신청주의

상업등기는 원칙적으로 당사자의 신청에 의하여 등기공무원이 상업등기부 또는 전산등기부에 기재함으로써 이루어지는데(제34조 · 제40조 · 상업등기법 제17조 제1항), 이처럼 당사자의 신청에 기한다는 점에서 '당사자신청주의'라고 한다.

2. 촉탁등기 · 직권등기

상업등기는 예외적으로 법원이 등기소에 등기를 촉탁하거나(촉탁등기: 회사의 해산명령 · 설립무효 · 합병무효 등의 재판확정시 법원이 본점소재지 등기소에 그 등기를 촉탁) 또는 직권으로써 등기한다(직권등기: 휴면회사의 해산의제시 등기소가 직권으로써 주식회사의 해산등기를 한다(제520조의 2)).

3. 관할등기소

상업등기의 관할등기소는 등기신청자의 영업소 소재지 관할지방법원 · 동 지원(支院) 또는 등기소이다.

4. 등기소의 심사권

등기공무원은 등기신청사항이 상법 또는 비송사건절차법의 규정에 적합하지 않을 때에는 이유를 기재한 결정으로써 등기신청을 각하하여야 하는데, 이때 등기공무원이 등기신청의 적법 여부의 결정에 관하여 어느 정도의 심사권을 갖는지에 관하여 견해가 나누인다.

(1) 형식적 심사주의

형식적 심사주의란 등기공무원이 등기의 신청이 형식적으로 적법한지 여부에 대하여만 심사할 수 있다는 입장을 말한다. 즉 실체법상의 권리관계와 일치하는지의 여부에 대한 심사권한은 없다는 것이다.

(2) 실질적 심사주의

실질적 심사주의란 위의 형식적 심사권 외에 신청사항의 실질적 진실 이른바 권리의 실체관계까지 심사할 권한이 있다고 보는 입장을 말한다.

(3) 절충주의

상업등기제도는 진실한 객관적 사실의 공시를 목적으로 하는 것이므로, 실질적 심사주의에 의하여야 할 것이나, 등기공무원이 법관이 아니라 단지 기록관에 불과하므로 그 심사능력에는 한계가 있으므로 등기공무원은 신청사항에 대하여 현저한 의문이 있는 경우에만 그 실체적 진실성을 심사할 권한과 의무가 있다고 보아야 할 것이다. 따라서 등기공무원이 신청사항에 대하여 현저한 의문이 있음에도 불구하고 그 실체적 진실성을 심사하지 않는 것은 직무위반이 될 것이고, 현저한 의문이 없음에도 불구하고 실체적 진실성의 심사를 이유로 등기절차를 지연시키는 것은 직권남용이 된다고 할 것이다(수정실질적 심사주의).

5. 신청방식

상업등기는 서면으로 신청하여야 하고, 신청시에는 법정사항을 기재하여, 신청인 또는 그 대리인이 기명날인하여야 한다.

신청기간에 관하여는, (i) 일반적으로 변경 또는 소멸의 등기는 지체 없이 등기하여야 하고, (ii) 회사설립등기는 대개 등기사항의 발생시로부터 일정기간(통상 2주간) 내에 하여야 한다.

6. 등기의 경정과 말소

(1) 등기의 경정(更正)

(i) 등기당사자는 등기 후 그 등기에 착오 또는 탈루가 있는 때에는 관할등기소에 그 등기의 경정을 신청할 수 있다. (ii) 등기공무원은 등기 후 그 등기에 착오나 탈루가 있

음을 발견한 때에는 지체 없이 등기를 한 자에게 그 뜻을 통지하여야 한다. (iii) 등기공무원의 잘못으로 인한 착오나 탈루의 경우에는 지방법원장의 허가 하에 등기의 경정을 하고 등기를 한 자에게 그 통지를 하여야 한다(등기의 직권경정).

(2) 등기의 말소

등기의 말소는 (i) 당사자의 말소신청, (ii) 등기공무원의 직권말소, (iii) 이해관계인에 의한 말소청구에 의한다.

V. 등기의 공시

1. 개별적 공시방법

상업등기의 개별적 공시방법이란 '등기부의 열람' 또는 '등초본의 교부'를 말한다.[1)]

2. 일반적 공시방법

상업등기의 일반적 공시방법이란 '등기의 공고'를 말한다.

상업등기사항은 널리 거래관계를 갖는 일반대중의 관심의 대상이므로 개별적 공시에 그칠 것이 아니라 공고에 의한 일반적 공시방법이 바람직한 바, 1962년 상법은 등기사항은 법원이 지체 없이 공고하도록 요구하고 있었고, 이 공고는 관보와 신문에 1회 이상 하여야 하고 공고는 이를 게재한 신문의 발행일 익일에 행한 것으로 보았으며, 등기와 공고가 다를 때에는 공고가 없는 것으로 하였다.

그러나 1962년 상법의 시행 당시부터 부칙 제3조상 이 공고에 관한 규정은 상당기간 적용하지 않으며 그 기간은 대법원규칙인 상업등기처리규칙 부칙 제9조상 2002년까지라고 하고 있다가, 1995년 상법개정시 그동안 제기되었던 폐지론에 따라 제36조를 전면 삭제하였다. 그리하여 개별적 공시사항에 해당하는 것으로는 '상업등기부의 열람과 전산기록부에 기록된 사항의 서면교부'만이 남아 있다.

---

1) 등본(謄本)이란 문서의 원본 내용을 동일한 문자·부호로써 전부 완전하게 복사한 서면을 말한다. 원본의 내용을 증명하기 위하여 작성한다.
초본(抄本)이란 원본의 일부만을 발췌하여 등사한 서면을 말한다. 원본 가운데 필요한 부분의 증명을 위하여 작성된 것이다. 그 예로는 등기부초본, 소송기록초본, 주민등록초본 등이 있다.

Ⅵ. 상업등기의 효력

상업등기의 효력에는 (i) 모든 상업등기에 공통되는 일반적 효력, (ii) 일정한 등기사항에 관하여 등기 자체에 따르는 특수한 효력, (iii) 공신력이 인정되는 부실등기의 효력이 있다.

1. 일반적 효력

상법은 등기할 사항은 이를 등기하지 않으면 선의의 제3자에게 대항하지 못한다고 규정하고 있다(제37조 제1항). 이것을 등기의 '소극적 공시의 원칙'이라고 한다.

등기 전에는 제3자의 보호에 중점을 두고, 등기 후에는 상인의 보호에 중점을 둔다.

(1) 등기 전의 효력

등기할 사항은 악의의 제3자에게는 대항할 수 있으나 선의의 제3자에게는 대항하지 못한다. 이것을 가리켜 등기의 '소극적 공시력'이라고 한다. 이것에 의하여 등기사항의 등기가 촉진되는 효과가 있고, 나아가 제3자가 보호된다.

이 때 '대항하지 못한다'는 말의 의미는 선의의 제3자가 등기사항인 사실의 존재를 부인할 수 있다는 뜻이며, 제3자가 등기사항의 내용을 인정하는 경우에는 등기사항을 주장할 수 있다.

(2) 등기후의 효력

① 원칙

등기사항은 등기 후에는 악의의 제3자는 물론 선의의 제3자에 대하여도 대항할 수 있다. 이것을 가리켜 등기의 '적극적 공시력(제3자 악의의 의제)'라고 한다.

② 예외

등기할 사항은 등기 후라도 제3자가 정당한 사유로 알지 못한 때에는 대항하지 못한다(제37조 제2항). 이 때 정당한 사유란 자기디스크의 고장 · 등기소의 화재로 인한 등기부의 소실 등 '객관적 사유'에 한하고, 장기여행 · 질병 등의 주관적 사유는 포함되지 않는다.

(3) 일반적 효력이 미치는 범위

① 비거래관계

상업등기의 공시력은 통상의 거래관계에는 전형적으로 적용된다. 즉 등기할 사항이면 절대적·상대적, 창설적·면책적, 기존사항의 변경 등을 불문하고 일반적 효력을 갖는다.

그러나 불법행위·부당이득·사무관리 등의 비거래관계(非去來關係)에도 상업등기의 일반적 효력이 미치는지에 대하여는 부정설과 긍정설로 견해가 나누이는데, 비거래관계에 있어서는 상대방의 신뢰 여하의 문제가 있을 수 없고 또 이러한 경우 피해자인 상대방을 보호하여 주어야 하므로 등기 유무를 불문하고 실질관계에 따라 판단하여야 하는바, 부정설(다수설)이 타당하다고 생각한다.

② 상호의 양도

상법 제25조 제2항은 '상호의 양도는 등기하지 않으면 제3자에게 대항하지 못한다'고 규정하고 있는 바, 상호양도등기의 대항력은 제3자의 선의·악의를 불문하고 발생한다.

그러므로 제37조에 따른 상업등기의 일반적 효력의 적용 여하에 대하여, (i) 상법 제25조 제2항을 제37조의 상업등기의 일반적 효력에 대한 예외규정으로 보는 다수설과 (ii) 두 규정은 각각 적용되는 경우가 다를 뿐이지 예외규정으로 볼 수 없다는 소수설로 견해가 나누인다. 생각건대 상법 제25조 제2항이 제37조에 대한 특칙임이 분명하므로 상호양도의 등기에는 제37조가 적용되지 않는 것으로 보아야 할 것이다.

③ 표현책임

지배인(제13조)·대표이사(제317조 제2항 제9호) 등은 등기사항이므로 이를 등기하면 상업등기의 일반적 효력이 발생하여 선의의 제3자에게 대항할 수 있을 것 같이 생각된다. 그러나 상법은 이에 대한 예외로서 표현지배인(제14조)·표현대표이사(제395조) 등의 규정을 두고 있어 제37조 제1항이 적용되지 않는다고 보는 것이 통설이다. 따라서 등기부를 열람하였으면 이들에게 대리권·대표권이 없음을 알 수 있었는데도 불구하고 열람하지 않음으로써 그러한 권한이 없음을 알지 못하고 거래한 제3자라 할지라도 상거래의 신속성·대량성이라는 특성상 표현지배인(제14조)·표현대표이사(제395조) 등의 제도에 따른 보호를 받게 된다.

④ 소송행위

상업등기의 일반적 효력은 소송행위에도 적용된다고 본다. 예컨대 지배인의 대리권의 소멸에 관한 등기를 하기 전에 그 지배인이 행한 각종의 소송행위는 유효하다.

⑤ 공법관계

상업등기의 일반적 효력은 대등한 지위에서 행하여지는 거래관계에 적용되는 것이므로, 공법관계에서는 상업등기의 일반적 효력이 적용될 여지가 없다.

2. 특수한 효력(제37조와 무관한 효력)

상업등기 중 일정한 사항은 제3자의 선의·악의를 불문하고 등기 그 자체만으로 효력이 발생하는 경우가 있는데, 이를 가리켜 상업등기의 특수한 효력이라고 한다.

(1) 창설적 효력(설정적 효력)

창설적 효력이란 등기에 의하여 비로소 법률관계가 형성 내지 설정되는 것을 말한다. 설립등기에 의하여 회사가 법인격을 취득하고(제172조), 합병등기에 의하여 회사합병의 효력이 발생하는 것 등이 이에 해당한다(제234조).

(2) 배타적 효력

상호를 등기한 경우에는 일정지역에서 타인이 동종영업의 상호로 등기하지 못하고(제22조), 동일한 서울특별시·광역시·시·군에서 동종영업으로 타인이 등기한 상호를 사용하는 자는 부정한 목적으로 사용하는 것으로 추정되는데(제23조 제4항), 이는 제37조와 무관한 사항이다.

(3) 보완적 효력

어떤 사항을 등기하면 등기사항인 법률관계의 전제조건인 법률사실에 존재하는 하자가 치유된 것과 같은 효과가 나타나서 더 이상 그 하자를 주장하지 못하게 된다. 이를 가리켜 등기의 보완적 효력이라고 한다.

예컨대 주식회사는 설립등기에 의하여 성립된 후 또는 신주발행으로 인한 변경등기 후에는 주식인수인은 주식청약서의 요건의 흠결을 이유로 하여 그 무효를 주장하거나 사기·강박 또는 착오를 이유로 하여 그 인수를 취소하지 못한다(제320조, 제427조).

(4) 사원의 퇴사등기의 면책적 효력

면책적 효력이란 등기에 의하여 일정한 책임 또는 제한이 해제되는 것을 말한다.

합명회사·합자회사의 사원은 퇴사등기시로부터 2년(제225조 제1항, 제269조)·해산등기시로부터 5년이 경과하면(제267조 제1항, 제269조) 그 책임을 면하게 된다.

(5) 부수적 효력

부수적 효력이란 원래 목적한 바의 등기효력 외에 부수적으로 뒤따르는 효력을 말한다.

인적 회사의 사원은 퇴사등기를 하면 사원으로서의 지위를 상실하게 되지만, 퇴사 전에 자신이 행한 행위에 대하여는 책임을 져야 하므로 그 부분에 대하여는 여전히 책임을 질 여지가 있겠으나, 퇴사등기 후 2년이 경과하면 그러한 책임이 소멸하게 된다(제225조 제1항).

주식의 인수로 인한 권리(권리주)의 양도는 회사에 대하여 효력이 없는데(제319조, 권리주 양도제한의 해제), 주식회사의 성립등기가 있으면 권리주는 바로 주식으로 되고, 따라서 제335조 제1항이 적용되게 되어 주식의 양도를 자유롭게 할 수 있게 된다.

주권발행 전에 한 주식의 양도는 회사에 대하여 효력이 없다. 그러나 회사성립 후 또는 신주의 납입기일 후 6월이 경과한 때에는 그러하지 아니 하다(제335조 제3항).

3. 부실등기의 효력(공신력)

(1) 의의

고의 또는 과실로 인하여 사실과 상위한(다른) 사항을 등기한 자는 그 상위를 선의의 제3자에게 대항하지 못한다고 규정하고 있는데(제39조), 이를 부실등기의 효력이라고 한다.

① 추정력

a. 상업등기의 선언적(확보적) 효력

상업등기의 효력은 등기된 사실이 존재하는 것을 전제로 하므로, 등기의 기초가 되는 사실이 없는 경우에는 등기가 있더라도 그 효력이 인정되지 않는다.

b. 사실상의 추정력

그러나 고의 또는 과실로 인하여 객관적 진실과 다른 사항이 등기된 경우, 등기사항은 일단 진실하다는 사실상의 추정을 받게 된다(통설 · 판례). 그러나 등기소의 심사권이 철저하지 못하므로 입증책임을 전환시키는 '법률상의 추정력'이 생기는 것은 아니다.

② (권리)외관이론

상업등기에는 공신력이 없으므로 그 등기를 믿고 거래한 자는 뜻밖의 불이익을 받을 수 있는데 이렇게 되면 상업등기의 효용은 대단히 감소될 것이다. 이에 상법은 선의의 제3자를 보호하기 위하여 부실등기의 효력에 관한 규정을 마련한 것이고, 이 역시 (권리)외관이론의 일환이라 할 것이다.

(2) 요건

① 등기한 자의 고의 또는 과실로 인하여 사실과 상위한 사항을 등기하여야 한다. 이때 고의는 사실이 아님을 알면서 부실등기를 한 것을 가리키고, 과실은 부주의로 사실이 아님을 모르고 부실등기를 한 것을 가리키는데 중과실뿐만 아니라 경과실도 포함한다.

② 제3자는 선의이어야 한다.

제3자가 선의이어야 한다는 것은 제3자가 등기내용과 사실이 상위한 것을 알지 못한 것을 뜻한다.

(3) 효과

상업등기에는 공신력이 없어 등기를 믿고 거래한 자는 뜻밖의 불이익을 받을 수 있으므로, 고의·과실로 인하여 사실과 상위한 사항을 등기한 자는 그 상위를 선의의 제3자에게 대항하지 못한다(부실등기에 대한 외관책임: 제39조). 그러나 제3자가 등기와 상위한 사실을 주장하는 것은 무방하다. 즉 거래 당시에 선의였던 제3자는 이후 부실등기한 사실과 진실한 사실 중 어느 쪽도 주장할 수 있는 선택권을 가진다.

제 6 장

기업의 양도

상법은 양도의 대상으로서 기업 대신에 '영업'이라는 용어를 사용하고 있다. 이 영업이라는 용어는 주관적 의의와 객관적 의의의 두 가지로 사용된다. 주관적 의의의 영업이란 영업상의 모든 활동을 말하는 것으로서, 상법상 영업을 한다든지 영업부류에 속하는 계약이라고 하는 경우에 있어서의 영업이 이에 속한다. 객관적 의의의 영업이란 '영업활동의 침전물이라고 할 수 있는 사실관계를 포함하여 일정한 영업목적에 의하여 조직화된 유기적 일체로서의 기능적 재산'을 말한다.

Ⅰ. 의의

영업양도란 영업의 동일성을 유지하면서 일정한 영업목적에 의하여 조직화된 유기적 일체로서의 기능적 재산의 이전을 목적으로 하는 상법상 특유한 채권계약을 말한다.

영업양도는 영업의 포괄적 이전을 의미한다. 따라서 영업의 동일성을 유지하고, 인적 조직의 승계가 필요하다(대법원 2001년 7월 27일 선고 99두2680 판결). 다만 영업의 일부양도도 가능하다(그 일부로써 독립적 영업이 가능하여야 한다).

따라서 영업양도는 (i) '개개의 영업용재산 또는 단순한 영업용재산의 전부의 양도'와 구별되고, (ii) 영업의 소유관계의 변동을 가져오지 않고 경영관계에 있어서만 변동을 가져오는 '영업임대차 또는 경영위임'과도 구별되며, (iii) 양도인 · 양수인의 두 당사자가 체결하는 채권계약에 의하여 그 법률상의 효력이 발생하는 점(개인법관계)에서 상법규정에 의하여 그 법률상의 효력이 발생하는 회사의 합병(단체법관계)와도 구별된다.

〈영업양도와 합병의 비교〉

<table>
<tr><td colspan="2"></td><td>영업양도</td><td>합병</td></tr>
<tr><td rowspan="2">절차</td><td>당사자</td><td>회사·개인상인·비상인(양수인)</td><td>회사들끼리</td></tr>
<tr><td>방식</td><td>특정방식 없음</td><td>법정절차</td></tr>
<tr><td rowspan="2">효과</td><td>재산의 이전</td><td>특정승계
(개별이전)</td><td>포괄승계</td></tr>
<tr><td>고용의 이전</td><td>포괄승계</td><td>포괄승계</td></tr>
<tr><td colspan="2">무효인 경우</td><td>민법의 일반원칙에 의해 해결</td><td>합병무효의 소</td></tr>
<tr><td colspan="2">이행 후의 당사자의 의무</td><td>양도인의 경업피지의무</td><td></td></tr>
</table>

Ⅱ. 성질

영업양도계약의 법적 성질을 살피면, 불요식의 낙성계약이면서 (i) 유상의 양도시에는 매매 또는 교환의 성질, (ii) 무상의 양도시에는 증여의 성질을 각각 가지면서, 작위의무 또는 부작위의무를 수반하는 복잡한 혼합계약이다.

Ⅲ. 양도의 자유와 제한

상법상 영업의 양도와 양수는 자유이다. 그러나 은행법 · 보험업법 · 신탁법상의 인허가 및 공정거래법상의 제한이 있다.

Ⅳ. 절차

1. 당사자

영업양도의 당사자는 '양도인과 양수인'이다. 양도인은 영업을 소유하고 있는 상인으로서 개인상인일 수도 있고 회사일 수도 있다. 양수인은 상인이어야만 하는 것은 아니며 영업을 양수한 때로부터 상인자격을 취득할 수 있다. 양수인이 비상인인 경우에는 영업양수행위는 개업준비행위로서 보조적 상행위에 해당한다.

2. 의사결정

(1) 개인상인인 경우

개인상인인 경우에는 개인의 의사에 따라 결정되므로 별다른 문제가 없다.

(2) 회사상인인 경우

① 양도인이 회사인 경우

양도인이 회사인 경우에는 사원들에 의한 일정한 의사결정절차를 밟아야 한다.

인적 회사와 유한책임회사의 경우, 회사가 존속 중에 영업양도를 하는 경우에는 총사원의 동의를 요하고(제204조, 269조, 287조의 16), 해산 후에는 사원의 과반수결의를 요한다.

물적 회사의 경우, 해산의 전후를 불문하고 주주총회 또는 사원총회의 특별결의를 요한다(제374조 제1항 제1호, 제576조 제1항).

② 양수인이 회사인 경우

정관의 변경을 요하지 않는 경우에는 일반업무집행으로써 처리할 수 있으나, 물적 회사가 (그 회사의 영업에 중대한 영향을 미치는) 다른 회사의 영업 전부 또는 일부를 양수하는 경우에는 주주총회 또는 사원총회의 특별결의를 요한다(제374조 제1항 제3호, 제576조 제1항).

3. 양도방식

영업양도의 방식에는 특별한 제한이 없으며, 일반적으로 서면에 의하여 체결된다.

4. 계약의 체결

영업양도계약의 당사자가 개인인 경우에는 당사자 간에 양도계약을 체결하고, 회사인 경우에는 양도에 관한 의사를 결정한 후 대표기관이 양도계약을 체결한다.

개인상인은 영업을 전부 양도하면 상인자격을 상실하게 된다. 회사상인은 영업을 전부 양도하더라도 이것은 해산사유에 해당하지 않으므로 상인자격을 유지한다.

V. 양도의 효과

상법은 영업양도가 있은 후에 양수인을 보호하기 위하여 양도인에게 경업피지의무를 부과하고(제41조), 양도인의 영업으로 인한 채권자와 채무자를 보호하기 위하여 양수인에게 일정한 책임을 부과하고 있다(제42~제45조).

1. 당사자 간의 효과(대내관계)

(1) 양도인의 적극적 의무(영업재산의 이전)

영업양도계약에 의하여 양도인은 영업을 구성하는 각종 재산을 양수인에게 이전하여 양수인으로 하여금 이익을 얻을 수 있게 할 적극적 의무를 부담한다.

이전되는 범위 내의 각 구성재산에 대하여는, 동산의 경우에는 인도·부동산의 경우에는 이전등기·무체재산권의 경우에는 '등록변경 배서교부 명의개서 비결전수 단골소개 등,' 개별적인 이전절차를 밟아야 한다(특정승계)

고용도 승계하여야 한다. 대법원 판례에 따르면 영업양도는 해고사유에 해당하지 않는다. 영업양도인의 피보증인으로서의 지위는 이전하지 않는다. 그러므로 보증인이 영업양도인에 대한 보증채무를 이행하더라도 영업양도인에게 구상할 수 없다.[1]

(2) 양도인의 소극적 의무(경업피지의무)

영업양도인이 영업을 양도한 후에도 동종의 영업을 계속하는 경우에는 양수인이 영업을 양수한 효과를 얻을 수 없으므로, 상법은 영업양도의 실효성을 꾀하고 양수인을 보호하기 위하여, 영업에 대하여 지역적·시간적으로 양도인에게 부작위의무를 부과하고 있는바, 이를 당사자 간에 약정이 없는 경우와 약정이 있는 경우로 나누어 규정하고 있다.

① 당사자 간에 약정이 없는 경우

영업을 양도한 경우에 당사자 간에 다른 약정이 없으면 양도인은 동일한 특별시·광역시·시·군과 인접한 특별시·광역시·시·군에서 10년간 동일영업을 하지 못한다(제41조 제1항).

② 당사자 간에 약정이 있는 경우

영업양도인이 동종영업을 하지 않을 것을 약정한 때에는 (아무리 장기간의 약정이라 하더라도) 동일한 특별시·광역시·시·군과 인접한 특별시·광역시·시·군에 한하여 20년을 초과하지 않는 범위 내에서 그 효력이 있다(제41조 제2항).

③ 의무의반의 경우

이에 관하여 상법에 규정은 없으나 해석상 영업양도인이 상기 의무를 위반한 경우, 양수인은 양도인에 대하여 경업행위중지청구권과 손해배상청구권을 갖는 것으로 본다.[2]

---

1) 대법원 1989년 12월 22일 선고 89다카11005 판결.
2) 영업양도인이 제3자를 내세워 동종영업을 하는 것도 인정되지 않는다.
농협이 도정공장을 양도한 경우, 농협은 상인이 아니므로 이 경업피지의무를 지지 않는다.

2. 제3자에 대한 효과(대외관계: 제3자의 보호)

(1) 영업상의 채권자의 보호(제3자가 영업양도인의 채권자인 경우)

영업양도가 있은 경우에 채무인수가 없었음에도 불구하고 양수인이 상호를 계속 사용하거나 채무를 인수한 것처럼 광고하는 등 채무인수가 있었던 것과 같은 외관을 야기하면 외관법리상 채권자를 보호할 필요가 있다. 그리하여 상법은 양수인이 상호를 속용하는 경우와 속용하지 않는 경우로 나누어 채권자를 보호하고 있다.

① 양수인이 양도인의 상호를 속용하는 경우

양수인이 양도인의 상호를 속용하는 경우에는 양도인의 영업으로 인한 제3자의 채권에 대하여 양수인도 변제할 책임이 있다(제42조 제1항). 그러나 양수인이 양수 후 지체 없이 양도인의 채무에 대하여 책임이 없음을 등기한 경우와 이러한 등기를 하지 않았더라도 양도 후 지체 없이 양도인과 양수인으로부터 제3자에 대하여 양수인이 책임을 부담하지 않을 것을 통지한 때에는 변제책임을 지지 않는다(제42조 제2항).

② 양수인이 양도인의 상호를 속용하지 않은 경우

이 경우에는 일반적으로 채권자의 외관신뢰가 없을 것이므로 양수인에게 책임을 부담시킬 필요가 없다. 그러나 양수인이 양도인의 영업상의 채무를 인수할 것을 광고한 때에는(개별적 의사표시도 포함) 변제책임을 진다(제44조).

③ 양도인의 책임의 소멸

양수인이 책임을 지더라도 양도인의 책임이 당연히 면제되는 것은 아니고, 그렇다고 양도인의 불안정한 지위를 장기간 방치하는 것도 바람직하지 않으므로, 상법은 양도인의 책임은 영업양도 후 또는 제44조의 광고 후 2년이 경과하면 소멸한다고 규정하고 있다(제45조: 제척기간).

(2) 영업상의 채무자의 보호(제3자가 영업양도인의 채무자인 경우)

① 양수인이 상호를 속용하는 경우

양수인이 양도인의 상호를 속용하는 경우에는, 영업양도의 당사자 간에 채권의 양도가 없더라도, 양도인의 채무자가 선의이며 중과실이 없이 양수인에게 변제한 때 그 변제는 유효하다(제43조).

② 양수인이 상호를 속용하지 않는 경우.

양수인이 양도인의 상호를 계속 사용하지 않는 경우에는 채무자에게 외관신뢰의 관계가 없으므로 '채권양도의 일반원칙'에 따르게 된다. 즉 상법에 관련규정은 없으나, 제44조를 유추적용하여, (i) 양도인의 영업상의 채권이 이전되는 영업재산에 포함되고 대항요건이 구비된 경우에는 당연히 양수인에게 변제하여야 하고, (ii) 그렇지 않은 경우에는 양도인에게 변제하여야 하며 채무자의 오인으로 양수인에게 변제한 경우에는 채무자의 중과실이 인정되므로 그 변제는 무효이다.

<table>
<tr><th></th><th>양수인의 양도인 상호 속용의 경우</th><th>양수인의 양도인 상호 불속용의 경우</th></tr>
<tr><td rowspan="2">제3자가 양도인의 채권자인 경우</td><td>양도인의 영업으로 인한 제3자에 대한 채권에 대해 양수인도 책임이 있다(제42조 제1항).

• 양수 후 지체없이 양도인의 채무에 대하여 책임이 없음을 '등기'한 경우
• 양도 후 지체없이 양도인과 양수인으로부터 제3자에 대하여 양수인이 책임을 지지 않을 것을 '통지'한 경우에는 책임을 지지 않는다(동조 제2항).</td><td>제44조
(채권자의 외관에 대한 신뢰가 없을 것이므로) 양수인에게 책임을 지울 필요가 없다.

그러나 양수인이 양도인의 영업상의 채무를 인수할 것을 '광고'한 때에는 (개별적 의사표시도 포함)변제책임을 진다.</td></tr>
<tr><td colspan="2">제45조
양수인이 책임을 지더라도 양도인의 책임이 당연히 면제되는 것은 아니고, 그렇다고 양도인의 불안정한 지위를 장기간 방치하는 것도 바람직하지 않으므로, 양도인의 책임은 영업양도 후 또는 제44조의 광고 후 2년이 경과하면 소멸한다.</td></tr>
<tr><td>제3자가 양도인의 채무자인 경우</td><td>제43조
영업양도의 당사자 간에 채권의 양도가 없더라도, 채무자가 선의이며 중과실이 없이 양수인에게 변제한 경우, 그 변제는 유효하다</td><td>(채무자에게 외관신뢰의 관계가 없으므로) 채권양도의 일반원칙에 따르게 된다.

상법에 관련규정이 없으나, 제44조를 유추적용하여, (i) 양도인의 영업상의 채권이, 이전되는 영업재산에 포함되고 '대항요건'이 구비된 경우에는 당연히 양수인에게 변제하여야 하고, (ii) 그렇지 않은 경우에는 양도인에게 변제하여야 하며, 채무자의 오인으로 양수인에게 변제한 경우에는 채무자의 중과실이 인정되므로 그 변제는 무효이다.</td></tr>
</table>

제2편

상행위법

제 1 장
총 설

제1절 상행위법의 의의

상행위법의 의의를 '실질적 의의의 상행위법'과 '형식적 의의의 상행위법'으로 나누어 살피면 다음과 같다.

실질적 의의의 상법을 기업에 관한 법으로 본다면, 상법은 '기업의 조직에 관한 법(기업조직법)'과 '기업의 활동에 관한 법(기업활동법)'으로 나눌 수 있는데, 실질적 의의의 상행위법은 기업의 활동에 관한 법을 말한다.

형식적 의의의 상행위법은 '상행위'라는 명칭을 가진 성문법 즉 상법 제2편(제46조~제168조의 12)을 말한다. 상호계산과 익명조합은 기업의 활동은 아니나, 상인이 영업을 위하여 하는 행위이므로 보조적 상행위에 해당하여, 여기에 포함시킨 것이다.

제2절 상행위법의 특성

상거래는 일반 사인 간의 거래에 비하여 집단성·반복성 등의 특징이 있어, 상행위법은 민법에 대하여 일정한 특성이 있는 한편, 기업활동법으로서 기업조직법에 대한 특성이 있다.[1)]

1) 기업책임의 가중과 경감(연대보증, 고가물에 대한 책임), 거래의 정형성(보통거래약관) 등.

상행위법의 민법에 대한 특성으로는 유상성(보수청구권)·신속성(낙보통지의무)·정형성(보통거래약관)·안전성(낙부통지의무)등이 있다.

상행위법은 기업활동법으로서 기업조직법에 대하여 임의법규성·국제성의 특성이 있다. 계약자유의 원칙상 임의법규가 원칙이나, 상행위의 당사자가 자기이익보호에 미흡한 점과 자본주의의 발달 특히 대기업의 발현으로 당사자 간의 지위의 불평등이 야기되어 강행규정 내지 약관에 대한 인가제가 채택되어 있다.

제 3 절 상행위의 의의와 종류

Ⅰ. 의의

1. 상행위에 관한 입법주의

상행위의 개념을 어떻게 정할 것인가의 문제에 대하여, (i) 행위의 객관적 성질에 의하여 상행위의 개념을 정하자는 객관주의, (ii) 상인의 개념을 정하고 그 상인의 영업상의 행위를 상행위로 하자는 주관주의, (iii) 양 입법주의를 병용하는 절충주의가 있다. 우리 상법은 주관주의적 절충주의를 취하고 있다고 본다.

2. 의의

상행위의 의의에는 실질적 의의의 상행위와 형식적 의의의 상행위가 있다. 실질적 의의의 상행위란 실질적으로 영리에 관한 행위를 가리키고, 형식적 의의의 상행위란 상법과 특별법이 상행위로 정하고 있는 것을 가리킨다.[2)]

Ⅱ. 종류

1. 기본적 상행위

상법 제46조 제1호 내지 제22호에서 정한 행위를 기본적 상행위라고 한다. 이러한 상행위를 하는 자는 당연상인이지만 오로지 임금을 받을 목적으로 물건을 제조하거나 노무

2) 특별법상의 상행위에 대하여는 담보부사채신탁법 제23조 제2항 참조.

에 종사하는 자의 행위는 기본적 상행위에 포함되지 않는다(제46조 단서).3)

2. 보조적 상행위(부속적 상행위, 부수적 상행위)

보조적 상행위란 상인이 영업을 위하여 하는 행위를 말한다(제47조 제1항). 예컨대 사무실임차·간판설치 등의 개업준비행위는 그 자체로서는 영리성이 인정되지 않지만 영업을 위한 수단이므로 이를 상행위로 보는 것이다. 보조적 상행위는 영업을 위하여 하는 점에서 영업으로 하는 영업적 상행위와 구별된다.

회사인 기업은 영업을 떠나서 존재할 수 없으므로 회사의 행위는 영리목적행위 이외는 모두 보조적 상행위로 되지만, 개인상인의 경우에는 어떠한 행위가 영업을 위하여 하는 행위이고 어떠한 행위가 개인의 이익을 위하여 하는 행위인지 불분명한 경우가 많다. 그래서 상법은 이러한 불분명한 경우에 대비하고 거래의 안전을 도모하기 위하여 상인의 행위는 영업을 위하여 하는 행위로 추정한다(제47조 제2항).

3. 준상행위

상법이 상행위개념을 기초로 하여 상인개념을 정하는 방법을 취함으로써 의제상인의 영리목적행위가 상행위에 해당되지 않게 되고 그 결과 영리추구를 함에도 불구하고 상법이 적용되지 않게 되는 부당함을 피하기 위하여, 의제상인의 영리목적행위를 준상행위라 하여 상행위통칙규정이 준용되도록 하고 있다(제66조).

4. 일방적 상행위 · 쌍방적 상행위

(1) 일방적 상행위

일방적 상행위란 당사자 일방에게만 상행위가 되는 행위를 말한다. 소매상과 일반 소비자의 관계가 이에 해당한다. 일방적 상행위의 경우에도 당사자 쌍방 모두에게 상법이 적용된다(제3조).

(2) 쌍방적 상행위

쌍방적 상행위란 당사자 쌍방 모두에게 상행위가 되는 행위이다. 따라서 쌍방 모두에게 상법이 적용된다. 도매상과 소매상의 관계가 이에 해당한다.

---

3) 제46조 제18호는 '광물 또는 토석의 채취에 관한 행위'라고 규정되어 있는데, 광물 또는 토석을 채취하는 행위 그 자체가 아니라 '채취한 것을 판매하는 행위'를 가리키는 것이다.

5. 사법인의 상행위와 공법인의 상행위

사법인의 대표적인 형태로는 회사를 들 수 있고, 공법인은 국가나 지방자치단체를 들 수 있다.

사법인의 상행위에 대하여 상법이 적용되는 것은 당연한 것이므로 별다른 문제가 없으나, 공법인의 상행위에도 상법이 적용되는지에 대하여는 의문이 생긴다. 이에 대하여 상법은 공법인의 상행위에 대하여도 법령에 다른 정함이 없으면 상법을 적용한다고 규정하고 있다(제2조).

제 2 장

상행위법 통칙

제 1 절 서 설

상행위법은 상거래의 특성을 바탕으로 한 특수한 수요에 따라 일반법인 민법을 보충하거나 변경하여 규정을 하고 있는데, 이 중에서 업종을 막론하고 상거래 일반에 적용되는 내용들을 제 1 장 '통칙'에서 규정하고 있다.

제 2 절 민법 총칙편에 대한 특칙

Ⅰ. 상행위의 대리와 위임

1. 대리의 방식(비현명주의)

민법은 대리의 방식에 관하여 '대리인이 본인을 위한 것임을 표시하지 아니 한 때에는 그 의사표시는 자기(대리인 자신)를 위한 것으로 본다. 그러나 상대방이 대리인으로서 한 것임을 알았거나 알 수 있었을 때에는 그러하지 아니 하다'고 규정하고 있다(제115조: 현명주의).

이에 대하여 상법은, 상거래의 신속과 안전을 기하기 위하여, '상행위의 대리인이 본인(영업주)을 위하여 상행위를 하는 경우에는 본인을 표시하지 않더라도 그 행위는 본인에 대하여 효력이 생긴다(제48조 본문: 비현명주의, 민법에 대한 예외). 그러나 상행위의 대리에 있어서는 상대방이 본인을 위한 것임을 알지 못한 때 (상대방이 뜻하지 않은 손해를 입지 않게 하기 위하여) 대리인에 대하여도 이행의 청구를 할 수 있다'고 규정하고 있다(동조 단서).

2. 상행위에 있어서 수임인의 권한

상법은 '상행위의 위임을 받은 자는 위임의 본지에 반하지 않는 범위 내에서 위임을 받지 않은 행위를 할 수 있다'고 규정하고 있다(제49조). 이 규정에 따르면 상행위의 수임인의 권한은 '수임인은 위임의 본지에 따라 선량한 관리자의 주의로써 위임사무를 처리하여야 한다'는 민법의 원칙(제681조)으로부터 조금 더 확대된 것이다.

3. 본인의 사망과 대리권의 존속

민법상 대리의 경우에는 본인이 사망하면 대리관계가 소멸하지만(제127조 제1호), 상법상 상행위의 위임에 의한 대리권은 (대리권의 소멸로 인한 영업활동의 중단을 피하고 거래의 안전을 도모하고자) 본인이 사망하더라도 소멸하지 않으며(제50조), 대리관계는 그 상속인과 대리인 간에서 계속 존속하게 된다.

이때 '상행위의 위임에 의한 대리권'이란 위임의 목적인 행위가 상행위라는 의미가 아니라 대리권을 수여하는 행위 자체가 상행위인 경우를 말한다. 예컨대 지배인을 선임하는 것은 상인이 영업을 위하여 하는 행위이므로 보조적 상행위에 해당하는 것으로서 바로 상행위의 위임에 의한 대리의 일례이다.

Ⅱ. 소멸시효기간

상사채권(상행위로 인한 채권)의 소멸시효기간은 상법에 다른 규정이 없는 때에는 5년간 행사하지 않으면 소멸시효가 완성한다(제64조). 이렇게 상사채권의 소멸시효기간을 민사채권의 10년(민법 제162조 제1항) 보다 단기로 규정한 것은 상거래의 신속한 해결을 기하기 위한 것이다.

상사채권에 관한 5년의 소멸시효기간에 관하여, 상법에 소멸시효기간에 관하여 별도의 규정이 있는 경우에는 그 규정에 의하고(제122조, 제154조 제1항 등 참조), 상법 이외의 다른 법령에 일반상사채권의 소멸시효기간 5년보다 단기의 소멸시효기간의 규정이 있는 때에는 그 규정에 의한다(민법 제163조 · 164조 등 참조).

주채무가 10년의 소멸시효에 걸린다 하더라도 보증채무가 상사채무인 경우에는 5년의 소멸시효에 걸린다.

불법행위로 인한 손해배상청구권에 대하여는 상사채권소멸시효가 적용되지 않는다.

〈소멸시효와 제척기간〉

	소멸시효	제척기간
취지	• 입증곤란의 구제 • 사회질서의 안정 • 권리행사의 태만에 대한 제재	• 조속한 권리관계의 확정
인정범위	물권·채권에 인정되지만 주로 채권에 인정	대부분의 형성권
중단·정지	사유가 있으면 소멸시효 진행의 중단·정지	천재지변 이외의 사유로는 중단·정지 불가
이익의 포기 여부	미리 포기는 불가 시효완성 후에는 포기 가능	기간의 만료로 당연히 소멸하므로, 성질상 포기제도 없음
기간의 단축	당사자 간의 약정에 의하여 기간의 단축·경감 가능	단축·경감 불가능
원용	• 절대적 소멸설(다수설)에 의하면 시효의 완성으로 당연히 권리가 소멸한다 • 상대적 소멸설(소수설)에 의하면 시효완성에 의하여 원용권이 발생할 뿐이므로 이를 행사하여야 권리가 소멸하게 된다	기간이 경과하면 원용의 필요 없이 해당 권리가 당연히 소멸
주장	• 절대적 소멸설에 의하면 변론주의의 원칙상 주장이 있어야 법원이 참작 • 상대적 소멸설에 의하면 소송상 원용이 있어야 법원이 참작	원용이 없어도 당연히 권리가 소멸하므로, 법원은 당사자의 원용이 없더라도 직권으로 참작하여야 함
입증책임	소멸시효의 완성을 주장하는 자	권리자가 아직 제척기간이 경과하지 않았음을 입증
효과(소급효)	권리소멸의 효과가 기산점으로 소급	권리소멸의 효과가 소급하지 않고, 장래를 향하여만 발생

제 3 절 민법 물권편에 대한 특칙

채권의 확보를 담보하기 위하여 상거래시마다 약정담보권을 설정하자고 하면 상대방에 대한 불신을 나타내거나 거래의 신속을 저해하게 되므로, 상법은 상인간의 상행위로 인한 채권에 대하여 (i) 제58조상의 유치권을 인정하고(일반상사유치권), (ii) 대리상 · 위탁매매인 · 운송주선인 · 육상운송인 · 해상운송인 등의 경우에 별도의 유치권을 인정하며(특별상사유치권), (iii) 다수채무자 간 또는 채무자와 보증인 간에는 연대책임(제57조), (iv) 유질계약의 허용(제59조), (v) 선박우선특권 · 선박저당권 · 선박질권 등의 제도를 두고 있다.

Ⅰ. 일반상사유치권

1. 의의

유치권이란 물건 또는 유가증권에 관하여 생긴 채권은 변제를 받을 때까지 그 물건 또는 유가증권을 유치할 수 있는 권리를 말한다(민법 제320조, 민사유치권). 유치권에는 민사채권의 확보를 위한 '민사유치권'과 상사채권의 확보를 위한 '상사유치권'이 있고, 상사유치권에는 다시 '일반상사유치권'과 '특별상사유치권(제91조, 제111조, 제120조, 제147조 등)'이 있다.

상인 간의 상행위로 인한 채권이 변제기에 있는 때에는, 당사자 간에 다른 약정이 없더라도, 채권자는 변제를 받을 때까지 그 채무에 대한 상행위로 인하여 자기가 점유하고 있는 채무자 소유의 물건 또는 유가증권을 유치할 수 있는 바, 이를 '상인 간의 유치권' 또는 '일반상사유치권'이라 한다(제58조). 이것은 기업활동에 있어서의 신용보호라는 특수한 수요에 따라 상사채권의 물적 담보를 강화하기 위하여 유치권의 성립요건을 완화하여 규정한 것으로, 민사유치권과 다른 특수한 효력을 가진 유치권을 인정한 것은 아니다.

2. 성립요건

(1) 당사자

일반상사유치권의 당사자인 채권자 · 채무자는 '쌍방 모두 상인'이어야 한다.

(2) 유치목적물

① 목적물의 범위

채권자가 변제를 받을 때까지 유치할 수 있는 목적물은, 그 채무자에 대한 상행위로 인하여 자기가 점유하고 있는 채무자 소유의 '물건 또는 유가증권'이어야 한다.

목적물이 물건 또는 유가증권이라는 점에서는 민사유치권 · 대리상의 유치권과 같고, 운송주선인 · 운송인의 유치권은 목적물이 운송물인 점에서 다르다.

② 목적물의 점유원인

유치목적물의 점유취득원인은 채권자가 '채무자에 대한 상행위'로 인하여 점유하게 된 것이어야 한다. 대리상 · 위탁매매인의 경우에는 본인 또는 위탁자를 위하여 점유한 것이면 되고, 운송주선인 · 운송인의 경우에는 탁송을 위하여 인도받아 점유한 것이면 된다.

민사유치권의 경우에는 이러한 제한이 없다.

③ 목적물의 소유권

유치목적물은 '채무자 소유'의 것이어야 한다. 그러나 유치권이 일단 성립한 후에는 목적물의 소유권이 타인에게 이전하더라도 유치권은 소멸하지 않는다.

민사유치권과 대리상 · 위탁매매인 · 운송주선인 · 운송인의 유치권은 목적물이 반드시 채무자의 소유임을 요하지는 않는다.

(3) 피담보채권

목적물에 의하여 담보되는 채권은 상인 간의 상행위로 인한 채권으로서 '변제기'에 있는 것이어야 한다.

민사유치권의 피담보채권은 목적물에 관하여 생긴 채권이면 족하고, 대리상의 경우에는 거래의 대리 또는 중개로 인한 채권, 운송인의 경우에는 운송물에 관하여 받은 보수 · 운임 기타 위탁자를 위한 체당금 · 선대금의 지급청구권이다.

(4) 목적물과 피담보채권과의 견련성

일반상사유치권에서는 목적물과 피담보채권 간에 견련성(개별적인 관련성: 당해 목적물에 대한 채권만 인정된다)을 요하지 않는다.[1)]

대리상 · 위탁매매인의 유치권의 경우도 마찬가지이다.

그러나 민사유치권과 운송주선인 · 운송인의 유치권의 경우에는 견련성을 요한다.

(5) 유치권배제의 특약

일반상사유치권은 법정담보물권이지만, 당사자 간의 약정으로써 유치권을 배제할 수 있다(제58조 단서).

1) 견련성이 인정되는 것은 채권이 목적물 자체로부터 발생한 경우로서 목적물 자체에 지출한 비용상환청구권 · 목적물로부터 받은 손해배상청구권 등이 있고, 견련성이 인정되지 않는 것은 채권이 목적물 그 자체를 목적으로 하는 경우로서 보증금반환채권 · 권리금반환채권 · 부속물매수청구권으로 취득한 매매대금채권 등이 있다.

3. 효력

상법에는 유치권의 효력에 관하여 규정이 없으므로, 상법 제1조에 근거하여 민법 제320조 이하의 규정이 적용되는 바, (i) 유치권자는 변제를 받을 때까지 목적물을 유치할 수 있고, (ii) 유치물의 과실이 있는 때에는 다른 채권보다 먼저 변제를 충당할 수 있고, (iii) 유치목적물이 파산재단에 속하는 경우에는 별제권(別除權)을 갖는다.

〈상사유치권과 민사유치권의 비교〉

	상사유치권	민사유치권
당사자	쌍방 모두 상인	상인·비상인 불문
피담보채권	·쌍방적 상행위로 발생해야 한다 ·변제기에 있어야 함	·그러한 제한 없음 ·변제기에 있어야 함
목적물	·채무자 소유의 물건 또는 유가증권 ·목적물의 점유는 상행위로 인하여 취득한 것이어야 함	·소유권이 반드시 채무자에게 귀속될 것을 요하지 않음 ·점유취득의 원인에 제한이 없음
(피담보채권과 목적물 사이의) 견련관계	불필요	필요
참고사항	·상사채권의 물적 담보를 강화하기 위하여 민사유치권보다 그 성립요건을 완화·변경 ·성질·효력·소멸에 대하여는 민사유치권의 규정 준용	

Ⅱ. 유질계약의 허용

유질계약(流質契約)이란 질권설정자가 질권설정계약과 동시에 또는 채무변제기 전의 계약으로써 변제에 갈음하여 질권자에게 질물의 소유권을 취득하게 하거나 기타 법률에서 정한 방법에 의하지 않고 질물을 처분하게 하는 약정을 말한다.

그런데 민법상 질권설정자는 채권의 변제기 전의 계약으로써 질권자에게 변제에 갈음하여 질물의 소유권을 취득하게 하거나 법률에 정한 방법에 의하지 않고 질물을 처분할 것을 약정하지 못하게 하고 있는 한편(유질계약의 금지, 민법 제339조), 상법은 상행위로 인하여 생긴 채권을 담보하게 하기 위하여 설정한 질권에 대하여 유질계약을 허용하고 있다(제59조).

상법은, (i) 채권자의 질권실행의 간이화를 통한 금융편의를 제공하고, (ii) 채무자가 상인이므로 법이 후견적 역할을 할 필요가 없어, 유질계약을 허용한 것이다.

이 때 '상행위로 인하여 생긴 채권'에 대하여, (i) 채권자 · 채무자 간의 쌍방적 상행위는 물론 일방적 상행위인 경우도 포함한다고 보는 견해와 (ii) 채무자에게 상행위가 되는 행위라고 보는 견해가 있으나, 전자가 타당하다고 생각된다.

참고로 1993년에 폐지된 전당포영업법[2] 제21조에 의하면 전당포주는 유전기한(流轉期限)이 경과하면 전당물의 소유권을 취득하고 매각할 수 있었다.

제 4 절 민법 채권편에 대한 특칙

Ⅰ. 상사계약의 성립시기

1. 대화자 간의 계약의 성립시기

민법은 대화자(對話者) 간의 계약의 성립시기에 관하여 특별히 규정을 두고 있지 않으나, 상법은 상거래의 민활한 결제를 위하여 대화자 간의 계약의 성립시기에 대하여 특별히 규정을 두고 있다. 즉 '대화자 간의 계약의 청약은 상대방이 즉시 승낙하지 아니 한 때에는 그 효력을 잃는다'고 하여, 청약과 동시에 하는 승낙(즉시승낙)에 의하여 계약이 성립한다고 규정하고 있다(제51조).

2. 격지자 간의 계약의 성립시기

2010년 개정 전의 상법은 격지자(隔地者)[3] 간의 계약의 성립시기에 관하여 '격지자 간의 계약의 청약은 승낙기간이 없으면 상대방이 상당한 기간 내에 승낙의 통지를 발송하지 않은 때에는 그 효력을 잃는다'고 규정하면서, 이때 연착된 승낙은 청약자가 이를 새로운 청약으로 볼 수 있다는 민법 제530조를 상법에 준용하였다. 그런데 이는 승낙기간을 정하지 않은 경우에만 인정되는 것으로서 민법(제531조, 제529조)에 대한 특칙이므로 승낙기간을 정한 경우와 불균형을 이루는 문제점 등이 있어, 2010년 상법개정시 제52조를 삭제하였다. 그 결과 격지자 간의 계약의 성립시기는 민법의 일반원칙(제531조, 제528조, 제529조)에 의하여 정

2) 현재는 '대부업 등의 등록 및 금융이용자 보호에 관한 법률'로 대체되어 있다.
3) 한자의 의미를 살피면, 멀리 떨어진 곳에 있는 자를 뜻하나, 여기에서는 계약 따위에서 상대편의 의사표시를 알 수 있는 상태가 될 때까지 상당한 시간이 필요한 자를 뜻한다.

하여지게 되었다.

격지자 간의 계약은 승낙의 통지를 발송한 때에 성립한다(민법 제531조). 승낙의 기간을 정한 계약의 청약은 청약자가 그 기간 내에 승낙의 통지를 받지 못한 때에는 그 효력을 잃는다. 승낙의 통지가 전항의 기간 후에 도달한 경우에 보통 그 기간 내에 도달할 수 있는 발송인 때에는 청약자는 지체 없이 상대방에게 그 연착의 통지를 하여야 한다. 그러나 그 도달 전에 지연의 통지를 발송한 때에는 그러하지 아니 하다. 청약자가 전항의 통지를 하지 않은 때에는 승낙의 통지는 연착되지 않은 것으로 본다(민법 제528조). 승낙의 기간을 정하지 않은 계약의 청약은 청약자가 상당한 기간 내에 승낙의 통지를 받지 못한 때에는 그 효력을 잃는다(민법 제529조).

3. 계약의 청약을 받은 상인의 의무

상법은 상거래의 신속과 당사자의 편의(청약자는 상대방의 지연된 승낙거절로 인하여 발생하는 손해를 방지하고, 상대방은 거래시마다 승낙의 통지를 할 필요 없이 계약을 체결할 수 있음)를 위하여 일정한 경우에 청약을 받은 상인에 대하여 '낙부통지의무'와 '물건보관의무'를 부과하고 있다.

(1) 낙부통지의무

민법상으로는 계약의 청약은 청약자를 구속할 뿐(제527조: 계약의 청약은 이를 철회하지 못한다) 청약수령자에게 낙부통지의무를 부과하지 않으나, 상법은 상거래의 신속을 꾀하고자 상인이 상시 거래관계에 있는 자로부터 그 영업부류에 속한 계약의 청약을 받은 때에는 지체 없이 낙부통지를 발송하여야 하며 낙부통지를 해태한 때에는 청약에 대하여 승낙한 것으로 본다(승낙의제 : 제53조).

(2) 물건보관의무

민법상으로는 계약의 청약과 동시에 물건을 받은 자는 그것을 보관할 의무는 없다. 그러나 상인의 경우에는 영업부류에 속한 계약의 청약을 받은 경우에 견품 기타의 물건을 받은 때에는 그 청약을 거절한 때에도 청약자의 비용으로 그 물건을 보관하여야 한다. 그러나 그 물건의 가액이 보관의 비용을 상환하기에 부족하거나 보관으로 인하여 손해를 받을 염려가 있는 때에는 그러하지 아니 하다(제60조).

Ⅱ. 상행위의 유상성(영리성의 보장)

1. 체당금의 이자청구권

체당금(替當金)이란 널리 타인을 위하여 채무의 변제로서 금전의 지급을 하는 것을 말한다.

민법은, 수임인과 수치인에 대하여는 체당금에 대한 법정이자청구권을 인정하고 있고, 사무관리(事務管理)에 대하여는 '관리자가 본인을 위하여 필요비 또는 유익비를 지출한 때에는 본인에 대하여 그 상환을 청구할 수 있다'고 규정하여(제739조 제1항) 관리자에게 체당금에 대한 법정이자청구권을 인정하고 있지 않다.

상법은 상인의 영리성을 보장하기 위하여 '상인이 그 영업범위 내에서 타인을 위하여 금전을 체당하였을 때에는 체당일 이후의 법정이자를 청구할 수 있다'고 규정하여(제55조 제2항) '모든 체당금에 대한 법정이자청구권'을 인정하고 있다. 전술한 바와 같이 위임의 경우에는 민법상으로도 이자청구권이 인정되므로 상법규정이 의미를 갖는 것은 사무관리의 경우이다.

한편 상인은 이 이자청구권과 별도로 보수청구권도 함께 행사할 수 있다(다수설).

2. 금전 기타 대체물 소비대차[4]의 이자

민법상 소비대차는 당사자 간에 약정이 없으면 무이자가 원칙이나(제598조 · 제600조 · 제601조), 상법은 상인의 영리성을 보장하기 위하여 '상인이 그 영업에 관하여 금전을 대여한 경우에는 법정이자를 청구할 수 있다'고 규정하여(제55조 제1항) 당사자 간에 이자에 대한 약정의 유무를 불문하고 상인인 대주(貸主)에게 법정이자청구권을 인정하고 있다.

3. 법정이율

이자 있는 민사채권의 이율은 다른 법률규정이나 당사자 간에 약정이 없으면 연 5푼이

4) 소비대차계약이란 당사자 일방이 금전 기타 대체물의 소유권을 상대방에게 이전할 것을 약정하고 상대방은 그와 '동종 · 동질 · 동량의 물건'을 반환할 것을 약정하는 계약을 말한다.
사용대차계약이란 당사자 일방이 상대방에게 '무상'으로 사용 · 수익하게 하기 위하여 목적물을 인도할 것을 약정하고 상대방은 이를 사용 · 수익한 후 '그 물건'을 반환할 것을 약정하는 계약을 말한다.
임대차계약이란 당사자의 일방(임대인)이 상대방(임차인)에게 목적물을 사용 · 수익하게 하고, 상대방이 그 대가로서 '차임'을 지급할 것을 약정함으로써 성립하는 계약을 말한다(유상). 상대방은 이를 사용 · 수익한 후 '그 물건'을 반환하여야 한다.

나(민법 제379조), 상행위로 인한 채무의 법정이율은 연 6푼이다(제54조). 이와 같이 상사법정이율을 민사법정이율보다 높게 한 이유는 상인의 거래에서는 자금의 수요가 클 뿐만 아니라 자금의 이용에 의하여 발생하는 이익이 크기 때문이다.

'상행위로 인한 채무'에는 그 자체는 물론 이밖에 채무가 변형된 것(즉 손해배상청구권)도 포함된다. 그러나 불법행위로 인한 손해배상채무는 포함되지 않는다.

4. 보수청구권

민법상으로는 위임 또는 사무관리에 대하여는 특약이 없는 한 보수청구권이 인정되지 않으나(제686조 제1항), 상법상으로는 '상인이 영업범위 내에서 타인을 위하여 행위를 한 때에는 이에 대하여 상당한 보수를 청구할 수 있다'고 규정하여(제61조), 유상의 특약이 없는 경우에도 상인의 보수청구권을 인정하고 있다. 이는 상인의 영리성을 보장하여 이와 관련한 분쟁을 사전에 방지하기 위한 것이다.

Ⅲ. 상사채무의 이행

1. 이행장소

상법은 특정물의 인도장소에 관하여 규정을 두고 있지 않으므로 상사채무의 이행장소는 민법의 일반원칙(제467조 제516조)에 의한다. 당사자간에 채무이행장소에 대한 합의가 있으면 합의한 곳이 채무이행장소이고, 합의한 곳이 없으면 법정의 장소가 채무이행장소로 된다. 또한 특정물의 인도채무는 채무성립 당시 그 물건이 있던 장소가 채무이행장소이고, 특정물 외의 경우에는 지참채무이라면 채권자의 현주소나 현영업소가 채무이행장소로 되고 추심채무이라면 채무자의 현주소나 현영업소가 채무이행장소로 된다.

그러나 채권자의 지점거래에 있어서의 채무이행장소에 대하여는 상법이 따로 규정을 두고 있는바, 채권자의 지점에서의 거래로 인한 특정물의 인도 이외의 채무이행의 장소가 그 행위의 성질 또는 당사자의 의사표시에 의하여 특정되지 않는 경우 특정물의 인도 이외의 채무이행은 그 지점을 이행장소로 본다(제56조).

증권채무의 이행장소는 증권에 변제장소의 기재가 없는 경우에는 추심채무의 성질상 채무자의 영업소 또는 주소이다.

2. 이행시기

채무이행기에 있어서의 이행시간 또는 이행청구시기에 관하여, 민법에는 규정이 없어 거래관행 및 신의칙에 따라 정하여지나, 상법은 '법령 또는 관습상 영업시간이 정하여진 때에는 채무의 이행 또는 이행의 청구는 그 시간 내에 하여야 한다'고 규정하고 있다(제63조).

그런데 민법의 해석상 채무의 이행시간 또는 이행청구의 시기가 거래관행과 신의칙에 따라 정하여진다는 의미는 결국 상법 제63조의 의미이므로, 상법 제63조는 당연한 사항을 명문화한 것으로서 주의규정에 불과하다.

이 규정은 임의규정이므로 영업시간 이외의 청구에 대하여 채무자는 이행할 수 있다(제63조).

Ⅳ. 다수당사자의 채무

1. 다수채무자의 채무

민법에서는 채무자가 수인인 경우에는 특별한 의사표시가 없으면 각 채무자는 균등한 비율로 채무를 부담하나(균등분할채무. 민법 제408조), 상법에서는 수인이 그 1인 또는 전원에게 상행위가 되는 행위로 인하여 채무를 부담한 때에는 연대하여 변제할 책임이 있다(연대채무. 상법 제57조 제1항). 상법이 이와 같이 규정한 이유는 상기래상의 채무의 이행을 확실하게 하여 거래의 안전을 기하기 위함이다.

2. 보증인의 연대

민법에서는 보증인이 있는 경우에 그가 주채무자와 연대하여 보증한다는 특약이 없으면 일반보증으로 되고, 이 경우 보증인은 채권자에 대하여 최고의 항변권 · 검색의 항변권을 행사할 수 있으나(민법 제437조), 상법에서는 보증인이 있는 경우에 그 보증이 상행위이거나(예: 은행의 지급보증) 주채무가 상행위로 인한 것인 때에는 연대보증을 한다는 의사표시를 하지 않더라도 그 보증은 연대보증으로 된다(제57조 제2항). 상법이 이와 같이 규정한 이유는 상거래상 발생한 채무에 대하여 그 이행을 확실하게 하여 거래의 안전을 기하기 위함이다.

보증인이 수인인 경우에, 민법상은 부담부분에 대하여 다른 약정이 없으면 각각 균등한 비율로 보증채무를 부담하나(제439조), 상법상은 보증인 상호 간에 연대관계가 성립하는지의 문제가 있다. 이에 대하여 상법에 명문규정이 없으나 보증인 또는 주채무자 측에서 상행위가 되어 주채무자와 연대관계가 성립하는 한, 보증인 상호 간에도 연대관계를 인정하여야 할 것이다(제57조 제2항의 유추적용, 통설).

〈연대책임과 합동책임〉

	연대책임	합동책임
발생원인	원칙적으로 모든 연대채무자에 대하여 같음	각 채무자마다 다름
범위	같음	각 채무자마다 다름
채무의 소멸	1인의 채무자의 이행은 다른 채무자의 채무를 소멸시킨다	1인의 소구의무자의 이행은 그 자 및 그 후자의 채무를 소멸시킨다
채무자 1인에 대한 이행청구	채무자 전원에 대하여 (이행지체, 시효중단 등의) 효력이 있음	다른 채무자에 대하여는 효력 발생하지 않음
내부적 부담부분	있음	없음
채무자 1인에 대한 면제·소멸시효의 완성	그 채무자의 부담부분만큼 타채무자의 부담이 경감됨	타채무자에게는 효력 없음 (예외: 주채무자에 대한 경우)
구상관계	변제자는 타채무자 전원에 대하여 부담부분에 따라 구상권을 가진다	상환한 자는 자기의 전자에 대하여만 소구금액을 청구할 수 있다

V. 임치를 받은 상인의 책임

민법상 임치는 '무보수'가 원칙이지만 보수의 약정을 할 수도 있다. 유상임치의 경우에는 수취인은 선량한 관리자의 주의의무를 부담하고(제374조), 무상임치의 경우에는 자기재산에 대한 것과 동일한 주의의무(수취인 각자의 주의능력의 정도에 따른 주의의무)로써 보관하면 된다(제695조).

상법은 일반상인의 무상임치책임에 대하여 '상인이 그 영업범위 내에서 물건의 임치를 받은 경우에는 보수를 받지 않는 경우에도 선량한 관리자의 주의를 하여야 한다'고 규정하여(제62조) 민법상의 무상수치인의 주의의무보다 그 정도를 가중하고 있다. 주의의무를 가중한 이유는 상거래의 안전을 위하여 상인은 누구나 평균인 이상의 주의의무를 갖고 있는 것으로 전제하고 또한 상인의 신용을 높이기 위함이다.

그러나 이 규정은 임의규정이므로 당사자 간의 약정에 대하여 책임을 완화 · 경감할 수 있다.

Ⅵ. 상사매매

매매는 기업의 거래 중에서 가장 일반적인 것인데도 불구하고 상법규정은 상인 간의 매매를 전제로 한 매도인의 목적물의 공탁권 및 경매권 · 확정기매매의 해제의제 · 매수인의 목적물검사 및 하자통지의무 · 매수인의 목적물보관 및 공탁의무 등의 5개 조문에 불과하다. 그러므로 그밖에 필요한 것에 대하여는 민법의 매매관련규정에 의하거나 상관습 또는 보통거래약관에 의한다.

상사매매에 관한 5개 규정은, 상인간의 매매의 신속한 처리와 분쟁의 사전예방을 위한 통칙으로서, 민법상 매매에 관한 규정이 매수인의 보호에 관한 것인 데 비하여, (확정기매매의 해제의제에 관한 제68조를 제외하고는) '매도인의 보호'에 관한 것이다.

1. 매도인의 공탁권과 경매권

(1) 민법상의 공탁권 · 경매권

① 공탁권

매도인은 매수인이 변제를 거부하거나 변제를 할 수 없는 때 또는 매도인이 과실 없이 매수인을 알 수 없을 때에는 목적물을 공탁하여 채무를 면할 수 있다. 이때 공탁자는 지체 없이 채무자에게 공탁의 통지를 하여야 한다(제487조 제488조).

② 경매권

(i) 목적물이 공탁에 적당하지 않거나, (ii) 멸실 또는 훼손될 염려가 있거나, (iii) 공탁에 과다한 비용이 필요한 경우, 변제자는 법원의 허가를 얻어 경매할 수 있다. 이때 경매대금은 공탁하여야 하고 매매대금에 충당할 수 없다(제490조).

(2) 상법상의 공탁권 · 경매권

① 공탁권

상인간의 매맴에 있어서는 매수인이 목적물의 수령을 거부하거나 이를 수령할 수 없는 때에는 매도인은 그 물건을 공탁할 수 있다(제67조 제1항). 그런데 상사매매에 있어서는(민사매맴와는 달리) 매도인이 과실 없이 매수인을 알 수 없는 경우란 예상할 수 없으므로, 이 요건이 상법 제67조 제1항에 없다 하더라도 상법상의 공탁요건은 민법상의 요건과 실질적으로 같다고 볼 수 있다. 또한 상법상 목적물을 공탁한 경우에는 지체 없이 매수인에 대하여 이에 관한 통지를 발송하여야 하는데, 민법상 공탁에서도 공탁자는 지체 없이 채권자에게 공탁통지를 하여야 하므로 이 점에 있어서는 상법과 민법이 다를 것이 없다.

② 경매권(자조매각권, 自助賣却權)

제67조 제1항 상인 간의 매매에 있어서 매수인이 목적물의 수령을 거부하거나 이를 수령할 수 없는 때, 목적물의 가격변동에 따르는 매도인의 불이익을 피하고 신속히 인도의무를 면하게 하기 위하여, 매도인은 그 물건을 공탁하거나 상당한 기간을 정하여 최고한 후 경매할 수 있는데(매도인의 선택권), 후자를 가리켜 '자조매각권'이라고 한다.

이 경우 지체 없이 매수인에 대하여 그 통지를 발송하여야 한다.

민법상의 경매와 다른 점은, (i) 경매요건이 생략되어 있고, (ii) 매수인에 대하여 최고할 수 없거나 목적물이 멸실 또는 훼손될 염려가 있는 때에는 최고도 생략할 수 있으며(제2항), (iii) 경매대금의 전부 또는 일부를 매매대금에 충당할 수 있다(제3항)는 것이다.

③ 자조매각권의 성질

공탁권 · 경매권은 매도인의 권리이지 의무는 아니므로 권리를 행사하지 않고 선량한 관리자의 주의로서 보관하여 줄 수도 있고, 동 규정은 임의규정이므로 이와 다른 약정이나 관습도 유효하다.

상법상 매도인이 목적물을 경매한 경우에는 공탁의 경우와 같이 지체 없이 매수인에게 이에 관한 통지를 발송하여야 한다(제67조 제1항 제2문). 매도인이 이와 같이 목적물을 경매한 경우에는 그 대금에서 경매비용을 공제한 잔액을 공탁하여야 하나, 그 대금의 전부나 일부를 매매대금에 충당할 수도 있다(변제충당권, 제67조 제3항).

2. 확정기매매의 해제의제

매매의 성질 또는 당사자의 의사표시에 의하여 일정한 시일 또는 일정한 기간 내에 이행하지 않으면 계약의 목적을 달성할 수 없는 것을 '확정기매매'라고 한다. 목적물의 이용시기나 전매시기가 한정되는 경우[5] 또는 계절상품 등이 이에 해당한다.

확정기매매의 경우, 민법상으로는 당사자 일방이 확정기에 이행을 하지 않는 때에는 최

5) 크리스마스 카드 또는 졸업식장에서 팔 꽃 등의 경우

고 없이 계약을 해제할 수 있다(민법 제545조). 이때 주의하여야 할 것은 이행의 최고는 요하지 않으나 '계약해제의 의사표시'를 필요로 한다는 점이다.

그러나 상사확정기매매에 있어서는, 상거래의 신속한 처리와 매도인의 보호상, 당사자 일방이 이행시기를 도과한 때에는 즉시 그 이행을 청구하지 않으면 별도의 계약해제의 의사표시를 하지 않더라도 계약을 해제한 것으로 본다(상법 제68조).

3. 매수인의 목적물검사와 하자 등 통지의무

민법상으로는 매도인의 담보책임을 묻기 위하여 매수인이 목적물에 대한 하자 또는 수량부족을 적극적으로 발견하여야 할 의무는 없고 매수인은 이를 발견하면 언제든지 매도인의 담보책임을 물을 수 있다.[6]

상사매매에 있어서는 매도인의 담보책임을 묻기 위하여 매수인은 목적물 수령시 지체 없이 검사하여야 하고 그 결과 목적물의 하자 또는 수량부족이 있음을 발견한 때에는 즉시 매도인에게 통지를 발송하여야 한다(제69조 제1항). 그러나 목적물에 즉시 발견할 수 없는 하자가 있는 경우[7]에는 매수인은 목적물 수령 후 6월 내에 발견하여 즉시 통지하면 된다.

상법이 이와 같이 민법과 달리 매수인에게 검사 · 통지의무를 부과한 것은 (i) 매도인이 공급처와의 교섭이나 전매(轉賣)의 기회를 상실할 수 있는 불리한 지위에서 벗어나고, (ii) 매수인이 매도인의 손실부담으로 투기적인 담보책임을 주장하는 것을 방지하며, (iii) 상사매매에 따른 법률관계를 신속히 종결시켜 매도인을 보호하기 위함이다.

매수인의 목적물검사와 통지의무이행의 효과는, 민법규정에 따라 (i) 목적물의 하자로 인한 계약해제권 · 손해배상청구권은 매수인이 그 사실을 안 날로부터 6월 내, (ii) 수량부족으로 인한 대금감액청구권 · 계약해제권[8] · 손해배상청구권은 매수인이 그 사실을 안 날로부터 1년 내, (iii) 불특정물의 경우에 인정되는 완전한 이행청구권과 하자 있는 급부로 인한 손해배상청구권은 매수인이 그 사실을 안 날로부터 6월 내에 각각 행사하여야 한다(제척기간).

매수인의 목적물검사와 통지의무위반의 효과는 매수인이 '계약해제권 · 대금감액청구권 · 손해배상청구권'을 행사할 수 없게 된다는 것이다.

---

6) 매매목적물에 하자 또는 수량부족이 있는 때, 매도인은 하자담보책임(대금감액 · 계약해제 · 손해배상)을 지며, 매수인이 매도인의 담보책임을 물을 수 있는 기간은 이를 안 날로부터 물건의 하자시에는 6월 내 · 수량부족시에는 1년 내로 제한되어 있다(민법 제574, 제580조~제582조).

7) 예컨대 사과의 과심이 썩은 경우나 기계 등 내구재의 경우가 이에 해당한다.

8) 계약해제권은 계약의 목적을 달성할 수 없는 경우에만 행사할 수 있다.

매도인에게 악의가 있는 경우에는 제69조 제1항이 적용되지 않으므로 매수인에게 이 의무가 부과되지 않는다(제2항).

4. 매수인의 목적물보관 · 공탁 및 경매의무

(1) 계약을 해제한 매수인의 의무

민법상으로는, 목적물의 하자 · 수량부족으로 인한 매수인의 계약해제시 매수인은 원상회복의무로서 그 목적물의 반환의무를 지는 데 불과하다.

상인 간의 상거래(쌍방적 상행위)에 있어서는 이 원칙을 적용하면 (불필요한 운송의 발생 등) 매도인에게 가혹한 결과가 될 수 있으므로, 목적물의 하자 또는 수량부족으로 인한 매수인의 계약해제시 매도인의 비용으로 매매목적물을 보관 또는 공탁하여야 한다(제70조 제1항 전단). 또한 매도인으로부터 매수인에게 인도된 물건이 매매목적물과 상위하거나 수량이 초과하는 때에는 그 상위 또는 초과분에 대하여도 마찬가지이다(제71조).

이 보관의무는 격지매매(隔地賣買)의 경우에 한하여 발생한다. 그러므로 동지매매(同地賣買) 즉 목적물의 인도장소가 매도인의 영업소 · 주소와 동일한 특별시 · 광역시 · 시 · 군에 있는 때에는 즉시 적절한 조치가 가능하므로 그러하지 아니 하다(제70조 제3항).

(2) 의무의 내용

의무부담의 결과, 매수인은 매도인이 적절한 조치를 취할 수 있을 때까지 상위 또는 초과분의 목적물을 상당한 기간 보관 또는 공탁하여야 하고, 이때 드는 비용은 매도인의 부담이며, 매수인은 보관에 관하여 상당한 보수를 청구할 수 있다.

한편 목적물이 멸실 또는 훼손될 염려가 있는 때에는 법원의 허가를 얻어 경매하여 그 대가를 보관 또는 공탁하여야 하고(긴급매각권), 경매시에는 지체 없이 매도인에게 그 통지를 하여야 한다(발신주의, 제70조 제2항 · 제71조).

(3) 의무위반의 효과

매수인은 매매목적물의 보관 · 공탁 · 경매의무 위반시 매도인에 대하여 손해배상책임을 지게 된다.

제 5 절 유가증권에 관한 규정

Ⅰ. 유가증권의 개념

1. 의의

유가증권(有價證券)이란 재산적 가치가 있는 사권(私權)을 표창하는 증권으로서 그 권리의 발생 · 행사 · 이전의 전부 또는 일부에 있어서 증권의 점유 또는 소지를 요하는 것을 말한다.[9)]

2. 유사제도

(1) 증거증권

증거증권(證據證券)이란 재산법상의 일정사실을 기재하여 그 권리의무관계를 증명하는데 불과한 증권을 말한다. 증명증서(證明證書)라고도 한다. 증거증권은 권리가 화체(化體)되는 정도에까지는 이르지 못하고 다만 권리를 증명하는 정도에 지나지 않는 것이다. 그 예로는 영수증 · 운송장 · 차용증서 · 각서 등이 있다.

단순한 증거증권은 유가증권에 해당하지 않지만, 유가증권은 모두 증거증권에 해당한다.

(2) 면책증권(자격증권)

면책증권이란 증권소지인에게 변제하면 증권소지인이 정당한 권리자인지 여부에 관계없이 변제의 효과가 발생하는 증권을 말한다. 그 예로는 소지품보관표 · 신표 · 철도수하물상환증 · 극장 등의 휴대물예치증 · 적하수취증 · 은행예금증서 등이 있다. 면책증권은 권리를 표창하고 있지 않으므로 소지인에게 반드시 변제하여야 할 의무가 있는 것은 아니다.

유가증권은 대부분 면책증권에 해당하나, 기명주권은 면책증권에 해당하지 않는다.

---

9) 미국 통일상법전(UCC: Uniform Commercial Code)상의 유통증권(negotiable instruments)은 약속어음 · 환어음 · 수표와 같이 일정금액의 지급의 약속 또는 지시를 하는 증권이므로 우리의 유가증권보다는 그 범위가 좁다.

(3) 금권[금액권]

금권이란 증권 자체가 표시된 금액의 금전적 가치를 법률상 인정받는 증권이므로, 일정한 재산권을 나타내는 데 불과한 유가증권과는 다르다. 유가증권은 이를 상실(분실, 도난 등)하여도 권리는 남아 있기 때문에 제권판결(除權判決) · 증권의 재교부 등을 통하여 구제받을 방법이 있지만, 금권은 그 자체가 금전적 가치이므로 이를 상실하면 구제책이 없다. 그 예로는 지폐 · 우표 · 수입인지 등이 있다.

Ⅱ. 유가증권의 종류

1. 완전유가증권 · 불완전유가증권

증권의 점유와 권리와의 관련성의 정도에 따라 증권상의 권리의 발생 · 이전 · 처분의 모든 단계에 있어서 증권의 점유를 요하는 것을 가리켜 완전유가증권이라 하고(어음 · 수표), 권리의 발생 · 이전 · 처분 중 일부의 단계에 있어서만 증권의 점유를 요하는 것을 가리켜 불완전유가증권이라 한다(어음 · 수표를 제외한 기타의 유가증권).

2. 물권적 유가증권 · 채권적 유가증권 · 사원권적 유가증권

유가증권에 표창되어 있는 권리의 내용에 따라, 물권이 표창되어 있는 것을 가리켜 물권적 유가증권[10]이라 하고, 채권이 표창되어 있는 것을 가리켜 채권적 유가증권이라 하며,[11] (주권과 같이) 사원권이 표창되어 있는 것을 가리켜 사원권적 유가증권이라 한다.

3. 기명증권 · 지시증권 · 무기명증권 · 선택무기명증권

유가증권은 증권상의 권리에 대한 권리자의 지정방법을 기준으로 하여 기명증권 · 지시증권 · 무기명증권 · 선택무기명증권으로도 분류한다.

(1) 기명증권

기명증권이란 증권상 성명이 기재되어 있는 자만이 권리를 행사할 수 있는 증권을 말한다.

---

10) 우리나라에는 물권적 유가증권이 없다(이를 보완하기 위하여 자산유동화증권제도(ASB: Asset Backed Securities)가 마련되어 있다). 독일과 일본에는 토지저당증권이 있다.

11) 채권적 유가증권은 다시 금전채권적 유가증권과 물건채권적 유가증권으로 나누인다.

(2) 지시증권

지시증권이란 증권상에 지정되어 있는 특정인 또는 그가 지시하는 자[12]를 권리자로 하는 증권을 말한다. 이러한 증권은 배서(背書)에 의하여 양도가 가능하다.

지시는 당사자의 지시문구로 하는 것이 일반적이지만 지시문구의 기재가 없는 경우에도 배서금지의 기재만 없으면 배서로써 양도할 수 있다. 후자를 가리켜 '법률상 당연한 지시증권'이라고 하며, 이에는 기명주권 · 화물상환증 · 창고증권 · 선하증권 · 어음 · 수표 등이 있다(어음법 제17조, 제77조 1항 · 수표법 제14조 · 상법 제130조, 제157조, 제336조, 제820조).

(3) 무기명증권

무기명증권이란 증권상에 특정인을 권리자로서 표시하지 않고 그 증권의 정당한 소지인을 권리자로 인정하는 증권을 말하며, 여기에는 소지인을 권리자로 하는 뜻의 기재가 있는 것[13]과 전혀 그러한 기재가 없는 것이 있다.

무기명증권의 예로는 무기명수표 · 무기명사채 · 상품권 등이 있다.

(4 선택무기명증권

선택무기명증권이란 특정인을 권리자로 하여 증권에 지정하는 동시에 증권의 소지인에게도 급부하라고 하는 뜻을 기재한 증권을 말하며, 기명식소지인출급증권 또는 선택소지인출급증권이라고도 한다. 예컨대 '갑 또는 이 증권소지인에게'라는 문구가 기재되며, 실질적으로는 무기명증권과 동일시된다.

4. 요인증권 · 불요인증권

(1) 요인증권(유인증권)

요인증권(要因證券)이란 증권상의 권리의 성립을 위하여 그 원인이 되는 법률관계를 필요로 하고 그것이 증권상에 기재되어 있는 증권을 말하며, 유인증권(有因證券)이라고도 한다. 어음 · 수표를 제외한 거의 모든 유가증권이 이에 해당한다.

(2) 불요인증권(무인증권)

불요인증권(不要因證券)이란 증권상의 권리가 증권을 발행하도록 만든 원인인 법률관계

---

12) '그가 지시하는 자'란 배서에 의하여 증권을 양수한 자를 가리킨다.

13) 이러한 기재를 가리켜 '소지인출급문구'라고 하고, 이러한 증권을 가리켜 '소지인출급식증권(所持人出給式證券)'이라고 한다.

의 효력에 의하여 영향을 받지 않는 증권을 말하며, 무인증권(無因證券) 또는 추상적 증권이라고도 한다. 즉 증권상의 권리는 증권의 발행 등의 증권적 행위 자체에 의하여 발생하며, 그 원인이 된 매매나 소비대차(消費貸借) 등의 법률관계와는 독립된 것이며 따라서 권리의 행사에는 원인관계의 증명을 필요로 하지 않고, 또 그 권리는 원인관계인 법률행위가 무효 또는 취소되어도 영향을 받지 않는다. 어음 · 수표가 그 대표적인 예이다.

5. 문언증권 · 비문언증권

(1) 문언증권

문언증권이란 증권상의 권리의 내용이 증권에 기재된 문언에 따라 정하여지는 증권을 말한다. 어음 · 수표 · 화물상환증 · 창고증권 · 선하증권 등 대부분의 유가증권이 이에 해당한다.

(2) 비문언증권

비문언증권이란 증권상의 권리의 내용이 증권에 기재된 문언 이외의 사항에 의하여 정하여지는 증권을 말한다. 그 예로는 주권(株券)이 있는데, 증권에 포함되어 있는 주주의 권리의 하나인 이익배당청구권의 구체적 내용은 증권상의 문언이 아니라 회사의 영업실적에 따라 정하여지기 때문이다.

6. 설권증권 · 비설권증권

(1) 설권증권(設權證券)

설권증권이란 증권상 표창되는 권리의 발생에 증권의 작성 등 증권적 행위를 요하는 증권으로, 어음 · 수표가 대표적인 예이다. 어음행위가 이루어지는 근저에는 매매 등의 원인관계가 존재하는데 어음상 표창되는 권리는 이러한 기존의 원인관계상의 권리가 아니라 어음행위 자체에 의하여 비로소 발생되는 권리이다. 즉 예컨대 매매대금지급청구권의 경우에 그 결제를 위하여 발행한 어음 · 수표상의 '금전지급청구권'이 별도로 생긴다는 의미이다.

(2) 비설권증권(선언증권)

비설권증권이란 증권이 발행되기 전에 이미 발생되어 있는 권리를 표창하는 것에 불과한 증권을 말한다. 종전부터 있던 권리를 단지 선언하는 데 불과하다고 하는 의미에서 선언증권이라고도 한다. 그 예로는 화물상환증 · 선하증권 · 창고증권 · 주권 등이 있다.

7. 제시증권 · 비제시증권

(1) 제시증권

제시증권이란 증권상의 권리를 행사하기 위하여 증권소지인이 채무자에게 그 증권을 제시함을 요하는 증권을 말한다. 그 예로는 지시증권 · 무기명증권 · 선택무기명증권 등이 있다.

(2) 비제시증권

비제시증권이란 증권상의 권리를 행사하기 위하여 증권소지인이 채무자에게 그 증권을 제시하는 것을 필요로 하지 않는 증권을 말한다. 그 예로는 기명식주권이 있다. 기명식주권의 경우에는 채무자인 회사에 주주의 성명 · 주소 · 주민등록번호가 기재되어 있는 주주명부가 있어 주권을 제시하지 않더라도 주민등록증 등을 통하여 자신이 주주인 것을 증명하기만 하면 권리를 행사할 수 있다.

8. 상환증권 · 비상환증권

(1) 상환증권

상환증권이란 증권과 상환하지 않으면 채무를 이행할 필요가 없는 증권을 말하며, 환수증권(還受證券)이라고도 한다. 그 예로는 어음 · 수표 · 화물상환증 · 선하증권 · 창고증권 · 기타 무기명채권 등이 있다.

(2) 비상환증권

비상환증권이란 증권과 상환하지 않고도 채무를 이행할 필요가 있는 증권을 말한다. 그 예로는 주권이 있다.

주의할 점은 상환증권은 제시증권이지만, 제시증권이라고 해서 다 상환증권인 것은 아니라는 것이다.

Ⅲ. 유가증권 통칙

우리나라에는 유가증권 전반에 관한 포괄적인 입법이 없다. 가장 중요한 유가증권인 어음 · 수표에 관하여는 어음법과 수표법이 있고, 민법에는 지시채권과 무기명채권에 관한 통칙규정을 두고 있을 뿐이다(민법 제508조 이하). 상법은 민법과의 중복을 피하기 위하여 1개 조

문만을 두어 '금전, 물건 또는 유가증권의 지급을 목적으로 하는 유가증권에는 민법 제508조 내지 제525조의 규정을 적용하는 외에 어음법 제12조 제1항 · 제2항의 규정을 준용한다'고 규정하고 있다(제65조). 그리고 기타 창고증권 · 화물상환증 · 주권 · 사채권 · 선하증권 등에 관하여는 각각 관련되는 곳에서 별개로 규정을 두고 있다. 상품권에 관하여는 '상품권법'이 마련되어 있다.

제6절 상호계산

Ⅰ. 의의

1. 개념

상호계산이란 '상인 간 또는 상인과 비상인 간 상시 거래관계에 있는 경우에 일정기간 내의 거래에서 발생하는 채권 · 채무의 총액에 관하여 상계를 하고 그 잔액을 지급할 것을 약정하는 계약'을 말한다(제72조).

상호계산제도는, 다수의 채권채무가 발생할 때마다 일일이 지급하는 것은 번잡하고 특히 격지자 간에서는 불필요한 비용 · 위험 등의 불이익이 발생할 여지가 있는 바, 이러한 불편과 불이익을 제거하기 위하여 마련된 제도이다.

상호계산제도의 예로는 은행 측의 예금반환채무와 수표지급시의 상환채권을 상계하고 그 잔액을 지급하는 은행당좌예금 · 운송업자 간의 상호계산 · 어음교환소에 있어서의 3인 이상의 자 사이의 거래결제방법인 집합차감계산 등이 있다.

2. 상호계산능력

(1) 객체

총액상계의 대상이 되는 것은 당사자 간에 다른 약정이 없으면, 일정기간의 거래로 인하여 발생하고 그 기간 내에 변제기가 도래하는 모든 채권채무이다.

이 기간에 관하여 약정이 있으면 약정에 따르고, 약정이 없으면 6개월로 한다(제74조). 이 일정기간을 가리켜 '상호계산기간'이라고 한다.

상호계산기간과 상호계산계약존속기간은 의미가 다르므로 양자는 구별하여야 한다.

(2) 제외대상채권

다음의 채권은 그 성질상 상호계산의 목적이 될 수 없다.

(i) 금전채권 이외의 채권은 일괄상계에 부적당하므로 상호계산능력이 없다.

(ii) 금전채권이라도 어음 기타의 유가증권상의 채권 · 채무는 상호계산능력이 없다. 왜냐하면 이러한 유가증권상의 채권은 증권의 제시 · 거절증서의 작성 등 특수한 행사방법을 필요로 하기 때문이다.

(iii) 불법행위 · 부당이득 · 사무관리 등에 의한 채권채무와 같이 거래에 의하지 않은 채권 · 채무도 제외된다.

3. 성질

상호계산의 법적 성질에 관하여 상호계약 · 연기계약 · 갱개계약 등으로 보는 견해가 있으나 이들 모두 특정부분에 치중한 견해에 불과하며, '사법상의 종합적 효력을 갖는 상법상의 독자적인 낙성계약'으로 보는 것이 타당할 것이다.

Ⅱ. 효력

1. 상호계산기간 중의 효력(소극적 효력, 상호계산불가분의 원칙)

(1) 당사자 간의 효력

상호계산계약의 당사자 간에서는 상호계산에 계입된 채권 · 채무를 임의로 제거할 수 없고, 상호계산에 계입된 채권 · 채무를 개별적으로 이행청구할 수 없으며, 또 상호계산 외의 다른 채권 · 채무와도 상계할 수 없고, 상호계산에 계입된 채권 · 채무는 개별적으로 시효가 진행되지 않는다.

이와 같이 각 채권 · 채무가 독립성 내지 개성을 상실한 채 일괄상계될 때까지 구속상태에 놓이게 되는 것을 가리켜 '상호계산불가분의 원칙'이라 한다. 이 기간 중에는 각 채권·채무가 동결되는 결과, 각 권리를 개별적으로 행사할 수 없고 소멸시효가 진행하지 않고 이행청구에 응하지 않더라도 이행지체가 되지 않으며 (당사자의 의사에 반하기 때문에) 갱개 또는 이와 유사한 효과가 생기지도 않는다.

(2) 제3자에 대한 효력

상호계산불가분의 원칙이 제3자에게도 효력이 미치는지, 즉 제3자가 상호계산에 계입된 채권 · 채무를 양수 · 입질 · 압류할 수 있는지 여부에 관하여는 (i) 상호계산의 효력은 제3자에게도 미친다는 절대적 효력설, (ii) 상호계산의 효력은 제3자에게는 미치지 않는다는 상대적 효력설, (iii) 상호계산의 효력은 압류의 경우에만 제3자에게 미친다는 절충설로 견해가 나누이고 있는데, 상호계산에 계입된 채권은 거래의 간이결제제도이므로 일단 체결된 이상 법이 예정하고 있는 효과를 따라야 하는 바, 당사자 일방이 임의로 제3자에게 양도 · 입질할 수 없고(위반시 무효) 제3자는 선의 · 악의를 불문하고 해당 채권을 압류할 수 없다.

(3) 예외

어음 기타의 상업증권으로 인한 채권채무를 상호계산에 계입한 경우에 그 증권채무자가 변제하지 않은 때에는 당사자는 그 채무의 항목을 상호계산에서 제거할 수 있다(제73조). 상업증권이 상호계산에 계입되는 것은 만기에 지급되는 것을 전제로 하는 것인데 지급되지 않는 때에는 당사자 간에 형평을 맞출 필요가 있기 때문이다. 즉 할인의 대상으로 된 어음의 주채무자가 만기에 지불할 것을 전제로 하여 할인대금채무를 상호계산에 넣었으나 어음이 지급거절(부도)되는 등의 경우, 당해 어음의 주채무자로부터 지급을 받지 못한 채 그 주채무자가 파산한 경우에는 다른 채무자와 더불어 비율에 따라 배당을 받음에 대하여, 할인자의 상대방에 대한 채무는 상계에 의하여 전액결재되는 것으로 되어 균형을 잃기 때문이다.14)

여기에서 '상업증권으로부터 생긴 채무'란 상업증권에 표창되어 있는 채무가 아니라 어음할인을 위하여 수수하고 그 할인대금채무와 같은 것을 말한다. 그러므로 잔액채권은 계입된 채권과는 별개의 새로운 채권이므로, 잔액채권에 대하여는 계산폐쇄일 이후의 법정이자(연 6푼)를 청구할 수 있다(제76조 제1항). 여기에 더하여 각 항목을 상호계산에 계입한 날로부터 이자를 붙일 것을 약정할 수도 있다(동조 제2항). 이 경우에는 상호계산폐쇄일 이후에 중

---

14) 상호계산의 일방당사자인 갑이 그 상대방인 을에게 A가 발행한 100만원의 약속어음을 배서양도하고 그 대가인 98만원을 받기로 하였다면 을이 부담하는 98만원의 채무가 유가증권 수수의 대가채무로서 상호계산능력이 있다. 이때 을의 대가채무를 상호계산에 개입한 것은 을이 A로부터 지급받는 것을 전제로 한 것이므로, 만약 A가 지급하지 아니 한 때에는 을에게 가혹하게 된다. 즉 이때 을이 갑에 대한 상환청구권을 새로 항목에 넣을 수도 있으나 갑이 파산한 경우에는 다른 채권자와 경합하여 평등한 변제를 받는 데 불과하므로 충분한 변제를 받지 못하는 데 대하여, 을의 대가채무는 상호계산에 계입되어 그 전액이 상계되므로 을은 상대적으로 불리하게 된다. 따라서 이때에는 예외적으로 을의 대가채무항목 그 자체를 상호계산에서 제거하여 대가의 전액을 회복시키는 것과 동일한 결과를 얻도록 한 것이다. 그러나 실제에 있어서는 대가채무항목을 제거하지 않고 반대채권항목을 기입하는 방법에 의하는 것이 일반적이다.

리(重利)를 인정하는 셈이 된다.

2. 상호계산기간경과 후의 효력(적극적 효력)

(1) 잔액채권의 확정

당사자 일방이 채권채무의 각 항목과 상계잔액을 기재한 계산서를 제출하고 상대방이 이를 승인하는 방법으로써 잔액채권을 확정하는데, 그 결과 상호계산기간 내에 발생한 채권 · 채무의 총액에 관하여 결산기에 일괄상계하여 지급할 잔액이 확정되며 그 잔액을 지급할 의무를 부담하게 된다(종래의 채권채무관계는 갱개된다).

(2) 계산서승인의 효과

① 이의의 배제

상호계산의 각 당사자가 잔액을 산출한 계산서를 승인하면 각 당사자는 각 항목의 채권 · 채무에 존재하던 하자를 이유로 하여 이의를 제기할 수 없다(제75조 본문). 이는 각 항목의 채권 · 채무의 수액(數額)에 대하여 다투지 못함은 물론 그 원인행위의 무효 등에 대하여도 다투지 못하는 것을 의미한다.

이 이의배제의 효과는 간이신속한 결제제도로서의 상호계산의 안전성을 유지하기 위한 것이므로, 어떤 채무의 무효 등을 이유로 상호계산 외에서 부당이득반환을 청구하거나 승인행위 자체에 있어서 사기 · 강박 · 착오 등을 이유로 하여서는 그 효력을 다툴 수 있다.

② 예외

'그러나 착오 · 탈루가 있을 때에는 그러하지 아니 하다'라고 규정하고 있는데(제75조 단서), 그 의미는 잔액채권에 관하여 이의를 제출하는 것을 인정한다는 것이 아니라 상호계산 외에서 부당이득의 반환을 청구할 수 있다는 것으로 해석하여야 할 것이다.

③ 담보권의 소멸

계산서의 승인에 의하여 잔액채권이 확정되고, 당사자 일방이 그 잔액을 지급할 채무를 부담하게 된다(민법 제 500조, 갱개적 효력). 그 결과 각 항목 채권에 붙어 있던 담보권은 원칙적으로 소멸하고 특약 또는 관습이 없는 한 잔액채권에 대한 담보로 되지는 않는다(통설).

④ 잔액채권의 소멸시효의 진행

확정된 잔액채권에 대하여는 소멸시효가 새로이 진행하게 된다.

Ⅲ. 종료

1. 일반적 종료원인

상호계산계약은 계속적 관계의 설정을 목적으로 하는 계약이므로 존속기간의 만료 등 계속적 계약의 일반적 종료원인[15]에 의하여 종료한다.

2. 특별종료원인

상법이 규정하고 있는 상호계산계약의 특별종료원인으로는 해지가 있다. 즉 각 당사자는 상대방의 신용에 변동이 생기거나 상호계산이 불필요하게 되는 등 특별한 사정이 있는 경우에는 언제든지 상호계산계약을 해지할 수 있다(제77조 제1문).

상호계산계약이 당사자의 해지에 의하여 종료된 때에는 당사자는 즉시 계산을 폐쇄하고 차감계산을 하여 그 잔액의 지급을 청구할 수 있다(동조 제2문).

제 7 절 익명조합

Ⅰ. 의의

익명조합계약(匿名組合契約)이란 '당사자 일방이 상대방의 영업을 위하여 출자하고 상대방이 그 영업으로 인한 이익을 분배할 것을 약정하는 계약'을 말한다(제78조). 당사자들이 이러한 계약을 체결함으로써 익명조합이 성립한다.[16][17]

익명조합계약의 당사자는 '영업자와 익명조합원'이다. 익명조합원은 영업자의 영업을 위하여 출자하고 영업자는 영업에서 생기는 이익을 분배할 것을 약정하여야 한다. 이때 영업자는 상인이어야 하고, 그의 입장에서는 익명조합이 보조적 상행위가 된다.

---

15) 참고로, 계약의 일반적 종료원인으로는 갱개 · 면제 · 대물변제 · 이행불능 · 소멸시효 · 공탁 · 상계 · 계약해제 등이 있다.

16) 단순히 1회적인 거래에 출자하는 경우에는 익명조합계약이 성립하지 않는다.

17) 당사자의 일방이 상대방의 영업을 위하여 출자를 하는 경우라도 그 영업에서 이익이 생겼는지 여부를 따지지 않고 상대방이 정기적으로 일정한 금액을 지급하기로 약정한 경우 설사 이익이라는 명칭을 사용하였다 하더라도 익명조합계약이라 할 수 없다(대법원 1962년 12월 27일 선고 62다660 판결).

익명조합은 경제적으로는 공동기업으로서 합자회사와 유사한 면도 있으나,[18] 법률적으로는 영업자의 단독기업이고, 익명조합계약은 상법상 특수한 유상 · 쌍무 · 낙성 · 불요식계약이다.

Ⅱ. 효력

1. 대내적 효력

(1) 익명조합원의 지위

① 익명조합원의 의무

a. 출자의무

익명조합원은 영업자에 대하여 계약에 따른 출자의무를 부담한다(제78조). 출자목적물은 재산(금전 기타의 재산)에 한정되며, 신용이나 노무는 출자목적물이 될 수 없다(제86조, 제272조).

일단 출자된 것은 영업자의 재산으로 귀속된다(제79조). 그러므로 인도 · 등기 등 '재산권의 이전'에 필요한 모든 절차를 밟아야 한다.

영업자는 특약이 없는 한 출자의무가 없다.

b. 손실분담의무

손실의 분담은 익명조합의 요소가 아니지만, 통상 특약이 없으면 손실을 부담하는 약정이 있는 것으로 추정한다.

손실분담의 방법으로서, (i) 익명조합계약의 존속 중에는 익명조합원의 출자가 계산상 분담액만큼 감소하게 되나, 다른 약정이 없는 한 현실적으로 전보할 필요는 없으며, 다만 후에 이익이 생겼을 때에 그 결손을 전보한 다음에야 비로소 이익분배를 청구할 수 있다(제82조 제1항). (ii) 손실이 출자액을 초과한 경우에도 익명조합원은 이미 받은 이익을 반환하거나 증자할 의무가 없다(제82조 제2항).

손실분담비율에 대하여 약정이 있으면 약정에 따르고, 약정이 없으면 이익분배비율과 같은 것으로 추정한다.

c. 지위불양도의무

익명조합원은 신용에 기초하는 것으로, 특히 익명조합원은 영업자의 업무에 대하여 감

18) 양자 모두 코맨다(commanda)계약으로부터, 익명조합계약은 조합의 형태로 · 합자회사는 회사의 형태로 각각 분화된 것이다.

시권을 가지고 영업에 정통할 수 있는 지위에 있으므로 특약이 없는 한 그 지위를 타인에게 양도할 수 없다.[19]

② 익명조합원의 권리

a. 이익분배청구권

익명조합원은 영업자에 대하여 그 영업으로 인한 이익의 분배청구권을 갖는다.

이익분배비율은 약정이 있으면 약정에 따르고, 약정이 없으면 조합에 관한 민법 제711조 이하에 따라 출자액의 비율에 의하고, 이익 · 손실 어느 한 쪽에 관하여만 약정이 있는 때에는 양쪽에 공통하는 것으로 추정한다.

출자가 손실에 의하여 감소된 때에는 손실을 전보하고서야 비로소 이익배당을 청구할 수 있다.

b. 영업집행청구권

익명조합원이 출자한 금전 기타의 재산은 영업자의 재산에 귀속하게 되나 익명조합원은 영업에는 직접 관여하지 못하고 이익분배에나 참여하는 지위에 불과한 바, 이러한 지위에 대한 보완을 위하여 영업자에 대하여 영업의 개시 · 운영을 청구할 수 있으며 영업자의 위반시 그로 인한 손해배상을 청구할 수 있다.

c. 감시권

익명조합원은 경영에는 참가할 수 없으나 영업성적이 이익분배에 영향을 주므로 합자회사의 유한책임사원처럼 감시권이 인정된다. 즉 (i) 영업연도 말 영업시간 내에 한하여 회계장부 · 대차대조표 · 기타의 서류를 열람하거나 업무와 재산 상태를 검사할 수 있으며, (ii) 중대한 사유가 있는 때에는 법원의 허가를 얻어 언제든지 상기의 열람과 검사를 할 수 있다(제86조-제277조).

영업자의 지위는 익명조합원의 지위와 반대로 생각하면 된다.

(3) 영업자의 지위

익명조합계약의 당사자인 영업자에게는 업무수행의무, 경업피지의무,[20] 이익분배의무,[21] 영업상태개시의무 등이 부과된다.

---

19) 영업자는 경업피지의무를 부담하나, 익명조합원은 부담하지 않는다.
20) 경업피지의무 위반시 손해배상책임은 인정되나 개입권은 인정되지 않는다.
21) 이익분배비율에 관하여는, 약정이 있으면 약정에 따르고 약정이 없으면 출자가액에 비례한다(통설).

2. 대외적 효력

(1) 영업자와 제3자 간의 관계

제3자의 입장에서 보면 (익명조합원이 있는지 알 수 없으므로) 익명조합은 영업자의 개인기업일 뿐이다. 다만 익명조합원이 자기의 성명이나 상호의 사용을 허락한 경우에는 영업자와 연대책임을 지게 된다(익명조합원의 외관책임).

(2) 익명조합원과 제3자 간의 관계

익명조합원은 영업을 수행할 권리가 없으므로 원칙적으로 제3자와 아무런 법률관계가 있을 수 없다.

그러나 상법은 예외적으로 익명조합원에게 명의대여자의 책임을 규정하고 있다(제81조, 외관책임). 익명조합원이 자기의 성명 또는 상호를 영업자의 상호 중에 사용할 것을 허락한 때에는 그 사용 이후의 채무에 대하여 영업자와 연대하여 변제할 책임이 있다. 다만 제3자가 악의인 때에는 책임을 지지 않는다.

Ⅲ. 종료

1. 원인

익명조합의 종료원인에는 계약의 일반적 종료원인과 계약존속기간의 만료 외에 상법규정에 따른 기타의 종료원인이 있다.

(1) 당사자의 해지

존속기간을 정하지 않거나 당사자 일방의 종신까지 존속할 것을 약정한 경우에는 각 당사자는 영업연도 말에 계약을 해지할 수 있다. 이 해지는 6개월 전에 상대방에게 예고하여야 한다(제83조 제1항).

그러나 (익명조합원의 출자불이행 · 영업자의 영업태만 · 이익분배의무 불이행 등의) 부득이한 사정이 있는 때에는 존속기간의 약정의 유무를 불문하고 각 당사자는 언제든지 계약을 해지할 수 있다(동조 제2항).

(2) 법정사유로 인한 당연종료

익명조합계약은 당사자의 의사와 관계없이 (i) 영업의 폐지 또는 양도, (ii) 익명조합

원의 파산, (iii) 영업자의 사망 · 파산 · 금치산에 의하여 종료한다(제84조).[22)]

익명조합원의 금치산 · 사망은 법정종료사유가 아니다.

2. 효과

(1) 출자가액의 반환

익명조합원이 손실을 부담하지 않는다는 특약이 있는 경우에는 영업자는 익명조합원에게 그 출자가액을 반환하여야 하며(제85조 본문), 익명조합원이 손실을 분담하는 경우에는 납입된 출자가 손실에 의하여 감소된 때에는 영업자는 그 잔액만 반환하면 되나(동조 단서), 손실분담액이 출자한 가액을 초과하는 경우에는 영업자는 익명조합원에게 아직 출자하지 않은 부분에 대하여 그 이행을 청구하여야 한다.

(2) 출자가 소극으로 된 경우

손실분담의무를 지지 않는 경우 손실로 인하여 출자가 소극으로 된 때 반환할 잔액은 없어지지만, 특약이 없는 한 보충적인 납입의무도 없다.

(3) 익명조합원의 지위

익명조합원의 출자반환청구권은 순수한 채권이므로 영업자에 대한 다른 일반채권자와 평등한 지위에 있게 된다.

(4) 현물출자 또는 사용출자의 경우

익명조합원이 현물을 출자한 경우에는 금전으로 평가하여 그 가액을 반환하면 되고 목적물을 반환할 필요는 없다.

익명조합원이 물건의 사용권만 출자한 경우에는 소유권을 근거로 물건반환청구권을 가지며, 타채권자에 비하여 우선한다(환취권).

(5) 손해배상청구

익명조합원과 영업자 중 1인의 책임 있는 사유로 익명조합이 종료한 때에는 상대방은 책임 있는 당사자에 대하여 손해배상을 청구할 수 있다.

22) 익명조합원의 사망시에 대하여는 견해가 나누이고 있다.

제 8 절 합자조합

Ⅰ. 의의

합자조합이란 '조합의 업무집행자로서 조합의 채무에 대하여 무한책임을 지는 무한책임조합원과 출자가액을 한도로 하여 유한책임을 지는 유한책임조합원이 상호 출자하여 공동사업을 경영할 것을 약정함으로써 효력이 생기는 조합'을 말한다(제86조의 2).

(i) 합자조합은 당사자 간의 계약으로써만 설립할 수 있다는 점에서 민법상의 조합 및 상법상의 익명조합과 같은 한편, 합자회사의 설립절차(정관작성과 설립등기)와는 구별되고, (ii) 합자조합계약서에는 법정기재사항이 요구되는데(제86조의 3) 이 점에서 합자회사와 유사한 한편 민법상의 조합 및 상법상의 익명조합과 구별된다.

최근 인적 자산의 중요성이 높아짐에 따라 인적 자산을 적절히 수용할 수 있는 공동기업형태에 대한 수요가 늘게 되었다. 즉 기업의 설립 · 운영 · 해산 등과 관련하여 사적자치를 폭넓게 인정하면서도 유한책임이 인정되는 기업형태가 필요한데, 현행법상 민법상의 조합은 모든 조합원이 조합채무에 대하여 무한책임을 져야 하고 합자회사는 유한책임사원이 경영에 참여할 수 없는 문제점이 있어, 2011년 상법 개정시 이를 해결할 수 있는 기업형태로서 미국식 합자조합제도(LP: Limited Partnership)를 도입하였다.[23)]

	합자조합	합자회사
근거규정	상법 제2편 상행위 제86조의 2~제86조의 9	상법 제3편 회사 제268조~제287조
법인격의 유무	X	O
소유와 경영의 분리	X	X
내적 자치	O	O
유한책임사원의 업무집행권의 유무	X	X

23) 중소 IT기업이 대학연구소와 손을 잡고 투자자로부터 거액의 투자를 받아 대형개발프로젝트를 진행할 경우에 유용한 회사의 형태라 할 수 있다(소위 청년창업에 유리). 이때 중소 IT기업과 대학연구소는 무한책임의 업무집행조합원이 되고 투자자는 유한책임조합원이 된다.

Ⅱ. 설립

합자조합이 설립된 경우 합자조합의 업무집행조합원은 설립 후 2주 내에 조합의 주된 영업소의 소재지에서 일정등기사항을 등기하여야 한다(제86조의 4 제1항). 이러한 등기사항이 변경된 경우에는 2주 내에 변경등기를 하여야 한다(동조 제2항).

Ⅲ. 기구

1. 내부관계

(1) 출자

합자조합의 모든 조합원은 반드시 출자를 하여야 하는데, 구체적으로는 조합계약에서 정하는 바에 따라 출자를 하여야 한다(제86조의 3 제6호).

업무집행조합원은 재산 · 노무 · 신용을 출자의 목적으로 할 수 있는 한편, 유한책임조합원은 원칙적으로 신용 또는 노무를 출자의 목적으로 할 수 없는데(제86조의 8 제3항, 제272조), 다만 조합계약에 의하여 이와 달리 자유롭게 정할 수 있다(제86조의 3 제6호). 조합원은 조합설립시에 출자의 목적을 전부 이행할 필요는 없다(제86조의 4 제1항 제2호 참조).

조합원의 출자의 목적 · 재산출자의 경우에는 그 가액과 이행한 부분이 등기사항으로서 공시된다(제86조의 4 제1항 제2호).

(2) 업무집행

업무집행은 조합계약에 달리 정함이 없으면 원칙적으로 각 업무집행조합원(무한책임조합원)이 한다(제86조의 5 제1항). 유한책임조합원은 조합계약에 달리 정함이 없으면 원칙적으로 조합의 업무집행을 하지 못한다(제86조의 8 제3항, 제278조). 그러나 조합계약에 의하여 유한책임조합원에게 조합의 업무집행권을 부여할 수 있는데(제86조의 3 제3항), 이 점에서 합자회사(제278조)와 다르다.

조합계약에 의하여 공동업무집행조합원을 둘 수도 있고(제86조의 3 제9호) 업무집행조합원 중 일부의 업무집행조합원만 업무를 집행할 수도 있는데(제86조의 3 제10호), 이 점은 합자회사의 경우(제269조, 제202조 · 제208조 제1항, 제201조 제1항 · 제207조 제2문)와 유사하다.

업무집행권이 없는 유한책임조합원은 조합계약에 달리 정함이 없으면 원칙적으로 합자회사의 유한책임사원과 같이 업무감시권이 있다(제86조의 제3~4항 · 제277조, 민법 제710조).

(3) 조합원의 의무

합자조합의 업무집행조합원은 선량한 관리자의 주의로써 조합의 업무를 집행하고 대리하여야 하고(제86조의 5 제2항), 조합계약에 다른 규정이 없으면 원칙적으로 합자회사의 무한책임사원과 같이 다른 모든 조합원의 동의가 없으면 경업피지의무를 부담한다(제86조의 8 제2항, 제198조 본문).

합자조합의 업무집행조합원은 조합계약에 달리 정함이 없으면 원칙적으로 합자회사의 무한책임사원과 같이 다른 조합원의 과반수의 결의가 없으면 자기 또는 제3자의 계산으로 조합과 거래를 할 수 없다(제86조의 8 제2항 본문). 합자조합의 유한책임조합원도 조합계약에 다른 규정이 없으면 원칙적으로 자기거래금지의무를 부담한다(제86조의 8 제3항).

(4) 손익분배

합자조합에서 조합원에 대한 손익분배에 관한 사항은 조합계약에서 정하는 바에 의한다(제86조의 3 제7호). 그러나 유한책임조합원이 합자조합에 이익이 없음에도 불구하고 배당을 받은 때에는 배당받은 금액을 변제책임의 한도액에 더한다(제86조의 6 제2항).

(5) 지분

업무집행조합원은 다른 조합원 전원의 동의를 받아야 그 지분의 전부 또는 일부를 타인에게 양도할 수 있다(제86조의 7 제1항).

유한책임조합원의 지분은 조합계약에서 정하는 바에 따라 양도할 수 있는데(제86조의 6 제2항), 이때 유한책임조합원의 지분을 양수한 자는 양도인의 조합에 대한 권리 · 의무를 승계한다(제86조의 7 제3항).

2. 외부관계

(1) 대리

합자조합의 대외적 행위에 대하여 조합을 대리할 권한은 조합계약에 다른 규정이 없으면 원칙적으로 각 업무집행조합원이 갖는다(제86조의 5 제1항). 합자조합의 유한책임조합원은 조합계약에 달리 정함이 없으면 원칙적으로 합자조합의 대외적 행위에 대하여 합자조합을 대리할 권한이 없다(제86조의 8 제3항 제278조). 그러나 조합계약에 의하여 유한책임조합원에게 대리권을 부여할 수 있는데(제86조의 8 제3항), 이 점에서 합자회사의 경우(제278조)와 구별된다.

합자조합을 대리하는 업무집행조합원은 조합의 경영에 관하여 재판상 또는 재판외의 모든 행위를 할 권한이 있고(대리권의 포괄성 · 정형성: (제86조의 8 제2항 제209조 제1항)), 이러한 대리권에 대한 제한은 선의의 제3자에게 대항하지 못한다(불가제한성: 제86조의 8 제2항 제209조 제2항).

합자조합의 조합계약으로 업무집행조합원 중 일부 업무집행조합원만 합자조합을 대리할 것을 정할 수도 있고(제86조의 3 제10호), 2 이상의 업무집행조합원이 공동으로 합자조합을 대리할 것을 정할 수도 있다(제86조의 3 제9호).

(2) 책임

합자조합의 업무집행조합원(무한책임조합원)은 합자조합의 채권자에 대하여 인적 · 연대 · 무한 · 직접의 책임을 부담한다(제86조의 2, 제86조의 8 제2항-제212조).

합자조합의 유한책임조합원은 합자조합의 채권자에 대하여 출자가액을 한도로 인적 · 연대 · 유한 · 직접의 책임을 부담한다(제86조의 2, 제86조의 8 제2항-제212조). 즉 합자조합의 유한책임조합원은 조합계약에서 정한 출자가액에서 이미 이행한 부분을 뺀 가액을 한도로 하여 조합채무를 변제할 책임이 있는데(제86조의 6 제1항), 이 경우 합자조합에 이익이 없음에도 불구하고 배당을 받은 금액은 변제책임을 정할 때에 변제책임의 한도액에 더한다(제86조의 6 제2항). 이 점은 합자회사의 유한책임사원의 책임(제279조)과 유사하다고 볼 수 있다.

Ⅳ. 조합원의 변경

합자조합에서 조합원의 가입이나 탈퇴가 있어 조합원의 변경이 있는 경우, 조합을 단순히 당사자 사이의 계약관계로만 보면 당사자의 변경으로 조합은 동일성을 잃게 되어 해산되게 될 것으로 생각될 수도 있으나, 합자조합은 어느 정도 단체성을 갖고 있으므로 조합원의 변동으로 합자조합이 그 동일성을 잃지 않는 것으로 보아야 할 것이다.

합자조합의 조합원의 탈퇴에 관하여 상법에 규정이 없으므로 조합계약에 달리 정함이 없으면 민법의 조합에 관한 규정이 준용된다(제86조의 8 제4항). 따라서 합자조합의 조합원의 탈퇴에는 조합원의 의사에 의한 임의탈퇴와 조합원의 의사에 의하지 않는 비임의탈퇴가 있다.

V. 해산과 청산

1. 해산

합자조합의 해산에 관하여는 조합계약에서 정하는데(제86조의 3 제12호), 조합계약에 해산에 관한 규정이 없는 경우에도 업무집행조합원(무한책임조합원) 또는 유한책임조합원의 전원이 퇴사한 때에는 해산사유가 된다(제86조의 8 제1항-제285조 제1항). 이 경우 잔존한 업무집행조합원(무한책임조합원) 또는 유한책임조합원은 전원의 동의로 새로 유한책임조합원 또는 업무집행조합원(무한책임조합원)을 가입시켜서 조합을 계속할 수 있는데, 이때 이미 조합의 해산등기를 하였을 때에는 주된 영업소의 소재지에서 2주간 내에 또한 지점소재지에서는 3주간 내에 조합의 계속등기를 하여야 한다(제86조의 8 제1항, 제285조 제3항-제229조 제3항).

합자조합이 해산된 때에 파산의 경우 외에는 그 해산사유가 있은 날로부터 주된 영업소의 소재지에서는 2주간 내에 · 지점소재지에서는 3주간 내에 해산등기를 하여야 한다(제86조의 8 제1항, 제228조).

2. 청산

합자조합에 해산사유가 발생하면 파산의 경우 외에는 청산절차가 개시되는데, 청산절차는 청산인이 진행한다. 합자조합의 청산인은 합자회사의 청산인과 같이 원칙적으로 업무집행조합원(무한책임조합원) 과반수의 결의로 선임되는데, 이를 선임하지 않는 때에는 업무집행조합원이 청산인이 된다(제86조의 8 제2항-제287조).

합자조합의 청산이 종결된 때에는 청산인은 총 조합원의 청산종결의 승인이 있은 날로부터 주된 영업소의 소재에서는 2주간 내에 · 지점소재지에서는 3주간 내에 청산종결의 등기를 하여야 한다(제86조의 8 제1항-제264조).

제 3 장
상행위법 각칙

제 1 절 대리상

Ⅰ. 의의

대리상이란 '일정한 상인을 위하여 상업사용인이 아니면서 상시 그 영업부류에 속하는 거래의 대리 또는 중개를 영업으로 하는 자'를 말한다(제87조). 보험대리점 · 해운 또는 운송 대리점 · 여행업대리점 등이 이에 해당한다.

(i) 일정한 상인: 특정상인을 위하여 거래의 대리 또는 중개를 하여야 하므로 불특정 다수인을 보조하는 중개인이나 위탁매매인과 다르다. 본인이 수인(복수)이라도 무방하나 특정은 되어야 한다.

(ii) 독립상인: 대리상은 독립한 상인이므로 종된 지위의 상업사용인과 다르다.

(iii) 계속적 기업보조자: 대리상은 '상시' 거래의 대리 또는 중개를 함으로써 본인인 상인과 계속적 거래관계에 있어야 하므로 단순한 수임인과는 다르다.

(iv) 목적행위가 대리 · 중개이다: 대리상은 일정한 상인의 영업부류에 속하는 거래의 대리 또는 중개를 하여야 하므로(체약대리상 또는 중개대리상), 본인의 영업부류에 속하지 않는 거래를 하는 자는 본인을 위하여 계속적으로 이러한 행위를 대리하거나 중개하더라도 대리상에 해당하지 않는다. 예컨대 매매업을 하는 특정상인을 위하여 주로 금융의 대리 또는 중개를 하는 자는 대리상이 아니다.

(v) 제87조의 의의에 해당하면 그 명칭 여하는 불문한다. 대리점이라는 용어는 상법상

의 대리상 이외에 특약점의 의미로도 사용된다. 특약점이란 생산자 기타 공급자로부터 상품을 매입하여 자기의 계산으로 판매하는 자를 말하며, 상법상의 대리상은 아니다.
대리상과 본인 간의 대리상계약은 법률행위(상행위의 대리) 또는 법률행위 아닌 사무(중개)에 관한 것이므로, 그 법적 성질은 위임계약이다.

Ⅱ. 기능

기업의 지역적 확대를 위하여 보조자가 필요한데, 상업사용인을 사용하는 경우에는 기업의 성적 여하를 불문하고 고정비용을 부담하게 되고 그 업무감독도 쉽지 않은 불편이 있으나, 대리상을 이용하는 경우에는 계속적 이용관계에도 불구하고 성과급을 이용할 수 있고 각 지역에 적절한 탄력적인 대응이 가능하게 된다.

Ⅲ. 대리상계약의 법률관계

1. 대리인과 본인 간의 관계

양자 간의 법률관계는 계약 또는 관습, 상법규정(제48조-제50조), 민법규정(제680조-제692조)에 의한다.

기본적으로는 우선 체약대리상 · 중개대리상 모두 위임계약의 성질상 본인에 대하여 선량한 관리자로서의 주의의무를 다하여야 하고, 그 외는 대리상에 관한 상법규정이 적용된다.

(1) 대리상의 의무

전술한 바와 같이, 대리상계약에는 민법의 위임계약에 관한 규정(제681조)이 적용되므로 대리상은 본인을 위하여 선량한 관리자의 주의로써 그 영업부류에 속하는 거래의 대리 또는 중개를 하여야 함은 물론이다.

① 통지의무

거래의 대리 또는 중개를 한 때에는 지체 없이 본인에게 통지를 하여야 한다(제88조 발신주의).
이 통지의무위반시 대리상은 그로 인한 영업주의 손해에 대하여 배상책임을 진다.

민법상으로는 일반위임의 경우에 수임인은 위임인의 청구가 있을 때에는 언제든지 위임사무의 처리상황을 보고하고 위임이 종료한 때에는 지체 없이 그 전말을 보고하여야 한다(제683조).

② **경업금지의무**

대리상은 본인의 허락이 없으면 자기나 제3자의 계산으로 본인의 영업부류에 속한 거래를 하거나 동종의 영업을 목적으로 하는 회사의 무한책임사원 또는 이사가 되지 못 한다(제89조 제1항).

이것은 대리상과 본인 간의 이해충돌을 방지하기 위한 것으로서 상업사용인(제17조) · 인적 회사의 무한책임사원(제198조 · 제269조) · 물적 회사의 이사(제397조 · 제567조)의 경업피지의무와 취지를 같이하는 것이다.

대리상이 상업사용인이 될 수 있는지 여부에 대하여는 견해가 나누이는데 될 수 있다고 생각되고, 그런 의미에서 대리상의 경업금지의무의 범위는 상업사용인의 의무보다는 좁고, 합명회사의 무한책임사원(제198조 제269조) · 주식회사의 이사(제397조)와는 같다.

의무위반시 대리상의 행위의 사법상의 효력은 유효하되, 상업사용인의 경업피지의무 위반의 규정이 준용되어 영업주에게 대리상에 대한 손해배상청구권과 해지권이 인정되고, 대리상이 자기의 계산으로 거래한 경우에는 본인의 계산으로 한 것으로 볼 수 있고 제3자의 계산으로 한 때에는 대리상에 대하여 이득양도청구권(탈취권)을 행사할 수 있다(제89조 제2항).

영업주의 상기 권리는 거래를 안 날로부터 2주간을 경과하거나 거래가 있은 날로부터 1년을 경과하면 소멸한다(제척기간).

	민법상의 위임	대리상
보수	무상 원칙(제686조 제1항)	유상 원칙(제61조)
통지/보고의무	위임인의 청구 또는 위임종료의 경우 지체 없이(제683조)	거래의 대리·중개를 한 때 지체 없이(제88조)
경업금지의무	법정되어 있지 않음	법정되어 있음(제89조)
해지	상호 해지의 경우(제689조)	• 기간을 정한 때에는 부득이 한 사정이 없는 한 기간 경과 전의 해지 불가 • 기간을 정하지 않은 때에는 예고부해지 또는 부득이한 사정이 있는 경우의 해지(제92조)
종료	위임인의 사망은 종료사유(제690조)	본인의 사망은 종료사유 아님(제50조)

(2) 대리상의 권리

① 보수청구권

상법은 대리상의 채권을 더욱 돈독히 확보하도록 하기 위하여, 민법과는 달리, 대리상은 본인을 위하여 한 행위에 대하여 당사자 간에 보수에 관한 약정을 하지 않은 경우에도 당연히 상당한 보수를 청구할 수 있다(제61조).

보수액에 관하여는 통상 대리상계약에서 정한다.

② 유치권

a. 의의

대리상은 상법 제58조상의 일반상사유치권과 민법 제320조상의 민사유치권이 인정되며, 그밖에 별도로 특별상사유치권도 인정된다. 즉 대리상은 다른 약정이 없는 한 거래의 대리 또는 중개를 함으로써 생긴 채권(수수료청구권 · 체당금청구권 등)이 변제기에 있을 때에는 변제를 받을 때까지 본인을 위하여 점유하는 물건 또는 유가증권을 유치할 수 있다(제91조).

b. 요건

(i) 당사자: 유치권자인 대리상은 상인이다.

(ii) 유치목적물

대리상의 유치권의 목적물은 본인을 위하여 점유하는 물건 또는 유가증권이다. 그런데 채무자의 소유임을 요하지 않는다는 점에서 일반상사유치권과 차이가 있다.

(iii) 피담보채권

대리상의 유치권의 피담보채권은 대리상으로서의 거래의 대리 또는 중개로 인한 채권, 즉 수수료 기타의 보수청구권 또는 체당금의 상환청구권이다.

(iv) 유치목적물과 피담보채권 간의 견련성

대리상과 본인 간에 계속적인 관계가 있어 대리상을 더욱 보호하기 위하여는 목적물의 개성이 중시되어야 할 필요가 없으므로 유치목적물과 피담보채권 간에 견련성은 요하지 않는다.

c. 유치권배제의 특약

대리상의 유치권은 법정담보권이지만, 법규정상 당사자 간의 약정에 의하여 배제할 수 있다(제91조 단서). 이를 가리켜 '유치권 배제의 특약'이라고 한다.

d. 효력과 소멸원인

대리상의 유치권의 효력과 소멸원인에 관하여는 상법에 규정이 없으므로 민법상의 일반유치권에 관한 규정인 제321조 이하에 따른다.

③ **비용상환청구권**

수임인이 위임사무의 처리에 관하여 필요비를 지출한 때에는 위임인에 대하여 지출한 날 이후의 이자를 청구할 수 있고, 수임인이 위임사무의 처리에 필요한 채무를 부담한 때에는 위임인에게 자기에 갈음하여 이를 변제하게 할 수 있고 그 채무가 변제기에 있지 아니 한 때에는 상당한 담보를 제공하게 할 수 있으며, 수임인이 위임사무의 처리를 위하여 과실없이 손해를 받은 때에는 위임인에 대하여 그 배상을 청구할 수 있다(민법 제688조(수임인의 비용상환청구권 등)).

2. 대리상과 제3자 간의 관계

체약대리상의 경우는 대리권이 인정되므로 대리의 법리상 당연히 본인이 의무와 책임을 지고, 그 내용은 수권계약 · 민법대리규정 · 상법규정에 의한다.

중개대리상의 경우는 대리권이 인정되지 않으므로 제3자에 대하여 의무와 책임을 질 여지가 없다. 그러나 외부에서 볼 때 체약대리상인지 중개대리상인지 구별하기 곤란하므로 표현적인 사실(외관)에 대하여 어느 정도의 효과를 인정하여야 할 것인 바, 매수인인 제3자의 이익을 위하고 매매관계를 신속히 종결시키기 위하여, 수동대리의 권한을 인정할 필요가 있다.

즉 물건의 판매와 그 중개의 위탁을 받은 대리상은 매매 목적물의 하자 또는 수량의 부족 기타 매매의 이행에 관한 통지를 받을 권한이 있다(통지수령권, 제90조). 이때 주의할 것은 매매의 이행에 관한 통지수령권에 한하는 것이지, 대금수령 · 매매계약의 무효 · 취소에 대한 통지수령권이 인정되는 것은 아니라는 점이다(이러한 경우에는 '표현대리'로써 상대방을 보호).

Ⅳ. 대리상관계의 종료

1. 일반종료원인

(1) 본인의 영업종료

본인이 영업을 종료하면 대리상관계는 자동적으로 종료된다.

(2) 위임종료원인

대리상계약은 일반종료원인(민법 제690조상의 위임종료원인)인 '당사자 일방의 사망 · 파산, 수임인의 금치산선고'에 의하여 종료된다. 그러나 상법 제50조상 본인의 사망에 의하여는 대리상관계가 종료되지 않는다.

2. 법정종료원인

상법은 대리상관계의 계속성상 민법 제689조의 '상호해지자유의 원칙'에 대하여 특칙을 두고 있다. 즉 당사자가 계약의 존속기간을 약정하지 않은 때에는 각 당사자는 2월 전에 예고하고 계약을 해지할 수 있다(제92조 제1항). 그러나 부득이한 사정이 있는 때에는 약정의 유무를 불문하고 각 당사자는 언제든지 대리상계약을 해지할 수 있다(동조 제2항).

Ⅴ. 대리상계약 종료 후의 대리상의 지위

1995년 상법개정시 대리상관계종료 후의 당사자 간의 이해관계의 조절과 대리상제도의 활성화를 위하여 '대리상의 보상청구권'과 '대리상의 영업비밀준수의무'의 2 가지 제도를 도입하였다.

1. 대리상의 보상청구권

(1) 의의

대리상계약의 존속 중에 인정되는 제61조상의 보수청구권 외에, 대리상의 활동으로 인하여 본인이 새로운 고객을 획득하거나 영업상의 거래가 현저하게 증가하고 이로 인하여 계약종료 후에도 본인이 이익을 얻고 있는 경우에는 대리상은 본인과의 이익의 형평을 기하기 위하여 본인에 대하여 상당한 보수를 청구할 수 있다(제92조의 2 제1항).

(2) 요건

① 적극적 요건

대리상의 활동으로 본인이 새로운 (지속적) 고객을 획득하거나 영업상의 거래가 현저하게 증가하고, 이로 인하여 대리상계약의 종료 후에도 본인이 이익을 얻고 있는 경우

② 소극적 요건(다음의 경우에는 보수청구권이 인정되지 않는다)

(i) 대리상이 스스로 대리상관계를 종료한 경우

(ii) 대리상의 책임 있는 사유로 인하여 대리상관계가 종료된 경우(제92조의 2 제1항 단서)

(iii) 대리상관계의 종료 후, 양자 간의 합의에 따라 제3자가 대리상관계를 대신하는 경우(양자 간의 합의내용에 보상의 문제가 이미 포함되기 때문이다).

(3) 보상금액

보상금액은 상당한 보상을 원칙으로 하되, 대리상계약 종료 전 5년간의 평균연보수액을 초과할 수 없으며, 계약존속기간이 5년 미만인 경우에는 그 기간의 평균연보수액을 최고한도로 한다(제92조의 2 제2항).

(4) 소멸

대리상의 보상청구권은 대리상계약의 종료일로부터 6월을 경과하면 소멸한다(제92조의 2 제3항, 제척기간).

2. 대리상의 영업비밀준수의무

(1) 의의

대리상은 대리상계약종료 후에도 대리상계약과 관련하여 알게 된 본인의 영업상의 비밀을 준수하여야 한다(제92조 의 3).[1)]

'영업상의 비밀(영업비밀)'의 의의에 대하여는 상법에는 규정이 없고, 부정경쟁방지법 제2조 제2호에서 '공연히 알려져 있지 않고 독립된 경제적 가치를 가지는 것으로서 상당한 노력에 의하여 비밀로 유지된 생산방법 · 판매방법 기타 영업활동에 유용한 기술상 또는 경영상의 정보'라고 규정하고 있다(예: 고객명단).

---

1) 일반적인 영업비밀준수의무에 대하여는 부정경쟁방지법 제10조 이하 참조.

'비밀준수'란 사용 또는 타인에게 전달하지 않는 것, 즉 그 정보를 이용하거나 타인에게 누설하지 않는 것을 말한다.

(2) 의무발생시기

대리상의 이 영업비밀준수의무는 대리상계약종료 후에 비로소 발생한다. 대리상계약의 존속 중에는 선량한 관리자의 주의의무의 일환으로서 영업비밀준수의무를 부담한다.

(3) 의무위반의 효과

영업비밀준수의무위반에 대하여 상법상 규정이 없으나, 대리상의 고의 또는 과실로 인하여 본인에게 손해가 생긴 경우에는 배상책임을 부담한다고 해석한다.[2)]

(4) 부정경쟁방지법과의 관계

대리상의 비밀준수의무위반행위가 동시에 부정경쟁방지법상의 영업비밀침해행위에도 해당하는 경우에는 본인인 상인은 동법 제5조에 의하여 손해배상책임을 물을 수 있고, 이밖에 행위금지청구 · 신용회복조치명령 · 특허청장에 의한 시정권고의 대상이 된다. 그러나 대리상은 임직원이 아니므로 제3자에게 누설하더라도 형사제재는 받지 않는다.

제 2 절 중개상

Ⅰ. 의의

중개인이란 타인 간의 상행위의 중개를 영업으로 하는 자를 말한다(제93조). 중개상제도는 상품 · 유가증권매매 · 보험 · 어음할인 · 용선계약 등의 분야에서 많이 활용된다. 이를 분설하면 다음과 같다.

(i) 중개업이란 중개행위(양 당사자 간의 법률행위, 즉 상거래의 성립에 진력하는 사실행위)를 할 것을 인수하고, 그 결과 당사자 간의 법률행위의 성립시에 수수료의 지급을 받는 것을 영업으로 하는 것을 가리킨다.

(ii) (대리는 법률행위와 친한 반면) 중개는 사실행위와 친하므로 중개인에게는 대리권이 인정되지 않는다.

2) 부정경쟁방지법 제11조상의 손해배상책임도 고의 또는 과실을 요건으로 한다.

(iii) 중개인은 불특정타인 간의 상행위를 중개한다(통설은 보조적 상행위는 제외). 따라서 상사중개이므로 혼인중매 · 직업알선 · 비상인 간의 부동산중개 등의 민사중개와는 구별하여야 한다.
중개인의 기능은, 상인이 직접 적당한 상대방을 구하거나 자력신용을 확인하거나 시장사정을 탐색하는 것은 쉽지 않거나 불편할 것이므로, 중개인을 이용하여 계약체결의 기회를 촉진하는 데 있다.

〈중개상과 대리상의 비교〉

	중개상	대리상
공통점	상행위를 대상으로 하는 독립적 보조상인	
중개행위의 성질	사실행위(체약에 대한 지원)	• 대리행위(체약대리상) • 사실행위(중개대리상)
위탁자	불특정상인	특정상인
중개행위의 범위	기본적 상행위	본인의 영업부류에 속하는 상행위

Ⅱ. 종류와 성질

1. 종류

위탁자와 중개인 간의 중개계약에는 일방적 중개계약(도급에 준하는 계약)과 쌍방적 중개계약(위임계약)의 두 가지가 있는데, 당사자 간에 이에 관한 명시적 의사가 없는 때에는 쌍방적 중개행위로 보는 것이 원칙이다.[3)]

2. 법적 성질

중개계약은 낙성계약이며, 중개를 통하여 상행위가 성립하면 비로소 보수를 청구하는 면에서 도급계약의 성질도 있으나, 통설과 판례는 비법률적인 사무인 중개의 위탁과 이의 인수로써 성립하는 '위임계약'으로 보고 있다.

3) 쌍방적 중개계약의 경우에는 중개인에게 적극적 중개의무가 있으나, 일방적 중개계약의 경우에는 중개인에게 적극적 중개의무가 요구되지 않는다.

Ⅲ. 효과

원칙적인 쌍방적 중개계약은 위임에 해당하므로 중개인은 수임인으로서 선량한 관리자의 주의의무를 지는 한편, 중개인의 중간자적 특수성으로 인하여 상법상 중개를 위탁한 자뿐만 아니라 그 상대방에 대하여도 법적 지위를 갖는다.

1. 중개인의 의무

(1) 선량한 관리자의 주의의무

중개계약은 위임계약이므로, 중개인은 수임인의 일반적 의무인 선량한 관리자의 주의로써 위임사무(중개행위)를 처리할 의무를 부담한다(민법 제681조).

(2) 중립의무

중개인은 거래에 관한 정보제공 등 모든 면에서 중립이 요구된다.

(3) 후일 분쟁에 대비하기 위한 의무

① 견품보관의무

중개인은, 당사자 간의 분쟁방지 및 신속한 해결을 위한 증거보존상, 중개행위에 관하여 견품을 받은 경우 그 행위가 완료할 때(분쟁이 발생하지 않는 것이 확실하게 되었을 때)까지 견품을 보관하여야 하고(제95조), 의무종료 후에는 소유자에게 반환한다. 이것은 당사자 간의 분쟁을 방지하거나 신속히 해결하기 위한 것이다.

이 보관의무는 법률상 당연한 의무이므로 보관에 대하여 보수청구권을 청구할 수 없는 반면에, 위반시에는 손해배상의 책임이 있다.

② 결약서교부의무

중개행위의 결과 당사자 간의 계약성립시 중개인은 지체 없이 당사자의 성명 또는 상호 · 계약연월일과 그 요령을 기재한 서면(결약서, 結約書)를 작성하여(중개인의 기명날인 또는 서명) 당사자에게 교부하여야 한다(제96조 제1항).

(i) 법률행위성립의 명확화 · 당사자 간의 분쟁방지 · 증거확보상(계약성립 여부와 내용에 다툼이 생길 여지가 있으므로 진정성을 확보하기 위하여) 결약서를 작성하여 교부하는 것이다.

(ii) 결약서는 증거서면에 불과한 것으로, 계약서도 아니고 계약의 성립요건도 아니다.

당사자가 즉시 이행을 하여야 하는 경우를 제외하고는 중개인은 각 계약당사자로 하여금 제1항의 결약서에 기명날인 또는 서명하게 한 후 상대방에게 교부하여야 한다(제96조 제2항).

당사자 일방이 결약서를 수령하지 않거나 이에 기명날인 또는 서명하지 않는 때에는 중개인은 지체 없이 상대방에게 그 통지를 발송하여야 한다(제96조 제3항). 통지하지 않은 때에는 그로 인한 손해에 대하여 배상할 책임이 있다.

③ 장부작성과 등본교부의무

중개인은 장부(중개인일기장)를 비치하고, 여기에 결약서의 기재사항을 기재하여야 하며(제97조 제1항), 각 당사자는 언제든지 중개인이 자기를 위하여 중개한 행위에 관하여 그 장부의 교부를 청구할 수 있다(동조 제2항). 이것은 타인 간의 거래에 관한 증거보존을 위한 것이므로 상업장부에 해당하는 것은 아니다.[4)]

(4) 성명 · 상호 묵비의무

경쟁관계에 있거나 대규모공장부지의 매입 등 비밀를 요하는 경우, 계약당사자로서 자기의 성명 또는 상호를 상대방에 알리지 않는 것이 거래에 유리한 경우가 종종 있으므로, 계약당사자가 중개인에게 그 성명 또는 상호를 표시하지 않을 것을 요구한 때에는 중개인은 결약서와 중개인일기장의 등본에 그 성명 또는 상호를 기재하지 못한다(제98조).

(5) 개입의무(이행담보책임)

① 의의

중개인이 임의로 또는 당사자의 요구에 의하여 당사자 일방의 성명 또는 상호를 그 상대방에게 알리지 않은 때에는 상대방은 중개인에 대하여 이행을 청구할 수 있는데(제99조), 이를 중개인의 개입의무라고 한다.

중개인은 타인 간의 법률행위의 성립에 진력할 뿐 법률행위의 당사자가 되는 것은 아니므로 이행책임을 질 필요가 없으나, 상대방의 중개인에 대한 신뢰를 보호하기 위하여 특별히 이행담보책임을 지도록 한 것으로 볼 수 있다.

② 의무이행의 효과

중개인이 계약당사자의 의무를 대신 이행하더라도 중개인이 계약당사자가 되는 것은 아니므로 반대급부를 청구할 수는 없다. 그러나 묵비요구당사자에 대하여 구상권을 행사

---

4) 수수료 등의 회계기재가 있으면 동시에 상업장부도 될 수 있다는 견해도 있다.

할 수 있다(민법 제481조).

③ 통설에 의하면, 묵비중개에 의한 계약이 성립된 경우, 묵비요구당사자의 성명이 개시(開示)된다 하더라도 상대방의 중개인에 대한 이행청구권은 상실되지 않는다. 즉 일단 발생한 중개인의 개입의무는 소멸하지 않는다는 것이다.

2. 중개인의 책임

(1) 중개계약위반으로 인한 책임

중개인이 중개를 함에 있어 주의의무를 게을리 한 결과 손해가 발생한 때에는 배상책임을 진다.

(2) 불법행위책임

주의의무태만의 사실만으로 불법행위책임을 지는 것은 아니나, 예컨대 매도가액 5,000만원인 물건을 8,000만원으로 매도한 뒤 중개료 또는 경비와 관계없이 차액을 가지는 것과 같이 적극적으로 불법행위를 행한 부동산중개의 경우에는 불법행위책임을 지게 된다.

3. 중개인의 권리

(1) 보수청구권

중개인은 상인이므로 특약이 없는 경우에도 중개에 의한 보수(중개료 또는 구전)를 청구할 수 있다. 특약 또는 관습상 거래가액에 대한 백분율로 정한다. 이 보수에는 교통비·통신비 등의 비용이 포함되므로 달리 정함이 없으면 별도의 비용상환청구권은 인정되지 않는다.

중개인의 보수청구권의 요건으로는, (i) 중개에 의하여 계약이 유효하게 성립하여야 하고(그러므로 계약이 무효이거나 계약서교부 전에 취소된 경우에는 불인정), (ii) 중개행위와 계약의 성립 간에 상당한 인과관계가 있어야 하며, (iii) (중개인으로 하여금 신중하게 중개를 하도록 하기 위하여) 결약서교부교환절차가 종료되어야 한다(제100조 제1항).

이러한 요건이 갖추어진 경우에는 중개인은 특약 또는 관습이 없는 한 '중개료를 균분하여 당사자 쌍방에 청구'할 수 있다. 이 규정의 취지는 당사자 간의 내부적인 분담비율을 정한 것이 아니라, 중개인에게 위탁하지 않은 당사자에 대하여도 균등액을 청구할 수 있다는 것이다. 그러므로 당사자 간의 특약으로 보수의 분담을 정하더라도 중개인의 동의가 없으면 그것으로써 중개인에게 대항할 수 없다.

민사중개인은 상법상의 중개인에는 해당하지 않으나, 대부분 기본적 상행위를 영업으로 하는 바 상인에 해당하므로, 제100조 제2항을 유추적용하여 중개료를 청구할 수 있다고 본다.

(2) 급여수령대리권의 부존재

중개인은, 중개를 행할 뿐 스스로 상행위의 당사자가 되는 것이 아니고 또 당사자의 대리인이 되는 것도 아니므로, 다른 약정이나 관습이 없는 한 중개행위에 관하여 당사자를 위하여 지급 기타 이행을 받을 권한이 없다(제94조).

Ⅳ. 중개계약의 종료(위임종료사유)

중개계약의 종료사유는 전술한 다른 보조상의 경우와 마찬가지이다.

제 3 절 위탁매매업

Ⅰ. 의의

위탁매매인이란 '자기명의로 타인의 계산으로 물건 또는 유가증권의 매매를 하는 것을 영업으로 하는 자'를 말한다(제101조, 제46조 제12호). 그 대표적 예로는 증권회사가 있다.[5)]

자기명의(법률적 형식)로 행위를 하는 점에서 계약의 당사자로 나타나지 않는 중개인 또는 중개대리상과 구별되고, 본인의 명의로 제3자와 거래하는 체약대리상 또는 기타의 본인의 대리인과도 구별된다. 그러나 타인의 계산(경제적 효과)으로 하는 점에서 그 실질은 대리와 유사하다.

주선인에는 '위탁매매업자 · 준위탁매매업자 · 운송주선인 등'이 있는데, 위탁매매인은 '물건 또는 유가증권의 매매'를 주선행위의 목적으로 하는 점에서 다른 주선인들과 구별된다. 즉 운송주선인의 주선행위의 목적은 물건의 운송이고(제114조), 준위탁매매인의 주선행위의 목적은 매매가 아닌 다른 행위이다(제113조).

5) 증권거래소에서 거래할 자격이 있는 자는 증권회사에 한하므로 일반인들이 증권거래를 하기 위하여는 위탁매매인인 증권회사를 이용하여야 한다.

위탁매매인이 하는 매매행위는 수탁업무의 이행행위로서 위탁매매인이 영업을 위하여 하는 행위(보조적 상행위)이지 영업으로 하는 행위 그 자체는 아니다. 그리고 위탁매매인과 위탁자 간의 관계는 위임관계에 해당한다. 따라서 이 양자 간에는 위임에 관한 규정이 적용된다(제112조).

위탁매매업의 기능으로는, (i) 지점 또는 대리점의 이용시 그에 수반되는 비용 · 업무감독의 곤란 내지 권한남용을 피할 수 있고, (ii) 위탁매매인이 갖고 있는 신용 · 지식을 활용할 수 있고, (iii) 위탁자는 자신을 나타내지 않을 수 있으며, (iv) 상대방으로서도 위탁자의 자력 · 신용 · 대리권의 유무 등을 조사할 필요가 없는 점 등을 들 수 있다.

Ⅱ. 법률관계

위탁매매계약에 있어서의 법률관계는 (i) 위탁자와 위탁매매인 간의 내부관계와 (ii) 위탁자와 제3자 간 · 위탁매매인과 제3자 간의 외부관계로 구성된다.

1. 내부관계

위탁매매계약의 내부관계는 위탁매매인을 기준으로 할 때 그의 권리와 의무를 의미한다.

(1) 위탁매매인의 의무

① 일반적 의무

위탁매매인과 위탁자 간의 주선계약은 위임계약이므로, 위탁매매인은 수임인으로서 위탁자를 위하여 선량한 관리자의 주의로써 그 위임사무를 처리하여야 하는 일반적 의무를 부담한다(민법 제681조 이하).

상법은 이러한 일반적 의무 외에 다음과 같은 의무도 부과하고 있다.

② 위탁실행의 통지의무와 계산서제출의무

위탁매매인은 수탁한 매매를 행한 때에는 지체 없이 위탁자에 대하여 계약의 요령과 상대방의 주소 · 성명의 통지를 발송하여야 하고 계산서를 제출하여야 한다(제104조).

위탁자의 청구를 요하지 않는 점에서 민법 제683조상의 수임인의 보고의무와 다르다.

③ 지정가액준수의무

위탁자는 매매가액을 일임할 수도 있고 지정할 수도 있는데, 지정하는 경우에는 매도위탁시에는 최저가액을 정하고 매수위탁시에는 최고가액을 정하는 것이 일반적이다.

위탁매매인이 지정가액보다 염가로 매도하거나 고가로 매수한 경우, 위탁자는 그 매매를 자기를 위하여 한 것으로 인정할 필요가 없고, 다만 위탁매매인이 그 차액을 부담하는 경우에는 그 매매가 위탁자에 대하여 효력이 있다(제106조 제1항).

지정가액보다 고가로 매도하거나 염가로 매수한 경우에는 그 차액은 다른 약정이 없으면 위탁자의 이익으로 한다(제106조 제2항).

④ 이행담보책임(개입의무)

a. 의의

위탁매매인은 위탁자를 위한 매매에 관하여 상대방이 채무를 이행하지 않는 경우, 위탁자의 보호 및 위탁매매제도의 신용유지상, 위탁자에 대하여 이행할 책임을 진다(제105조 본문, 개입의무).

b. 요건

(i) 상대방의 채무불이행이 있어야 한다.

(ii) 대체급부가 가능하여야 한다.

(iii) 2 당사자 간에 이행담보책임을 배제하지 않거나 배제의 관습이 없어야 한다.

c. 성질

위탁매매인의 이행담보책임의 법적 성질에 대하여 (손해배상책임설도 있으나) 과실 유무에 관계없이 부담하므로 법정 · 무과실책임으로 보는 것이 타당하다.

(그 담보기능상 보증채무와 유사한 점이 있으나) 상대방과 위탁자 간에 주채무가 없으므로 보증채무라고 할 수 없다.

d. 책임내용

(i) 상대방이 위탁매매인에 대하여 부담하는 의무와 동일하다(예컨대 매도위탁 시에는 대금채무, 매수위탁시에는 매매목적물의 인도의무 등).

(ii) 이행을 하더라도 목적물의 하자 또는 수량부족으로 인하여 상대방이 부담하게 되는 대금감액 또는 손해배상책임도 부담한다.

(iii) 상대방이 위탁매매인에 대하여 동시이행의 항변권 · 불완전이행의 항변권 등을 갖는 경우 위탁매매인은 위탁자에 대하여 이로써 대항할 수 있다.

e. 이행의 효과

(ⅰ) 보수청구권 · 비용상환청구권

위탁매매인은 특약이 없더라도 매매행위의 실행이 완료된 때에는 위탁자에 대하여 당연히 보수를 청구할 수 있다(보수청구권).

위탁매매인은 위탁매매의 실행을 위하여 비용이 필요한 경우에는 위탁자에게 그 선급을 청구할 수 있고, 위탁매매인이 필요한 비용을 체당한 때에는 그 체당금과 체당한 날 이후의 법정이자를 청구할 수 있다.

(ⅱ) 위탁매매인은 상대방에 대하여 매매계약에 따른 채권과 필요한 경우 손해배상청구권을 행사할 수 있다.

f. 소멸

(ⅰ) 위탁매매인의 이행담보책임은 위탁매매인의 영업상의 의무이므로 상대방의 채무의 시효기간과는 관계없이 5년이 경과하면 시효소멸한다(제64조).

(ⅱ) 상대방의 채무가 소멸하면 이행담보책임도 소멸한다.

g. 책임의 배제

위탁매매인은 위탁자와의 약정 또는 관습에 의하여 이행담보책임을 배제할 수 있다(제105조 단서).

⑤ 위탁물의 훼손 · 하자 등의 통지 및 처분의무

위탁매매인이 위탁매매의 목적물을 인도받은 후에 그 물건의 훼손 또는 하자를 발견하거나 그 물건이 부패할 염려가 있을 때 또는 가격저락의 상황을 안 때에는 지체 없이 위탁자에게 그 통지를 발송하여야 한다(제108조 제1항).

위탁자의 지시를 받을 수 없거나 그 지시가 지연되는 때에는 위탁매매인은 위탁자의 이익을 위하여 적당한 처분(보관 · 공탁 · 전매 · 임차담보책임의 추궁 · 계약해제 등)을 할 수 있다(제108조 제2항).

(2) 위탁매매인의 권리

① 일반적 권리

위탁매매인은 상인이므로 위탁자를 위하여 행한 매매에 관하여 특약이 없더라도 상당한 보수를 청구할 수 있다(제61조).

위탁매매인이 위탁자를 위하여 매도 또는 매수를 하는 데 비용이 필요한 경우에는 특약 또는 관습이 없는 한 이를 체당할 의무가 없고 위탁자에 대하여 선급을 요구할 수 있다.

② 비용상환청구권

a. 수임인의 비용선급청구권

위임사무의 처리에 비용을 요하는 때에는 위임인(위탁자)은 수임인(수탁자)의 청구에 의하여 이를 선급하여야 한다(민법 제687조).

b. 수임인의 비용상환청구권

수임인이 위임사무의 처리에 관하여 필요비를 지출한 때에는 위임인에 대하여 지출한 날 이후의 이자를 청구할 수 있다. 수임인이 위임사무의 처리에 필요한 채무를 부담한 때에는 위임인에게 자기에 갈음하여 이를 변제하게 할 수 있고 그 채무가 변제기에 있지 아니 한 때에는 상당한 담보를 제공하게 할 수 있다. 수임인이 위임사무의 처리를 위하여 과실없이 손해를 받은 때에는 위임인에 대하여 그 배상을 청구할 수 있다(민법 제688조).

③ 유치권

위탁매매인은 위탁자를 위하여 물건의 매도 또는 매수를 함으로써 위탁자에 대하여 생긴 채권에 관하여 위탁자를 위하여 점유하는 물건 또는 유가증권을 유치할 수 있다. 그러나 다른 약정이 있는 때에는 그러하지 아니 하다(제111조).

(위탁자가 상인인 경우에는 위탁매매인은 상인 간의 유치권인 일반상사유치권을 행사하면 되나) 위탁자가 상인이 아닌 경우에는 상인 간의 유치권인 일반상사유치권을 행사할 수 없으므로 이러한 경우에 대비하기 위하여 특별상사유치권의 규정을 둔 것이다(대리상의 특별상사유치권과 내용을 같이 한다(제191조).

④ 매수물의 공탁 및 경매권

매수위탁자가 위탁매매인이 매수한 물건의 수령을 거절하거나 수령할 수 없는 때에는 위탁매매인은 당사자 간에 약정이 있는 경우를 제외하고 그 물건을 공탁하거나 상당한 기간을 정하여 최고한 후에 경매할 수 있다(제109조, 제67조 제1항 본문). 이때 지체 없이 위탁자에게 그 통지를 발송하여야 한다.

위탁자에 대하여 최고를 할 수 없거나 목적물이 멸실 또는 훼손될 염려가 있는 때에는 최고 없이 경매할 수 있다. 경매대금은 경매비용을 공제한 잔액을 공탁하여야 하며, 그 전부 또는 일부를 매매대금에 충당할 수 있다.

⑤ 개입권

a. 의의

위탁매매인은 거래소의 시세 있는 물건의 매매를 위탁받은 때에는 자신이 직접 그 매도인이나 매수인이 될 수 있는 바, 이를 가리켜 '개입권(일종의 형성권)'이라고 한다(제107조 제1항 전단).

b. 요건

(i) 거래소[6]의 시세가 있어야 한다.

(ii) 위탁자가 개입을 금지하지 않아야 한다.

(iii) 주선을 아직 실행하지 않은 경우라야 한다.

위탁매매인이 이미 주선을 실행하였으면 개입을 할 여지가 없기 때문이다.

(iv) 법률상 개입이 금지되지 않은 경우라야 한다.

c. 방법

위탁매매인의 개입은 위탁자에 대한 개입의 의사표시로써 행한다(도달주의). 구두로도 할 수 있다.

d. 효과

위탁매매인과 위탁자 간에서 위탁매매의 목적인 매매행위가 성립한다.

물건의 대가는 위탁매매인이 개입의 통지를 발송한 때의 거래소의 시세에 의한다(제107조 제1항 후단).

개입이라는 방법을 통하여 위탁매매를 행한 것이므로 위탁을 실행한 것으로 된다. 그러므로 위탁매매인은 이 경우에도 위탁자에 대하여 보수청구권 · 비용상환청구권을 갖는다(제107조 제2항).

(3) 매수위탁자가 상인인 경우의 내부관계

매수위탁에 있어서 위탁자와 위탁매매인 간의 관계는 매수인과 매도인의 관계와 유사하므로, 상법 제110조는 매수위탁자가 상인인 경우 '상사매매에 관한 규정'을 준용한다. 따라서 확정기매매의 해제의제(제68조), 위탁자의 목적물검사와 하자통지의무(제69조), 위탁자의 목적물 보관 · 공탁의무(제70조), 목적물의 수량초과 등의 경우의 보관 · 공탁의무(제71조) 등의 규정이 준용된다.

2. 외부관계

(1) 위탁매매인과 제3자(상대방) 간의 관계

위탁의 대상이 '물건 또는 유가증권의 매매'이므로, 양자의 관계는 일반매매에 있어서의

---

6) 거래소란 증권거래소 · 금거래소 · 가상화폐거래소 등과 같이 상품 · 유가증권 등을 대량으로 거래하는 상설시장을 가리킨다.

'매도인과 매수인의 관계'에 해당한다. 그러므로 위탁매매인은 타인의 계산으로 행한 매매로 인하여 상대방에 대하여 직접 권리를 취득하고 의무를 부담한다(제102조).

(2) 위탁자와 제3자(상대방) 간의 관계

양자 사이에는 아무런 직접적인 법률관계가 없다. 그러므로 위탁자는 제3자에 대하여 '제3자가 위탁매매인에 대하여 지는 채무'에 대하여 직접 요구할 수 없으며, 채무불이행에 따른 손해배상청구도 할 수 없다.

(3) 위탁자와 위탁매매인의 채권자 간의 관계(위탁물의 귀속관계)

위탁매매계약에 있어서는 법률적 형식과 경제적 이익의 분리를 합리적으로 조정할 필요가 있으므로, 위탁매매인은 일단 자기명의로 물건 · 권리를 취득하고 그리고 나서 그것을 위탁자에게 이전한다.

그러나 경제적으로는 위탁자에 귀속하지만 법률적으로는 일단 위탁매매인에게 속하게 되는 바 그 권리가 위탁매매인의 일반채권자에 대한 관계에 있어서는 어떻게 될 것인가가 문제된다. 이에 대하여 상법 제103조는 '위탁매매인이 위탁자로부터 받은 물건 또는 유가증권이나 위탁매매로 인하여 취득한 물건 · 유가증권 또는 채권은 위탁자와 위탁매매인 또는 위탁매매인의 채권자 간의 관계에서 위탁자의 소유 또는 채권으로 본다'고 규정하고 있다. 실질적으로 위탁자에게 귀속하면서 형식적(법률적)으로는 위탁매매인에게 귀속하는 소유권 또는 채권을, 위탁매매인의 채권자와의 관계에서는 실질관계를 중시하여 위탁자에게 귀속하는 것으로 의제함으로써 위탁자를 보호하기 위함이다.

Ⅲ. 준위탁매매인

준위탁매매인이란 자기명의로써 타인의 계산으로 매매가 아닌 다른 행위를 행할 것을 인수하는 것을 영업으로 하는 자를 말한다(제113조). 그 예로는 광고계약의 주선업자 · 보험계약의 주선업자 · 여객운송주선업자 · 출판계약의 주선업자 · 임치계약의 주선업자[7] 등이 있다.

주선의 목적이 물건운송계약인 운송주선인은 이에 해당하지 않는다.

상법 제113조에 따라 위탁매매인에 대한 규정이 준위탁매매업자에 대하여 전면적으로 준용되나, (매매 아닌 행위를 대상으로 하는 바) (i) 거래소의 시세라는 것이 존재하지

7) 우리가 주변에서 흔히 볼 수 있는 'OO 여행사'들이 이에 해당한다.

않으므로 제107조의 개입권에 관한 규정은 준용되지 않으며, (ii) (매매가 아닌 행위를 행하는 자이므로) 매매와 관련된 제108조의 위탁물의 훼손 · 하자 등의 통지 · 처분의무와 제110조의 상인인 매수위탁자의 경우의 상사매매에 관한 규정은 적용될 여지가 없다.

제 4 절 운송주선업

Ⅰ. 의의

운송주선인이란 자기명의로 타인의 계산으로 물건운송계약을 체결하는 자, 즉 운송주선계약을 하는 것을 영업으로 하는 자를 말한다(제114조). 이때 타인이란 위탁자(송하인)을 가리킨다.

주선의 목적행위는 물건운송계약이다.[8] 그 예로서 해상화물운송주선업과 자동차화물운송주선업 등이 있다.

Ⅱ. 성질

운송주선계약의 법적 성질은 위임계약이다.

주선의 목적이 '물건운송'이라는 것을 제외하고는 대부분 위탁매매업과 내용이 같으므로 운송주선인에 관한 명시규정 외에는 위탁매매인에 관한 규정이 준용된다(제123조).

Ⅲ. 법률관계

1. 운송주선인의 의무

(1) 선량한 관리자의 주의의무

운송주선인은 위탁사무인 운송의 주선을 선량한 관리자의 주의로써 하되, 그 범위는 '운송인의 선택'에 그치지 않고 '운송물의 수령 · 운송인에의 인도 · 수령 후 운송인에의

8) 여객운송의 주선업은 운송주선업이 아니라 '준위탁매매업'에 해당한다.

인도까지의 보관 · 중계지나 도착지에서의 다른 운송주선인의 선택 · 기타 운송주선업무에 속하는 사항' 등도 포함된다.

(2) 주선인으로서의 의무

주선이라는 의미에서 위탁매매업과 법률관계를 같이 하는바, 위탁매매인에게 부과되는 지정가액준수의무 · 통지 및 계산서 제출의무, 위탁물에 대한 통지 및 긴급처분의무 등의 의무가 운송주선인에게도 부과된다.

(3) 수하인에 대한 의무

운송물이 도착지에 도착한 때에는 수하인은 송하인과 동일한 권리를 취득한다. 운송물이 도착지에 도착한 후 수하인이 그 인도를 청구한 때에는 수하인의 권리가 송하인의 권리에 우선한다(제124조-제140조).

수하인이 운송물을 수령한 때에는 운송주선인에 대하여 운임 기타 운송에 관한 비용과 체당금을 지급할 의무를 부담한다(제124조-제141조).

운송주선인의 국내대리점인 운송취급인이 수하인용 항공화물운송장 등의 운송서류를 수하인이나 통지처가 아닌 제3자에게 임의교부하면 수하인에 대하여 불법행위가 성립한다(제124조-제140조, 제141조).

2. 운송주선인의 권리

운송주선인의 권리에 대하여는, 운송주선인이 수임인의 지위이므로 민법상의 위임의 일반규정이 적용되는 한편, 상법상 별도의 규정이 마련되어 있다.

(1) 보수청구권

① 청구시기

운송주선인은 상법 제61조상 특약이 없더라도 보수청구권을 가지며, 보수청구의 시기는 주선계약의 이행을 완료했을 때 즉 운송계약이 성립하여 운송인에게 운송물을 인도한 때이다(제119조 제1항).

② 확정운임운송주선의 경우

확정운임운송주선계약(운송주선계약에서 운임의 액을 정한 경우)의 경우에는 운임 중에 보수가 포함되는 것이 보통이므로, 특약이 없는 한 운송주선인은 보수를 청구할 수 없다(제119조 제2항).

(2) 비용상환청구권

운송주선인은 위탁자에 대하여 운송계약에 의하여 운송인에게 지급한 운임 기타의 지출비용을 청구할 수 있다(제123조). 이때 비용이란 운송물의 보관・보험・통관 등에 따른 비용을 가리킨다.

(3) 유치권

운송주선인은, 민사유치권과 일반상사유치권이 인정되는 외에, 상법 제120조에 의하여 운송물에 관하여 받을 보수・운임 기타 위탁자를 위한 체당금 또는 선대금(先貸金)[9]과 관련하여 운송물을 유치할 수 있다(특별상사유치권).

유치물은 (i) 운송물로서, (ii) 채무자 소유임을 요하지 않으며, (iii) 피담보채권과의 견련성을 요한다. (iv) 피담보채권이 변제기에 있어야 되는지 여부에 대하여는 긍정설과 부정설로 견해가 나누이나, 운임의 경우에는 운송물의 인도시 보수청구권이 발생하고 동시에 변제기가 되므로 부정설이 타당한 한편, 기타 체당금이나 선대금의 경우에는 변제기가 도래하여야 한다고 봄이 타당하다.

(4) 개입권

① 의의

운송주선인의 개입권이란 다른 약정이 없으면 위임사무의 처리를 위하여 운송주선인 자신이 직접 운송을 할 수 있는 것을 말한다(제116조 제1항: 형성권).

② 시기

운송인과 운송계약체결 전은 물론 운송계약체결 후에도 운송주선위탁자에게 통지할 때까지는 개입할 수 있다.

③ 방법

명시적이든 묵시적이든 불문하며, 의사표시의 도달주의에 의한다.

④ 효과

개입은 운송주선계약의 이행의 한 방법에 불과하므로, 운송주선인은 운송주선인으로서의 지위를 계속 유지하는 한편, 위탁자에 대하여 운송인과 동일한 권리의무를 가지게 된다.

⑤ 개입의 의제

위탁자의 청구에 의하여 운송주선인이 자기명의로(타인의 대리인으로서 하는 경우에는

9) 선대금이란 거래처, 임원, 종업원 등에게 일시적으로 대여한 채권을 말한다.

개입이 의제되지 않음) 화물상환증을 작성한 때에는 운송주선인 자신이 운송하는 것으로 본다(제116조 제2항).

(5) 운송주선인의 채권의 소멸시효

보수청구권 · 비용상환청구권 등 운송주선인의 '위탁자 또는 수하인'에 대한 채권의 소멸시효는 위탁자 또는 수하인에 대하여 채권을 행사할 수 있는 때로부터 1년이다(제122조).

3. 운송주선인의 손해배상책임

(1) 책임원칙

운송주선인은 자기나 그 사용인이 운송물의 수령 · 운송인에의 인도 · 수령 후 운송인에게 인도할 때까지 보관 · 운송인이나 다른 운송주선인의 선택 기타 운송에 관한 주의를 게을리 하지 않았음을 증명하지 않으면 운송물의 멸실 · 훼손 또는 연착에 관하여 위탁자에 대하여 손해배상책임을 면하지 못한다(제115조: 예시규정 · 주의규정).[10] 요컨대 상법은 운송주선인의 채무불이행으로 인한 손해배상책임에 관하여 '과실책임주의'를 취하는 동시에 '무과실의 입증책임'을 과하고 있다.

(2) 손해배상의 범위

상법 제115조는 이행보조자의 고의 · 과실에 대한 채무자의 책임에 관한 민법 제391조의 일반원칙을 운송주선인에 대하여 주의적으로 규정한 것이다. 손해배상의 범위는 운송물의 멸실 · 훼손 또는 연착에 한하지 않고, 수탁사무의 수행상 선량한 관리자의 주의의무의 해태로 인한 모든 책임에까지 이른다.

한편 손해배상액에 관하여는 운송인에 대한 제137조와 같은 별도의 규정이 마련되어 있지 않으므로 '민법의 일반원칙'에 따라 정하면 된다.

(3) 고가물(高價物)에 대한 책임

상법 제124조에 의하여 운송인에 관한 제136조가 준용된다.

a. 고가물 명시의무

운송물이 화폐 · 유가증권 기타의 고가물인 경우에는 송하인이 운송주선을 위탁할 때에 그 종류와 가액을 명시하지 않으면 운송주선인은 손해배상책임을 지지 않는다(제124조-제136조).

---

10) 멸실은 전부멸실과 일부멸실로 나눌 수 있다. 그렇다면 일부멸실과 훼손은 어떻게 다를까? 멸실이란 효용가치가 없어지는 것을 말하고 훼손이란 경제적 가치가 줄어드는 것을 말한다.

고가물이란 용적 또는 중량에 비하여 고가인 물건을 말한다.

b. 명시의무 위반의 효과

통설에 따르면 고가물이라는 명시가 없는 경우에는 운송인은 고가물로서의 책임은 물론 보통물로서의 책임도 지지 않는다. 왜냐하면 운송주선인으로 하여금 고가물이라는 인식 하에 그에 상응하는 주의를 기울일 기회를 박탈하였기 때문이다.

c. 저가로 명시한 경우

(초과액을 입증하여 청구할 수 있다는 견해도 있으나) 제136조가 운송인으로 하여금 배상할 손해의 최고한도를 미리 알게 하기 위한 것으로 보아 특별한 사정이 없으면 초과액의 배상은 청구할 수 없다.

d. 운송인이 안 경우

송하인이 명시하지 않았더라도 운송주선인이 우연히 고가물임을 안 이상은 그에 필요한 주의를 게을리함으로써 생긴 손해에 대하여 고가물로서의 손해배상책임을 면하지 못한다.

상법 제136조는 채무불이행에 관한 책임을 규정한 것이므로, 운송주선인 또는 그 사용인의 고의에 의한 경우에는 불법행위로 인한 손해배상책임을 부담한다.

(4) 책임의 소멸

운송주선인의 손해배상책임의 소멸시효에 관하여는, 증거인멸의 용이 · 증거보전의 곤란 · 운송인 또는 타운송주선인의 귀책사유와의 밀접한 관계 등을 고려하여 운송주선인 또는 그 사용인에게 악의가 있는 경우를 제외하고는 수하인이 운송물을 수령한 날로부터 또는 전부 멸실한 경우에는 운송물을 인도할 날로부터 1년을 경과하면 소멸시효가 완성한다고 규정하여, '단기소멸시효제도'를 취하고 있다(제121조).

운송주선인 또는 그 사용인이 악의인 경우에는 일반상사채권의 소멸시효인 5년으로 환원된다. 이때 '악의'의 의미에 대하여는, (i) 소수설과 판례는 운송물의 훼손 또는 일부멸실이 있다는 것을 알면서 이를 수하인에게 알리지 않고 인도한 경우라고 해석하고 있으나, (ii) 단기소멸시효의 완성을 저지하는 채무자의 악의에는 보다 강한 귀책사유가 요구되므로, 고의로 운송물의 멸실 · 훼손을 야기하거나 은폐한 경우를 뜻하는 것으로 보는 것이 타당할 것이다.

4. 수하인의 지위

운송주선인과 수하인 간에는 직접적인 법률관계가 없다. 그러나 운송물이 도착한 때에는 운송주선계약에 기한 송하인(위탁자)의 권리는 수하인이 취득하고, 도착 후 수하인이 인도를 청구한 때에는 수하인의 권리가 송하인에 우선하며(제140조), 수하인이 운송물을 수령한 때에는 운송주선인에 대하여 보수 기타의 비용을 지급할 의무가 있다(제141조).

5. 순차운송주선

(1) 의의 및 종류

순차운송주선이란 수인의 운송주선인이 동일운송물의 운송에 관하여 순차적으로 주선을 하는 경우를 말한다.

이에는 (i) 부분운송주선,[11] (ii) 하수운송주선,[12] (iii) 중간운송주선(협의의 순차운송주선)[13] 등이 있다.

(2) 협의의 순차운송주선인의 지위

① 전자의 권리를 행사할 의무

수인이 순차로 운송주선을 하는 경우에는 후자는 전자에 갈음하여 권리를 행사할 의무를 부담한다(제117조 제1항). 이것은 운송의 공간적 성질을 고려하여 후자에게 전자를 위한 법정대리인적 지위를 인정한 것이다.

② 전자의 권리의 취득

후자가 전자에게 변제를 한 때에는 후자는 전자의 권리를 법률상 당연히 승계취득한다(제117조 제2항). 이때 전자는 직접의 전자에 국한하지 않는다.

③ 운송인의 권리의 취득

수인이 순차로 운송주선을 하는 경우, 중간운송주선인이 운송인에게 변제한 때에는 운

---

11) 부분운송주선이란 중계운송이 필요한 운송물에 관하여 각 운송주선인이 각 구간의 운송에 관하여 위탁자로부터 운송주선의 위탁을 받는 경우를 말한다. 이 경우 각 운송주선인과 위탁자 간의 운송주선계약이 각각 독립하여 복수로 병존한다. 그러므로 각 운송주선인 간에 직접적인 관계가 없으므로 제117조는 적용되지 않는다.

12) 하수운송주선이란 제1의 운송주선인이 전(全) 운송구간에 대한 운송주선을 인수하고, 자기가 인수한 운송주선사무의 전부 또는 일부를 다른 운송주선인에게 실행하도록 하는 경우를 말한다. 제1의 운송주선인을 원수(元受)운송주선인이라고 하고 다른 운송주선인을 하수(下受)운송주선인이라고 한다.

13) 중간운송주선 또는 협의의 순차운송주선이란 발송지의 제1의 운송주선인이 송하인의 위탁에 따라 최초구간의 운송주선을 인수하고, 다음 구간에 대하여는 자기의 이름으로 위탁자의 계산으로 제2의 운송주선인에게 운송주선을 위탁하는 것을 말한다. 운송구간을 세분할 경우에는 제3, 제4의 운송주선인에게 순차로 주선을 위탁할 수 있다. 이 경우 발송지의 운송주선인은 위탁자로부터 운송물을 수령하여 운송인에게 운송물을 인도할 때까지의 사무를 담당하고, 도착지의 운송주선인은 도착한 운송물을 수령하여 수하인에게 인도할 때까지의 사무를 담당하고, 중계지의 운송주선인은 중간지점에서 운송인이 교체될 때의 운송중계를 담당한다. 여기서 제2 이하의 운송주선인, 즉 중계지와 도착지의 운송주선인을 중간운송주선인이라 한다. 상법 제117조와 제118조상의 순차운송주선은 이 형태의 운송주선을 뜻한다.

송인의 권리를 취득한다(제118조).

〈대리상 · 중개업 · 위탁매매업 · 운송주선업의 비교〉

<table>
<tr><th colspan="2"></th><th>대리상</th><th>중개업</th><th>위탁매매업</th><th>운송주선업</th></tr>
<tr><td colspan="2" rowspan="2">의의</td><td rowspan="2">일정한 상인을 위하여 상업사용인이 아니면서 상시 그 영업부류에 속하는 거래의 대리 또는 중개를 하는 독립한 상인</td><td rowspan="2">타인간의 상행위의 중개를 영업으로 하는 독립한 상인</td><td>자기의 명의로 타인의 계산으로 물건 또는 유가증권의 매매를 영업으로 하는 독립한 상인</td><td rowspan="2">자기의 명의로 (타인의 계산으로) 물건의 운송의 주선을 영업으로 하는 자</td></tr>
<tr><td>준위탁매매인: 본장의 규정은 자기의 명의로 타인의 계산으로 매매아닌 행위를 영업으로 하는 자(제113조 참조)</td></tr>
<tr><td rowspan="3">본인과의 관계</td><td>권리</td><td>· 보수청구권
· 유치권
· 보상청구권</td><td>· 보수청구권
비용상환청구권은 불인정</td><td>· 보수청구권
· 비용상환청구권
· 유치권
· 매수물의 공탁 및 경매권(매수위탁의 경우)
· 매수위탁자가 상인인 경우의 특칙
· 개입권</td><td>· 보수청구권
· 비용상환 청구권
· 유치권
· 개입권</td></tr>
<tr><td>의무</td><td>· 통지의무
· 경업피지의무
· 영업비밀준수의무</td><td>· 결약서교부 의무
· 성명·상호묵비의무
· 견품보관의무
· 장부작성 및 등본교부의무</td><td>· 통지의무 · 계산서제출의무
· 지정가액준수의무
· 위탁물의 훼손 · 하자 등의 통지 · 처분의무</td><td>좌 동</td></tr>
<tr><td>책임</td><td></td><td>이행담보책임</td><td>이행담보책임</td><td></td></tr>
<tr><td colspan="2">제3자와의 관계</td><td></td><td>급여수령권 불인정</td><td>(i) 위탁매매인과 제3자(상대방)와의 관계: 위탁매매인은 상대방에 대하여 직접 권리를 취득하고 의무를 부담한다(제102조).
(ii) 위탁자와 위탁매매인의 채권자와의 관계: 위탁매매인이 위탁자로부터 받은 물건 또는 유가증권이나 위탁매매로 인하여 취득한 물건 · 유가증권 또는 채권은 위탁자와 위탁매매인의 채권자와의 관계에서는 이를 위탁자의 소유 또는 채권으로 본다(제103조).</td><td></td></tr>
</table>

제5절 운송업

Ⅰ. 의의

운송인(운송업자)이란 육상 또는 호천 · 항만에서 물건 또는 여객의 운송을 영업으로 하는 자를 말한다(제125조). (해상운송 · 항공운송이라고 특정하지 않고) 그냥 '운송'이라고 하면 육상운송을 가리키며, 호천 · 항만은 수상(水上)이지만 일반 해상과는 달리 파도로 인한 위험이 현저히 낮으므로 육상운송에 포함시키는 것이다.[14)]

Ⅱ. 성질

육상운송계약은 운송인과 송하인 간에 체결되는 낙성 · 불요식 · 유상 · 쌍무계약이며, 또한 민법 제664조 이하에서 규정하고 있는 도급계약의 일종이다.[15)]

Ⅲ. 종류

1. 물건운송 · 여객운송 · 통신운송

목적물이 무엇이냐에 따라 운송은 물건운송 · 여객운송 · 통신운송으로 나누인다.

2. 육상운송 · 해상운송 · 항공운송 · 복합운송

운송이 행하여지는 장소에 따라 운송은 육상운송, 해상운송, 항공운송, 그리고 이러한 것들이 전부 또는 일부 혼합되어 있는 복합운송으로 나누인다.

---

14) 참고로, 선박안전법 시행령은 제2조 제9호에서 평수구역(平水區域)에 관하여 규정하고 있다. 평수구역이란 호수·하천 및 항만과 어항 등 지리적으로 육지나 섬에 둘러싸여 있어 외해(外海)의 파도가 직접 영향을 주지 않아 연중 정온상태를 유지하고 있어 선박이 항행하기에 비교적 안전한 구역을 말한다. 북한을 포함하여 전국에 총 18개가 지정되어 있다.

15) 상법에 상세한 규정이 마련되어 있어 민법이 적용될 여지가 거의 없다.

Ⅳ. 물건운송계약

1. 당사자

물건운송계약의 당사자는 송하인(운송의 위탁자)과 운송인(운송실행의 인수자)이다. 수하인은 도착지에서 자기명의로 운송물을 수령하는 자로서 운송의 진행에 따라 송하인의 지위를 대신하게 되는 자를 가리킨다.

2. 운송인의 의무

운송인은 운송계약의 본지에 따라 계약상의 운송의무를 이행하여야 하며, 그밖에 다음과 같은 의무를 부담한다.

(1) 운송의무

운송인은 선량한 관리자의 주의로써 물건을 운송하여야 한다.

(2) 화물상환증교부의무[16)]

운송계약이 체결되고 운송물을 수령한 때에는 운송인은 송하인의 청구에 의하여 화물상환증을 교부하여야 한다(제128조 제1항).

(3) 운송물의 보관의무 · 처분의무

① 운송물보관의무

운송인은 선량한 관리자의 주의의무상 상당한 시기에 운송을 개시 · 종료하여야 하며, 운송의 성질상 물건의 수령으로부터 인도까지 적절하게 보관하여야 한다(제135조).

② 운송물처분의무(지시준수의무)

a. 의의 · 성질

송하인 또는 화물상환증소지인이 운송인에 대하여 운송의 중지 · 운송물의 반환 · 기타의 처분을 청구한 때에는 운송인은 그 운송물처분지시에 따라야 하는데 이를 가리켜 운송인의 처분의무라고 한다(제139조 제1항 전단). 이때 '기타의 처분'이란 운송물이 도착지에 도착한 후 인도지시가 있기까지 이를 유치할 것을 명하는 것 또는 수하인을 변경하는 것 등을

16) 후술 5. 화물상환증 참조.

말한다.

이 의무는 송하인의 입장에서는 처분권(법규정에 의한 형성권)이 된다.

b. 운송물처분권자

운송물의 처분권자는, 화물상환증이 발행된 때에는 그 정당한 소지인이고, 화물상환증이 발행되지 않은 때에는 송하인이다.

c. 처분의무의 범위

처분의 내용은 운송의 중지 · 운송물의 반환 · 기타의 처분이다.

운송물의 반환은 현재지에서의 반환을 가리킨다.

기타의 처분에서 운송물의 양도 · 입질 또는 일방적인 운송인의 의무의 가중 내지 본질적 변경 등은 제외된다.

d. 운임 · 비용 등의 청구권

처분의무를 이행한 운송인은 운송비율에 따른 운임(비율운임) · 체당금 및 처분으로 인하여 생긴 비용의 지급을 청구할 수 있다(제139조 제1항 후단).

(4) 운송물인도의무

운송인의 운송물인도의무는 화물상환증이 발행된 경우와 화물상환증이 발행되지 않은 경우로 나누어 살펴보아야 한다.

① 화물상환증이 발행된 경우

a. 원칙

화물상환증이 발행되면 운송물인도청구권이 유가증권인 '화물상환증'에 표창되므로 이것과 상환하지 않고서는 운송물의 인도를 청구할 수 없고, 운송에 관한 사항은 운송인과 소지인 간에 있어서는 증권에 기재된 바에 의하고, 운송물의 처분은 그 증권으로써만 하여야 한다.

화물상환증과 상환하지 않고 운송물을 인도하였는데 나중에 화물상환증의 정당한 소지인이 나타나면 그 자에 대하여 채무불이행 또는 불법행위에 의하여 손해배상책임을 부담하게 된다.

화물상환증과 상환하지 않고 운송물의 인도를 받은 자는 그 운송물에 대하여 소유권을 가지는 것은 아니지만, 이것을 선의의 제3자에게 전매한 때에는 제3자는 운송물을 선의취득한다.

b. 보증도 · 가도 · 하도지시서(상관습)

(i) 보증도(保證渡, LG: Letter of Guarantee)

보증도란 운송물의 인도에 관하여 운송물의 매수인이 은행을 연대보증인으로 하여 후일 선하증권을 입수하는 즉시 이를 운송인에게 인도할 것과 증권과 교환하지 않은 운송물의 인도에 따른 모든 결과에 대하여 책임을 지겠다는 보증서를 운송인에게 제출하여 화물상환증과의 상환 없이 운송물의 인도를 받는 것을 말한다.

(ii) 가도(假渡)

선하증권도 없고 보증서도 없이 신용을 담보로 하여 인도하는 경우를 가리켜 가도 또는 공도(空渡)라고 한다.

(iii) 하도지시서(荷渡指示書, D/O: Delivery Order)[17]

하도지시서란 운송계약의 목적으로 되어 있는 운송물의 인도를 지시하는 증권을 말한다. 하도지시서는 (i) 분할하여야 할 다수량의 모든 운송물에 대하여 1통의 선하증권만이 발행되었을 때 이를 양륙항에서 수인에게 분할매각하고자 할 때, (ii) 미착(未着) 기타의 사유로 선하증권을 아직 입수하지 못한 경우에 보증도를 받기 위하여, (iii) 선하증권을 그대로 사용하게 되면 상품의 구입처가 폭로되므로 거래처를 비밀로 하고자 하는 등의 경제적 목적으로 발행된다.

② 화물상환증이 발행되지 않은 경우

화물상환증이 발행되지 않은 경우에는 운송물이 목적지에 도착하면 수하인은 송하인과 동일한 권리를 취득하므로 수하인이 인도청구를 하면 운송인은 그 수하인에 대하여 운송물을 인도하여야 한다.

③ 수하인의 지위

수하인은 운송계약의 당사자는 아니지만 운송의 성질상 그 진행에 따라 수하인도 운송인에 대하여 권리의무를 가지게 된다.

수하인은 송하인이 지정하는데, 운송계약체결시에 지정하는 것이 통상이나, 운송물인도시까지 지정하면 무방하고, 일단 지정한 수하인이더라도 운송물처분권에 근거하여 변경할 수 있다.

17) 화물인도지시서라고도 한다.

3. 운송인의 권리

(1) 운송물인도청구권

운송인은 운송계약에 따른 채무를 이행하기 위하여 송하인에 대하여 운송물인도청구권을 갖는다.

(2) 화물명세서교부청구권

송하인은 운송인의 청구가 있으면 법정사항을 기재한 화물명세서의 교부를 청구할 수 있다(제126조 제1항).

화물명세서에는 다음의 사항을 기재하고 송하인이 기명날인 또는 서명하여야 한다(동조 제2항): (i) 운송물의 종류·중량 또는 용적·포장의 종별·개수와 기호, (ii) 도착지, (iii) 수하인과 운송인의 성명 또는 상호, 영업소 또는 주소, (iv) 운임과 그 선급 또는 착급의 구별, (v) 화물명세서의 작성지와 작성년월일.

화물명세서는 재산권을 표창하는 것이 아니므로 유가증권이 아니라 '단순한 증거증권'에 불과하고, 법정기재사항이 규정되어 있으나 엄격하게 요구되는 것은 아니다.

송하인이 화물명세서에 허위 또는 부정확한 기재를 함으로써 운송인이 손해를 입은 때에는 송하인은 운송인이 악의인 경우를 제외하고 과실의 유무에 관계없이 이를 배상할 책임을 진다(무과실책임, 제127조).

〈화물명세서와 화물상환증〉

종류	발행자	성질	효력	
			송하인과 운송인 사이	운송인과 소지인 사이
화물명세서	송하인	유가증권 아님	송하인이 화물명세서에 허위 또는 부정확한 기재를 한 때에는 운송인이 악의인 경우를 제외하고 운송인에 대하여 이로 인한 손해를 배상할 책임이 있다(제127조 제1항).	관계 없음
화물상환증	운송인	유가증권임	화물상환증이 발행된 경우에는 운송인과 송하인 사이에 화물상환증에 적힌 대로 운송계약이 체결되고 운송물을 수령한 것으로 추정한다(제131조 제1항).	화물상환증을 선의로 취득한 소지인에 대하여 운송인은 화물상환증에 적힌 대로 운송물을 수령한 것으로 보고 화물상환증에 적힌 바에 따라 운송인으로서 책임을 진다(제131조 제2항).

(3) 운임청구권 · 비용상환청구권

① 운임청구권

운송인의 운임청구권에 대하여는 상법 제61조 · 민법 제665조(착급원칙) 외에 상법상 별도의 규정이 마련되어 있다.

운송물의 전부 또는 일부가 송하인의 책임 없는 사유로 인하여 멸실한 때, 운송인은 그 멸실부분에 대한 운임을 청구하지 못하며, 운송인은 운임의 전부 또는 일부를 이미 받은 때에는 이를 반환하여야 한다(제134조 제1항).

운송물의 전부 또는 일부가 그 성질이나 하자 또는 송하인의 과실로 인하여 멸실한 때에는 운송인은 운임의 전액을 청구할 수 있다(제134조 제2항).

송하인이 운송물 처분권을 행사한 때에는 비율운임을 청구할 수 있다(제139조 제1항 후단).

② 비용상환청구권

운송인이 통관절차비용 · 창고보관료 · 보험료 등에 대하여 체당한 경우에는 하주에 대하여 비용상환청구권을 갖는다.

(4) 유치권

운송인은, 민사유치권 · 일반상사유치권 외에, 운임과 송하인을 위한 체당금 또는 선대금에 관하여 운송물을 유치할 수 있다(상법 제147조-제120조 특별상사유치권). 이때 (i) 유치목적물인 운송물이 채무자소유일 것은 요하지 않으나, (ii) 피담보채권과 운송물 간에 견련성은 요한다.

(5) 운송물의 공탁권 · 경매권

① 공탁권

운송인은 (i) 수하인을 알 수 없거나, (ii) 수하인을 알 수 있더라도 수하인이 운송물의 수령을 거부하거나 수령할 수 없는 경우 공탁법에 좇아 운송물을 공탁할 수 있다.

공탁을 한 때에는 지체 없이 송하인에 대하여 그 통지를 발송하여야 하고(제142조 제3항), 이 통지의무위반으로 인하여 송하인에게 손해가 발생하면 배상을 하여야 한다.

② 경매권

a. 수하인 불명의 경우

운송인은 공탁권 · 경매권 중 선택하여 행사할 수 있는데, 송하인에 대하여 상당한 기간을 정하여 그 운송물의 처분에 관한 지시를 최고하더라도 송하인이 그 기간 내에 지시를 하지 않는 때에는 운송물을 경매할 수 있다(제142조 제2항).

b. 수령거부 등의 경우

운송인이 수하인에 대하여 운송물의 수령을 최고하더라도 그 기간 내에 수령하지 않는 때에는 송하인에 대하여 상당한 기간을 정하여 운송물의 처분에 관한 지시를 최고하고 그 기간 내에 처분지시를 하지 않는 때에는 경매할 수 있다(제143조 제2항).

c. 송하인에 대한 통지

운송인이 운송물의 경매를 한 때에는 지체 없이 송하인에게 그 통지를 발송하여야 한다.

d. 경매대금의 공탁

운송인은 경매대금에서 경매비용을 공제한 잔액을 공탁하여야 하며, 그 전부 또는 일부를 운임 체당금 기타 비용에 충당할 수 있다(제145조-제67조 제3항).

③ 공시최고권과 경매권

송하인·화물상환증소지인·수하인 모두를 알 수 없는 때에는 운송물처분지시의 최고·운송물수령의 최고가 불가능하므로, 운송인은 멸실·훼손의 염려가 있는 경우를 제외하고 권리자에 대하여 6개월 이상의 기간 내에 권리를 주장할 것을 공고하여야 하고, 이 기간 내에 권리를 주장하는 자가 없으면 운송물을 경매할 수 있다(제144조).

4. 운송인의 손해배상책임

운송인의 손해배상책임에 대하여는, 민법의 일반원칙에 따라 채무불이행으로 인한 손해배상책임을 부담하는 것 외에, 상법상 별도의 규정이 마련되어 있다.

(1) 책임원인

운송인은 자기 또는 운송주선인이나 사용인 기타 운송을 위하여 사용한 자가 운송물의 수령·인도·보관과 운송에 관하여 주의를 게을리 하지 않았음을 증명하지 않으면 운송물의 멸실·훼손 또는 연착으로 인한 손해를 배상할 책임을 면하지 못한다(제135조, 과실책임주의 및 무과실의 입증책임).

(2) 손해배상액(책임의 범위)

① 정액배상주의(定額賠償主義)

손해배상액은 일반원칙에 따라 채무불이행으로 인한 실손해로 정함이 원칙이겠으나, 상법은 대량의 운송물을 저렴한 운임으로 운송하는 운송업계의 사정을 고려하여 통상의 손해를 원칙으로 하되 번잡을 덜고 법률관계를 획일적으로 처리하기 위하여, 제137조에서 운송물이 전부멸실 또는 연착된 경우에는 인도할 날의 도착지의 가격에 의하고, 일부멸실 또는 훼손된 경우에는 인도한 날의 도착지의 가격에 의하여 배상액을 정한다고 규정하고 있다. 운송물의 멸실 · 훼손 또는 연착으로 인하여 보통 발생하는 손실이 도착지에서의 (시장)가격이기 때문이다. 그러므로 일반채무불이행의 경우와는 달리 상실이익 즉 특별손해에 대하여는 배상할 필요가 없다.

이때 이중이득을 방지하기 위하여, 운송물의 멸실 또는 훼손으로 인하여 지급을 요하지 않는 운임 기타의 비용은 손해배상액을 정함에 있어서 이를 공제하여야 한다(제137조 제4항).

② 운송인의 고의 또는 중과실이 있는 경우

운송물의 멸실 · 훼손 또는 연착이 운송인의 고의 또는 중과실로 인한 때에는 정액배상제도의 혜택을 누릴 수 없으므로 운송인은 모든 손해를 배상하여야 한다(제137조 제3항).

(3) 고가물에 대한 특칙

① 고가물 명시의무

운송물이 화폐 · 유가증권 기타의 고가물인 경우에는 송하인이 운송을 위탁할 때에 그 종류와 가액을 명시하지 않으면 운송인은 손해배상책임을 지지 않는다(제136조). 이 경우 역시 고가물이란 용적 또는 중량에 비하여 고가인 물건을 가리킨다.

제136조는 채무불이행에 관한 책임을 규정한 것이므로, 운송인 또는 그 사용인의 고의에 의한 경우에는 불법행위로 인한 손해배상책임을 부담하여야 된다.

② 명시의무위반의 효과

통설에 따르면 고가물이란 명시가 없는 경우에는 운송인은 고가물로서의 책임은 물론 보통물로서의 책임도 지지 않는다. 운송인으로 하여금 고가물이라는 인식 하에 그에 상응하는 주의의무를 기울일 기회를 주지 않았기 때문이다.

③ 저가로 명시한 경우

가액을 명시하되 저가로 명시한 경우에는 (초과액을 입증하여 청구할 수 있다는 견해도 있으나) 제136조가 운송인으로 하여금 배상할 손해의 '최고한도'를 미리 알게 하기 위한 것으로 보아 특별한 사정이 없으면 초과액의 배상은 청구할 수 없다.

④ 운송인이 안 경우

송하인이 고가물임을 명시하지 않았더라도 운송인이 우연히 고가물임을 안 이상은 그에 필요한 주의를 게을리 함으로써 생긴 손해에 대하여 고가물로서의 손해배상책임을 면하지 못한다(운송인이 안 것에 대한 입증이 필요).

(4) 불법행위책임과의 관계

운송인의 손해배상책임은 채무불이행책임이므로, 운송인이 자기 또는 그 이행보조자의 고의 또는 과실로 인하여 운송물의 멸실 또는 훼손의 손해가 생긴 경우(불법행위책임)에는 양 책임 간의 관계에 대하여 법조경합설 · 청구권경합설 · 절충설 등으로 견해가 나누이는데, 채무불이행과 불법행위의 책임은 각각 그 요건과 효과를 달리 하므로 통설인 청구권경합설이 가장 타당하다고 생각된다.[18)]

〈운송인의 계약책임과 불법행위책임〉

	계약책임(채무불이행책임)	불법행위책임
입증책임	운송인	피해자
손해배상액	정액배상주의	모든 손해
소멸시효	1년	• 3년(불법행위를 안 날로부터) • 10년(불법행위가 있은 날로부터)

(5) 손해배상청구권자

운송물에 대한 손해배상청구권자로는 송하인 · (운송의 진행에 따라) 수하인 · 화물상환증소지인 등이 있다.

(6) 손해배상책임의 소멸

① 특별소멸사유

운송인의 손해배상책임은, (i) 수하인 또는 화물상환증소지인이 유보 없이 운송물을 수령하고 운임 기타의 비용을 지급한 때, (ii) 운송물에 즉시 발견할 수 없는 훼손 또는 일부멸실이 있는 경우에는 수하인이 수령한 날로부터 2주간 내에 운송인에 대하여 그 통지를 발송하지 않은 때에 소멸한다(제146조 제1항). 이러한 경우에는 운송인에게 있어서 운송물의

18) 해상운송인이 발행한 선하증권에 기재된 면책약관과는 달리 운송계약상의 채무불이행뿐만 아니라 그 운송물의 소유권침해로 인한 불법행위책임에 대해서도 이를 적용하기로 하는 당사자 간의 숨은 합의가 포함되어 있다고 보는 것이 타당하므로 별도로 당사자 사이에 위 면책약관을 불법행위책임에도 적용키로 한 합의를 인정할 증거가 없더라도 그 면책약관의 효력은 당연히 운송인의 불법행위책임에까지 미친다고 보아야 한다. 다만 선하증권에 기재된 면책약관이라고 할지라도 특단의 사정이 없는 한 고의 또는 중대한 과실로 인한 불법행위책임에는 적용되지 않는다고 보아야 한다. 대법원 1983년 3월 22일 선고 82다카1533 판결.

상태에 관한 증거보전의 기회가 없어지기 때문이다.

그러나 운송인 또는 그 사용인이 악의인 경우에는 그러하지 아니 하다(제146조 제2항).

② 단기소멸시효

운송인의 손해배상책임은 수하인이 운송물을 수령한 날로부터 · 전부멸실의 경우에는 그 운송물을 인도할 날로부터 각각 1년을 경과하면 소멸시효가 완성한다(제147조). 많은 운송계약을 체결·이행하는 운송인의 법률관계의 조속한 안정을 위하여 소멸시효기간을 단기로 한 것이다.

그러나 운송인이나 그 사용인이 악의인 때에는 그러하지 아니 하다. 즉 일반적인 상사채권소멸시효기간인 5년으로 환원된다. 이 때 '악의'의 의미에 관하여는, (운송주선인에서 전술한바) 판례와 소수설은 운송인이 운송물의 훼손 · 일부멸실을 알면서 수하인에게 알리지 않고 인도한 경우로 보지만, 통설은 고의로 운송물의 멸실 · 훼손을 야기 · 은폐한 경우를 가리키는 것으로 본다. 1년의 단기시효를 다시 5년으로 환원하게 하기 위하여는 그에 상응하는 귀책사유가 필요하다는 생각에서이다.

(7) 면책약관

운송인의 손해배상책임에 관한 상법규정은 강행규정이 아니므로 운송인의 손해배상책임은 (i) 반사회질서에 관한 민법 제103조, (ii) 신의성실과 권리남용에 관한 민법 제2조, (iii) 약관규제법 제6조 이하의 무효조항에 저촉하지 않는 한 당사자 간의 약정에 의하여 감면할 수 있다.[19] 이러한 약관을 가리켜 '면책약관'이라고 한다.

5. 순차운송

(1) 의의 및 종류

순차운송이란 수인의 운송인이 동일운송물을 동일조건에 따라서 순차적으로 운송하는 것을 말한다.

순차운송에는 부분운송 · 하수운송 · 동일운송 · 공동운송 등이 있다(전술한 순차운송주선 참조).

(2) 순차운송인의 책임

수인이 순차로 운송하는 경우, 어느 운송인의 과실로 인하여 손해가 발생하였는지에 대한 입증이 불가능 내지 곤란하므로, 상법은 각 운송인으로 하여금 운송물의 멸실 · 훼손

19) 상기 대법원 1983년 3월 22일 선고 83다카1533 판결 참조.

· 연착으로 인한 손해에 대하여 연대하여 배상할 책임을 지우고 있다(제138조 제1항).

순차운송인 중의 1인이 손해를 배상한 때에는 그 손해의 원인이 된 행위를 한 운송인에 대하여 구상권을 행사할 수 있다(제138조 제2항). 이때 손해의 원인이 된 행위를 한 운송인을 알 수 없는 경우 각 운송인은 그 운임액의 비율에 따라 손해를 분담한다. 손해가 자기의 운송구간 내에서 발생하지 않았음을 증명한 때에는 손해분담의 책임을 지지 않는다(제138조 제3항). 그러나 실무에서는 각 운송인은 각자 운송구간에서 발생한 손해에 대하여는 분할 · 비연대의 책임을 부담할 것을 약정하는 것이 통상이다.

(3) 순차운송인의 대위

운송의 공간적 성질상, 운송물을 후운송인에게 인도한 운송인은 운송물을 점유하고 있지 않아 권리의 행사가 곤란하므로, 후운송인이 전운송인에 대신하여 그 권리를 행사할 의무(대위의무)를 지는 동시에, 후운송인이 전운송인에게 변제한 때에는 전운송인의 권리(대위권)를 취득한다(제147조-제117조).

6. 화물상환증

(1) 의의

화물상환증이란 운송인이 운송물을 수령하였음을 증명하고 그 운송물을 육상운송하여 목적지에서 정당한 소지인에게 인도할 것을 약정하는 유가증권을 말한다.

(2) 성질

화물상환증은 표창된 권리의 행사 · 이전에 증권의 존재를 요하는 유가증권으로서, 요식증권 · 요인증권 · 법률상 당연한 지시증권(제130조) · 상환증권 · 문언증권 · 인도증권 · 채권적 유가증권으로서의 성질이 있다.

(3) 발행

화물상환증은 송하인의 청구에 의하여 운송인이 운송물을 수령한 후에 발행한다(제128조 제1항).

(4) 형식

화물상환증에는 다음의 사항을 기재하고 운송인이 기명날인 또는 서명하여야 한다(제128조 제2항, 법정기재사항).

(i) 운송물의 종류 · 중량 또는 용적 · 포장의 종별 · 개수와 기호, (ii) 도착지, (iii)

수하인과 운송인의 성명 또는 상호 · 영업소 또는 주소, (iv) 송하인의 성명 또는 상호 · 영업소 또는 주소, (v) 운임 기타 운송물에 관한 비용과 그 선급 또는 착급의 구별, (vi) 화물상환증의 작성지와 작성연월일.

그러나 이와 같이 기재사항들이 법정되어 있다 하더라도 엄격한 요식증권성은 아니다. 또한 중요법정기재사항의 흠결로 인하여 화물상환증이 무효가 되었을 때 다른 기명증권 또는 지시증권으로서의 효력을 인정할 것인지 여부는 각 경우에 따라 결정할 것이다.

(5) 양도

(i) '화물상환증은 기명식인 경우에도 배서금지의 기재가 없는 한 제130조상 법률상 당연한 지시증권성에 의하여 배서양도할 수 있다. 배서금지의 기재가 있는 경우에는 지명채권양도의 방법으로 양도할 수 있다.

(ii) 지시식인 경우에는 양도합의 외에 배서와 증권의 교부를 요한다.

(iii) 무기명식 · 선택무기명식의 경우에는 양도합의 외에 증권의 교부를 요한다. 화물상환증상의 배서에는 권리이전적 효력과 자격수여적 효력은 인정되나 담보적 효력은 인정되지 않는다.

(6) 효력

① 채권적 효력

화물상환증의 채권적 효력이란, 증권소지인을 보호하고 화물상환증 유통의 안전을 도모하기 위하여, 운송인과 소지인 간에 있어서는 운송에 관한 사항은 화물상환증에 기재된 내용에 의한다는 것이다(제131조). 그러므로 증권소지인이 악의인 경우에는 채권적 효력이 인정되지 않으며, 운송인이 자기에게 유리하게 원용하는 것도 불가능하다.

화물상환증은 유가증권으로서, 유가증권의 속성 중 요인성과 문언성이 병존하는바, 이로 인하여 문제가 생길 수 있다. 예컨대 운송인이 쌀 70가마의 운송을 수탁하면서 화물상환증에 90가마로 기재한 경우, 요인성에 따르면 수하인에게 70가마를 인도하여야 할 것이나 문언성에 따르면 90가마를 인도하여야 할 것이므로, 어느 견해에 따르느냐에 따라 유리하게 되는 주체와 책임추궁을 위한 법이론의 구성이 달라지게 되는 바 문제되는 것이다.

a. 요인성을 중시하는 설

이 견해는 운송인과 송하인 간의 실질관계를 중시하므로, 운송인에게는 유리한 반면에 화물상환증의 유통에는 저해가 된다. 이 경우에는 70가마를 90가마로 잘못 기재한 과실에 기하여 불법행위책임으로써 해결하게 된다.

b. 문언성을 중시하는 설

이 견해는 운송인과 화물상환증소지인 간의 유통관계를 중시하므로, 증권소지인에게는 유리한 반면 운송인에게는 불리하게 된다. 이 경우에는 문언상 90가마인데 70가마밖에 인도할 수 없으므로 20가마에 대하여는 채무불이행책임(계약책임)으로써 해결하게 된다.

c. 절충설

화물상환증은 유효한 운송계약의 존재를 전제로 하는 요인증권으로 보고, 공권(空券)의 경우에는 원인이 없으므로 증권은 무효이지만, 운송인은 금반언의 원칙에 따라 선의의 제3자에 대하여는 증권에 기재된 문언에 따라 책임을 져야 하고(채무불이행책임), 운송물의 상위(相違)의 경우에도 마찬가지이다. 운송물의 전부 또는 대부분을 수령하지 않은 경우에는 화물상환증이 무효가 되고 운송인은 불법행위책임을 지지만, 그 밖의 경우에는 증권은 유효하고 운송인은 채무불이행책임을 진다고 본다.

② 물권적 효력

a. 의의

화물상환증의 물권적 효력이란, 운송 중의 운송물의 양도·입질 등의 물권적 처분을 하는 경우의 편의를 위하여, 화물상환증에 의하여 운송물을 받을 수 있는 자에게 화물상환증을 교부한 때에는 운송물 위에 행사하는 권리의 취득에 관하여 운송물을 인도한 것과 동일한 효력이 있는 것을 가리킨다(제133조).

b. 요건

(ⅰ) 운송물의 수령

운송인이 송하인으로부터 실제로 운송물을 수령한 경우라야 한다. 따라서 공권의 경우에는 물권적 효력이 생기지 않는다.

(ⅱ) 운송물의 존재

물권적 효력이 생기기 위하여는 화물상환증의 교부시에 운송물이 존재하여야 한다. 따라서 운송 중에 운송물이 멸실된 경우에는 물권적 효력이 인정되지 않는다. 운송물이 제3자에 의하여 선의취득된 경우에는 운송물이 멸실된 경우와 같이 물권적 효력이 생길 여지가 없다고 하는 것이 다수설의 입장이다.

(ⅲ) 정당한 수령권자

화물상환증에 의하여 운송물을 받을 수 있는 자에게 화물상환증이 교부되었어야 한다. '화물상환증에 의하여 운송물을 받을 수 있는 자'란 원칙적으로 형식적 자격자, 즉 증권의 적법한 소지인을 의미한다. 다만 상속 · 합병 등에 의하여 실질적으로 권리를 이전받은 자는 형식적 자격이 없더라도 예외적으로 이에 포함된다. 화물상환증의 선의취득자(제65조, 민법 제514조)에게는 물권적 효력이 발생한다. 이 경우 운송물의 선의취득자가 있는 경우에는 (민법 제249조 이하) 운송물의 선의취득자가 우선한다.

c. 범위

(ⅰ) 목적물의 인도

'운송물을 인도한 것과 동일한 효력이 있다'는 것은 소유권 · 질권 등의 권리를 취득함에 있어서 운송물 자체의 점유를 이전하는 것과 같은 효력이 있다는 뜻이다. 즉 운송물의 소유권을 취득하려면 물권변동의 효력발생요건으로서 운송물의 인도를 받아야 하는데(운송물은 운송 중이므로 운송물을 인도할 수가 없으니), 증권을 인도하면 마치 운송물 자체를 인도한 것과 같은 효력이 있어서 운송물의 소유권을 취득한다는 것이다.

(ⅱ) 소유권 등의 취득

운송물 위에 행사하는 권리는 소유권 · 질권 · 유치권 외에 위탁매매인의 처분권도 포함된다. 물권적 효력은 권리의 취득에 관하여만 인정된다.

(ⅲ) 선의취득

화물상환증의 물권적 효력은 증권이 정상적으로 양도된 경우는 물론 선의취득한 경우에도 인정된다. 화물상환증의 선의취득자도 운송물을 받을 수 있는 자이기 때문에 증권의 인도를 받으면 운송물의 점유를 인도받는 효력이 있다. 통설은 화물상환증의 양수 없이 운송물 자체를 양수하는 경우에도 운송물의 선의취득이 인정된다고 보고, 화물상환증의 선의취득자와 운송물 자체의 선의취득자가 대립하는 때에는 운송물의 선의취득자가 우선한다고 본다.

d. 물권적 효력의 이론적 구성

물권적 효력의 이론구성을 둘러싸고 견해가 나누인다. 민법 제190조는 제3자가 점유하고 있는 동산의 점유이전방식으로서 목적물반환청구권의 양도를 규정하고 있는데, 이것은 청구권의 양도이므로 민법 제450조에 따른 대항요건을 갖추어야 한다. 그런데 운송물의 양도는 제3자인 운송인이 점유하고 있는 동산의 양도이므로, 민법 제190조와 상법 제133조는 어떠한 관계가 있는가 하는 것이 문제시된다.

(ⅰ) 절대설

증권의 인도(제133조)를 민법이 정하는 점유이전의 원칙(민법 제190조) 이외로 인정되는 특수한 점유이전원인으로 보는 견해이다. 그리하여 운송인이 당해 운송물을 점유하고 있는가 여부에 관계없이 민법 제450조에 의한 대항요건을 요하지 않는다.

(ii) 상대설

증권의 인도로써 점유가 이전한다고 보는 견해이다. 그리하여 증권소지인은 증권의 취득에 수반하여 운송물을 직접 점유하는 운송인에 대하여 운송물인도청구권을 가지기 때문에 운송물에 대한 간접점유를 취득한다고 보는 견해이다. 상대설은 다시 엄정상대설과 대표설로 견해가 나누인다.

엄정상대설은 증권에 의하여 점유이전의 효력을 취득하기 위하여는 증권의 이전과는 별도로 민법이 정하는 점유이전의 대항요건(민법 제450조)를 갖추어야 한다고 한다.

이에 대하여 대표설은 상법 제133조를 민법 제190조를 강화한 특칙이라고 본다. 그리하여 화물상환증의 교부를 민법 제190조에 따른 운송물에 대한 반환청구권의 양도로 보지만, 화물상환증이 운송물을 대표하는 것으로 보기 때문에 이 경우에 한하여 민법 제450조에 의한 대항요건은 필요없다고 한다. 즉 증권은 운송인의 직접점유 하에 있는 운송물을 대표하고 그러한 한에 있어서 민법의 점유에 관한 일반이론을 수정한다는 것이다(통설).

(iii) 물권적 효력 부인설

물권적 효력의 개념 자체를 부정한다. 물권적 효력은 화물상환증의 양도로 인하여 발생하는 채권적 효력이 동산물권변동의 한 방법인 목적물반환청구권의 양도방법으로 이용된 결과에 지나지 않는다고 하는 견해이다.

(iv) 절충설(유가증권적 효력설)

상법 제133조는 화물상환증의 교부는 민법 제190조의 목적물반환청구권의 양도는 아니고 그와 달리 화물상환증을 체화한 운송물인도청구권을 유가증권법과 물권법의 원리에 따라 양도하는 특별한 방식을 규정한 것이며, 증권의 교부를 운송물의 인도로 보는 '인도의 대용물'에 대하여 규정하고 있다고 보는 견해이다.

e. 효과

화물상환증에는 물권적 효력이 있으므로 화물상환증이 발행된 경우에는 화물상환증에 의하지 않고는 운송물의 인도를 청구할 수 없으며(제129조), 운송물에 관한 처분은 화물상환증을 가지고 하여야 하며(제132조), 화물상환증을 소지하지 않고는 운송인에 대한 처분권을 행사할 수 없다(제139조). 그러나 운송물이 운송인의 점유를 이탈하거나 운송인의 횡령에 의하여 이전되다가 제3자에 의하여 선의취득되는 경우에는 화물상환증의 물권적 효력은 무의미하여지고, 소지인은 화물상환증의 채권적 효력에 의하여 운송인에게 손해배상을 청구할 수밖에 없을 것이다.

〈화물상환증〉

	조 문	판 례
유인 증권성	운송인은 송하인의 청구에 의하여 화물상환증을 교부하여야 한다.	
요식 증권성	화물상환증에는 법정사항을 기재하고 운송인이 기명날인 또는 서명하여야 한다	
상환 증권성	화물상환증이 작성된 경우에는 이와 상환하지 아니하면 운송물의 인도를 청구할 수 없다.	대법원 1989년 3월 14일 선고 87다카1791 판결 운송인 또는 운송취급인이 보증도를 한다고 하여 선하증권과 상환함이 없이 운송물을 인도함으로써 선하증권 소지인의 운송물에 대한 권리를 침해하는 행위가 위법성이 없는 정당한 행위로 된다거나 운송인 또는 운송취급인의 주의의무가 감경 또는 면제된다고 할 수 없다.
지시 증권성	화물상환증은 기명식인 경우에도 배서에 의하여 양도할 수 있다. 그러나 화물상환증에 배서를 금지하는 뜻을 기재한 때에는 그러하지 아니 하다.	
처분 증권성	화물상환증이 작성된 경우에는 운송물에 관한 처분은 화물상환증으로써 하여야 한다.	
문언 증권성 (채권적 효력)	화물상환증이 발행된 경우에는 운송인과 송하인 사이에 화물상환증에 기재된 대로 운송계약이 체결되고 운송물을 수령한 것으로 추정한다. 화물상환증을 선의로 취득한 소지인에 대하여 운송인은 화물상환증에 기재된 대로 운송물을 수령한 것으로 보고 화물상환증에 적힌 바에 따라 운송인으로서 책임을 진다.	대법원 1982년 9월 14일 선고 80다1325 판결 운송물을 수령 또는 선적하지 아니 하였음에도 불구하고 선하증권이 발행된 경우에는 그 선하증권은 원인과 요건을 구비하지 못하여 목적물의 흠결이 있는 것으로 이는 누구에 대하여도 무효라고 봄이 상당하다.
인도 증권성 (물권적 효력)	화물상환증에 의하여 운송물을 받을 수 있는 자에게 화물상환증을 교부한 때에는 운송물위에 행사하는 권리의 취득에 관하여 운송물을 인도한 것과 동일한 효력이 있다.	대법원 1983년 3월 22일 선고 82다카1533 전원합의체 판결 운송물의 권리를 양수하여 선하증권을 교부받아 그 소지인이 된 자는 운송계약상의 권리를 취득함과 동시에 목적물의 점유를 인도받은 것이 되어 운송물의 소유권을 취득

V. 여객운송계약

1. 의의

여객운송계약이란 여객 즉 자연인의 운송을 목적으로 하는 계약이다.

낙성 · 도급 · 불요식 · 유상 계약의 성질이 있다.

2. 체결

(1) 당사자

여객운송계약의 당사자는 운송위탁자와 운송인이다.

(2) 계약의 방식

여객운송계약은 불요식의 낙성계약으로서, 실제로는 승차권 발매시에 계약이 성립된다.

(3) 승차권의 법적 성질

운송채권을 표창하는 유가증권으로서, 무기명식인 경우에는 교부에 의하여 양도할 수 있다. 그러나 운송이 개시되거나 개찰 후에는 양도할 수 없으며 증거증권에 불과하다 할 것이다.

무기명식 회수권은 운임의 선급을 증명하는 표권(票券)이다.

정기승차권은 통용구간과 통용기간을 지정한 포괄적 운송계약상의 권리를 표창하는 유가증권이나, 다만 기명식인 경우에는 양도성이 제한된다(증거증권으로 보는 견해도 있음).

4. 효력

운송위탁자와 운송인 간의 관계는 위임관계이므로, 운송인은 선량한 관리자의 주의의무로써 운송하여야 한다.

운송인은 운임청구권과 탁송수화물에 대한 유치권을 가진다.

운송계약상의 채무불이행에 대한 손해배상책임에 관한 상법규정은 다음과 같다.

(1) 여객운송인의 손해배상책임

① 여객의 손해에 대한 책임

여객운송인은 자기 또는 사용인이 운송에 관한 주의를 해태하지 않았음을 증명하지 않으면 여객이 운송으로 인하여 받은 손해를 배상할 책임을 면하지 못한다(제148조 제1항).

이 규정의 내용은 (i) 과실책임주의, (ii) 사용인의 과실에 대한 운송인의 무과실책임, (iii) 무과실에 대한 운송인의 입증책임 등으로 요약할 수 있다.

여객이 운송으로 인하여 받은 손해란 여객의 생명 · 신체 · 피복 등에 관한 손해 및 연착으로 인한 정신적 · 물질적 손해를 가리킨다.[20)]

---

20) 대법원 1982년 7월 13일 82다카278 판결에 따르면 (i) 승객이 객차의 승강구에서 추락, 사망한 경

손해배상액을 정할 때 법원은 피해자와 그 가족의 정상을 참작하여야 한다(제148조 제2항). 물건운송인의 손해배상책임에 관한 제137조의 정액배상주의와는 달리 개성화가 인정된다.

여객에 대한 운송인의 손해배상책임의 소멸시효는 그에 관한 별도의 규정이 없으므로 제64조에 근거하여 5년으로 보는 것이 타당할 것이다(물건운송의 경우에는 1년).

② 수화물에 대한 책임

여객은 물건을 가지고 여행을 함이 일반적인데, 이 물건 중 운송인에게 맡긴 것을 가리켜 '탁송수하물'이라고 하고 직접 가지고 타는 것을 가리켜 '휴대수하물'이라고 한다.

(i) 탁송수화물의 경우

여객으로부터 운송인이 인도받은 수하물에 관하여는 운임을 받지 않은 경우에도 물건운송인과 동일한 책임을 진다. 즉 운송인은 자기 또는 운송주선인이나 사용인 기타 운송을 위하여 사용한 자가 그 탁송수화물의 수령 · 인도 · 보관과 운송에 관하여 주의를 해태하지 않았음을 증명하지 않으면 그 수하물의 멸실 · 훼손 · 연착으로 인한 손해를 배상할 책임을 면하지 못 한다(제149조 제1항).

수하물이 도착지에 도착한 날로부터 10일 내에 여객이 그 인도를 청구하지 아니한 때에는 제67조(매도인의 목적물의 공탁, 경매권)의 규정을 준용한다. 그러나 주소 또는 거소를 알지 못하는 여객에 대하여는 최고와 통지를 요하지 아니한다.

탁송수화물의 손해배상의 액은 물건운송의 경우와 같다(제137조 참조).

(ii) 휴대수화물의 경우

운송인은 여객으로부터 인도를 받지 않은 수하물의 멸실 또는 훼손에 대하여는 자기 또는 사용인의 과실이 없으면 손해를 배상할 책임이 없다(제150조).

(2) 여객운송인의 권리

① 운임청구권

운송인도 상인이므로 제61조상 당연히 보수청구권(운임청구권)이 인정된다.

운송의 도급계약의 성질상 착급(着給)이 원칙이나(민법 제665조), 실제는 약관 또는 상관습에

우 승객 아닌 그 망인의 처, 자녀들은 그로 인하여 정신적 고통을 받았다 하더라도 상법 제148조 제1항에 의하여 여객운송자에게 손해배상책임이 있음을 이유로 하여 그들의 위자료를 청구할 수는 없다. (ii) 여객운송인이 운송으로 인하여 사망한 여객이 입은 일실수익의 손해액을 산정함에 있어서 사망 당시의 수익을 기준으로 함이 원칙이고 사망 당시 직업이 없었다면 일반노동 임금을 기준으로 할 수 밖에 없으나, 사망 이전에 장차 일정한 직업에 종사하여 그에 상응한 수익을 얻게 될 것이라고 확실하게 예측할 만한 객관적 사정이 있을 때에는 장차 얻게 될 수익을 기준으로 그 손해액을 산정할 수 있다.

따라 승차 전에 승차권과 상환하여 지급하는 것이 통상이다.

② 유치권

여객운송인은 운임채권 등을 확보하기 위하여 여객의 탁송수화물 등을 유치할 수 있는지에 관하여 상법상 명문규정은 없으나 물건운송인의 특별상사유치권에 관한 규정(제147조-제120조)을 유추적용하여 특별상사유치권을 인정할 수 있다고 생각된다.

제 6 절 공중접객업

Ⅰ. 의의

공중접객업자란 극장 · 여관 · 음식점 기타 객(客)의 집래를 위한 시설에 의한 거래를 영업으로 하는 자를 말한다(제151조). 공중접객업자는 다수인과의 거래상 · 공안상 · 위생상 국가에 의하여 사전 · 사후의 엄격한 감독을 받으며, 사법적 법률관계에 대하여는 상법으로써 규제한다. 그러나 공중접객업자와 객 사이의 계약의 내용이 다양하여 일률적으로 규율할 수가 없어 객의 휴대품에 대한 공중접객업자의 책임에 대하여만 규정을 두고 있다.

Ⅱ. 책임

1. 임치 받은 물건에 대한 책임

(1) 책임의 의의

공중접객업자는 자기 또는 그 사용인이 고객으로부터 임치(任置) 받은 물건의 보관에 관하여 주의를 게을리 하지 아니 하였음을 증명하지 않으면 그 물건의 멸실 또는 훼손으로 인한 손해를 배상할 책임이 있다(제152조 제1항). 이것은 객을 보호하고 공중접객업자의 신용을 유지하기 위한 것이다.

공중접객업자의 책임에 대하여, 2010년 상법개정 전에는 로마법상의 레셉툼책임(receptum, 물건을 수령한 사실만으로써 그 물건에 생긴 손해에 대하여 법률상 당연히 결과책임을 지우는 것)을 계승하여 공중접객업자가 불가항력을 증명하지 않으면 손해배상책임을 부담하는 것으로 하였으나, 공중접객업자의 책임을 완화하여 운송인 등의 책임과 같이 '과실책임'으로 하였다.

(2) 임치 받은 물건

제152조 제1항은 임치 받은 물건에 한하여 적용된다. 그러므로 공중접객업자와 객이 명시적 · 묵시적으로 임치계약을 체결하였어야 한다.[21)]

(3) 손해배상청구권자

공중접객업자에게 손해배상책임을 물을 수 있는 자는 원칙적으로는 공중접객업자와 시설이용계약을 체결한 자이다.

예외적으로, 시설이용계약을 체결하기 전이라도 법령 또는 관습상 그 시설을 이용할 권리를 갖는 자는 손해배상책임을 물을 수 있다. 예컨대 여관주차장에 자동차를 주차시킨 손님이 이 사실을 여관 측에 고지한 후 숙박계약을 체결하기 전에 그 자동차가 분실된 경우 여관주인은 이 규정상의 책임을 지게 된다.

(4) 면책특약

제152조 제1항은 강행규정이 아니므로 당사자 간의 약정으로써 이 책임을 감경 또는 면제할 수 있다.

공중접객업자의 면책의 게시는 공중접객업자의 '일방적 의사표시'일 뿐 당사자 간의 약정이 아니므로 책임을 면하지 못한다. 그러나 주의를 경각시킨 바가 있으므로 감경은 가능하다.

2. 임치 받지 않은 물건에 대한 책임

(1) 책임의 의의

공중접객업자가 객으로부터 임치 받지 않은 물건이라도 그 물건이 공중접객업자나 그 사용인의 과실로 인하여 그 시설 내에서 멸실 · 훼손된 때에는 공중접객업자는 그 손해를 배상할 책임이 있다(제152조 제2항).

---

21) 상법 제152조 제1항의 규정에 의한 임치가 성립하려면 우선 공중접객업자와 객 사이에 공중접객업자가 자기의 지배영역 내에서 목적물 보관의 채무를 부담하기로 하는 명시적 또는 묵시적 합의가 있음을 필요로 한다(대법원 1992년 2월 11일 선고 91다21800 판결).

(2) 주의의무의 정도

공중접객업자는 고객으로부터 임치 받지 않은 물건에 대하여도 선량한 관리자로서의 주의의무를 다하여야 한다.

(3) 사용인

공중접객업자의 사용인은 피용자에 한하지 않고, 공중접객업자가 객과 시설이용의 거래를 하기 위하여 사용하는 모든 자를 가리킨다.

(4) 손해배상청구권자

전술한 임치 받은 물건에 대한 손해배상책임의 경우와 같다.

(5) 면책특약

전술한 4. (4)의 임치 받은 물건에 대한 손해배상책임의 경우와 같다.

3. 고가물에 대한 책임

화폐, 유가증권, 그 밖의 고가물에 대하여는 고객이 그 종류와 가액을 명시하여 임치하지 않으면 공중접객업자는 그 물건의 멸실 또는 훼손으로 인한 손해를 배상할 책임이 없다(제153조).[22)]

4. 책임의 소멸시효(단기소멸시효)

공중접객업자의 객에 대한 손해배상책임은 (i) 임치 받은 물건에 관하여는 객에게 반환한 때로부터, (ii) 임치 받지 않은 물건에 대하여는 객이 휴대물을 가져간 때로부터, 각각 6개월이 경과하면 소멸시효가 완성된다(제154조 제1항). 물건이 전부멸실된 경우에는 고객이 그 시설로부터 퇴거한 날로부터 기산한다(동조 제2항).

그러나 공중접객업자가 악의인 경우에는 이 단기소멸시효는 적용되지 않는다(동조 제3항). 그 결과 일반상사채권의 소멸시효기간으로 환원되어 5년이 적용된다. 그러므로 이때 악의란(멸실 또는 훼손을 알고 있는 것을 가리킨다는 견해도 있으나) 고의로 물건의 훼손 또는 멸실을 가져오게 하는 것 또는 고의로 멸실 또는 훼손을 은폐하는 것을 뜻하는 것으로 봄이 더 타당하다고 생각한다.

---

22) 상세한 내용은 운송인의 고가물에 대한 손해배상책임 참조.

제 7 절 창고업

Ⅰ. 의의

창고업자란 타인을 위하여 창고에 물건을 보관하는 것을 영업으로 하는 자, 즉 타인을 위하여 물건을 창고에 보관(임치)할 것을 인수하는 것을 영업으로 하는 자를 말한다(제155조).

창고란 물건의 보관에 이용 · 제공되는 설비를 말한다. 건물을 지어 창고로 사용하는 것이 일반적이나, 일정한 방법으로 관리할 수 있는 한 반드시 건물 내지 구조물 내에 물건을 보관하여야 하는 것은 아니며, 따라서 야적장도 창고로 볼 수 있다.

창고임치의 목적물은 타인의 물건으로서 동산에 한한다.

보관이란 임치물을 자기가 점유하여 현상을 유지하는 것을 말한다.

Ⅱ. 관련법규

사법적(私法的) 법률관계에 관하여는 상법 제155조 내지 제168조가 적용된다.

또한 물류에 있어서 창고와 유가증권으로서의 창고증권이 갖는 중요성이 커 공공의 이익에 끼치는 영향이 적지 않아 공법적 규제도 필요하다(화물유통촉진법 참조).

Ⅲ. 창고업자의 지위

1. 기본관계(창고임치계약)

창고임치계약, 즉 창고업자와 임치인 간에 창고업자가 물건을 창고에 장치 · 보관할 것을 인수하고 상대방이 이에 대하여 보수를 지급하기로 하는 계약이 체결되어야 한다.

창고임치계약의 법적 성질은 민법상의 임치계약 · 낙성계약 · 불요식계약이다.

2. 창고업자의 의무

(1) 보관의무

창고업자는 임치계약의 유상 · 무상을 불문하고 선량한 관리자의 주의의무로써 임치물을 보관하여야 한다(제62조). 위반시 손해배상책임을 진다.[23]

(2) 기타의 의무

① 임치인의 검사 등에 대한 수인의무(受忍義務)

임치인 또는 창고증권소지인은 창고업자의 영업시간 내에는 언제든지 창고업자에 대하여 임치물의 검사 또는 견품의 적취를 요구하거나 그 보존에 필요한 처분을 할 수 있는 바, 창고업자는 이에 따를 의무가 있다(제161조-소극적 행위).

② 임치물에 대한 훼손 · 하자 등의 통지 · 처분의무

창고업자가 임치물수령 후 그 훼손 또는 하자를 발견하거나 부패할 염려가 있는 때에는 지체 없이 임치인에게 통지를 발송하여야 하고, 임치인으로부터 지시를 받을 수 없거나 지시가 지연되는 때에는 임치인의 이익을 위하여 적당한 처분을 할 수 있다(제168조상 제108조를 준용).

③ 창고증권발행의무

창고업자는 임치인의 청구가 있을 때에는 창고증권을 교부할 의무가 있다(제156조 제1항).[24]

④ 임치물반환의무

창고업자는 임치인의 청구가 있을 때에는 보관기간의 약정의 유무를 불문하고 임치물을 반환하여야 한다.

당사자가 임치기간을 정하지 않은 때에는 창고업자는 임치물을 받은 날로부터 6월을 경과한 후에는 언제든지 이를 반환할 수 있다. 이 경우 임치물을 반환함에는 2주 전에 예고하여야 한다(제163조). 부득이한 사유가 있는 경우에는 창고업자는 전조의 규정에 불구하고 언제든지 임치물을 반환할 수 있다(제164조).

반환장소는 물건의 보관장소를 원칙으로 한다.

---

23) 화재보험에 가입하는 것은 창고업자의 의무에 속하지 않는다.

24) 입고된 물건에 관하여 창고증권이 발행되면 그 발행일자 이후에는 그 창고증권상의 명의인이 그 물건에 대하여 소유권을 취득하고 따라서 그 뒤에 생기는 창고료 · 화재보험료·감량 등에 대한 책임도 그 명의인이 져야 될 것이다(대법원 1963년 5월 30일 선고 63다188 판결).

창고증권이 발행된 경우에는 그 소지인의 청구에 대하여만 임치물을 반환할 의무를 부담하며, 창고증권과 상환하여 반환한다(제157조).

3. 창고업자의 권리

(1) 임치물인도청구권

창고임치계약은 낙성계약이므로 계약이 성립하면 창고업자는 임치인에 대하여 임치물의 인도를 청구할 수 있는 권리를 갖는다.

(2) 보관료청구권 및 비용상환청구권

① 창고업자는 상인이므로 무상임치의 특약이 없는 한 보수에 관한 약정이 없어도 보수(보관료)를 청구할 수 있다(제61조).

이 청구권을 행사할 수 있는 시기는 지급시기에 관한 약정이나 관습이 없는 한 임치물 출고시이다(제162조 제1항 본문). 그러나 보관기간이 경과한 후에는 그 출고 전이라도 보관료를 청구할 수 있다(동 규정 단서).

일부출고의 경우에는 그 비율에 따라 보관료의 지급을 청구할 수 있다(제162조 제2항).

창고업자는 임치인에 대하여 동시이행의 항변권을 갖는다.

② 창고업자가 임치물에 관하여 지출한 체당금 또는 비용의 상환청구의 시기는 보관료의 청구의 경우와 같다(제162조).

(3) 유치권

창고업자에게는 특별상사유치권이 인정되지 않는다. 그러므로 창고업자는 보관료 등에 관하여 임치물에 대하여, 임치인이 상인이 아닌 경우에는 민사유치권을 행사할 수 있고, 임치인이 상인인 경우에는 일반상사유치권을 행사할 수 있을 뿐이다.

(4) 공탁권 및 경매권

창고업자가 임치물을 반환하는 경우에 임치인 또는 창고증권소지인이 임치물의 수령거부 또는 수령불능시에는, 상사매매에 관한 제67조가 준용되어, 창고업자는 공탁권 및 경매권을 행사할 수 있다(제165조).

(5) 손해배상청구권

창고업자는 임치물의 성질 또는 하자로 생긴 손해가 있는 때에는 이를 알고 있었던 경우를 제외하고는 임치인에 대하여 그 배상을 청구할 수 있다(민법 제697조).

4. 손해배상책임

(1) 책임의 내용

청고업자는 자기 또는 사용인이 임치물의 보관에 관하여 주의를 해태하지 아니 하였음을 증명하지 않으면 임치물의 멸실 · 훼손에 대하여 손해배상책임을 면하지 못한다(제160조).

운송인 등의 손해배상책임과 같은 규정방식을 취하고 있다.

(2) 고가물 등에 대한 특칙의 부적용

창고업자에게는 고가물 · 정액배상 등의 특칙이 준용되지 않는다. 그러므로 임치계약 및 일반원칙에 의하여야 한다(그러나 이것은 입법적 불비이므로 상기의 특칙을 유추적용하여야 한다는 견해도 있다).

(3) 책임의 소멸

① 특별소멸사유

운송인의 손해배상책임의 특별소멸사유에 관한 제146조가 준용되어, 임치인 · 창고증권 소지인이 유보 없이 임치물을 수령하고 보관료를 지급한 때에는 창고업자의 손해배상책임이 소멸한다(제168조).

그러나 이 특별소멸사유는 (i) 임치물에 즉시 발견할 수 없는 훼손 또는 일부멸실이 있는 경우로서 임치인 또는 증권소지인이 수령한 날로부터 2주간 내에 창고업자에게 그 통지를 발송한 때와 (ii) 창고업자 또는 그 사용인이 악의인 때에는 적용되지 않는다(제168조-제146조).

② 단기소멸시효

임치물의 멸실 또는 훼손으로 인한 창고업자의 책임은 그 물건을 출고한 날로부터 1년이 경과하면 소멸시효가 완성한다(제166조 제1항).

이 기간은 임치물의 전부멸실의 경우에는 창고업자가 임치인과 알고 있는 창고증권소지인에게 그 멸실의 통지를 발송한 날로부터 기산한다(동조 제2항).

이 단기소멸시효는 창고업자 또는 그 사용인이 악의인 경우에는 적용되지 않는다(동조 제3항). 그 결과 일반상사채권에 대한 시효인 5년의 소멸시효에 걸린다.

5. 계약의 종료

창고임치계약은 계약기간의 만료 · 목적물의 멸실 등의 일반적인 사유로 종료한다.

민법 제699조상 임치기간에 대한 약정이 없으면 각 당사자는 언제든지 계약을 해지할 수 있고, 동법 제698조 단서상 임치인의 보호를 위하여 기간의 약정이 있더라도 임치인은 언제든지 계약을 해지할 수 있다.

Ⅳ. 창고증권

1. 의의

창고증권이란 창고업자에 대한 임치물반환청구권을 표창하는 유가증권을 말한다. 창고증권을 이용하면 임치로 인하여 사장될 수 있는 임치물의 사용가치 · 교환가치를 활용할 수 있다는 장점이 있다.

2. 성질

창고증권의 법적 성질로는, 상법 제157조상 제129조~제133조가 준용되므로, 상환증권성 · 법률상 당연한 지시증권성 · 문언증권성 · 처분증권성 · 물권적 효력 등이 있고, 창고임치계약을 전제로 하는바 요인증권성도 있다.

3. 발행

(1) 발행인 · 기재사항

창고업자는 임치인의 청구에 의하여 창고증권을 교부하여야 한다(제156조 제1항).

창고증권에는 다음의 사항을 기재하고 창고업자가 기명날인 또는 서명하여야 한다(동조 제2항, 완화된 요식증권성). (i) 임치물의 종류 · 품질 · 수량 · 포장의 종별 · 개수와 기호, (ii) 임치인의 성명 또는 상호 · 영업소 또는 주소, (iii) 보관장소, (iv) 보관료, (v) 보관기간을 정한 때에는 그 기간, (vi) 임치물을 보험에 붙인 때에는 보험금액 · 보험기간 · 보험자의 성명 또는 상호 · 영업소 또는 주소, (vii) 창고증권의 작성지와 작성연월일.

(2) 창고증권의 분할청구

창고증권소지인은 창고업자에 대하여 그 증권을 반환하고 임치물을 분할하여 각 부분에 대한 창고증권의 교부를 청구할 수 있다(제158조 제1항). 이때 임치물의 분할과 증권교부의 비용은 증권소지인이 부담한다(동조 제2항).

4. 효력

창고증권의 효력에 관하여는 제157조에 따라 화물상환증에 관한 제129조~제133조가 준용된다. 창고증권을 작성한 경우에는 이와 상환하지 않으면 임치물의 인도를 청구할 수 없다. 창고증권은 기명식인 경우에도 배서에 의하여 양도할 수 있다. 그러나 창고증권에 배서를 금지하는 뜻을 기재한 때에는 그렇지 않다. 창고증권이 발행된 경우에는 창고업자와 임치인 사이에 창고증권에 기재된 대로 임차계약이 체결되고 임치물을 수령한 것으로 추정한다. 창고증권을 선의로 취득한 소지인에 대하여 창고업자는 창고증권에 기재된 대로 임치물을 수령한 것으로 보고 창고증권에 적힌 바에 따라 창고업자로서 책임을 진다. 창고증권을 작성한 경우에는 임치물에 관한 처분은 창고증권으로써 하여야 한다. 창고증권에 의하여 임치물을 받을 수 있는 자에게 창고증권을 교부한 때에는 임치물 위에 행사하는 권리의 취득에 관하여 임치물을 인도한 것과 동일한 효력이 있다.

제 8 절　금융리스업(lease)

Ⅰ. 의의

금융리스업이란 금융리스이용자가 선정한 기계 · 시설 · 기타의 재산(금융리스물건)을 제3자(공급자)로부터 취득하거나 대여받아 금융리스이용자에게 이용하게 하는 것을 영업으로 하는 것을 말한다(제168조 의 2).

Ⅱ. 종류

리스에는 금융리스와 운용리스가 있는데, 일반적으로 리스라고 하면 금융리스를 가리킨다.

1. 금융리스(finance lease)

금융리스란 리스이용자가 리스물건과 그 공급자 등을 결정하고, 리스업자는 그 결정에 따라 정하여진 물건을 매수하여, 이를 대용자에게 대여하는 것을 말한다.

2. 운용리스(금융리스 이외의 리스, operating lease)

운용리스란 이용자가 원하는 물건을 리스업자가 조달하여 리스업자의 유지 · 관리 하에 이용자가 이용하고 그에 대한 대가를 지급하는 것을 말한다. 운용리스 중 이용기간이 특히 단기인 경우를 실무상 렌탈(rental)이라고 한다.

Ⅲ. 법적 성질

리스계약의 법적 성질 여하는 리스약관의 효력 나아가 당사자 간의 권리의무의 전반에 대하여 직접 영향을 미친다. 운영리스의 법적 성질을 임대차계약으로 보는 것에는 이론(異論)이 없으나, 금융리스의 법적 성질에 관하여는 견해가 나누인다. 즉 리스거래약관에는 당사자 간의 권리의무가 규정되어 있으나 통상의 임대차계약에서는 보기 힘든 특별한 지위에 관한 조항이 적지 않아 그러한 규정의 효력 여하를 판단함에 있어서는 리스계약의 법적 성질이 무엇인가 하는 것이 문제된다.

1. 학설

(1) 특수한 내용을 가진 무명계약설

리스물건의 소유권이 리스이용자가 아니라 리스업자에게 있으므로 매매에 해당하지 않고, 리스이용자가 리스계약의 종료 후 리스물건 자체를 반환하므로 소비대차도 아니며, 리스이용자가 보수유지의 책임을 지고 리스업자는 하자담보책임이나 위험부담을 지지 않으므로 임대차로도 볼 수 없으므로, 특수한 내용을 가지는 무명계약이라고 보아야 한다는 견해이다.

(2) 특수한 임대차계약설

(리스를 순수한 임대차로 보는 견해는 없고) 임대인이 특정한 임차인에 대하여 특정한 물건을 일정기간 유상으로 사용시킬 목적으로 임차인에게 그 물건을 점유시키는 특별한 임대차계약으로 보는 견해이다.

(3) 특수한 소비대차계약설

리스계약의 본질이 소비대차계약임을 전제로 리스이용자가 물건공급자로부터 물건을 공급받고 이에 대하여 리스회사가 융자를 해주면서 그 물건에 대한 소유권을 담보의 목적으로 유보하는 형태의 계약으로 보는 견해이다.

2. 판례

대법원은 '형식에서는 임대차계약과 유사하나, 그 실질은 대여시설을 취득하는 데 소요되는 자금에 관한 금융의 편의를 제공하는 것을 본질적인 내용으로 하는 물적 금융이고 임대차계약과는 여러 가지 다른 특질이 있기 때문에, 이에 대하여는 민법의 임대차계약에 관한 규정이 적용되지 아니 하는 점 및 시설대여제도의 본질적 요청(금융적 성격) 등에 비추어, 시설대여회사의 하자담보책임을 제한하는 약정조항은 약관의 규제에 관한 법률 제7조 제2호, 제3호에 해당하지 아니 한다'라고 판시함으로써 무명계약설을 취하고 있다.[25)]

Ⅳ. 법률관계

리스계약은 물건의 인도를 요하지 않는 낙성계약이므로 리스계약은 물건수령증을 리스업자에게 발급하는 때에 성립한다.

리스물건공급자는 리스계약의 당사자가 아니다.

1. 리스이용자의 권리의무

(1) 권리

리스이용자는 리스기간 동안 목적물을 점유하고 이를 사용 · 수익할 권리를 갖는다.

(2) 의무

① 물건수령의무 · 금융리스물건수령증교부의무

리스물건은 공급자로부터 리스이용자에게 직접 인도되므로, 리스이용자는 물건수령 후 지체 없이 검수하고 리스업자에 대하여 금융리스물건수령증(차수증, 借收證)을 작성 · 교부하여야 한다.

금융리스물건수령증을 발급한 경우에는 금융리스계약 당사자 사이에 적합한 금융리스

25) 대법원 1996년 8월 23일 선고 95다51915 판결 참조.

물건이 수령된 것으로 추정한다(제168조의 3 제3항).

② 선량한 관리자의 주의의무

리스이용자는 리스물건의 사용 · 수익에 있어서 선량한 관리자의 주의의무를 다하여야 하며, 의무해태시 리스업자는 손해배상청구권과 계약해지권을 행사할 수 있다.

③ 리스물건의 반환

리스기간의 만료 또는 리스업자의 계약해제 등으로 리스업자가 리스물건의 반환을 청구하는 경우에 리스이용자는 리스물건을 반환하여야 한다.

2. 리스업자의 권리의무

(1) 권리

① 리스료지급청구권

리스업자는 리스이용자에 대하여 매기(每期)마다 리스료의 지급을 청구할 수 있다.

② 계약해지권

금융리스에 있어서는 당사자 모두 리스기간 중에 리스계약을 해지할 수 없는 것이 원칙이나, 예외적으로 리스이용자가 채무를 불이행하거나(리스료부지급 등) 파산 · 은행거래정지처분 등 신용악화사유가 발생한 경우 리스업자는 일방적으로 계약을 해지할 수 있다.

③ 입회조사권 · 보고요구권 등

리스업자는 기타 리스물건에 대한 입회조사권 · 보고요구권 등을 행사할 수 있다.

(2) 의무

① 리스업자는 리스이용자로 하여금 리스물건을 사용할 수 있게 할 의무가 있다.

② 리스업자는 물건공급자에 대하여 매매대금을 지급할 의무가 있다.

③ 리스업자는 리스물건중도반환시 정산할 의무가 있다.

Ⅴ. 리스계약의 종료

1. 해지

(1) 원칙

리스물건은 반환받더라도 범용성이 없어 리스업자의 투하자금회수가 곤란하기 때문에 리스이용자는 리스기간 중에 계약을 중도해지할 수 없다.

리스업자도 계약해지를 할 수 없으나, 리스이용자의 채무불이행 · 파산 · 리스이용자에 대한 강제집행 등의 절차의 개시 · 은행거래정지처분 · 영업폐지 · 회사의 해산 등으로 인하여 계약의 존속을 기대할 수 없는 경우에는 해지할 수 있다.

(2) 예외

금융리스이용자의 책임있는 사유로 금융리스계약을 해지하는 경우에는 금융리스업자는 잔존금융리스료 상당액의 일시지급 또는 금융리스물건의 반환을 청구할 수 있다(제168조의5 제1항). 이 때 금융리스업자의 청구는 금융리스업자의 금융리스이용자에 대한 손해배상청구에 영향을 미치지 아니 한다(동조 제2항). 금융리스이용자는 중대한 사정변경으로 인하여 금융리스물건을 계속 사용할 수 없는 경우에는 3개월 전에 예고하고 금융리스계약을 해지할 수 있다. 이 경우 금융리스이용자는 계약의 해지로 인하여 금융리스업자에게 발생한 손해를 배상하여야 한다(동조 제3항).

(3) 리스물건의 반환과 손실전보

리스계약이 해지되면 리스업자는 리스물건의 가치가 감소하고 다른 용도로 처분하기가 곤란하여 그에 따른 손실을 입게 되므로 리스이용자는 물건반환과 함께 리스업자의 손실을 전보할 의무를 진다.

손실전보방법으로는 (i) 잔여리스료의 전액을 청구하는 방법, (ii) 약정된 손실금을 청구하는 방법이 있다.

2. 리스기간의 만료

리스기간이 만료하면 리스업자와 이용자 간의 약정에 따라 (i) 목적물의 반환, (ii) 재(再)리스, (iii) 물건의 매입 중에서 선택할 수 있다.

제 9 절 가맹업(프랜차이즈, franchise)

Ⅰ. 의의

가맹업이란 독립한 상인 간에서 일방이 상대방에게 자기의 영업표지를 사용하여 상품의 판매 기타의 영업을 행할 권리를 부여함과 아울러 그 영업과 관련하여 자기가 기획한 마케팅계획에 따라 일정한 지도와 통제를 행하며, 상대방은 이에 대하여 일정한 대가를 지급할 것을 약정하는 거래를 말한다.

자신의 상호 · 상표 등을 제공하는 것을 영업으로 하는 자(가맹업자)로부터 그의 상호 등을 사용할 것을 허락받아 가맹업자가 지정하는 품질기준이나 영업방식에 따라 영업을 하는 자를 '가맹상(加盟商)'이라고 한다(제168조의 6).

가맹업의 유사개념으로는 (i) 동업관계, (ii) 특약점, (iii) 대리상 · 위탁매매인, (iv) 상표 등이 있다.

〈가맹사업의 장단점〉

	장 점	단 점
가맹본부	• 사업확장을 위한 자본조달 용이 • 대량구매를 통한 규모의 경제 도모 • 공동마케팅을 통한 효과의 극대화 • 직접운용보다는 사업패키지 개발에 전념	• 가맹점 수가 증대되는 경우 관리·통제의 어려움 • 가맹점 관리 및 지원에 비용 지출 • 투자 대비 수익률은 상대적으로 높지만, 매출 대비 절대이익의 규모는 제한적
가맹점	• 검증된 사업패키지를 활용함으로써 사업 실패율이 낮다 • 소자본·무경험의 창업 가능 • 가맹사업자의 브랜드 지명도의 활용 가능 • 원부재료를 안정적으로 공급받아 직접 영업활동에만 집중 가능	• 자율적인 방식의 영업활동 제한 • 로열티의 납부 및 원부자재의 매입에 따른 비용 부담 • 본부에 대한 의존도가 높아 자체능력개발을 등한시할 수 있슴 • 타가맹점의 실패가 가맹사업 전체의 신인도에 영향을 미칠 수 있슴

Ⅱ. 법적 성질

가맹업의 법적 성질에 관하여는, 특약점관계유사설 · 상품판매 또는 권리용익 임대차설 · 신종계약설 등의 견해가 있으나, 상표 · 상호 등 영업표지에 대한 사용권의 설정과 더불어 영업상의 통제와 조력을 내용으로 하는 새로운 유형의 비전형계약으로 보는 것이 타당할 것이다.

그 밖에 상사계약 · 라이센스계약 · 유상계약 · 쌍무계약 등의 성질도 있다.

Ⅲ. 종류

1. 상품판매가맹업

상품판매가맹업의 가맹상은 일정지역 내에서 배타적 독점판매권을 부여받는다.

2. 영업형가맹업

영업형가맹업자는 가맹상에 대하여 특정상표로써 상품이나 서비스를 판매할 수 있는 권리를 보장한다.

3. 상품생산가맹업

상품생산가맹업의 가맹상은 가맹업자로부터 원료 · 생산기술을 제공받아 생산 · 판매한다.

Ⅳ. 법률관계

1. 가맹업자의 의무

(1) 영업표지사용허용의무

가맹업자는 가맹상에 대하여 자기의 상호 · 상표 · 서비스표 · 로고 등의 영업표지를 사용하여 독자적으로 가맹점을 운영할 수 있도록 하여야 한다(일시적 사용권).

(2) 기술제공 · 지도 의무

가맹업자는 가맹상의 영업을 위하여 필요한 지원을 하여야 한다. 즉 가맹업자는 가맹상에 대하여 영업상 후원자의 지위에 있으므로 가맹상으로 하여금 독자적으로 운영할 수 있도록 약정에 따른 각종 정보와 서비스를 제공할 의무를 부담한다(제168조의 7 제1항). 이 의무위반으로 인하여 계약 소정의 목적을 달성할 수 없는 때 가맹상은 계약을 해지하고 손해배상을 청구할 수 있다.

가맹사업자는 다른 약정이 없으면 가맹상의 영업지역 내에서 동일 또는 유사한 업종의 영업을 하거나, 동일 또는 유사한 업종의 가맹계약을 체결할 수 없다(동조 제2항).

2. 가맹상의 의무

(1) 운영상의 의무

가맹업계약은 당사자 간의 신뢰에 기반을 두고 있으므로, 가맹상은 (i) 최선을 다하여 운영할 의무가 있고, (ii) 가맹업자의 영업에 관한 권리가 침해되지 않도록 하여야 하고(제168조의 8 제1항), (iii) 가맹업자가 교부한 영업교범을 준수하고 각종의 지시 · 통제에 따라야 하고, (iv) 영업표지 · 영업비결 등을 보호할 의무를 부담하며, (v) 계약종료 후에도 가맹계약과 관련하여 알게 된 가맹사업자의 영업상의 비밀을 준수하여야 한다(동조 제2항).

(2) 가맹료지급의무

가맹료란 (명칭 여하를 불문하고) 가맹업계약에서 정한 사업에 가입할 권리를 취득하고 이를 유지하기 위하여 가맹상이 가맹업자에게 지급하는 보수 내지 부담금을 말한다.

가맹료는 사업개시에 앞서 지급하는 입회비와 영업성과에 따라 지급하는 계속적인 로열티로 구성된다.

3. 가맹업자와 제3자 간의 관계

가맹업자와 가맹상의 양자는 각각 독립상인임에도 불구하고 동일한 영업표지를 사용함으로써 단일기업으로 오인되어 가맹업자가 가맹상의 영업행위에 대하여 법적 책임을 부담하게 될 위험이 있다. 이에 가맹업자는 가맹상이 영업표지를 사용함에 있어서 자기에게 책임이 귀속될 소지가 있는 일체의 표현을 사용할 수 없도록 하고 있지만, 가맹업자에게 제3자에 대한 책임을 인정하는 경우가 있는데 이때 그 근거로서 미국의 이론으로서 대위책임설과 직접책임설 등이 있다.

우리 법률상으로는 일정한 요건을 갖춘 경우 가맹업자의 제3자에 대한 책임을 인정할 수 있다. 그 근거로는 (i) 민법상의 조합관계(제703조 이하), (ii) 표현대리가 인정되는 경우(제125조, 제126조, 제129조), (iii) 가맹상이 가맹업자의 피용자로 인정되는 경우(민법 제756조), (iv) 명의대여자의 책임을 인정하는 경우(상법 제24조), (v) 제조물책임 등을 들 수 있다.

Ⅴ. 가맹상의 영업양도

가맹상은 가맹업자의 동의를 받아 그 영업을 양도할 수 있다(168조의 9 제1항). 이 경우 가맹업자는 특별한 사유가 없으면 제1항의 영업양도에 동의하여야 한다(동조 제2항).

Ⅵ. 계약의 해지

가맹계약상 존속기간에 대한 약정의 유무와 관계없이 부득이한 사정이 있으면 각 당사자는 상당한 기간을 정하여 예고한 후 가맹계약을 해지할 수 있다(제168조의 10).

Ⅶ. 공정거래법적 규제

가맹계약자는 가맹업자에 비하여 자금 · 조직 · 정보 · 영업기술 등에서 뒤떨어지므로 경쟁제한적 압력이 개재될 여지가 크므로, 공정거래위원회는 가맹사업의 거래관행의 합리화와 불공정거래행위의 예방차원에서 1997년 12월 21일 가맹사업의 불공정거래행위의 기준고시를 제정, 가맹계약자의 모집에 응하여 가맹준비를 하여 온 가맹희망자가 계약체결을 위하여 정보 및 자료를 서면으로 제공하여 줄 것을 서면으로 요구함에도 불구하고 가맹업자가 응하지 않으면 거래상 지위남용행위로 본다.

제10절 채권매입업(팩터링, factoring)

Ⅰ. 의의

채권매입업이란 물건을 판매하는 상인이 매출채권을 전문적인 채권회수업자에게 양도하여 관리 · 회수하게 하는 것을 내용으로 하는 거래(매출채권매입업)를 말한다.

Ⅱ. 법적 성질

1. 기본계약으로서의 법적 성질

채권매입업자(팩터, factor)는 거래상인을 위하여 여러 가지 서비스를 제공하므로 위임의 성질을 갖고, 채권매입업자가 거래상인을 위하여 선급금융을 행할 경우에는 소비대차로서의 성질도 갖는 바, 이 계약은 특수한 내용의 혼합계약이다.

2. 채권양도의 법적 성질

개개의 채권의 양도는 기본계약에서 정한 계약상의 채무이행으로써 하는 별개의 채권행위로서, 그 성질에 관하여는 (i) 매매계약설(기본계약에 의한 개개의 채권의 양도를 매매라고 보는 견해), (ii) 소비대차설(팩터링의 금융기능을 중시하여 채권양도를 소비대차로 보는 견해), (iii) 채권매입업을 진정채권매입업과 부진정채권매입업으로 나누어, 전자는 채권의 매매로 · 후자는 소비대차로 보는 설 등이 있다.

3. 종류

(1) 진정채권매입업과 부진정채권매입업

상환청구권의 유무를 기준으로 하여 상환청구권이 없는 진정채권매입업과 상환청구권이 있는 부진정채권매입업으로 나누인다.

(2) 통지채권매입업과 비통지채권매입업

채권양도통지의 유무를 기준으로 하여 통지채권매입업과 비통지채권매입업으로 나누인다. 영미에서는 송장(invoice)에 매출채권의 양도문언을 기재하여 채무자에게 통지하는 방식을 취하고 있고, 일본과 우리나라는 거래상인으로 하여금 채무자로부터 채권양도에 관한 승낙서를 받아 채권매입업자에게 제출하는 것이 통상이다.

(3) 선급채권매입업과 만기채권매입업

채권매입대금선급의 유무를 기준으로 하여 선급채권매입업과 만기채권매입업으로 나누인다. 선급채권매입업은 팩터가 매입한 매출채권의 변제기 전에 거래상인에게 매출채권의 대가를 지급하는 것이고, 만기채권매입업은 채권의 변제기에 이르러 그 대가를 지급하는 것이다.

Ⅲ. 법률관계

1. 당사자

(1) 채권매입업자(factor)

거래상인으로부터 외상매출채권을 매입하고 이를 채무자로부터 추심하는 자(당연상인)로서 대개 금융기관이 이에 해당한다.

(2) 거래상인(client)

상거래로 인하여 발생한 매출채권의 채권자로서 이 매출채권을 채권매입업자에게 매각하는 자이다.

(3) 채무자

거래상인으로부터 외상으로 물건을 매수하거나 용역을 제공받은 자로서, 거래상인에 대한 채무를 채권매입업자에 대하여 지급할 의무를 진다.

2. 내부관계

(1) 채권양도

① 양도되는 채권의 범위

채권매입업거래의 기본계약에 의하여 정하여지며, 현존채권에 한하지 않고 장래채권도 양도의 대상이 된다.

매출채권의 양도는 약정상 물품공급자의 신청에 따라서 하게 되며 미리 약정된 채권매입업거래의 한도금액 내에서 하게 된다.

② 양도방법

포괄적 양도방법과 개별적 양도방법이 있다.

우리나라는 채권매입업금융의 대상채권으로서 순수한 외상매출채권은 흔하지 않고 대개 어음채권이 대상으로 되어 있으므로 포괄적 사전양도의 방법은 드물다.

③ 대항요건

매출채권을 양수한 채권매입업자가 채무자에 대하여 채권추심을 하기 위하여는 대항요건을 요한다. 즉 (i) 어음채권의 경우에는 배서를 요하고, (ii) 일반매출채권의 경우에는 지명채권양도의 대항요건(민법 제450조)의 구비를 요한다.

(2) 물품공급자에 대한 금융제공

채권매입업자는 약관에 의하여 물품공급자의 신청에 따라서 대출하며 이것은 약정상의 한도금액의 범위 내에서 이루어진다.

(3) 상환청구

영업채권의 채무자가 그 채무를 이행하지 않는 경우 채권매입업자는 채권매입계약의 채무자에게 그 영업채권액의 상환을 청구할 수 있다. 그러나 채권매입계약에서 달리 정한 경우에는 그러하지 아니 하다(제168조의 12).

(4) 수수료 및 이자의 지급

물품공급자는 채권매입업자로부터 금융의 제공을 받은 것에 대하여 소정의 수수료 및 이자를 지급할 의무를 진다.

(5) 물품공급자의 담보제공

물품공급자는 약정에 따라서 채권매입업금융에 대한 담보를 제공할 의무를 진다. 또한 채권매입업약정서상 연대보증인의 연서도 있으므로 실제로는 이중의 담보가 있게 된다.

3. 외부관계

(1) 물품공급자와 매수인 간의 관계

① 매매계약관계

물품공급자와 매수인은 통상의 매매관계에 서게 되고, 따라서 구체적인 법률관계는 당사자 간의 계약에 따라 정하여진다.

② 채권양도금지계약의 효력

양자 간의 합의로써 대금채권은 채권매입업자에게 양도하지 않겠다고 한 경우에 그 구속력 여하에 대하여, 채권양도의 대항요건을 위하여는 채무자에게 통지하거나 채무자의 승낙을 요하므로 채무자의 의사에 반하는 채권양도는 할 수 없다 할 것이다.

(2) 채권매입업자와 매수인 간의 관계

① 매수인의 채무이행

채권매입업자는 양수한 매출채권을 행사할 수 있고, 채무자는 채권양도의 통지를 받는 등 대항요건이 구비된 경우에는 채권양수인인 채권매입업자에 대하여 대금지급채무를 이행하여야 한다.

② 매수인의 항변권 · 상계권

매수인이 물품공급업자와의 매매계약에 관하여 매도인에 대하여 항변사유가 있는 경우에 그 매도대금채권을 양수한 채권매입업자에 대하여도 동일한 항변을 주장할 수 있다. 즉 물품공급자로부터 대금지급청구를 받은 채무자가 상계권을 갖는 경우에 그 대금채권을 양수한 채권매입업자에 대하여도 상계권을 행사할 수 있다. 물품공급자의 팩터링계약에 의하여 매수인(채무자)이 불이익을 입는 것은 부당하기 때문이다.

제3편

회 사

제 1 장
총 설

강행법규성을 띠고 있는 회사법은 통칙(제169조~제177조), 합명회사(제178조~제267조), 합자회사(제268조~제287조), 유한책임회사(제287조의 2~제287조의 45), 주식회사(제288조~제542조), 유한회사(제543조~제613조), 외국회사(제614조~제621조), 벌칙(제622조~제637조) 등으로 구성되어 있다.

제1절 회사제도의 기능

Ⅰ. 공동기업으로서의 기능

회사는 공동기업으로서 다음과 같은 기능이 있다. (i) 회사는 통상 다수인이 공동출자하므로 1인이 출자하는 단독기업보다 자본금의 규모가 커 대기업의 경영에 적합하다(자본금의 집중), (ii) 회사는 여러 사람이 참여하므로 기업경영면에서 단독기업보다 유리하다(노력의 보충), (iii) 회사는 기업경영상의 손실을 여러 출자자가 분담하므로 출자자 1인이 전적으로 경영손실위험을 부담하는 단독기업보다 유리하다(위험의 분산).

Ⅱ. 회사의 종류에 따른 기능의 차이

회사의 기능은 회사의 종류에 따라 상대적인 차이가 있다. (i) 자본금집중의 면에 있어서는 물적 회사가 인적 회사보다 유리하다. 왜냐하면 출자자의 수가 인적 회사의 경우보다 물적 회사가 일반적으로 많기 때문이다. (ii) 노력의 보충에 있어서도 물적 회사가 유리하다. 합명회사의 경우에는 개인기업과 같이 소유와 경영이 일치하여 단독 내지 소수의 무한책임사원이 경영을 담당하게 되나 주식회사의 경우에는 소유와 경영이 분리되어 여러 이사가 회의체를 구성하여 경영을 담당하기 때문이다. (iii) 위험의 분산에 있어서도 물적 회사가 인적 회사보다 강하다. 합명회사의 경우에는 일반적으로 사원의 수가 많지 않으므로 경영상의 위험을 한정된 출자사원이 부담하게 되나 주식회사의 경우에는 다수의 주주에게 위험이 분산된다.

〈회사제도를 이용하는 이유(개인기업의 장단점)〉

개인기업의 장점	개인기업의 단점
· 기업체의 설립과 폐업이 자유롭고 용이하다. · 기업의 손실과 위험을 단독으로 부담하는 동시에 이익은 전부 자기의 소득으로 된다. · 소유자는 자유롭게 경영할 수 있고 기업환경 변화에 신속한 의사결정을 통하여 대처할 수 있다. · 기업경영에 법률상의 제약과 규제가 가장 적다. · 기업경영의 기밀을 지킬 수 있다.	· 소유자는 부채에 대한 무한책임을 진다. · 자본의 조달이 어렵다. · 경영자의 질병·사고·사망 등 개인적 사정이 경영에 영향을 미칠 수 있다. · 종업원의 승진 및 발전의 기회가 제한되어 유능한 인재를 확보하기 어렵다. · 개인적 능력에 한계가 있다.

Ⅲ. 회사제도의 역기능

회사는 다음과 같은 단점이 있다. (i) 소유와 경영이 분리되는 경우에는 이해관계의 대립으로 인하여 문제가 생길 수 있다. 예컨대 주주에 대한 이익배당액의 결정이 회사채권자를 위한 담보력의 보전에 영향을 미칠 수 있고, 수종의 주식을 발행하는 경우 각종 주주 간에 이해의 불일치가 생길 수 있다. (ii) 사원의 책임과의 관계에서 회사채권자의 보호가 문제되는 경우가 있다. 인적 회사의 경우에는 무한책임사원이 일정요건 하에 회사채권자에 대하여 직접 · 무한 · 연대의 책임을 지지만, 물적 회사의 경우에는 사원의 유한책임과 관련하여 회사재산만이 대외적인 담보가 되므로 채권자보호에 제도상의 한계가 있다.

Ⅳ. 회사제도남용에 대한 규제

회사가 실질적으로는 개인기업이면서 형식상 회사의 형태를 이용하여 기업의 책임을 면탈하는 등 회사제도를 남용하는 예가 적지 않다. 특히 주식회사의 경우에 더욱 그러하다. 이에 대한 규제방법으로는, (i) 사전예방적 규제로서 행정기관에 의한 회사의 자본과 업무의 상태에 대한 수시감독[1]이 있고, (ii) 사후교정적 규제로서 회사에 대한 해산명령제도(제176조)와 법인격부인론이 있다.

제 2 절 회사법의 의의

실질적 의의의 회사법이란 자본과 인력의 결합체인 회사기업에 고유한 사법(私法)을 말한다.

형식적 의의의 회사법이란 회사기업에 관한 성문법규를 말하고, 상법전 제3편을 가리킨다.

제 3 절 회사법의 특색

회사법은 자본형성 또는 인력을 제공한 단체 등에 관한 것인바 '단체법적 성질'을 가진다(기업조직법). 그러므로 개인법과는 다른 다수결원리 · 법률관계의 획일적 확정 · 사원평등의 원칙 등의 특수한 원리에 의하여 지배된다.

회사법 중에는 회사와 회사채권자 간 · 사원과 회사채권자 간의 관계와 같은 대외관계를 규율하는 규정도 있고, 또 사원권의 이전 등을 목적으로 하는 규정도 있다. 회사법 중의 이러한 규정은 '거래의 안전보호'라는 원리에 의하여 지배된다.

1) 우리나라의 금융감독원과 미국의 증권거래위원회(SEC) 등.

제 2 장
회사법 통칙

제1절 회사의 개념

Ⅰ. 회사의 의의

회사란 '상행위 기타 영리를 목적으로 하는 법인'을 뜻한다(제169조, 제171조 제1항). 그 성질을 분석하면, 영리성 · 법인성을 들 수 있고, 그밖에 상인성 · 준칙성 · 사회성 등도 들 수 있다.

1. 영리성

회사는 상행위 기타 영리를 목적으로 한다. 회사가 '영리를 목적으로 한다'는 것은 회사가 영리추구행위를 하여 이익귀속의 주체가 되는 것만으로는 부족하고, 그 이익을 사원에게 분배하여야 하는 것을 포함한다(이익분배설).

회사는 (영리사업에 부수하여) 비영리적 행위를 하기도 한다. 그 예로는 부속학교 · 부속병원 · 각종의 기부행위 등이 있고, 이를 가리켜 영리성의 형식화 경향이라고 한다.

요컨대 회사의 영리란 '단체의 대외적 활동에 의한 이익의 배분'을 말한다. 그러므로 '단체의 내부적 활동에 의한 이익'을 전제로 하는 협동조합 · 상호보험회사와는 구별을 요한다.

회사가 영리를 목적으로 하되, 상행위를 영업으로 하면 상사회사가 되고, 상행위 이외의 영리를 목적으로 하면 민사회사가 된다.[1]

---

1) 그러므로 회사의 목적은 반드시 상행위이어야 할 필요는 없다.

2. 사단성의 문제

(1) 사단성의 폐지

2011년 개정 전의 상법은 제169조에서 '본법에서 회사라 함은 ……사단(社團)을 이른다'라고 규정하여 '사단성'을 회사의 요소로 하였다. 그런데 상법상 인정되고 있는 회사 중에서 합명회사와 합자회사와 같은 인적 회사는 단체의 실질이 '조합'이므로 사단성이라고 할 수 없고, 물적 회사는 단체의 실질이 사람의 결합이라기보다는 재산의 결합으로서 재단성이 있으므로 1인 설립 내지 1인 회사가 가능한바 역시 사단이라고 할 수 없어, 법조문에서 '사단'을 삭제하였다.

그러나 회사의 의의에서 '사단'을 삭제하였다고 하더라도 회사가 사단과 무관할 수는 없고, 민법상의 사단과 같지는 않으나 사단의 성질을 띠고 있음을 부인할 수는 없다.

(2) 1인 회사의 문제

그런데 사단성에 배치되는 개념으로서의 1인 회사의 문제가 대두된다.

① 1인 회사의 개념

1인 회사란 사원이 1인만인 회사, 즉 형식상은 회사이나 실질상은 1인 사원의 개인기업(예: 모회사가 모든 주식을 소유하는 자회사를 설립한 경우)을 말한다. 1인 회사는 원시적으로 발생할 수도 있고 후발적으로 발생할 수도 있다.

1인 회사의 적법성에 대하여 살피면, 합명회사 · 합자회사에서는 2인 이상의 사원이 회사의 '성립요건'일 뿐만 아니라(제178조, 제268조) '존속요건'이므로(제227조 제3항, 제269조) 1인 회사가 존재할 여지가 없으나, 주식회사 · 유한회사 · 유한책임회사에서는 1인 회사의 설립이 가능하고(제288조, 제543조, 제287조의 2) 존속요건으로서 사원이 2인 이상일 것도 요구되지 않기 때문이다(제517조 제1호, 제609조 제1항 제1호, 제287조의 38 제2호).

② 1인 회사의 법률관계

전술한 바와 같이 개정상법에서 회사에 있어서의 '사단'에 관한 표현이 삭제되었다 하더라도 일반적으로는 회사의 사단성을 부인할 수는 없다. 그러므로 사단성을 전제로 한 법률관계가 적용되어야 할 것이나, 1인 회사는 사원이 단 1인뿐이므로 사단성을 전제로 한 법률관계가 그대로 적용되기에는 문제점이 있는바, 그 적용실태 내지 변화되는 모습에 대하여 살피기로 한다.

a. 회사법형식의 준수

- (회사내부에 관한 문제라 하더라도) 기관구성 등 회사의 기본적 조직에 관한 것은 '강행규정'이므로 그대로 준수하여야 한다. 그러므로 사원이 1인에 불과하더라도 이사 · 감사 등의 기관은 구비하여야 한다.
- (사원이 1인뿐이므로) 복수의 사원을 전제로 그들의 이익을 보호하기 위하여 제정된 회사법적 형식, 예컨대 주주총회의 소집절차나 결의방법에 관한 규정은 엄격히 적용될 필요가 없다.[2)]
- 1인 주주가 이사의 직을 맡는 경우에는 '이사와 회사 간의 거래'의 제한에 관한 규정 (제398조) 은 회사의 이익과 1인 주주의 이익이 일치되므로 적용될 필요가 없다.
- 1인 주주는 이사회를 사실상 지배하고 있으므로, 주식 전부를 양도하는 경우에 이사회의 승인을 요하지 않는다.

b. 1인 회사의 외부관계

주식회사의 사원인 주주는 회사의 거래상대방에 대하여(즉 대외적으로) 책임을 지지 않는데(이것을 가리켜 소위 '유한책임'이라고 일컬음), 1인 사원의 경우에도 대외적으로 유한책임인가? 만약 그렇다면 소위 유한책임의 개인기업을 인정하는 것이 되고, 이것을 무제한으로 인정하는 경우에는 개인책임의 회피수단으로 악용될 우려가 있다. 그러므로 어떠한 경우에 소위 주주의 유한책임의 혜택을 누릴 수 있는지가 문제되는데, 이는 궁극적으로 '법인격부인론'의 문제로 귀착된다.

1인 회사의 1인 사원도 보통의 물적 회사의 사원과 마찬가지로 대외적으로 책임을 지지 않는 것이 원칙이고, 예외적인 경우에 한하여 대외적으로 무한책임을 진다. 예외의 경우는 다음과 같다: (i) 법해석상, 1인 회사의 독립된 법인격이 부인되는 경우 즉 충분한 자본을 갖지 못하거나 회사법적 형식을 준수하지 못하는 경우, (ii) 우리 상법엔 규정이 없으나, 영국회사법 제31조 · 이태리민법 제2497조 등에 따르면 1인 사원에게 무한책임이 부과되고 있고, 우리 대법원 판례로는 2006년 7월 13일 선고 2004다36130 판결과 2006년 8월 25일 선고 2004다 26119 판결이 있다.

c. 형사 관련 문제

1인 주주가 업무를 위배하여 회사에 손해를 가하면 배임죄가 성립하고, 1인 주주가 회사의 재산을 횡령한 경우 횡령죄를 구성한다.[3)]

---

2) 주주총회의 소집절차에 흠결이 있어도 1인 주주가 참석하여 결의하면 결의 자체는 유효하다. 주주총회를 개최하지 않았어도 1인 주주에 의하여 결의가 있었던 것처럼 주주총회 의사록이 작성되었으면 결의가 있었던 것으로 볼 수 있다: 대판 2004년 12월 10일 선고 2004다25123 판결 참조.

3. 법인성

(1) 법인의 의의와 속성

상법 제169조는 회사란 '상행위나 그 밖의 영리를 목적으로 하여 설립한 법인'을 말한다고 규정하고 있다. 여기서 법인이란 자연인 이외의 것으로서 법적으로 인정된 권리의무의 주체가 될 수 있는 지위를 말한다. 회사의 종류 중, 합명회사 · 합자회사의 경우에는 법인성이 희박하고 주식회사 · 유한회사의 경우에는 법인성이 뚜렷하다.

법인의 속성을 살피면, (i) 법인명의로 권리의무의 주체가 되고, (ii) 법인 자체의 명의로 소송당사자가 되며, (iii) 법인의 재산에 대하여는 법인 자체에 대한 집행권원(채무명의)에 의하여만 강제집행할 수 있고, (iv) 법인의 재산은 법인 구성원인 개인에 대한 채권자에 의하여 강제집행되지 않고, (v) 법인의 채권자에 대하여는 법인 자체의 재산만이 책임재산이 되고 법인구성원의 재산은 책임재산으로 되지 않는다.

(2) 회사의 법인성의 한계 – 법인격부인론

법인격부인론(법인격무시론 · 투시이론 · 실체파악이론)이란 회사의 법적 독립성 즉 사원과의 별개독립의 법인격을 일률적으로 적용하면 그 결과 정의와 형평에 반하게 되는바, 특정사항에 한하여는 '예외적 · 일시적으로' 회사의 법인격을 부인함으로써 배후에 있는 실체 즉 사원을 포착하여 구체적으로 타당한 해결을 꾀하고자 하는 법리를 말한다.

미국의 판례에 의하여 형성 · 발전된 이론이다. 주로 소유와 경영이 분리된 물적 회사, 특히 주식회사에서 발전된 이론이다.[4)]

Ⅱ. 회사의 종류

1. 상법전상의 분류

상법전상의 회사의 종류를 살피면, 우선 내국회사와 외국회사로 나누이고, 내국회사는 다시 합명회사 · 합자회사 · 유한책임회사 · 주식회사 · 유한회사로 나누인다.

---

3) 대법원 1996년 8월 23일 선고 96도1525 판결.
4) 대법원 1996년 8월 23일 선고 96도1525 판결; 대법원 2001년 1월 19일 선고 97다21604 판결; 대법원 1995년 5월 12일 선고 93다44531 판결; 대법원 2001년 1월 19일 선고 97다21604 판결.

회사의 종류	합명회사	합자회사		유한책임회사	주식회사	유한회사
구성	무한 책임사원	무한책임사원 + 유한책임사원		유한 책임사원	주주(유한책임사원)	유한 책임사원
회사채권자에 대한 책임	직접 연대 무한	직접 연대 무한	직접 연대 유한	직접 연대 유한	간접 유한	간접 유한 (예외 있음)
업무 집행권	O	O	X 감시권	△ (사원 또는 사원 아닌 자)	X(이사회, 대표이사)	X(이사)
지위의 양도	다른 사원 전원의 동의	다른 사원 전원의 동의	무한책임사원 전원의 동의	다른 사원 전원의 동의 (예외 있음)	원칙적 자유 (정관으로 제한)	

2. 학설상의 분류

회사의 종류를 학설상 분류하면 분류기준에 따라 여러 가지로 나눌 수 있다.

(1) 인적 회사 · 물적 회사

인적 회사란 사원의 개성에 기초를 둔 회사로서, 조합적 실체를 갖고 있는 회사를 말하고, 물적 회사는 (사원의 개성에 기초를 둔 것이 아니라) 회사의 자본에 기초를 둔 회사로서 사단적 실체(제3자기관)을 가지고 있는 회사를 말한다.

인적 회사에 있어서는 사적 자치가 널리 인정되어 임의규정성을 가진 법규가 있으나, 물적 회사에 관한 법규는 강행규정성이다.

(2) 개인주의적 회사 · 단체주의적 회사

개인주의적 회사란 원칙적으로 소유와 경영이 일치하는 회사 즉 사원 자신이 업무집행기관(자기기관)을 구성하는 회사를 말하고, 단체주의적 회사란 소유와 경영이 분리되는 회사 즉 사원 자신이 업무집행을 담당하지 않고 제3자가 기관(타인기관, 제3자기관)을 구성하는 회사를 말한다.

전술한 (1)(2)에 따른 회사구별의 내용이 대체로 일치하지만, 인적 회사에 있어서도 소유와 경영이 분리될 수 있고, 물적 회사에 있어서도 소유와 경영이 일치할 수 있다.

3. 법원상의 분류

(1) 일반법상의 회사 · 특별법상의 회사

일반법상의 회사란 상법의 일반규정만의 적용을 받고 다른 특별법은 적용되지 않는 회사를 말하고, 특별법상의 회사란 상법의 일반규정 이외에 특별법의 적용을 받는 회사를 말한다.

(2) 일반특별법상의 회사 · 특정특별법상의 회사

특별법상의 회사는 다시 일반특별법상의 회사(일반시중은행)와 특정특별법상의 회사(한국수출입은행, 기업은행 등)로 나누인다.

4. 경제상의 분류

(1) 지배회사와 종속회사 · 모회사와 자회사

외감법에 따르면 '회사의 지배 · 종속관계'란 주식회사가 경제활동에서 효용과 이익을 얻기 위하여 다른 회사(조합 등 법인격 없는 기업도 포함)의 재무정책과 영업정책을 결정할 수 있는 능력을 가지는 경우로서 그 주식회사(지배회사)와 그 다른 회사(종속회사)와의 관계를 말한다(외감법 제1조의 32, 외감법 시행령 제1조의 3 제1항).

상법은 당해 사업연도 말 현재 다른 주식회사의 무의결권주를 제외한 발행주식총수의 50/100을 초과하여 소유하는 회사를 모회사, 소유당하는 회사를 자회사라 하고, 회사 쌍방이 가지는 주식의 합계나 자회사가 단독으로 가지는 주식의 수가 다른 회사의 발행주식의 50/100을 초과하는 경우, 그 다른 회사도 모회사의 자회사로 본다(제342조의 2).

(2) 상장회사 · 비상장회사

유가증권을 일정한 요건과 절차를 갖추어 유가증권시장[5]에서의 거래의 대상으로 하는 것을 상장(上場)이라 하고, 유가증권시장에 상장된 유가증권을 발행한 회사를 상장회사(상장법인)라고 하고 그렇지 않은 회사를 비상장회사(비상장법인)라고 한다.

특히 유가증권 중 주권을 상장한 주권상장법인은 법인세법상 유리한 대우를 받고, 자본

---

5) 유가증권시장이라 함은 유가증권의 매매거래를 위하여 '자본시장과 금융투자업에 관한 법률(자본시장법이라 함)' 제4조 2항의 규정에 의하여 설립된 한국증권거래소가 개설하는 시장을 말한다(동법 제9조). 한편, 유가증권시장은 증권발행시장(證券發行市場)과 증권유통시장(證券流通市場)으로 나누이고 증권유통시장은 다시 증권거래소가 개설한 거래소시장과 주로 증권회사 창구에서 이루어지는 장외시장으로 분류되는데 거래소시장을 협의의 증권시장이라고 한다.

시장법상 여러 가지 특칙이 적용된다(법인세법 제18조 내지 제18조의 3, 제28조, 자통법 제165조의 16, 제165조의 18, 제172조, 소득세법 제94조 등).

(3) 공공적 법인

공공적 법인이란 국가기간산업 등 국민경제상 중요한 산업을 영위하는 상장법인 또는 등록법인으로서 일정요건을 갖춘 것 중에서 산업통산자원부장관이 관계부처장관과의 협의를 거쳐 지정하는 법인을 말한다.

그런데, 공공적 법인은 주식소유의 제한 · 의결권대리행사의 권유의 제한 · 주식양도의 제한 · 정부소유주식에 대한 배당금을 우리사주조합원 또는 저소득층의 주주에게 우선지급 · 의결권 없는 주식의 발행한도의 증액 등에 있어서 특례가 인정된다.

(4) 공개회사 · 폐쇄회사

폐쇄회사란 사원의 수가 적고 지분(주식)의 양도에 관하여 일정한 제한이 있으며 주식의 공모를 하지 않는 회사를 말하며, 그 반대의 성질을 가진 회사를 가리켜 공개회사라고 한다.

(5) 내자회사 · 외자회사 · 합작회사 · 다국적회사

내자회사란 회사의 자본이 내국자본인 회사를 말하고 회사의 자본이 외국자본인 회사를 가리켜 외자회사라고 한다.

합작회사(합작투자회사 또는 합변회사)는 내국자본과 외국자본이 합쳐진 회사를 말하며, 전형적인 폐쇄회사의 일종이다.

다국적회사란 동일한 자본이 많은 나라에서 동종영업을 위하여 별개의 회사를 설립하고, 그 회사들이 서로 관련되어 있는 경우를 말한다. 대부분 선진국에 모회사를 두고 개발도상국에 자회사를 두는 형태를 취하고 있다.[6)]

(6) 기업집단 · 계열회사 · 지주회사

이 3가지 개념은 독점규제 및 공정거래에 관한 법률(공정거래법)상의 개념이다.

기업집단이란 동일인이 단독으로 또는 그와 특수한 관계에 있는 자연인이나 법인과 합하여 당해 회사의 주식의 소유나 임원의 임면 등을 통해 사실상 그 사업내용을 지배하는 회사의 집단을 말한다.

계열회사란 2 이상의 회사가 동일한 기업집단에 속하는 경우에 이들 회사는 서로 상대방의 계열회사가 된다.

---

6) 다국적회사란 여러 나라에 걸쳐 영업 내지 제조 거점을 가지고 국가나 정치적 경계에 구애됨이 없이 세계적인 범위와 규모로 영업을 하는 회사를 말한다.

지주회사란 주식의 소유를 통하여 국내회사의 사업을 지배하는 것을 주된 사업으로 하는 회사로서 자산총액이 100억원 이상인 것을 가리킨다. 이에는 순수지주회사와 사업지주회사가 있다.7) 공정거래법은 이 중에서 순수지주회사에 대하여만 규제하고 있으며, 지주회사를 설립하거나 기존회사를 지주회사로 전환하기 위하여는 대통령령이 정하는 바에 의하여 공정거래위원회에에 신고하여야 한다(제8조, 상법 제360조의 2~23 참조).

〈지주회사의 종류〉

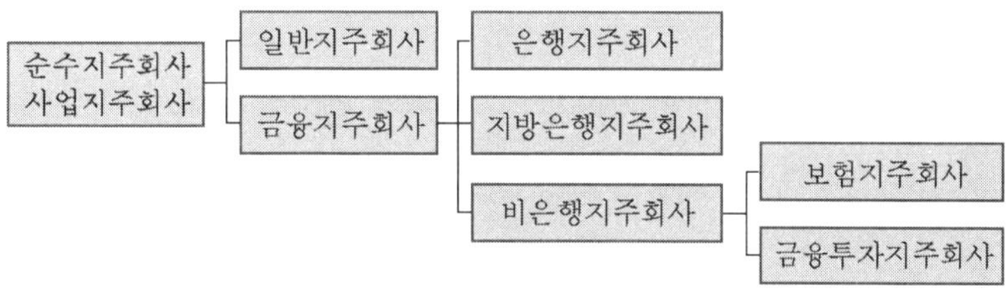

5. 기타의 분류

(1) 상사회사 · 민사회사

상사회사란 상행위를 목적으로 설립된 회사를 말하고, 민사회사란 상행위 이외의 방법으로 영리를 추구하는 회사를 말한다. 그런데 상법상 민사회사는 의제상인(제5조)에 해당하므로 법률의 적용에 있어서는 양자 간에 차이가 없다(상법 적용).

(2) 내국회사 · 외국회사

회사는 그 설립준거법을 기준으로 하여 내국회사 · 외국회사로 나누인다. 내국회사란 우리나라의 법률에 의하여 설립된 회사를 말하고, 외국회사는 외국법에 준거하여 설립된 회사를 말한다.

7) '순수지주회사(pure holding company)'는 타기업(자회사)의 주식을 보유함으로써 그 기업을 지배 · 관리하는 것을 유일한 업무로 하는 지주회사이며, 경영권만 확보할 뿐 독립적인 사업을 할 수 없다. 반면 '사업지주회사(operating holding company)'는 직접 어떤 사업을 하면서 타기업(자회사)의 주식을 보유함으로써 지배 · 관리하는 지주회사로서 '혼합지주회사'라고도 한다. '사업지주회사'는 독자적으로 영업을 할 수 있다. 자기사업을 영위하면서 계열사 주식을 소유하는 국내 재벌그룹이 사업지주회사에 해당하며, 2003년 3월 국내 재벌 중 LG그룹의 ㈜LG가 최초로 순수지주회사로 출범하였다.

Ⅲ. 회사의 능력

1. 회사의 권리능력

회사는 법인이므로 자연인과 마찬가지로 일반적으로 권리능력이 인정된다.[8] 그러나 개개의 특별한 권리능력에 있어서는 제한이 있다.

(1) 성질에 의한 제한

① 회사는 어디까지나 법인이지 자연인은 아니므로, 자연인을 전제로 하여 인정되는 권리의무는 인정되지 않는다. 예컨대 성명 · 신체를 전제로 하는 권리의무(즉 친족법상의 권리의무)가 이에 해당한다.

② 회사는 대리인은 될 수 있으나, 인적 개성이 중시되는 지배인 기타의 상업사용인은 될 수 없다. 또한 타회사의 이사 · 감사가 될 수 있는지 여부에 대하여는 견해가 나누이나, 회사가 설립중의 회사의 발기인이 될 수 있는 점을 고려할 때 가능하다고 할 것이다.

(2) 법률에 의한 제한

회사는 법률에 의하여 인격이 부여된 것이므로 그 권리능력은 법에 의하여 제한될 수 있다. 그 제한의 대상 · 정도는 입법정책의 문제이다.

회사는 다른 회사의 무한책임사원이 되지 못한다(제173조). 이것은 회사가 다른 회사의 사업경영의 결과에 대하여 무한책임을 지게 되면 회사의 존립기반이 위태롭게 될 우려가 있다는 점과 법인은 자연인처럼 경영에 직접 참여할 수 없는 점을 고려한 것이다.[9]

청산중의 회사의 권리능력은 청산의 범위 내로 한정되며(제245조), '채무자회생 및 파산에 관한 법률(이하 '통합도산법'이라 함)'상 해산한 법인은 파산의 목적범위 내에서 아직 존속하는 것으로 본다(통합도산법 제328조).

이 밖에 은행법, 보험업법 등의 특별법상의 제한도 있다.

(3) 목적에 의한 제한

회사는 그 목적을 정관에 기재하고 등기하여야 하는데, 그렇다면 이 목적 이외의 사항에 대하여 권리능력이 인정되는지 여부가 문제시된다. 즉 민법 제34조는 법인은 정관 소

---

8) 회사는 유증(遺贈)을 받을 수 있고 명예권 · 상호권 등도 인정된다.

9) 회사는 다른 회사의 유한책임사원은 될 수 있다.

정의 목적범위 내에서 권리의무를 갖는다고 규정하고 있는데, 회사도 법인의 일종인 데 불구하고 상법에는 회사에 대하여 이에 관한 규정이 없는바, 민법의 규정을 적용 내지 유추적용할 것인지 여부가 문제된다는 것이다. 이에 대하여는 다음과 같이 견해가 나누인다.

① 제한긍정설

제한긍정설이란 정관에 정한 사업목적에 의하여 회사의 권리능력이 제한된다는 견해(목적범위를 좁게 인정하는 견해)를 말한다.

② 완화된 제한긍정설

제한긍정설을 취하면서도 거래의 안전을 위하여 회사의 목적범위를 넓게 해석하여 목적의 달성에 필요한 범위까지 회사의 권리능력을 인정하는 견해를 말한다(우리 판례의 입장).

③ 제한부정설

제한부정설(무제한설)이란, 회사도 법인의 일종이므로 상법에 별도의 규정이 없으면 민법의 법인에 관한 규정이 적용될 것이나, 법인권리능력의 목적에 의한 제한규정인 민법 제34조는 비영리법인에 관한 것이며, 사회적 활동범위가 넓은 영리법인인 회사에 대하여 이 규정이 당연히 적용되는 것은 타당하지 않고, 만약 목적에 의한 제한을 인정할 때에는 불성실한 회사에게 책임을 회피하는 구실을 주게 되고 나아가 거래의 안전을 해할 염려가 있게 되며, 정관에 기재될 뿐만 아니라 회사의 등기시항이기도 한 '회사의 목적'은 그 범위가 매우 애매하여 분쟁이 생길 염려가 없지 않으므로, 회사의 권리능력은 해산과 파산의 경우를 제외하고는 목적에 의한 제한을 인정하지 않고 일반적 권리능력을 가지는 것으로 보는 것이 타당하다는 견해이다.

한시적으로는재해구호금 · 학술연구 · 육영사업자금 · 기타 사회사업에의 기부 등 회사의 각종의 기부행위가 회사의 권리능력과 관련하여 문제시되는데, 이에 대하여 회사의 제반사정을 고려하여 규모가 적정하다면 간접적으로 회사에 이익이 되므로 권리능력의 범위 내라고 보는 견해가 통설이다. 그리고 법인세법상도 법인의 소득계산에 있어서 일정한 기부는 손금산입(損金算入)이 인정된다(법인세법 제24조).

'정치자금에 관한 법률' 제31조에 따르면 외국인·국내외의 법인 또는 단체는 정치자금을 기부할 수 없고, 누구든지 국내외의 법인 또는 단체와 관련된 자금으로 정치자금을 기부할 수 없다.[10]

2. 회사의 행위능력

회사는 기관의 지위에 있는 자연인을 통하여 행위를 할 수 있으므로 회사에 행위능력과 그 전제가 되는 의사능력이 인정되는지 여부가 문제되는데, 이는 법인의 본질을 어떻게 보느냐에 따라 그 결과가 달라진다.

기관의 지위에 있는 자연인의 행위가 법률상 법인 자체의 행위로 되는 관계를 가리켜 '대표관계'라 한다. 그런데 민법이나 상법 등에 대표관계에 관한 규정이 없으므로 '대리'에 관한 규정이 유추적용된다. 그 결과 대표기관의 행위가 회사 자체의 행위로 되므로 회사에 의사능력과 행위능력이 인정되는 것이다.[11]

3. 회사의 불법행위능력

(법인의제설에 따르면 법인 자신의 행위를 인정하지 않기 때문에 불법행위능력도 인정되지 않겠으나) 법인실재설이 일반적이므로 법인인 회사의 불법행위능력이 인정된다 하겠다. 회사의 불법행위능력의 인정근거로는 제210조, 제269조, 제287조의 18, 제389조 제3항, 제567조 등이 있다. 그리고 사용자배상책임에 관한 민법 제756조도 적용된다. 즉 사용인의 직무상의 불법행위에 대하여는 민법 제756조에 근거하여 회사는 사용자로서 연대책임을 지게 된다.

4. 회사의 공법상의 능력

회사는 소송법상 당사자능력과 소송능력, 소원권, 소송제기권, 납세의무 등이 인정된다.

회사에 형법상의 범죄능력은 일반적으로는 인정되지 않으나 특별법상으로는 인정되기도 하고(보험업법 제208조(무허가영업·무등록모집의 경우, 양벌규정)), 형사소송법상 당사자능력과 소송능력이 인정된다.

---

10) 일본 최고재판소는 1970년 6월 24일 야하타(八幡) 제철주식회사의 자민당에의 헌금사건(쟁점은 회사의 권리능력 · 이사의 충실의무 · 선량한 풍속 기타 사회질서의 위반 여부 등)에서 정당의 건전한 발전에 협력하는 것은 회사의 사회적 역할의 수행행위로서 정관 소정의 목적범위 내에 속한다고 판시하였다. 그러나 무제한으로 허용되는 것은 아니고 제반사정을 고려하여 합리적인 범위 내에서 금액이 결정되어야 하고, 이를 초월한 경우에는 이사의 충실의무의 위반이 된다.

11) 법인의제설에 따르면 회사 자체에는 의사능력과 행위능력이 인정되지 않는다.

제 2 절 회사의 설립

Ⅰ. 총설

회사의 설립은 회사라는 단체를 형성하여 법인격을 취득하게 하는 일련의 절차를 말하며, 정관의 작성으로부터 사원의 확정 · 출자의 이행 · 기관의 구성 등 실체를 형성하고 설립등기를 함으로써 이루어진다. 인적 회사의 경우에는 정관의 작성에 의하여 사원과 출자가 확정되고 사원이 당연히 그 기관을 구성하게 되므로 회사의 설립절차가 간단하나, 물적 회사의 경우에는 정관의 작성 외에 출자의무의 확정 및 이행 기타 복잡한 절차를 요한다. 특히 주식회사의 모집설립은 정관작성 · 주주모집 · 주식청약 · 배정 · 주금납입 · 창립총회 · 설립등기 등 절차가 가장 복잡한 경우이다.

회사설립행위의 법적 성질은 '합동행위'라고 보는 것이 통설이다. 그러나 1인의 발기인 또는 사원에 의한 주식회사 또는 유한회사의 설립의 경우에는 단독행위로 보아야 할 것이다.

Ⅱ. 회사설립에 관한 입법주의

회사가 설립되면 대내외적으로 복잡한 법률관계가 있게 됨은 물론 국가경제나 공익에 미치는바 영향이 크므로, 회사의 설립에 관하여 국가가 관여하는 방법 여하에 따라 자유설립주의 · 특허주의 · 면허주의 내지 허가주의 · 준칙주의 등으로 회사설립에 관한 입장에 차이가 있다.

(i) 자유설립주의

기업의 의사에 의하여 자유롭게 회사를 설립할 수 있게 하는 입장이다. 그러나 불건전한 회사의 남설(濫設)로 인하여 폐해가 야기될 수 있다.

(ii) 특허주의

회사를 설립함에는 군주의 특허나 국가의 특별입법이 있어야 한다는 입장이다. 이 경우에는 지나친 통제로 인하여 회사의 설립상 불편이 있어 특수회사(특별법상의 회사)의 경우에서나 찾아볼 수 있는 정도이다.

(iii) 면허주의 또는 허가주의

회사에 관한 일반법규를 마련하고, 이에 부합하는 경우에 행정처분을 함으로써 회사의 설립을 허가하는 입장이다. 그런데 담당 공무원의 전문성의 부족 · 절차의 복잡성 등으로 인하여 기업계의 요구를 충족하기 쉽지 않다.

(iv) 준칙주의

회사의 설립에 있어서 법률로써 일정요건을 정하고 그 요건을 구비한 경우에 설립등기를 거쳐 법인격을 취득하도록 하는 입장이다.

자유설립주의에 따른 회사의 남설에 따른 폐해를 시정하기 위하여 특허주의, 면허 내지 허가주의, 준칙주의로 발전하여 온 것인데, 단순준칙주의의 경우에는 자유설립주의와 같은 폐단의 우려가 다시 생길 여지가 있어, 그 요건을 다소 엄격하게 하고 발기인을 비롯한 설립관여자에게 엄격한 책임을 지우는 '엄격준칙주의'가 많이 채용되고 있고, 우리 상법도 이 입장을 취하고 있다.

제3절 회사의 변경

Ⅰ. 회사의 합병

1. 합병의 의의

합병이란 상법의 규정에 따라서 2 이상의 회사가 신회사설립의 방법에 의하거나(신설합병) 1 회사가 타회사를 병합하는 방법에 의하여(흡수합병) 하나의 회사로 되는 회사간의 계약을 말한다.

2. 합병의 기능

회사의 합병은 기업집중의 한 형태로서 경영의 합리화 · 사업의 확장 · 무익한 경쟁의 회피 · 시장독점 · 도산우려회사의 구제 등의 경제적 목적을 위하여 인정된 제도이다.

이러한 목적은 다른 방법으로써도 달성할 수 있으나, 기업의 해체과정에서 생기는 불편과 경제적인 불이익을 회피하기 위한 제도로서, 기업의 유지에 그 의의가 있다.

3. 합병의 법적 성질

(1) 인격합일설

2 이상의 회사가 결합하여 하나의 회사가 되는 것을 내용으로 하는 조직법상의 특수한 계약이라는 견해이다(국내다수설).

(2) 재산합일설

사원의 합일은 최소한으로 요구되나 재산의 합일은 완전히 이루어져야 한다는 견해이다. 적극재산을 전제로 할 때, 채무초과의 회사의 경우는 문제가 된다.

(3) 현물출자설

해산회사 영업전부의 현물출자에 의한 존속회사의 자본증가 또는 신회사의 설립으로 보는 견해이다. 그러나 이 견해에 의하면 순자산액이 영(零)인 회사는 합병이 불가능하게 되는 바, 무증자합병의 경우에 대하여 설명할 수 없게 된다.

4. 합병의 종류

(1) 일반합병

① 흡수합병

흡수합병이란 합병으로 인하여 당사회사 중 1 회사는 존속하고 다른 회사는 소멸하는 합병을 말한다(a + b → A). 이때 존속회사는 자본금의 증가에 따라 정관변경을 하게 되고, 타회사는 해산하게 된다(제233조).

② 신설합병

신설합병이란 2 이상인 합병당사회사는 모두 소멸하고 새로운 1 회사가 설립되는 합병을 말한다(a + b → c).[12)]

(2) 특수합병

① 간이합병

합병당사회사가 주식회사와 유한회사인 경우, 합병할 회사의 일방이 합병 후 존속하는 경우에 합병으로 인하여 소멸하는 회사의 총주주의 동의가 있거나 그 회사의 발행주식총수의 90/100 이상을 합병 후 존속하는 회사가 소유하고 있는 경우에는 합병으로 인하여

12) 신설합병은 흡수합병에 비하여 법률관계가 복잡하여 실무상으로는 흡수합병이 더 많이 이용된다.

소멸하는 회사의 주주총회의 승인은 이사회의 승인으로 갈음할 수 있다(제527조의 2).13)

② **소규모합병**

합병 후 존속하는 회사가 합병으로 인하여 발행하는 신주의 총수가 그 회사의 발행주식총수의 10/100을 초과하지 않는 경우에는 주주총회의 승인은 이사회의 승인으로 갈음할 수 있다. 그러나 합병교부금을 지급하는 경우에 그 금액이 존속회사의 대차대조표상의 현존하는 순자산액의 5/100를 초과하는 경우에는 합병승인총회를 요한다(제527조의 3).

③ **삼각합병**

삼각합병이란 회사가 합병대상회사를 흡수합병하고자 하는 경우 자회사를 설립하여 자회사가 합병대상회사를 흡수합병하도록 하고 흡수합병으로 소멸하는 합병대상회사의 주주에게 모회사의 주식을 교부하는 형태의 합병을 말한다. 이를 위하여, 흡수합병의 존속회사는 신주배정 또는 자기주식을 이전하는 대신에 합병의 대가의 전부 또는 일부를 금전이나 기타의 재산으로 제공할 수 있고(제523조 제4호, 교부금합병),14) 존속하는 회사가 삼각합병을 위하여 취득한 모회사의 주식을 합병 후에도 계속 보유하는 경우에는 합병의 효력이 발생하는 날부터 6개월 이내에 그 주식을 처분하여야 한다(제523조의 2 제2항).

④ **역삼각합병**

역삼각합병이란 주식의 포괄적 교환에 의하여 완전자회사가 되는 회사의 주주에게 완전모회사가 되는 회사가 신주 또는 자기주식을 교부하는 대신에 완전모회사가 되는 회사의 모회사의 주식을 교부하는 형태의 합병을 말한다.

이를 위하여, 주식교환에 의하여 완전모회사가 되는 회사는 완전자회사가 되는 회사의 주주에게 신주배정 또는 자기주식을 이전하는 대신에 그 대가의 전부 또는 일부로서 금전이나 기타의 재산을 제공할 수 있고(제360조의 3 제3항 제4호), 완전자회사가 되는 회사의 주주에게 제공하는 재산이 완전모회사가 되는 회사의 모회사의 주식을 포함하는 경우에는 예외적으로 완전모회사가 되는 회사는 그 지급을 위하여 그 모회사의 주식을 취득할 수 있다(동조 제6항). 다만 완전모회사가 되는 회사는 그 취득주식을 주식교환 후에는 계속 보유하고 있는 경우 주식교환의 효력이 발생하는 날로부터 6개월 이내에 그 주식을 처분하여야 한다(동조 제7항).

13) 유한회사는 이사회라는 의결기관이 없으므로, 이사의 승인으로 갈음한다.

14) 2011년 상법개정 전에는 합병대가의 상당부분 이상을 현금으로 지급하는 교부금합병은 허용되지 않는다고 보는 것이 통설의 입장이었고 판례도 부정적 입장을 취하고 있었다(대법원 2003년 2월 11일 선고 2001다14351 판결).

5. 합병의 자유와 제약

(1) 합병의 자유

상법은 회사는 그 종류를 불문하고 합병을 할 수 있다고 규정하고 있다(제174조 제1항, 합병자유의 원칙). 그러나 실제로는 주식회사 간에서만 일어나고 있는 실정이고, 개인적 색채가 강한 인적 회사는 합병에 적합하지 않다.

(2) 상법상의 합병의 제약

상법은 자유로운 합병의 결과 복잡한 법률문제가 생기는 것을 염려하여 약간의 제약을 두고 있다.

① 합병당사회사의 일방 또는 쌍방이 주식회사, 유한회사 또는 유한책임회사인 경우에는 합병 후 존속하는 회사 또는 합병으로 인하여 신설되는 회사는 주식회사, 유한회사 또는 유한책임회사이어야 한다(제174조 제2항).

합병의 결과 합명회사나 합자회사가 존속 또는 신설되는 경우에는 일방 회사에 소속되어 있던 유한책임의 사원으로 하여금 무한책임을 지도록 책임을 무겁게 하는 절차가 필요한데, 합병은 다수결원리에 의하여 결정되는바 합병에 반대하는 사원이라 하더라도 다수의 의견에 의하여 합병을 수용할 수밖에 없게 되어 개인의 재산권이 침해되는 결과가 될 수 있기 때문이다.

② 해산후의 회사도 합병할 수 있으나 존립중의 회사를 존속회사로 하는 경우에만 합병할 수 있다. 그 반대의 경우에는 복잡한 절차를 거쳐 합병을 하더라도 결국에는 해산하여야 하기 때문에 기업유지의 차원에서 필요한 범위 내에서 합병을 인정하는 것이다(제174조 제3항).

(3) 특별법상의 합병의 제약

이밖에 자본시장법(원래의 명칭은 '자본시장과 금융투자업에 관한 법률'인데, 이것을 줄여서 '자본시장통합법' 또는 '자본시장법'이라 하고, 더 줄여서 '자통법'이라고도 함), 공정거래법(원래의 명칭은 '독점규제 및 공정거래에 관한 법률'), 통합도산법(원래의 명칭은 '채무자 회생 및 파산에 관한 법률') 등에 따른 제약도 있다.

6. 합병의 절차

(1) 합병계약

합병당사회사의 대표기관에 의하여 합병조건 · 합병방식 등 합병에 필요한 사항이 합의되어야 한다(합병가계약). 합병계약은 특별한 방식을 요하지는 않으나, 물적 회사에 있어서는 합병계약서를 작성함에 있어서 법정사항이 기재된 합병계약서를 작성하여야 한다. 이때 합병계약서의 주요내용은, (i) 합병비율의 조건,[15] (ii) 존속 내지 신설회사의 정관의 내용 등이다.

이 합병계약은 조직법상의 특수한 채권계약이다.

(2) 합병대차대조표 등의 공시

주식회사와 유한회사는 합병대차대조표 등을 작성하여 합병결의 등을 위한 주주총회 또는 사원총회 2주 전부터 합병 후 6개월이 경과할 때까지 공시하여야 한다(제522조의 2, 제603조).

(3) 합병결의(대내적 절차)

합병당사회사는 다음과 같은 대내적 절차를 요한다.

① 각 합병당사회사의 합병승인(결의)

회사의 합병이 행하여지면 사원의 이해관계에 큰 영향을 주게 되는바, 합명회사 · 합자회사 · 유한책임회사는 총사원의 동의(제230조, 제269조, 제287조의 41), 주식회사 · 유한회사는 주주총회 또는 사원총회의 특별결의에 의한 승인이 있어야 한다(제522조 제3항, 제598조). 이 승인이 없으면 합병가계약은 효력을 상실한다.

② 총회의 승인결의가 생략되는 경우

전술한 '간이합병'과 '소규모합병'의 경우가 이에 해당한다.

③ 합병반대주주의 주식매수청구권

합병계약서와 그 승인결의에 관하여 이사회의 결의가 있는 때에 그 결의에 반대하는 주주는 주주총회 전에 회사에 대하여 서면으로 그 결의에 반대하는 의사를 통지한 경우에는 그 총회의 결의일부터 20일 내에 주식의 종류와 수를 기재한 서면으로 회사에 대하여 자기가 소유하고 있는 주식의 매수를 청구할 수 있다(제522조의 3 제1항).

---

15) 대법원 2008년 1월 10일 선고 2007다64136 판결은, 합병비율을 정하는 것은 합병계약의 가장 중요한 내용이고…… 합병비율이 현저하게 불공정한 경우 합병할 각 회사의 주주 등은 상법 제529조에 의하여 소로써 합병의 무효를 구할 수 있다고 판시하였다.

간이합병의 공고 또는 통지를 한 날부터 2주 내에 회사에 대하여 서면으로 합병에 반대하는 의사를 통지한 주주는 그 기간이 경과한 날부터 20일 내에 주식의 종류와 수를 기재한 서면으로 회사에 대하여 자기가 소유하고 있는 주식의 매수를 청구할 수 있다(제522조의 3 제2항).

(4) 회사채권자보호조치(대외적 절차)

합병에 관하여 회사채권자도 사원 못지않게 중대한 이해관계를 가진다. 즉 합병으로 인하여 합병당사회사들의 재산은 모두 합일귀속되어 당사회사들의 총채권자에 대한 책임재산이 되므로 합병 전의 신용이 그대로 유지된다고 볼 수 없기 때문이다. 그리하여 소멸회사는 물론 존속회사도 채권자보호를 위한 절차를 밟아야 한다.

① 합병결의 전의 조치(물적 회사에 있어서의 합병대차대조표의 공시)

당사회사의 이사는 합병계약서의 승인을 위한 주주총회 또는 사원총회 회일의 2주간 전부터 합병을 한 날 이후 6개월이 경과하는 날까지 합병을 위한 각 회사의 대차대조표를 본점에 비치하여야 하고, 주주 · 사원 · 회사채권자는 영업시간 내에는 언제든지 합병대차대조표의 열람을 청구하거나 회사가 정한 비용을 지급하고 그 등본 또는 초본의 교부를 청구할 수 있다(제522조의 2).

② 합병결의 후의 조치(회사채권자의 이의를 위한 공고 · 최고 · 변제 · 담보제공)

회사는 합병결의가 있은 날로부터 2주간 내에 회사채권자에 대하여 합병에 이의가 있으면 1개월 이상의 일정기간 내에 이의를 제출할 것을 공고하고 알고 있는 채권자에 대하여는 개별로 최고하여야 한다(제527조의 5-제232조).

이의를 제출한 채권자가 있는 때에는 회사는 그 채권자에 대하여 변제하거나 상당한 담보를 제공하거나 이를 목적으로 상당한 재산을 신탁하여야 한다(제232조 제3항, 제269조, 제287조의 41, 제527조의 5 제3항, 제603조).

이 기간 내에 이의를 제출하지 않으면 합병을 승인한 것으로 보고, 이의를 제출하면 그 채권자에 대하여 변제 또는 상당한 담보를 제공하거나 이를 목적으로 하여 상당한 재산을 신탁하여야 한다.

이 절차를 흠결하면 합병무효의 원인이 되며 과태료의 제재를 받는다.

(5) 보고총회 · 창립총회

존속회사 또는 신설회사가 물적 회사인 경우, 합병에 필요한 절차의 종료 후 지체 없이 각각 보고총회(흡수합병의 경우: 제526조, 제603조) 또는 창립총회(신설합병의 경우:

제527조, 제603조)를 소집하여야 하되, 흡수합병의 경우에는 이사회의 공고로써 보고총회의 보고에 갈음할 수 있다(제526조 제3항). 이 공고는 유한회사의 경우에는 준용되지 않으며, 유한회사는 사원총회를 개최하여야 한다(제603조). 주식회사의 신설합병의 경우 창립총회에 대한 보고는 이사회의 보고로써 갈음할 수 있다(제527조 제4항). 그러나 유한회사에는 이사회가 없으므로 총회에 대한 보고를 생략할 수 없다(제603조).

신설합병의 경우에는 정관작성 기타의 설립에 관한 행위는 각 회사에서 선임한 설립위원이 공동으로 하여야 하되, 설립위원의 선임은 합명회사 · 합자회사 · 유한책임회사는 총사원의 동의(제230조, 제269조, 제287조의 41), 주식회사는 출석주식수의 2/3 이상이면서 발행주식총수의 1/3 이상(제522조 제3항), 유한회사는 총사원의 반수 이상이면서 총사원의 의결권의 3/4 이상의 동의를 요한다(제598조).

(6) 등기

위의 합병절차가 끝나면 합병등기를 하여야 한다. 등기의 내용은 존속회사의 경우에는 변경등기, 소멸회사의 경우에는 해산등기, 신설회사의 경우에는 설립등기이다(합병등기라는 것이 별도로 있는 것은 아니고, 이러한 등기들을 망라하여 합병등기라고 하는 것이다).

본점소재지에서는 2주간 내 · 지점소재지에서는 3주간 내에 하여야 하는데, 회사의 종류별로 기산점이 다르다(제233조, 제269조, 제287조의 41, 제528조 제1항, 제602조).

(7) 합병의 효력발생시기

합병은 존속회사의 본점소재지에서 변경등기를 한 때 또는 신설회사의 본점소재지에서 설립등기를 한 때 그 효력이 발생한다(제234조, 제269조, 제287조의 41, 제530조 제2항, 제603조).

7. 합병의 효과

(1) 합병당사회사의 해산 · 정관변경 · 신회사의 설립

흡수합병의 경우, 존속회사 이외의 회사는 소멸하고(해산사유에 해당하나 청산절차는 요하지 않는다), 존속회사는 정관변경절차가 뒤따른다.

신설합병의 경우, 합병당사회사는 모두 소멸하고(해산사유에 해당하나 청산절차는 요하지 않는다), 새로운 회사가 설립된다.

(2) 권리의무의 승계

존속회사 또는 신설회사는 소멸회사의 모든 권리의무를 포괄적으로 승계한다.[16]

(3) 법정준비금의 승계

합병당사회사가 물적 회사인 경우, 소멸회사의 이익준비금 등은 합병 후의 존속회사 또는 신설회사가 이를 승계할 수 있으므로(제459조 제2항, 제583조 제1항), 이에 관한 절차를 밟아야 한다.

(4) 인적 조직(종업원)의 승계

소멸회사와 종업원 간의 고용관계는 존속회사 또는 신설회사로 포괄적으로 이전한다. 이에 관한 사항은 합병계약서에서 정할 수 있다.[17]

8. 합병의 무효

상법은 회사들이 합병을 하면 새로운 법률관계가 전개되는바, 비록 합병절차에 하자가 있다고 하여 바로 합병을 무효로 하면 법률관계의 혼란을 가져올 수 있으므로 이를 방지하기 위하여, 일반적인 계약의 무효와는 달리, 합병의 무효를 주장하는 방법을 제한하고 기존법률관계를 존중하는 동시에 법률관계의 처리에 있어서 획일을 기하고 있다(이러한 취지를 고려할 때 다른 하자치유방법인 취소는 그 형성권적 성질상 인정할 수 없고, 더구나 다수의 취소권자의 일방적인 취소권의 행사는 많은 문제를 유발할 수 있기 때문에 인정할 수 없다).

(1) 무효원인

상법은 합병의 무효원인에 관하여 직접적인 규정은 두고 있지 않으나, 합병무효의 원인으로서 합병계약 자체에 관한 일반사법상의 하자 · 합병의 방식이나 절차에 있어서의 상법규정 위반 · 합병비율의 현저한 불공정 등을 들 수 있다.

(2) 합병무효의 소

합병무효의 주장은 소송의 방법으로써만 할 수 있다(합병무효의 소). 원래 무효의 주장은 효력이 없는 것을 없다고 하는 것이므로 그 주체 · 시기 · 방법 등에 제한이 없어야 할 것이나, 회사에는 대내외의 이해관계인이 많아 아무런 제한을 두지 않을 경우 회사경영에 큰 지장을 초래할 수 있기 때문이다. 그러므로 항변 등에 의한 방법으로 합병의

---

16) 합병으로 인하여 소멸한 법인이 그 종업원 등의 위법행위에 대해 양벌규정에 따라 부담하던 형사책임은 그 성질상 이전을 허용하지 않는 것으로서 합병으로 인하여 존속하는 법인에 승계되지 않는다(대법원 2007년 8월 23일 선고 2005도447 판결).

17) 회사 합병의 경우에는 소멸회사의 고용관계도 포괄적으로 이전한다(대법원 2001년 4월 24일 선고 99다9370 판결).

무효를 주장할 수 없다.[18)]

① 소의 당사자

합병무효의 소송의 당사자에는 남소의 방지상 제한이 있다.

원고는 (i) 인적 회사의 경우 사원 · 청산인 · 파산관재인 · 합병반대회사채권자(제236조 제1항, 제269조)이고, (ii) 물적 회사의 경우 주주 또는 사원 · 청산인 · 파산관재인 · 합병반대회사채권자 · 감사(제529조 제1항, 제603조)이다.

피고는 (합병무효의 판결에는 소급효가 없으므로 소멸회사의 사원 또는 주주 등을 피고로 하는 것은 부당하므로) 존속회사 또는 신설회사이다.

② 제소기간

합병의 효력을 오랫동안 불확정한 상태로 방치하는 것은 바람직하지 못하므로, 안정을 기하기 위하여 짧게 정하여, 합병무효의 소의 제소기간은 합병등기를 한 날로부터 6월내로 제한하고 있다(제236조 제2항, 제269조, 제529조 제2항, 제603조).

③ 회사채권자의 담보제공

회사채권자가 합병무효의 소를 제기한 때에는, 법원은 회사의 청구에 의하여 상당한 담보를 제공할 것을 명할 수 있고, 회사가 이 청구를 함에는 회사채권자의 악의를 소명하여야 한다(237조, 269조, 530조 2항, 603조). 회사채권자는 회사의 주인(사원)이 아니기 때문에 소송을 남용할 수 있고, 피고인 회사 역시 담보제공의 청구를 남용할 수 있기 때문에, 각 당사자에게 이러한 부담을 주는 것이다.

④ 소의 관할 · 회사의 공고 · 병합심리

소는 본점소재지의 지방법원의 관할에 전속한다(제186조).

합병무효의 소가 제기된 때에는 회사는 지체 없이 공고하여야 한다(제187조).

수개의 합병무효의 소가 제기된 때에는 법원은 이를 병합심리하여야 한다(제188조).

⑤ 법원에 의한 청구의 기각

법원은, 합병무효의 소가 심리 중에 원인이 된 하자가 보완되고 회사의 현황과 제반사항을 참작하여 합병을 무효로 하는 것이 부적당하다고 인정한 때에는 그 청구를 기각할 수 있다(제240조-제189조, 제269조, 제530조 제2항, 제603조).

---

18) 회사합병에 있어서 합병등기에 의하여 합병이 효력이 발생한 후에는 합병무효의 소를 제기하는 외에 합병결의무효확인청구권만을 독립된 소로서 구할 수 없다(대법원 1993년 5월 27일 선고 14908 판결); 대법원 2008년 1월 10일 선고 2007다64136 판결

(3) 합병무효판결

① 변경등기 · 회복등기 · 해산등기

합병무효가 확정되면 본점과 지점소재지에서 존속회사는 변경등기 · 소멸했던 회사는 회복등기 · 신설되었던 회사는 해산등기를 각각 하여야 한다.

② 원고승소의 경우(무효판결의 효력)

a. 대세적(對世的) 효력

(민사판결은 대인적(對人的) 효력이 원칙이나) 합병무효의 판결은 법률관계의 획일을 기하기 위하여 제3자에 대하여도 효력이 미친다(제240조-제190조).

b. 불소급효

합병무효판결의 효력은 판결확정 전에 생긴 존속회사 또는 신설회사의 사원 및 제3자 사이의 권리의무에는 영향을 미치지 않는다. 무효판결의 소급효를 인정하면 법률관계가 복잡하여지기 때문에 무효이지만 소급효는 인정하지 않는다.

무효판결이 확정된 때에는 합병 전부터의 적극 · 소극 재산은 각 당사회사에 귀속시키면 되나, 합병 후에 존속 또는 신설회사가 부담한 채무와 재산은, (i) 대외적으로 채무는 연대채무 · 재산은 합병당사회사의 공유로 하고, (ii) 대내적으로는 각 회사 간의 협의로 부담부분을 정하고, 협의가 이루어지지 않을 때에는 청구에 의하여 법원이 합병시의 각 회사의 재산상태 기타의 사정을 참작하여 결정한다(제239조).

③ 원고패소의 경우

패소한 원고는 악의 또는 중대한 과실이 있는 때에는 회사에 대하여 연대하여 손해배상의 책임을 진다.

Ⅱ. 회사분할

회사의 분할이란, 1 회사가 2 이상의 회사로 나누어져, 분할전회사(피분할회사)의 권리의무가 분할후회사에 포괄승계되고(분할전회사가 소멸하는 경우에는 청산절차 없이 소멸) 원칙적으로 분할전회사의 사원이 분할후회사의 사원이 되는 회사법상의 법률요건을 말한다.

상법은 회사 중 주식회사에 한하여 분할에 관한 규정을 두고 있다(제530조의 2 ~ 제530조의 12).[19]

19) 후술 주식회사의 분할 부분 참조.

Ⅲ. 회사의 조직변경

1. 서언

(1) 의의

회사의 조직변경이란 회사가 그 법인격의 동일성을 유지하면서 법률상의 조직을 변경하여 다른 종류의 회사로 되는 것을 말한다.

조직변경은 변경 전의 회사가 소멸하고 변경 후 새로운 별개의 회사가 생기는 것이 아니라 당해 회사의 법인격의 동일성이 그대로 유지되는 점에서 합병과 구별된다.

(2) 취지

회사의 조직변경은 회사의 설립절차 반복의 불편 해소, 경제적 · 조세적 불리 해소, 기업유지강화제도의 일환 등의 취지에서 마련된 제도이다.

(3) 등기

회사의 조직변경이 있으면 본점소재지에서는 2주간 내에 · 지점소재지에서는 3주간 내에, 종전 회사는 해산등기 · 변경된 회사는 설립등기 · 회사소유부동산의 변경등기(이전등기가 아님에 주의)를 각각 하여야 한다.

(4) 조직변경이 인정되는 경우

회사가 조직변경을 하면 사원의 책임이 변경되고 회사채권자의 보호에 반하기 때문에, 원칙적으로 성질이 가까운 종류의 회사 간에서만 조직변경이 인정된다. 즉 인적 회사 사이에서만 또는 물적 회사 사이에서만 조직변경이 가능하다. 다만 예외적으로 인적 회사의 성격을 많이 띠고 있는 유한책임회사와 주식회사 사이에서도 조직변경이 인정된다(제287조의 43~제287조의 44).

2. 합명회사에서 합자회사로의 조직변경

(1) 대내적 절차

합명회사에서 합자회사로의 조직변경은, (i) 합명회사 '총사원의 동의'로써 일부사원을 유한책임사원으로 하거나 유한책임사원을 새로 가입시킴으로써 합자회사로 조직변경할 수 있고(제242조 제1항), (ii) 합명회사가 사원이 1인으로 되어 해산하는 경우에 유한책임사원을 가입시킴으로써 합자회사로서 회사의 계속과 조직변경을 동시에 행할 수 있다(제242조 제2항).

(2) 대외적 절차

회사채권자를 보호하기 위하여, 조직변경으로 인하여 무한책임사원으로부터 유한책임사원으로 된 자는 조직변경등기를 하기 전에 생긴 회사의 채무에 대하여 등기 후 2년 내에는 무한책임사원과 동일한 책임을 부담한다(long tale 법칙, 제244조).

3. 합자회사에서 합명회사로의 조직변경

상법 제286조는 합자회사는 '사원 전원의 동의'로 그 조직을 합명회사로 변경하여 계속할 수 있다고 규정하고 있다. 즉 합자회사 사원 전원의 동의로 합명회사로의 조직변경이 가능하다. 이 경우에는 유한책임사원이 무한책임사원으로 되므로 회사채권자보호조치는 요하지 않는다.

4. 주식회사에서 유한회사 또는 유한책임회사로의 조직변경

물적 회사의 조직변경에는 회사채권자보호절차를 요한다.

(1) 대내적 절차(형식적 요건)

주식회사는 '총주주의 동의가 있어야 유한회사 또는 유한책임회사로 조직변경을 할 수 있다(특수결의, 제604조 제1항 본문). 주식회사가 유한회사 또는 유한책임회사로 조직이 변경되면 사원의 책임이 무거워지고 전보책임이 생기며 지분양도의 제한이 있게 되기 때문에 총주주의 동의를 요하고, 이 결의에서 정관 기타 조직변경에 필요한 사항을 정하여야 한다(제604조 제3항, 제287조의 44).

(2) 대외적 절차(실질적 요건)

유한회사 또는 유한책임회사는 사채를 발행할 수 없는 소규모 비공개적 회사이므로, 유한회사 또는 유한책임회사로 조직변경을 하고자 하는 회사는 사채의 발행이 없거나 사채의 상환이 완료되지 않은 경우에는 사채를 모두 상환하여야 한다(제604조 제1항 단서, 제287조의 44).

(3) 자본총액과 담보책임

주식회사를 유한회사 또는 유한책임회사로 조직변경하는 경우, 자본금충실상 유한회사 또는 유한책임회사의 자본금은 주식회사에 현존하는 순재산액보다 많은 금액을 자본금 총액으로 할 수 없다(제604조 제2항·제287조의 44). 이를 위반한 경우 조직변경 자체의 효력에는 영향이 없고, 결의 당시의 이사와 주주가 연대하여 부족액을 지급할 책임이 있다(제605 제1항, 제287조의 44).

(4) 회사채권자보호조치

주식회사를 유한회사 또는 유한책임회사로 조직변경을 함에는 합병에서와 같은 회사채권자보호절차를 밟아야 한다(제608조, 제232조, 제287조의 44).

주식회사를 유한회사 또는 유한책임회사로 조직변경을 하는 경우 종전의 주식에 설정된 질권에 대하여 물상대위(物上代位)가 인정된다(제604조 제43항, 제601조 민법 제342조: 질물의 멸실 훼손 또는 공용징수로 인하여 질권설정자가 받을 금전 기타의 물건에 대하여도 권리행사할 수 있다. 단 그 지급 또는 인도 전에 압류하여야 한다).

5. 유한회사 또는 유한책임회사에서 주식회사로의 조직변경

(1) 대내적 절차(형식적 요건)

유한회사 또는 유한책임회사는 원칙적으로 유한회사의 경우에는 '총사원의 일치에 의한 총회의 결의로써' · 유한책임회사의 경우에는 '총사원의 동의'로써 주식회사로 조직변경할 수 있다(제607조 제1항 본문, 제287조의 44). 폐쇄회사에서 전형적인 물적 회사로 회사의 경영형태가 달라지므로 엄격한 요건을 요하는 것이다. 그러나 유한회사 또는 유한책임회사는 그 결의를 정관에서 정하는 바에 따라 정관변경의 특별결의로써 할 수 있다(제607제 제1항 단서, 제287조의 44).

(2) 대외적 절차(실질적 요건)

조직변경시 발행하는 주식의 총액은 유한회사 또는 유한책임회사에 현존하는 순재산액의 범위 내에서 주식의 발행가액이 정하여져야 하고, 이를 위반하여 발행가액총액을 정한 경우 조직변경결의 당시의 이사(유한책임회사에서는 업무집행자) · 감사 · 사원은 회사에 대하여 연대하여 그 부족액을 지급할 책임이 있다(제607조 제4항 본문, 제287조의 44).

또한 합병에서와 같은 회사채권자보호절차를 요하고(제608조, 제232조, 제287조의 44), 종전의 유한회사 또는 유한책임회사의 지분에 대한 등록질권자는 회사에 대하여 주권교부청구권이 있고(제607조 제5항, 제340조 제3항, 제287조의 44), 종전의 지분에 대하여 설정된 질권은 물상대위가 인정된다(제607조 제5항, 제601조 제1항, 제287조의 44).

(3) 효력발생요건

주식회사의 설립절차가 매우 복잡하므로 이를 회피하기 위하여 일단 유한회사 또는 유한책임회사로 설립하였다가 조직변경절차를 통하여 주식회사화하는 탈법행위를 방지하기 위하여, 상기의 절차를 다 거친 후에 추가로 '법원의 인가'를 얻어야 비로소 조직변경의 효력이 발생한다(제607조 제3항, 제287조의 44).

제4절 회사의 해산

Ⅰ. 의의

회사의 해산이란 회사가 법인격을 상실하게 하는 원인인 법률요건이 발생한 것을 말한다.[20] 그러므로 해산은 '법인격소멸의 원인'이 되는 데 그치고(해산사유가 발생하더라도 회사의 권리능력이 즉시 상실되는 것은 아니고) 별도의 '청산절차'에 의하여 대내외 법률관계를 정리 · 종료하면 비로소 법인격이 소멸하게 된다. 회사는 합병의 경우를 제외하고는 상속과 같은 포괄적인 권리의무의 이전방법이 없으므로 법인격이 소멸하는 경우 대내외적으로 이해관계인에게 적지 않은 피해를 주게 된다.

Ⅱ. 해산사유

회사의 종류에 따라 해산사유가 다르다.

〈회사의 해산사유〉

합명회사	합자회사	유한책임회사	주식회사	유한회사
존립기간의 만료 기타 정관으로 정한 사유의 발생				
총사원의 동의	총사원의 동의	총사원의 동의		
사원이 1인으로 된 때	사원이 1인으로 된 때	사원이 없게 된 경우		
합병				
파산				
법원의 해산명령 또는 해산판결				
	무한책임사원 또는 유한책임사원의 전원이 퇴사한 때		분할 또는 분할합병	
			주주총회의 특별결의	사원총회의 특별결의

20) 회사의 '법인격의 소멸'이라는 결과를 가져오는 것은 청산이다.

합명회사	합자회사	유한책임회사	주식회사	유한회사
			휴면회사의 해산의제	

그런데 지금 살펴보고 있는 부분이 회사법의 통칙이므로, 각종의 회사에 공통되는 해산사유 즉 '해산명령'과 '해산판결'에 대하여만 살펴보기로 하고, 다른 사유에 관하여는 '각종의 회사' 부분에서 살피기로 한다.[21]

해산명령은 공익의 유지가 목적이고, 해산판결은 주주 또는 사원의 구제 즉 사익(私益)이 목적이다(사익의 대립을 회사의 해체라는 비상수단으로써 해결하는 방법).

〈회사의 해산명령과 해산판결〉

<table>
<tr><th rowspan="2"></th><th rowspan="2">해산명령(공익)</th><th colspan="2">해산판결(사원의 이익)</th></tr>
<tr><th>인적 회사 · 유한책임회사</th><th>물적 회사</th></tr>
<tr><td>요건</td><td>(i) 회사의 설립목적이 불법한 것인 때.
(ii) 회사가 정당한 사유없이 설립 후 1년 내에 영업을 개시하지 아니 하거나 1년 이상 영업을 휴지하는 때
(iii) 이사 또는 회사의 업무를 집행하는 사원이 법령 또는 정권에 위반하여 회사의 존속을 허용할 수 없는 행위를 한 때</td><td>부득이한 사유</td><td>(i) 회사의 업무가 현저한 정돈상태를 계속하여 회복할 수 없는 손해가 생긴 때 또는 생길 염려가 있는 때
(ii) 회사재산의 관리 또는 처분의 현저한 실당으로 인하여 회사의 존립을 위태롭게 한 때
(iii) 부득이한 사유가 있을 때</td></tr>
<tr><td>청구</td><td>이해관계인이나 검사의 청구 또는 직권</td><td>사원</td><td>10/100 이상에 해당하는 주식(지분)을 가진 주주(사원)</td></tr>
<tr><td>효력</td><td colspan="3">회사는 해산사유가 발생한바 청산절차가 개시된다.</td></tr>
</table>

1. 법원의 해산명령

(1) 총설

회사의 해산명령이란 공익상 회사의 존속이 허용될 수 없는 경우에 법원이 이해관계인이나 검사의 청구에 의하여 또는 직권으로 회사의 해산을 명할 수 있는 제도를 말한다(제176조).

즉 회사가 임무를 수행하지 않거나 사회적 가치가 없어지거나 반사회성이 나타난 경우 회사의 법인격을 박탈할 수 있어야 할 것이고, 회사설립상 준칙주의를 취한 것으로부터

21) 제227조, 제269조/제285조, 제287조의 38, 제517조, 제609조 참조.

생길 수 있는 폐단을 없애기 위한 제도(공익을 위한 제도)로서, 비송사건절차(非訟事件節次)에 의하여 결정된다.

(2) 해산명령사유

① 회사의 설립목적이 불법한 것인 때

회사의 설립목적이 불법하다는 것은 (i) 정관에 정하여진 회사의 목적이 불법한 경우와 (ii) 목적은 적법하지만 실질적인 의도가 불법한 경우를 말한다. 후자의 예로는 정관상의 목적은 무역업이지만 실질적으로는 밀수를 하는 경우를 들 수 있다.

② 회사가 정당한 사유 없이 설립 후 1년 내에 영업을 개시하지 않거나 1년 이상 영업을 휴지하는 때.

이때 '정당한 사유'란 영업의 성질상 영업을 개시하는 데 1년 이상의 기간이 소요되는 경우를 말하고,[22)]사업자금의 부족 · 영업실적의 부진 등은 이에 해당하지 않는다. 또한 신축 중인 건물에 대한 회사의 소유권이 문제되어 그 분쟁이 해결되기까지 업무를 수행하지 못한 경우도 이에 해당하지 않는다는 판례도 있다.[23)]

③ 업무집행사원 또는 이사가 법령 또는 정관에 위반하여 회사의 존속을 허용할 수 없는 행위를 한 때.

업무집행사원 또는 이사가 투기를 위하여 회사재산을 처분한 경우가 이에 해당한다.

(3) 해산명령의 절차

상기의 사유가 있는 경우, 법원은 이해관계인이나 검사의 청구에 의하여 또는 직권으로 회사의 해산을 명할 수 있다.

그 일반적 절차는 비송사건절차법(이하 '비송법'이라 함) 제90조 이하의 규정에 따른다.

(4) 법원에 의한 회사재산의 보존조치

해산명령의 결정에는 시일을 요하는데, 그동안 이사 등에 의한 재산의 은닉 · 횡령 기타 재산의 분산을 방지하기 위하여, 해산명령청구가 있는 경우에는 법원은 해산을 명하기 전에 이해관계인이나 검사의 청구에 의하여 또는 직권으로 '관리인의 선임 기타 회사재산의 보존에 필요한 처분'을 할 수 있다(제176조 제2항, 비송법 제94조).

22) 예컨대 유전개발시추, 댐 · 철로 등의 건설 등 장기간이 소요되는 경우를 말한다.
23) 대법원 1978년 7월 26일 선고 78마106 판결.

(5) 이해관계인의 담보제공

(검사의 청구나 법원의 직권에 의하는 경우에는 남용의 여지가 없으나) 이해관계인이 해산명령청구를 하는 경우에는 청구의 남용을 방지하기 위하여 법원은 회사의 청구에 의하여 상당한 담보를 제공할 것을 명할 수 있다. 이때, 이해관계인의 정당한 청구가 회사 측의 부당한 담보제공청구에 의하여 저지되어서는 안 되므로, 회사는 이해관계인의 해산명령청구가 악의(이해관계인이 자신이 청구하는 회사의 해산명령이 전술한 해산명령사유에 해당하지 않음을 아는 것)임을 소명하여야 한다.

2. 해산판결

회사의 해산판결이란 사원의 이익을 보호하기 위하여(사익, 私益) 회사의 존속이 사원의 이익을 해하는 경우에 사원의 청구에 의하여 법원이 판결로써 회사의 해산을 명하는 재판을 말한다(제241조, 제269조, 제287조의42, 제520조, 제613조 제1항).

(1) 합명회사 · 합자회사 · 유한책임회사의 해산판결

① 합명회사 · 합자회사 · 유한책임회사의 각 사원은 부득이한 사유가 있는 때에는 회사의 해산을 법원에 청구할 수 있다. 사원의 이익을 보호하기 위한 제도로서, 판결에 의한다.

② 해산판결사유

'부득이한 사유가 있는 때'이다. 즉 회사의 목적을 달성할 수 없는 때 또는 회사의 지위를 유지할 수 없는 때라는 의미로서, 예컨대 사원 간의 불화로 인하여 원만한 사업을 유지할 수 없는데다 사원의 제명 · 퇴사 · 지분양도 · 총사원의 동의에 의한 회사의 해산을 기대할 수 없는 경우를 가리키며, 사원의 일신상의 사유는 이에 해당하지 않는다.

③ 해산판결청구권자는 합명회사 · 합자회사 · 유한책임회사의 각 사원이다.

④ 해산판결청구는 소송의 방법으로 한다(이때 피고는 회사).

⑤ 해산판결의 효과

원고승소의 경우, 회사는 당연히 해산하고 청산절차에 들어간다.

원고패소의 경우, 원고에게 악의 또는 중과실이 있으면 회사에 대하여 연대하여 손해배상책임을 진다.

(2) 주식회사 · 유한회사의 해산판결

① 주식회사 · 유한회사의 해산에 필요한 주주총회 또는 사원총회의 특별결의를 성립

시킬 수는 없지만 사원의 정당한 이익을 보호하기 위하여 회사를 해산할 수밖에 없는 경우, 소수주주는 회사해산청구의 소를 제기할 수 있다(제520조·제613조).

② 해산판결사유

주식회사·유한회사의 해산판결 사유는 (i) 회사의 업무가 현저한 정돈상태(停頓狀態)를 계속하여 회복할 수 없는 손해가 생기거나 손해가 생길 염려가 있는 때(예: 이사간의 분열로 인하여 업무가 정체된 경우), (ii) 회사재산의 관리 또는 처분의 현저한 실당(失當)으로 인하여 회사의 존립을 위태롭게 하는 때(예: 이사가 회사재산을 부당하게 유용 또는 처분함으로써 회사를 파탄에 빠지게 하는 경우), 이 둘 중의 하나에 해당하면서 부득이한 사유가 있는 경우이다.

부득이한 사유란, 회사를 해산하는 것 외에는 회사의 정상적인 운영을 할 수 없는 경우(즉 주주 내지 사원의 정당한 이익을 보호할 방법이 없는 경우)를 뜻한다.

인적 회사에 비하여 구체적인 제한이 가하여져 있다. 주식회사·유한회사는 다수결단체라는 근본적 성격을 갖는데, 이를 희생하여 소수주주 내지 사원의 이익을 보호함에는 신중을 기하여야 하기 때문이다.

③ 해산판결청구권자

해산판결의 청구권자는, 합명회사·합자회사·유한책임회사의 경우에는 각 사원이고(제241조 제1항, 제269조, 제287조의 42), 주식회사·유한회사의 경우에는 발행주식총수 또는 자본의 10/100 이상에 해당하는 주식 또는 출자좌를 가진 사원이다(제520조 제1항, 제613조 제1항).[24]

④ 해산판결청구절차

소는 본점소재지 지방법원에서 회사를 피고로 하여 청구하고, 그 소는 형성의 소에 속하며, 재판은 판결에 의한다.

⑤ 해산판결의 효과

원고승소의 경우, 회사는 당연히 해산하여 청산절차에 들어간다.

원고패소의 경우, 원고에게 악의 또는 중과실이 있으면 회사에 대하여 연대하여 손해배상책임을 진다.

Ⅲ. 효과

회사가 해산하면 청산절차가 개시되는 것이 원칙이다. 그러나 합병은 회사재산의 포괄

24) 주식회사의 경우는 소수주주권에 해당한다.

적 승계를 생기게 하고 파산은 파산절차로 이전되기 때문에 합병과 파산이 해산사유인 경우에는 청산절차는 개시되지 않는다.[25)]

제5절 회사의 청산

Ⅰ. 총설

회사는 해사사유가 생기면 (합병과 파산의 경우를 제외하고) 청산을 하여야 한다. 해산한 회사는 청산의 목적범위 내에서 '청산중의 회사'로서 존속한다. 즉 해산전의 회사와 동일한 회사이지만 회사의 권리능력이 청산의 범위 내로 한정된다(동일설). 그러므로 청산중의 회사에는 '영업의 존속'을 전제로 하는 제도는 인정되지 않는다. 대표사원 · 대표이사의 대표권 및 업무집행기관의 업무집행권이 소멸한다(이제부터는 영리행위를 할 수 없으므로 '업무'라는 용어를 사용하지 않고 '사무'라는 용어를 사용하게 된다). 영업의 존재를 전제로 존재하는 지배인도 당연히 종임된다. 청산절차가 종료하면 회사는 소멸하는 것이 원칙(청산종결등기)이다. 그러나 청산종결등기가 행하여졌다 하더라도 실은 아직 청산이 종결되지 않고 있는 동안에는 법인격이 소멸하지 않는다. 회사가 해산 및 청산등기 전에 재산형에 해당되는 사건으로 소추당한 후 청산종결등기를 마쳤더라도 그 사건이 종결되기까지는 회사의 청산사무는 종료되지 않고 형사소송법상 당사자능력도 존속한다고 한 판례가 있다.[26)]

Ⅱ. 의의

회사의 청산이란 회사가 해산 후 그 재산관계를 원만히 마무리하고 회사의 법인격을 소멸시키는 절차를 말한다. 합병 또는 파산에 의한 해산의 경우에는 합병 또는 파산에 따른 조치를 밟아야 할 것이므로 청산을 요하지 않는다. 청산중의 회사는 해산전의 회사와 동일한 회사이므로 상인성 · 사원의 출자의무 · 제3자에 대한 책임 등에 있어서 영업중

25) 합병 · 파산으로 인한 해산의 경우를 제외하고는 본점소재지에서는 2주간 내에 · 지점소재지에서는 3주간 내에 해산등기를 하여야 한다(제228조, 제269조, 제287조의 39, 제521조의 2, 제613조 제1항).

26) 대법원 1982년 3월 23일 선고 81도1450 판결.

의 회사와 다름이 없다.

Ⅲ. 청산인

1. 원칙

합명회사 · 합자회사 · 유한책임회사의 경우에는 청산인을 자치적으로 선임하고(자치청산인) 청산인의 선임이 없을 때에는 업무집행사원이 청산인이 되고, 주식회사 · 유한회사의 경우에는 합병 · 분할 · 분할합병 또는 파산의 경우 외에는 이사가 청산인이 된다(제251조, 제287조, 제287조의 45, 제531조 제1항 본문, 제613조 제1항).

2. 예외

합명회사 · 합자회사 · 유한책임회사에 있어서 사원이 1인이 되어 해산한 경우와 해산명령 또는 해산판결에 의하여 해산한 경우에는 회사의 자치적 선임이 인정되지 않고 법원이 이해관계인이나 검사의 청구에 의하여 또는 직권으로 청산인을 선임한다(제252조, 제269조, 제287조의 45, 제542조 제1항, 제613조 제1항).

주식회사 · 유한회사의 경우에는 원칙에 의하여 청산인이 되는 자가 없는 경우에는 이해관계인의 청구에 의하여 법원이 청산인을 선임한다(제531조 제2항, 제613조 제1항).

〈청산인의 선임 · 해임〉

<table>
<tr><td rowspan="2"></td><td colspan="2">선 임</td><td colspan="2">해 임</td></tr>
<tr><td>인적 회사 · 유한책임회사</td><td>물적 회사</td><td>인적 회사 · 유한책임회사</td><td>물적 회사</td></tr>
<tr><td rowspan="2">자치청산인</td><td>정관</td><td>정관</td><td rowspan="3">무한책임사원의 과반수의 동의</td><td rowspan="3">주주(사원) 총회의 보통결의</td></tr>
<tr><td>무한책임사원의 과반수의 동의</td><td>주주(사원)총회의 보통결의</td></tr>
<tr><td>법정청산인</td><td>업무집행사원</td><td>이사</td></tr>
<tr><td rowspan="2">법원선임 청산인</td><td>사원이 1인으로 된 때</td><td rowspan="2">청산인이 없는 때</td><td rowspan="2">사원이 법원에 해임청구</td><td rowspan="2">3/100 이상의 주주(사원)이 법원에 해임청구</td></tr>
<tr><td>해산명령 · 해산판결을 받은 때</td></tr>
</table>

Ⅳ. 청산절차

1. 청산사무

청산사무의 내용은 (i) 현존사무의 종결, (ii) 채권의 추심과 채무의 변제, (iii) 재산의 환가처분, (iv) 잔여재산의 분배이다(제254조, 제269조, 제287조의 45, 제542조 제1항, 제613조 제1항).

청산인은 채권신고기간 내에는 채무변제를 할 수 없는 것이 원칙이다. 청산에서 제외된 채권자는 분배되지 않은 잔여재산에 대하여서만 변제를 청구할 수 있다.

2. 청산방법

합명회사 · 합자회사는 임의청산과 법정청산이 모두 인정되지만, 물적 회사 및 유한책임회사는 법정청산만 인정된다.

(1) 임의청산

합명회사 · 합자회사의 경우, 원칙적으로 임의청산에 의한다.

임의청산이란 정관 또는 총사원의 동의로써 회사재산의 처분방법을 임의로 정하는 청산을 말한다. 이 경우 회사의 일반채권자보호절차와 지분압류채권자보호절차를 취하여야 한다(제248조, 제249조, 제269조).

(2) 법정청산

법정청산은 임의청산에 대립하는 개념으로서, 주식회사 · 유한회사 · 유한책임회사가 해산한 경우 또는 합명회사 · 합자회사가 임의청산을 하지 않는 경우에 이용된다.

법정청산이란 청산인이 법정절차에 따라서 행하는 청산을 말한다. 법정청산에 대하여는 상법상 상세한 규정이 있으며, 회사채권자와 사원의 보호를 위하여 엄격주의를 취하고 있다(제250조 이하, 제269조, 제287조의 45, 제531조 이하, 제613조 제1항).27)

Ⅴ. 청산의 종결 및 종결의제

법정청산의 경우에는 잔여재산의 분배를 포함한 모든 청산사무를 종료하였을 때 청산

27) 대법원 2005년 4월 15일 선고 2003도7773 판결.

인은 합명회사·합자회사·유한책임회사의 경우에는 총사원, 물적 회사의 경우에는 주주총회 또는 사원총회의 승인을 얻은 후 청산종결등기를 하여야 한다(제264조, 제269조, 제287조의 45, 제542조 제1항, 제613조 제1항).

청산종결등기를 하였더라도 실제 청산이 아직 종결하지 않은 경우에는 (등기에 공신력이 인정되지 않으므로) 회사의 법인격은 소멸하지 않는다.[28]

휴면회사의 규정에 의하여 해산의제된 주식회사가 3년 내에 회사계속의 결의를 하지 않으면 그 3년이 경과한 때에 청산이 종결된 것으로 본다(청산종결의제, 제520조의 2 제4항).

제 6 절 회사의 계속

Ⅰ. 의의

회사의 계속이란 일정한 해산사유로 인하여 해산된 회사가 상법규정과 사원의 의사에 의하여 다시 해산 전의 회사로 복귀하여 존속하는 것을 말한다. 상법의 '기업유지의 이념'상 인정된 제도이다. 상법은 각종 회사의 해산에 관한 규정에서 회사계속제도를 규정하고 있다(제229조, 제269조, 제285조 제2항, 제287조의 40, 제519조, 제520조의 2 제3항, 제610조).

Ⅱ. 사유 및 절차

1. 각종 회사에 있어서의 회사계속의 사유 및 절차

(1) 합명회사가 '존립기간의 만료 기타 정관으로 정한 사유의 발생'으로 인하여 해산되거나 '총사원의 동의'에 의하여 해산된 경우, 사원의 전부 또는 일부의 동의로 회사를 계속할 수 있다(비동의사원은 퇴사로 간주). 그리고 사원이 1인으로 되어 해산된 경우에는 새로 사원을 가입시켜 회사를 계속할 수 있다(제229조 제1항·제2항).

(2) 합자회사가 회사를 계속할 수 있는 사유는 합명회사와 같고(제269조, 제229조 제1항), 합자회사에 특유한 것으로는 무한책임사원 또는 유한책임사원의 전원이 퇴사하여 해산사유가 된 경우에 잔존한 무한책임사원 또는 유한책임사원 전원의 동의로 새로 유한책임사원 또는

28) 대법원 1968년 6월 8일 선고 67다2528 판결.

무한책임사원을 가입시켜 회사를 계속할 수 있다(제285조 제2항).

(3) 유한책임회사는 '존립기간의 만료 기타 정관으로 정한 사유의 발생' 또는 '총사원의 동의'에 의하여 해산된 경우에는 사원의 전부 또는 일부(비동의사원은 퇴사로 간주)의 동의로 회사를 계속할 수 있다(제287조의 40). 이 점은 합명회사의 경우와 같다.

(4) 주식회사 '존립기간의 만료 기타 정관으로 정한 사유의 발생' 또는 '주주총회 특별결의'에 의하여 해산된 경우에는 주주총회 특별결의에 의하여 회사를 계속할 수 있다(제519조). 그리고 주식회사가 휴면회사로서 해산의제된 경우 그 후 3년 내에는 주주총회 특별결의에 의하여 회사를 계속할 수 있다(제520조의 2 제3항).

(5) 유한회사는 '존립기간의 만료 기타 정관으로 정한 사유의 발생' 또는 '사원총회의 결의'로 인하여 회사가 해산한 경우에는 사원총회 특별결의로써 회사를 계속할 수 있다(제610조 제1항).

2. 조직변경에 의한 회사의 계속

회사의 계속은 원칙적으로 회사의 종류에는 변경이 없고 동일회사로 존속하므로 당해 회사 내에서만 가능하다. 그러나 이에 대한 예외로서, 합명회사의 사원이 1인으로 되어 해산한 경우에는 새로 사원을 가입시켜 회사를 계속하는 경우에는 합자회사로 조직변경을 할 수 있고(제242조 제2항, 제229조 제2항), 합자회사의 유한책임사원 전원이 퇴사하여 해산한 경우에는 무한책임사원 전원의 동의로써 합명회사로 조직변경하여 회사를 계속할 수 있다(제285조 제1항). 이와 같은 경우들은 회사의 계속과 조직변경이 함께 이루어지는 경우이다.

3. 회사계속의 등기

회사계속의 경우에 이미 회사의 해산등기를 하였을 때에는 본점소재지에서는 2주간 내에, 지점소재지에서는 3주간 내에 회사계속의 등기를 하여야 한다(제229조 제3항, 제269조, 제285조 제1항, 제287조의 40, 제521조의 2, 제611조).

Ⅲ. 효과

회사계속에 의하여, 해산한 회사는 장래에 향하여 해산 전의 회사로 복귀한다. 해산한 회사와 부활 후의 회사는 동일성을 가지므로 해산에 의하여 청산의 목적범위 내로 줄어들은 권리능력은 다시 완전한 권리능력으로 회복한다.

제 3 장

합명회사

제1절 총 설

합명회사(partnership)는 2인 이상의 무한책임사원만으로 구성되는 회사로서, 자본의 결합보다는 '노동력의 결합'에 중점을 두고 있다. 합명회사의 사원은 회사의 채권자에 대하여 직접 · 연대 · 무한의 책임을 지며, 직접 업무집행을 담당하는 '자기기관'인 점에서 특색이 있다.

그 합명회사는 다른 회사와 같이 그 형식이 사단법인으로 되어 있으나, 실질은 '조합'의 성질을 가지고 있어 내부관계에서는 민법의 조합에 관한 규정이 준용된다(제195조).

〈사원의 의무와 책임〉

	출자의무	채무의무
무한책임사원	있음	무한책임
유한책임사원	있음	유한책임 (출자가액을 한도로 함)

제2절 설 립

합명회사의 설립절차는 정관의 작성과 설립등기만으로 구성되는데,[1] 이러한 절차는 회사설립을 목적으로 하는 당사자 간의 계약인 민법상의 조합계약의 이행에 의하여 이루어진다.

1. 정관의 작성

회사의 정관이란 '회사의 조직과 활동에 관한 내부적 근본규범'을 말한다.

합명회사의 정관은 2인 이상의 사원이 공동으로 작성하는데(제178조), 이 정관에는 일정한 사항을 기재하고(절대적 기재사항 · 상대적 기재사항 · 임의적 기재사항) 총사원이 기명날인 또는 서명하여야 한다.

정관의 절대적 기재사항으로는 목적, 상호, 사원의 성명 · 주민등록번호 및 주소, 사원의 출자의 목적과 가격 또는 그 평가의 표준, 본점의 소재지, 정관의 작성년월일 등이 있다(제179조).

2. 설립등기

정관의 작성에 의하여 실체가 완성된 합명회사는 본점소재지에서 설립등기를 함으로써 성립한다(제172조).

제3절 기 구

Ⅰ. 총설

합명회사의 법률관계는 크게 내부관계와 외부관계로 구성되는데, 내부관계는 다시 (i) 회사와 사원 간의 관계와 (ii) 사원과 사원 간의 관계로 나누이고, 외부관계는 (i) 회사

1) 물적 회사는 이밖에 출자이행절차를 요한다.

와 제3자 간의 관계와 (ii) 사원과 제3자 간의 관계로 나누인다.

합명회사의 내부관계를 규율하는 규정은 당사자 간의 '사적 자치의 원칙'이 존중되어야 하는바 원칙적으로 '임의규정'이다. 그러므로 합명회사의 내부관계에 관하여는 원칙적으로 정관 → 상법규정(임의규정) → 민법의 조합규정의 순으로 적용된다(제195조 참조).

합명회사의 외부관계를 규율하는 규정은 '거래의 안전'이 존중되어야 하는바 대부분 '강행규정'이다. 그러므로 합명회사의 외부관계에 관하여는 원칙적으로 상법규정(강행규정) → 정관 → 민법의 조합규정의 순으로 적용된다.

Ⅱ. 내부관계

1. 출자

(1) 의의와 종류

합명회사의 사원은 반드시 회사에 대하여 출자를 하여야 하는데(제179조 제4호, 제195조, 민법 제703조), 이렇게 사원이 회사에 대하여 사원의 자격에서 하는 급여를 '출자'라고 한다. 이러한 출자의무 및 그 범위는 정관에 의하여 정하여지므로 출자의무는 무한정한 것은 아니다.

합명회사의 사원의 출자의 목적은 '재산 · 노무 · 신용' 중 어느 것이라도 무방하다(제195조, 제222조, 민법 제703조 제2항). 재산출자는 금전출자가 원칙이지만 현물출자[2]도 가능하다. 노무출자란 사원이 회사를 위하여 노무를 제공하는 것을 말하며,[3] 신용출자는 사원이 회사로 하여금 자기의 신용을 이용하게 하는 것을 말한다. 출자의 목적에 노무와 신용이 인정되는 것이 특징인데, 이것은 사원이 회사채권자에 대하여 무한책임을 지기 때문이다. 노무출자와 신용출자는 정관에 그 뜻과 평가의 표준을 정한 경우에 비로소 할 수 있다(제179조 제4호).

(2) 출자의무의 발생과 소멸

출자의무는 (i) 회사설립의 경우에는 정관의 작성에 의하여, (ii) 회사의 성립 후 입사하는 경우에는 정관의 변경에 의하여, 발생한다.

출자의무는 이를 이행하든가 사원의 자격을 상실하면 소멸한다.

2) 예컨대 공장부지, 무체재산권 등의 출자.
3) 사원으로서 당연히 하여야 하는 업무집행은 정관으로써 특별히 출자로 인정하는 경우를 제외하고는 노무출자가 되지 않는다.

(3) 출자의 이행

출자이행의 시기와 방법은 (i) 정관이 정하는 바에 의하고 (ii) 정관에 정함이 없으면 통상의 업무집행의 방법에 의하여 행하면 된다.

채권을 출자의 목적으로 한 사원은 그 채권이 변제기에 변제되지 아니 한 때에는 그 채권액을 변제할 책임을 진다. 이 경우에는 이자를 지급하는 외에 이로 인하여 생긴 손해를 배상하여야 한다(제219조). 한편 회사의 현존재산이 그 채무를 변제함에 부족한 때에는 청산인은 변제기에 불구하고 각 사원에 대하여 출자를 청구할 수 있고, 이 경우 출자액은 각 사원의 출자의 비율로 정한다(제258조).

출자의무를 이행하지 않으면 민법상 채무불이행의 일반적인 효과가 발생하고, 그밖에 상법상 사원의 제명(제220조 제1항 제1호) · 업무집행권(제205조 제1항)과 대표권(제216조)의 상실원인이 된다.

2. 업무집행

(1) 의의

업무집행이란 회사가 그 목적사업을 수행하기 위하여 하는 대내적 · 대외적 활동을 말하며, 법률행위뿐만 아니라 사실행위를 포함한다.[4]

(2) 업무집행기관

① 업무집행권의 취득

합명회사의 업무집행기관은 원칙적으로 각 사원이다(자기기관의 원칙, 제220조 제1항). 사원이 무한책임을 지는 대신, 원칙적으로 모든 사원에게 회사의 업무를 집행할 권리와 의무가 있다. 즉 기관자격과 사원자격이 일치한다(자기기관: 소유와 경영의 일치). 그러나 예외적으로 정관의 규정에 의하여 특정사원만이 업무집행사원이 될 수도 있고(제201조 제1항), 수인의 사원을 공동업무집행사원으로 할 수도 있다(제202조 본문 전단).

업무집행자인 사원은 정당한 사유 없이 사임하지 못하며, 다른 사원의 일치가 아니면 해임하지 못한다(제195조, 민법 제708조)

② 업무집행권의 상실

업무집행사원은 정당한 사유 없이 사임할 수 없으며, 다른 사원의 일치가 아니면 해임

---

4) 업무집행이란 영업의 존재를 전제로 하므로, 영업 자체에 관한 정관변경 · 영업양도 · 해산 등은 이에 포함되지 않는다.

할 수 없다(제195조, 민법 제708조). 업무집행사원이 업무를 집행함에 현저하게 부적임하거나 중대한 업무에 위반한 행위가 있는 때에는 법원은 사원의 청구에 의하여 업무집행권한의 상실을 선고할 수 있다(제205조 제1항). 업무집행권상실선고판결이 확정된 때에는 본점과 지점 소재지에서 이를 등기하여야 한다(동조 제2항)).

(3) 업무집행의 방법

① 사원의 의사결정

인적 회사는 물적 회사와 달리 사원총회가 없다. 그러므로 업무집행에 관하여 사원의 의사결정이 있어야 하는 경우(지배인의 선임과 해임, 정관의 변경 등)에는 상법 또는 정관에 의한 결의를 요하고, 상법 또는 정관에 다른 규정이 없으면 총사원의 과반수로써 결정하여야 한다(제195조, 민법 제706조 제2항 제1문).[5] 이 경우 의결권은 원칙적으로 사원의 머리수에 의한다(두수주의(頭數主義) 또는 1인 1의결권주의).

〈합명회사의 결의 중 과반수에 의하는 경우〉

사원의 자기거래	사원은 다른 사원 과반수의 결의가 있는 때에 한하여 자기 또는 제3자의 계산으로 회사와 거래할 수 있다	제199조
지배인의 선임과 해임	지배인의 선임과 해임은 정관에 다른 정함이 없으면 업무집행사원이 있는 경우에도 총사원 과반수의 결의에 의하여야 한다.	제203조
소(訴)에 관한 대표권	회사가 사원에 대하여 또는 사원이 회사에 대하여 소를 제기하는 경우에 회사를 대표할 사원이 없을 때에는 다른 사원 과반수의 결의로 선정하여야 한다	제211조
청산인의 선임과 해임	회사가 해산한 때에는 총사원 과반수의 결의로 청산인을 선임·해임할 수 있다	제251조

② 업무집행의 실행

업무집행사원은 원칙적으로 '각자 독립하여' 회사의 업무를 집행할 수 있다(단독업무집행의 원칙, 제200조 제1항, 제201조 제1항). 그러나 다른 사원의 이의가 있는 때에는 곧 그 행위를 중지하고 '총사원의 과반수'의 결의에 의하여야 하고, 다른 업무집행기관의 이의가 있는 때에는 곧 그 행위를 중지하고 '총업무집행사원의 과반수'의 결의에 의하여야 한다(제201조 제2항).

그러나 지배인의 선임과 해임은 정관에 다른 정함이 없으면 총사원의 과반수의 결의에

5) 총사원의 동의를 요하는 경우로는 사원의 경업거래에 대한 승인, 정관변경, 합병, 해산 등이 있다.

의하여야 하고(제203조), 정관으로 공동업무집행사원이 정하여진 경우에는 그 사원의 공동으로만 업무집행을 할 수 있다(제202조 본문 후단).

정관의 변경(제204조) · 회사의 해산(제227조 제2호) 등 회사의 기본에 관한 사항은 총사원의 동의가 있어야 한다.

(4) 업무감시권

업무집행권이 없는 사원에게는 회사의 업무와 재산상태를 검사할 수 있는 권리가 인정된다(제195조, 민법 제710조). 이를 가리켜 '업무감시권'이라고 한다. 이러한 업무감시권은 정관의 규정으로써도 박탈할 수 없다(통설).

3. 경업피지의무와 자기거래의 제한

회사와 기관인 사원의 관계는 위임이므로 사원은 선량한 관리자의 주의로써 회사의 업무집행 · 회사대표 등의 권한을 행사하여야 하나, 상법은 사원의 업무집행자로서의 지위 때문에 사원에게 경업피지의무 · 자기거래제한 등의 의무를 부과하고 있다.

(1) 경업피지의무

① 합명회사의 사원은 상업사용인과 마찬가지로 '경업금지의무와 특정지위취임금지의무'를 부담한다. 즉 사원은 자기를 제외한 다른 모든 사원의 동의가 없으면 자기 또는 제3자의 계산으로 회사의 영업부류에 속하는 거래를 하지 못하며(경업금지의무), 동종영업을 목적으로 하는 다른 회사의 무한책임사원 또는 이사가 되지 못한다(특정지위취임금지의무, 제198조 제1항).

② 합명회사의 사원이 경업금지의무를 위반한 경우에는 회사는 개입권과 손해배상청구권을 행사할 수 있고(제198조), 또 다른 사원의 과반수의 결의에 의하여 그 사원의 제명(除名)을 법원에 청구할 수 있다(제220조 제1항 제2호).

사원의 경업피지의무위반이 있는 경우, 상기의 조치 외에, 다른 사원은 해당 사원에 대하여 업무집행권 또는 대표권의 상실의 선고를 법원에 청구할 수 있다(제205조 제1항, 제216조).

(2) 자기거래의 제한

① 합명회사의 각 사원은 다른 모든 사원의 과반수의 결의가 있는 때에 한하여 자기 또는 제3자의 계산으로 회사와 거래를 할 수 있다(제199조, 주식회사에 있어서의 이사와 회사 간의 거래에 관한 제398조 및 유한회사에 관한 제564조 제3항 참조).

② 사원이 이에 위반한 경우, 회사에 대하여 손해배상책임을 지는 외에(제195조, 민법 제707조 · 제681조), 다른 사원의 청구에 의하여 법원으로부터 업무집행권 또는 대표권의 상실을 선고받을 수

있다(제205조, 제216조). 그러나 경업피지의무의 경우와는 달리 사원의 자기거래제한위반은 사원의 제명사유가 되지 못한다(제220조 제1항 참조).

4. 손익의 분배

(1) 손익의 의의

대차대조표상의 순재산액이 회사의 자본금(사원의 재산출자총액)을 초과하는 경우 그 초과액이 이익이며, 반대의 경우에 그 부족액이 손실이다.

노무출자와 신용출자는 대차대조표상의 순재산액이나 자본의 계산에 산입되지 않는다.

(2) 손익분배의 표준

손익분배의 표준에 대하여 상법에 규정이 없으므로, 정관 또는 총사원의 동의로 자유로이 정할 수 있다. 정관 또는 총사원에 의하여 정하여진 바가 없으면 손익의 분배는 사원의 출자가액에 비례하거나 민법의 조합에 관한 규정에 의하여 정한다(제195조, 민법 제711조).

(3) 손익분배의 시기

손익분배의 시기에 대하여, 정관에 정함이 있으면 그에 따르고, 정관에 정함이 없으면 매 결산기에 지급된다(통설).

(4) 손익분배의 방법

이익의 분배는 원칙적으로 금전배당을 현실적으로 하여야 하고, 정관의 규정 또는 총사원의 동의에 의하여 이익의 전부 또는 일부를 회사에 적립할 수도 있다(지분의 평가액이 증가). 손실의 분배는 계산상 지분의 평가액이 감소하는 데 그치고, 추가출자가 요구되는 것은 아니다. 그러나 퇴사 또는 청산한 경우에는 사원은 분담손실액을 납입하여야 한다. 사원의 출자는 유한한 데 대하여 이러한 손실분담은 무한이다.

5. 정관변경

정관의 변경은 정관에 다른 정함이 없으면 총사원의 동의로써 할 수 있다(제204조). 합명회사에는 사원총회와 같은 기관이 없으므로 동의는 각 사원의 개별적인 동의로도 가능하고(구두에 의한 동의도 가능) 반드시 회의를 하여야 하는 것은 아니다.

6. 지분

(1) 의의

합명회사의 사원의 지분에는 두 가지 의미가 있는데, 하나는 사원권(社員權)을 의미하고(제197조), 다른 하나는 회사해산 또는 퇴사의 경우에 사원이 사원자격에 기하여 회사로부터 지급받거나 회사에 지급할 계산상의 수액을 의미한다(제222조).

각 사원은 지분의 대소와 상관 없이 하나의 지분을 갖고 동일한 의결권을 갖는다.

(2) 지분의 양도

지분의 양도란 계약에 의하여 사원권을 이전하는 것을 말한다. 지분의 양도에 있어서의 지분은 사원권을 의미한다. 지분의 양도는 당사자 간의 계약에 의하지만, 그 계약이 효력을 발생하기 위하여는 다른 모든 사원의 동의를 요한다(제197조). 다른 사원의 동의는 지분양도의 효력발생요건이다. 사원 상호간의 신뢰관계를 중요시하기 때문이다.

지분의 양도를 제3자에게 대항하기 위하여는 지분양도에 따른 정관변경의 등기를 요한다(제180조 제1호, 제179조 제3호, 제183조, 제37조). 그리고 회사채권자를 보호하기 위하여 양도인은 이러한 등기 후 2년 내에는 등기 전에 생긴 회사의 채무에 대하여 다른 사원과 동일한 책임을 진다(제225조 제2항).

지분의 전부를 양도하는 경우에는 사원자격을 잃고 퇴사한다. 지분의 일부를 양도하는 경우에는 양도인은 사원자격을 잃지 않고 그 지분이 감소할 뿐이다.

(3) 지분의 상속

합명회사의 사원이 사망한 경우, 그 사원의 지분은 원칙적으로 상속되지 않고 상속인은 지분의 환급을 받게 된다(퇴사원인, 제218조 제3항). 이때 사원의 사망 후 퇴사등기 전에 발생한 회사채무에 대하여 상속인이 책임을 진다고 보아야 한다(제225조 참조). 그러나 예외적으로 정관에서 상속인이 사망한 사원의 지분을 상속하도록 정하는 것은 무방하며, 이때 상속인은 상속의 개시를 안 날로부터 3월 내에 회사에 대하여 승계 또는 포기의 통지를 발송하여야 한다(제219조 제1항). 상속인이 이러한 통지 없이 3월을 경과한 때에는 사원이 될 권리를 포기한 것으로 본다(제219조 제2항). 그러나 회사가 해산한 경우에는 상속인이 당연히 사원의 지위를 승계한다(제246조).

(4) 지분의 입질 · 압류

지분의 입질에 관하여는 상법에 명시규정이 없으나, 사원권은 재산적 가치가 있는 권리이므로 통설과 판례는 이를 인정하고 있다(권리질).

입질방법은 지분의 양도에 준하므로(민법 제346조). 당사자간의 합의 외에 총사원의 동의가 있어야 한다(제197조). 다른 사원의 동의는 질권의 성립요건인 동시에 대항요건이다.

사원의 채권자는 그 지분을 압류할 수 있다. 사원의 지분의 압류채권자는 6월 전에 예고함으로써 영업연도 말에 그 사원을 퇴사시킬 수 있는데(제224조 제1항), 다만 사원이 변제를 하거나 상당한 담보를 제공한 때에는 퇴사시킬 필요가 없으므로 예고는 그 효력을 잃는다(동조 제2항). 지분압류의 효력은 구체적 배당금지급청구권과 지분환급청구권에도 미친다(제223조).

〈합명회사 사원의 지분〉

양도	다른 사원의 동의	
상속	원칙	사원의 사망은 퇴사원인이 되며, 그 사원의 지분은 원칙적으로 상속되지 않는다.
	예외	· 정관으로 사원이 사망한 경우에 그 상속인이 회사에 대한 피상속인의 권리의무를 승계하여 사원이 될 수 있음을 정할 수 있다. · 이 경우 상속인은 상속이 개시를 안 날로부터 3일 내에 회사에 대하여 승계 또는 포기의 통지를 발송하여야 한다. · 상속인이 통지 없이 3월을 경과한 때에는 사원이 될 권리를 포기한 것으로 본다.
압류	지분의 압류	사원의 지분의 압류는 사원이 장래이익의 배당과지분의 환급을 청구하는 권리에 대하여도 그 효력이 미친다.
	퇴사 청구	사원의 지분을 압류한 채권자는 영업연도 말에 그 사원을 퇴사시킬 수 있다. 그러나 회사와 그 사원에 대하여 6월 전에 그 예고를 하여야 한다.

Ⅲ. 외부관계

1. 회사대표

(1) 의의

회사의 대표란 회사의 기관을 담당하는 자가 제3자에게 회사의 의사표시를 하거나 회사에 대한 의사표시를 받는 것으로서 그 기관의 행위가 바로 회사 자신의 행위가 되는 관계를 말한다.

회사의 대표는 회사의 업무집행의 대외적인 면을 가리킨다.

(2) 대표기관

① 대표권의 취득

합명회사의 대표기관은 원칙적으로 '각 사원'이다(자기기관의 원칙, 제207조 제1문). 그러므로 정관으로 업무집행사원을 정하지 않은 경우 각 사원이 회사를 대표한다.

그러나 예외적으로 (i) 정관규정에 의하여 수인의 업무집행사원을 정한 경우에는 각 업무집행기관을 대표기관으로 할 수 있으며(동조 제2문), (ii) (i)의 경우 정관 또는 총사원의 동의로 업무집행사원 중에서 특히 회사를 대표할 자(대표사원)을 정할 수 있다(동조 제3문). 또한 회사는 정관 또는 총사원의 동의로 수인의 사원을 공동으로만 회사를 대표할 것을 정할 수 있다(공동대표, 제208조).

② 대표권의 제한 및 상실

회사가 사원에 대하여 또는 사원이 회사에 대하여 소를 제기하는 경우에 회사를 대표할 사원이 없는 때에는 다른 사원의 과반수의 결의로 회사를 대표할 자를 선정하여야 한다(제211조).

대표권에 대한 제한은 선의의 제3자에게 대항하지 못한다(제209조 제2항).

대표사원도 업무집행사원과 같이 정당한 사유 없이 사임할 수 없으며, 다른 사원의 일치가 아니면 해임할 수 없다(제195조, 민법 제708조). 대표권이 있는 사원이 업무를 집행함에 현저하게 부적임하거나 중대한 업무에 위반한 행위가 있는 때에는 업무집행사원의 경우와 같이 사원의 청구에 의하여 법원이 대표권의 상실을 선고할 수 있다(제216조, 제205조 제2항).

③ 대표의 방법

대표사원은 원칙적으로 각자 단독으로 회사를 대표하는데(제207조), 회사는 정관 또는 총사원의 동의로 수인의 사원이 공동으로 회사를 대표할 것을 정할 수 있다(제208조 제1항, 공동대표). 이 경우, 능동대표(회사가 제3자에 대하여 의사표시를 하는 경우)는 반드시 공동으로 하여야 하나(제208조 제1항, 제202조 본문 참조), 수동대표(회사가 제3자로부터 의사표시를 받는 경우)는 각자가 단독으로 할 수 있다(제208조 제2항).

④ 대표기관의 권한

합명회사를 대표하는 사원은 회사의 영업에 관하여 재판상 또는 재판외의 모든 행위를 할 권한이 있다(제209조 제1항). 이러한 대표기관의 권한은 정관 또는 총사원의 동의로써 제한할 수 있으나, 그러한 제한을 가지고 선의의 제3자에게 대항하지 못한다(제209조 제2항).

⑤ 손해배상책임

회사를 대표하는 사원이 그 업무집행으로 인하여 타인에게 손해를 가한 때에는 회사는 그 사원과 연대하여 배상할 책임이 있다(제210조).

2. 사원의 책임

〈합명회사 사원의 책임〉

무한 · 직접 · 연대의 책임	· 회사의 재산으로 회사의 채무를 완제할 수 없는 때에는 각 사원은 연대하여 변제할 책임이 있다. · 사원이 회사채무에 관하여 변제의 청구를 받은 때에는 회사가 주장할 수 있는 항변으로 그 채권자에게 대항할 수 있다.
회사성립 후에 가입한 사원	가입 전에 생긴 회사채무에 대하여 다른 사원과 동일한 책임을 진다.
퇴사한 사원 또는 지분을 양도한 사원	퇴사 또는 변경등기를 하기 전에 생긴 회사채무에 대하여는 등기 후 2년 내에는 다른 사원과 동일한 책임을 진다.
회사가 해산한 경우	사원의 책임은 본점소재지에서 해산등기를 한 후 5년이 경과하면 소멸한다.
자칭 사원	사원이 아닌 자가 타인에게 자기를 사원이라고 오인시키는 행위를 하였을 때에는 오인으로 인하여 회사와 거래한 자에 대하여 사원과 동일한 책임을 진다.

(1) 사원의 책임의 성질

합명회사의 사원은 회사채권자에 대하여 '인적 · 연대 · 무한 · 직접'의 책임을 부담한다. 그러므로 회사의 재산으로 회사의 채무를 완제할 수 없거나 회사재산에 대한 강제집행이 주효하지 못한 때에는 각 사원이 연대하여 변제할 책임이 있다(제212H 제1항 · 제2항). 그러나 사원이 회사가 변제자력이 있으며 집행이 용이한 것을 증명한 때에는 그러하지 아니 하다(제212조 제3항).

사원의 책임은 2차적인 책임이므로 보증채무와 같이 주채무인 회사채무에 종속한다(부종성). 그러므로 사원은 회사의 항변권을 직접 원용할 수 있으며(제214조 제1항), 상계권 · 취소권 등의 회사의 권리를 원용하여 변제의 청구를 거부할 수 있다(동조 제2항).

(2) 사원의 책임의 존속기간

회사성립 후에 입사한 사원은 입사 전에 생긴 회사의 채무에 대하여 다른 사원과 동일한 책임을 진다(제213조). 그리고 퇴사하거나 지분을 양도한 경우에도 퇴사 또는 지분양도에 따른 사원의 변경등기를 한 후 2년 내에는 다른 사원과 동일한 책임을 부담하고

(제225조 제1항·제2항), 합명회사가 해산한 경우에는 사원의 책임은 본점소재지에서 해산등기 후 5년까지 연장된다(제267조 제1항).

(3) 사원의 책임의 내용

사원이 부담하는 책임의 내용은 '회사의 채무'인데, 이러한 회사의 채무는 공법상의 것이든 사법상의 것이든 모두 포함된다.

회사의 채무는 거래에서 생긴 채무만이 아니고, 불법행위 또는 부당이득에 의하여 생긴 채무도 포함된다.

(4) 사원의 책임이행의 효과

합명회사의 사원이 회사채권자에 대하여 회사의 채무를 이행하면 회사의 채무는 소멸한다.

(5) 자칭 사원의 책임

사원이 아닌 자가 타인에게 자기를 사원이라고 오인시키는 행위를 하였을 때에는 그 오인으로 인하여 회사와 거래한 자에 대하여 사원과 동일한 책임을 진다(제215조, 금반언의 법리에 의한 책임).

Ⅳ. 기구변경

1. 정관변경

합명회사는 총사원의 동의에 의하여 (실질적 의의의) 정관을 변경할 수 있다(제204조). 그런데 제204조는 회사의 내부관계에 관한 규정으로서 임의법규이므로(합명회사의 조합적 성질 참조) 정관의 규정에 의하여 그 요건을 완화할 수 있다(통설).

2. 사원변경(입사 · 퇴사)

(1) 입사

입사란 회사의 성립 후에 사원자격을 원시적으로 취득하는 것을 말하며, 회사와의 사이에 입사계약을 요한다.

입사로 인한 사원의 증가의 경우에는 정관변경을 요하므로 입사에는 총사원의 동의를 요하고(제204조), 등기사항(제180조 제1호)의 변경이므로 변경등기를 하여야 한다.

신입사원은 입사 전에 생긴 채무에 대하여 다른 사원과 동일한 책임이 있다(제213조).

(2) 퇴사

① 의의

퇴사란 회사의 존속 중에 특정사원의 사원자격이 절대적으로 소멸하는 것을 말한다. 퇴사제도는 인적 회사의 특색의 하나이다.

회사의 해산 후(즉 회사가 청산 중일 때)에는 사원의 퇴사가 인정되지 않는다. 이 경우 퇴사에 의한 지분의 환급은 일부청산이 되기 때문이다.

② 원인

a. 임의퇴사

정관으로 회사의 존립기간을 정하지 않거나 어느 사원의 종신까지 존속할 것을 정한 경우, 사원은 일방적 의사표시에 의하여 퇴사할 수 있다(퇴사권). 이때 사원은 원칙적으로 6개월 전의 예고에 의하여 영업연도 말에 한하여 퇴사할 수 있다(제217조 제1항). 그러나 예외적으로 사원이 부득이한 사유가 있는 때에는 언제든지 퇴사할 수 있다(동조 제2항).

b. 강제퇴사

사원의 지분을 압류한 채권자는 영업연도 말에 한하여 그 사원을 퇴사시킬 수 있다(제224조 제1항). 그러나 회사와 그 사원에 대하여 6월 전에 그 예고를 하여야 한다.

채무자인 사원이 변제를 하거나 상당한 담보를 제공한 경우에는 퇴사예고가 그 효력을 잃게 되어 그 사원을 강제퇴사시킬 수 없다(동조 제2항).

c. 당연퇴사

사원에게 다음의 사유가 있는 경우에는 당연히 퇴사한다: (i) 사원에게 정관에 정한 사유가 발생한 때, (ii) 총사원의 동의가 있을 때, (iii) 사원이 사망한 때, (iv) 사원이 금치산선고를 받은 때, (v) 사원이 파산선고를 받은 때, (vi) 사원이 제명된 때(제218조).

d. 퇴사절차

입사의 경우와는 달리, 퇴사원인이 있으면 퇴사가 되는 것이고, 이를 위하여 정관의 변경을 요하지 않는다.

퇴사의 경우에는 등기사항의 변경이 있게 되므로 변경등기를 하여야 한다.

④ 효과

퇴사로써 사원은 사원의 자격을 상실한다. 그러나 회사채권자를 보호하고 사원과 회사간의 관계를 마무리하기 위하여 상법은 다음과 같이 규정하고 있다. (i) 퇴사한 사원은 본점소재지에서 퇴사등기를 하기 전에 생긴 회사채무에 대하여 등기 후 2년 내에는 다른 사원과 동일한 책임이 있고(제225조 제1항), (ii) 퇴사한 사원은 상호변경청구권(제226조)[6]과 지급환급청구권(제222조)[7]을 가지는 한편 손실분담납입의무를 부담한다.

제 4 절 해산과 청산

Ⅰ. 해산

1. 해산사유

합명회사의 해산사유는 상법에 명시적으로 규정되어 있다(제227조).

(i) 존립기간의 만료 기타 정관으로 정한 사유의 발생. 그러나 정관을 변경하여 회사를 계속할 수 있다.

(ii) 총사원의 동의

기업유지의 이념상 총사원의 동의를 얻어야만 회사를 해산할 수 있다.

(iii) 사원이 1인으로 된 때

복수의 사원은 합명회사의 성립요건인 동시에 존속요건이므로 사원이 1인으로 되면 회사는 해산한다.[8]

(iv) 회사의 합병

회사가 합병을 하면 존속회사 이외의 상대회사는 해산하게 되는데, 이때 상대회사는 별도의 청산절차를 거칠 필요 없이 바로 소멸하게 된다.

(v) 회사의 파산

회사가 채무를 지급할 능력을 상실하면 법원의 파산선고에 의하여 해산한다. 이때 당해 회사는 청산절차가 아닌 파산절차에 의한다.

(vi) 법원의 해산명령 또는 해산판결

---

6) 자신의 성명이 회사의 상호 중에 사용된 경우 회사에 대하여 그 사용금지를 청구할 수 있다.

7) 퇴사한 사원은 노무 또는 신용을 출자의 목적으로 한 경우에도 그 지분의 환급을 받을 수 있다. 그러나 정관에 다른 규정이 있는 때에는 그러하지 아니 하다.

8) 민법 제77조 제2항은 '사단법인은 사원이 없게 되거나 총회의 결의로도 해산한다'고 규정하고 있는바, 민법상의 사단법인은 '복수의 사원'은 그 존속요건이 아니다.

법원의 해산명령은 상법 제176조(해산명령)에 의하고, 해산판결은 부득이한 사유가 있는 경우에 각 사원이 법원에 회사의 해산을 청구할 수 있다(제241조).

2. 해산등기

회사가 해산하면 영업능력을 상실하게 되고, 합병과 파산의 경우 외에는 청산절차를 밟게 되므로, 법정기간 내에 해산등기를 하여야 한다(제228조).[9)]

회사채권자에 대한 사원의 책임은 본점소재지에서 해산등기를 한 후 5년이 경과하면 소멸한다(제267조 제1항). 그러나 5년이 경과하더라도 분배하지 않은 잔여재산이 있으면 채권자는 변제를 청구할 수 있다(동조 제2항). 이때 사원의 책임은 잔여재산을 한도로 하는 것으로 본다.

3. 합명회사의 계속

합명회사의 계속사유는 다음과 같다.

(i) 회사의 존립기간의 만료 기타 정관으로 정한 사유의 발생 또는 총사원의 동의 의하여 해산된 경우에는 사원의 전부 또는 일부의 동의로써 회사를 계속할 수 있다(제229조 제1항 본문). 이때 회사의 계속에 동의하지 않은 사원은 퇴사한 것으로 본다(동규정 단서).

(ii) 사원이 1인으로 되어 해산된 경우에는 새로 사원을 가입시켜서 회사를 계속할 수 있다(동조 제2항). 이때 사원의 가입은 정관변경사유이므로 총사원의 동의를 얻어야 하는데, 현재 사원이 1인이므로 그 사원의 동의로써 정관이 변경된다.[10)] 회사의 계속을 위하여 새로 가입한 사원은 그 가입 전의 회사의 채무에 대하여 다른 사원과 동일한 책임을 진다(제213조, 제229조 제4항).

(iii) 회사설립의 무효·취소 판결의 확정으로 인한 해산인 경우에는 그 원인이 특정의 사원에 한하는 경우에는 다른 사원의 동의로써 회사를 계속할 수 있다(제194조 제1항). 이때 무효·취소의 원인이 있는 사원은 퇴사한 것으로 본다(동조 제2항).

(iv) 청산 중이거나 파산선고를 받은 회사의 회생계획안이 가결된 경우 그 회사는 정관변경에 관한 규정에 따라 회사를 존속하게 할 수 있고(통합도산법 제241조), 파산선고를 받은 회사가 파산폐지신청을 하고자 하는 때에도 정관변경에 관한 규정에 따라 회사를 존속시키는 절차를 밟아야 한다(통합도산법 제540조).

9) 파산·해산판결에 의한 해산의 경우에는 법원의 촉탁에 의하여 등기가 행하여지게 된다(통합도산법 제23조, 비송사건절차법 제93조)

10) 새로 가입하는 사원이 유한책임사원인 경우에는 합자회사로의 조직변경이 가능한다(제242조 제2항).

Ⅱ. 청산

1. 청산방법

청산은 회사와 사원 간의 재산관계의 처리가 주목적인데, 합명회사의 청산방법에는 임의청산과 법정청산의 두 가지가 있다.

합명회사는 임의청산을 할 수 있는 것이 물적 회사와 다르다.

2. 임의청산

(1) 임의청산의 의의

임의청산이란 법정절차에 의하지 않고 정관 또는 총사원의 동의로써 정한 방법에 따라 회사재산을 처분하는 것을 말한다(제247조 제1항). 그러므로 회사재산을 현물로 분배할 수도 있고 환가처분하여 현금으로 분배할 수도 있다.

(2) 회사채권자보호절차

임의청산을 하려면 채권자보호절차를 밟아야 한다. (i) 지분압류채권자가 있는 경우에는 그 동의를 얻어야 하고(제247조 제2항),[11] (ii) 그 밖의 일반채권자를 위하여는 합병의 경우에 준한 보호절차를 밟아야 하는데, 회사는 해당사유가 있는 날로부터 2주 내에 재산목록과 대차대조표를 작성하여야 하고(동조 제1항 제2문), 각 채권자에게 최고 후 이의가 있으면 변제 또는 담보를 제공하거나, 이를 목적으로 하여 상당한 재산을 신탁회사에 신탁하여야 한다(동조 제3항).

회사가 채권자보호절차를 밟지 않고 재산을 처분한 경우에는, 채권자는 그 처분의 취소를 법원에 청구할 수 있다(제248조, 제249조). 이 소송은 본점소재지의 지방법원의 전속관할에 속한다(제248조 제2항, 제186조). 그러나 재산처분행위로 인하여 이익을 받은 자나 전득한 자가 그 행위 또는 전득시에 채권자를 해함을 알지 못한 경우에는 그 처분의 취소를 구하지 못한다(제동조 제2항, 민법 제406조 제1항 단서), 이 소는 취소원인을 안 날로부터 1년, 처분이 있은 날로부터 5년 내에 제

11) 이에 위반하여 그 재산을 처분한 때에는 사원의 지분을 압류한 자는 회사에 대하여 그 지분에 상당하는 금액의 지급을 청구할 수 있다(제249조 제1문). 이와 같이 함으로써 회사채권자로서의 지위가 부여되고, 회사채권자로서 회사의 재산처분행위를 취소할 권리가 인정된다. 이 경우 회사채권자의 취소청구권에 관한 제248조의 규정을 준용한다(제249조 제2문).

기하여야 하고(제248조 제2항, 민법 제406조 제2항), 그 판결은 모든 채권자의 이익을 위하여 그 효력이 있다(제248조 제2항, 민법 제407조).

(3) 청산종결등기

회사가 재산의 처분을 완료한 날로부터 본점소재지에서는 2주 내에 · 지점소재지에서는 3주 내에 청산종결의 등기를 하여야 한다(제247조 제5항). 청산종결등기가 있은 후에도 실제에 청산이 종결되지 않은 경우에는 그 등기는 실체상 효력이 없으며, 회사는 소멸한 것으로 되지 않는다.

3. 법정청산

(1) 의의

법정청산이란 법정절차에 따라서 하는 청산절차로서, 그 내용은 대체로 주식회사의 경우와 같다. 합명회사가 해산한 경우 정관 또는 총사원의 동의로 회사재산의 처분방법을 정하지 않은 때에는 합병과 파산의 경우를 제외하고 법정청산(제251조 ~ 제265조)을 하여야 한다(제250조).

(2) 법정청산을 하여야 하는 경우[12)]

(i) 사원이 1인으로 된 때

(ii) 법원의 명령 또는 판결로 인하여 해산한 경우

(iii) 회사가 존립기간의 만료 기타 정관으로 정한 사유의 발생 또는 총사원의 동의로 재산의 처분방법을 정하지 않은 경우

(3) 청산인의 선임과 해임

청산사무를 집행할 청산인의 선임과 해임은 경우에 따라 달라진다.

① 선임

a. 회사가 해산한 때에는 총사원의 과반수의 결의로 선임(제251조 제1항)

b. 선임이 없는 때에는 업무집행사원이 청산인이 된다(법정청산인, 동조 제2항)

c. 사원이 1인으로 된 때, 해산명령 또는 해산판결에 의하여 해산한 때에는 법원은 사원 기타의 이해관계인이나 검사의 청구에 의하여 또는 직권에 의하여 청산인을 선임한다

12) (i)과 (ii)의 경우에는 '청산의 공정'을 기할 필요가 있기 때문에 법정청산을 하여야 한다는 것이다.

(제252조). 청산인은 반드시 사원일 필요는 없다.

② 해임

(i) 청산인의 해임은 사원이 청산인을 선임한 경우에는 총사원이 과반수의 결의로 할 수 있다(제261조).

(ii) 직무집행에 부적임하거나 중대한 임무위반행위가 있으면 법원이 해임할 수도 있다(제262조).

(iii) 청산인과 회사의 관계에는 위임에 관한 규정이 준용되므로(제265조, 제382조 제2항), 위임관계의 종료사유에 의하여 청산인은 종임이 된다(민법 제689조, 제690조).

③ 등기

청산인에 관한 사항은 등기하여야 한다(제253조).

(3) 청산인의 지위

회사와 청산인의 관계는 위임관계이므로 청산인은 선량한 관리자의 주의로써 청산사무를 수행하여야 한다. 상법은 사원의 자기거래제한에 관한 제199조의 규정을 준용하고 있으므로, 청산인이 자기 또는 제3자의 계산으로 회사와 거래를 함에 있어서는 사원 과반수의 결의를 요한다(제265조, 제199조).

청산인이 수인인 때에는 청산의 직무에 관한 행위는 그 과반수의 결의에 의하되, 영업의 전부 또는 일부를 양도함에는 총사원 과반수의 결의를 요한다(제257조).

청산인은 원칙적으로 각자 청산 중의 회사를 대표하나, 정관 또는 총사원의 동의로 회사를 대표 또는 공동으로 대표할 사원을 정할 수 있다(제265조, 제207 및 제208조). 그러나 업무집행사원이 계속 청산인이 된 경우에는 해산 전의 정함에 따라 회사를 대표하고, 법원이 청산인을 선임한 경우에는 법원이 대표자 또는 공동대표자를 정할 수 있다(제255조).

대표청산인은 청산인의 직무에 관하여 재판상 · 재판외의 모든 행위를 할 권한이 있고(제254조 제3항), 이에 대한 책임은 선의의 제3자에게 대항하지 못한다(제265조, 제209조 제2항).

청산인은 회사와 제3자에 대하여 주식회사의 이사와 동일한 책임을 진다(제265조, 제399조 및 제401조). 또한 대표청산인이 사무집행으로 타인에게 손해를 가한 때에는 대표사원의 경우와 같이 회사와 연대하여 손해배상책임을 진다(제265조, 제210조).

(4) 청산인의 직무

청산인은 (i) 현존사무의 종결 · 채권의 추심과 채무의 변제 · 재산의 환가처분 · 잔여재산의 분배 등을 하여야 하고, (ii) 취임 후 지체 없이 회사의 재산상태를 조사하고 재산목록과 대차대조표를 작성하여 각 사원에게 교부하여야 하고(제256조 제1항), (iii) 사원의 청구가 있는 때에는 언제든지 청산의 상황을 보고하여야 하며(동조 제2항), (iv) 청산 도중 파산원인을 발견한 때에는 파산선고를 신청하고 이를 공고하여야 한다(제254조 제4항, 민법 제93조).

청산인은 이 외에도 청산의 목적범위에 속하는 모든 행위를 할 수 있다.

(5) 청산사무집행정지가처분 · 직무대행자선임가처분

청산인의 청산사무집행을 정지하거나 직무대행자를 선임하는 가처분을 하거나 그 가처분을 변경 · 취소하는 경우에는 본점 및 지점이 있는 곳의 등기소에서 등기하여야 한다(제265조, 제183조의 2).[13)]

(6) 청산의 종결

청산인은 그 임무를 완료한 때에는 지체 없이 계산서를 작성하여 각 사원에게 교부하고 그 승인을 얻어야 한다. 계산서를 받은 사원이 1월 내에 이의를 제기하지 않은 때에는 청산인에게 부정행위가 있는 경우를 제외하고 그 계산을 승인한 것으로 본다(제263조 제2항).

청산사무가 종결되면, 청산인은 총사원의 동의가 있는 날로부터 본점소재지에서는 2주 내에 · 지점소재지에서는 3주 내에 청산종결의 등기를 하여야 한다(제264조).

회사의 장부와 영업 및 청산에 관한 중요서류는 본점소재지에서 청산종결등기를 한 후 10년간 이를 보존하여야 하고, 전표 또는 이와 유사한 서류는 5년간 보존하여야 한다(제266조 제1항). 이 경우 회사는 총사원의 과반수의 결의로 보존인과 보존방법을 정하여야 한다(제266조 제2항).

---

13) 사원의 업무집행정지가처분의 경우와 같다.

제4장

합자회사

제1절 총 설

합자회사(limited partnership)는 무한책임사원과 유한책임사원으로 조직되는 회사로서(제268조) 이종(異種)의 사원으로 구성되는 점에서 타종류의 회사와는 다른 특색이 있다. 사원 중에 무한책임사원이 있으므로 합자회사에 관하여 별도의 규정이 있는 경우를 제외하고는 합명회사에 관한 규정을 준용한다(제269조).

합자회사는 이원적인 구성원으로 조직되는 점에서 상법상의 익명조합(제78조)이나 합자조합(제86조의 2)과 경제적 기능에서 유사한 한편, 합자회사는 법인인데 대하여 익명조합이나 합자조합은 법인격 없는 조합인 점에서 구별된다.

합자회사는 10세기 경부터 지중해 연안에서 널리 이용된 코멘다(commenda)계약에서 유래된 것으로, 익명조합과 그 연혁을 같이 한다. 코멘다계약은 자본가와 기업가 사이의 출자 및 업무집행계약이라고 할 수 있다. 나중에 자본가가 표면에 나타나고 채권자에 대하여 출자액을 한도로 책임을 지는 것은 합자회사로 되고, 자본가가 표면으로 나타나지 않는 형태는 익명조합으로 되었다.

제2절 설 립

합자회사의 설립절차도 합명회사와 마찬가지로 '정관의 작성'과 '설립등기'로 구성된다. 정관의 작성에 있어서 합명회사와 구별되는 점은 정관의 작성에 1인 이상의 무한책임사원과 1인 이상의 유한책임사원이 있어야 하고(제268조, 제269조, 제178조), 정관의 절대적 기재사항에는 반드시 각 사원의 무한책임 또는 유한책임을 기재하여야 하며(제270조), 정관에 기재된 사원이 책임을 변경하고자 할 때에는 정관변경절차에 의하여야 하고, 이를 위하여서는 정관에 별도로 정함이 없으면 총사원의 동의가 있어야 한다(제269조, 제204조).

상호에는 반드시 합자회사라는 문자를 사용하여야 한다(제19조).

합자회사의 설립등기에는 각 사원의 무한책임 또는 유한책임의 여하를 등기하여야 하고(제271조 제1항 후단), 합자회사가 지점을 설치하거나 이전할 때에는 지점소재지 또는 신지점소재지에서 등기사항을 등기하여야 한다(동조 제2항).

제3절 기 구

Ⅰ. 내부관계

합자회사의 내부관계에 관한 상법규정은 합명회사와 같이 '임의규정'이므로, 회사의 성질 또는 강행법규에 어긋나지 않는 한 정관으로 달리 정할 수 있다.

1. 출자

합자회사에 있어서 무한책임사원의 출자의 목적은 합명회사의 경우와 같다. 그러나 합자회사의 유한책임사원은 재산출자만이 가능하고 노무출자 · 신용출자는 불가능하다(제272조). 이것은 유한책임사원의 책임의 유한성에 따른 당연한 결과이다.

2. 업무집행

(1) 업무집행기관

합자회사에서의 업무집행기관은 무한책임사원만이 될 수 있고(제273조), 유한책임사원은 될 수 없다(제278조). 그러나 정관 또는 내부규정에 의하여 유한책임사원에게 업무집행권을 부여할 수 있다고 본다.

(2) 업무감시권

유한책임사원은 업무집행권이 배제되는 한편 업무감시권이 인정된다(제277조, 제278조: 그 결과 경업피지의무도 지지 않는다). 즉 유한책임사원은 원칙적으로 영업연도 말에 있어서 영업시간 내에 한하여 회사의 회계장부·대차대조표 및 기타의 서류를 열람할 수 있고, 회사의 업무와 재산상태를 검사할 수 있다(제277조 제1항). 그러나 중대한 사유가 있는 때에는 유한책임사원은 언제든지 법원의 허가를 얻어 감시권을 행사할 수 있다(제277조 제2항).

또한 유한책임사원은 업무집행사원에 대한 권한상실선고를 청구할 수 있다(제269조, 205조).[1] 그러나 유한책임사원의 경우 자기거래는 금지된다(제269조, 제199조).

3. 경업피지의무와 자기거래의 제한

(1) 경업피지의무

합자회사의 무한책임사원은 다른 모든 사원의 동의가 없으면 경업피지의무를 부담하지만(제269조, 제198조), 업무집행권한이 없는 유한책임사원은 이 의무를 부담하지 않는다(제275조).

(2) 자기거래의 제한

업무집행권한이 있는 무한책임사원은 다른 사원의 과반수의 결의가 없으면 회사와 자기거래를 할 수 없다(제269조, 제199조). 그러나 업무집행권이 없는 유한책임사원 및 업무집행권한이 없는 무한책임사원은 자기거래가 허용된다고 볼 것이다.

4. 손익의 분배

정관 또는 총사원의 결의에 의하여 달리 정한 바가 없으면 유한책임사원도 각 사원의 출자가액에 비례하여 손익이 분배된다(제269조, 제195조, 민법 제711조). 다만 유한책임사원은 정관에 달리 정

1) 무한책임사원이 1인뿐인 경우에는 그에 대하여 대표권상실선고를 할 수 없다(대법원 1977년 4월 26일 선고 75다1341 판결).

함이 없으면 출자가액을 한도로 하여 손익이 분배된다.

5. 지분

(1) 지분의 양도

무한책임사원의 지분의 양도에는 유한책임사원을 포함한 '모든 사원의 동의'를 요하지만(제269조, 제197조), 유한책임사원의 지분의 양도에는 '무한책임사원 전원의 동의'만 있으면 되고 다른 유한책임사원의 동의는 요하지 않는다(제276조).[2)]

유한책임사원의 지분은 상속도 가능하다. 상속인이 수인인 때에는 사원의 권리를 행사할 자 1인을 선정하여야 한다. 이를 정하지 않은 때에는 회사의 통지 또는 최고는 그 중 1인에 대하여 하면 전원에 대하여 효력이 있다(제283조).

(2) 지분의 입질 · 압류

유한책임사원의 지분의 입질 · 압류는 가능하다고 생각된다(제269조, 제223조, 제224조).

Ⅱ. 외부관계

1. 회사대표

합자회사의 대표기관은 원칙적으로 각 무한책임사원이다(제269조, 제270조 제1문). 그러나 예외적으로 정관의 규정에 의하여 업무집행을 담당하는 각 무한책임사원이 회사를 대표할 수 있는데, 이 경우 정관 또는 총사원의 동의로써 업무집행을 담당하는 무한책임사원 중에서 특히 회사를 대표할 자(대표사원)를 정할 수도 있다.

유한책임사원은 어떠한 경우에도 합자회사의 대표기관이 될 수 없다(제278조). 이 규정은 강행규정으로 정관 또는 총사원의 동의에 의하여도 달리 정할 수 없다.

---

2) 상법 제270조는 합자회사 정관에는 각 사원이 무한책임사원인지 유한책임사원인지를 기재하도록 규정하고 있으므로, 정관에 기재된 합자회사 사원의 책임변경은 정관변경절차에 의하여야 하고, 이를 위하여는 정관에 그 의결정족수 내지 동의 정족수 등에 관하여 별도로 정하고 있다는 등의 특별한 사정이 없는 한 상법 제269조에 의하여 준용되는 상법 제204조에 따라 총사원의 동의가 필요하다. 합자회사의 유한책임사원이 한 지분양도가 합자회사의 정관에서 규정하고 있는 요건을 갖추지 못한 경우에는 그 지분양도는 무효이다(대법원 2010년 9월 30일 선고 2010다21337 판결).

2. 사원의 책임

(1) 무한책임사원

무한책임사원은 합명회사의 사원과 마찬가지로 회사채권자에 대하여 인적 · 연대 · 직접 · 무한의 책임을 부담하고(제269조, 제212조), 유한책임사원은 회사채권자에 대하여 인적 · 연대 · 직접 · 유한의 책임을 부담한다.

(2) 유한책임사원

유한책임사원은 출자가액을 책임의 한도로 하므로 유한책임사원이 회사채권자에 대하여 직접 변제책임을 지는 한도는 출자가액에서 이미 회사에 이행한 부분을 공제한 가액이다(제279조 제1항). 이때 유한책임사원이 회사에 이익이 없음에도 불구하고 배당을 받은 경우에는 그 배당받은 금액은 변제책임을 정함에 있어서 이를 가산한다(제279조 제2항).

유한책임사원은 그 출자를 감소한 후에도 본점소재지에서 등기를 하기 전에 생긴 회사채무에 대하여 등기 후 2년 내에는 전조의 책임을 면하지 못한다(제280조).

〈합자회사의 유한책임사원〉

유한책임사원의 출자	유한책임사원은 신용 또는 노무를 출자의 목적으로 하지 못한다.
유한책임사원의 경업의 자유	유한책임사원은 다른 사원의 동의 없이 자기 또는 제3자의 계산으로 회사의 영업부류에 속하는 거래를 할 수 있고 동종영업을 목적으로 하는 다른 회사의 무한책임사원 또는 이사가 될 수 있다.
유한책임사원의 지분양도	유한책임사원은 무한책임사원 전원의 동의가 있으면 그 지분의 전부 또는 일부를 타인에게 양도할 수 있다. 지분의 양도에 따라 정관을 변경하여야 할 경우에도 같다.
유한책임사원의 감시권	(i) 유한책임사원은 영업년도 말에 있어서 영업시간 내에 한하여 회사의 회계장부 · 대차대조표 기타의 서류를 열람할 수 있고 회사의 업무와 재산상태를 검사할 수 있다. (ii) 중요한 사유가 있는 때에는 유한책임사원은 언제든지 법원의 허가를 얻어 제1항의 열람과 검사를 할 수 있다.
유한책임사원의 업무집행· 회사대표의 금지	유한책임사원은 회사의 업무집행이나 대표행위를 하지 못한다.
유한책임사원의 책임	(i) 유한책임사원은 그 출자가액에서 이미 이행한 부분을 공제한 가액을 한도로 하여 회사채무를 변제할 책임이 있다. (ii) 회사에 이익이 없음에도 불구하고 배당을 받은 금액은 변제책임을 정함에 있어서 이를 가산한다.

출자감소의 경우의 책임	유한책임사원은 그 출자를 감소한 후에도 본점소재지에서 등기를 하기 전에 생긴 회사채무에 대하여는 등기 후 2년 내에는 제279조의 책임을 면하지 못한다.
자칭 무한책임사원의 책임	(i) 유한책임사원이 타인에게 자기를 무한책임사원이라고 오인시키는 행위를 한 때에는 오인으로 인하여 회사와 거래를 한 자에 대하여 무한책임사원과 동일한 책임이 있다. (ii) 전항의 규정은 유한책임사원이 그 책임의 한도를 오인시키는 행위를 한 경우에 준용한다.
유한책임사원의 사망	① 유한책임사원이 사망한 때에는 그 상속인이 그 지분을 승계하여 사원이 된다. ② 전항의 경우에 상속인이 수인인 때에는 사원의 권리를 행사할 자 1인을 정하여야 한다. 이를 정하지 않은 때에는 회사의 통지 또는 최고는 그 중의 1인에 대하여 하면 전원에 대하여 그 효력이 있다.
유한책임사원의 금치산	유한책임사원은 금치산의 선고를 받은 경우에도 퇴사하지 아니 한다.

(3) 책임을 변경한 사원의 책임

정관변경에 의하여 유한책임사원이 무한책임사원으로 되는 경우에는 합명회사의 신입사원의 책임에 준하여(제213조) · 무한책임사원이 유한책임사원으로 되는 경우에는 퇴사원의 책임(제225조)에 준하여 각각 책임을 진다(제282조).

유한책임사원이 타인에게 자기를 무한책임사원이라고 오인시키는 행위를 한 때에는 오인으로 인하여 회사와 거래를 한 자에 대하여 무한책임사원과 동일한 책임이 있다(제281조 제1항). 유한책임사원이 그 책임의 한도를 오인시키는 행위를 한 경우에도 오인시킨 한도에서 책임을 진다(동조 제2항).

(4) 자칭 무한책임사원의 책임

유한책임사원이 타인에게 자기를 무한책임사원이라고 오인시키는 행위를 한 때에는 그 오인으로 인하여 회사와 거래한 자에 대하여 무한책임사원과 동일한 책임이 있으며, 유한책임사원이 자신의 책임의 한도를 오인시키는 행위를 한 경우에도 마찬가지로 같은 책임이 있다(제281조).

제4절 기구변경

Ⅰ. 정관변경

합자회사는 총사원의 동의에 의하여 (실질적 의의의) 정관을 변경할 수 있다(제269조, 제204조). 그런데 이 규정은 임의규정이므로 정관의 규정에 의하여 그 요건을 완화할 수 있다(통설).

Ⅱ. 사원변경(입사 · 퇴사)

합자회사의 사원의 입사[3] · 퇴사[4]는 합명회사의 사원의 경우와 거의 같다(제269조). 그러나 합자회사의 무한책임사원의 사망과 금치산은 당연퇴사원인이 되나(제269조, 제218조 제3호 · 제4호), 합자회사의 유한책임사원의 사망과 금치산은 당연퇴사원인이 되지 않는 점(제283조 제1항, 제284조)이 다르다.

제명(除名)은 기업의 유지를 위하여 인정된 제도이므로 합자회사에서 2인의 사원만 있는 경우에는 1인의 사원의 제명만으로 회사의 해산을 초래할 수 있으므로 제명이 인정되지 않는다.[5]

---

3) 대법원 2002년 4월 9일 선고 2001다77567 판결에 따르면, 회사설립 후 합자회사의 사원이 되는 방법은 두 가지인데, (i) 원시적으로 사원자격을 취득하는 방법으로서 사원이 되려는 자와 회사 사이에 입사계약에 의하는 방법 및 (ii) 기존의 사원으로부터 지분을 양수하는 방법으로서 사원이 되려는 자와 기존 사원 개인 간의 지분매매계약이 있다고 한다.

4) 합자회사의 유한책임사원 다음의 사유로 인하여 퇴사한다. (i) 정관에 정한 사유의 발생, (ii) 총사원의 동의, (iii) 파산, (iv) 제명.

5) 상법 제269조, 제220조 제1항은 합자회사에 있어서 사원에게 같은 법규정 소정의 제명사유가 있는 경우에는 다른 사원 과반수의 결의에 의하여 그 사원의 제명선고를 법원에 청구할 수 있다고 규정하고 있는바, 다른 사원 과반수의 결의란 그 문언상 명백한 바와 같이 제명대상인 사원 이외에 다른 사원 2인 이상의 존재를 전제로 하고 있는 점, 위 제명선고제도의 취지나 성질 등에 비추어 보면, 무한책임사원과 유한책임사원 각 1인만으로 되나 합자회사에 있어서는 한 사원의 의사에 의하여 다른 사원의 제명을 할 수 없다고 보아야 한다(대법원 1991년 7월 26일 선고 90다19206 판결).

제5절 해산 · 청산 · 계속

합자회사의 해산과 청산도 합명회사의 경우와 대체로 같다(제269조). 다만 무한책임사원 또는 유한책임사원의 전원이 퇴사한 경우에는 회사가 해산하되(제285조 제1항), 잔존사원 전원의 동의로 다른 사원을 가입시켜서 회사를 계속할 수 있다(제285조 제2항). 이 경우 새로 가입한 사원은 그 가입 전에 생긴 회사의 채무에 대하여 다른 사원과 동일한 책임을 진다(제285조 제3항, 제213조). 이미 해산등기를 한 경우에는 회사의 계속등기를 하여야 한다(제285조 제3항, 제229조 제3항).

유한책임사원 전원이 퇴사한 경우에는 회사가 해산하게 되는데, 무한책임사원은 그 전원의 동의로 합명회사로 변경하여 회사를 계속할 수 있다(제286조 제2항). 이 경우 본점소재지에서는 2주간 내에 · 지점소재지에서는 3주간 내에, 해산하는 합자회사에 있어서는 해산등기를 · 계속하게 되는 합명회사회에 있어서는 설립등기를 하여야 한다(동조 제3항).

청산인은 무한책임사원 과반수의 결의로 선임할 수 있으나, 이를 선임하지 않은 경우에는 업무집행사원이 청산인이 된다(법정청산인, 제287조). 법원이 청산인을 선임할 수도 있다. 사원이 1인으로 된 때와 법원의 해산명령 또는 해산판결에 의하여 해산한 경우 법원은 사원 기타 이해관계인이나 검사의 청구에 의하여 또는 직권으로 청산인을 선임할 수 있다(제252조의 유추적용).

합자회사를 계속할 수 있는 사유는 다음과 같다.

(i) 회사의 존립기간의 만료 기타 정관으로 정한 사유의 발생 또는 총사원의 동의에 의하여 해산되는 경우, 사원의 전부 또는 일부의 동의로 회사를 계속할 수 있다(제269조, 제229조 제1항 본문). 이때 회사의 계속에 동의하지 않은 사원은 퇴사한 것으로 본다(제269조, 제229조 제1항 단서).

(ii) 합자회사 특유의 해산사유: 합자회사는 본래 무한책임사원과 유한책임사원으로 구성되는 회사이므로, 그 중 어느 한 종류의 사원이 모두 퇴사하면 해산하게 된다(제285조 제1항). 그러나 이 경우에도 잔존하는 사원 전원의 동의로 퇴사한 사원과 같은 종류의 사원을 가입시키거나 잔존하는 사원 중 일부사원의 종류를 변경하여 회사를 계속할 수 있다(동조 제2항). 유한책임사원 전원이 퇴사한 경우에는 무한책임사원 전원의 동의로써 합명회사로 조직변경을 하여 회사를 계속할 수 있다(제286조 제2항).

(iii) 합자회사는 합명회사에서 살펴본 해산사유에 의한 회사계속방법에 의하여 회사를 계속할 수 있고(제269조, 제194조와 제227조). 청산 중이거나 파산선고를 받은 합자회사의 경우에도 주식회

사의 경우와 마찬가지로 정관변경에 관한 규정에 따라 회사를 존속하게 할 수 있다 (통합도산법 제241조, 제540조)

〈합명회사와 합자회사의 설립 비교〉

	합명회사	합자회사
구성	2인 이상의 무한책임사원으로 구성되는 회사로, 모든 사원이 회사의 채권자에 대하여 직접·연대·무한의 책임을 진다.	무한책임사원과 유한책임사원으로 구성되는 회사
설립	2인 이상의 사원이 공동으로 정관을 작성한다.	무한책임사원이 될 자와 유한책임사원이 될 자 각 1인 이상으로써 정관을 작성한다.
정관기재사항	(i) 목적, (ii) 상호, (iii) 사원의 성명·주민등록번호 및 주소, (iv) 사원의 출자의 목적과 가격 또는 평가의 표준, (v) 본점의 소재지, (vi) 정관의 작성년월일	합병회사의 정관에 게기한 사항 외에 각 사원이 무한책임 또는 유한책임인 것을 기재
등기	(i) 제179조 제1호 내지 제3호 및 제5호의 사항(1. 목적, 2. 상호, 3. 사원의 성명·주민등록번호 및 주소, 5. 본점의 소재지)과 지점을 둔 때에는 그 소재지. 다만, 회사를 대표할 사원을 정한 때에는 그 외의 사원의 주소를 제외 (ii) 사원의 출자의 목적 (iii) 존립기간 기타 해산사유를 정한 때에는 그 기간 또는 사유 (iv) 회사를 대표할 사원을 정한 때에는 그 성명 (v) 수인의 사원이 공동으로 회사를 대표할 것을 정한 때에는 그 규정	합명회사의 설립등기사항 외에 각 사원이 무한책임 또는 유한책임인 것을 등기
출자	금전 기타 재산뿐만 아니라 정관에 그 뜻과 평가의 표준을 정한 경우에는 노무 및 신용도 가능	무한책임사원의 출자는 합명회사의 경우와 같으나, 유한책임사원은 신용 또는 노무 출자 불가

제 5 장 유한책임회사

제1절 총 설

Ⅰ. 의의

유한책임회사(Limited Liability Company)는 대내관계에서는 조합의 요소(즉 폭넓은 사적 자치)를 갖고 대외관계에서는 주식회사의 요소를 갖는 혼합형 회사형태라고 할 수 있다. 즉 원칙적으로는 합명회사의 성격을 갖고 예외적으로는 주식회사의 성격을 갖는 회사형태이다.[1] 유한책임회사는 법인격이 있다는 점에서 합자조합과 차이가 있다.

유한책임회사에 주식회사의 성격이 반영되어 있는 점을 살펴보면, 정관에 자본금의 액을 기재하도록 하고(제287조의3 제3호) 이를 등기하도록 한 점(제287조의5), 사원의 책임은 상법에 다른 규정이 없는 한 그 출자금액을 한도로 하는 점(제287조의7), 정관규정상 사원이 아닌 자를 업무집행자로 정할 수 있도록 한 점(제287조의12 제1항), 대표소송에 관한 규정이 있는 점(제287조의22), 회계에 관한 별도의 규정이 있는 점(제287조의32~제287조의37), 1인 회사의 설립 및 존속을 인정하는 점(제287조의2, 제287조의38 제2호), 유한책임회사를 주식회사로 조직변경하거나 주식회사를 유한책임회사로 조직변경할 수 있도록 한 점(제287조의43), 임의청산을 배제한 점(제287조의45) 등이 있다.

1) 2011년 상법 개정시 미국의 Limited Liability Company(LLC)와 일본의 합동회사(合同會社)를 모델로 하여 도입한 제도이다.

Ⅱ. 기능

인적 자산의 중요성이 높아감에 따라 인적 자산을 적절히 수용할 수 있는 공동기업형태에 대한 수요가 증가하고 있어서, 부동산 · 첨단기술 · 외국과의 합작투자회사 등 고도의 모험사업뿐만 아니라 컨설팅 · 회계법인 · 법무법인 등 전문서비스업종 등 사적 자치가 중요한 소규모 기업에 유한책임회사제도가 활용될 수 있을 것으로 기대되고 있다.[2)]

Ⅲ. 특질

유한책임회사는 내부적으로는 인적 회사의 성질을 가지고 있고 외부적으로는 물적 회사의 성질을 가지고 있는 혼합형 회사이다. 그러나 유한책임회사를 조직변경할 때에는 주식회사로 하도록 한바(제287조의43 제2항) 유한책임회사는 물적 회사에 좀더 가까운 것으로 보인다.

제2절 설 립

유한책임회사의 설립절차는 '정관의 작성' '출자의 이행' '설립등기'로 이루어진다. 출자의 이행절차가 있는 점에서 인적 회사의 설립절차에 물적 회사의 설립절차의 요소가 가미되어 있는 것을 알 수 있다.

Ⅰ. 정관의 작성

유한책임회사를 설립함에 있어서는 사원이 정관을 작성하여야 한다(제287조의 2). 설립시 사원의 수에는 제한이 없으므로 1인 이상이면 가능하며, 1인 설립이 인정된다. 이 점에서 합명회사나 합자회사와 다르다.

정관에는 목적 · 상호 · 사원의 성명과 주소 및 주민등록번호 · 본점 소재지 · 정관

2) 그러나 현행 유한회사와 거의 차이가 없어서 비슷비슷한 회사의 종류를 나열하고 있을 뿐이라는 비판도 있다. 유한회사와 유한책임회사의 두 제도를 모두 인정하고 있는 다른 입법례는 없다. 일본은 2006년 유한책임회사제도를 도입하면서 유한회사제도를 폐지하였다.

작성연월일 · 사원의 출자목적 및 가액 · 자본금의 액 · 업무집행자의 성명(법인인 경우에는 명칭)과 주소를 기재하고 각 사원이 기명날인 또는 서명하여야 한다(제287조의 3). 자본금을 기재하는 점에서 주식회사와 차이가 있다. 자본금의 액은 사원이 출자한 금전이나 그 밖의 재산의 가액으로 한다(제287조의 35).

Ⅱ. 출자의 이행

유한책임회사의 사원은 신용 또는 노무를 출자의 목적으로 하지 못한다(제287조의 4 제1항). 따라서 유한책임회사의 사원은 금전이나 그밖의 재산의 출자만 할 수 있다.

사원은 정관의 작성 후 설립등기를 할 때까지 금전이나 그 밖의 재산의 출자를 전부 이행하여야 한다(제287조의 4 제2항). 사원이 현물출자를 하는 경우에는 주식회사 설립시의 현물출자와 같이 납입기일에 지체 없이 유한책임회사에 출자의 목적인 재산을 인도하고, 등기나 등록 그밖의 권리의 설정이나 이전이 필요한 경우에는 이를 위한 서류를 모두 갖추어 교부하여야 한다(제287조의 4 제3항). 유한책임회사의 사원의 현물출자의 경우에는 주식회사와는 달리 검사인의 조사절차를 필요로 하지 않는다.

유한책임사원이 출자의무를 이행하지 않는 경우에 대하여는 규정이 없다. 그러나 사원이 정관에 기재되므로 주식회사 설립시의 주식인수의 실효절차에 관한 규정이 준용될 수 없다. 따라서 회사는 민법상 채무불이행에 따른 강제집행을 할 수 있을 것이고(민법 제567조, 제570조 이하, 제580조, 제537조), 이것이 불가능하다면 회사는 불성립이 된다고 보아야 할 것이다.

Ⅲ. 설립등기

정관의 작성과 사원의 출자의 이행으로 실체가 완성된 유한책임회사는 본점소재지에서 설립등기를 함으로써 성립한다(제172조, 제287조의 5 제1항). 유한책임회사가 지점을 설치하는 경우에는 제181조(지점 설치의 등기)를 준용한다. 유한책임회사가 본점이나 지점을 이전하는 경우에는 제182조(본점, 지점의 이전등기)를 준용한다. 제1항 각 호의 사항이 변경된 경우에는 본점소재지에서는 2주 내에, 지점소재지에서는 3주 내에 변경등기를 하여야 한다. 유한책임회사의 업무집행자의 업무집행을 정지하거나 직무대행자를 선임하는 가처분을 하거나 그 가처분을 변경 또는 취소하는 경우에는 본점 및 지점이 있는 곳의 등기소에서 등기하여야 한다(제287조 제2항~제5항).

이러한 설립등기에 의하여 유한책임회사의 설립절차는 종료된다.

Ⅳ. 설립의 무효와 취소

유한책임회사의 설립의 무효와 취소에 관하여는 합명회사 설립의 무효와 취소에 관한 제184조 내지 제194조의 규정을 준용한다.

설립무효의 소의 제소권자는 '사원 및 업무집행자'이다(제287조의 6).

제3절 기 구

Ⅰ. 총설

유한책임회사의 법률관계는 크게 내부관계와 외부관계로 나누인다. 내부관계는 다시 출자 및 지분 · 업무집행 · 경업피지의무와 자기거래의 제한 등으로 나눌 수 있고, 외부관계는 회사의 대표 · 사원의 제3자에 대한 책임 · 대표소송 등으로 나눌 수 있다.

내부관계에 관한 상법규정은 당사자 간의 사적 자치의 원칙이 존중되어야 하므로 원칙적으로 임의법규이고, 정관이나 상법에 다른 규정이 없으면 합명회사에 관한 규정이 준용된다(제287조의 18). 외부관계에 관한 상법규정은 거래의 안전이 존중되어야 하므로 대부분 강행법규이다.

Ⅱ. 내부관계

1. 출자 및 지분

(1) 출자

유한책임회사의 사원은 반드시 회사에 대하여 출자를 하여야 하는데, 사원은 신용출자 · 노무출자는 할 수 없고(제287조의 4 제1항), 금전이나 그밖의 재산(현물)으로써만 할 수 있다

(제287조의 4 제2항 · 제3항). 이 점은 합명회사의 사원의 출자목적과 다르고, 주식회사의 주주의 출자목적과 비슷하다.

사원은 정관작성 후로부터 설립등기를 할 때까지 재산출자를 전부 이행하여야 하는데(제287조의 4 제2항), 현물출자의 경우 납입기일에 지체 없이 출자목적인 재산을 인도하고 등기 · 등록 그밖의 권리의 설정이나 이전이 필요한 경우에는 이에 관한 서류를 모두 갖추어 교부하여야 한다. 이 점은 합명회사의 경우와 다르고, 주식회사의 경우와 유사하다.

사원이 설립등기를 할 때까지 출자를 전부 이행하지 않으면 회사가 성립되지 않거나 사원으로 존속할 수 없으므로 사원의 출자불이행시 합명회사의 경우와 같은 사원의 지명(제220조 제1항 제1호) · 업무집행권(제205조 제1항) 또는 대표권(제210조)의 상실제도는 필요 없게 된다.

(2) 지분

① 의의

사원의 지분은 '사원권'을 의미하는데(지분사원권설), 유한책임회사의 사원의 지분은 각 사원에게 1개만 인정되고(지분단일주의) 다만 그 분량이 출자액에 비례하여 다를 뿐이다(제287조의 18, 제195조, 민법 제711조). 이 점에서 합명회사와 유사하고 주식회사와는 다르다.

② 지분의 양도

사원은 정관에 다른 정함이 없으면 다른 사원의 동의를 받지 못하면 그 지분의 전부 또는 일부를 타인에게 양도하지 못한다(제287조의 8 제1항 · 제3항).

업무를 집행하지 않는 사원은 정관에 다른 정함이 없으면 업무집행사원 전원의 동의가 있으면 지분의 전부 또는 일부를 타인에게 양도할 수 있다. 그러나 업무집행사원이 없는 경우에는 사원 전원의 동의를 받아야 한다(제287조의 8 제2항 · 제3항).

유한책임회사의 사원의 지분의 양도에 관하여는 '사적 자치'가 인정되어 정관에 이에 관한 규정을 둘 수 있다(제287조의 8 제3항). 정관에 정함이 없는 경우에는 유한책임회사의 사원은 다른 사원의 동의를 받지 않으면 그 지분의 전부 또는 일부를 타인에게 양도하지 못한다(동조 제1항). 그러나 업무를 집행하지 아니 한 사원은 업무를 집행하는 사원 전원의 동의가 있으면 지분의 전부 또는 일부를 타인에게 양도할 수 있다(동조 제2항 본문). 다만 업무를 집행하는 사원이 없는 경우에는 사원 전원의 동의를 받아야 한다(동조 제2항 단서).

③ 자기지분의 양수의 금지

유한책임회사는 그 지분의 전부 또는 일부를 양수할 수 없고(자기지분), 유한책임회사가 자기지분을 취득하는 경우에 그 지분은 취득한 때에 소멸한다(제287조의 9).

④ 지분의 상속

사원이 사망한 경우에는 합명회사의 경우와 같이 원칙적으로 상속되지 않고, 상속인은 지분의 환급을 받게 된다(퇴사원인, 제287조의 25, 제218조 제3호).

⑤ 지분의 입질 · 압류

사원의 지분도 재산적 가치를 가지므로 그 입질 · 압류가 가능하다고 생각된다.

2. 업무집행

유한책임회사에는 사원총회가 없다. 그러나 회사가 임의로 둘 수 있다. 사원총회에서 어떤 결의를 할 경우 또는 업무집행자와 유한책임회사 간의 거래의 승인에서 사원 과반수의 결의 등을 할 경우(제287조의 11)), 각 사원의 의결권은 지분의 크기가 아닌 두수(頭數)에 따른다(제195조, 민법 제706조 제2항).

(1) 업무집행기관

① 업무집행권의 취득

유한책임회사의 업무집행기관은 정관에 의하여 업무집행자로 정하여지는 자(제287조의 3 제3호)이다. 업무집행자는 사원뿐만 아니라 사원이 아닌 자도 될 수 있다(제287조의 12 제1항).

업무집행자는 자연인뿐만 아니라 법인도 될 수 있고(제287조의 3 제4호, 제287조의 5 제4호), 법인이 업무집행자인 경우에는 그 법인은 해당 업무집행자의 직무를 행할 자(직무수행자)를 선임하고 그 자의 성명과 주소를 다른 사원에게 통지하여야 한다(제287조의 15).

유한책임회사는 정관의 규정에 의하여 2 이상의 업무집행자를 공동업무집행자로 정할 수 있다(제287조의 12 제3항).

유한책임회사의 업무집행자의 업무집행을 정지하고 직무대행자를 선임하는 가처분이 있으면 직무대행자가 업무를 집행한다(제287조의 13, 제287조의 5 제5항).

② 업무집행권의 상실 및 정지

업무집행자는 정당한 사유 없이 사임할 수 없고(제287조의 18 · 제195조, 민법 제708조 전단), 정관에 다른 규정이 없는 한 총사원의 동의가 없으면 해임할 수 없다(제287조의 3 제4호, 제287조의 16).

업무집행자가 업무를 집행함에 현저하게 부적임하거나 중대한 업무를 위반한 행위가 있는 때에는 법원은 사원의 청구에 의하여 업무집행권한의 상실을 선고할 수 있다

(제287조의 17 제1항, 제295조 제1항).

업무집행자에 대하여 그 업무집행의 정지 및 직무대행자를 선임하는 가처분이 있으면, 그러한 업무집행자는 가처분의 취소가 없는 한 업무를 집행할 수 없다(제287조의 5 제5항, 제287조의 13).

③ 직무대행자의 권한

유한책임회사가 직무대행자를 선임할 경우(제287조의 5 제5항), 직무대행자의 권한은 합명회사의 직무대행자의 권한에 관한 제200조의 2가 준용된다(제287조의 13). 이와 같이 선임된 직무수행자에 대하여는 경업이 금지되고(제287조의 10) 자기거래가 금지된다(제287조의 15 제2항, 제287조의 11).

(2) 업무집행의 방법

① 사원의 의사결정

업무집행에 관하여 '사원의 의사결정이 있어야 하는 경우(제287조의 11, 제287조의 16 등)'에는 상법 또는 정관에 의한 결의를 요하고, 상법 또는 정관에 달리 정함이 없으면 총사원의 과반수로써 결정하여야 한다(제287조의 18 · 제195조, 민법 제706조 제2항 제1문). 이 경우 의결권은 원칙적으로 사원의 두수에 의한다(1인 1의결권주의).

② 업무집행의 실행

유한책임회사가 1인 또는 2인 이상의 업무집행자를 정한 경우에는 원칙적으로 각자가 회사의 업무를 집행할 권리의무가 있다(단독업무집행의 원칙, 제287조의 12 제1항 제1문).

그러나 (i) 2 이상의 업무집행자를 정한 경우, 각 업무집행자의 업무집행에 대하여 다른 업무집행자의 이의가 있는 때에는 곧 그 행위를 중지하고 총업무집행자의 과반수의 결의에 의하여야 한다(제287조의 12 제2항 제2문, 제201조 제2항), (ii) 정관에서 2 이상의 업무집행자를 공동업무집행자로 정한 경우에는 그 전원의 동의가 없으면 업무집행에 관한 행위를 하지 못한다(제287조의 12 제3항).

(3) 업무감시권

유한책임회사에서 업무집행자가 아닌 사원은 합자회사의 유한책임사원과 마찬가지로 업무집행자에 대한 업무감시권을 갖는다(제287조의 14, 제277조).

3. 경업피지의무와 자기거래의 제한

(1) 경업피지의무

업무집행자는 사원 전원의 동의가 없으면 자기 또는 제3자의 계산으로 회사의 영업부류에 속하는 거래를 하지 못하고(경업금지의무), 같은 종류의 영업을 목적으로 하는 다른 회사의 업무집행자 · 이사 기타 집행임원이 되지 못한다(특정지위취임금지의무)(제287조의 10 제1항).

경업금지의무 위반시 회사는 개입권과 손해배상청구권을 행사할 수 있고(제287조의 10, 제198조), 특정지위취임금지의무 위반시 회사는 개입권은 행사할 수 없고 손해배상청구권만을 행사할 수 있다(제287조의 10 제2항, 제198조 제3항 유추).

(2) 자기거래의 제한

업무집행자는 다른 사원 과반수의 결의가 있는 경우에 한하여 자기 또는 제3자의 계산으로 회사와 거래를 할 수 있고, 이 경우 민법 제124조(자기계약, 쌍방대리)는 적용되지 않는다(제287조의 11).

업무집행자는 자기거래제한의 위반시, 회사에 대하여 손해배상책임을 지는 외에(제287조의 19, 민법 제707조 · 제681조), 다른 사원의 청구에 의하여 법원으로부터 업무집행권 또는 대표권의 상실을 선고받을 수 있다(제287조의 17, 제205조).

4. 감사기관

유한책임회사에는 감사와 같은 감독기관에 관한 규정이 없으나, 회사가 임의로 감사를 두는 것은 무방하다. 유한책임회사의 업무집행자가 아닌 사원은 합자회사의 유한책임사원에게 인정되는 감시권을 갖는다(제287조의 14, 제277조).

5. 유한책임회사와 사원 간의 소

유한책임회사가 사원(사원이 아닌 업무집행자도 포함)에 대하여 또는 사원이 유한책임회사에 대하여 소를 제기하는 경우에, 회사를 대표할 사원이 없을 때에는 다른 사원의 과반수의 결의로 대표할 사원을 선정하여야 한다(제287조의 21).

Ⅲ. 외부관계

1. 회사대표

(1) 대표기관

① 대표권의 취득

유한책임회사의 업무집행자(사원 · 비사원, 자연인 · 법인 여하를 불문)는 유한책임회사를 대표한다(단독대표, 제287조의 19 제1항).

2 이상의 업무집행자가 있는 경우에는 원칙적으로 각자가 회사를 대표한다(제287조의 19 제2항).

업무집행자가 2 이상인 경우 정관 또는 총사원의 동의로 유한책임회사를 대표하는 업무집행자(대표업무집행자)를 정할 수 있다(제287조의 19 제2항).

유한책임회사는 정관 또는 총사원의 동의로 2 이상의 업무집행자가 공동으로 회사를 대표할 것을 정할 수 있다(공동대표업무집행자, 제287조의 19 제3항).

② 대표권의 제한 및 상실

유한책임회사가 사원(사원이 아닌 업무집행자를 포함)에 대하여 또는 사원이 유한책임회사에 대하여 소를 제기하는 경우에 유한책임회사를 대표할 사원이 없을 때에는 다른 사원 과반수의 결의로 대표할 사원을 선정하여야 한다(제287조의 21).

대표업무집행자도 업무집행자와 같이 정당한 사유 없이 사임할 수 없고, 정관에 다른 규정이 없는 경우 총사원의 동의가 없으면 해임할 수 없다(제287조의 19). 유한책임회사를 대표하는 업무집행자에 대하여 그 대표행위의 정지 및 그 직무대행자를 선임하는 가처분이 있으면 그러한 업무집행자는 가처분의 취소가 없는 한 회사를 대표하지 못한다(제287조의 5 제5항, 제287조의 13).

(2) 대표의 방법

유한책임회사에서 업무집행자는 원칙적으로 각자 단독으로 회사를 대표한다(제287조의 19 제1항).

정관 또는 총사원의 동의로 2 이상의 업무집행자가 공동으로 회사를 대표할 것을 정할 수 있는데(제287조의 19 제3항, 공동대표), 이 경우 '능동대표'는 반드시 공동으로 하여야 하나 수동대표의 경우에는 각자가 단독으로 할 수 있다(제287조의 19 제4항).

(3) 대표기관의 권한

유한책임회사의 대표기관의 권한은 합명회사의 대표사원의 권한과 같다(제287조의 19 제5항). 즉 대표업무집행자는 회사의 영업에 관하여 재판상 · 재판외의 모든 행위를 할 권한이 있고, 이러한 권한에 관한 제한에 대하여 선의의 제3자에게 대항하지 못한다(제209조).

(4) 대표기관의 손해배상책임

유한책임회사를 대표하는 업무집행자가 그 업무집행으로 타인에게 손해를 입힌 경우, 회사는 그 업무집행자와 연대하여 배상할 책임이 있다(제287조의 20).

2. 사원의 제3자에 대한 책임

유한책임회사의 사원은 상법에 다른 규정이 없으면 출자금액을 한도로 한다(제287조의 7). 이 점은 합명회사의 사원의 책임과 크게 다르고 주식회사의 주주와 유한회사의 사원의 책임과 유사하다.

유한회사의 사원은 회사성립 후에 현물출자 등의 부족재산가격과 출자불이행에 따른 출자미필액에 대하여 전보책임을 지므로 '유한회사 사원의 책임은 상법에 다른 규정이 있는 경우 외에는 그 출자금액을 한도로 한다'고 규정하고 있는데(제553조), 유한책임회사의 경우에는 상법에 사원의 전보책임에 대하여 아무런 규정이 없으므로 제287조의 7상의 '상법이 다른 규정이 있는 경우'란 거의 그 의미가 없다. 유한책임회사를 주식회사로 조직변경할 때 발행하는 주식의 발행가액의 총액에 부족한 순재산액에 대한 전보책임이 업무집행자 및 사원에게 있으므로(제287조의 44, 제607조 제4항), 이 점이 제287조의 7의 '상법에 다른 규정이 있는 경우'라고 볼 여지도 있으나, 이 점은 주식회사의 주주에게도 동일하게 규정하고 있다(제605조). 그러므로 유한책임회사의 사원의 책임은 유한회사의 사원의 책임보다 주식회사의 주주의 책임에 더 가깝다고 할 수 있다.

유한책임회사의 사원은 회사설립 전에 그 출자를 전부 이행하여야 하므로(제287조의 4 제2항) 회사채권자에 대하여 변제할 책임이 없는 점에서(간접유한책임) 회사채권자에 대하여 직접 변제할 책임을 지는 합자회사의 유한책임사원의 책임(직접유한책임, 제279조)과 구별된다.

3. 대표소송

유한책임회사의 사원은 회사에 대하여 업무집행자의 책임을 추궁하는 소의 제기를 청구할 수 있다(제287조의 22). 대표소송에 관하여는 주식회사 주주의 대표소송에 관한 규정(제403조 제2항부터 제4항까지, 제6항, 제7항 및 제404조부터 제406조까지의 규정)을 준용한다(제287조의 22 제2항).

제4절 기구변경

Ⅰ. 정관변경

유한책임회사는 정관에 다른 규정이 없으면 총사원의 동의에 의하여 정관을 변경할 수 있다(제287조의 16). 그러므로 정관에 다른 규정을 함으로써 '총사원의 동의'의 요건을 완화할 수 있다.

Ⅱ. 사원변경

1. 가입

유한책임회사의 사원은 정관의 절대적 기재사항이므로(제287조의 3 제1호) 정관을 변경함으로써 새로운 사원을 가입시킬 수 있다(제287조의 23 제1항).

새로 가입하는 사원은 출자의 전부를 이행하여야 하므로, 새로 가입하는 사원이 정관을 변경하기 전에 출자의 전부를 이행하면 '정관을 변경한 때'에 가입의 효력이 생기고, 정관을 변경한 때에 새로 가입한 사원이 출자에 관한 납입 또는 재산의 전부 또는 일부의 출자를 이행하지 않은 경우에는 '그 납입 또는 이행을 마친 때'에 가입의 효력이 생긴다. 사원 가입시 현물출자를 하는 경우 출자의 이행에 관하여는 설립시의 현물출자에 관한 규정이 적용된다(제287조의 23).

2. 퇴사

(1) 의의

퇴사란 회사의 존속 중에 특정사원의 사원자격이 소멸되는 것을 말한다. 유한책임회사에서 사원의 퇴사를 인정한 것은 합명회사의 요소를 반영한 것이다.

사원의 퇴사에 관하여는 정관에 달리 정함이 없는 경우에는 합명회사 사원과 마찬가지로 퇴사의 자유가 인정된다(제287조의 24, 제217조 제1항). 다만 합명회사 사원과는 달리 즉시퇴사(제217조 제2항)는 인정되지 않는다.

(2) 퇴사원인

사원의 퇴사원인에 관하여는 합명회사의 사원의 퇴사원인과 같다(제287조의 25, 제218조)

① 임의퇴사

정관으로 회사의 존립기간을 정하지 않거나 어느 사원의 종신까지 존속할 것을 정한 때에는 사원은 6개월 전의 일방적 예고에 의하여 영업연도 말에 한하여 퇴사할 수 있다. 그러나 부득이한 사유가 있을 때에는 언제든지 퇴사할 수 있다(제287조의 24, 제217조).

유한책임회사 사원의 임의퇴사는 정관에 다른 정함이 없으면 합명회사 사원의 임의퇴사의 경우와 같다.

② 강제퇴사

사원의 지분을 압류한 채권자는 회사와 그 사원에 대하여 6개월 전에 예고를 함으로써 영업연도 말에 그 사원을 퇴사시킬 수 있다. 그러나 채무자인 사원이 변제를 하거나 상당한 담보를 제공한 때에는 퇴사예고는 그 효력을 잃게 되어 그 사원을 강제퇴사시킬 수 없다(제287조의 29, 제224조).

③ 당연퇴사

사원에게 일정한 사유가 있는 경우, 즉 (i) 정관에서 정한 사유가 발생한 때, (ii) 총사원의 동의가 있는 때, (iii) 사원이 사망한 때, (iv) 사원이 금치산선고를 받은 때, (v) 사원이 파산선고를 받은 때, (vi) 사원이 제명된 때에는 당연히 퇴사한다(제287조의 25, 제218조).

(3) 퇴사절차

퇴사의 경우에는 사원의 변경이 생기고, 사원은 정관의 절대적 기재사항이므로 정관의 변경이 있어야 한다. 그런데 정관의 변경에는 정관에 달리 정함이 없는 경우 총사원의 동의가 있어야 하지만(제287조의 16) 퇴사의 경우는 사원가입의 경우와는 달리 퇴사원인이 있으면 퇴사가 되는 것이므로 퇴사를 위하여 별도로 정관변경의 절차를 밟을 필요는 없다고 생각한다.

(4) 효과

① 지분환급청구권

퇴사사원은 정관에 달리 정함이 없는 한(제287조의 28 제3항) 그 지분의 환급을 금전으로 받을 수 있다. 퇴사사원에 대한 환급금액은 퇴사시의 회사의 재산상황에 따라 정한다. 퇴사사원의 지분환급에 대하여는 정관으로 달리 정할 수 있다(제287조의 28).

유한책임회사의 사원은 그 출자금액을 한도로 하여 책임을 지므로, 어떠한 경우에도 회사에 대하여 추가출자의무 또는 손실분담금납부의무를 지지 않는다.

유한책임회사의 채권자는 퇴사하는 사원에게 환급하는 금액이 제287조의 37(잉여금의 분배)에 따른 잉여금을 초과한 경우에는 그 환급에 대하여 회사에 이의를 제기할 수 있다. 이 이의제기에 관하여는 제232조(채권자의 이의)를 준용한다. 다만 동조 제3항은 지분을 환급하더라도 채권자에게 손해를 끼칠 우려가 없는 경우에는 준용하지 아니 한다.

② 상호변경청구권

퇴사한 사원의 성명이 유한책임회사의 상호 중에 사용된 경우에는 그 사원은 유한책임회사에 대하여 그 사용의 폐지를 청구할 수 있다(제287조의 31).

Ⅲ. 합병

유한책임회사는 어느 종류의 회사와도 합병할 수 있으며, 유한책임회사의 합병에 관하여는 합명회사의 합병에 관한 규정(제230조, 제232조~ 제240조)이 준용된다(제287조의 41).

Ⅳ. 조직변경

주식회사는 총주주의 동의에 의하여 유한책임회사로 조직변경할 수 있고, 유한책임회사는 총사원의 동의에 의하여 주식회사로 조직변경할 수 있다(제287조의 43).

유한책임회사와 주식회사 간의 조직변경에 관하여는 유한회사와 주식회사 간의 조직변경에 관한 제232조 및 제604조부터 제607조까지의 규정을 준용한다(제287조의 44).

제5절 회 계

Ⅰ. 총설

유한책임회사에 대하여는 물적 회사의 요소를 반영하여 회계에 관한 규정을 두고 있다. 따라서 유한책임회사의 회계에 관하여는 회계에 관한 특칙(제287조의32~제287조의36)이 먼저 적용되고, 이러한 특칙이 없는 사항에 대하여는 상법총칙의 상업장부에 관한 규정(제29조~제33조)이 적용되며, 상법과 상법시행령으로 규정한 것 외에는 '일반적으로 공정하고 타당한 회계관행'에 따른다(제287조의 32).

Ⅱ. 재무제표

유한책임회사의 업무집행자는 결산기마다 대차대조표 · 손익계산서 · 그밖에 유한책임회사의 재무상태와 경영성과를 표시하는 것으로서 대통령령으로 정하는 서류를 작성하여야 한다(재무제표, 제287조의 33). 유한책임회사의 재무제표는 주식회사 및 유한회사의 경우와 같은데, 유한책임회사의 업무집행자는 제무제표부속명세서를 작성할 필요가 없는 점에서 주식회사 및 유한회사의 경우와 다르고, 또한 연결재무제표를 작성할 필요가 없는 점에서 주식회사의 경우와 다르다.

Ⅲ. 자본금의 증가와 감소

1. 자본금의 의의

유한책임회사의 자본금이란 '사원이 출자한 금전이나 그 밖의 재산의 가액'이다(제287조의 35). 이는 유한책임회사가 물적 회사의 요소를 반영한 점이다. 그런데 유한책임회사에서의 자본금은 주식회사에서의 주식이나 유한회사에서의 출자좌수와 같은 구성단위의 개념이 없는 점에서 주식회사 및 유한회사의 자본금과는 근본적으로 구별된다.

(1) 자본금의 증가

유한책임회사는 위에서 본 바와 같이 자본금의 구성단위가 없으므로, 이러한 구성단위의 수의 증가 또는 구성단위의 금액의 증가의 방법 등에 의한 자본금의 증가는 있을 수 없다. 따라서 유한책임회사에서의 자본금의 증가는 '새로운 사원의 가입에 따른 출자금이나 그 밖의 재산의 가액의 증가'라고 볼 수 있다(제287조의 23, 제287조의 35). 이 경우 정관의 절대적 기재사항인 사원의 성명과 자본금액의 변경을 가져오므로(제287조의 3 제1호·제3호), 정관에 다른 규정이 없는 경우 총사원의 동의에 의한 정관변경절차를 밟아야 한다(제287조의 16).

(2) 자본금의 감소

유한책임회사의 자본금의 감소에는 사원의 퇴사(제287조의 28) 등으로 인하여 출자한 금전이나 그밖의 재산의 가액이 감소하는 경우(실질상의 자본금의 감소)와 출자한 재산의 실질가치의 하락 등으로 인하여 출자한 재산의 가액을 감소하는 경우(명의상의 자본금의 감소)가 있다. 어느 경우나 자본금이 감소하면 그만큼 회사가 유보하여야 할 현실재산이 감소하게 되어 대외적으로 회사채권자에게 불리하게 되므로, 자본금의 감소에는 회사채권자보호절차를 밟아야 한다(제287조의 36 제2항 본문, 제232조). 그러나 자본금감소 후의 자본금의 액이 순자산액 이상인 경우에는 회사채권자보호절차를 밟지 않아도 되는 것으로 완화하고 있다(제287조의 36 제2항 단서).

자본금이 감소되면 정관의 절대적 기재사항(제287조의 3 제3호)의 변경을 가져오므로, 정관변경의 방법으로 자본금을 감소할 수 있는 점은 당연하다고 하겠다(제287조의 36 제1항).

Ⅳ. 잉여금의 분배

1. 요건

유한책임회사에서는 대차대조표상의 순자산액으로부터 자본금의 액을 뺀 액(잉여금)을 한도로 하여 잉여금을 분배할 수 있다(제287조의 37 제1항). 유한책임회사가 이 요건에 위반하여 잉여금을 분배한 경우에는 유한책임회사의 채권자는 그 잉여금을 분배받은 자에 대하여 회사에 반환할 것을 청구할 수 있다(제297조의 37 제2항).

2. 기준

유한책임회사에서는 잉여금 분배의 기준은 정관에 다른 규정이 없으면 각 사원이 출자한 가액에 비례한다(제287조의37 제4항).

3. 청구 등

유한책임회사에서 잉여금의 분배를 청구하는 방법이나 그밖의 잉여금의 분배에 관한 사항은 정관에서 정할 수 있다(제287조의37 제5항). 유한책임회사에서는 잉여금의 분배의 지급시기 등 잉여금의 분배에 관한 많은 사항을 정관에서 자율적으로 정할 수 있도록 하고 있는 점에서 물적 회사에서와 다르다.

유한책임회사에서 사원의 지분의 압류는 잉여금배당청구권에 대하여 그 효력이 있으므로(제287조의37 제6항), 사원의 지분에 대하여 압류가 있으면 회사는 그 압류채권자에게 잉여금을 분배하여야 한다.

제6절 합병과 조직변경

Ⅰ. 합병

유한책임회사의 합병에 관하여는 합명회사의 합병에 관한 제230조, 제232조 내지 제240조의 규정을 준용한다(제287조의 41).

Ⅱ. 조직변경

유한책임회사는 총사원의 동의에 의하여 주식회사로 변경할 수 있고(제287조의43 제2항), 주식회사는 주주총회에서 총주주의 동의에 의한 결의로 유한책임회사로 조직변경을 할 수 있다(동조 제2항). 유한책임회사의 조직변경에 관하여는 채권자이의에 관한 제232조 및 주식회사의 조직변경에 관한 제604조 내지 제607조의 규정을 준용한다(제287조의 44).

제 7 절 해산과 청산

Ⅰ. 해산

1. 사유

유한책임회사의 해산사유는 (ⅰ) 존립기간의 만료 기타 정관으로 정한 사유의 발생, (ⅱ) 총사원의 동의, (ⅲ) 사원이 없게 된 경우, (ⅳ) 합병, (ⅴ) 파산, (ⅵ) 법원의 해산명령 또는 해산판결이다. 합명회사의 해산사유와 거의 같은데, 다만 합명회사는 '사원이 1인으로 된 때'가 해산사유이나 유한책임회사는 '사원이 없게 된 경우'가 해산사유이다 (제287조의 38 2호).

유한책임회사의 사원이 해산을 청구하는 경우에는 제241조가 준용되어 부득이한 사유가(제287조의 38) 있는 때에는 각 사원은 회사의 해산을 법원에 청구할 수 있다(제287조의 42).

2. 등기

유한책임회사가 해산된 경우에는 합병과 파산의 경우 외에는 그 해산사유가 있었던 날부터 본점소재지에서는 2주 내에 해산등기를 하고 · 지점소재지에서는 3주 내에 해산등기를 하여야 한다(제287조의 39).

3. 효과

(1) 청산절차의 개시

유한책임회사는 해산에 의하여 청산절차가 개시되는데, 다만 합병과 파산의 경우는 제외된다.

유한책임회사는 청산절차가 개시되면 청산의 목적범위 내로 그 권리능력이 제한된다 (제287조의 45, 제245조).

(2) 회사의 계속

① 유한책임회사가 존립기간의 만료 기타 정관으로 정한 사유의 발생 또는 총사원의

동의에 의하여 해산한 경우에는 사원의 전부 또는 일부의 동의로 회사를 계속할 수 있다. 이때 동의하지 않은 사원은 퇴사한 것으로 본다(제287조의 40, 제229조 제1항).

② 회사의 해산등기 후에 위와 같이 회사를 계속하는 경우에는 본점소재지에서는 2주 내에 · 지점소재지에서는 3주 내에 회사계속의 등기를 하여야 한다(제287조의 40, 제229조의 3항).

Ⅱ. 청산

유한책임회사의 청산절차는 합명회사의 경우와 거의 같다. 유한책임회사의 청산에 관하여는 합명회사의 청산에 관한 제245조, 제246조, 제251조 내지 제257조, 제259조 내지 제276조의 규정을 준용한다(제287조의 45).

다만 다른 점은 유한책임회사에서는 임의청산(제227조~제249조)이 인정되지 않고(물적 회사의 경우와 유사) 유한책임사원은 그 출자금액을 한도로 유한책임을 지고(제287조의 7) 또한 금전이나 그밖의 재산의 출자를 회사성립시 등에 전부 이행하여야 하므로(제287조의 4 제2항, 제287조의 23 제2항), 청산시에 회사의 현존재산이 그 채무를 변제함에 부족한 때에도 청산인은 합명회사의 경우와 같이 각 사원에 대하여 출자를 청구할 수 있는 것(제258조)이 있을 수 없다.

제 6 장

주식회사

제1절 총 설

Ⅰ. 주식회사의 개념

주식회사란 사원의 출자에 의한 일정한 자본금을 가지고, 사원의 지위가 균등하게 세분화된 비율적 단위인 주식의 형식을 취하며, 사원은 그 주식인수가액한도의 출자의무를 가질 뿐 회사채권자에 대하여 직접 책임을 지지 않는 회사를 말한다.

그러므로 주식회사의 3요소로서는 '자본금 · 주식 · 주주의 유한책임'을 들 수 있다.

1. 자본금

(1) 의의

(표시 또는 법정) 자본금이란 여러 가지 의미로 사용되고 있으나, 사원의 출자에 의하여 이루어지는 일정기금으로서 회사재산확보의 기준이 되는 (계산상의) 일정금액을 뜻한다.

상법규정에 의하면 자본금은, 액면주식을 발행하는 경우에는 원칙적으로 발행주식의 액면총액이고(제451조 제1항), 무액면주식을 발행하는 경우에는 주식의 발행가액의 2분의 1 이상의 금액으로서 이사회에서 자본금으로 계상하기로 한 금액의 총액이다(동조 제2항 제1문).

이 경우 주식의 발행가액 중 자본금으로 계상하지 않은 금액은 자본준비금으로 계상하여야 한다(동조 제2항 제2문). 자본금과 재산과의 관계를 살피면, 자본금은 영업재산 또는 회사재산의 뜻으로 쓰이는 경우도 있으나, 양자는 같은 것은 아니다. 자본금은 등기로 공시되는 추상적 일정수액(數額)으로서 자본금증가 내지 자본금감소의 절차가 없는 한 불변이고, 재산은 구체적 현실의 재산으로서 회사의 경영상태 또는 물가변동에 따라서 변동한다. 회사의 재산이 자본금보다 많으면 이익이 생기고 반대의 경우에는 손실이 생긴다.

(2) 기능

자본금의 주요기능은 '회사채권자를 위한 담보기능'이다.

(3) 자본금에 관한 입법례

① 총액인수주의 또는 확정자본금 제도(과거 대륙법계)

총액인수주의 또는 확정자본금제도란 회사의 정관에 자본금을 기재하고 회사설립시에는 자본금의 총액에 관하여 주식의 인수가 확정될 것을 요구하는 제도를 말한다.

이 제도는 회사채권자의 보호에는 유리하나 회사의 설립 및 자본금조달의 탄력성에 있어서는 부족하다.

② 수권자본금주의(영미법계)

'수권(授權)'이란 회사의 자본금조달의 권한을 어느 기관인가에 준다는 의미이다. 오늘날 그 기관은 대부분 이사회인바, 수권자본금주의란 이사회가 필요에 따라 신주를 발행함으로써 회사의 자기자본을 조달할 수 있는 제도를 말한다.

이 제도는 회사의 설립을 용이하게 하고 자금조달에 탄력성을 부여하는 장점이 있으나, 회사설립시 자본금의 기초가 취약하다는 단점이 있다.

③ 우리나라는 순수한 수권자본금주의에 확정자본금주의를 일부 가미한 제도를 취하고 있다(절충주의). 회사설립시에는 수권주식총수를 정관의 절대적 기재사항으로 하면서 회사설립시에 발행하는 주식은 전부 인수·납입되도록 하여 가급적 회사의 재산적 기초를 공고히 하는 한편, 이사회로 하여금 기동성 있게 자본금을 조달할 수 있는 권한을 부여하면서 주식의 할인발행이라는 보완책을 강구하여 수권자본금제도의 실효성을 확보하고 있다.

(4) 자본금에 관한 원칙

물적 회사인 주식회사는, 회사재산만이 회사채권자를 위한 담보가 되며 자본금이 그 담보의 기준이 되는 바, 회사채권자보호를 위한 법의 배려에서 다음과 같은 원칙이 마련되어 있다.

① 자본금확정의 원칙

자본금확정의 원칙이란 회사의 자본금이 정관에 의하여 확정되고 그 자본금에 대한 주식인수도 확정되어야 한다는 뜻이다. 그러므로 이것은 총액인수제도와 일치하는 원칙이다.

우리 상법은, 원칙적으로 수권자본금제도를 취하고 있으나 원시정관에는 회사설립시에 발행하는 주식의 총수를 기재하여야 하고(제289조 제1항 제5호)[1] 회사설립시에 발행된 주식에 대하여는 전부 인수와 납입이 되어야 하는바(제295조, 제305조), 그 총수의 인수가 확정되어야 하고, 이 의미에서 자본금확정의 원칙이 인정되는 것이다.

이 원칙은 회사설립의 건전성확보가 본래의 기능이나 동시에 회사채권자보호의 기능도 있다.

② 자본금충실의 원칙(자본금유지의 원칙)

자본금충실의 원칙이란 회사는 자본금에 상당하는 재산을 실제로 보유하도록 하여야 한다는 원칙을 말한다.

상법상 이 원칙이 반영된 규정은 전액납입 · 변태설립사항에 대한 규제 · 발기인의 책임 · 이익배당제한 등 많이 있다.

③ 자본금불변의 원칙(자본금감소제한의 원칙, 자본금임의변경불가의 원칙)

자본금불변의 원칙이란 확정된 자본을 임의로 변경하지 못하고 자본금을 변경하기 위하여는 엄격한 법적 절차를 요한다는 원칙을 말한다.

그런데 우리 상법은 수권자본금제도를 취하여 자본금의 증가는 이사회의 결의만으로 가능하나(제416조), 자본금의 감소는 회사의 담보기준이 저하되는 결과를 초래하므로 주주총회 특별결의와 회사채권자보호절차를 밟아야 하는 등 엄격한 법적 절차를 요하고 있는 바(제438조~제446조), '자본금감소제한의 원칙'이라고 하는 것이 더 정확한 표현이라 하겠다.

2. 주식

'주식'이라는 용어에는 두 가지 뜻이 있다. 하나는 '자본금의 구성단위'라는 것이고, 다른 하나는 '주주의 회사에 대한 지위(주주권)'이라는 것이다. 이 주주의 지위(즉 주식)를 표창하는 유가증권이 '주권(株券)'이다.

자본금은 주식으로 분할되어 있으므로(제329조 제2항) 발행주식의 액면총액이 자본금으로 된다. 액면가액을 초과하여 주식을 발행하는 때에도 자본금은 발행주식의 액면총액이 되고(발행주식수 X 권면액), 그 초과금액은 자본금이 되는 것이 아니라 자본준비금으로 적립되게 된다(제451조).

1) 주식회사 설립시에 주식을 발행예정주식총수의 1/4 이상을 발행하여야 한다고 규정한 제289조 제2항은 2011년 상법 개정시에 삭제되었다.

3. 주주의 유한책임

주주는 다른 종류의 회사의 사원과는 달리 회사채권자에 대하여 직접적으로 책임을 지지 않는다.

주주는 보유주식의 인수가액을 한도로 하여 회사에 대한 출자의무를 부담할 뿐, 그 이상은 아무런 책임이 없다(제331조). 다만 관행적으로 인적 회사의 무한책임사원의 무한책임과 대비시켜 유한책임이라고 부르고 있을 뿐이다. 그리고 이것은 정관 또는 주주총회의 결의로써도 가중할 수 없다.

이 점은 회사의 주인이 책임을 지지 않는다는 점에서 윤리적으로 비판받을 여지가 있으나, 모험이 수반되는 사업을 가능하게 함으로써 경제발전에 많은 기여를 하고 있기 때문에 이렇게 할 필요가 있는 것이다.

Ⅱ. 주식회사의 경제적 기능

주식회사는 자본금·주식·주주의 유한책임 등의 제도를 통하여 자본과 노력의 결합과 위험의 분산이라는 공동기업의 장점을 잘 살릴 수 있으며, 회사의 대내외 이해관계자들뿐만이 아니라 국가경제적으로도 매우 중요한 기업형태로서 자본주의경제의 발달에 크게 공헌하고 있다.

한편 주식회사의 구성원 간에 인적 신뢰관계가 없고 소유와 경영이 분리되므로 경영자나 대주주의 횡포 · 소수파주주나 회사채권자의 이익 침해 · 투기적 주식거래의 조장 · 회사의 남설에 따른 피해 등 각종의 폐해도 있다.

제 2 절 주식회사의 설립

Ⅰ. 총설

주식회사의 설립이란 주식회사라는 영리법인을 형성하는 것을 말한다. 주식회사의 설립에는 정관의 작성 · 사원의 확정 · 출자의 확정 · 기관의 구성 등이 불가결의 요소이다.

회사설립행위의 성질에 관하여는 합동행위설 · 병합행위설 · 계약설 등이 있으나, 이

중 회사의 설립이라는 공통의 목적을 달성하기 위한 복수인의 일방적 의사표시가 결합된 합동행위라고 보는 '합동행위설'이 통설이다. 그러나 이러한 구별의 실익은 거의 없다.

주식회사의 설립방법에는 정관작성 후 실체를 형성하는 절차상의 차이에 따라 '발기설립 · 모집설립'과 '단순설립 · 변태설립'이 있다.

Ⅱ. 설립기획

주식회사의 설립방법에는 '발기설립'과 '모집설립'이 있다.

발기설립이란 회사설립시 발행하는 주식의 총수를 발기인이 인수함으로써 설립하는 방법을 말한다. 발기설립은 출자자의 수가 적은 것이 통상이다.

모집설립이란 회사설립시 발행하는 주식의 총수의 일부를 발기인이 인수하고 나머지 주식은 그 이외의 자가 인수함으로써 설립하는 방법을 말한다. 모집설립은 발기설립보다 출자자의 수가 많고 인수 · 출자에 관한 절차가 까다롭고 복잡하다.

1. 발기인의 의의

발기인이란 실질적으로는 회사설립에 관한 모든 행위를 할 권한을 가진 자를 말하고, 형식적으로는 정관에 발기인으로서 기명날인 또는 서명한 자를 말한다(통설과 판례).

이 둘 중 실질적 의의보다 형식적 의의가 더 중요시되어, 실질적 의의에는 해당하지 않으나 형식적 의의에 해당하면 발기인이 되나, 실질적 의의는 갖추었어도 형식적 의의를 갖추지 못한 경우에는 제327조의 유사발기인에 해당하게 된다.[2)]

발기인은 정관을 작성하고 이에 기명날인 또는 서명하여야 한다(제289조).

또한 적어도 1주 이상의 주식을 인수하여야 하는데(제293조), 이는 의무일 뿐 요건은 아니다.

발기인은 '설립중의 회사'의 원시적 구성원(1주 이상 인수)인 동시에 (법인격을 가진 완성된 회사가 될 때까지 발전시켜야 하는) 업무집행기관이다.

2. 발기인의 자격

발기인의 자격에는 특별한 제한이 없다. 그러므로 무능력자 · 법인(회사) · 외국인도 발기인이 될 수 있다. 그러나 민법상의 조합이나 권리능력 없는 사단은 불가능하다.

2) 미국에서는 정관에 서명한 자를 설립자(incorporator), 회사설립의 기획자를 발기인(promotor)이라고 한다.

3. 발기인의 수

상법은 1995년 개정 전에는 7인, 1995년 개정 후에는 3인의 최저발기인수를 요구하였었는데, 이처럼 발기인을 여러 명 두도록 한 취지는 회사설립에 대하여 책임을 부담할 자를 많이 둠으로써 회사의 설립을 확실하게 하기 위함이었으나, 일정한 자력이 발기인의 자격으로 요구되지 않아 인원수의 요건이 형식적인 것에 불과하여, 2001년 개정시 발기인 1인에 의한 회사의 설립을 인정하기에 이르렀다(제288조 참조).

4. 발기인의 지위와 권한

(1) 지위

발기인은 설립중의 회사의 구성원임과 동시에 그 업무집행기관이다. '설립중 · 설립후의 회사의 동일성설'이 다수설이므로 발기인의 설립중의 회사를 위하여 한 행위로 인한 권리의무는 회사의 성립과 동시에 당연히 설립된 회사의 권리의무로 된다.

(2) 권한

발기인의 권한에 대하여는 다음과 같이 견해가 나누인다: (i) 회사의 형성 · 설립 그 자체를 직접적 목적으로 하는 행위만을 할 수 있다는 견해, (ii) (i)에 더하여 설립을 위하여 법률적 · 경제적으로 필요한 행위도 할 수 있다는 견해, (iii) 성립후의 회사의 영업개시를 위한 개업준비행위까지도 할 수 있다는 견해, (iv) 성립후의 회사가 할 수 있는 모든 행위를 할 수 있다는 견해.

통설은 (ii)의 견해이고, 판례는 (iii)의 견해를 따르고 있다. 설립중의 회사는 회사의 설립을 목적으로 하여 존재하므로 발기인의 권한은 '회사설립에 필요한 행위'에 그치는데, 필요행위란 현물출자의 대상이 영업인 경우에는 영업활동의 수행까지 포함하며 개업준비행위도 할 수 있는 것으로 탄력성 있게 해석된다.

(3) 의무 · 책임

발기인의 의무로는 1주 이상의 주식을 인수할 의무와 의사록작성의무가 있다.

발기인의 책임으로는 자본금충실책임(인수담보책임 · 납입담보책임, 제321조)과 임무해태로 인한 손해배상책임(제322조)이 있다.

5. 발기인조합

발기인이 2인 이상인 경우에는 이들 사이에 회사의 설립을 목적으로 하는 계약을 체결하고(발기인조합계약), 그 이행으로서 정관의 작성 기타 설립에 관한 행위 등을 하는데 그 주체를 가리켜 '발기인조합'이라고 한다. 그러나 1인 주식회사의 설립이 인정되는바 발기인조합이 반드시 구성될 필요는 없다.

발기인조합은 민법상의 조합의 일종이므로 조합에 관한 민법규정이 적용된다(민법 제703조 이하).

발기인조합(개인법상의 존재)은 나중에는 발전적으로 설립중의 회사(사단법상의 존재)로 된다. 그러므로 양자가 병행하는 동안에는 발기인의 회사설립행위는 '발기인조합계약의 이행행위이자 설립중의 회사의 기관으로서의 활동'이 된다.

설립중의 회사는 1주가 인수된 때로부터 존재한다고 보는 '회사의 전신'으로서, 그 법적 성질은 '권리능력 없는 사단'이다. 회사가 실체를 구비하고 등기를 하여 회사로서 성립하게 되면 설립중의 회사는 그 목적을 달성한 것이 되므로 해산한다.

〈발기인조합의 의사결정〉

의결정족수	내 용	원 칙
발기인 전원의 동의	정관작성, 주식발행사항의 결정, 각 발기인의 인수할 주식의 배정	두수주의(頭數主義)
발기인의 과반수	모집설립시 모집주주에 대한 주식배정	
발기인의 인수주식 의결권의 과반수	발기설립시 임원 선임 (제296조)	자본다수결

6. 설립중의 회사

(1) 의의

설립중의 회사란 회사의 성립(설립등기) 이전에 어느 정도 회사로서의 실체가 형성된 미완성의 회사를 말한다(성립 후의 회사의 전신: 대륙법상의 특유한 제도로서 영미법에는 없는 제도). 설립중의 회사는 권리능력 없는 사단이며(통설 · 판례), 그 성립시기는 정관이 작성되고 발기인이 1주 이상의 주식을 인수한 때로 본다(통설 · 판례).

(2) 설립중의 회사의 창립시기

설립중의 회사가 생기는 시기를 언제로 볼 것인가에 대하여, 정관작성시설 · 1주 이상 주식인수시설(통설 · 판례)[3] · 발행주식총수인수시설 · 기관구성시설 등의 견해가 있다.

(2) 법률관계

설립중의 회사의 업무집행기관은 발기인이다. 그러므로 발기인 또는 창립총회가 선임한 이사 · 감사는 설립중의 회사의 '감독기관'이지 업무집행기관이 아니다(제313조 참조).[4]

설립중의 회사의 법적 성질을 '권리능력 없는 사단'이라고 보면 설립중의 회사의 명의로 취득한 권리의무는 설립중의 회사에 총유(또는 준총유)되었다가 성립후의 회사에 별도의 이전행위 없이 귀속하게 된다(통설).

(3) 설립중의 회사와 발기인조합

발기인조합이 먼저 생기고, 이어서 설립중의 회사가 생긴다.

발기인조합은 그 성질이 민법상의 조합이므로 목적의 달성에 의하여 소멸하는데, 보통의 경우 회사가 법인격을 취득하고서 비로소 종료된다(후자는 완전한 회사화). 그러므로 양자는 일정기간 병존하게 된다.

이때 발기인조합의 조합원과 회사의 집행기관으로서의 발기인은 그 인적 범위에서 일치한다. 하지만 발기인의 행위는 전자의 입장에서는 조합계약의 이행행위가 되고 후자의 입장에서는 설립행위 · 기관의 활동이 된다.

(4) 설립중의 회사의 성질

우리나라와 일본의 통설은 법인이 아닌 사단(권리능력 없는 사단)으로 보는데,[5] 지속적인 목적의 달성을 꾀하는 것인 만큼 법인이 아닌 특수한 성질의 단체 또는 독자적인

---

3) 대법원 1990년 12월 26일 선고 90누2536 판결에 따르면, 설립중의 회사로서의 실체가 갖추어지기 이전에 발기인이 취득한 권리 · 의무는 구체적 사정에 따라 발기인 개인 또는 발기인조합에 귀속되는 것으로서 이들에게 귀속된 권리의무를 설립 후의 회사에 귀속시키기 위하여는 양수나 채무인수 등의 특별한 이전행위가 있어야 할 것인바, 원고 앞으로 소유권이전등기가 마쳐진 이 사건 토지에 관하여 원고가 발기인이던 회사의 장부에 원고가 토지매입자금을 입금하여 회사자금으로 이 사건 토지를 매입한 것으로 기재되었다거나 설립등기 후에 위 토지의 정지작업을 하였다는 사실만으로는 위 회사가 원고로부터 위 토지의 매수인으로서의 지위를 인수하였다고 보기는 어렵다고 할 것이다.
대법원 2000년 1월 28일 선고 99다35737 판결에 따르면, 설립중의 회사가 성립하기 위하여는 정관이 작성되고 발기인이 적어도 1주 이상의 주식을 인수하였을 것을 요건으로 한다.

4) 대법원 2000년 1월 28일 선고 99다35737 판결.

5) 대법원 1970년 8월 31일 선고 70다1357 판결.

조직형태로 보아야 할 것이다.

그러므로 법인격만 없을 뿐 장래 성립할 회사와 동일한 실체이므로, 성립 후의 회사에 적용되는 상법과 정관의 규정 중 법인격을 전제로 하지 않는 것은 모두 적용된다.

〈설립중의 회사〉

<table>
<tr><th colspan="2"></th><th colspan="2">설립중의 회사</th><th>성립후의 회사</th></tr>
<tr><td colspan="2">성립시기</td><td colspan="2">정관이 작성되고 발기인이 1주 이상의 주식을 인수한 후</td><td>설립등기시</td></tr>
<tr><td colspan="2">법적 성질</td><td colspan="2">비법인사단</td><td>영리사단법인</td></tr>
<tr><td rowspan="4">조직</td><td rowspan="2">의결기관</td><td>발기설립시</td><td>발기인</td><td rowspan="2">주주총회</td></tr>
<tr><td>모집설립시</td><td>이사, 감사</td></tr>
<tr><td>업무집행
대표기관</td><td colspan="2">발기인</td><td>이사회, 대표이사</td></tr>
<tr><td>감사기관</td><td colspan="2">이사, 감사</td><td>감사 또는 감사위원회</td></tr>
<tr><td colspan="2">법률관계</td><td colspan="3">설립중의 회사라 함은 발기인이 회사의 설립을 위하여 필요한 행위로 인하여 취득 또는 부담하였던 권리의무가 회사의 설립과 동시에 그 설립된 회사에 귀속되는 관계를 설명하기 위한 강학상의 개념, 설립중의 회사로서의 실체가 갖추어지기 이전에 발기인이 취득한 권리·의무는 구체적 사정에 따라 발기인 개인 또는 발기인조합에 귀속되는 것으로서 이들에게 귀속된 권리의무를 설립 후의 회사에 귀속시키기 위하여는 양수나 채무인수 등의 특별한 이전행위가 있어야 할 것</td></tr>
</table>

Ⅲ. 설립절차(실체형성과정)

주식회사의 설립절차는 '정관의 작성'과 '기타의 실체형성과정'으로 구성된다.

1. 정관작성

(1) 정관의 의의

정관이란 실질적으로는 회사의 조직과 활동에 관한 내부적 근본규칙을 말하고, 형식적으로는 이를 기재한 서면(서면정관)을 가리킨다. 회사설립시에 작성된 최초의 정관을 '원시정관'이라고 한다.

(2) 정관의 법적 성질과 효력

① 정관의 법적 성질

정관의 법적 성질을 논하는 실익은 이를 계약으로 보면 민법상 계약에 관한 규정을 (유추)적용할 수 있다는 점에 있다.

a. 계약설 또는 법률행위설

정관을 일종의 계약으로 보는 견해이다(영미의 다수설, 독일의 통설).

b. 규범설 또는 자치법설

정관을 단순한 계약이 아니라 하나의 자치법으로 보는 견해(한 · 일의 통설)이다.

② 정관의 효력

정관은 이를 작성한 '발기인뿐만 아니라 회사의 주주와 기관'을 구속하는 효력을 가지며, 제3자를 구속하는 효력은 없다.

③ 정관의 해석

정관의 해석은 '객관적'으로 하여야 한다. 정관은 처음에는 발기인 간의 계약을 기초로 하지만 법인이 성립된 뒤에는 독립적인 법적 생명을 취득하며, 일반법규의 해석에 적용되는 원칙이 적용된다.

(3) 정관의 내용과 작성방법

① 정관의 방식 · 내용

발기인은 정관의 내용을 확정하고 서면에 기재한 다음 전원이 기명날인 또는 서명하여야 한다(제289조 제1항).

원시정관은 회사의 설립관계를 명확히 하기 위하여 원칙적으로 '공증인의 인증'을 효력발생요건으로 하고 있다. 그러나 자본금총액이 10억원 미만의 소규모주식회사를 발기설립하는 경우에는 예외적으로 공증인의 인증을 요하지 않고 각 발기인이 원시정관에 기명날인 또는 서명함으로써 정관의 효력이 발생한다(제292조).[6]

② 절대적 기재사항

정관의 절대적 기재사항이란 정관작성시 절대적으로 기재하여야 할 사항으로서, 하나라

6) 주식회사의 원시정관은 공증인의 인증을 받음으로써 효력이 생기는 것이지만 일단 유효하게 작성된 정관을 변경할 경우에는 주주총회의 특별결의가 있으면 그때 유효하게 정관변경이 이루어지는 것이고, 서면인 정관이 고쳐지거나 변경내용이 등기사항인 때의 등기 여부 내지는 공증인의 인증 여부는 정관변경의 효력발생에는 아무 영향이 없다(대법원 2006년 1월 27일 선고 2004다44575, 44582 판결).

도 기재하지 않거나 그 기재가 위법한 때에는 정관이 무효가 되고 그 결과 회사설립무효의 사유가 되는 사항을 말한다.

절대적 기재사항은 다음과 같다: 목적, 상호, 발행예정주식총수, 액면주식을 발행하는 경우 1주의 금액, 설립시의 발행주식총수, 본점소재지(지점은 이사회에서 결정), 회사가 공고를 하는 방법(관보 일간지, 일간경제신문과 일간지방지도 무방),[7] 발기인의 성명 주민등록번호 및 주소(제289조 제1항).

③ **상대적 기재사항**

정관의 상대적 기재사항이란 정관에 기재하지 않아도 정관 자체의 효력에는 영향이 없으나(정관은 유효), 당해사항의 효력이 인정되지 않는 것을 말한다.

상대적 기재사항은 상법 곳곳에 산재되어 있다. 법조문의 표현 중 '정관에 달리 정함이 없으면'이라고 되어 있는 경우를 왕왕 볼 수 있는데, 이처럼 정관에 별도의 정함이 있는 경우들이 바로 '상대적 기재사항'에 해당한다.

상대적 기재사항 중 대표적인 것이 '변태설립사항'이다. 변태설립사항이란 회사의 재산적 기초를 위태롭게 할 염려가 많은 사항을 말한다.[8] 주식회사가 변태설립사항을 이용하고자 하는 경우에는 우선 정관에 기재하여야 하고, 이에 대하여 법원이 선임한 검사인의 검사 또는 공증인의 조사 · 보고나 감정인의 감정을 받아야 하고(제299조의 2), 그 검사결과 정관규정이 부당하다고 인정되는 때에는 발기설립의 경우에는 법원에서 · 모집설립의 경우에는 창립총회에서 정관의 변경을 할 수 있다(제300조, 제314조).

정관에 변태설립사항에 해당하는 기재가 없거나 검사인의 검사가 없으면 그 사항은 원칙적으로 효력이 없다.

변태설립사항에 해당하는 것들은 다음과 같다.

(i) 발기인이 받을 특별이익과 이를 받을 자의 성명

'발기인이 받을 특별이익'이란 발기인 개인의 공로에 대하여 주는 이익을 말하며,[9] 잔

---

7) 회사의 공고는 관보 또는 '시사에 관한 사항을 게재하는 일간신문'에 하여야 한다. 이 경우 회사는 그 공고를 정관으로 정하는 바에 따라 전자적 방법으로 할 수 있다. 회사는 전자적 방법으로 공고할 경우 대통령령으로 정하는 기간까지 계속 공고하고, 재무제표를 전자적 방법으로 공고할 경우에는 제450조에서 정한 기간까지 계속 공고하여야 한다. 다만 공고기간 이후에도 누구나 그 내용을 열람할 수 있도록 하여야 한다. 회사가 전자적 방법으로 공고를 할 경우에는 게시기간과 게시내용에 대하여 증명하여야 한다. '회사가 전자적 방법으로 하는 공고'에 관하여 필요한 사항은 대통령령으로 정한다(제289조 제3항 ~ 제6항).

8) 이런 의미에서 독일에서는 'gefärlich Verabreden(위험한 약속)'이라는 표현을 사용한다. 이 용어가 일본을 거쳐 우리나라에 들어오면서 변태설립사항이라는 용어로 되었다.

9) 발기인이 받을 특별이익은 재산권적 성질을 가지므로 양도할 수 있다.

여재산분배청구권 · 이익배당우선권 · 신주인수권 · 설비이용권 · 총판매권(총판권) 등이 이에 해당한다.

(ii) 현물출자를 하는 자의 성명과 그 목적인 재산의 종류 · 수량 · 가격과 이에 대하여 부여할 주식의 종류와 수(단체법상의 법률관계)

현물출자란 동산 · 부동산 · 유가증권 · 특허권 등 금전 이외의 재산에 의한 출자를 말한다. 종전에는 발기인만이 현물출자를 할 수 있었으나 1995년 상법개정에서 그러한 제한이 폐지되었다.[10)]

현물출자에 관한 사항의 조사보고는 검사인 이외에 감정인의 감정보고로 갈음할 수 있다(제422조 제1항).[11)]

(iii) 회사성립 후에 양수할 것을 약정한 재산의 종류 · 수량 · 가격과 그 양수인의 성명(재산인수: 개인법상의 법률관계)

발기인이 회사의 성립을 조건으로 하여 회사를 위하여 특정인으로부터 일정한 재산을 양수하기로 약정하는 계약을 '재산인수'라고 한다. 이것은 전술한 '현물출자의 탈법행위'로서 행하여질 우려가 있는 바 변태설립사항의 하나로서 포함시킨 것이다. 현물출자와의 차이점은 현물출자의 경우에는 출자자에게 출자의 대가로서 '주식'이 발행되므로 단체법상의 법률관계가 생기게 되나, 재산인수는 출자의 대가로서 원칙적으로 '금전'이 지급되므로 '개인법상의 법률관계'가 생기게 된다는 것이다.

(iv) 회사가 부담할 설립비용과 발기인이 받을 보수액

정관 · 주식청약서 등의 인쇄비와 같이 회사가 부담할 설립비용과 발기인이 받을 보수액도 변태설립사항으로서 이를 정관에 기재하여야 그 효력이 발생한다. 그러나 사무실 · 집기 · 간판 등 회사가 개업을 준비하기 위하여 지출한 개업준비비는 이에 해당하지 않는다.[12)]

---

10) 현물출자에 있어서, 회사설립시에는 정관에 규정이 있어야 하나, 신주발행시에는 이사회에서 현물출자에 관하여 결정하기 때문에 정관에 관련 규정이 없어도 가능하다.

11) 대법원 1980년 2월 12일 선고 79다509 판결은, 현물출자에 대하여 법원이 선임한 검사인에 의한 검사절차를 밟지 않았다고 하여 이를 당연히 무효로 볼 수 없다고 판시하였다.

12) 공장부지를 매입하는 비용도 개업준비비용이므로 설립비용에 해당하지 않아 정관에 기재하여도 효력이 없다.
대법원 2965년 4월 13일 선고 64다1940 판결은, 발기인이 개업을 준비하기 위하여 금전차입을 하는 것은 '설립비용'에 포함될 수 없어 변태설립사항이라고 볼 수 없다고 하였다.

〈변태설립사항〉

<table>
<tr><th>변태설립사항</th><th colspan="3">의 의</th><th>규 제</th></tr>
<tr><td rowspan="2">특별이익</td><td rowspan="2">발기인에게 부여하는 보수 이외의 이익</td><td>해당</td><td>이익배당우선권, 신주인우선권, 회사제품의 총판매권 등</td><td rowspan="4">검사인 · 공증인의 조사</td></tr>
<tr><td>제외</td><td>의결권에 대한 특례, 이사의 지위 약속 등</td></tr>
<tr><td rowspan="2">설립비용</td><td rowspan="2">설립비용 및 발기인의 보수</td><td>해당</td><td>정관작성의 비용, 주식청약서 인쇄비, 주주모집을 위한 광고비, 설립사무소 임차료 등</td></tr>
<tr><td>제외</td><td>개업준비비용(공장, 건물, 집기, 원료 등의 구입비 등)</td></tr>
<tr><td>현물출자</td><td colspan="3">현물출자자의 자격은 제한이 없음
금전 이외의 재산으로서 양도가 가능하고 대차대조표상 자산에 기재될 수 있는 것
노무 또는 신용은 제외</td><td rowspan="2">검사인(감정인)의 조사
조사절차의 생략
(i) 현물출자 및 재산인수의 재산총액이 자본금의 1/5을 초과하지 아니하고 대통령령으로 정한 금액을 초과하지 않는 경우
(ii) 현물출자 또는 재산인수의 재산이 거래소에서 시세가 있는 유가증권인 경우 정권에 적힌 가격이 대통령령으로 정한 방법으로 산정된 시세를 초과하지 않는 경우</td></tr>
<tr><td>재산인수</td><td colspan="3">재산인수의 양도인은 제한이 없음</td></tr>
</table>

④ 임의적 기재사항

상법에 규정이 없더라도 강행법규 또는 주식회사의 본질에 반하지 않는 한 회사에 필요한 것을 정관에 기재할 수 있고 이에 따라 효력이 발생하는 사항이 있는바 이를 가리켜 '임의적 기재사항'이라고 한다. 그 예로는 주권의 종류, 주식명의개서절차, 이사 · 감사의 수, 정기주주총회의 시기 등이 있다.

⑤ 사후설립(事後設立)

a. 의의

현물출자나 재산인수에 대한 규제를 피하기 위하여 행하여지는 탈법행위를 막기 위하여, 회사가 그 성립 전부터 존재하는 재산을 회사의 영업을 위하여 계속해서 사용하기 위하여 회사성립 후 단기간 내에 양수하는 계약을 '사후설립'이라고 한다.

b. 요건

(i) 계약시기

재산취득계약이 회사성립 후 2년 내에 체결되어야 한다.

(ii) 취득목적재산

ⓐ 재산의 존재시기

재산의 존재시기에 대하여는, (i) 당해 재산이 회사성립 전부터 현실적으로 존재하는 것이라야 한다는 견해와 (ii) 회사성립 후에 창설된 것이라도 회사성립 전부터 이미 회사성립 후의 취득이 예정된 것도 포함된다는 견해가 있는데, 현물출자 등의 규제에 대한 탈법방지의 취지를 고려할 때 (ii)설이 타당하다.

ⓑ 영업을 위한 계속사용재산

영업을 위하여 계속하여 사용하는 재산의 예로서는 영업용 토지 · 건물, 공장, 기계, 운송수단, 무체재산권 등을 들 수 있으며 계속사용을 목적으로 하는 것이면 고정자산에 한하지 않는다.

(iii) 취득대가

자본금의 5/100 이상에 해당하는 것이라야 한다.

(iv) 취득계약의 성질

통상은 매매계약이 되겠으나, 교환계약 또는 도급계약인 경우도 있다.

c. 주주총회 특별결의

사후설립에 대하여는 주주총회의 특별결의를 요한다.

d. 적용범위

사후설립에 대한 규제는 유한회사의 설립과 자본금증가의 경우에도 적용된다.

2. 기타 회사의 실체형성절차

기타 회사의 실체형성절차로는 주식발행사항의 결정 · 주식인수 · 출자이행 · 기관구성 · 설립경과조사 등이 있는데, 주식발행사항의 결정을 제외한 나머지절차는 주식회사의 설립방법이 발기설립인지 모집설립인지에 따라 차이가 있다.

〈발기설립과 모집설립의 비교〉

<table>
<tr><th colspan="2"></th><th>발기설립</th><th>모집설립</th></tr>
<tr><td colspan="2">주식의 인수</td><td>회사설립시 발행하는 주식의 총수를 발기인이 인수</td><td>발기인이 일부를 인수하고 나머지는 주주를 모집하여 인수</td></tr>
<tr><td colspan="2">실권절차</td><td>X</td><td>O(금전출자 불이행시)</td></tr>
<tr><td colspan="2">이사·감사의 선임</td><td>발기인 의결권의 과반수로 이사와 감사를 선임</td><td>창립총회에서 출석한 주식인수인의 의결권의 2/3 이상이며 인수된 주식 총수의 과반수에 해당하는 다수로 이사와 감사를 선임</td></tr>
<tr><td rowspan="2">설립경과의 조사</td><td>일반설립사항의 조사</td><td colspan="2">이사와 감사가 취임 후 지체 없이 회사의 설립에 관한 모든 사항이 법령 또는 정관의 규정에 위반되지 않았는지 여부를 조사</td></tr>
<tr><td>변태설립사항의 조사
(i) 검사인이 조사
(ii) 변태설립사항 중 특별이익과 설립비용 등에 관하여는 공증인의 조사·보고로, 현물출자와 재산인수 및 현물출자의 이행에 관하여는 공인된 감정인의 감정으로써 검사인의 조사에 갈음
(iii) 조사절차의 생략
a. 현물출자 및 재산인수의 재산총액이 자본금의 1/5을 초과하지 않고 대통령령으로 정한 금액을 초과하지 않는 경우
b. 현물출자 또는 재산인수의 재산이 거래소에서 시세가 있는 유가증권인 경우로서 정관에 적힌 가격이 대통령령으로 정한 방법으로 산정된 시세를 초과하지 않는 경우</td><td>이사는 검사인의 선임을 법원에 청구
검사인·공증인 또는 감정인은 조사 또는 감정결과를 법원에 보고
법원이 변경</td><td>발기인은 검사인의 선임을 법원에 청구
검사인·공증인 또는 감정인은 조사 또는 감정의 결과를 창립총회에 제출
창립총회에서 변경 가능</td></tr>
</table>

(1) 주식발행사항의 결정

회사설립시 발행주식총수와 1주의 금액 등은 정관의 절대적 기재사항이므로 반드시 정관에서 규정하여야 한다. 그러나 그 밖의 구체적인 주식발행사항은 정관에 특별히 규정된 바가 없으면 발기인에 의하여 정하여질 수밖에 없다. 그러므로, (i) 주식의 종류와 수, (ii) 액면초과발행(또는 프레미엄부 발행)시 그 수와 금액, (iii) 무액면주식을 발행하는 경우에는 주식의 발행가액과 주식의 발행가액 중 자본금으로 계상하는 금액을 얼마로 할 것인가의 문제 등은 정관으로 정하여도 좋고, 정관에 정함이 없으면 발기인 전원의 동의로 정할 수 있다(제291조). 그리고 기타 주식청약기간 · 납입기일 · 납입취급은행 등은 발기인의 과반수결의로 정할 수 있다(통설).

(2) 발기설립의 절차

① 주주의 확정(발기인에 의한 주식 총수의 인수)

각 발기인은 발행주식의 총수를 서면에 의하여 인수하여야 한다(제293조). 서면에 의하지 않으면 무효이다.

그 법적 성질에 관하여, 회사설립에 참여하는 합동행위설(통설)과 설립중의 회사에의 입사계약설로 견해가 나누이고 있으나, 구별의 실익은 없다.

주식인수의 시기는 정관작성의 전후를 불문하는 것이 통설이나, 실제는 정관작성과 동시 또는 그 이후가 될 것이다.

② 자본금의 형성(출자의 이행: 주금액의 납입)

발기인이 회사설립시에 발행하는 주식의 총수를 인수한 때에는 지체 없이 각 주식에 대하여 그 인수가액의 전액을 납입하여야 한다. 이 경우 발기인은 납입을 맡을 은행 기타 금융기관과 납입장소를 지정하여야 한다. 그리고 현물출자의 경우에는 출자목적재산을 모두 인도하고 등기 · 등록 기타 권리의 설정이나 이전을 요할 경우에는 관련서류를 완비하여 교부하여야 한다(제295조).

자본금총액이 10억원 미만인 회사를 제295조 제1항(발기설립의 경우의 납입과 현물출자의 이행)에 따라 발기설립하는 경우에는 납입금보관증명서를 은행이나 그 밖의 금융기관이 잔고증명서로 대체할 수 있다(제318조 제3항). 발기설립에서의 금전출자불이행에 대하여는 채무불이행에 대한 민법의 일반원칙에 따르거나(민법 제389조, 제390조) 회사불성립의 결과로 된다.

③ 기관의 구성(이사 · 감사의 선임)

출자이행완료시 발기인은 지체 없이 그 의결권의 과반수로써 이사와 감사를 선임하여야 한다. 발기인의 의결권은 그 인수주식의 1주에 대하여 1개로 한다(제296조). 이때 발기인은 의사록을 작성하고 의사의 경과와 그 결과를 기재하고 기명날인 또는 서명하여야 한다(제297조).

이때 선임된 이사와 감사는 '감독기관'에 불과하고, 설립중의 회사의 업무집행기관은 발기인이다.

④ **설립경과의 조사**

이사와 감사는 취임 후 지체 없이 회사의 설립에 관한 모든 사항이 법령 또는 정관의 규정에 위반하지 않는지 여부를 조사하여 발기인에게 보고하여야 한다(제298조 제1항).

이사와 감사 중에서 발기인이었던 자 · 현물출자자 · 재산인수의 당사자는 조사 · 보고에 참가할 수 없다(동조 제2항). 그러므로 이사 · 감사 전원이 이에 해당하는 때에는 공증인으로 하여금 조사 · 보고를 하도록 하여야 한다(동조 제3항).

⑤ **변태설립사항의 조사**

변태설립사항이 있는 때에는 이사 · 감사는 보다 엄격한 조사를 위하여 원칙적으로 검사인의 선임을 법원에 청구하여야 한다(제289조 제4항). 검사인은 변태설립사항과 현물출자의 이행에 관한 사항을 조사한 후 조사보고서를 작성하여 법원에 제출하고(제299조 제1항) 그 등본을 각 발기인에게 교부하여야 하고, 이 보고서에 사실과 다른 사항이 있는 때에는 발기인은 이에 대한 설명서를 법원에 제출할 수 있다(동조 제4항).

법원은 검사인의 조사보고서와 발기인의 설명서를 심사하여 변태설립사항을 부당하다고 인정한 때에는 이를 변경하여 각 발기인에게 통고할 수 있다(제300조 제1항).

법원이 선임한 검사인의 검사는 공증인 또는 감정인의 조사 또는 감정으로 갈음할 수 있다(제299조 의 2).

(3) 모집설립의 절차

① **주주의 확정(주식의 인수)**

a. 발기인에 의한 주식일부의 인수

모집설립의 경우에는 회사설립시 발행주식의 일부는 발기인이 인수하고 그 나머지는 주주를 모집하여 인수하도록 한다(제301조).

b. 주주의 모집(주식인수의 청약 - 공모 · 사모)

모집설립의 경우, 발기인은 응모주주의 보호를 위하여 회사조직의 대강과 청약의 조건을 기재한 '주식청약서'를 반드시 작성하여야 한다. 주식인수의 청약을 하고자 하는 자는 반드시 이에 의하여 청약하여야 한다(주식청약서주의, 제302조).

c. 주식인수의 청약

(i) 청약방법

주식인수의 청약을 하고자 하는 자는 반드시 주식청약서에 의하여 청약하여야 하고, 이에 의하지 않은 청약은 무효이다. 그러나 기재사항 등에 있어서 아주 엄격한 것은 아니다.

이때 2통을 작성하는데, 1통은 회사의 설립등기신청시 첨부용이고, 다른 1통은 회사보존용이다.

주식청약시 청약과 동시에 납입금액의 전부 또는 일부를 '청약증거금'으로 납입하는 것이 보통이다. 이 청약증거금은 청약자의 신용을 확인하는 의미가 있고, 배정 후 주금의 납입에 충당하며, 납입해태로 인한 실권시 위약금으로 몰수하는 한편, 배정을 못하거나 회사불성립시에는 청약자에게 반환한다.

(ii) 주식청약의 하자

주식인수의 청약은 단체법상의 행위로서 개인법상의 행위와는 다르므로 의사표시자의 보호에만 치중할 수 없어 회사의 설립이라는 집단적 행위의 일부를 이루는 주식인수의 청약을 가능한 한 확보하도록 하기 위하여 2가지 특칙을 두고 있다. (i) 비진의의사표시(非眞意意思表示)에 의한 주식인수의 청약은 발기인이 악의인 경우에도 유효하다(제302조 제3항). 즉 주식인수청약자가 비진의의사표시를 하고 상대방(발기인)이 이를 알았거나 알 수 있었을 때에도 그 청약은 무효로 되지 않는다는 것이다(주식회사의 근간인 자본금의 확보상). (ii) 주식을 인수한 자는 회사의 성립 후 또는 창립총회에 출석하여 그 권리를 행사한 때에는 주식청약서의 요건의 흠결을 이유로 하여 인수의 무효를 주장하거나 사기 · 강박 · 착오를 이유로 취소하지 못한다. 다만 무능력이나 사해행위를 이유로 한 경우와 주식청약서에 기재된 일정시기까지 창립총회가 종료하지 않을 때에는 취소할 수 있다(제320조).

(iii) 가설인 또는 타인명의에 의한 주식인수

가설인의 명의로 주식인수를 청약하거나 또는 타인의 승낙 없이 타인의 명의로 주식인수의 청약을 한 경우에는 실제로 주식인수의 청약을 한 자를 주식인수인으로 보고 납입의무를 지운다(제332조).[13]

타인의 승락을 얻어 타인의 명의로 주식인수의 청약을 한 경우, 실제청약인이 타인과 연대하여 납입할 책임에 대하여만 규정을 두고 있고, 주식인수인을 누구로 할 것인가에 대하여는 규정이 없다. 그 결과 누가 주식인수인이 되는가에 대하여 견해가 나누이고 있다: (i) 형식설(명의설 · 명목설): 사실관계 등을 일일이 조사하기 곤란하므로 획일적으로 처리하자는 취지에서 명의대여자를 주식인수인으로 하자는 견해와 (ii) 실질설(다수설이자 판례): 법률행위의 일반이론에 비추어 볼 때 그리고 실질적 투자자를 보호할 필요가 있다

13) 대법원 1977년 10월 11일 선고 76다1448 판결은, 주식을 인수함에 있어서 타인의 명의를 차용하여 그 명의로 출자하여 주식인수가액을 납입한 경우에는 명의개서와 관계없이 실제로 주식을 인수하여 그 가액을 납입한 명의차용자만이 주주가 된다고 판시하였다.

는 취지에서 명의차용자를 주식인수인으로 하는 것이 타당하다는 견해.[14][15] 그러나 어느 견해를 따르든 명의대여자와 명의차용자는 연대하여 주금액을 납입할 책임을 진다(제322조 제2항).

d. 주식의 배정과 인수

주식인수의 청약에 대하여 발기인은 자유로이 배정할 수 있다(주식배정자유의 원칙). 그러나 발기인이 보통 주식모집의 광고나 사업설명서에서 선착순 · 안분비례 등의 배정방법을 미리 공고한 경우에는 이에 따른다.

배정이 행하여지면 주식청약자는 주식을 인수하게 된다(주식인수인).

주식인수의 법적 성질에 대하여는 (i) 발기설립의 경우와 통일적으로 설명하고자 하는 합동행위설과 (ii) 설립중의 회사에의 입사를 목적으로 하는 (부합)계약이라는 입사계약설(통설)로 견해가 나누인다.

② 자본금의 형성(출자의 이행)

a. 금전출자의 이행

(i) 전액납입제

금전출자의 경우, 발기인은 지체 없이 주식인수인에 대하여 각 주식에 대한 인수가액의 전액을 납입시켜야 한다(전액납입주의, 제305조 제1항). 이때 납입은 현실로 하여야 한다. 2011년 개정상법은 주주의 회사에 대한 상계금지규정인 제334조를 삭제하여 주금액납입에 있어 주식인수인으로 하여금 원칙적으로 상계를 주장할 수 있게 하였다.[16]

(납입금의 소재를 분명히 하고 부정행위를 방지하기 위하여) 납입은 주식청약서에 기재된 납입장소(은행 기타의 금융기관)에서 하여야 하고, 납입장소 또는 납입금보관자의 변경시에는 법원의 허가를 받아야 한다(제306조).

대물변제에 의한 주금납입은 탈법적으로 현물출자를 할 수 있어 인정되지 않는다.[17]

---

14) 대법원 1998년 4월 10일 선고 97다50619 판결.

15) 주식을 인수함에 있어 타인의 승낙을 얻어 그 명의로 출자하여 주식대금을 납입한 경우에는 실제로 주식을 인수하여 그 대금을 납입한 명의차용인만이 실질상의 주식인수인으로서 주주가 된다고 할 것이고 단순한 명의대여인은 주주가 될 수 없다(대법원 2004년 3월 26일 선고 2002다29138 판결).

16) 다만 상계로 인한 폐해를 방지하기 위하여 신주인수인이 상계를 주장하기 위하여는 회사의 동의를 받도록 하였다(제421조 제2항).

17) 주금납입의무는 현실적 이행이 있어야 하므로 당좌수표로서 납입한 때에는 그 수표가 현실적으로 결제되어 현금화되기 전에는 납입이 있었다고 할 수 없다(대법원 1977년 4월 12일 선고 76다943 판결).
회사설립 당시 원래 주주들이 주식인수인으로서 주식을 인수하고 가장납입의 형태로 주금을 납입한 이상 그들은 바로 회사의 주주이고, 그 이후 그들이 회사가 청구한 주금 상당액을 납입하지 않았다고 하더라도 이는 회사 또는 대표이사에 대한 채무불이행에 불과할 뿐 그러한 사유만으로 주주로서의 지위를 상실하게 된다고는 할 수 없으며, 또한 주식인수인들이 회사가 정한 납입일까지 주금 상당액을 납입하지 않은 채 그로부터 상당기간이 지난 후 비로소 회사의 주주임을 주장하였다고 하여 신의성실

(ii) 납입금보관은행의 증명책임

납입금보관은행 기타 금융기관은 발기인 또는 이사의 청구가 있는 때에는 보관금에 관한 증명서교부의무가 있고, 증명한 보관금액에 관하여는 납입의 부실 또는 그 금액의 반환에 제한이 있음을 이유로 하여 회사에 대항하지 못한다(제318조, 일종의 금반언의 원칙). 회사설립의 안정과 자본충실을 도모하고, 발기인이 금융기관과 공모하거나 공모하지 않은 채 행하는 납입가장행위를 방지하기 위함이다.

(iii) 납입금의 반환시기

납입금의 반환시기에 대하여 상법에 명문규정이 없어 견해가 나누인다.

ⓐ 회사성립시설

비송사건절차법상 설립등기 신청시에 납입금보관증명서의 첨부를 요하고 회사설립의 안정과 자본충실을 도모하기 위하여 회사가 성립한 후에 비로소 납입금을 반환할 수 있다는 견해이다.

ⓑ 창립총회종료시설

창립총회가 끝나고 회사의 실체가 완성된 뒤에는 발기인에 갈음하여 이사가 설립중의 회사의 업무집행기관이 되므로, 이사는 납입금을 인출하여 설립등기를 위한 등록세의 지급 등 설립에 필요한 행위를 위하여 사용할 수 있다고 보아야 한다는 견해이다.

비송사건절차법(예: 등기법)을 고려할 때 회사성립시설이 타당하다고 생각된다.

b. 현물출자의 이행

현물출자를 하는 자는 납입기일에 지체 없이 출자의 목적인 재산을 인도하고, 등기·등록 기타 권리의 설정 또는 이전을 요할 경우에는 이에 관한 서류를 완비하고 교부하여야 한다(제295조 제2항).

c. 출자불이행의 조치

(i) 금전출자불이행의 경우

발기인은 i) 강제집행의 방법에 의하여 납입을 강제할 수도 있고, ii) 실권절차(제307조, 제2차 납입기일의 2주간 전 실권예고통지)를 밟을 수도 있다.

실권된 주식에 대하여, 발기인은 주주를 재모집할 수도 있고 스스로 인수할 수도 있으며, 손해가 있는 경우에는 주식인수인에 대하여 손해배상을 청구할 수도 있다.

(ii) 현물출자불이행의 경우

현물출자를 이행하지 않는 경우, 강제집행은 할 수 있으나 (당해 물건이 필요하므로)

의 원칙에 반한다고 할 수 없다(대법원 1998년 12월 23일 선고 97다20649 판결).

실권절차는 인정되지 않으며, 경우에 따라서는 회사의 불성립으로 될 수도 있다.

d. 납입가장행위

(ⅰ) 가장납입의 형태

ⓐ 통모가장납입

통모가장납입(또는 예합, 預合)이란 발기인이 '납입금보관자'와 공모하여, 즉 발기인이 납입금보관증명서를 이용하여 그 증명서에 따른 권리의 주장을 하지 않겠다는 약속 하에, 납입금이 없거나 부족한 데도 증명서를 발급받아 이를 토대로 설립등기를 하는 행위를 말한다.

ⓑ 위장납입

위장납입(또는 견금, 見金)이란 공모 없이 발기인이 '납입금보관자 이외의 제3자'로부터 금전을 차입하여 주식의 납입에 충당하고, 회사가 성립된 후에 이를 인출하여 차입금을 변제하는 방법을 말한다.

〈통모가장납입과 견금의 비교〉

	통모가장납입	견금
주금의 이동	장부조작에 불과	현실납입 있음
공모 여부	납입취급금융기관과 공모	공모 없음 (발기인의 일방적인 행위)

ⓒ 회사자금에 의한 가장납입

회사사금에 의한 가장납입이란 이미 성립한 회사가 신주를 발행하는 경우에 임원・종업원 등 명의상의 주식인수인에게 회사자금을 융자하여 주금을 납입하게 하는 방법을 말한다. 이것은 실질적으로는 회사자금으로 납입을 하는 결과가 되기 때문이다.

(ⅱ) 가장납입의 효력

가장납입의 효력에 대하여는 견해가 나누이고 있다. i) 통설: 가장납입은 어떠한 형태이든 간에 자본금에 해당하는 금전이 실제로 납입된 일이 없으므로 주금납입으로서의 효력이 없다고 한다. ii) 대법원판례: 위장납입의 경우에 대하여는 그 효력을 인정하되, 부족한 자본금은 체당금반환청구 또는 발기인의 공동불법행위로 인한 손해에 대한 배상청구로써 보완하도록 하고 있다.[18]

18) 회사의 설립이나 증자의 경우에 당초부터 진정한 주금의 납입으로서 회사자금을 확보할 의도 없이 차입금으로 단지 주금납입의 외형을 갖추고 회사설립이나 증자절차로 그 납입금을 인출하여 변제하는

납입의 흠결이 근소한 때에는 발기인의 납입담보책임에 의하여 구제할 것이나, 흠결이 현저한 때에는 설립무효의 원인이 된다.

납입을 가장하는 행위는 형사상 '납입가장죄'를 구성한다(제628조).[19][20] 가장납입을 한 자는 납입가장죄와 공정증서원본부실기재죄로 형사처벌을 받을 수 있다.

e. 가설인 등에 의한 주식인수와 납입

가설인의 명의로 주식인수를 청약하거나 또는 타인의 승낙 없이 타인의 명의로 주식을 인수한 자는 주식인수인으로서의 책임이 있다. 타인의 승낙을 얻어 그 명의로 주식을 인수한 자는 그 타인과 연대하여 납입할 책임이 있다(제332조).[21]

③ 기관의 구성

납입이 완료되면 발기인은 지체 없이 '창립총회'를 소집하여 이사와 감사를 선임하여야 한다(제312조). 단 자본금의 총액이 10억원 미만의 소규모주식회사는 감사를 선임하지 않을 수 있다(제409조 제4항).

주금의 가장납입 소위 견금의 경우에도 금원의 일응 현실상의 불입이 있는 것이고 설령 그것이 실제로는 납입이 가장수단으로 이용된 것이라 할지라도 이는 당해 납입하는 발기인의 주관적 의도의 문제에 불과하고 회사가 관여할 바 아니므로 이러한 발기인 내지 이사들의 내심적 사정에 의하여 회사의 설립이나 증자와 같은 집단적 절차의 일환을 이루는 주금납입의 효력을 좌우함은 타당하지 아니 하다(대법원 1997년 5월 23일 선고 95다5390 판결).

위장납입은 실제금원의 이동에 따른 현실의 납입이 있는 것이고, 발기인 등의 주관적인 의도는 주금납입의 효력을 좌우할 수 없으므로, 이는 유효하다(대법원 1994년 3월 28일 선고 93다1916 판결).

19) 상법 제628조 제1항 소정의 납입가장죄는 회사의 자본충실을 기하려는 법의 취지를 유린하는 행위를 단속하려는 데 그 목적이 있는 것이므로, 당초부터 진실한 주금납입으로 회사의 자금을 확보할 의사 없이 형식상 또는 일시적으로 주금을 납입하고 이 돈을 은행에 예치하여 납입의 외형을 갖추고 주금납입증명서를 교부받아 설립등기나 증자등기의 절차를 마친 다음 바로 그 납입한 돈을 인출한 경우에는, 실제로 이를 회사를 위하여 사용하였다는 특별한 사정이 없는 한 실질적으로 회사의 자본이 늘어난 것이 아니어서 납입가장죄가 성립하고, 또한 회사의 설립등기 직후 납입된 주금을 인출하여 회사의 영업양수대금 명목으로 영업양도인에게 지급하였다고 하더라도 그 영업양수가 가장된 것이고 실제로는 주금의 제공자에게 주금을 반환한 것에 불과하다면 이는 회사를 위하여 사용되었다고 할 수 없어 납입가장죄가 성립한다(대법원 2006년 6월 9일 선고 2005도8498 판결).

20) 주식회사의 설립업무 또는 증자업무를 담당한 자와 주식인수인이 사전 공모하여 주금납입취급은행 이외의 제3자로부터 납입금에 해당하는 금액을 차입하여 주금을 납입하고 납입취급은행으로부터 납입금보관증명서를 교부받아 회사의 설립등기절차 또는 증자등기절차를 마친 직후 이를 인출하여 위 차용금채무의 변제에 사용하는 경우, 위와 같은 행위는 실질적으로 회사의 자본을 증가시키는 것이 아니고 등기를 위하여 납입을 가장하는 편법에 불과하여 주금의 납입 및 인출의 전 과정에서 회사의 자본금에는 실제 아무런 변동이 없다고 보아야 할 것이므로 그들에게 불법이득의 의사가 있다거나 회사에 재산상 손해가 발생한다고 볼 수는 없으므로, 업무상배임죄가 성립한다고 할 수 없다(대법원 2005년 4월 29일 선고 2005도856 판결).

21) 주식을 인수함에 있어 타인의 승낙을 얻어 그 명의로 출자하여 주심대금을 납입한 경우는 실제로 주식을 인수하여 그 대금을 납입한 명의차용인만이 실질상의 주식인수인으로서 주주가 된다고 할 것이고 단순한 명의대여인은 주주가 될 수 없다(대법원 2004년 3월 36일 선고 2002다29138 판결).

창립총회란 주식인수인으로써 구성되는 설립중의 회사의 '최고의 의사결정기관'이며, 성립후의 회사의 '주주총회'에 해당하는 기관을 말한다. 주주총회의 전신이므로, 주주총회에 관한 규정이 준용된다(제308조 제2항).

a. 소집

소집권자는 발기인이다. 발기인은 각 주식에 대한 납입과 현물출자의 이행이 완료한 후에 지체 없이 소집하여야 한다(제308조 제1항).

b. 결의방법

출석한 주식인수인(무의결주식의 인수인도 포함)의 의결권의 3분의 2 이상이며, 인수된 주식총수의 과반수에 해당하는 다수로 의결한다(제309조). 회사의 창설이라는 중요사항의 결정이므로 제434조상의 주주총회 특별결의의 요건보다 더 엄격하다.

c. 권한

회사설립에 관한 모든 사항에 관하여 결의를 할 수 있다.

상법에 규정된 창립총회의 권한으로는, 발기인으로부터 회사창립에 관한 사항을 서면으로 보고받는 것(제311조), 이사와 감사의 선임(제312조), 설립경과에 관한 조사(제313조), 변태설립사항의 변경(제314조), 정관변경 또는 설립폐지의 결의(제316조) 등이 있다.

④ 설립경과의 조사

이사와 감사는 취임 후 지체 없이 회사의 설립에 관한 모든 사항이 법령 또는 정관에 위반하지 않는지 여부를 조사하여 창립총회에 보고하여야 한다(제313조 제1항).

이사와 감사의 조사·보고를 받고서, 변태설립에 관한 사항을 부당하다고 인정한 때에는 창립총회는 (회사의 부담을 줄이는 방향으로만) 이를 변경할 수 있다(제314조).

⑤ 변태설립사항의 조사

변태설립사항이 있는 때에는 발기인은 이에 관한 조사를 위하여 검사인의 선임을 법원에 청구하여야 하고, 검사인은 변태설립사항을 조사한 후 조사보고서를 작성하여 창립총회에 제출하여야 한다(제310조 제1항, 제2항).

이 밖에 공증인·감정인의 조사보고제도도 있다(동조 제3항).

창립총회는 이 조사보고서에 의하여 변태설립사항이 부당하다고 인정한 때에는 (회사의 부담을 줄이는 방향으로만) 이를 변경할 수 있다(제314조).

발기설립의 경우와 마찬가지로, 검사인의 검사를 공증인 또는 감정인의 조사 또는 감정으로 갈음할 수 있다.

3. 설립등기

(1) 설립등기사항

주식회사의 설립등기사항에 있어서는 다음의 사항을 등기하여야 한다(제317조 제2항).

(i) 제289조제1항제1호 내지 제4호, 제6호와 제7호에 게기한 사항

(ii) 자본금의 액

(iii) 발행주식의 총수, 그 종류와 각종주식의 내용과 수

(iv) 주식의 양도에 관하여 이사회의 승인을 얻도록 정한 때에는 그 규정

(v) 주식매수선택권을 부여하도록 정한 때에는 그 규정

(vi) 지점의 소재지

(vii) 회사의 존립기간 또는 해산사유를 정한 때에는 그 기간 또는 사유

(viii) 주주에게 배당할 이익으로 주식을 소각할 것을 정한 때에는 그 규정

(ix) 전환주식을 발행하는 경우에는 제347조에 게기한 사항

(x) 사내이사, 사외이사, 그 밖에 상무에 종사하지 아니하는 이사, 감사 및 집행임원의 성명과 주민등록번호

(xi) 회사를 대표할 이사 또는 집행임원의 성명·주민등록번호 및 주소

(xii) 둘 이상의 대표이사 또는 대표집행임원이 공동으로 회사를 대표할 것을 정한 경우에는 그 규정

(xiii) 명의개서대리인을 둔 때에는 그 상호 및 본점소재지

(xiii) 감사위원회를 설치한 때에는 감사위원회 위원의 성명 및 주민등록번호

(2) 절차

발기설립의 경우에는 검사인의 설립과정의 조사 또는 법원의 변경처분에 따른 절차가 종료한 날로부터 2주 내에, 모집설립의 경우에는 창립총회 종료시로부터 2주 내에, 대표이사의 신청에 의하여 본점소재지에서 등기하여야 한다(제317조 제1항-제299조, 제300조, 제314조).

주금납입이나 현물출자의 이행 기타 변태설립사항에 관하여 법원 또는 주주총회에 부실보고를 하거나 사실을 은폐한 때에는 형사제재를 하고, 등기 해태시에는 과태료에 처한다.

(3) 효력

① 본래적 효력

주식회사의 설립등기가 있으면 비로소 법인격을 취득하게 된다.

② 부수적 효력

a. 주식인수의 무효 · 취소의 제한

주식인수인은 회사의 성립 후에는 주식청약서의 요건의 흠결을 이유로 하여 그 인수의 무효를 주장하거나, 사기 · 강박 · 착오를 이유로 하여 인수를 취소하지 못한다(제320조 제1항).[22)]

b. 권리주양도제한의 해제

권리주란 '주식인수인으로서의 지위'를 말한다. 권리주는 주식회사가 아직 설립이 완성되기 전의 시기에 존재하는 것이므로 그 양도의 자유를 인정하면 무책임한 투기행위를 조장할 염려가 있기 때문에 권리주의 양도는 제한된다(제319조, 양도당사자 간에서는 유효하나, 회사에 대하여는 효력이 없다).

그런데 회사의 설립등기가 있으면 종전의 주식인수인의 지위로부터 주주의 지위로 바뀌므로, 제319조가 아니라 제335조(주식양도의 자유)가 적용되어 권리주양도의 제한이 자동적으로 해제된다.

c. 주권발행의 허용 및 강제

회사는 성립 후 또는 신주의 납입기일 후 지체 없이 주권을 발행하여야 한다. 주권은 회사의 성립 후 또는 신주의 납입기일 후가 아니면 발행하지 못한다. 이 규정에 위반하여 발행한 주권은 무효로 한다. 그러나 발행한 자에 대한 손해배상의 청구에 영향을 미치지 않는다(제355조).

d. 설립무효주장의 제한

회사설립절차에 하자가 있는 것이 판명되어도 (무효 · 취소의 주장 등) 다른 방법에 의한 치유는 인정되지 않고 '설립무효의 소'에 의하여만 무효를 주장할 수 있다(제328조).

e. 발기인의 자본금충실책임

회사설립시에 발행한 주식으로서 회사성립 후에 아직 인수되지 않은 주식이 있거나 주식인수의 청약이 취소된 때에는 발기인이 이를 공동으로 인수한 것으로 본다. 회사성립 후 납입을 완료하지 않은 주식이 있는 때에는 발기인은 연대하여 그 납입을 하여야 한다. 발기인에 대한 손해배상의 청구에 영향을 미치지 않는다(제321조).

f. 상호권

회사의 상호는 절대적 등기사항이므로, 설립등기를 하면 상호등기에 따른 효력이 수반된다.

---

22) 그러나 행위무능력자임을 이유로 하여서는 인수를 취소할 수 있다.

Ⅳ. 설립에 따르는 법률문제

1. 설립중의 회사

(제3편 제6장 제2절 주식회사의 설립 6. 설립중의 회사 참조)

2. 설립의 하자

(1) 설립무효의 소

① 주식회사의 설립절차상의 하자

주식회사의 설립절차에 하자가 있을 때 민법의 일반원칙에 따라 제한 없이 모든 하자 치유방법을 인정하면 (대내외적으로 이해관계인이 많은) 회사의 법률관계를 혼란스럽게 하고 거래안전을 훼손하게 되므로 설립취소제도는 인정하지 않고 설립무효의 소만 인정한다.

② 무효원인

a. 주관적 원인에 기한 하자

합명회사 · 합자회사 · 유한책임회사 · 유한회사에서는 사원의 개성이 중요하므로 주관적 사유[23)]가 회사설립취소의 원인이 되나, 주식회사의 경우에는 사원의 개성이 중시되지 않으므로 주관적 사유는 주식인수의 무효 · 취소의 사유는 될지언정 '회사의 설립취소 사유'로는 인정되지 않고 일단 설립등기를 하면 하자는 치유되는 것으로 된다(제320조).

b. 객관적 원인에 기한 하자

회사의 설립절차가 선량한 풍속 기타 사회질서, 강행법규, 주식회사의 본질 등에 반하는 경우에 객관적 원인에 의한 하자가 인정된다. 그 예로는 정관의 절대적 기재사항의 흠결, 납입상 중대한 결함, 설립시 발행주식수가 발행예정주식총수의 1/4 미만인 경우 등이 있다.

주식발행사항의 결정에 관하여 발기인 전원의 동의를 얻지 못한 경우도 설립무효의 원인이 된다는 것이 다수설의 견해이다.

23) 주관적 원인에 기한 하자의 예로는, 1인의 의사표시의 무효, 사원의 심신상실, 통정허위표시, 비진의 의사표시에 있어서의 악의, 사원의 착오·사기·강박·무능력, 사원이 채권자를 사해할 목적으로 회사를 설립한 경우 등이 있다.

③ 무효의 주장

주식회사의 설립절차가 복잡하여 하자가 발생하기 쉬운데다 이해관계인이 많으므로 법적 생활의 안정을 기하기 위하여 법률관계를 획일적으로 처리할 필요가 있어, 상법은 그 하자의 주장방법을 설립무효의 소로써만 제한하고, 제소권자·제소기간·소의절차·판결의 효과 등에 관하여 일반 민사소송과 다른 특별규정을 두고 있다.

a. 당사자

원고는 주주 이사 또는 감사에 한하고, 피고는 회사이다.

b. 제소기간

설립무효의 소는 회사성립의 날로부터 2년 내에만 제기할 수 있다(제328조).

c. 기타

설립무효의 소는 본점소재지의 지방법원의 관할에 전속한다(제186조). 소가 제기된 때 회사는 지체 없이 공고하여야 한다(제187조). 수 개의 설립무효의 소가 제기된 때에는 법원은 병합심리하여야 한다(제188조). 심리 중에 원인이 된 하자가 보완되고 회사의 현황과 제반사항을 참작하여 설립을 무효로 하는 것이 부적당하다고 인정한 때에는 법원은 그 청구를 기각할 수 있다(재량기각, 제189조).

④ 판결의 효력

a. 원고승소의 경우

(i) 대세적 효력

민사소송의 경우 판결의 효력이 소송의 당사자인 원고 · 피고에게만 미치는 것이 원칙이니(대인적 효력), 설립무효의 판결은 당사자 이외의 제3자에 대하여도 그 효력이 미치는바(제190조 본문), 이를 가리켜 판결의 '대세적 효력'이라고 한다.

(ii) 판결의 불소급효

원고승소시, 판결의 효력은 판결확정 전에 생긴 회사와 사원 및 제3자 간의 권리의무에 영향을 미치지 않는다(동조 단서, 기존상태존중주의). 이를 가리켜 '판결의 불소급효'라고 한다.

b. 원고패소의 경우

원고패소의 경우에는 상법에 관련 규정이 없어 민사소송법상의 일반원칙이 적용된다. 그러므로 판결은 당사자 간에만 효력이 있고, 따라서 다른 제소권자가 같은 원인을 이유로 하여 소송을 제기할 수 있다.

그러나 패소한 원고에게 악의 또는 중대한 과실이 있는 때에는 회사에 대하여 손해배상책임이 있다(제191조).

⑤ 회사의 불성립과 부존재[24)]

회사불성립의 경우(회사의 실제형성절차는 갖추었더라도 설립등기에 이르지 못한 경우)에는 발기인이 모든 책임을 지고 처리하여야 한다.

회사부존재의 경우에는 누구든지 언제든지 어떠한 방법에 의하여도 회사부존재의 주장을 할 수 있다. 부존재하는 회사를 대표하여 거래한 자는 무권대리인의 책임에 관한 규정을 유추적용하여 책임을 부담한다.

〈각종 회사의 설립의 하자〉

<table>
<tr><th colspan="2"></th><th>합명회사·합자회사·유한책임회사</th><th>주식회사</th><th>유한회사</th></tr>
<tr><td rowspan="2">소의원인</td><td>설립무효</td><td>인정</td><td>인정</td><td rowspan="2">합명회사와 동일</td></tr>
<tr><td>설립취소</td><td>·사원이 착오, 사기, 강박으로 인하여 설립행위를 한 경우
·사원이 그 채권자를 해할 것을 알고 회사를 설립하는 경우 인정</td><td>불인정</td></tr>
<tr><td colspan="2">주장방법</td><td colspan="3">소송에 한함</td></tr>
<tr><td rowspan="2">당사자</td><td>원고</td><td>무효의 소 : 사원
취소의 소: 하자있는 의사표시를 한 자, 사해행위취소의 경우에는 채권자</td><td colspan="2">사원 외에 이사·감사 추가</td></tr>
<tr><td>피고</td><td>무효의 소 : 회사
취소의 소 : 회사, 단 사해행위 취소의 경우에는 회사와 그 사원이 공동피고</td><td colspan="2">회 사</td></tr>
<tr><td colspan="2">제소기간</td><td colspan="3">회사성립의 날로부터 2년 내</td></tr>
<tr><td colspan="2">소의 절차</td><td colspan="3">상법 제186조~제189조</td></tr>
<tr><td rowspan="3">판결의효과</td><td>원고 승소시</td><td colspan="3">대세적 효력
불소급효(사실상의 회사)</td></tr>
<tr><td>회사계속</td><td>있 음</td><td colspan="2">없 음</td></tr>
<tr><td>원고 패소시</td><td colspan="3">민사소송법의 일반원칙 적용</td></tr>
</table>

24) 어떤 사항에 대하여, 먼저 '부존재와 존재'로 나눌 수 있고, 존재를 전제로 하여 '불성립과 성립'으로 나눌 수 있으며, 성립을 전제로 하여 '무효와 유효'로 나눌 수 있다.

3. 사실상의 회사

(1) 의의

사실상의 회사(defecto company)란 법률적으로는 유효하게 성립된 회사가 아님에도 불구하고, 일정범위 내에서 마치 법률적으로 유효하게 성립된 회사처럼 취급되는 실체를 말한다.

(2) 요건

사실상의 회사에 해당하기 위하여는 다음의 요건을 갖추어야 한다.

(i) (회사의 설립은 무효이더라도) 정관은 작성되어 있어야 한다.

(ii) 회사가 성립등기를 하고 회사로서 활동하였어야 한다.

(iii) 회사설립절차 등에 중대한 하자가 있어 회사설립의 무효 또는 취소의 판결이 확정되었어야 한다.

(3) 효과

사실상의 회사는 내부관계 · 외부관계에 있어서 유효하게 성립한 회사처럼 취급되고 장래에 향하여서만 회사의 존재가 부정된다. 즉 설립무효 · 설립취소의 판결이 확정되기 전에 생긴 회사와 사원(내부관계) 및 회사와 제3자 간(외부관계)의 권리의무에는 아무런 영향을 미치지 않는다(제328조 제2항, 제190조).

〈현물출자, 재산인수, 사후설립의 비교〉

	현물출자	재산인수	사후설립
주체	제한 없음		
법적 성질	단체법상 유상·쌍무 출자계약	개인법상의 계약	개인법상의 계약
행위의 성질	회사설립행위 (변태설립사항)	개업준비행위 (변태설립사항)	회사설립행위와 무관한 영업행위
목적물	금전 이외의 재산	금전 이외의 재산	회사성립 전부터 존재하고, 영업을 위하여 계속 사용할 것으로서, 자본의 5/100 이상에 해당하는 대가의 재산
행위시기	회사성립 전 (이행은 납입기일)	회사성립 전 (이행은 회사설립 후)	회사성립 후 2년 내
반대급부	주식	금전	금전(취득대가가 자본의 5/100 이상)
규제	검사인 또는 감정인	검사인 또는 감정인	주주총회 특별결의
정관기재 여부	상대적 기재사항(변태설립사항)		해당 사항 없음

4. 설립관여자의 책임

주식회사의 설립관여자에는 발기인, 이사 · 감사, 감사인 · 검사인 · 공증인, 유사발기인 등이 있다. 이 중 가중 중요한 것이 발기인이다.

이들은 회사설립과 관련하여 상법상 · 민법상 · 형법상의 책임을 부담하는 경우가 있는데, 여기에서는 '상법상의 책임'에 대하여만 살펴보기로 한다.

(1) 발기인의 책임

① 회사가 성립한 경우(설립등기를 한 경우)

a. 회사에 대한 책임

(i) 자본금충실책임[25)]

회사설립시에 발행한 주식으로서 회사성립 후에 아직 인수되지 않은 주식이 있거나 주식인수의 청약이 취소된 때에는 발기인이 공동으로 인수한 것으로 본다(발기인의 인수담보5책임 및 공동인수의 의제, 제321조 제1항). 그러므로 발기인 전원은 이와 같이 인수한 주식에 대하여 공유관계가 성립하고 연대하여 주금액을 납입할 의무를 부담한다.

회사성립 후 이미 인수된 주식에 대하여 인수가액의 전액이 납입되지 않은 주식이 있는 때에는 이를 연대하여(발기인이 수인인 경우) 납입하여야 한다(발기인의 납입담보책임, 제321조 제2항). 이 경우 연대하여 납입할 의무는 부담하되 스스로 주주가 되는 것은 아니다. 발기인과 미납입 주식인수인은 부진정연대채무관계에 있게 되고, 발기인은 납입을 하지 않은 주식인수인에 대하여 구상권을 갖는다.

발기인의 자본금충실책임은 자본금충실의 요청에 의하여 법이 특히 인정한 무과실책임이다(법정무과실책임). 따라서 총주주의 동의로도 면제하지 못한다. 회사성립 후 이사가 발기인에 대하여 그 이행을 청구하며, 소수주주도 대표소송에 의하여 그 이행을 강제할 수 있다.

한편, 현물출자 불이행시의 자본금충실책임의 여부에 관하여는 (i) 부정설(현물출자의 불이행은 항상 회사설립무효의 원인으로 된다는 견해), (ii) 긍정설(흠결이 근소하거나 현실로 이행된 경우에는 설립무효로 되지 않는다는 견해), (iii) 목적재산이 회사의 설립

25) 우리의 통설과 일본의 판례는, 인수 또는 납입의 흠결이 근소한 경우에 한하여 자본금충실책임에 의하여 설립의 무효를 피할 수 있고, 흠결이 현저한 경우에는 설립무효의 원인이 된다고 본다. 이 경우 회사의 기초와 사업수행에의 지장 여부 · 회사의 목적 · 자본금의 총액 · 기타 제반사항 등을 종합하여 판단하여야 한다.

에 불가결한 것인지 여부에 따라 불가결한 것인 경우에는 설립무효의 원인으로 되고 가결한 것인 경우에는 금전으로 대체할 수 있다는 견해로 나누이는데, 통설은 발기인의 자본금충실책임을 부정한다.

(ii) 손해배상책임

발기인은 회사의 기획자이고 설립중의 회사의 기관이므로 선량한 관리자의 주의의무로써 회사설립에 관한 의무를 다하여야 하고 임무해태시 회사에 대하여 손해배상책임을 진다(채무불이행책임도 아니고 불법행위책임도 아니며, 상법규정에 의하여 별도로 인정된 손해배상책임(통설)).

발기인의 손해배상책임은, 총주주의 동의로써 면제할 수 있는 한편, 손해배상책임의 추궁을 위하여 소수주주에 의한 대표소송이 인정된다(제324조).

b. 제3자에 대한 책임

발기인이 회사의 설립에 관하여 악의 또는 중대한 과실로 인하여 그 임무를 해태한 때에는 그 발기인은 제3자에 대하여 직접 연대하여 손해배상책임을 진다. 발기인의 제3자에 대한 이러한 손해배상책임은 상법규정상 특히 인정된 손해배상책임이다(통설).

'제3자'란 회사 이외의 자를 말하며, 주식인수인 또는 주주도 이에 포함된다.

'악의 또는 중과실로 그 임무를 해태한 때'의 예로는 사업설명서에 허위의 기재를 한 경우, 일부 발기인에게 설립사무를 맡기고 관여하지 않아 일부 주식에 대하여 납입이 없음에도 불구하고 설립등기가 된 경우 등이 있다.

c. 기타의 설립관여자와의 연대책임

이사 또는 감사가 감사기관으로서의 조사 · 보고에 있어서 임무를 해태하여 회사 또는 제3자에 대하여 손해를 배상할 책임을 지는 경우에 발기인도 책임을 질 때에는 그 이사 · 감사와 발기인은 연대하여 손해배상책임을 진다(제323조).

② 회사불성립의 경우

발기인은 회사가 성립하지 못한 경우에도 그 설립에 관한 행위에 대하여 연대하여 책임을 지며, 회사의 설립에 관하여 지급한 비용을 부담한다(제326조).

발기인의 이러한 책임도 상법규정상 특히 인정된 손해배상책임으로서 '무과실책임'이다(통설).

회사불성립시에는 설립중의 회사는 목적을 달성하지 못함으로써 해산한 것으로 인정하고 따라서 청산과정을 거쳐 구성원인 주식인수인에게 잔여재산을 분배하면 충분할 것이지만, 주식인수인의 보호를 위하여 정책적으로 발기인에게 모든 책임을 지우는 것이다.

'발기인이 책임을 지게 되는 설립에 관한 행위'란, 발기인의 권한은 회사의 설립에 필요한 행위에까지 미친다고 볼 것이므로, 설립사무소의 임차 · 사무원의 고용 · 주주모집 광고의 위탁 · 제3자로부터의 차입행위 등을 가리킨다. 따라서 발기인의 책임내용은 청약증거금 또는 주식납입금의 반환 · 현물출자의 목적물의 반환 · 설립사무소의 임료 또는 사무원의 급료의 지급 등이 된다.

(2) 유사발기인의 책임

유사발기인이란 정관에 발기인으로서 기명날인 또는 서명은 하지 않았으나 주식청약서 기타 주식모집에 관한 서면에 성명과 회사의 설립에 찬조하는 뜻을 기재할 것을 승낙한 자를 말한다. 이 유사발기인은 '금반언의 원칙 내지 권리외관이론'에 따라 발기인과 동일한 책임을 진다(제327조).

유사발기인은 회사설립에 관한 임무를 수행하는 지위에 있지 않으므로 임무해태의 문제가 있을 수 없으므로, 회사성립의 경우에는 '자본금충실의 책임'만 지고(제321조) 회사불성립의 경우에는 전술한 제326조에 따른 책임을 지게 된다.

(3) 이사 또는 감사의 책임

이사 또는 감사는 설립중의 회사의 '감사기관'으로서 설립경과를 조사하여 창립총회에 보고할 임무를 갖는데, (통설상 악의 또는 중과실로 인하여) 그 임무를 해태하여 회사 또는 제3자에게 손해를 준 때에는 연대하여 배상할 책임이 있다(제323조상 발기인과도 연대).

회사에 대한 손해배상책임은 총주주의 동의로써 면제할 수 있고, (이사에 대한 책임추궁은 다른 이사가 하게 되는데, 다른 이사가 해당 이사에 대하여 공정한 책임추궁을 하는 것은 기대하기 곤란하기 때문에) 책임추궁을 위하여 소수주주의 대표소송이 인정된다(제326조, 제403조).

(4) 검사인 · 공증인 · 감정인의 책임

법원이 선임한 검사인이 악의 또는 중대한 과실로 인하여 그 임무를 해태한 때에는 회사 또는 제3자에 대하여 손해배상책임이 있다. 이것은 주식인수인과 회사채권자를 위하여 정책상 인정된 것이다. 검사인의 이러한 손해배상책임은 제3자에 대한 경우뿐만 아니라 회사에 대한 경우에도 '악의 또는 중과실'이 있는 경우에만 지는 점에서 발기인 · 이사 · 감사의 회사에 대한 손해배상책임의 경우와 구별된다.

공증인 또는 감정인에 대하여는 상법상 명시규정은 없으나, 검사인에 갈음하여 변태설립사항을 조사 · 평가하는 공증인 또는 감정인의 책임은 이들이 회사에 의하여 선임되는 점에서 이사 또는 감사의 경우와 마찬가지로 해석하여야 할 것이다.

〈발기인의 책임〉

<table>
<tr><th></th><th colspan="2">회사에 대한 책임</th><th colspan="2">제3자에 대한 책임</th></tr>
<tr><td rowspan="3">회사 성립의 경우</td><td colspan="2">자본충실책임(면제 불가)</td><td>임무해태책임
(총주주의 동의로 면제)</td><td rowspan="3">발기인이 악의 또는 중대한 과실로 인하여 그 임무를 해태한 때에는 그 발가인은 제 3자에 대하여도 연대하여 손해를 배상할 책임이 있다.</td></tr>
<tr><td>인수담보책임</td><td>납입담보책임</td><td rowspan="2">발기인이 회사의 설립에 관하여 그 임무를 해태한 때에는 그 발기인은 회사에 대하여 연대하여 손해를 배상할 책임이 있다.</td></tr>
<tr><td>회사성립 후에 아직 인수되지 않은 주식이 있거나 주식인수의 청약이 취소된 때에는 발기인이 이를 공동으로 인수한 것으로 본다.</td><td>회사성립 후 납입을 완료하지 않은 주식이 있는 때에는 발기인은 연대하여 그 납입을 하여야 한다.</td></tr>
<tr><td>회사 불성립의 경우</td><td colspan="3"></td><td>발기인은 그 설립에 관한 행위에 대하여 연대하여 책임을 진다(무과실책임).</td></tr>
</table>

제 3 절 주주의 지위

Ⅰ. 총설

1. 주식

(1) 주식의 의의

주식이라는 용어에는 법률상 두 가지 뜻이 있는데, 하나는 '자본금의 구성단위'라는 것이고, 다른 하나는 주주로서의 지위(주주권, 株主權)이다.

① 자본금의 구성단위

a. 균등한 단위로서의 금액

주식회사의 자본금은 주식으로 분할하여야 하는데(제329조 제2항·제3항), 액면주식의 경우 자본금은

100원 이상의 균일한 비례적 단위인 주식으로 분할되고(제451조 제1항),[26] 자본금은 원칙적으로 '발행주식의 액면총액'이므로 주식은 자본금의 구성단위가 되고, 무액면주식의 경우 자본금은 '주식의 발행가액 중 회사가 자본금으로 계상하기로 한 금액의 총액'이므로(동조 제2항), 주식은 자본금의 구성단위이다.

b. 자본금과 주식과의 관계

회사의 자본금은 이 법에서 달리 규정한 경우 외에는 발행주식의 액면총액으로 한다(제451조 제1항).

이에 대한 예외로서, 회사는 정관으로 정하는 바에 따라 회사의 이익으로써 소각할 수 있는 '종류주식'을 발행할 수 있다(제345조). 주식은 자본금 감소에 관한 규정에 따라서만 소각(消却)할 수 있다. 다만, 이사회의 결의에 의하여 회사가 보유하는 자기주식을 소각하는 경우에는 그러하지 아니 하다(제343조).

c. 주식의 불가분성과 공유

주식은 균등하게 세분화된 비율적 단위이므로 특정한 주식을 분할할 수 없다(주식불가분의 원칙). 그러나 1단위의 주식을 수인이 공유하는 것은 무방하고, 이 경우 권리행사시에는 대표자 1인을 선정하여 행사하면 된다.

d. 주식의 분할과 병합

(ⅰ) 주식분할

주식의 분할이란 자본은 증가시키지 않고 발행주식을 일률적으로 세분화하여 주식수만을 증가시키는 것을 말한다. 주식의 분할은 주가가 너무 높을 때 이를 끌어 내리거나 타회사와의 합병을 위한 준비작업으로서 행하여진다.

주식의 분할 후에도 액면주식 1주의 주금액은 100원 이상이어야 한다(제329조 제3항).

주식의 분할은 주주의 이해관계에 별다른 영향을 미치지 않는 것이므로 주식분할의 결의에 반대한 주주 뿐만 아니라 찬성한 주주도 당연히 주식을 양도할 수 있다.

주식분할절차에 관하여는 상법에 별도로 규정된 바는 없고 주식병합의 경우와 같다(제440조 이하 참조). 다만 정관의 절대적 기재사항의 하나인 1주의 금액이 변경되므로 주주총회 특별결의를 요한다(제329조 의2).

주식분할의 효과로서 i) 주식수는 증가하나 자본금과 재산은 변동이 없고, ii) 주권제출기간의 만료시에 효력이 발생하며(제441조), iii) 신주에 대한 물상대위가 인정된다(제339조).

26) 신문의 주식시세표를 보면 주식액면가를 다음과 같이 게재하고 있다. A 100원, B 200원, C 500원, D 1000원, E 2500원, 무표시 5000원.

법정준비금의 자본금전입에 의한 신주발행도 주식분할의 성격이 있으나, 이 경우에는 자본금이 증가한다는 점에서 차이가 있다.

후술하는 주식배당의 경우에는 그 본질에 관하여 주식분할이라고 보는 견해도 있고 이익배당이라고 보는 견해도 있다.

(ⅱ) 주식의 병합

주식의 병합이란 수개의 주식을 합하여 소수의 주식으로 하는 것을 말한다. 소수파주주의 축출을 위한 수단으로서 남용될 우려가 있다.[27]

주식을 병합하는 경우에는 회사는 1개월 이상의 기간을 정하여 그 뜻과 그 기간 내에 주권을 회사에 제출할 것을 공고하고 주주명부에 기재된 주주와 질권자에 대하여 개별로 그 통지를 하여야 한다(제440조). 그러나 1주의 금액을 변경하여야 하므로 주주총회 특별결의를 요한다(제434조).

주식의 병합이 있으면 주식수는 감소하지만 회사의 자본과 재산에는 변동이 없다. 주식의 병합은 1개월 이상의 유예기간이 만료한 때에 그 효력이 생긴다. 그러나 회사채권자보호절차가 종료하지 않은 때에는 그 절차가 종료한 때에 효력이 생긴다(제441조).

주식의 소각, 병합, 분할 또는 전환이 있는 때에는 이로 인하여 종전의 주주가 받을 금전이나 주식에 대하여도 종전의 주식을 목적으로 한 질권을 행사할 수 있다(신주에 대한 물상대위, 제339조).

② 주주로서의 지위

a. 주주의 회사에 대한 권리의무의 단위

주식이란 주주가 회사에 대하여 가지는 권리의무의 총체를 가리킨다.

b. 지분복수주의

합명회사 · 합자회사에 있어서는 사원의 지분이 사원 1인에 대하여 1개로 인정되고(지분단일주의) 다만 그 분량이 출자액에 따라 다른 데 대하여, 주식회사와 유한회사는 각 주주의 지위를 보유한 주식수 또는 출좌좌수만큼으로 계산하는 '지분복수주의'를 취하고 있다.

---

27) 예컨대 7주를 갖고 있는 주주의 경우, 10주를 1주로 하는 '주식의 병합'이 있게 되면 0.7주가 되는바 이는 주식불가분의 원칙상 정상적인 주주로서의 지위가 불가능하게 된다. 이 경우 회사가 이 0.7주와 다른 주주로부터 0.3주를 매수하여 1주를 만든 후에 이를 매각하여 매각대금의 70%와 30%를 기존의 7주와 3주를 갖고 있던 주주에게 주는 것이 일반적이고, 그 결과 당해 주주는 그 회사에 대한 주주의 지위를 잃게 되는 것이다(제443조 참조).

(2) 주식의 분류

① 액면주식 · 무액면주식

액면주식이란 1주의 금액이 정관(제289조 제1항 제4호)과 주권(제356조 제4호)에 표시되는 주식을 말하고, 무액면주식이란 1주의 금액이 정관 또는 주권에 표시되지 않고 단지 자본금에 대한 비율 또는 주식수만이 표시되는 주식을 말한다.[28)]

회사는 정관으로 정한 경우에는 주식의 전부를 무액면주식으로 발행할 수 있다. 그러나 무액면주식을 발행하는 경우에는 액면주식을 발행할 수 없다(제329조 제1항). 또한 회사는 정관으로 정하는 바에 따라 발행된 액면주식을 무액면주식으로 전환하거나 무액면주식을 액면주식으로 전환할 수 있다(제329조 제1항 · 제4항, 제451조 제2항 · 제3항). 무액면주식제도를 도입함으로써 주식발행의 효율성과 자율성이 높아질 것으로 기대된다.[29)]

② 기명주식 · 무기명주식

기명주식이란 주주의 성명이 주권과 주주명부에 기재되어 있는 주식을 말하고, 무기명주식이란 주주의 성명이 주권과 주주명부에 기재되어 있지 않은 주식을 말한다.

2014년 개정상법은 기명주식만을 인정하고, 무기명주식제도는 폐지하였다(제357조 · 제358조 삭제).

③ 종류주식

a. 의의

종류주식이란 이익의 배당, 중간배당, 잔여재산분배, 주주총회에서의 의결권의 행사, 상환, 전환 등에 있어서 (기준이 되는 보통주와는) 내용이 다른 주식을 말한다(제344조 제1항).

b. 발행

회사가 종류주식을 발행하는 경우에는 반드시 정관에 각 종류주식의 내용과 수를 정하여야 한다(제344조 제2항).

종류주식을 발행하는 경우에는 주식청약서 · 신주인수권증서 · 주주명부 · 주권 등에 기재하고, 이를 상업등기부에 등기하여야 한다.

c. 종류주식에 관한 특칙

회사가 종류주식을 발행하는 때에는 정관에 다른 정함이 없는 경우에도 주식의 종류에

---

28) 자본금이 몇 분의 1이라고 표시될 뿐 명목가액이 표시되지 않는 주식이다.
일본은 2001년 상법 개정시 액면주식을 없애고 '무액면주식'으로 통일하였다.

29) 그러나 다른 한편으로는 자본금충실을 해할 우려가 있고, (기준선이 없는바) 주식의 가치를 정확하게 파악할 수 없어 주식사기(株式詐欺)에 악용될 소지가 있으며, 회사채권자의 입장에서는 담보재산의 안정성이 없다.

따라 신주의 인수, 주식의 병합 · 분할 · 소각 또는 회사의 합병 · 분할로 인한 주식의 배정에 관하여 특수하게 정할 수 있다.

또한 정관을 변경함으로써 어느 종류주식의 주주에게 손해를 미치게 될 때에는 그에 관한 이사회 또는 주주총회의 결의 외에 추가적으로 종류주주총회의 결의가 있어야 한다 (제344조, 제435조).

d. 종류주식의 종류

(ⅰ) 이익배당 또는 잔여재산분배에 관한 종류주식

ⓐ 우선주

우선주란 '이익의 배당 또는 잔여재산의 분배 등에 관하여 우선적 지위가 부여되는 주식'을 말한다. 우선주는 배당 또는 분배에 있어서 다른 주식에 비하여 순위에 있어서 우선적 지위를 준다는 것이지 (그 결과 고율의 배당이나 분배가 되겠지만) 다른 주식보다 고율의 배당을 준다는 것은 아니다.

ⓑ 보통주

보통주란 우선주와 후배주의 구별의 기준이 되는 주식을 말한다.

ⓒ 후배주

후배주란 이익의 배당 또는 잔여재산의 분배에 있어서 열후한 지위가 부여되는 주식을 말한다. 실질적으로는 거의 이용되지 않는다.

ⓓ 혼합주

혼합주란 어떤 권리에 있어서는 우선적 지위가 부여되고 다른 권리에 있어서는 열후한 지위가 부여되는 주식을 말한다. 이 역시 실질적으로는 거의 이용되지 않는다.

(ⅱ) 의결권의 배제 또는 제한에 관한 종류주식

회사가 의결권이 없는 종류주식이나 의결권이 제한되는 종류주식을 발행하는 경우에는 정관에 의결권을 행사할 수 없는 사항과 의결권행사 또는 부활의 조건을 정한 경우에는 그 조건 등을 정하여야 한다. 이러한 종류주식의 총수는 발행주식총수의 1/4을 초과하지 못한다(제344조의 3 제1항). 이 경우 의결권이 없거나 제한되는 종류주식이 발행주식총수의 1/4을 초과하여 발행된 경우에는 회사는 지체 없이 그 제한을 초과하지 않도록 하기 위하여 필요한 조치를 하여야 한다(동조 제2항).

(ⅲ) 주식의 상환에 관한 종류주식

회사는 정관으로 정하는 바에 따라 회사의 이익으로써 소각할 수 있는 종류주식(임의상환주식 · 수의상환주식) 또는 주주가 회사에 대하여 상환을 청구할 수 있는 종류주식

(강제상환주식 · 의무상환주식)을 발행할 수 있다. 이러한 종류주식을 가리켜 '상환주식'이라고 한다. 상환주식은 투자를 유발하기 위하여 미국에서 마련한 제도를 도입한 것이나 우리나라에서는 거의 이용되고 있지 않다.

임의상환주식을 발행하기 위하여 회사는 정관에 상환가액·상환기간·상환의 방법과 상환할 주식의 수를 정하여야 하고(제345조 제1항 제2문), 강제상환주식을 발행하기 위하여 회사는 정관에 주주가 회사에 대하여 상환을 청구할 수 있다는 뜻·상환가액·상환청구기간·상환방법을 정하여야 한다(동조 제3항 제2문).

상환주식의 상환이 자본금에 미치는 영향은 상환주식의 상환으로 상환주식만큼 주식수는 줄어들지만 자본금은 감소하지 않는다는 것이다.

상환주식의 상환의 경우, 회사는 주식취득의 대가로 현금 외에 유가증권(다른 종류주식은 제외)이나 그밖의 자산을 교부할 수 있다. 그러나 이 경우 그 자산의 장부가액이 제462조에 따른 배당가능이익을 초과하여서는 아니 된다.

정관에 재발행을 인정하는 명문규정이 없는 경우에 소멸한 상환주식의 수만큼 회사의 미발행주식이 증가하여 그만큼 신주를 발행할 수 있는지가 문제된다. 이에 대하여 당해 상환주식은 일단 발행되었고 그 발행에 관한 수권(授權)은 이미 행사되었다는 이유로 신주의 발행을 부정하는 것이 다수설이다.

(iv) 주식의 전환에 관한 종류주식(전환주식)30)

ⓐ 의의

회사가 종류주식을 발행하는 경우에 정관으로 정하는 바에 따라 주주의 청구에 의하여 또는 정관에서 정한 사유가 발생하면 주주가 인수한 주식을 다른 종류의 주식으로 전환할 수 있는데, 이러한 주식을 가리켜 '전환주식'이라고 한다. 전환주식을 발행하는 경우 전환의 조건, 전환의 청구기간, 전환으로 인하여 발행할 주식의 수와 내용을 정하여야 한다(제346조 제1항).

회사가 종류주식을 발행하는 경우에는 정관으로 정한 일정한 사유가 발생한 때 회사가 주주의 인수주식을 다른 종류주식으로 전환할 수 있음을 정관에 정할 수 있다. 이 경우 회사는 전환의 사유, 전환의 조건, 전환의 기간, 전환으로 인하여 발행할 주식의 수와 내용을 정하여야 한다(동조 제2항). 이 경우 이사회는 i) 전환할 주식, ii) 2주 이상의 일정한 기

30) 주주의 모집을 용이하게 하고 회사금융의 원활을 꾀하기 위하여 미국제도를 도입한 것이나 한국에서는 거의 이용되지 않는다. 전환에는 상향전환과 하향전환이 있는데, 미국에서는 입법적으로 상향전환(예: 보통주→우선주)은 금지하고 있다.

간 내에 그 주권을 회사에 제출하여야 한다는 뜻, iii) 그 기간 내에 주권을 제출하지 않을 때에는 그 주권이 무효로 된다는 뜻을 그 주식의 주주 및 주주명부에 적힌 권리자에게 따로 통지하여야 한다(이 통지는 공고로 갈음할 수 있음).

제344조 제2항에 따른 종류주식의 수 중 새로 발행할 주식의 수는 전환청구기간 또는 전환의 기간 내에는 그 발행을 유보(留保)하여야 한다.

전환주식을 발행하는 경우에는 주식청약서 또는 신주인수권증서에 i) 주식을 다른 종류의 주식으로 전환할 수 있다는 뜻, ii) 전환의 조건, iii) 전환으로 인하여 발행할 주식의 내용, iv) 전환청구기간 또는 전환의 기간 등을 기재하여야 한다(제347조).

ⓑ 전환으로 인하여 발행하는 주식의 발행가액

전환으로 인하여 신주식을 발행하는 경우에는 전환전의 주식의 발행가액을 신주식의 발행가액으로 한다(제348조).

주식의 전환을 청구하는 자는 전환청구서 2통에 주권을 첨부하여 회사에 제출하여야 한다. 전환청구서에는 전환하고자 하는 주식의 종류, 수와 청구연월일을 기재하고 기명날인 또는 서명하여야 한다(제349조).

ⓒ 전환의 효력발생

주식의 전환은 주주가 전환을 청구한 경우에는 그 청구한 때에, 회사가 전환을 한 경우에는 2주간 이상의 유예기간이 끝난 때에 그 효력이 발생한다. 주주명부폐쇄기간 중에 전환된 주식의 주주는 그 기간 중의 주주총회의 결의에 관하여는 의결권을 행사할 수 없다. 전환에 의하여 발행된 주식의 이익배당에 관하여는 주주가 전환을 청구한 때 또는 2주간 이상의 유예기간이 끝난 때가 속하는 영업연도 말에 전환된 것으로 본다. 이 경우 신주에 대한 이익배당에 관하여는 정관으로 정하는 바에 따라 그 청구를 한 때 또는 2주간 이상의 유예기간이 끝난 때가 속하는 영업연도의 직전 영업연도 말에 전환된 것으로 할 수 있다(제350조).

ⓓ 전환의 등기

주식의 전환으로 인한 변경등기는 전환을 청구한 날 또는 제346조 제3항 제2호의 기간이 끝난 날이 속하는 달의 마지막 날부터 2주 내에 본점소재지에서 하여야 한다(제351조).

전환주식은 상환주식의 경우와는 달리 수권주식총수의 범위 내에서의 종류주식 상호간의 교체에 불과하므로 (정관규정의 유무에 불구하고) 전환으로 인하여 소멸된 주식만큼 그 종류의 미발행주식으로 부활하여 재발행이 가능하다고 본다.

2. 주주

(1) 의의

주주란 주식회사의 구성원으로서 주식의 귀속자를 말한다.

(2) 자격 · 수 · 종류

① 자격

주식회사는 사원의 개성을 중시하지 않는 물적 회사이므로, 주주의 자격에 원칙적으로 제한이 없다.

② 수

주주의 수에 관하여는 회사의 설립시 · 성립 후를 불문하고 최고 · 최저의 제한이 없다. 즉 1인 주주도 가능하다.

③ 종류

주주는 각 기준에 따라 다음과 같이 나눌 수 있다.

- 권리의 내용에 따라 우선주주 · 보통주주 · 후배주주 · 혼합주주로 나누인다.
- 소유동기에 따라 투자자주주 · 투기자주주 · 경영자주주로 나누인다.
- 주식의 소유수량에 따라 다수파주주(대주주) · 소수파주주(소액주주)로 나누인다.
- 소유주체에 따라 개인주주 · 법인주주로 나누인다.

(3) 주식평등의 원칙(주주평등의 원칙)

① 의의 및 근거

주식평등의 원칙이란 주주는 동일한 조건 하에서 평등한 대우를 받아야 한다는 원칙을 말한다. 일반적으로는 '주주평등의 원칙'이라고 일컫고 있으나, 주식회사는 사원의 개성이 무시되고 그 대신에 주식이 근간으로 되어 있으므로 주식평등의 원칙이라고 하는 것이 더 정확한 표현이라고 생각한다.

상법상 주식평등의 원칙에 관한 일반적 명시규정은 없으나 의결권 · 신주인수권 · 이익배당청구권 · 잔여재산분배청구권 등에 관한 규정으로부터 유도해 낼 수 있다.

② 내용

a. 기회의 균등

기회의 균등이란 주식에 따른 권리행사 · 의무이행 등에 관하여 기회가 균등하게 주어져야 하는 것을 말한다.

b. 비례적 평등

비례적 평등이란 주주의 지주수에 따라 주주권이 결정되는 것을 말한다.

c. 종류적 평등

종류적 평등이란 모든 종류의 주식에 대한 형식적 평등이 아니라 주식의 종류에 따라 동일주식 간에서는 평등한 대우가 행하여져야 하는 것을 말한다.

d. 객관적 평등

객관적 평등이란 주관적 요건 즉 '회사의 선의 · 악의'를 불문하는 것을 말한다. 즉 회사가 선의인 경우에는 주식평등의 원칙의 위반이 되지 않는다고 하면 이 원칙의 목적은 달성할 수 없게 되고 주주가 회사의 악의를 입증하여야 하는 부당한 결과가 되게 된다.

③ 예외

다음의 경우에는 주식평등의 원칙이 적용되지 않는다.

(i) 정관의 규정에 의하여 종류주식이 발행된 경우(그 종류주식 사이에서)

(ii) 종류주식이 발행된 경우에는 정관에 다른 정함이 없는 경우에도 주식의 종류에 따라 신주의 인수, 주식의 병합 · 분할 · 소각 또는 합병 · 분할로 인한 주식의 배정에 관하여 특수한 정함이 있는 경우

(iii) 단주처리에 관하여 특별한 정함이 있는 경우

(iv) 감사 또는 감사위원회 위원의 선임의 경우

(v) 주주권이 소수주주권으로만 인정되는 경우

④ 위반의 효과

주식평등의 원칙은 회사를 구속하므로, 정관규정 · 주주총회결의 · 이사회결의 · 이사의 업무집행 등이 동 원칙을 위반한 경우에는 불평등대우를 받은 주주가 개별적으로 모두 동의하지 않는 한 회사 측의 선의 · 악의를 불문하고 무효가 된다.

Ⅱ. 주주의 권리

1. 의의

주주의 권리란 주주가 주주인 지위에서 회사에 대하여 갖는 제 권리(諸權利), 즉 주주권의 내용을 이루는 포괄적인 권리를 말한다. 그러므로 주주권 가운데 하나만(예: 이익배

당청구권)을 양도 · 입질 · 압류할 수 없으며, 하나만이 시효에 걸리지도 않는다.

그러나 주주총회 등을 통하여 구체화된 권리는 독립하여 처분할 수 있다.

2. 각종 주주의 권리

(1) 자익권과 공익권

자익권이란 주주가 회사로부터 경제적 이익을 얻는 것을 목적으로 하는 권리를 말하고, 공익권(관리권 · 행정권)이란 (의결권 · 각종의 소 제기권 등과 같이) 회사의 관리 · 경영에 참여하는 것을 목적으로 하는 권리를 말한다.

〈주주의 권리(비상장회사)〉

<table>
<tr><td colspan="3">자익권</td><td>이익배당청구권, 명의개서청구권, 신주인수권</td></tr>
<tr><td rowspan="4">공익권</td><td colspan="2">단독주주권</td><td>주주총회의 의결권, 총회결의취소의 소권, 총회결의무효 · 부존재확인소권, 설립무효의 소권, 합병무효의 소권, 분할무효의 소권, 주식교환무효의 소권, 주식이전무효의 소권, 신주발행유지청구권, 신주발행무효의 소권, 감자무효의 소권 등</td></tr>
<tr><td rowspan="3">소수주주권</td><td>10/100 이상</td><td>해산판결청구권</td></tr>
<tr><td>3/100 이상</td><td>회계장부열람청구권, 회사의 업무와 재산상태검사를 위한 검사인선임청구권, 주주총회소집청구권, 주주제안권, 이사 · 감사 · 청산인의 해임청구권, 집중투표청구권</td></tr>
<tr><td>1/100 이상</td><td>이사의 위법행위에 대한 유지청구권, 대표소송, 주주총회적법절차 검사를 위한 검사인선임청구</td></tr>
</table>

(2) 단독주주권과 소수주주권

단독주주권이란 개인 주주의 지위를 강화하기 위하여 1주의 주식을 보유한 주주라도 아무런 제한 없이 행사할 수 있는 권리를 말하며, 이에는 의결권, 설립무효판결청구권, 신주발행유지청구권, 정관 · 재무제표 · 영업보고서의 열람권 등이 있다.

소수주주권이란 대주주의 횡포를 막고 회사의 이익을 확보하기 위하여 일정비율 이상의 주식을 보유한 주주에게 부여한 권리를 말하며, 이에는 주주의 대표소송권(1/100), 주주제안권(3/100), 주주총회소집청구권(3/100), 회사해산판결청구권(10/100), 회사정리개시신청권(1/10) 등이 있다.[31]

31) 상장회사의 경우에는, 6개월 전부터 계속하여 상장회사 발행주식총수의 1/10000 이상에 해당하는 주식을 보유한 자는 제403조(주주의 대표소송)에 따른 주주의 권리를 행사할 수 있다(제542조의 6 제6항).

〈소수 주주권〉

소수주주권의 내용	일반주식회사		상장회사	
	주식보유기간	주식보유비율	주식보유기간	주식보유비율
대표소송권, 이익공여주주에 대한 이익반환청구권	불문	1%	6월	0.01%
이사·감사·청산인의 위법행위유지청구권	불문	1%	6월	0.05 또는 0.025%
이사·감사·청산인의 해임청구권	불문	3%	6월	0.5% 또는 0.25%
회계장부열람권	불문	3%	6월	0.1% 또는 0.05%
주주제안권	불문	3%	6월	1% 또는 0.5%
임시총회 소집청구권, 회사의 업무 및 재산 상태조사를 위한 검사인 선임청구권	불문	3%	6월	1.5%
집중투표청구권	불문	3%	불요	1%
회사해산청구권	불문	10%	-	-
총회 검사인 선임	불문	1%	-	-

상기 표에서 '또는'으로 표시된 지주비율은 자본시장법 시행령에 의하여 최근 사업연도 말 현재 자본금 1,000억원 이상인 상장회사에 적용되는 요건이다.

금융지주회사, 은행, 증권회사, 보험회사 등 금융기관에 대하여는 관련 법률에서 위와 별개로 당해 금융기관의 자산규모 등을 감안하여 소수주주권의 행사요건을 완화하고 있다(금융지주회사법 제42조, 은행법 제17조, 자본시장법 제29조, 보험업법 제19조).

2020년 개정 전 상법은 일반규정으로 소수주주권 행사요건을 규정하는 동시에(상법 제363조의 2, 제403조 등), 상장회사의 경우 6개월 전부터 계속하여 특정비율 이상 주식을 보유한 경우 소수주주권 행사가 가능하도록 특례규정을 별도로 두었다(상법 제542조의 6). 즉 상장회사의 경우, 소수주주권 행사를 위한 주주의 주식보유비율을 일반규정에 비해 완화하는 대신 6개월 전부터 계속하여 주식을 보유할 것을 요구한 것이다. 그런데 이때, 일반규정에 따른 소수주주권 행사요건 지분율 이상의 주식을 보유하고 있으나, 6개월의 보유기간을 갖추지 못한 상장회사의 주주가 소수주주권을 행사할 수 있는지 여부에 대하여 개정전 상법은 명시적인 규정을 두지 않아 해석상 논란이 있었고, 이에 관한 하급

심판결 역시 통일되지 않은 문제가 있었다.

이에 2020년 개정 상법은, 상장회사 특례규정에도 불구하고 이 장의 다른 절에 따른 소수주주권의 행사에 영향을 미치지 않는다고 하여, 상장회사의 주주가 상장회사 특례규정에 따른 소수주주권 행사요건과 일반규정에 따른 소수주주권 행사요건 중 한 가지 요건만 충족한다면 각 요건에 따른 소수주주권을 선택적·중첩적으로 행사할 수 있다는 내용을 명시하는 규정(제542조의 6 제10항)을 신설하여, 기업실무의 혼란을 입법적으로 해결하였다.

(3) 고유권과 비고유권

고유권이란 주주총회의 결의나 정관의 변경에 의하여 회사가 일방적으로 박탈하거나 제한할 수 없는 권리(예: 의결권, 이익배당청구권)를 말하고, 따라서 개개 주주의 동의 없이 고유권을 침해하는 내용의 주주총회결의나 정관은 무효이다.

비고유권이란 주주총회의 다수결이나 정관의 변경에 의하여 회사가 일방적으로 박탈하거나 제한할 수 있는 권리를 말한다.

Ⅲ. 주주의 의무

1. 출자의무

주주의 의무란 주주가 주주의 자격에서 회사에 대하여 부담하는 의무를 말한다. 주주의 재산출자의무는 주주의 가장 중요한 의무로서, 회사의 성립 전이나 신주발행의 효력발생 전에 전부 이행되어야 한다. 그러므로 주주의 출자의무는 형식적으로는 주식인수인의 출자의무이고 주주가 된 때에는 원칙상 납입의무가 없다.[32)]

이밖에 발기인 · 이사의 인수담보책임과 납입담보책임에 따른 의무, 이사와 통모하여 현저하게 불공정한 발행가액으로 주식을 인수한 자는 회사에 대하여 공정한 발행가액과의 차액에 상당한 금액을 지급할 의무(실질적 추가출자의무 제424조의 2), 물탄 주식에 대한 차액출자의무 등이 있다.

32) 회사설립 당시 원래 주주들이 주식인수인으로서 주식을 인수하고 가장납입의 형태로 주금을 납입한 이상 그들은 바로 회사의 주주이고, 그 후 그들이 회사가 청구한 주금 상당액을 납입하지 않았다고 하더라도 이는 회사 또는 대표이사에 대한 채무불이행일 뿐 그러한 사유만으로 주주로서의 지위를 상실하게 된다고는 할 수 없으며, 또한 주식인수인들이 회사가 정한 납입일까지 주금 상당액을 납입하지 않은 채 그로부터 상당한 기간이 지난 후 비로소 회사의 주주임을 주장하였다고 하여 신의성실의 원칙에 반한다고도 할 수 없다(대법원 1998년 12월 23일 선고 97다20649 판결).

2. 충실의무

충실의무란 주주가 권리를 행사함에 있어서 회사 전체의 이익 및 다른 주주의 사원권적 이해도 고려하여야 하는 의무를 말한다.

미국의 경우, 의결권행사시 충실의무를 부담하지 않는 것이 전통적 입장이었으나, 비상사항에 대한 결의시 지배주주는 예외적으로 충실의무를 부담한다. 그 근거로는 형평법상의 원칙, 즉 이사의 경우 충실의무를 부담하는바(우리의 경우는 제382조의 3) 이사를 통하여 회사를 지배하는 '지배주주'라면 당연히 충실의무를 부담하여야 한다는 것이다.

독일의 경우, 유한회사의 사원에게는 충실의무를 지우고 있으나 주주에게는 일반적인 신의성실의 원칙 외에 충실의무는 지우지 않는다. 다만 최근의 학설 · 판례상 대주주의 의결권행사시 하나의 행동규범으로서 충실의무를 인정하고 있다.

우리도 다수결의 횡포방지상 지배주주에 한하여 그리고 회사의 비상사항결의에 한하여 인정하여야 할 것이다.

Ⅳ. 주권과 주주명부

1. 주권(株券)

(1) 주권의 의의와 성질

주권이란 주식(주주로서의 지위)을 표창하는 유가증권을 말한다. 주식회사는 다른 종류의 회사와는 달리 사원의 개성이 무시되고 비인격화되므로 '주식의 증권화'가 가능하다.

주권에는 사원권적 유가증권 · 비설권증권 · (엄격하지 않은) 요식증권 · 비문언증권 · 요인증권 등의 성질이 있다.

그런데 근래 주권은 그 기능을 점점 상실하고 있다. 유가증권이 가치권화하면서 '증권없는 사회'로 변모하고 있으며,[33] 이러한 경향이 반영되어 실제로도 주권예탁결제제도 · 주권불소지제도 등의 모습으로 나타나고 있다.

33) 주주들이 실제로는 주권을 본 적도 없지만 수치상으로 얼마든지 주식을 사고 파는 모습을 보면 쉽게 이해할 수 있다.

(2) 주권의 종류

① 기명주권 · 무기명주권

주권에 주주의 성명이 기재되어 있는지 여부에 따라, 기재되어 있으면 기명주권이라 하고 기재되어 있지 않으면 무기명주권이라고 한다. 그런데 2014년 상법 개정시에 무기명주권제도가 폐지되었으므로 이제는 기명주권제도만 있다.

② 단일주권 · 병합주권

주권에 표창되어 있는 주식수에 따라, 1주권에 1주식이 표창되어 있으면 '단일주권'이라 하고 1주권에 수 개의 주식을 표창되어 있으면 '병합주권'이라 한다.

③ 주식예탁증서(DR: Depository Receipts)

주식예탁증서란 다국적기업이 해외의 증권거래소에 주식을 상장하는 경우에 예상되는 발행 · 유통상의 여러 문제점을 고려하여 원주(原株)는 본국에 소재한 금융기관에 보관하고, 해외투자자에게는 원주에 대한 소유권을 인정하는 표시로서 발행하여 주는 증서를 말한다.

국제자본시장에서 주식의 유통수단으로 이용되는 대체증권으로서, 주식을 외국에서 직접 발행하여 거래하려면 여러 가지 번거로운 절차를 거쳐야 하기 때문에 이 같은 절차를 피하면서도 같은 효과를 내기 위하여 원래의 주식은 본국에 보관한 채 이를 대신하는 증서를 만들어 외국에서 유통시키는 증권이 주식예탁증서이다.

(3) 주권의 발행

① 주권발행의 의의와 시기

주권의 발행이란 법정기재사항을 기재한 주권을 작성하여 이를 주주에게 교부하는 것을 말한다(교부계약설). 회사는 성립 후 또는 신주의 납입기일 후가 아니면 주권을 발행할 수 없으며(권리주의 유가증권화 억제), 그 이후에는 지체 없이 주권을 발행하여야 한다(제355조, 주권교부청구권). 회사는 주주의 주권불소지신고의 경우를 제외하고는 반드시 주권을 발행하여야 하며, 정관에 의하여도 주권을 발행하지 않을 수 없다.

② 주권의 기재사항

주권은 일정사항을 기재하고 대표이사가 기명날인 또는 서명하여야 한다(요식증권성, 그러나 엄격한 것은 아니다).

주권에 기재하여야 할 사항은 다음과 같다(제356조): 회사의 상호, 회사의 성립연월일,

회사가 발행할 주식의 총수, 액면주식을 발행하는 경우 1주의 금액, 회사의 성립 후 발행된 주식에 관하여는 그 발행연월일, 종류주식이 있는 경우에는 그 주식의 종류와 내용, 주식의 양도에 관하여 이사회의 승인을 얻도록 정한 때에는 그 규정.

회사가 정정사항의 정정을 게을리 하여 손해를 입은 자에 대하여 회사는 배상할 책임이 있고, 불기재 또는 부실기재시에는 과태료 및 손해배상책임을 부담한다.

③ 주권의 효력발생시기

주권의 효력발생시기를 언제로 볼 것인가에 대하여 상법에 명시규정이 없으므로, (i) 교부계약설(교부시설), (ii) 창조설(작성시설), (iii) 발행설(상대방을 주주에 한하지 않고 누구에게나), (iv) 외관설(진정한 주주의 보호에는 미흡하나, 교부가 없었더라도 교부가 있었던 것과 같은 외관이 있으면 교부로 인정) 등으로 견해가 나누이고 있다.

판례는 과거 발행시설을 취한 적이 있었으나(대법원 1965년 8월 24일 선고 65다968 판결) 현재는 교부시설을 취하고 있다(대법원 1987년 5월 26일 선고 86다카982, 983 판결; 대법원 2000년 3월 23일 선고 99다67529 판결).

(4) 주식의 전자등록

실무상의 주권예탁제도와 주식불소지제도 등에 의하여 주권이 실제로 이용되지 않는 경우가 많았는바(증권무권화의 한 과정), 2011년 개정시에 유가증권의 무권화의 일환으로 주권을 발행하지 않고 주식을 전자등록할 수 있도록 개정하였다(증권무권화의 최종단계는 '전자화').

이 제도는 신주인수권 · 사채 · 상법상의 유가증권에도 준용되어 상법상의 모든 유가증권을 무권화할 수 있도록 하였다. 그 결과 주권을 발행하는 대신 정관이 정하는 바에 따라 전자등록기관[34]의 전자등록부에 주식을 등록할 수 있다(제356조의 2 제1항).

전자등록부에 등록된 주식의 양도나 입질은 전자등록부에 등록하여야 효력이 발생한다.

전자등록부에 주식을 등록한 자는 그 등록된 주식에 대한 권리를 적법하게 보유한 것으로 추정하며, 전자등록부를 선의로 중과실 없이 신뢰하여 양도나 입질에 관하여 전자등록에 따라 권리를 취득한 자는 그 권리를 적법하게 취득한다.

전자등록기관의 지정 · 감독 등 주식의 전자등록 등에 관하여 필요한 사항은 대통령령으로 정한다.

---

34) 유가증권 등의 전자등록업무를 취급하는 것으로 지정된 기관

(5) 주권불소지제도

① 의의

주권불소지제도란 기명주식의 주주가 주권의 소지를 않겠다는 뜻을 회사에 신고함으로써 회사가 신고된 주권을 발행하지 않는 제도를 말한다. 장기에 걸쳐 주권을 처분할 의사가 없는 고정주주의 의사(도난 · 분실의 위험회피)를 고려하여 채택한 제도이다.

회사는 사무의 번잡 기타 사정으로 인하여 필요가 없을 때에는 정관에 주권불소지제도를 채택하지 않는다는 규정을 둘 수도 있다(정관의 상대적 기재사항에 해당).

② 주권불소지의 신고

기명주식의 주주는 정관에 다른 규정이 있는 경우를 제외하고는 주권불소지의 뜻을 회사(또는 명의개서대리인)에 신고할 수 있다(제358조의 2). 보유주식의 일부에 대하여만도 가능하다.

주권불소지의 신고를 할 수 있는 자는 주주명부상의 주주 또는 주식인수인에 한한다(주식질권자는 불가). 명의개서를 하지 않은 주식의 양수인은 주권불소지의 신고를 할 수 없다.

신고의 상대방은 회사 또는 명의개서대리인이다.

신고방식에 대하여는 특별한 제한이 없으므로 구두로도 가능하나 실제는 서면이 주로 활용된다.

주권불소지의 신고시기는 주권발행의 전후를 불문하고 가능하고, 정관에 특별한 정함이 없는 한 주주명부폐쇄기간 중에도 가능하다.

주권불소지조치주식에 대하여 준비금의 자본전입에 의한 신주발행 또는 주식배당이 행하여지는 경우(즉 추가로 주식이 발행되는 경우) 별도의 불소지신고를 하지 않으면 주권이 발행된다. 한편 주식병합 또는 구(舊)주권의 제출을 요하는 주식분할의 경우 (불소지의 조치를 취한 주권과 교환하는 것에 불과하므로) 신고가 없더라도 불소지조치가 계속된다.

③ 회사의 조치

a. 주권발행 전 - 주권 불발행

주주로부터 주권불소지의 신고가 있는 때에는 회사는 지체 없이 주권을 발행하지 않는다는 뜻을 주주명부와 그 복본에 기재하고 그 사실을 주주에게 통지하여야 한다. 이때 회사는 주권을 발행할 수 없다.

이 기재를 하지 않은 때에는 과태료의 제재가 있다.

b. 주권발행 후 - 주권의 무효 또는 임치

이미 주권이 발행된 상태에서 주권불소지신고를 하고 주권이 회사에 제출된 경우에는 회사는 제출된 주권을 무효로 하거나(폐기처분) 주주가 주권의 재발행을 청구하는 경우에 대한 대비로서 명의개서대리인에게 임치하여야 한다.

주주명부에 주권불발행의 기재를 한 후에는 주식을 양도할 수 없고 입질할 수도 없다(그러나 상속이나 유증 등의 포괄승계는 가능).

④ 주권의 발행

주권불소지의 신고를 한 주주는, 주식의 양도·입질을 하려면 주권이 필요하므로, 언제든지 회사에 대하여 주권의 발행을 청구할 수 있다. 이때 회사는 주권을 지체 없이 발행하여야 하며, 정관으로도 주권발행청구를 일반적으로 금지하거나 제한할 수 없다. 정관으로 발행청구의 금지나 제한을 할 수 없다. 주주명부폐쇄기간 중에도 청구할 수 있다.

(6) 주권의 상실과 재발행

주주는 기명주권을 상실하면 권리의 양도를 할 수 없다.

주권의 상실이란 예컨대 주권을 분실하거나 도난당하는 것을 말한다. 상실된 주권은 선의의 제3자가 선의취득할 수 있다(제359조). '주권의 선의취득'에 관하여 상법 제359조는 (어음법 제16조 제2항을 준용하지 않고) 수표법 제21조를 준용하고 있다(어음은 수표나 주권과 달리 무기명식이 인정되지 않았기 때문이다. 그러나 전술한 바와 같이 주권의 경우 2014년 상법 개정시 무기명주권제도가 폐지되었다).

주권의 선의취득이란 주권을 점유하는 적법한 소지인으로부터 교부에 의하여 주권을 취득한 자는 악의 또는 중과실이 없는 한 양도인이 무권리자·무권대리인·무처분권자이더라도 그 주식의 권리자로 되는 제도를 말한다(반환 불요. 제359조). '무권리자'의 예로는 절취한 자·습득한 자·보관하고 있는 자 등을 들 수 있다. '처분권자'란 타인의 권리를 자기 명의로 처분할 수 있는 자로서, 파산관재인·유언집행자·상속재산관리인·위탁매매인 등이 있다. 선의취득은 '거래'로 인하여 주권을 취득한 경우에만 인정되므로, 회사의 합병이나 상속과 같이 '법률규정'에 의하여 주권을 취득한 경우에는 인정되지 않는다. 주권에 대한 질권 기타 주식을 담보로 하는 권리도 선의취득할 수 있다.[35)]

35) 주주가 주권불소지의 신고를 하고 회사에 제출하여 무효가 된 주권도 선의취득할 수 있다. 주주가 주권불소지신고를 하고 회사에 제출하여 무효가 된 주권은 양도의 대상이 될 수 없으므로 선의취득의 대상이 되지 않는다.

주권을 상실한 자는 공시최고절차와 제권판결에 의하여 상실된 주권을 무효로 할 수 있고(형식적 지위의 회복), 주권의 재발행을 청구할 수 있다(제360조, 민법 제475조 이하).

2. 주주명부

(1) 의의

주주명부란 주주 및 주권에 관한 사항을 명확하게 하기 위하여 상법규정상 작성되는 장부를 말한다(주주명부와 주권대장은 회사의 영업상의 재산 및 손익의 상황을 명백히 하기 위하여 작성하는 것이 아니므로 상업장부에 해당하지 않는다).[36]

(2) 형식과 기재사항

주주명부의 형식에는 특별한 제한이 없다.

주주명부의 기재사항은 (i) 주주의 성명과 주소, (ii) 각 주주가 가진 주식의 종류와 그 수, (iii) 각 주주가 가진 주식의 주권을 발행한 때에는 그 주권의 번호, (iv) 각 주식의 취득연월일, (v) 전환주식발행시 주식을 다른 종류의 주식으로 전환할 수 있다는 뜻 · 전환의 조건 · 전환으로 인하여 발행할 주식의 내용 · 전환청구기간 또는 전환의 기간 등이다(제352조).

주주명부 및 그 복본에의 법정기재사항의 불기재 또는 부실기재시 이사 또는 명의개서 대리인은 과태료의 제재를 받는다.

---

36) 주주명부 중에 '실질주주명부'라는 것이 있다. 실질주주명부란 발행회사가 주주명부 폐쇄기준일을 정한 경우, 기준일 현재 주주명부상 증권예탁원 명의의 주식에 대한 실질소유자를 기록 · 관리하는 법적 장부(즉 증권예탁원 명의로 되어 있는 상법상의 주주명부 내역표)를 말한다.
발행회사가 주주명부 폐쇄기준일을 정한 경우, 증권예탁원이 해당 날짜의 실질주주에 대한 성명 · 주소, 주식의 종류 및 수를 기재한 실질주주명세를 발행회사나 명의개서 대행기관에 통보하면 발행회사는 이를 기초로 통보받은 사항과 연월일을 기재하여 작성 · 비치하여야 하는데, 이 법적 장부가 바로 실질주주명부이다.
작성한 실질주주명부는 주주명부와 마찬가지로 본점에 항상 비치하여야 하며, 사무의 실무처리는 발행회사가 선임한 명의개서대리인이 맡도록 되어 있다. 상법상 주주명부에 주주로 기재된 자와 실질주주명부에 실질주주로 기재된 자가 동일인이면, 발행회사나 명의개서대리인은 주주의 권리행사 때 주주명부 주식수와 실질주주명부 주식수를 합산하여 주주명부상 주주를 기준으로 업무를 처리해야 한다. 이러한 합산제도는 유상 · 무상증자 때 합산된 주식수에 따라 배정을 함으로써 배정시 발생하는 단주(端株)를 예방하고, 실질주주의 재산권을 보호하기 위한 것이다.
그 밖에 증권예탁원에 예탁된 주식에 대한 실질주주명부는 주주명부와 동일한 효력을 가지기 때문에 실질주주는 실질주주명부에 기재되는 것과 동시에 발행회사에 대해 상법상 주주의 모든 권리를 행사할 수 있다.

(3) 비치와 열람

주주명부는 대표이사가 작성하여, 회사의 본점에 원본을 비치하거나, 명의개서대리인의 영업소에 원본 또는 복본(複本)[37]을 비치한다(제396조, 명의개서는 대리행위의 대상이 아니므로 대리인이 아니라 '대행인'이라 하는 것이 정확한 표현일 것이다).

복본은 목적 · 내용 · 효력이 주주명부와 동일한 것으로, 복본에 행한 명의개서는 주주명부상의 명의개서와 효력이 동일하다.

주주와 회사채권자는 영업시간 내에는 언제든지 주주명부의 열람 또는 등사를 청구할 수 있다.

(4) 효력

① 대항력 · 추정력 · 면책력

기명주식의 이전은, 회사의 법률관계를 간명하게 하기 위하여, 명의개서를 하지 않으면 회사에 대하여 대항하지 못한다(대항력).[38] 명의개서 후에는 주식양수인은 주주(적법한 소지인)로 추정되어 실질적 권리를 증명할 필요 없이 주주로서의 권리를 행사할 수 있고(추정력: 자격수여적 효력)[39] 회사는 주주명부상 주주로 기재된 자를 주주로 취급하면 그가 실제의 주주가 아니더라도 면책된다(면책력, 제353조).

② 등록질로서의 특별한 효력

기명주식을 질권의 목적으로 한 경우, 회사가 질권설정자의 청구에 의하여 질권자의 성명과 주소를 주주명부에 기재하고 또 그 성명을 주권에 기재한 때에는 등록질로서의 특별한 효력이 생긴다(제340조).

---

37) 통상은 원본을 그대로 베낀 서류를 가리키는데, 여기에서는 명의개서인을 두는 경우에 동일한 내용으로 작성되는 여러 개의 주주명부나 사채원부를 뜻한다. 그러므로 예컨대 원본이 '1-1'이라고 하면 복본은 '1-2'가 된다.

38) 상법 제337조 제1항의 규정은 기명주식의 취득자가 주주명부상의 주주명의를 개서하지 않으면 스스로 회사에 대하여 주주권을 주장할 수 없다는 의미이고, 명의개서를 하지 않는 실질상의 주주를 회사 측에서 주주로 인정하는 것은 무방하다(대법원 제2001년 5월 15일 선고 2001다12973 판결).

39) 회사는 주주명부에 명의개서된 자에 대하여도 실질적 권리가 없음을 입증하여 주주로서의 권리행사를 거절할 수 있다(대법원 1989년 7월 11일 선고 89다카5345 판결 참조).
주주명부에 주주로 등재되어 있는 이는 그 회사의 주주로 추정되며, 이를 번복하기 위하여는 그 주주권을 부인하는 측에 입증책임이 있다(대법원 2010년 3월 11일 선고 2007다51505 판결).
주주명부에 기재된 명의상의 주주는 실질적 권리를 증명하지 않아도 주주의 권리를 행사할 수 있게 한 자격수여적 효력만을 인정한 것뿐이지 주주명부의 기재에 창설적 효력을 인정하는 것이 아니므로 반증에 의하여 실질상 주식을 취득하지 못하였다고 인정되는 자가 명의개서를 받았다고 하여 주주의 권리를 행사할 수 있는 것은 아니다(대법원 1989년 7월 11일 선고 89다카5345 판결).

③ **주권불소지 기재시의 효력**

주권불소지의 신고가 있으면 주주명부와 복본에 그 내용을 기재하고, 해당 주권을 발행하지 않거나 이미 발행한 주권은 무효화한다.

(5) 전자주주명부

회사는 정관으로 정하는 바에 따라 전자문서로 주주명부를 작성할 수 있다(전자주주명부). 전자주주명부에는 기명주식을 발행한 경우의 주주명부의 기재사항 외에 전자우편주소를 기재하여야 한다(제352조의 2 제1항).

(6) 주주명부의 폐쇄와 기준일

① **주주명부의 폐쇄**

주주명부의 폐쇄(또는 명의개서의 정지)란 이익배당청구권 등 권리를 행사할 주주를 확정하기 위하여 일정기간 동안 주주명부의 '기재의 변경'을 하지 않는 것을 말한다(제354조 제1항). 이에 관하여 정관에 규정이 없으면 이사회 또는 대표이사가 정한다.

폐쇄기간은 3월을 초과할 수 없고 정관으로 신축할 수 없다(동조 제2항).

정관에 따른 정기폐쇄의 경우에는(예컨대 정관에 '매 결산기의 익일부터 정기총회의 종결일까지 주주명부를 폐쇄한다'라고 규정되어 있는 경우) 사전에 공고할 필요가 없으나, 정관에 이러한 규정이 없는 경우 또는 정관에 정한 경우 이외로 주주명부를 폐쇄하려면 폐쇄기간 2주 전에 이를 공고하여야 한다.

주주명부가 폐쇄되면 주식의 명의개서 · 질권등록 · 신탁재산표시의 기재 및 말소 등이 정지된다.

주주로부터의 명의개서청구시, 회사에 의한 임의의 명의개서의 허용은 주식평등의 원칙의 위반이고 제도의 취지에도 어긋나므로 무효이다. 그러나 상속이나 회사의 합병의 경우는 예외이다.

② **기준일(등록일)**

주주명부의 폐쇄 대신에 일정한 날을 정하여 그 날에 주주명부에 기재된 주주 또는 질권자를 권리행사자로 보는 것을 가리켜 기준일(또는 등록일)이라고 한다.

기준일은 권리를 행사할 날(의결권에 관하여는 주주총회회일, 이익배당에 관하여는 배당결의일)에 앞선 3월내의 일자로 정하여야 한다.

회사가 기준일을 정한 때에는 정관으로 정한 경우를 제외하고는 그 날의 2주 전에 이를 공고하여야 한다.

2020년 개정 전 상법은 전환주식·전환사채의 전환, 주식매수선택권 행사에 따른 신주발행, 유상증자 등의 이유로 신주가 발행된 경우에 정관에서 그 발행일이 속하는 영업연도의 직전 영업연도 말에 발행된 것으로 정할 수 있도록 규정하고 있었는데(개정 전 상법 제350조 제3항 후단 및 그 준용조문), 이는 신주를 구주와 동등하게 배당하기 위한 것으로 이해되었기 때문에 '영업연도 말 = 배당기준일'로 해석하는 것이 일반적이었다. 따라서 대부분의 회사들은 정관으로 이익배당은 매 영업연도 말 현재 주주명부에 기재된 주주에게 지급한다는 내용으로 기준일을 정하였고, 정기주주총회는 배당기준일의 효력이 미치는 3월 내에 개최될 수밖에 없어(상법 제354조 제2항), 3월 말에 주주총회가 집중되는 현상이 발생하였다. 뿐만 아니라 일부규정이 배당기준일과 영업연도말이 같은 경우를 전제하고 있어 해석상·실무상 불편함과 논란을 야기하였다. 이에 2020년 개정 상법은 배당실무에서의 혼란을 해소하고 주주총회의 분산개최를 유도하기 위하여 영업연도말을 배당기준일로 전제한 제350조 제3항 등의 규정을 삭제함으로써 회사들이 배당기준일을 영업연도말 이외의 날로 정할 수 있도록 하였다.

③ 양 제도의 차이와 병용

주주명부폐쇄기간제도와 기준일제도의 근본적 차이는 전자의 경우에는 주주명부가 폐쇄되고 후자의 경우에는 계속 개방된다는 것이다. 주식양수인의 입장에서는 기준일제도가 유리하나, 한국에서는 대개 주주명부폐쇄기간제도를 이용하고 있다.

회사가 기준일을 정한 경우에도 동시에 기준일 뒤의 일정기간 동안 주주명부를 폐쇄하는 등 양 제도를 병용하는 것도 무방하다.

④ 위법한 폐쇄기간 · 기준일

'의결권을 행사하거나, 배당을 받을 자, 기타 주주 또는 질권자로서 권리를 행사할 자를 정하기 위하여'라는 목적을 위반한 경우에는 무효이다(제354조 제1항).

3개월의 기간 위반시 초과되는 기간은 무효이다.

전술한 공고를 흠결한 경우에도 무효이다.

주주명부폐쇄 또는 기준일에 대하여 이사회결의를 흠결한 경우라 하더라도 거래안전의 보호상 유효하다.

V. 주주의 변동

1. 서설

주주의 변동이란 주주라는 지위를 취득 · 상실 · 양도(양수)하는 것을 말한다.

주주지위의 취득에는 원시취득과 승계취득(포괄승계와 특정승계), 이전적 승계와 설정적 승계가 있고,[40] 주주지위의 상실에는 절대적 상실(회사소멸 · 주식소각 · 실권절차)과 상대적 상실(취득의 이면)이 있다.

2. 주식의 양도

(1) 주식양도의 의의

주식의 양도란 법률행위에 의하여 주식을 이전하는 것(매매 · 교환 · 증여)을 말한다.

주식의 양도는 직접 주식이전의 효과를 가져 오는바 준물권행위[41]에 해당한다.

(2) 주식양도의 자유

주식의 양도는 법률 또는 정관에 달리 정함이 없으면 원칙적으로 자유이다(제335조 제1항). 주식회사에는 인적 회사에서 인정되는 퇴사제도가 없으므로 주주로 하여금 '투하자본의 회수'를 보장하여 줄 방법이 필요하여 상법은 주식양도의 자유와 주식매수청구권제도를 두고 있다.[42]

---

40) '원시취득'이란 타인의 권리를 기초로 하지 않고 새로이 권리를 취득하는 것을 뜻한다. 그 예로는 무주물선점(민법 제252조)·유실물습득(민법 제253조)· 매장물발견(민법 제254조)에 따른 취득, 건물의 신축에 의한 소유권취득 등이 있다. 선의취득과 시효취득에 대하여는 견해가 나누이나 원시취득으로 보는 것이 다수설이다.
'승계취득'이란 타인의 권리에 기초하여 권리를 취득하는 것을 의미한다. 이 경우 종전 권리 위에 존재하던 제한이나 부담이 존속한다는 특징이 있다. 승계취득에는 종전의 권리자의 권리가 동일성을 유지하면서 새로운 권리자에게 이전되고 종전의 권리자는 권리를 상실하게 되는 '이전적 승계'와 종전의 권리자는 권리를 유지하면서 그 권리에 대한 제한적인 권리를 새로운 권리자가 취득하는 '설정적 승계'가 있다(지상권, 저당권, 질권).

41) 준물권행위란 물권 이외의 권리의 변동을 목적으로 하는 법률행위를 말한다. 준물권행위에는 채권양도·채무면제·지식재산권의 양도가 있다. 준물권행위도 처분행위에 해당하므로 이행의 문제를 남기지 않는다.

42) 주식양도양수계약이 적법하게 해제되었다면 종전의 주식양수인은 주식회사의 주주로서의 지위를 상실하였으므로, 주식회사의 주권을 점유하고 있다고 하더라도 주주로서의 권리를 행사할 수 있는 것은 아니다(대법원 1994년 6월 28일 선고 93다44906 판결).

(3) 주식양도의 제한

그런데 주식의 양도성을 제한할 수 있도록 하는 것이 세계 각국의 추세이다. 주식의 양도는 법률(상법 · 특별법) 또는 정관에 의하여 제한된다. 본서에서는 법률상의 제한은(공정거래법 등의 특별법상의 제한은 제외하고) 상법에 의한 제한으로 국한하여 살펴보기로 한다.

① 정관상의 제한

회사의 입장에서 폐쇄적인 사원의 구성을 원하는 경우 · 외국회사와 합작회사를 설립하는 경우에 합작파트너인 상대방의 변동을 막을 필요가 있는 경우 등에 정관으로 정하는 바에 따라 이사회의 승인을 얻어야만 주식을 양도할 수 있도록 할 수 있다. 다만 자본금총액이 10억원 미만으로서 이사를 1명 또는 2명을 둔 소규모주식회사는 이사회가 없으므로 주주총회가 이를 대신한다(제383조 제1항, 동조 제4항).[43]

a. 제한의 방법

회사는 정관으로 정하는 바에 따라 그 발행하는 주식의 양도에 관하여 이사회의 승인을 얻도록 할 수 있다(제335조 제1항 단서). 그러므로 주식을 양도하기 위하여는 '이사회의 승인결의'가 있어야 한다.

정관에 의한 주식양도의 제한은 공시를 요하는 바, 주식청약서와 주권에 기재하고 등기를 하여야 하고 전환사채와 신주인수권부사채의 청약서 · 채권 · 사채원부 · 신주인수권증권에도 기재하여야 한다.

b. 제한의 대상 · 태양

(a) 대상주식

원칙적으로 회사가 발행하는 모든 주식이 제한의 대상으로 되고, 다만 종류주식을 발행한 경우 특정한 종류의 주식(예: 보통주)에 대하여만 양도를 제한하는 것도 가능하다.

(b) 제한형태

예컨대 외국인 · 현재 주주 이외의 자 · 회사의 종업원 이외의 자에게 주식을 양도하는 경우에 이사회의 승인을 얻도록 하는 것이다. 그러나 특정주주(예: 종업원인 주주) 또는 소유주식수의 다과에 의하여 양도를 제한하는 것은 주식평등의 원칙에 반하는 것으

43) 상법 제335조 제1항 단서는 주식의 양도를 전제로 하고, 다만 이를 제한하는 방법으로서 이사회의 승인을 요하도록 정관에 정할 수 있다는 취지이지 주식의 양도 그 자체를 금지할 수 있음을 정할 수 있다는 뜻은 아니기 때문에, 정관의 규정으로 주식의 양도를 제한하는 경우에도 주식양도를 전면적으로 금지하는 규정을 둘 수는 없다(대법원 2000년 9월 26일 선고 99다48429 판결).

로서 무효이다.

(c) 대상행위

정관규정에 의한 주식양도의 제한은 '법률행위'에 의한 주식의 양도의 경우에 한한다. 그러므로 포괄승계에 의한 양도는 이사회의 승인을 요하지 않는다. 포괄승계의 일례로 '상속'이 있는데, 상속은 피상속인의 사망이라는 사실에 의하여 자동적으로 이루어지는 것이므로, 이에 대하여 이사회의 승인이 개입될 여지가 없기 때문이다.

c. 양도인의 승인청구

(a) 사전승인청구

이사회의 승인을 얻어 주식을 양도하고자 하는 주주는 회사에 대하여 '양도의 상대방 및 양도하고자 하는 주식의 종류와 수'를 기재한 서면으로 양도승인을 청구할 수 있다(제335조의 2 제1항).

(b) 승인결의

상기 청구가 있으면 회사는 이사회의 결의로 승인 여부를 결정한다.

이사회의 결의 없이 대표이사가 승인을 한 경우에는, 원칙적으로 효력이 없으나, 주식양수인이 '결의 없음에 관하여 선의·무과실인 경우'에는 회사는 승인이 없음을 이유로 대항할 수 없다.

(c) 승인 여부의 통지

회사는 주주로부터 양도승인의 청구를 받은 날로부터 1월 이내에 이사회의 결의를 거쳐 주주에게 승인 여부를 서면으로 통지하여야 한다(동조 2항).

상기 기간 내에 통지가 없는 때에는 이사회의 승인이 있는 것으로 본다(동조 3항).

d. 승인거부시의 구제

(a) 승인의 거부

승인거부의 통지를 받은 주주는 통지를 받은 날로부터 20일 내에 '양도상대방지정청구 또는 주식매수청구'를 할 수 있다.

(b) 양도상대방의 지정청구

ⓐ 청구방법

청구방법에는 제한이 없으므로 서면에 의할 것을 요하지 않는다.

ⓑ 지정기준

이사회의 양도상대방 지정은 특정주주의 지배권의 확보를 위하여 악용될 우려가 있으므로, 이사회는 주식양도의 제한의 취지를 고려하여 '충실의무'에 입각하여 상대방을 지정하여야 할 것이다.

ⓒ 이사회결의 및 통지

이 청구가 있으면, 회사는 이사회의 결의로써 양도상대방을 지정하고, 청구가 있은 날로부터 2주간 내에 주주 및 지정된 상대방에게 서면으로 이를 통지하여야 한다. 통지를 하지 않으면(양도인이 원래 하고자 했던 양도에 대하여) 이사회의 승인이 있는 것으로 본다(지정통지, 第335조의 3).

ⓓ 피지정자의 매도청구권(선매권, 先買權)

이사회결의에 의하여 상대방으로 지정된 자는 지정통지를 받은 날로부터 10일 내에 주주 및 지정된 상대방에게 서면으로 그 주식을 자기에게 매도할 것을 청구할 수 있다(第335조의 4 제1항, 일종의 형성권).

ⓔ 매도청구권의 포기

지정된 매수인은 주식을 매수할 의무를 부담하지 않으며, 매도청구권을 포기할 수 있다. 그러나 회사가 미리 상대방의 동의를 얻어 매수인으로 지정한 때에는 회사에 대하여 주식을 매수할 계약상의 의무를 부담한다. 지정된 매수인이 지정통지를 받은 날로부터 10일 내에 매도의 청구를 하지 않는 때에는 주식의 양도에 관하여 이사회의 승인이 있는 것으로 본다. 그 결과 주주는 이전에 회사에 대하여 승인을 청구한 상대방에게 그 주식을 양도할 수 있게 된다.

ⓕ 매수가액의 결정

피지정자가 매도청구권을 행사하여 주식의 매매계약이 성립된 경우, 주식의 매수가액은 제374조의 2상의 2단계를 거쳐 결정된다. 즉 (i) 주주와 매수청구인(피지정자) 간의 협의로 결정하되, (ii) 30일 내에 협의가 이루어지지 않은 때에는 회사 또는 매수청구인이 법원에 대하여 매수가액의 결정을 청구할 수 있다. 이때 법원은 회사의 재산상태 기타의 사정을 참작하여 공정한 가액으로 산정하여야 한다(第335조의 5).

e. 양수인의 승인청구

(a) 사후승인청구

양도인이 주식을 양도하기 전에 이사회의 승인을 받지 않은 경우(예컨대, 경매 등의 방법에 의한 취득시)에는 양수인은 회사에 대하여 주주의 지위를 취득하지 못하므로, 주식의 양도에 관하여 이사회의 승인을 얻어야 하는 경우에 주식을 취득한 자는 주식의 종류와 수를 기재한 서면으로 그 취득의 승인을 청구할 수 있다(第335조의 7).

(b) 사후승인절차

사후승인의 절차는 양도인이 사전에 양도승인의 청구를 하는 경우와 동일하다.

f. 이사회승인이 없는 양도의 효력

정관규정에 위반하여 이사회의 승인을 얻지 않은 주식의 양도는 회사에 대하여 효력이 없다(상대설: 회사가 효력을 인정할 수는 없으나 당사자 간에서는 유효, 제335조 제2항). 그러나 1인 회사의 주주가 이사회의 승인을 얻지 않고 양도한 경우는 예외이다.

이사회의 양도승인결의가 없거나 그 결의에 하자가 있더라도, 대표이사가 승인결의가 있었다고 통지하고 주식양도 당사자가 이를 믿고 양도를 한 경우에는 거래안전보호상 양도를 유효하다고 하여야 할 것이다.

② 계약상의 제한

정관에 의한 주식양도의 제한을 이용하지 않거나 또는 이 제한과 병용하여, (i) 회사와 주주 간, (ii) 주주 상호 간, (iii) 제3자와 주주 간의 개별적 계약에 의하여도 주식의 양도를 제한할 수 있는데, 이것은 정관에 의한 양도제한을 따르는 경우의 절차의 엄격성과 매수인지정절차의 번잡을 회피하기 위한 것이다.

이 계약의 효력은 회사가 계약의 당사자인지 여부에 따라 달라진다. (i) 회사와 주주 간의 계약에 의한 주식양도의 제한은 원칙적으로 상법 제335조 제1항의 탈법수단이 되므로 무효이나, 그 내용이 주주의 투하자본의 회수를 부당하게 방해하지 않는 합리적인 것인 때에는 유효하다고 본다(예컨대, 다른 주주 또는 회사가 지정하는 제3자에게 선매권을 인정하는 경우). (ii) 반면에, 주주 상호 간 또는 주주와 제3자 간의 계약은 상법 제335조 제1항상 원칙적으로 유효하되, 그것이 회사와 주주 간의 계약의 탈법수단으로서 이용되는 경우에는 무효로 된다.[44]

③ 상법상의 제한

a. 권리주 양도의 제한

권리주란 주식인수인으로서의 법적 지위를 말한다. 권리주의 양도는 당사자 간에서는 유효하나 회사에 대하여는 효력이 없다(제319조). '회사에 대하여 효력이 없다'는 것은 당사

44) 회사와 주주들 사이에서 혹은 주주들 사이에서, 회사의 설립일로부터 5년 동안 주식의 전부 또는 일부를 다른 당사자 또는 제3자에게 매각 · 양도할 수 없다는 내용의 약정을 한 경우, 그 약정은 주식양도에 이사회의 승인을 얻도록 하는 등 그 양도를 제한하는 것이 아니라 설립 후 5년간 일체 주식의 양도를 금지하는 내용으로 이를 정관으로 규정하였다고 하더라도 주주의 투하자본회수의 가능성을 전면적으로 부정하는 것으로서 무효라는 이유로 정관으로 규정하여도 무효가 되는 내용을 나아가 회사와 주주들 사이에서 또는 주주들 사이에서 약정하였다고 하더라도 이는 무효이다(대법원 2000년 9월 26일 선고 99다48429 판결).

자들이 회사에 대하여 주식양도의 효력을 주장할 수 없을 뿐만 아니라 회사가 권리주의 양도를 승인할 수도 없다는 의미이다. 왜냐하면 법률관계의 획일적 처리와 주식평등의 원칙에 반하게 되기 때문이다.

주주가 될 의사가 없는 주식인수인의 '회사성립 전 또는 신주발행의 효력발생 전의 권리주 매각에 따른 투기'를 방지하고, 설립절차나 신주발행절차가 번잡하여지는 것을 방지하는 취지에서 제한하는 것이다.

b. 주권발행 전의 주식양도의 제한

회사의 주권발행사무의 혼잡을 방지하여 주권발행을 촉진하려는 기술적 이유상, 주권발행 전의 주식양도는 회사에 대하여 효력이 없으므로(제335조 제2항), 당사자 사이에서는 유효하지만 그 양도를 회사에 대하여 대항할 수 없을 뿐만 아니라 회사도 이를 승인하지 못한다(제335조 제3항 본문).[45]

상법은 (종전의 대법원 판례의 부당함을 시정하기 위하여: 즉 주권을 발행하지 않은 회사가 책임을 질 사항이지, 주주는 주권불발행으로 인하여 불이익을 입을 아무런 귀책사유가 없다) 회사성립 후 또는 신주의 납입기일 후 6월이 경과한 때는 주권의 발행이 없어도 회사에 대하여 유효한 주식양도를 할 수 있도록 하였다(제335조 제3항 단서). 이 6월 내에 주권이 발행되기 전에 주식을 양도한 경우에도 6월이 경과하면 하자가 치유되어 회사에 대하여도 유효하다. 그러므로 양수인은 회사에 대하여 명의개서와 주권의 발행 · 교부를 청구할 수 있다.[46]

주권의 발행이 없는 때의 주식의 양도방법에 관하여 상법은 아무런 규정을 두고 있지 않다. 그러므로 민법상 지명채권의 일반원칙에 따라 당사자 간의 의사표시의 합치에 의하여 이루어진다고 보는 것이 통설과 판례의 입장이다(주금납입영수증 등의 양도 불요).[47] 그러므로 이때 주식양수인은 양도인의 협력 없이도 주식의 양수사실을 증명하여 회사에 대하여 명의개서와 주권의 발행·교부를 청구할 수 있다.

c. 자기주식취득의 제한

(a) 자기주식의 의의

자기주식(自己株式)이란 당해 회사가 자신이 발행한 주식을 매입 또는 질권의 목적으

---

45) 대법원 1994년 6월 28일 선고 93다44906 판결.

46) 상법 제335조 제3항 소정의 주권발행 전에 한 주식의 양도는 회사성립 후 6월이 경과한 때에는 회사에 대하여 효력이 있는 것으로서, 이 경우 주식의 양도는 지명채권의 양도에 관한 일반원칙에 따라 당사자의 의사표시만으로 효력이 발생하는 것이고, 상법 제337조 제1항에 규정된 주주명부상의 명의개서는 주식의 양수인이 회사에 대한 관계에서 주주의 권리를 행사하기 위한 대항요건에 지나지 않는다(대법원 2003년 10월 24일 선고 2003다29661 판결).

47) 대법원 2012년 11월 29일 선고 2012다38780 판결.

로 재취득하여 보관하고 있는 주식으로서, 이를 금고주(金庫株)라고도 한다. 주권은 유가증권으로서 재산상의 가치가 있으므로 유가증권의 성질상 자사(自社)의 주식이라 하더라도 보유할 수 있는 것이다.

(b) 자기주식의 취득 및 그 규제[48]

2011년 개정상법은 (i) 자기주식의 취득이 회사의 재산을 주주에게 환급한다는 점에서 본질적으로 주주에 대한 이익배당과 유사하게 볼 수 있는 점, (ii) 자기주식을 모든 주주로부터 지분비율에 따라 취득하면 주식평등의 원칙에 위반하는 문제가 생기지 않을 수 있는 점, (iii) 비상장회사에 대하여도 배당가능이익으로 재원을 한정하여 자기주식을 취득하도록 하면 회사채권자의 이익을 해하지 않는 점 등의 이유에서 자본시장법의 입법태도와 마찬가지로 '배당가능이익'으로써 자기주식을 취득하는 것을 원칙적으로 허용하였다.

그러나 자기주식취득의 폐해를 줄이기 위하여 일정한 규제를 두고 있다.

(c) 자기주식취득규제의 태양

이러한 자기주식의 취득을 규제하는 방법으로는 재원규제 · 목적규제 · 수량규제 · 보유규제 · 공시규제 · 거래규제 등이 있는데, 상법은 배당가능이익으로써 자기주식을 취득하는 경우에는 기본적으로 '재원규제'를 하고(제341조), 배당가능이익이 아닌 자금으로써 자기주식을 취득하는 경우에는 기본적으로 '목적규제'를 하고 있다(제341조의 2).

자기주식의 취득	이익배당가능금액 범위내	이익배당가능금액 초과시
취득의 방법 및 목적	· 거래소에 시세가 있는 주식의 경우에는 거래소에서 취득하는 방법 · 주식의 상환에 관한 종류주식의 경우 외에 각 주주가 가진 주식수에 따라 균등한 조건으로 취득하는 것으로서 대통령령으로 정하는 방법	· 회사의 합병 또는 다른 회사의 영업전부의 양수로 인한 경우 · 회사의 권리를 실행함에 있어 그 목적을 달성하기 위하여 필요한 경우 · 단주의 처리를 위하여 필요한 경우 · 주주가 주식매수청구권을 행사한 경우

48) 주식회사의 자기주식의 취득은 사단이론(社團理論)의 견지에서 볼 때 회사가 자기주식을 취득하면 자기 자신의 구성원이 되는 결과가 되므로 논리적으로 모순이라 할 것이다. 그리하여 2011년의 상법 개정 전에는 다음과 같은 정책적 이유에서 자기주식의 취득을 원칙적으로 금지하였다: (i) 회사가 자본을 재원으로 하여 자기주식을 유상취득하는 경우 실질적 출자의 환급이므로 자본충실유지의 원칙에 반하고 회사채권자와 주주의 이익에 침해가 된다. (ii) 일부주주에게만 투자회수의 기회를 부여하는 것이 되므로 주식평등의 원칙에 위배된다. (iii) 회사내부사정에 정통한 이사 등이 주가하락시 주식을 매수하였다가 인위적으로 높게 조작하여 투기거래에 이용함으로써 일반투자자와 주주에게 위해가 된다. (iv) 회사의 내용이 악화됨과 동시에 주식의 가치도 감소하므로 회사의 2중손실 및 회사채권자의 위해가 된다.
그러나 주식회사는 사원의 개성이 무시되는 것을 전제로 하므로, 자기주식의 취득이 유가증권이론상 불가능한 것은 아니다.

ⓐ 재원규제

회사가 배당가능이익으로써 자기주식을 취득하는 경우에는 다음과 같은 재원상 제한과 방법상 제한이 있다.

가. 재원상 제한

회사가 자기주식을 취득하기 위하여는 직전 결산기의 대차대조표상 이익이 현존하여야 하고 당해 결산기에 이익이 예상되어야 한다. 이 점은 중간배당의 요건(제462조의 3 제2항·제3항·제4항)과 유사하다.

나. 방법상 제한

회사가 배당가능이익으로써 자기주식을 취득하고자 하는 경우에는 미리 주주총회의 결의로 (i) 취득할 수 있는 주식의 종류 및 수, (ii) 취득가액의 총액의 한도, (iii) 1년을 초과하지 않는 범위에서 자기주식을 취득할 수 있는 기간을 결정하여야 한다(제341조 제2항 본문). 그러나 이사회의 결의로 이익배당을 할 수 있다고 정관에서 정하고 있는 경우에는 상기 사항에 대하여 주주총회결의에 갈음하여 이사회결의로써 한다(동규정 단서).

회사가 배당가능이익으로써 자기주식을 취득하는 경우, 그 취득방법은 (i) 거래소의 시세가 있는 주식의 경우에는 거래소에서 취득하는 방법과 (ii) 상환주식의 경우 외에 각 주주가 주식수에 따라 균등한 조건으로 취득하는 것으로서 대통령령으로 정하는 방법으로 한정된다. 회사가 배당가능이익으로써 자기주식을 취득하는 경우에는 '자기의 명의와 자기의 계산'으로 취득하여야 한다(제341조).

ⓑ 목적규제

가. 회사는 배당가능이익이 없는 경우에는 원칙적으로 자기의 계산으로 주식을 취득할 수 없고, 다만 예외적으로 다음과 같은 특정목적이 있는 경우에는 재원상 제한 또는 방법상 제한을 받지 않고 자기의 계산으로 자기주식을 취득할 수 있다: (i) 회사의 합병 또는 다른 회사의 영업전부의 양수로 인한 경우, (ii) 회사의 권리를 실행함에 있어 그 목적을 달성하기 위하여 필요한 경우, (iii) 단주의 처리를 위하여 필요한 경우, (iv) 주주가 주식매수청구권을 행사한 경우(제341조의 2 제1호~제4호).

나. 회사가 제341조의 2에 위반하여 각 호의 어디에도 해당하지 않거나 배당가능이익이 없음에도 불구하고 자기주식을 취득한 경우, 그 취득행위의 사법(私法)상의 효력과 이사 등의 책임이 문제시된다.

회사가 제341조의 2에 위반하여 자기주식을 취득한 경우 그 취득행위의 사법상의 효력에 대하여 (i) 절대적 무효설(대법원판례 및 일본의 다수설·판례: 강행법규에 반하고 주식회사의 지상과제인 자본금충실의 원칙에 위배되므로 무효라는 견해), (ii) 상대적 무효설(또는 부분적 무효설: 취득행위는 원칙적으로 무효이지만 거래안전의 보호상 일정한 경우(예: 회사가 타인의 명의로 취득한 경우에 상대방이 선의인 때)에는 예외를 인정하여 유효로 하자는 견해), (iii) 유효설(해당 조문이 단속규정이므로 이에 위반한 자기주식 취득행위는 완전히 유효하고, 다만 회사의 손해는 관련이사에 대한 손해배상책임으로 해결하자는 견해)로 나누이는데, 회사의 자본금충실의 원칙은 주식회사의 본질적 요소이고 이러한 자본금충실을 기하고자 하는 것이 상법 제341조의 2의 입법목적인 점에서 볼 때 동 규정을 강행규정으로 보아야 할 것이다.

규제위반에 대한 제재로는, 이사가 제341조에 위반하여 자기주식을 취득한 경우 회사에 대하여 연대하여 손해배상책임을 지고(제399조), 이사 등이 누구의 명의로든 회사의 계산으로 부정하게 회사의 주식을 취득한 때에는 5년 이하의 징역 또는 1,500만 원 이하의 벌금에 처한다(제625조 제2항).

(d) 자기주식의 지위

회사가 자기주식을 취득한 경우에 회사가 취득한 자기주식에 대하여 주주권을 행사할 수 있는지 여부가 문제되는데, 자기주식에 대한 공익권 중 의결권에 대하여는 명문으로 배제하고 있으므로(제369조 제2항) 문제될 여지가 없다. 그러나 의결권 이외의 공익권(소수주주권, 소제기권)과 자익권에 대하여는 명문규정이 없으므로 해석에 의하여 해결할 수밖에 없는데, 회사가 자기주식을 취득하는 것이 인정되는 경우에도 이는 보통 주식을 실효케 하거나 타인에게 처분하기 위한 일시적인 현상이고, 주주권은 본래 회사 이외의 자를 위하여 인정되는 권리로서 회사가 동시에 그 구성원이 되는 자기주식의 취득의 경우에는 그 성질상 인정될 수 없는 권리라는 점에서 볼 때 통설인 전면적 휴지설이 타당하다고 생각한다.[49]

d. 자회사의 모회사주식취득의 금지

(a) 주식의 상호보유

주식의 상호보유(상호적 자본참가)란 기업과 기업이 서로의 주식을 보유하는 것을 말하며, 대부분 계열사 간에서 주식의 상호보유가 이루어진다.

이 제도는 외국기업의 자국기업에 대한 적대적 M&A의 위협을 방지하여 자국기업을 보호하고, 투기적 상업자본으로부터 기업의 재산과 경영권을 방어하기 위하여 마련된 것으로서, 업무기술상의 제휴강화 · 자본조달 · 경영권의 안정화 · 신용을 바탕으로 한 고

---

49) 이익배당청구권, 주식배당청구권, 잔여재산분배청구권 등의 자익권은 인정된다는 부분적 휴지설도 있다.

주가(高株價)의 유지 · 고효율을 통한 기업가치 상승 등의 순기능이 있다.

반면에, (i) 자기주식의 취득과 같이 실질상의 출자의 환급이 되어 자본의 공동화현상을 가져오므로 자본금충실의 원칙에 위반, (ii) 회사지배의 왜곡 내지 주주총회결의의 왜곡을 초래, (iii) 법인주주가 주축이 되어 회사의 실질적인 사단성을 파괴, (iv) 주식의 보유자가 제한되므로 주식의 유통성과 시장성을 저해 · 주가조작 · 내부자거래의 위험, (iv) 강력한 기업결합을 불러오는 주식상호보유는 기업집단의 문어발식 기업확장에 따른 경제력 집중, (v) 일반주주와 채권자의 이익 위협, (vi) 경영진이 주주의 통제를 벗어나 기업을 지배하는 등의 단점도 있다. 그리하여 대부분의 국가에서는 주식상호보유를 금지하거나 제한적으로만 허용하고 있다.

주식상호보유의 형태로는 상법에서 규정하고 있는 직접상호보유(단순상호보유)와 공정거래법에서 규제하는 간접상호보유(환상형 상호보유, matrix형 상호보유 등)가 있다.

(b) 자회사에 의한 모회사주식취득 금지의 원칙

다른 회사의 발행주식의 총수의 100분의 50을 초과하는 주식을 가진 회사(모회사)의 주식은 다음의 경우를 제외하고는 그 다른 회사(자회사)가 이를 취득할 수 없다(제342조의 2 제1항: 자회사의 모회사주식취득금지, 질권취득목적의 모회사주식의 수취는 가능). 또한 다른 회사의 발행주식의 총수의 50/100을 초과하는 주식을 모회사 및 자회사 또는 자회사가 가지고 있는 경우 그 다른 회사는 이 법의 적용에 있어 그 모회사의 자회사로 본다(동조 제3항).

(c) 자회사에 의한 모회사주식취득 금지의 예외

예외적으로 자회사가 모회사의 주식을 취득할 수 있는 경우가 있다: (i) 주식의 포괄적 교환 · 주식의 포괄적 이전 · 회사의 합병 또는 다른 회사의 영업전부의 양수로 인한 때, (ii) 회사의 권리를 실행함에 있어 그 목적을 달성하기 위하여 필요한 경우.

자회사가 예외적으로 취득한 모회사주식은 취득한 날로부터 6월 내에 처분하여야 한다(제342조의 2 제2항).

(d) 자회사에 의한 모회사주식취득 금지의 위반

자회사가 모회사주식취득금지의 원칙에 위반하여 모회사의 주식을 취득한 경우에는 주식회사의 자기주식취득금지위반의 경우와 마찬가지로 무효라고 본다(무효설).

이사가 위반하여 모회사의 주식을 취득한 때에는 2,000만원 이하의 벌금형에 처하고(제625조의 2), 회사에 대하여 연대하여 손해배상책임을 진다(제399조).

(e) 자회사가 취득한 모회사주식의 지위

자회사에 의한 모회사의 주식취득은 실질상 자기주식의 취득과 같으므로 모든 권리(자익권과 공익권)가 휴지된다(통설: 전면적 휴지설).

〈주식양도의 제한〉

<table>
<tr><th></th><th>유 형</th><th>내 용</th><th colspan="2">예 외</th></tr>
<tr><td rowspan="3">상법에 의한 제한</td><td>권리주의 양도</td><td>주식의 인수로 인한 권리의 양도는 회사에 대하여 효력이 없다.</td><td colspan="2">없음</td></tr>
<tr><td>주권발행전의 주식의 양도</td><td>주권발행 전에 한 주식의 양도는 회사에 대하여 효력이 없다.</td><td>회사성립 후 또는 신주의 납입기일 후 6월이 경과한 때에는 그러하지 아니 하다.</td><td></td></tr>
<tr><td>자회사에 의한 모회사주식의 취득</td><td>다른 회사의 발행주식의 총수의 50/100분을 초과하는 주식을 가진 회사(모회사)의 주식은 다음의 경우를 제외하고는 그 다른 회사(자회사)가 이를 취득할 수 없다.
(다른 회사의 발행주식의 총수의 50/100을 초과하는 주식을 모회사 및 자회사 또는 자회사가 가지고 있는 경우 그 다른 회사는 그 모회사의 자회사로 본다)</td><td>(i) 주식의 포괄적 교환, 주식의 포괄적 이전, 회사의 합병 또는 다른 회사의 영업전부의 양수로 인할 때
(ii) 회사의 권리를 실행함에 있어 그 목적을 달성하기 위하여 필요한 때</td><td>자회사는 그 주식을 취득한 날로부터 6월 이내에 모회사의 주식을 처분하여야 한다.</td></tr>
<tr><td colspan="2">참 고</td><td colspan="3">회사가 다른 회사의 발행주식총수의 1/10을 초과하여 취득한 때에는 그 다른 회사에 대하여 지체 없이 이를 통지하여야 한다.</td></tr>
</table>

④ 특별법상의 제한

주식의 양도는 정책적 이유에서 특별법에 의하여 제한되는 경우가 있다.

a. 자본시장법상의 제한

자본시장법상 공공적 법인이 발행한 주식의 대량소유제한(제167조)·공개매수의 제한(제133조)·외국인의 주식취득제한(제168조)·내부자거래의 금지와 단기매매차익의 반환의무(제172조, 제174조)·금융투자회사 임직원의 매매거래제한(제63조)·우리사주조합원의 처분제한(제165조의7 제3항) 등의 제한이 있다.

b. 공정거래법상의 제한

공정거래법상 경쟁제한목적의 주식취득금지(제7조)·지주회사가 자회사 외의 국내회사 주식을 지배목적으로 소유하는 행위의 금지(제8조의 2)·대규모기업집단 소속회사의 상호출자금지(제9조) 등의 제한이 있다.

c. 기타의 법에 의한 제한

은행법에 의한 제한(제15조, 제37조), 외국인투자촉진법에 의한 제한(제6조, 제7조, 제23조) 등이 있다.

(4) 주식양도의 방법

주식양도의 방법은 주권발행의 전후에 따라 다르다.

① 주권발행 전의 양도방법

주권발행 전의 주식의 양도는, 회사의 성립 후 또는 신주의 납입기일 후 6월 내에는 당사자 간에서는 유효하지만 회사에 대하여는 효력이 없는 한편, 회사성립 후 또는 신주 납입기일 후 6월이 경과하면 주권의 발행이 없어도 회사에 대하여 효력이 있는 주식양도를 할 수 있다(제335조 제2항). 그러나 주권발행 전의 주식의 양도방법에 관하여 상법에 관련규정이 없다. 일본의 경우에는 상관습상 주금납입영수증이나 주식청약증거금영수증을 교부할 것을 요하지만, 우리는 이러한 것을 요하지 않으므로 '당사자 간의 단순한 의사표시'만으로 가능하다고 본다. 다만 회사에 대항하기 위하여는 양도인이 회사에 통지하거나 회사의 승낙을 얻어야 한다(민법 제450조 지명채권양도의 대항요건).

주권발행 전의 주식양도의 경우에도 회사에 대하여 주주권을 행사하기 위한 대항요건은 명의개서이다(제337조).

② 주권발행 후의 양도방법

a. 주권발행 후의 주식의 양도는 '주권의 교부'에 의한다.

b. 주권의 교부

주식의 교부(주권의 점유의 이전: 현실인도 · 간이인도 · 점유개정 · 반환청구권의 양도 등)는 주식양도의 효력발생요건이고(주권예탁결제제도 하에서는 계좌부상의 대체) 대항요건은 아니다(대항요건은 명의개서). 그러므로 기명주식의 양도를 회사에 대항하기 위하여는 (주권의 교부 외에) 주주명부에 명의개서를 하여야 한다(제337조).

주권불소지의 경우에 주식을 양도하는 때에는 주권의 재발행을 청구하여야 한다. 그러나 포괄승계(상속, 합병 등)로 인한 경우에는 법률상 당연히 주식이전의 효과가 발생하므로 주권의 교부를 요하지 않는다.

모두 주권의 점유자는 적법한 소지인으로 추정되어(제336조 제2항), 주권의 자격수여적 효력 · 면책적 효력 · 선의취득이 인정되며, 그 권리에 대하여 다투고자 하는 자는 '주권의 점유자가 무권리자임'을 입증하여야 한다.

③ 주권발행 후의 주식양도의 대항요건(명의개서)

a. 총설

주식의 양도의 경우, 양수인은 주권을 소지하고 있으면 제3자에 대하여 주식의 취득을 대항할 수 있고 회사에 대항하려면 명의개서하여야 한다. 명의개서란 기명주식의 양도의 경우 이를 회사에 대항하기 위하여 주식양수인의 성명과 주소를 주주명부에 기재하는 것을 말한다. 이것은 다수의 집단적 계속적인 법률관계를 획일적으로 처리할 수 있도록 하기 위하여 마련된 기술적 제도이다.

b. 명의개서의 절차

(a) 명의개서청구

명의개서는 주식양수인이 회사에 대하여 단독으로 청구할 수 있고 양도인의 협력은 요하지 않는다(양도인과 양수인의 공동신청을 요하지 않는다). 명의개서청구인은 주권의 점유만으로 자격수여적 효력이 인정되므로 그 이상으로 실질적 권리자임을 증명할 필요 없이 명의개서를 청구할 수 있다. 그러므로 주권을 제출하고 명의개서를 청구하여 오면 정당한 사유가 없는 한 회사는 거절할 수 없다.[50]

(b) 명의개서청구에 대한 심사(회사의 심사의무와 심사권)

회사는 제336조 제2항상 실질적 조사의무는 없고 '진정한 주권의 점유 여부의 형식적 요건을 조사할 의무'는 있다(그러나 실체적 진실의 탐구가 요망된다). 그러므로 회사는 진정한 주권의 소지인의 명의개서청구에 응하여 명의개서를 하면 원칙적으로 면책되고, 다만 청구자가 진실한 권리자가 아닌 경우에 회사가 이를 알고 또 쉽게 증명할 수 있음에도 불구하고 악의 또는 중과실로 인하여 명의개서에 응한 때에는 면책되지 않는다.

전술한 바와 같이 회사가 명의개서청구자의 실질적 권리에 대하여 조사할 의무는 없으나, 회사가 이를 조사할 권리가 있는지에 관하여는 다툼이 있다. 주권의 법률관계는 단체와 구성원 사이의 계속적 법률관계이므로 회사는 그 구성원인 진정한 주주의 이익을 위하여 배려를 할 권리와 의무가 있다. 그러므로 청구자의 권리에 관하여 의심할 만한 상당

50) 명의개서청구권은 기명주식을 취득한 자가 회사에 대하여 주주권에 기하여 그 기명주식에 관한 자신의 성명 · 주소 등을 주주명부에 기재하여 줄 것을 청구하는 권리로서 기명주식을 취득한 자만이 그 기명주식에 관한 명의개서청구권을 행사할 수 있다. 또한 기명주식의 취득자는 원칙적으로 취득한 기명주식에 관하여 명의개설를 할 것인지 아니면 명의개서 없이 이를 타인에게 처분할 것인지 등에 관하여 자유로이 결정할 권리가 있으므로, 주식양도인은 다른 특별한 사정이 없는 한 회사에 대하여 주식양수인 명의로 명의개서를 하여 달라고 청구할 권리가 없다. 이러한 법리는 주권이 발행되어 주권의 인도에 의하여 기명주식이 양도되는 경우뿐만 아니라, 회사성립 후 6월이 경과하도록 주권이 발행되지 않아 양도인과 양수인 사이의 의사표시에 의하여 기명주식이 양도되는 경우에도 동일하게 적용된다(대법원 2010년 10월 14일 선고 2009다89665 판결).

한 이유가 있는 때에는 회사는 그 조사를 위하여 필요한 기간 동안 명의개서를 거부할 수 있다.

주주명부의 폐쇄기간 중에 명의개서의 청구가 있으면, 주식평등의 원칙상, 회사는 이를 거절할 수 있고 또 거절하여야 한다.

(c) 명의개서의 실행

상기 절차를 거치면 회사는 지체 없이 명의개서하여야 한다.

수인이 주식을 공유하는 경우에는 공유자 전원의 성명을 주주명부에 기재하고, 회사나 법인이 주주인 경우에는 법인명만을 기재하면 충분하다.

c. 명의개서의 효력

기명주식의 이전은 취득자의 성명과 주소를 주주명부에 기재하지 않으면 회사에 대항하지 못한다(제337조 제1항).[51] 이를 분설하면, (i) 명의개서는 권리창설적 효력은 없고 주식취득자에 대하여 회사에 대한 관계에 있어서 주주로서의 형식적 자격을 부여하는 효력을 가질 뿐이다(자격수여적 효력),[52] (ii) (적법한) 명의개서가 있으면 이후의 주식취득자는 실질적 권리를 증명하지 않고 주주로서의 권리를 행사할 수 있다(추정력), (iii) 회사가 주주명부의 기재에 따라 명의개서를 마친 취득자를 주주로 취급하였으면 그가 진실한 주주가 아닌 경우에도 면책된다(면책력).

d. (주식을 양수하였으나) 명의개서를 하지 않은 주식양수인의 지위

(a) 회사로부터의 권리행사의 허용

명의개서를 하지 않으면 회사에 대항하지 못한다고 규정하고 있으므로, 명의개서는 단순한 대항요건에 불과하며 또 회사 측에서 주주명부의 면책력을 향유하지 않고 실질적 권리관계를 인정하여 자기의 위험부담으로 실제의 주식양수인을 주주로 취급할 수 있다

51) 상법 제337조 제1항의 규정(주식이전의 대항요건)은 기명주식의 취득자가 주주명부상의 주주명의를 개서하지 않으면 스스로 회사에 대하여 주주권을 주장할 수 없다는 의미이고, 명의개서를 하지 않은 실질상의 주주를 회사측에서 주주로 인정하는 것은 무방하다(대법원 2001년 5월 15일 선고 2001다12973 판결).
양도통지가 확정일자 없는 증서에 의하여 이루어짐으로써 제3자에 대한 대항력을 갖추지 못하였더라도 확정일자 없는 증서에 의한 양도통지나 승낙 후에 그 증서에 확정일자를 얻은 경우 그 일자 이후에는 제3자에 대한 대항력을 취득하는 것인바, 확정일자제도의 취지에 비추어 볼 때 원본이 아닌 사본에 확정일자를 갖추었다 하더라도 대항력의 판단에 있어서는 아무런 차이가 없다(대법원 2006년 9월 14일 선고 2005다45537 판결).
상기 대법원 2001년 5월 15일 선고 2001다12973 판결 참조.

52) 이중양수인 상호간의 우열은 누가 우선순위자로서 권리취득자인지를 가려야 하고, 이때 이중양수인 상호간의 우열은 지명채권 이중양도의 경우에 준하여 확정일자 있는 양도통지가 회사에 도달한 일시 또는 확정일자 있는 승낙의 일시의 선후에 의하여 결정하는 것이 원칙이다(대법원 2006년 9월 14일 선고 2005다45537 판결).

(제337조 제1항).[53]

(b) 명의개서의 부당거절

회사가 명의개서를 부당하게 거절하는 경우, 양수인은 회사를 상대로 하여 명의개서청구의 소를 제기할 수 있고, 필요시 손해배상청구를 할 수 있고, 주주지위를 확인하기 위한 가처분신청을 할 수 있으며, 이사 등은 과태료 또는 형벌의 벌칙에 처한다(간접적 구제수단: 제635조 제1항 제7호).

이 경우 주식양수인이 명의개서가 없는 상태에서 회사에 대하여 주주권을 행사할 수 있는지에 대하여, (i) 부정설(다수주주에 관한 획일적 처리를 요하는 주주명부제도의 취지와 거절의 정당한 이유 유무의 객관적 결정의 곤란을 이유로 하여 주주로서의 권리행사를 부정)과 (ii) 긍정설(다수설, 일본판례: 명의개서의무를 해태한 회사가 그 불이익을 양수인에게 돌리는 것은 신의칙 위반)로 견해가 나누인다.

(c) 실기주

실기주(失期株)란 (i) 협의로는 신주발행시 구주의 양수인이 배정일까지 명의개서를 할 것을 잊고 기일을 넘긴 명부상의 주주인 구주의 양도인에게 배정된 신주를 말하고, (ii) 광의로는 이익배당금 · 합병교부금 등에 관하여 소정기일까지 명의개서하는 것을 잊고 기일을 넘긴 주식을 말한다.

이때 실기주주와 명의주주 사이의 관계가 문제된다.

(i) 협의의 실기주의 경우, 우선 양도당사자 간의 관계와 당사자와 회사 간의 관계를 혼동하여서는 아니 되는 것에 주의하여야 한다. 회사는 명의주주(양도인)에게 권리를 인정한다. 이 경우 양도인이 신주를 인수 · 납입한 경우에 양수인은 양도인에게 어떤 권리를 갖게 되는지에 대하여, 부당이득설(신주 자체의 인도청구는 불가능)과 준사무관리설[54]로 견해가 나누인다.

(ii) 광의의 실기주의 경우, 당사자 간의 특약이 없으면 실기주주는 이익배당금이나 합병교부금을 수령한 명의주주에 대하여 부당이득으로서 반환을 청구할 수 있다(주식양도와 함께 주주권은 양수인에게 이전되어 있기 때문이다).

e. 명의개서대리인

---

53) 주식을 양도받은 주식양수인들이 명의개서를 청구하였는데도 위 주식양도에 입회하여 그 양도를 승낙하였고 더구나 그 후 주식양수인들의 주주로서의 지위를 인정한 바 있는 회사의 대표이사가 정당한 사유 없이 그 명의개서를 거절한 것이라면 회사는 그 명의개서가 없음을 이유로 그 양도의 효력과 주식양수인의 주주로서의 지위를 부인할 수 없다(대법원 1993년 7월 13일 선고 92다40952 판결).

54) 사무관리는 타인을 위한 것인데 대하여 여기에서는 자기를 위한 경우이므로 준사무관리에 해당한다: 유익비.

(a) 의의

명의개서대리인이란 회사를 위하여 주식의 명의개서를 대리하는 자를 말한다(제337조 제2항).

명의개서는 원래 회사의 본점에서 하는 것이 원칙이나(제396조 제1항), 대량 · 반복되는 거래의 실정상 회사로서는 번거롭고 양수인으로서는 불편하여 미국의 transfer agent제도를 도입한 것이다.

이 제도는 '기명사채'에도 적용된다(제479조 제2).

(b) 설치

명의개서대리인을 둘 것인지의 여부는 회사의 자유이나, 설치시에는 정관에 관련규정을 두어야 한다. 이때 장소 · 수 · 명칭 등까지 구체적일 필요는 없고, 이러한 것들은 이사회에서 정하면 된다.

명의개서대리인의 자격은 자본시장법상 금융위원회에 등록한 예탁결제원 또는 전국적 점포망을 갖춘 은행이어야 한다(제365조).

회사가 명의개서대리인을 둔 경우에는 그 상호와 본점소재지를 등기하여야 하고, 주식청약서 · 신주인수권증서 · 사채청약서 등에도 기재하여야 한다.

(c) 권한(명의개서대행업무)

명의개서대리인을 둔 경우, 주주명부나 사채원부 또는 그 복본을 명의개서대리인의 영업소에 비치할 수 있다(제396조 제1항).

명의개서대리인에게 원본을 둔 경우는 물론이고 복본을 둔 경우에도 복본상에 주식취득자의 성명과 주소를 기재한 때에는 주주명부 원본에 명의개서를 한 것으로 본다. 즉 복본에 한 명의개서는 원본에 한 것과 동일한 효력이 있다(제337조 제2항).

이 밖에, 위임계약에 의하여 주주총회 소집통지 · 주권(사채권) 발행 · 배당금지급 · 신주배정 등 주주명부상의 업무가 있다.

(d) 책임

명의개서대리인이 정당한 사유 없이 명의개서를 거절하거나 주주명부 또는 복본에의 기재사항의 불기재 또는 부실기재시 과태료 또는 형벌의 벌칙이 가하여진다(제635조 제1항).

회사와 명의개서대리인의 관계는 위임관계이므로, 선량한 관리자의 주의의무의 위반으로 인하여 회사에 손해가 생긴 때에는 손해배상책임을 지고, 명의개서사무의 집행에 관하여 주주 또는 제3자에게 손해가 생긴 때에는 민법의 일반원칙에 따라 손해배상책임을 진다.

3. 주식매수선택권

(1) 의의

주식매수선택권(스톡 옵션: stock option)이란 (이사 · 집행임원 · 감사 · 피용자 등) 회사의 일정한 자가 일정기간 내에 미리 정하여진 일정한 유리한 가격(행사가격)으로 일정수량의 자기회사의 주식을 취득할 수 있는 권리를 말한다(제340조의 2 제1항).

주식매수선택권자의 입장에서는 주가가 행사가격 이상으로 상승하였을 때 행사 당시의 시가와 행사가격의 차액만큼 이득을 보게 되므로 이로 인하여 회사의 입장에서는 최소의 비용으로 우수한 인재를 확보할 수 있는 등의 장점이 있다.

(2) 법적 성질

주식매수선택권은 회사와 주식매수선택권자 사이의 계약에 의하여 부여되는데, 주식매수선택권자가 이 권리를 행사하면 회사의 승낙을 요하지 않고 효력이 발생하므로 이 권리의 성질은 형성권이다. 이 권리가 부여되었다고 하여 반드시 행사하여야 할 의무는 없으며 권리의 행사를 포기할 수 있다.

(3) 부여주체 및 대상

상법상 주식매수선택권을 부여할 수 있는 주체는 '모든 주식회사'이다.

주식매수선택권을 부여받을 수 있는 대상은 다음과 같다.

비상장회사의 경우에는 원칙적으로 '회사의 설립 · 경영과 기술혁신 등에 기여하거나 기여할 수 있는 회사의 이사 · 집행임원 · 감사 또는 피용자'이다. 그러나 이에 해당한다 하더라도 제도의 남용을 방지하기 위하여 (i) 의결권 없는 주식을 제외한 발행주식총수의 10/100 이상의 주식을 가진 주주, (ii) 이사 · 집행임원 · 감사의 선해임 등 회사의 주요경영사항에 대하여 사실상 영향력을 행사하는 자, (iii) (i)(ii)에 규정된 자의 배우자와 직계존비속 등은 배제된다(동조 제2항).

상장회사의 경우에는, 상기의 '회사의 설립 · 경영과 기술혁신 등에 기여하거나 기여할 수 있는 회사의 이사 · 집행임원 · 감사 또는 피용자' 외에, 대통령령으로 정하는 관계회사의 이사 · 집행임원 · 감사 · 피용자로 확대된다(제542조의 3 제1항).

회사는 정관의 정함에 따라 이사회의 결의(1인의 이사를 둔 회사는 주주총회의 결의)로 주식매수선택권의 부여를 취소할 수 있다(제340조의 3 제1항 제5호).

(4) 부여방법

상법상 주식매수선택권의 부여방법에는 (i) 신주인수권방식(주식매수선택권자가 행사가격을 회사에 납입하는 경우, 회사가 그에게 신주를 발행하여 교부하는 방법), (ii) 자기주식교부방식(주식매수선택권자가 행사가격을 회사에 납입하는 경우, 회사가 이미 보유하고 있는 자기주식을 교부하는 방법), (iii) 주가차액교부방식(주식매수선택권자가 주식매수선택권을 행사한 때에 주식매수선택권의 행사가격이 주식의 실질가격보다 낮은 경우에 회사가 그 차액을 금전으로 지급하거나 그 차액에 상당하는 자기주식을 교부하는 방법)이 있는바(제340조의 2 제1항), 회사는 이 3가지 중 1 방법을 택하면 된다.

(5) 부여한도(제한)

상법은 주식매수선택제도의 남용을 방지하기 위하여 '취득수량과 금액'의 양면에서 제한을 두고 있다. (i) 비상장회사의 경우에는 주식매수선택권의 부여를 위하여 발행할 신주 또는 양도할 자기주식은 회사의 발행주식총수의 10/100을 초과할 수 없다(제340조의 2 제3항, 회사의 임직원에게 과도한 주식매수선택권을 부여하는 것은 주주의 이익이 침해될 가능성이 높기 때문에 이를 방지하기 위함이다). (ii) 상장회사의 경우에는 발행주식총수의 20/100의 범위 내에서 대통령령이 정하는 한도(15/100)까지 부여할 수 있다(제542조의 3 제3항, 상법시행령 제30조 제3항 · 제4항).

(6) 부여요건

주식회사가 주식매수선택권을 부여하기 위하여는 다음의 요건이 필요하다.

(i) 정관규정에 따라 주주총회 특별결의로써, 회사의 설립 경영과 기술혁신 등에 기여하거나 기여할 수 있는 회사의 이사 · 감사 · 피용자에게 미리 정한 가액으로 회사의 자기주식을 매수할 수 있는 권리를 부여할 수 있는데, 이 권리의 행사에 대비하기 위한 경우,

(ii) 이러한 회사의 이사 · 감사 · 피용자가 주식매수선택권의 행사에 의하여 취득한 회사의 주식을 퇴직시 회사에 양도하는 경우(제340조의 2 제1항).

(7) 자기주식취득과의 관계

상기 10/100의 한도는 제341조상의 자기주식취득의 제한과는 관계없이 허용되는 비율이다.

(8) 절차

절차상의 제한은 없다. 다만 회사가 발행주식총수의 10/100 이상의 주식을 가진 대주주로부터 유상취득하는 경우에는, 주식을 양도하고자 하는 주주의 성명 · 취득할 주식의 종류와 수 · 취득할 주식의 가액 등에 관하여 주주총회 특별결의를 요한다.

이 경우 주주총회결의 후 6월 내에 주식을 취득하여야 한다.

대주주로부터 10/100의 주식을 취득하는 주주총회결의가 있는 경우에는 그밖의 주주로부터 주식을 취득할 수 없다.

(9) 양도와 상속

주식매수선택권은 양도할 수 없다(제340조의 4 제2항 본문) 그러나 주식매수선택권을 행사할 수 있는 자가 사망한 경우에는 그 상속인이 선택권을 행사할 수 있다(동 규정 단서).

(10) 행사 및 효과

① 행사기간

주식매수선택권자가 그 권리를 행사하기 위하여는 주식매수선택권을 부여하는 주주총회결의일로부터 2년 이상 재임 또는 재직하여야 한다(제340조의 4 제1항).[55]

② 행사가액

주식매수선택권의 행사가액은 (i) 신주를 발행하는 경우에는 주식매수선택권의 부여일을 기준으로 한 주식의 실질가격과 주식의 권면액(무액면주식을 발행한 경우에는 자본으로 계상되는 금액 중 1주에 해당하는 금액을 권면액으로 본다) 중 높은 금액 이상이어야 하고, (ii) 자기주식을 양도하는 경우에는 주식매수선택권의 부여일을 기준으로 한 주식의 실질가액 이상이어야 하며, (iii) 주식차액교부방식에 의한 주식매수선택권의 행사가격에 대하여는 상법상 제한이 없으므로 계약당사자가 자유로이 정할 수 있다고 본다(제340조의 2).

③ 행사절차

주식매수선택권을 행사하려는 자는 청구서 2통에 주식매수선택권을 행사할 주식의 종류와 수를 기재하고 기명날인 또는 서명하여 회사에 제출하여야 한다(제340조의 5, 제516조의 9 제1항).

55) 주식매수선택권을 부여받은 비상장법인 임직원들이 자신들의 귀책사유가 아닌 사유로 비자발적으로 퇴임 · 퇴직한 경우에 상법 제340조의 4 제1항이 최소재임(재직)요건에 관계없이 주식매수선택권을 행사할 수 있는지가 문제된 사안에서, 그러한 경우라 하더라도 최소재임(재직)요건을 충족하지 못하는 한 위 조항에 따른 주식매수선택권을 행사할 수 없다(대법원 2011년 3월 24일 선고 2010다85027 판결).

회사는 주식매수선택권의 행사에 대하여, 자기주식 또는 신주를 발행할 것인지 아니면 이에 갈음하여 차액을 정산할 것인지를 결정하여야 한다.

회사의 결정에 의하여 주식매수선택권의 행사가 자기주식양도청구권 또는 신주인수권으로 확정된 경우 주식매수선택권자는 행사가액의 전액을 납입하여야 한다(제340조의 5, 제516조의 9 제1항 · 제3항).

④ 행사의 효력발생시기

신주발행방식의 경우에는 행사가액을 납부한 때(제340조의 5, 제516조의 10 전단), 자기주식교부방식의 경우에는 주식매수선택권을 행사 · 납입하고서 주권의 교부를 받은 때에 주식매수선택권 행사의 효력이 발생한다.

⑤ 행사의 효과

회사는 주식매수선택권의 행사에 따라 임직원이 그 대금을 납입기일까지 납입한 경우에는 지체 없이 신주 또는 자기주식을 교부하여야 하며, 주식매수선택권의 행사가격과 시가와의 차액을 현금으로 교부하는 경우에는 신속하게 이를 교부하여야 한다. 주주명부폐쇄기간 중에 선택권을 행사한 경우에는 폐쇄기간 중의 주주총회결의에서는 의결권을 행사할 수 없다(제340조의 5, 제350조 제2항). 그러나 이익배당에 관하여는 정관이 정하는 바에 따라 선택권을 행사한 때가 속하는 영업연도의 직전 영업년도 말에 주주가 된 것으로 할 수 있다(제340조의 5, 제350조제3항 후단). 신주발행방식의 경우 주식매수선택권의 행사로 인하여 발행주식수와 자본금이 변동된다. 따라서 주식매수선택권을 행사한 날이 속하는 달의 마지막 날로부터 2주 내에 그 변경등기를 하여야 한다(제340조의 5, 제351조).

4. 주식의 담보

주식의 담보와 관련하여 상법은 주식의 입질에 관하여만 규정하고 있으나, 실제로는 주식의 양도담보가 많이 이용된다.[56]

(1) 주식담보화의 자유와 제한

주식의 양도가 원칙적으로 자유인 것처럼 주식의 담보화도 원칙적으로 자유이다. 그러나 상법상 예외적으로 그 수량이 제한된다. 즉 회사는 발행주식총수의 1/20을 초과하여 자기주식을 질권의 목적으로 취득하지 못 한다(제341조의 3 본문). 회사가 이 제한을 위반하여 주기주식을 질권의 목적으로 취득한 경우 그 질권의 효력 여하에 대하여 (특정목적 이외의

56) 협의의 양도담보란 담보로 제공한 물건의 소유권 자체를 채권자에게 이전하고 일정기간 내에 변제하면 그 소유권을 다시 회복하기로 하는 담보제도를 말한다.

자기주식취득금지위반의 경우와 같이) 절대적 무효설 · 상대적 무효설 · 유효설로 견해가 나누이는데, 회사는 자기주식이라도 담보로 확보하는 것이 담보가 없는 것보다 더 유리하므로 유효설이 타당하다고 생각된다.

회사는 예외적으로 '회사의 합병 또는 다른 회사의 영업전부의 양수로 인한 때' 또는 '회사의 권리를 실행함에 있어 그 목적을 달성하기 위하여 필요한 때'에는 상기 한도를 초과하여 자기주식을 질권의 목적으로 취득할 수 있다(제341조의3 단서).

주권발행전의 주식에 대한 담보설정은 회사에 대하여 뿐만 아니라 당사자 사이에서도 효력이 있다.[57]

질취한 자기주식에 대하여 회사의 자익권의 행사는 인정되나, 의결권 등의 공익권은 인정되지 않고 주주(질권설정자)가 갖는다.

자회사가 모회사의 주식을 담보의 목적으로 취득하는 것에 대하여는 상법상 규정이 없으므로 제한 없이 인정된다고 생각한다.

(2) 주식담보화의 방법

① 주식의 입질

주식의 입질에는 '약식질'과 '등록질'이 있다.

약식질은 당사자 간의 질권설정의 합의와 질권자에 대한 주권의 교부에 의하여 성립하며, (회사를 포함한) 제3자에게 대항하기 위하여는 주권을 계속하여 점유할 것을 요한다(제338조).

등록질은 질권설정의 합의와 주권교부 외에 질권설정자인 주주의 청구에 의하여 질권자의 성명과 주소를 주주명부에 부기하고 또 그 성명을 주권에 기재하여야 한다. 그러므로 질권자는 회사에 대하여 자기의 실질적 권리의 증명 없이 권리를 행사할 수 있다. 등록질은 절차가 번거롭고 당사자가 질권설정사실의 공표를 좋아하지 않으므로(재산관계가 드러나므로) 거의 이용되지 않는다.

회사는 정당한 이유 없이 등록을 거절할 수 없으나 주주명부의 폐쇄기간 중에는 그 등록이나 말소를 거절할 수 있다. 이때 명의개서대리인을 활용할 수 있다.

---

57) 주권발행전의 주식에 대한 양도도 인정되고 주권발행전 주식의 담보제공을 금하는 법률규정도 없으므로 주권발행전의 주식에 대한 질권설정도 가능하다고 할 것이지만, 상법 제338조 제1항은 기명주식을 질권의 목적으로 하는 때에는 주권을 교부하여야 한다고 규정하고 있으나, 이는 주권이 발행된 기명주식의 경우에 해당하는 규정이라고 해석함이 상당하므로, 주권발행전의 주식입질에 관하여는 상법 제338조 제1항의 규정이 아니라 권리질권설정의 일반원칙인 민법 제345조로 돌아가 그 권리의 양도방법에 의하여 질권을 설정할 수 있다고 보아야 한다(대법원 2000년 8월 16일 선고 99그1 결정).

〈주식의 입질〉

<table>
<tr><th rowspan="2">종 류</th><th rowspan="2">설정 방법</th><th colspan="2">허용범위</th><th colspan="4">효 력</th></tr>
<tr><th>기명 주식</th><th>무기명 주식</th><th>민법상 질권</th><th>물상대위 1</th><th>물상대위 2</th><th>압류</th></tr>
<tr><td>약식질</td><td>주권을 질권자에게 교부</td><td>O</td><td>O</td><td rowspan="2">O
(유치권, 우선변제권, 전질권, 물상대위권)</td><td rowspan="2">O
(주식의 소각, 병합, 분할 또는 전환이 있는 때에는 이로 인하여 종전의 주주가 받을 금전이나 주식에 대하여도 종전의 주식을 목적으로 한 질권을 행사)</td><td>X</td><td>필요</td></tr>
<tr><td>등록질</td><td>회사가 질권설정자의 청구에 의하여 그 성명과 주소를 주주명부에 부기하고 그 성명을 주권에 기재</td><td>O</td><td>X</td><td>O
(회사로부터 이익의 배당, 잔여재산의 분배 또는 물상대위에 의한 금전의 지급을 받아 다른 채권자에 우선하여 자기채권의 변제에 충당할 수 있으며, 회사에 대하여 물상대위할 주식에 대한 주권의 교부를 청구)</td><td>불필요</td></tr>
<tr><td>기타</td><td colspan="7">• 주권발행전의 주식 입질에 관하여는 권리질권설정의 일반원칙인 민법 제345조상의 권리의 양도방법에 의하여 질권을 설정할 수 있다.
• 회사는 원칙적으로 발행주식의 총수의 1/20을 초과하여 자기의 주식을 질권의 목적으로 받지 못한다.</td></tr>
</table>

② 주식의 양도담보

상법상 이에 관한 규정은 없으나 인정된다. 주식의 양도담보에는 약식양도담보와 등록양도담보(이 역시 등록질과 마찬가지로 거의 활용되지 않음)가 있다.[58]

(3) 주식의 입질과 양도담보의 효력

① 유치권

질권자는 질권설정자가 채권의 담보로써 수취한 주식을 피담보채권의 변제시까지 유치할 권리가 있다(민법 제355조, 제335조).

② 우선변제권

질권자는 채무자가 변제기까지 변제하지 않으면 주권을 환가처분하여 그 대금으로부터

58) 약식질과 약식양도담보는 모두 주권의 교부에 의하므로 어느 것에 해당하는 것인가는 외형만으로는 판단하기 곤란하다. '당사자의 의사'에 따를 것이지만 의사 불명시에는 담보권자에게 유리한 '양도담보'의 설정으로 추정한다.

우선변제를 받을 권한이 있다(민법 제355조, 제335조).

③ **전질권(轉質權)**

질권자는 그 권리의 범위 내에서 자기의 책임으로 질물(주식)을 전질할 수 있다. 이 경우에는 전질을 하지 않았으면 면할 수 있는 불가항력으로 인한 손해에 대하여도 책임을 부담한다(민법 제336조).

④ **물상대위권**

민법 제342조는 질물의 멸실 · 훼손 또는 공용징수로 인하여 질권설정자가 받을 금전 기타 물건에 대하여 행사할 수 있는 권한으로서 사전압류절차를 요한다고 규정하고 있다.

상법은 이러한 물상대위권에 관하여 '주식의 소각 · 병합 · 전환, 회사의 합병, 준비금의 자본전입으로 인하여 주주가 받을 금전이나 주식에 대하여도 종전의 주식을 목적으로 한 질권을 행사할 수 있다'고 규정하여 질권자의 물상대위의 목적물의 범위를 확대하고 있다(제339조).

물상대위권 행사의 방법은 담보권의 등록 여부에 따라 다르다. 등록질 · 등록양도담보의 경우 담보권자는 회사에 대하여 직접 금전지급 또는 주식인도를 청구할 수 있으나, 약식질 · 약식양도담보의 경우 상법상 이에 관한 규정이 없는데(물상대위권의 행사에 목적물의 압류가 필요한 것은 그것이 담보권설정자의 일반재산에 혼입되어 특정성이 없게 되는 것을 방지하고자 하는 것이므로), 주식의 소각 · 병합 · 전환 및 매수청구와 같이 금전지급이나 주식인도를 받기 위하여 종래의 주식을 제출하여야 하는 때에는 소지하는 주권을 제시하여 금전취급이나 주식인도를 회사에 청구할 수 있되 압류는 필요 없다 할 것이고, 이익배당 · 주식배당 · 준비금의 자본전입에 의한 신주의 무상교부와 같이 주권을 그대로 두고 주주명부상의 주주에게 회사가 직접 목적물을 지급 또는 인도하는 경우에 한하여 그 지급 또는 인도전에 압류를 하여야 한다(민법 제342조 단서).

5. 주식의 소각

(1) 의의

주식의 소각(消却)이란 특정한 주식을 절대적으로 소멸시키는 것을 목적으로 하는 회사의 행위를 말한다. 그러므로 회사의 해산, 회사의 단주처분, 주권의 제권판결, 실권절차 등과 구별된다.[59]

---

59) 회사의 해산은 모든 주식이 소멸의 대상인 점에서 · 회사의 단주처분은 주주의 의사와 관계없이 행하는 주식의 이전인 점에서 · 실권절차는 주주가 아니라 주식인수인의 지위가 대상인 점에서, 각각 차

주식회사는 주주의 유한책임과 인적 관계의 불필요로 인하여 사원의 퇴사제도가 인정되지 않는다. 퇴사에 의한 지분의 환급은 자본의 감소를 초래하기 때문이다. 그런데 그 예외가 바로 주식의 소각이다.

(2) 종류

주식의 소각에는 (i) 자본소각(자본금감소의 방법에 의한 경우)과 (ii) 이익소각(정관규정에 따라 주주에게 배당할 이익으로써 하는 경우)의 두 가지가 있고, 이익소각에는 다시 (i) 상환주식의 상환과 (ii) 자기주식의 소각이 있다.[60]

자본금감소의 방법에 의한 소각은 후술하는 자본금감소부분에서 설명할 것이고 상환주식의 상환에 대하여는 전술하였으므로, 여기에서는 '배당가능이익으로써 취득한 자기주식의 소각'에 대하여만 설명하기로 한다.

(3) 배당가능이익으로써 취득한 자기주식의 소각

① 총설

배당가능이익으로써 취득한 자기주식의 소각은 (i) 일정기간 후에 기업의 경제적 가치가 소멸되는 회사가 해산시의 청산절차를 간단히 하거나 (ii) 회사가 주식의 단가를 끌어올리기 위하여 행하여지는데, 실은 한국에서는 그 예를 거의 찾아볼 수 없다.

② 요건

a. 재원상 제한

회사가 자기주식을 취득하기 위하여는 직전 결산기의 대차대조표상 이익이 현존하여야 하고(제341조 제1항 단서), 자기주식을 취득하는 해당 영업연도의 결산기에 이익이 예상되어야 한다(동조 제3항).

b. 방법상 제한

(a) 취득할 수 있는 주식의 종류와 수

취득할 수 있는 주식의 종류와 수 등에 관하여 미리 주주총회결의(정관에서 이사회결의로 이익배당을 할 수 있다고 정하고 있는 경우에는 이사회결의)가 있어야 한다.

(b) 취득방법

거래소에 시세가 있는 주식의 경우에는 거래소에서 취득하는 등 주식평등의 원칙에 반하지 않는 방법으로 취득하여야 한다(동조 제1호·제2호).

이가 있다.

60) 주주총회 특별결의에 의한 주식소각은 폐지되었다(제343조의 2 삭제).

(c) 회사는 자기명의 · 자기계산으로 자기주식을 취득하여야 한다(동조 제1항 본문).

③ **소각의 방법과 절차**

회사가 배당가능한 이익으로써 취득하여 보유하는 자기주식은 이사회결의에 의하여 소각할 수 있다(제343조 단서). 이때 소각의 효력은 주식실효절차의 종료시에 발생한다.

④ **소각의 효과**

회사가 배당가능이익으로써 취득한 자기주식을 소각하는 경우, 그만큼 발행주식수는 그만큼 감소하지만, 이는 자본금감소절차에 의한 주식의 소각이 아니므로 자본금에는 영향이 없다.

회사가 배당가능이익으로써 취득한 자기주식을 소각하는 경우, 주식소각에 의하여 발행주식수는 감소한다고 하더라도 일단 주식이 발행된 것이므로 수권주식의 총수가 감소하는 것도 아니고 미발행주식수가 그만큼 증가하는 것도 아니다.

6. 주식의 포괄적 교환 · 주식의 포괄적 이전

2001년 개정상법은, 지주회사의 설립 등을 통한 회사의 구조조정을 원활히 할 수 있도록 하기 위하여, 주식의 포괄적 교환제도와 주식의 포괄적 이전제도를 신설하였다.

(1) 주식의 포괄적 교환

1) 의의

주식의 포괄적 교환이란 회사(완전모회사가 되는 회사)가 다른 회사(완전자회사가 되는 회사)의 발생주식총수와 자기회사의 주식을 교환함으로써 완전자회사가 되는 회사의 주주가 가지는 그 회사의 주식은 주식을 교환하는 날에 주식교환에 의하여 완전모회사가 되는 그 회사로 이전하고 그 완전자회사가 되는 회사의 주주는 그 완전모회사가 되는 회사가 주식교환을 위하여 발행하는 신주(또는 완전모회사가 되는 회사가 소유하고 있는 자기주식)의 배정을 받는 것을 말한다(제360조의 2, 제360조의 6).

2011년 상법 개정시 합병대가를 유연화함으로써 현금뿐만 아니라 모회사 또는 자회사의 주식·사채 등의 기타 재산을 합병대가로 이용할 수 있게 되었다. 그런데 주식의 교환에 있어서도 주식교환의 대가로서 금전·사채·완전모회사의 주식·완전모회사의 모회사의 주식 등 다양한 대가를 지급할 수 있게 함으로써 주식교환을 용이하게 할 필요성이 제기되었다. 이에 2015년 개정상법은 주식교환의 대가를 '완전자회사가 되는 회사의 주주에게 그 대가의 전부 또는 일부로서 금전이나 그 밖의 재산을 제공하는 경우에는 그 내용 및 배정에 관한 사항(제360조의 3 제3항 제4호)'이라고 규정함으로써 주식교환의 대가를 유연화하고 있다. 그러나 교환의 대가로 일부 주주에게는 주식교환교부금을 · 다른 주주에게는 존속회사의 주식을 교부하는 것은 주식평등의 원칙에 반하므로 허용되지 않는다고 할 것이다.

삼각주식교환이란 'A회사와 다른 회사 B사'가 A사를 완전모회사로 하는 주식의 포괄적 교환을 하면서 B사 주주에게 A사의 모회사인 C사 주식을 교부하는 것이다. 종전에는 포괄적 주식교환에서는 반드시 완전모회사 A사의 주식이 교부되어야 하므로(제360조의 2 제2항) 삼각주식교환이 인정되지 않았으나, 2015년 상법개정시 주식교환의 대가를 유연화하여 삼각주식교환을 인정하였다(제360조의 3 제6항). 삼각주식교환이 이루어진 후 A사를 소멸회사로 하고 B사를 존속회사로 하는 흡수합병을 하면 당초 인수대상인 B사가 남게 되어 역삼각합병과 같은 조직개편이 이루어진다. 그러므로 삼각주식교환제도에는 삼각합병에 의하여 인수대상회사가 보유하는 인 · 허가 등이 합병에 의하여 소멸되는 단점을 해소할 수 있고 인수의 대가로 이미 보유 중인 상장회사인 완전모회사의 모회사의 주식을 지급하게 되면 현금이 소요되지 않는 장점이 있다.

2) 법적 성질

주식교환에 대하여는 (i) 완전자회사가 되는 회사의 주주가 자신의 주식으로 완전모회사에 대하여 현물출자하고, 이에 대하여 완전모회사가 신주를 배정하게 되므로 현물출자에 가까운 면이 있으며, (ii) 주식교환에 의하여 완전자회사의 주주는 완전모회사에 흡수되므로 흡수합병에 유사한 면이 있다.

그러나 현물출자는 출자자와 회사 간의 합의에 의하여 이루어지는 데 반하여, 주식이전에 있어서는 반대주주의 주식에 대하여도 완전모회사가 강제적으로 취득하므로 현물출자로 보기 어렵고 또한 주식이전에 있어서는 신주발행절차가 적용되지 않으므로 현물출자와 다르다.

한편, 흡수합병에 있어서는 당사회사의 일방이 소멸되고 소멸회사의 모든 재산은 존속회사에 포괄적으로 이전되나, 주식교환에 있어서는 완전자회사의 주주가 완전모회사에 흡수되더라도 완전자회사가 소멸되거나 재산에 영향을 주는 것은 아니므로 흡수합병과 다르다. 또한 주식교환에서는 완전자회사의 주주 구성이 바뀔 뿐 회사가 소멸되지 않아 채권자에 대하여는 영향이 없으므로 합병에 있어서의 회사채권자보호절차가 요구되지 않으므로 합병과 다르다.

요컨대 주식교환은 회사의 인적 조직을 별개 회사에 이전 · 흡수시켜 회사조직의 변경을 가져오는 조직법상의 특수한 행위로 볼 수 있다.

3) 절차

① 주식교환계약서의 작성

회사가 주식교환을 하고자 하면 먼저 기존의 쌍방의 회사가 일정한 법정사항을 기재한 '주식교환계약서'를 작성하여야 한다(제360조의 3 제1항 전단).

② 주주총회의 승인결의

a. 결의방법

(a) 원칙

주식교환을 하는 쌍방의 회사는 위의 주식교환계약서에 대하여 원칙적으로 주주총회 특별결의에 의한 승인을 받아야 한다(제360조의 3 제1항 후단 · 제2항). 그러나 이 경우 완전모회사가 되는 회사는 자본금이 증가하고 완전자회사가 되는 회사는 주주만의 변동이 있어 회사채권자를 해할 염려가 없기 때문에 회사채권자보호절차는 요하지 않는다.

주식의 포괄적 교환에 의하여 (완전모회사가 되는 회사 또는 완전자회사가 되는 회사의) 어느 종류의 주주에게 손해를 미치게 될 경우에는 그 회사의 주주총회 특별결의 외에 종류주주총회의 결의를 얻어야 하고(제436조), 각 회사의 주주의 부담이 가중되는 경우에는 주주 전원의 동의가 있어야 한다(제360조의 3 제5항).

(b) 예외

ⓐ 간이주식교환(약식주식교환)

완전자회사가 되는 회사의 총주주의 동의가 있거나 그 회사의 발행주식총수의 100분의 90 이상을 완전모회사가 되는 회사가 소유하고 있는 때에는 완전자회사가 되는 회사의 주주총회의 승인은 이사회의 승인으로 갈음할 수 있다(제360조의 9 제1항).

ⓑ 소규모주식교환

가. 이사회의 승인

소규모주식교환이란 완전모회사가 되는 회사가 주식교환을 위하여 발행하는 신주 및 이전하는 자기주식의 총수가 그 회사의 발행주식총수의 10/100을 초과하지 않는 경우의 주식교환을 말한다(제360조의 10 제1항). 그러나 완전자회사가 되는 회사의 주주에게 제공할 금전이나 그 밖의 재산을 정한 경우에 그 금액 및 그밖의 재산의 가액이 완전모회사가 되는 회사에 현존하는 순자산액의 5/100을 초과하는 때(동 규정 단서)나 완전모회사가 되는 회사의 발행주식총수의 20/100 이상에 해당하는 주식을 가진 주주가 주주총회결의 없이 주식교환을 한다는 뜻 등의 공고 또는 통지를 받은 날부터 2주 내에 회사에 대하여 서면으로 주식교환에 반대하는 의사를 통지한 때(동조 제5항)에는 이사회의 승인에 의한 주식교환을 할 수 없다.

나. 공고 및 통지

완전모회사가 되는 회사는 주식교환계약서를 작성한 날부터 2주 내에 '완전자회사가 되는 회사의 상호와 본점, 주식교환의 날, 주주총회의 승인을 얻지 않고 주식교환을 한다'는 뜻을 공고하거나 주주에게 통지하여야 한다(제360조의 10 제4항)

(c) 승인반대주주의 주식매수청구권

주식의 포괄적 교환에 관한 주주총회 결의사항에 관하여 이사회의 결의가 있는 때에 그 결의에 반대하는 주주는 주주총회 전에 회사에 대하여 서면으로 그 결의에 반대하는 의사를 통지하고 주주총회 결의일로부터 20일 내에 주식의 종류와 수를 기재한 서면으로 회사에 대하여 자기가 소유하고 있는 주식의 매수를 청구할 수 있다(제360조의 5 제1항). 간이주식교환의 경우에도 이에 반대하는 주주는 주식매수청구권을 행사할 수 있다(제360조의 9 제2항, 제360조의 5 제2항). 그러나 소규모주식교환의 경우에는 승인반대주주의 주식매수청구권이 인정되지 않는다(제360조의 10 제7항).

③ 기타의 절차

이 밖에 주식교환계약서 등의 사전공시(제360조의 4), 주권의 실효절차(제360조의 8), 단주처리 등의 절차(제360조의 11) 등이 있다.

주식의 포괄적 교환에 의하여 완전모회사가 되는 회사의 이사 및 감사로서 주식교환 전에 취임한 자는 주식교환계약서에 다른 정함이 있는 경우를 제외하고는 주식교환 후 최초로 도래하는 결산기에 관한 정기주주총회가 종료하는 때에 퇴임한다(제360조의 13).

④ 변경등기

주식의 포괄적 교환의 경우에는 소정의 서류를 첨부한 주식교환으로 인한 변경등기신청서에 의하여 완전모회사의 변경등기를 하여야 한다(상업등기법 제92조). 그러나 완전자회사는 주주의 변동에 불과하므로 등기를 요하지 않는다.

⑤ 공시

주식의 포괄적 교환을 함에 있어서는 앞에서 본 바와 같이 주식교환계약서 등을 사전에 공시하여야 함은 물론(제360조의 4), 일정한 사항을 기재한 서면을 사후에 공시하여야 한다(제360조의 12).

⑥ **주권상장법인에 대한 특칙**

주권상장법인이 주식의 포괄적 교환을 하는 경우에는 대통령령으로 정하는 요건 · 방법 등의 기준에 따라야 한다.

4) 효과

① **효력발생일**

주식교환은 주식교환계약서에 기재된 주식교환일(제360조의 3 제3항 제6호)에 그 효력이 발생한다(제360조의 2 제2항). 합병 · 분할의 경우에 등기에 의하여 효력이 발생하는 것과는 다르다.

② **내용**

a. 완전자회사가 되는 회사의 주주가 가지는 그 회사의 주식은 완전모회사가 되는 회사에 포괄적으로 이전됨으로써 '완전모자회사관계'가 생긴다.

b. 완전자회사가 되는 회사의 주주는 그 완전모회사가 되는 회사가 주식교환을 위하여 발행하는 신주의 배정을 받음으로써 완전모회사의 주주가 된다(동 규정).

c. 주식교환서에 기재된 정관변경 · 자본증가 등 주식교환의 성립을 정지조건으로 한 사항들의 효력이 발생한다.

d. 완전모회사가 되는 회사는 완전자회사가 되는 회사의 주주에게 (교환비율에 따라) 신주를 발행하여 교부하여야 하므로 완전모회사가 되는 회사의 자본금은 증가한다.

이때 완전모회사가 되는 회사의 자본금증가의 한도액은 주식교환의 날에 완전자회사가 되는 회사에 현존하는 순자산액에서 (i) 완전자회사가 되는 회사의 주주에게 지급할 금액(주식교환교부금)과 (ii) 신주발행에 갈음하여 자기주식을 이전하는 경우 완전자회사가 되는 회사의 주주에게 이전하는 주식의 회계장부가액의 합계액을 공제한 금액이다(제360조의 7 제1항).

완전모회사가 되는 회사가 주식교환 이전에 완전자회사가 되는 회사의 주식을 이미 소유하고 있는 경우에는 완전모회사가 되는 회사의 자본금증가의 한도액은 주식교환의 날에 완전자회사가 되는 회사에 현존하는 순자산액에 그 회사의 발행주식총수에 대한 주식교환으로 인하여 완전모회사가 되는 회사에 이전하는 주식의 수의 비율을 곱한 금액에서 (i) 완전자회사가 되는 회사의 주주에게 지급할 금액(주식교환교부금)과 (ii) 신주발행에 갈음하여 자기주식을 이전하는 경우 완전자회사가 되는 회사의 주주에게 이전하는 주식의 회계장부가액의 합계액을 공제한 금액이다(제360조의 7 제2항). 위와 같은 완전모회사가 되는 회사의 자본금증가의 한도액이 그 회사의 실제 증가한 자본금을 초과한 경우에는 그 초과액을 자본준비금으로 적립하여야 한다(제459조 제1항).

③ 어느 회사의 발행주식총수는 기존의 주주에 갈음하여 위와 같이 설립된 완전모회사가 소유하게 되므로(제360조의 2) 완전자회사가 설립되어 완전모자회사관계가 새로이 생긴다. 또한 완전자회사가 되는 회사의 기존의 주권은 실효되는데 이에 관하여는 전술하였다(제360조의 8).

5) 주식교환무효의 소

① (예컨대 주식교환계약 자체에 무효원인이 있는 경우, 주식교환계약서의 기재사항에 흠결이 있는 경우, 주식교환계약서 등의 비치의무를 게을리 한 경우, 주식교환계약서에 대한 주주총회의 승인결의가 없는 경우 등) 주식교환절차에 하자가 있는 경우에 그 하자 치유방법에 대하여 상법은 법률관계를 획일적으로 확정하기 위하여 소(訴)의 방법으로만 주식교환의 무효를 주장할 수 있도록 하였다. 즉 주식교환의 무효는 각 회사의 주주·이사·감사 또는 감사위원회 위원·청산인에 한하여 주식교환의 날로부터 6월 내에 소만으로 이를 주장할 수 있다(제360조의 14).

② 주식교환무효의 판결이 원고의 승소로 확정된 경우에는 이 판결의 효력은 원고·피고뿐만 아니라 제3자에게도 미치고(대세적 효력, 제360조의 14 제4항, 제190조 본문), 장래에 대하여만 그 효력이 있다(불소급효 제360조의 14 제4항, 제431조 제1항).

주식교환을 무효로 하는 판결이 확정된 때에는 완전모회사가 된 회사는 주식교환을 위하여 발행한 신주 또는 신주발행에 갈음하여 자기주식을 이전한 경우에는 이전한 주식의 주주(주식교환의 무효판결이 확정된 시점의 주주)에 대하여 그가 소유하였던 완전자회사가 된 회사의 주식을 이전하여야 한다(제360조의 14 제4항, 제191조). 완전모회사가 완전자회사의 주식을 제3자에게 양도한 경우에는 금전으로 처리하여야 한다.

주식교환무효의 소를 제기한 자가 패소한 경우에 악의 또는 중대한 과실이 있는 때에는 회사에 대하여 연대하여 배상할 책임이 있다(제360조의 14 제4항, 제191조).

(2) 주식의 포괄적 이전

1) 의의

주식의 포괄적 이전이란 회사가 스스로 완전자회사가 되는 회사가 되어 완전모회사(지주회사)를 설립하는 하나의 방법으로, 완전자회사가 되는 회사의 주주가 소유하는 그 회사의 주식은 주식이전에 의하여 설립하는 완전모회사에 이전하고 그 완전자회사가 되는 회사의 주주는 그 완전모회사가 주식이전을 위하여 발행하는 주식의 배정을 받음으로써 그 완전모회사의 주주가 되는 것을 말한다(제360조의 15).

2) 절 차

① **주식이전계획서의 작성**

회사(완전자회사가 되는 회사)가 주식이전을 하고자 하면 먼저 일정한 법정사항을 기재한 주식이전계획서를 작성하여야 한다(제360조의 16 제1항 전단).

주식이전계획서에는 다음의 사항이 기재되어야 한다(제360조의 16 제1항): 설립하는 완전모회사의 정관의 규정, 설립하는 완전모회사가 주식이전에 있어서 발행하는 주식의 종류와 수 및 완전자회사가 되는 회사의 주주에 대한 주식의 배정에 관한 사항, 설립하는 완전모회사의 자본금 및 자본준비금에 관한 사항, 완전자회사가 되는 회사의 주주에게 금전이나 그밖의 재산을 제공하는 경우에는 그 내용 및 배정에 관한 사항, 주식이전을 할 시기, 완전자회사가 되는 회사가 주식이전의 날까지 이익배당을 할 때에는 그 한도액, 설립하는 완전모회사의 이사와 감사 또는 감사위원회의 위원의 성명 및 주민등록번호, 회사가 공동으로 주식이전에 의하여 완전모회사를 설립하는 때에는 그 뜻.

② **주주총회의 승인결의**

a. 결의방법

주식이전을 하는 회사(완전자회사가 되는 회사)는 위의 주식이전계획서에 대하여 주주총회 특별결의에 의한 승인을 받아야 한다(제360조의 16 제1항 후단 · 제2항). 그러나 이는 완전자회사가 되는 회사의 주주만의 변동을 가져오는 점에서 회사채권자를 해하는 것이 아니므로 회사채권자보호절차는 요하지 않는다.

주식의 포괄적 이전에 의하여 (완전자회사가 되는 회사의) 어느 종류의 주주에게 손해를 미치게 될 경우에는, 그 회사의 주주총회 특별결의 외에 종류주주총회의 결의를 받아야 하고(商436조), 주주의 부담이 가중되는 경우에는 주주 전원의 동의가 있어야 한다(360조의 16 4항).

b. 승인반대주주의 주식매수청구권

주식의 포괄적 이전에 관한 주주총회의 결의사항에 관하여 이사회결의가 있는 때에 그 결의에 반대하는 주주(의결권이 없거나 제한되는 주주를 포함)는 회사에 대하여 주식매수청구권을 행사할 수 있다(제360조의 22, 제360조의 5).

③ **기타의 절차**

이밖에 주식이전계약서 등의 사전공시(제360조의 17), 주권의 실효절차(제360조의 19), 단주처리절차(제360조의 22, 제360조의 11) 등이 필요하다.

④ **설립등기**

주식의 포괄적 이전의 경우에는 소정의 서류를 첨부한 주식이전에 의한 설립등기신청서에 의하여 완전모회사의 설립등기를 하여야 한다(상업등기법 제93조).

⑤ **공시**

주식의 포괄적 이전의 경우에는 앞에서 본 바와 같은 사전공시제도(제360조의 17)와 주식의 포괄적 교환에서와 같은 사후공시제도가 있다(제360조의 22, 제360조의 12).

⑥ **주권상장법인에 대한 특칙**

주권상장법인이 주식의 포괄적 이전을 하는 경우에는 대통령령으로 정하는 요건 · 방법 등의 기준에 따라야 한다.

3) 효과

① **효력발생일**

주식이전은 이로 인하여 설립한 완전모회사가 그 본점소재지에서 제360조의 20에 의한 등기를 함으로써 그 효력이 발생한다(제360조의 21). 주식교환이 주식교환계획서에 기재된 주식교환일(제260조의 3 제3항 제6호)에 그 효력이 발생하는 것(제360조의 2 제2항)과 다른 점이다.

② **내용**

완전자회사가 되는 회사의 주주는 자기주식을 완전모회사가 되는 회사에 이전하여 완전모회사를 설립하고 그 완전모회사가 주식이전을 위하여 발행하는 주식의 배정을 받음으로써 그 완전모회사의 주주가 되므로(제360조의 15) 완전모회사가 설립된다.

이때 주식이전을 하여 설립한 완전모회사는 본점소재지에서는 2주 내에 · 지점소재지에서는 3주 내에 설립등기사항을 등기하여야 한다(제360조의 20). 주식이전은 완전모회사가 본점소재지에서 이러한 등기를 함으로써 그 효력이 발행하므로(제360조의 21) 완전모회사는 이때 성립된다. 완전자회사의 경우에는 주주가 변경될 뿐 등기사항에 변경이 생기는 것이 아니므로 원칙적으로 변경등기를 요하지 않는다.

주식이전에 의하여 설립되는 완전모회사의 자본금은 주식이전의 날에 완전자회사가 되는 회사에 현존하는 순자산액에서 그 회사의 주주에게 지급할 금액(주식이전교부금)을 정한 때에는 그 금액(제360조의 16 제1항 제4호)을 공제한 액을 한도로 하여야 하는데(제360조의 18), 이는 완전모회사의 자본금충실을 기하기 위한 것이다. 이때 설립되는 완전모회사의 자본금의 한도액이 실제로 정한 완전모회사의 자본금을 초과하면 그 초과액(주식이전차금)은 자본준비금으로 적립하여야 한다(제459조 제1항).

주식이전에 의하여 완전자회사가 되는 어느 회사의 발행주식총수는 기존의 주주에 갈음하여 위와 같이 설립된 완전모회사가 소유하게 되므로(제360조의 15) 완전자회사가 설립되어 완전모자회사관계가 새로이 발생한다. 또한 완전자회사가 되는 회사의 기존의 주권은 실효된다(제360조의 19).

4) 주식이전무효의 소

① 주식이전절차에 하자가 있는 경우에 상법은 법률관계를 획일적으로 확정하기 위하여 소로써만 주식이전의 무효를 주장할 수 있도록 하였다. 즉 주식이전의 무효는 각 회사의 주주 · 이사 · 감사 또는 감사위원회의 위원 · 청산인에 한하여 주식이전의 날로부터 6월 내에 소만으로 이를 주장할 수 있다(제360조의 23).

〈주식의 포괄적 교환과 포괄적 이전의 이동(異同)〉

<table>
<tr><td colspan="2"></td><td>포괄적 교환</td><td>포괄적 이전</td></tr>
<tr><td colspan="2">공통점</td><td colspan="2">· 완전 모자회사 관계의 성립
· 주주총회 특별결의
· 반대주주의 주식매수청구권 인정
· 회사채권자보호절차 없음
· 모회사만 등기
· 부담 가중시 전원의 동의 필요
· 주금의 납입 불요</td></tr>
<tr><td rowspan="3">차이점</td><td>모회사</td><td>기존회사</td><td>신설회사</td></tr>
<tr><td>간이 · 소규모</td><td>인정</td><td>불인정(없음)</td></tr>
<tr><td>모회사 등기</td><td>변경등기</td><td>설립등기
(효력발생요건)</td></tr>
</table>

② 주식이전을 무효로 하는 판결이 확정된 때에는 완전모회사가 된 회사는 주식이전을 위하여 발행한 주식의 주주에 대하여 그가 소유하였던 완전자회사가 된 회사의 주식을 이전하여야 한다(제360조의 23 3항). 이때 완전모회사는 해산에 준하여 청산하여야 하고, 청산인은 주주 기타 이해관계인의 청구에 의하여 법원이 선임할 수 있다(제360조의 23 4항, 193조). 그밖의 사항

은 주식교환무효의 소의 경우와 같다(제360조의 23 제4항).

7. 지배주주에 의한 소수주식의 강제매수

(1) 총설

특정주주가 주식의 대부분을 보유하는 경우 회사로서 주주총회의 운영 등과 관련하여 소수주주관리비용이 들고 소수주주로서는 정상적인 출자회수의 길이 막히기 때문에 대주주가 소수주주의 주식을 매입함으로써 그 동업관계를 해소할 필요가 있는데, 소수주주가 그의 주식의 매도를 원하지 않는 경우에는 그 관계의 해소가 어렵게 된다. 따라서 2011년 개정상법은 회사의 발행주식총수의 95/100 이상을 자기의 계산으로 보유하고 있는 지배주주는 '소수주주를 관리하기 위한 비용을 절약하고 회사의 신속한 의사결정을 통하여 효율적인 경영의 향상을 위하여' 소수주주의 주식을 강제로 매입할 수 있도록 하였다. 이와 함께 소수주주에게도 그의 출자를 회수할 수 있도록 하기 위하여 지배주주에 대한 주식매수청구권을 인정하였다.

(2) 지배주주의 주식매도청구권

① 의의

회사의 발행주식총수의 95/100분 이상을 자기의 계산으로 보유하고 있는 주주(지배주주)는 회사의 경영상 목적을 달성하기 위하여 필요한 경우에는 회사의 다른 주주(소수주주)에게 그 보유하는 주식의 매도를 청구할 수 있는데(제360조의 24 제1항), 이것이 지배주주에 의한 소수주식의 강제매수제도이다. 지배주주에 의한 소수주식의 강제매수에 의하여 지배주주는 100% 보유의 주주가 되어 불편한 동업관계를 해소할 수 있다.

② 법적 성질

이와 같이 지배주주가 소수주주에게 주식의 매도를 청구하면(제360조의 24 제1항) 이러한 매도청구를 받은 소수주주는 매도청구를 받은 날부터 2개월 내에 지배주주에게 그 주식을 매도하여야 하는 의무를 부담하므로(제360조의 24 제6항), 지배주주의 이러한 주식매도청구권의 법적 성질은 형성권이라고 볼 수 있다.

③ 당사자

a. 주식매도청구권자(지배주주)

회사의 발행주식총수의 95/100 이상을 자기의 계산으로 보유하고 있는 주주(지배주주)

이다.

b. 주식매도청구의 상대방(소수주주)

주식매도청구의 상대방은 회사의 발행주식총수의 5/100 미만의 주식을 보유하고 있는 주주이다(제360조의 24 제1항).

④ 요건

a. 경영상 목적을 달성하기 위하여 필요한 경우

지배주주가 소수주주에게 대하여 주식매도청구권을 행사하기 위하여는 회사의 '경영상 목적을 달성하기 위하여 필요한 경우'이어야 한다(제360조의 24 제1항).

b. 주주총회의 사전승인

지배주주가 소수주주에 대하여 주식매도청구권을 행사하기 위하여는 미리 주주총회의 승인을 받아야 한다(제360조의 24 제3항).

c. 소수주주에 대한 사전 공고 · 통지

지배주주는 주식매도청구의 날 1개월 전까지 (i) 소수주주는 매매가액의 수령과 동시에 주권을 지배주주에게 교부하여야 한다는 뜻과 (ii) 주권을 교부하지 않을 경우 매매가액을 수령하거나 지배주주가 매매가액을 공탁한 날에 주권은 무효가 된다는 뜻을 공고하고, 주주명부에 적힌 주주와 질권자에게 따로 그 통지를 하여야 한다(제360조의 24 제5항).

⑤ 효과

a. 소수주주의 주식매도의무

지배주주가 소수주주에게 위의 요건을 갖추어 주식매도청구를 하면, 주식매도청구를 받은 소수주주는 매도청구를 받은 날부터 2개월 내에 지배주주에게 그 주식을 매도하여야 한다(제360조의 24 제6항). 이때 소수주주가 '매도청구를 받은 날부터 2개월 내에 지배주주에게 매도하여야 한다'는 의미는 전술한 바와 같이 소수주주는 지배주주와 2개월 내에 매매가격을 합의결정하여 매매계약을 체결하여야 한다는 뜻으로 생각된다.

b. 주식매도가액의 결정

소수주주의 지배주주에 대한 주식의 매도가액의 결정은 (i) 협의가액, (ii) 법원에 의한 결정가액의 2단계를 거치게 된다. 즉 (i) 매도가액은 매도청구를 받은 소수주주와 매도를 청구한 지배주주 간의 협의로 결정하고(제360조의 24 제7항), (ii) 소수주주가 지배주주로부터 매도청구를 받은 날부터 30일 내에 매매가액에 대한 협의가 이루어지지 않은 경우에는 주식매도청구를 받은 소수주주 또는 주식매도청구를 한 지배주주는 법원에 매매가액의 결정을 청구할 수 있는데(제360조의 24 제8항), 법원이 이러한 주식의 매매가액을 결정하는 경우에는 회사의 재산상태와 그밖의 사정을 고려하여 공정한 가액으로 산정하여야 한다(제360조의 24 제9항).

c. 주식의 이전시기

지배주주가 소수주주에 대하여 주식매도청구권을 행사한 경우, 주식을 취득하는 지배주주가 '매매가액을 소수주주에게 지급한 때'에 주식이 이전된 것으로 본다(제360조의 26 제1항). 그런데 지배주주가 매매가액을 지급할 소수주주를 알 수 없거나 소수주주가 수령을 거부할 경우에는 지배주주는 그 가액을 공탁할 수 있는데, 이 경우 주식은 공탁한 날에 지배주주에게 이전된 것으로 본다(제360조의 26 제2항). 이는 주식의 양도에 있어서는 주권을 교부하여야 한다는 원칙(제336조 제1항)에 대한 예외라고 볼 수 있다.

(3) 소수주주의 주식매수청구권

① 의의

회사의 발행주식총수의 95/100 이상을 자기의 계산으로 보유하고 있는 주주(지배주주)가 있는 회사의 다른 주주(소수주주)는 언제든지 지배주주에게 그 보유주식의 매수를 청구할 수 있는데(제360조의 25 제1항), 이것이 소수주주의 (지배주주에 대한) 주식매수청구권이다.

2011년 개정상법은, 지배주주에게 소수주주에 대한 주식매도청구권을 인정하고 있는 것에 대응하는 차원에서, 소수주주에 대하여도 그의 출자를 회수하여 동업관계를 해소할 수 있도록 하기 위하여 소수주주의 주식매수청구권을 인정하였다.

② 법적 성질

소수주주가 지배주주에게 주식매수청구권을 행사하면 지배주주는 (매수를 청구한 날을 기준으로 2개월 내에) 매수를 청구한 소수주주로부터 그 주식을 매수하여야 하는 의무를 부담하므로(제360조의 25 제2항), 소수주주의 지배주주에 대한 이러한 주식매수청구권의 법적 성질은 형성권이다.

③ 당사자

a. 주식매수청구권자(소수주주)

회사의 발행주식총수의 95/100 이상을 자기의 계산으로 보유하고 있는 주주(지배주주)가 있는 회사의 다른 주주(소수주주)이다(제360조의 25 제1항, 제360조의 25 제1항).

b. 주식매수청구의 상대방(지배주주)

주식매수청구의 상대방은 지배주주이다(제360조의 24 제1항, 제360조의 25 제1항). 따라서 이 점에서 지배주주에 대한 주식매수청구와 회사에 대한 주식매수청구는 근본적으로 구별된다.

④ **요건**

소수주주는 언제든지 지배주주에게 그 보유주식의 매수를 청구할 수 있으므로(제360조의25 제1항) 이러한 주식매수청구에는 아무런 전제요건이 없다고 볼 수 있다.

⑤ **효과**

a. 지배주주의 주식매수의무

소수주주가 지배주주에게 주식매수를 청구하면, 이러한 주식매수청구를 받은 지배주주는 주식매수를 청구한 날을 기준으로 2개월 내에 매수를 청구한 주주로부터 그 주식을 매수하여야 한다(제360조의25 2항). 이때 지배주주가 '매수를 청구한 날을 기준으로 2개월 내에 매수를 청구한 소수주주로부터 그 주식을 매수하여야 한다'는 의미는, 지배주주는 소수주주와 2개월 내에 매매가격을 합의결정하여 매매계약을 체결하여야 한다는 뜻으로 보아야 할 것이다.

b. 주식매수가액의 결정

소수주주가 지배주주에 대하여 주식매수청구권을 행사한 경우 주식의 매수가액의 결정은 '협의가액'과 '법원에 의한 결정가액'의 2단계를 거치게 된다. 즉 (i) 매수가액은 매수를 청구한 소수주주와 매수청구를 받은 지배주주 간의 협의로 결정하고(제360조의25 제3항), (ii) 매수청구를 받은 날부터 30일 내에 매수가액에 대한 협의가 이루어지지 않은 경우에는 매수청구를 받은 지배주주 또는 매수청구를 한 소수주주는 법원에 대하여 매수가액의 결정을 청구할 수 있는데(제360조의25 제4항), 이때 법원은 회사의 재산상태와 그밖의 사정을 고려하여 공정한 가액으로 산정하여야 한다(제360조의25 제5항).

c. 주식의 이전시기

소수주주가 지배주주에 대하여 주식매수청구권을 행사한 경우, 주식을 취득하는 지배주주가 '매매가액을 소수주주에게 지급한 때'에 주식이 이전된 것으로 보고(제360조의26 제1항), 소수주주가 매매가액의 수령을 거부할 경우에는(소수주주가 지배주주에 대하여 주식매수청구권을 행사한 경우에는 '소수주주를 알 수 없는 경우'란 있을 수 없음) 지배주주가 매매가액을 '공탁한 날' 주식이 지배주주에게 이전된 것으로 본다(제360조의26 제2항).

제 4 절 주식회사의 기관

Ⅰ. 총설

회사의 기관(운영기구)란 법률상 회사 자체의 의사결정과 활동으로 인정될 수 있는 회사조직상의 존재(사원은 회사존립의 기초, 기관은 회사활동의 기초)를 말한다.

상법상 주식회사의 기관은 '필요적 기관'과 '임시적 기관'으로 나눌 수 있다. 필요적 기관으로는 주주총회 · 이사회 및 대표이사, 감사 또는 감사위원회가 있고, 임시적 기관으로는 검사인 · 감정인 · (외부)감사인이 있다.

주식회사의 기관구성의 특색은 사원자격과 기관자격(제3자기관)이 분리되는 것이다. 소규모의 폐쇄회사는 동업관계에 불과하여 소유와 경영이 일치하는 데 반하여, 주식회사 특히 대규모의 공개회사는 소유와 경영이 분리된다. 그리하여 소위 '지배 없는 부의 소유'와 '소유 없는 부의 지배' 즉 경영자지배의 현상이 발생한다.

Ⅱ. 주주총회

1. 의의

주주총회란 주주의 총의에 의하여 회사의 기본적 중요사항에 관하여 회사의 의사를 결정하는 필요상설의 기관을 말한다.

주주총회는 원칙적으로 주주 전원에 의하여 구성되며 무의결권주는 우선배당을 받는 한 구성원에 해당되지 않는다(의결권이 없음은 물론 출석의견진술권도 없다).

주주총회는 회사의 기본적 사항(이사 · 감사의 선임과 해임, 회사의 기본적 변경사항의 결의, 재무제표의 승인 등)에 관하여 법정의 전속적 권한을 갖는 필요적 기관으로서, 의용상법 하에서는 최고만능의 기관이었으나 구 상법(舊商法) 이래로 권한이 대폭 축소되었다.

주주총회는 회사기관의 존재형식으로서의 주주총회(상설기관)와 활동형식으로서의 주주총회(비상설기관: 정기총회 · 임시총회)로 구별할 수 있다.

최근에 와서는 주주총회가 '형해화 · 무기능화'되는 경향이 나타나고 있다. 즉 주주가 투자자주주 · 투기자주주로서만 관심이 있을 뿐 회사경영에는 관심이 없고, 회사경영판단능력이 없고, 회사 간 주식상호보유로 인하여 법인이 주주화하는 현상이 많아지고, 총회꾼도 발호하고 있는 실정이다.

2. 권한(결의사항)

(1) 상법상의 권한

주주의 이해에 중대한 관계가 있는 사항은 주주총회가 그 결정권한을 가진다.

① 경상사항

경상사항이란 회사의 기본조직을 유지하면서 통상의 운영과정에서 생기는 사항을 말한다. 그 예로는 기관의 선 · 해임에 관한 사항, 회사의 계산에 관한 사항, 이사 등의 전횡방지사항 등이 있다.

② 비상사항

비상사항이란 회사의 조직 내지 자본적 기초를 근본적으로 변경하는 사항을 말한다. 그 예로는 정관변경, 회사의 해산 · 합병 · 계속 · 조직변경, 자본의 감소, 회사영업의 기본에 관한 사항(영업전부 또는 중요한 일부의 양도, 영업전부의 임대 또는 경영위임), 이익공여계약(타인과 영업의 손익 전부를 같이 하는 계약, 기타 이에 준하는 계약의 체결 · 변경 · 해약), 다른 회사의 영업전부의 양수 등이 있다.

③ 상법상 규정된 주주총회의 결의사항은 모두 중요한 사항이므로 정관규정이나 주주총회결의에 의하여 이들 사항을 하위기관인 이사회나 대표이사에게 위임할 수 없다.

(2) 특별법상의 권한

청산중 또는 파산선고후의 회사가 정리절차의 개시를 신청하는 때에는 주주총회 특별결의를 요한다(통합도산법 제467조의 2).

(3) 정관상의 권한

주주총회의 권한은 상법 및 특별법에 규정된 사항 이외에도 정관에 의하여 확대될 수 있는데, 상법상 (이사회 등) 주주총회 이외의 기관의 권한으로 규정하고 있는 사항(대표이사의 선임 · 신주의 발행 · 준비금의 자본전입 · 특수사채발행 등)을 정관으로 주주총회의 권한으로 할 수 있는지의 문제가 있다. 이에 대하여 통설은 주식회사의 본질이나 강행법규에 반하지 않으면 주주총회의 권한으로 할 수 있다고 한다. 이에 대하여 주식회사의 각 기관의 권한에 관한 상법규정은 입법정책의 문제로서 전부 강행규정으로 보아야 하므로 상법상 유보조항이 없는데 상법이 타기관의 권한으로 정하고 있는 사항을 정관규정만으로 주주총회의 권한으로 할 수는 없다는 견해도 있다.

회사는 필요에 따라 적합한 지배상태를 선택할 수 있다. 따라서 주주총회의 소집통지와 같이 성질상 주주총회의 결의사항으로 할 수 없는 것을 제외하고는, 주식회사의 본질 또는 강행법규에 반하지 않는 한 정관의 규정으로 이사회의 결의사항을 주주총회의 권한으로 유보할 수 있다. 다만 이사회결의사항을 주주총회결의사항으로 하는 경우에는 그 정도에 따라 이사의 책임 및 제3자에 대한 책임에 관한 규정을 주주에게 유추적용할 필요가 있다.

3. 소집

주주총회는 회의체기관이므로, 회의를 개최하려면 소집권자가 법정절차를 거쳐 소집하여야 한다.

(1) 소집권자

① 이사회 및 대표이사

주주총회의 소집은 이사회에서 주주총회의 개최 여부 및 그 일시 · 장소 · 의안 등을 결의하고, 이에 따라 대표이사가 소집하는 것이 원칙이다. 청산중의 회사의 경우에는 청산인회 및 대표청산인이 소집한다(제542조).

이사회결의 없이 대표이사가 독단으로 소집하거나 이사회결의는 있으나 대표이사가 아닌 이사가 소집한 때에는 주주총회결의 취소의 소의 원인이 되고, 이사회결의 없이 그리고 소집권한이 없는 이사가 소집한 때에는 주주총회결의 부존재확인의 소의 원인이 된다.

② 소수주주

(발행주식총수의 3/100 이상의) 소수주주는 회의의 소집이유를 기재한 서면을 이사회에 제출하여 임시주주총회의 소집을 이사회에 청구할 수 있다. 이때 이사회는 지체 없이 소집을 결의하고 대표이사는 총회를 소집하여야 한다. 그렇지 않으면 소수주주는 법원의 허가를 얻어 스스로 주주총회를 소집할 수 있다(제366조).

이 경우는 회사의 재산상태의 악화에 대한 대책을 수립하거나 임원의 해임을 도모하는 때에 그 의의가 있다.

③ 법원명령에 의한 대표이사의 소집

회사의 업무집행에 관하여 부정행위 또는 법령 · 정관에 위반한 중대한 사실이 있음을 의심할 사유가 있는 때, 3/100 이상에 해당하는 주식을 가진 주주(소수주주)는 회사의 업무와 재산상태를 조사하게 하기 위하여 법원에 검사인의 선임을 청구할 수 있다. 이 검사인의 보고에 의하여 필요하다고 인정하는 경우, 법원은 대표이사에게 주주총회의 소집을 명할 수 있다(제467조).

그럼에도 불구하고 대표이사가 주주총회를 소집하지 않을 때에는 과태료의 제재에 처한다.

④ 감사

감사 또는 감사위원회 위원은 회의의 목적사항과 소집의 이유를 기재한 서면을 이사회에 제출하여 임시총회소집을 요구할 수 있다(제412조의 3, 제415조의 2 제6항).

이 청구가 있은 후 지체 없이 소집절차를 밟지 않으면, 청구한 감사 또는 감사위원회 위원은 법원의 허가를 얻어 직접 주주총회를 소집할 수 있다.

(2) 소집시기

정기총회란 매년 1회 일정시기(매 결산기, 대개 12월)에 소집되는 주주총회를 말한다(제365조 제2항). 흔하지 않으나 연 2회 이상 이익배당을 하는 회사는 매 결산기마다 정기총회를 소집하되, 대개 3월과 9월에 한다.

임시총회란 필요시에 수시로 소집되는 주주총회를 말한다(제412조의 3). 임시총회 중 법원명령시 · 흡수합병의 보고총회 · 청산개시 및 종결시 · 청산인이 재무관계서류의 승인요구시 등의 경우는 강제소집되는 임시총회이다.

정기총회와 임시총회는 권한상 차이가 없다. 재무제표의 승인 등을 의제로 하는 총회가 정기총회인지 임시총회인지의 문제가 있기는 하나, 이는 용어상의 문제에 불과하고 정기총회가 본래는 재무제표 등의 승인을 위한 총회이기는 하나, 재무제표의 승인은 어느 주주총회에서 하든지 유효하다.

정기총회가 원래 개최시기를 경과하여 개최되는 경우, 정관규정에 의한 이사 · 감사의 임기는 늦게 개최된 총회의 종결시까지 계속되는 것이 아니라 본래 기간의 경과로 인하여 만료한다. 다만 결원시 후임자의 취임시까지 지위를 유지한다.

(3) 소집지와 소집장소

주주총회의 소집지는, 고의로 주주의 출석을 곤란하게 하는 장소의 선택을 방지하기 위하여, 정관에 다른 규정이 없는 한 본점소재지 또는 인접지로 한다(제364조).

주주총회의 소집장소에 관하여는 상법에 관련규정이 없다. 그러므로 소집지 내에서 소집권자가 적당한 장소를 정하여 통지 또는 공고하면 된다.[61]

(4) 소집절차

① 소집통지와 공고

기명주주에 대하여는 주주명부상의 주소로 회일의 2주 전까지 개별적으로 소집통지서를 발송하거나 각 주주의 동의를 받아 전자문서로 통지를 발송하여야 한다(제363조 제1항).

무의결권주주에 대하여는 소집의 통지나 공고를 할 필요가 없다(동조 제7항).

소집통지가 주주명부상의 주주의 주소에 계속 3년간 도달하지 않으면 회사는 당해 주주에 대하여 총회의 소집통지를 하지 않을 수 있다(동조 제1항 단서).

자본금 총액이 10억원 미만인 회사가 주주총회를 소집하는 경우에는 주주총회일의 10일 전에 각 주주에게 서면으로 통지를 발송하거나 각 주주의 동의를 받아 '전자문서'로 통지를 발송할 수 있다. 또한 자본금 총액이 10억원 미만인 회사는 주주 전원의 동의가 있을 경우에는 '소집절차 없이' 주주총회를 개최할 수 있고, 서면에 의한 결의로써 주주총회결의를 갈음할 수 있다. 결의의 목적사항에 대하여 주주 전원이 서면으로 동의를 한 때에는 서면에 의한 결의가 있는 것으로 본다(동조 제4항).[62]

상장회사의 주주총회의 소집에 관하여는 제542조의 4에서 다음과 같은 특례를 두고 있다. 상장회사가 주주총회를 소집하는 경우 대통령령으로 정하는 수(1/100) 이하의 주식을 소유하는 주주에게는 정관으로 정하는 바에 따라 주주총회 회일의 2주 전에 주주총회를 소집하는 뜻과 회의의 목적사항을 2 이상의 일간신문에 각각 2회 이상 공고하거나 대통령령으로 정하는 바에 따라 전자적 방법으로 공고함으로써 제363조 제1항의 소집통지에 갈음할 수 있다. 상장회사가 이사 · 감사의 선임에 관한 사항을 목적으로 하는 주주총회를 소집통지 또는 공고하는 경우에는 이사 · 감사 후보자의 성명, 약력, 추천인, 그 밖에 대통령령으로 정하는 후보자에 관한 사항을 통지하거나 공고하여야 한다. 상장회사가 주주총회 소집의 통지 또는 공고를 하는 경우에는 사외이사 등의 활동내역과 보수에 관한

---

61) 건물의 옥상이나 다방은 주주총회 소집장소가 될 수 있다(대법원 1983년 3월 23일 선고 83도748 판결).

62) 주식회사에 있어서 회사가 설립된 이후 총주식을 한 사람이 소유하게 된 이른바 1인 회사의 경우에는 그 주주가 유일한 주주로서 주주총회에 출석하면 전원총회로서 성립하고 그 주주의 의사대로 결의될 것임이 명백하므로 따로이 총회소집절차가 필요없고 실제로 총회를 개최한 사실이 없었다 하더라도 그 1인 주주에 의하여 의결이 있었던 것으로 주주총회 의사록이 작성되었다면 특별한 사정이 없는 한 그 내용의 결의가 있었던 것으로 볼 수 있다(대법원 1976년 4월 13일 선고 74다1755 판결).

사항, 사업개요 등 대통령령으로 정하는 사항을 통지 또는 공고하여야 한다. 다만, 상장회사가 그 사항을 대통령령으로 정하는 방법으로 일반인이 열람할 수 있도록 하는 경우에는 그러하지 아니하다.

② 소집통지의 방법

주주총회의 소집통지는 서면 또는 각 주주의 동의를 받아 전자문서로 발송하여야 한다(발신주의: 구두 · 전화 · 회람 · 안내방송 등은 불가).

③ 통지 · 공고의 기재사항

통지서에는 주주총회의 일시 · 장소 및 회의의 목적사항을 기재하여야 한다(동조 제2항). 목적사항이란 결의사항(의안 또는 의사일정)을 말한다.

목적사항에 '의안 또는 의사일정, 결의사항이 무엇인가'를 주주가 알 수 있을 정도로 기재하여야 하고(예: 정관일부변경의 건, 이사 개임의 건 등), 정관변경 기타 중요사항인 경우에는 의안의 요령도 기재하여야 한다(예: 정관 제 몇 조를 어떻게 개정한다는 요지).

④ 주주제안권

a. 의의

주주제안권이란 주주가 일정한 사항을 주주총회의 목적사항으로 할 것을 제안할 수 있는 권리를 말한다(주주총회의 활성화제도).[63] 즉 주주총회의 의안 등은 이사회에서 결정하는 것이 원칙이나, 의결권 있는 발행주식총수의 3/100 이상의 소수주주도 주주총회 회일의 6주 전에 서면 또는 전자문서로 일정사항을 주주총회의 목적사항으로 할 것을 제안할 수 있다(제363조의 2).

소수주주는 제366조 제1항상 주주총회소집청구권을 가지나 별도로 총회의 소집을 청구하는 것은 번거로우므로, 회사가 주주총회를 개최하기로 한 때에 그 소집통지서의 목적사항에 자기들이 원하는 사항을 추가할 것을 청구할 수 있게 함으로써 간편한 제안제도를 마련한 것이다.

b. 내용

주주제안권은 '의제제안권'과 '의안제안권'으로 구성된다(제363조의 2).

의제제안권이란 일정사항을 회의의 목적(의제)으로 정할 것을 청구할 수 있는 권리를 말하고(이사가 주주총회제출의제와 별도의 의제를 추가할 것을 청구하는 것이므로 '추가제안권'이라고 할 수 있다. 예: 이사 선임의 건), 의안제안권이란 의제에 관하여 주주가

63) 주주제안권은 주주의 의결권과 함께 주주권 중 공익권에 속한다.

제안하는 의안의 요령을 총회소집의 통지에 기재할 것을 청구할 수 있는 권리를 말한다(예: 갑을 이사 후보자로 한다).

c. 제안권 행사의 절차

주주제안의 상대방은 (이사회가 아니라) 이사이다.

당해 주주가 제출하는 의안의 요령을 주주총회의 소집통지와 공고에 기재할 것을 청구할 수 있다.

소수주주는 이사에 대하여 회일의 6주 전에 서면 또는 전자문서로 제안하여야 한다. 6주간으로 정한 이유는 주주총회 소집통지에 2주를 요하는 바 나머지 4주 동안에 제안된 사항을 소집통지에 기재할 준비를 하기 위한 것이다.

6주에 미달하는 경우의 효과에 대하여는, 제안권의 행사가 적법하지 못하여 그 제안은 상정할 수 없다고 보는 견해가 타당하다고 생각된다.

d. 제안권 행사의 효과

(a) 소집통지 및 공고의 기재

주주제안이 있는 경우 이사는 이를 이사회에 보고하고, 이사회는 주주제안의 내용이 법령 또는 정관에 위반하는 경우와 그 밖에 대통령령으로 정하는 경우를 제외하고는 이를 주주총회의 목적사항으로 상정하여야 한다.

(b) 주주의 의안설명

이사회는 제안한 주주의 요청이 있는 경우에는 주주총회에서 당해 의안을 설명할 수 있는 기회를 주어야 한다.

e. 주주제안의 거절

이사회는 주주제안의 내용이 위법한 경우에는 주주총회의 목적사항으로 하는 것을 거절할 수 있다.

적법한 주주제안을 회사가 정당한 사유 없이 주주총회의 목적으로 추가하지 않는 경우(부당거절)에는 과태료의 제재가 있다. 주주총회가 주주의 의제제안을 부당하게 거절하고 결의를 한 경우, 주주총회결의 취소의 소의 원인이 되는 것은 아니고 이사의 책임이 문제된다(통설).

⑤ 소집의 철회 · 변경

주주총회소집의 철회·회의목적사항의 일부의 철회·소집시기의 변경 등은 이사회결의로써 정하고, 대표이사가 그 통지 · 공고를 하되 예정회일 전에 도착하여야 한다.[64)]

64) 대법원 2011년 6월 24일 선고 2009다35033 판결.

⑥ 연기회 · 계속회

주주총회의 연기란 주주총회가 성립한 후 의사에 들어가지 않고 회일을 후일로 변경하는 것을 말하고, 주주총회의 속행이란 주주총회가 성립하고서 의사에 들어간 후 시간부족 기타의 사정에 의하여 심의를 끝내지 못하여 의사를 후일에 계속하는 것을 말한다.

주주총회의 연기나 속행은 주주총회가 성립한 후 그 주주총회에서 의결하는데(제372조), 이러한 결의에 의하여 후일 개최되는 연기회나 계속회는 당초의 총회와 동일성을 유지하는 것이므로 소집절차를 다시 밟을 것을 요하지 않는다(제372조).[65]

(5) 소집절차를 흠결한 주주총회

소집절차를 흠결한 주주총회의 결의는 원칙적으로 주주총회결의의 취소의 소 또는 부존재확인의 소의 대상이 된다. 그러나 다음과 같은 경우는 유효한 것으로 본다. (i) 전원주주총회(1인회사의 경우에만 인정하였으나 1979년 대법원판례가 그 유효성을 인정),[66] (ii) 총주주의 동의에 의한 소집절차의 생략: 유한회사에 관한 규정인 제573조를 주식회사에 유추적용한 것인데, 주주가 소수인 폐쇄회사의 경우에 필요성이 많다), (iii) 소집통지를 받을 권리의 포기(통지를 수령하지 못한 주주가 그럼에도 불구하고 이의 없이 주주총회에 출석하여 결의에 참여하면 통지를 받을 권리를 사후에 포기한 것으로 해석).[67]

4. 주주의 의결권

(1) 의결권의 의의와 성질

주주의 의결권이란 주주가 주주총회에 출석하여 의안의 결의에 참가할 수 있는 권리를 말하며, 이 의결권은 고유권 · 공익권 · (주주의 경제적 이익추구의 확보상 인정된) 재산권 · 비개성적 권리의 성질을 가진다.

---

65) 주주총회의 계속회가 동일한 안건토의를 위하여 당초의 회의일로부터 상당한 기간 내에 적법하게 거듭 속행되어 개최되었다면 당초의 주주총회와 동일성을 유지하고 있다고 할 것이므로 별도의 소집절차를 밟을 필요가 없다(대법원 1989년 2월 14일 선고 87다카3200 판결).

66) 전원주주총회란 주주총회의 소집절차 없이 주주 전원이 주주총회의 개최에 동의하고 출석하여 이루어진 주주총회를 말한다. 총주주가 소집절차를 생략하고 총회를 개최하는 데에 동의한 경우에는 설령 소집절차 없이 개최된 총회에 결석자가 있다 하더라도 개최 전에 이미 총주주가 소집절차의 생략에 동의하여 주주들의 총회참석권이나 의결권을 침해할 우려가 없으므로 유효한 주주총회로 인정할 수 있다는 것이 통설의 견해이다.

67) 임시주주총회가 법령 및 정관상 요구되는 이사회의 결의 없이 또한 그 소집절차를 생략하고 이루어졌다고 하더라도, 주주의 의결권을 적법하게 위임받은 수임인과 다른 주주 전원이 참석하여 총회를 개최하는 데 동의하고 아무런 이의 없이 만장일치로 결의가 이루어졌다면 이는 다른 특별한 사정이 없는 한 유효한 것이다(대법원 1993년 2월 26일 선고 92다48727 판결)

(2) 의결권의 수

① 원칙

주주총회의 자본단체의 성질상 지주수에 따라 '1주 1의결권의 원칙'이 적용된다(제369조 제1항). 우리 상법은 1주에 복수의 의결권을 인정하는 '복수의결권제도'는 인정하고 있지 않으며, 1주 1의결권 원칙의 규정은 강행규정이다.[68]

② 예외

a. 상법상의 제한

(a) 의결권이 없거나(무의결권주) 의결권이 제한되는 주식

회사가 정관에 의하여 의결권이 없는 종류주식을 발행한 경우에는 원칙적으로 주주총회의 모든 결의사항에 대하여 의결권이 없고, 의결권이 제한되는 종류주식을 발행한 경우에는 의결권이 제한되는 결의사항에 대하여 의결권이 없다(제344조의 3 제1항).

이러한 의결권이 없거나 제한되는 종류주식의 수는 발행주식의 총수에 산입하지 않는다(제371조 제1항).

(b) 회사의 자기주식

회사가 보유한 자기주식은 의결권이 없다(제369조 제2항). 자기주식의 수는 발행주식의 총수에 산입하지 않는다(제371조 제1항).

(c) 상호보유주식

회사 · '모회사 및 자회사' · 자회사가 다른 회사의 발행주식의 총수의 10분의 1을 초과하여 주식을 가지고 있는 경우, 그 다른 회사가 가지고 있는 회사 또는 모회사의 주식은 의결권이 없다(제369조 제3항). 이에 해당하는지 여부는 기준일이 아니라 실제로 의결권이 행사되는 주주총회 회일을 기준으로 하고, 명의개서 여부와는 상관없이 실제로 보유하고 있는 주식수를 기준으로 하여 판단한다.

어느 회사가 다른 회사의 주식을 10분의 1을 초과하여 취득한 때에는, 방어의 기회를 주기 위하여, 지체 없이 그 사실을 다른 회사에 통지하여야 한다(제342조의 3).

상호보유주식의 수는 발행주식의 총수에 산입하지 않는다(제371조 제1항).

---

68) 상법 제369조 제1항에서 주식회사의 주주는 1주마다 1개의 의결권을 가진다고 하는 1주 1의결권의 원칙을 규정하고 있는바, 위 규정은 강행규정이므로 법률에서 위 원칙에 대한 예외를 인정하는 경우를 제외하고, 정관의 규정이나 주주총회의 결의 등으로 위 원칙에 반하여 의결권을 제한하더라도 효력이 없다(대법원 2009년 11월 26일 선고 2009다51820 판결).

(d) 특별이해관계인의 소유주식

주주가 자기 개인의 이익을 고려하는 것은 당연하나, 다른 주주를 희생시키면서 자기의 이익만을 위하여 행사하는 것은 규제하여야 함이 옳은 바, 개인적 이익을 고려한 의결권 행사의 염려상 결의의 공정을 위하여 주주총회결의에 관하여 특별한 이해관계가 있는 자는 의결권을 행사하지 못한다(제368조 제4항). 그럼에도 불구하고 의결권을 행사한 경우에는 주주총회결의 취소의 소의 대상이 된다.

이때 '특별한 이해관계'의 의미에 대하여 상법에 규정이 없으므로, (i) 법률상 이해관계설(결의에 의하여 권리의무의 득실이 생기는 등 법률상 특별한 이해관계가 생길 때), (ii) 특별이해관계설(모든 주주에 관련되는 것이 아니라 특정주주에게만 이해관계가 생길 때), (iii) 개인법설(특정주주가 주주로서의 입장을 떠나서 개인적으로 갖는 이해관계(주주인 이사의 이사의 책임에 대한 면제결의시의 주주, 주주인 이사의 자기거래시의 주주, 재무제표 승인결의시의 이사나 감사인 주주 등)로 견해가 나누이는데, 이 중 개인법설(통설)이 가장 타당하다고 생각된다. 그러므로 이사 등의 면책결의에 있어서 해당 이사인 주주 · 영업양도 등의 결의에 있어서 상대방인 주주 · 이사 등의 보수결정에 있어서 해당 이사인 주주 등은 특별이해관계인이므로 의결권이 없다. 그러나 이사 선임시의 후보주주 또는 이사 해임시의 해임대상이사 등과 같이 '사단관계'에 기하여 이해관계를 갖는 경우는 이에 해당하지 않는다.[69]

특별이해관계인의 보유주식수는, 의결권이 인정되는 것이 원칙이고 특정의안에 대하여만 의결권이 휴지되는 것이므로, 발행주식총수의 과반수에 해당하는 주식에는 산입되나, 출석한 주주의 의결권의 수에는 산입되지 않는다(제371조 제2항).

(e) 감사 또는 감사위원회 위원의 선임시의 주식

비상장회사의 경우, 감사는 주주총회에서 보통결의로써 선임하는데, 의결권 없는 주식을 제외한 발행주식총수의 3/100을 초과하는 수의 주식을 가진 주주는 그 초과하는 주식에 관하여 의결권을 행사하지 못한다(제409조 제2항). 대주주의 영향력을 배제하자는 취지이므로, 정관상 이 비율을 낮출 수는 있으나 높이는 것은 허용되지 않는다.

상장회사의 경우, 최대주주 · 최대주주의 특수관계인 · 기타 대통령령으로 정하는 자가 소유하는 상장회사의 의결권 있는 주식의 합계가 회사의 의결권 있는 발행주식총수의 3/100(정관규정으로 완화 가능)을 초과하는 경우 그 주주는 초과하는 주식에 관하여 감

69) 재무제표 승인결의에 있어서 이사 또는 감사인 주주 등 회사지배와 관련되는 결의의 경우에는 특별이해관계인에 해당하지 않는다.

사 또는 사외이사가 아닌 (상근) 감사위원회 위원을 선임하거나 해임할 때에 의결권을 행사하지 못한다(제542조의 12 제3항, 상법시행령 제38조 제1항). 최근 사업연도 말 현재의 자산총액 2조원 이상인 상장회사는 사외이사인 감사위원회 위원을 선임할 때에도 주주는 상법 제409조 제2항 · 제3항과 같은 의결권의 제한을 받는다(제542조의 12 제4항).

또한 최근 사업연도 말 현재의 자산총액이 2조원 이상인 상장회사가 정관으로 집중투표를 배제하거나 그 배제된 정관을 변경하려는 경우에는 의결권 없는 주식을 제외한 발행주식총수의 3/100을 초과하는 수의 주식을 가진 주주는 그 초과하는 주식에 관하여 의결권을 행사하지 못한다. 다만, 정관에서 이보다 낮은 주식보유비율을 정할 수 있다(제542조의 7 제3항).

이 경우 대주주가 보유하는 일정비율 이상의 주식은 발행주식총수에는 산입되고, 의결정족수에는 산입되지 않는다(제371조 제2항).

〈주주총회 의결권의 제한〉

모든 의제에 대하여 의결권이 없는 경우		특정 의제에 대하여 의결권이 없는 경우	
발행주식의 총수에 산입하지 않음		출석한 주주의 의결권의 수에 산입하지 않음	
자기주식	회사가 가진 자기주식은 의결권이 없다.	특별 이해관계인 (개인법설)	총회의 결의에 관하여 특별한 이해관계(이사 등의 면책결의에 있어서 해당 이사 등인 주주, 영업양도 등의 결의에 있어서 상대방은 주주, 이사 등의 보수결정에 있어서 해당이사 등)가 있는 자는 의결권을 행사하지 못한다
상호보유 주식	회사, 모회사 및 자회사 또는 자회사가 다른 회사의 발행주식의 총수의 1/10을 초과하는 주식을 가지고 있는 경우 그 다른 회사가 가지고 있는 회사 또는 모회사의 주식은 의결권이 없다.		
의결권 제한 주식	회사가 의결권이 없는 종류주식이나 의결권이 제한되는 종류주식을 발행하는 경우에는 정관에 의결권을 행사할 수 없는 사항과, 의결권행사 또는 부활의 조건을 정한 경우에는 그 조건 등을 정하여야 한다.	감사 선임시	의결권 없는 주식을 제외한 발행주식의 총수의 3/100을 초과하는 수의 주식을 가진 주주는 그 초과하는 주식에 관하여 감사의 선임에 있어서는 의결권을 행사하지 못한다. 회사는 정관으로 낮은 비율을 정할 수 있다(제409조).

b. 계약에 의한 제한

당사자 간의 계약에 의한 의결권행사의 제한은, 주주의 고유권을 침해하고 주식평등의 원칙에 위반하므로 무효이다.

(3) 의결권의 행사

① 총설

주주의 의결권은 자유행사가 원칙이다. 다만 의결권의 행사가 소수파주주를 해하는 경우에 대하여는 다수결의 남용이 문제되는바 결의의 효력에 대하여 (i) 무효설과 (ii) 결의취소원인설로 견해가 나누인다.

주주는 주주명부가 있으므로 주권의 제시 없이 의결권을 행사할 수 있다.

상법은 의결권의 행사와 관련하여 의결권의 대리행사 · 불통일행사 · 서면행사 · 전자투표 등에 관하여 규정을 두고 있다.

〈의결권의 행사방법〉

<table>
<tr><td>원 칙</td><td colspan="2">기준일 또는 폐쇄기간 이전에 명의개서</td></tr>
<tr><td>대리행사</td><td colspan="2">· 대리권을 증명하는 서면(원본 O, 팩스본 X)
· 대리인 자격을 정관에 의하여 주주로 제한 가능</td></tr>
<tr><td>불통일행사</td><td colspan="2">· 주주가 2 이상의 의결권을 가지고 있는 때
· 회일의 3일전에 회사에 대하여 서면 또는 전자문서로 그 뜻과 이유를 통지한 때, 회사는 주주가 주식의 신탁을 인수하였거나 기타 타인을 위하여 주식을 가지고 있는 경우 외에는 주주의 의결권의 불통일행사 거부 가능</td></tr>
<tr><td rowspan="2">서면행사</td><td>원칙</td><td>· 정관
· 회사는 총회의 소집통지서에 주주가 서면에 의한 의결권을 행사하는 데 필요한 서면과 참고자료를 첨부</td></tr>
<tr><td>소규모회사
(자본금
10억원 미만)</td><td>· 주주 전원의 동의
· 서면결의
· 서면동의(결의의 목적사항에 대하여 주주 전원이 서면으로 동의한 때에는 서면에 의한 결의가 있는 것으로 간주)</td></tr>
<tr><td>전자투표</td><td colspan="2">· 이사회의 결의
· 전자적 방법 또는 서면 중에서 선택
· 회사는 의결권행사에 관한 전자적 기록을 총회가 끝난 날부터 3개월간 본점에 갖추어 두어 열람하게 하고 총회가 끝난 날부터 5년간 보존</td></tr>
</table>

② 의결권의 대리행사

a. 취지

다수의 주주가 분산되어 있어 직접의 출석을 요구하는 것은 실제 곤란하고, 또한 주식은 비개성적이어서 일신전속적으로 행사하여야만 할 필요는 없으므로 타인의 의결권 대리행사는 이론상 무방하다.

b. 방법

주주는 대리인으로 하여금 의결권을 대리행사하게 할 수 있고, 이 경우 대리인은 대리권을 증명하는 서면(위임장)의 원본을 의결권의 행사 이전에 주주총회에 제출하여야 한다(제368조 제3항).[70]

70) 상법 제368조 제3항은 주주의 의결권을 대리행사하고자 하는 자는 대리권을 증명하는 서면을 총회에 제출하도록 규정하고 있는바, 그 규정은 대리권의 존부에 관한 법률관계를 명확히 하여 주주총회

위임장을 매 총회마다 제출하여야 하는지에 대하여는 회사의 지배권의 분배와 관련하여 포괄적으로 대리권을 수여할 필요가 있으므로 그 기간이 특정될 수 있는 한(예: 동업자금의 회수시까지) 일정기간에 걸친 포괄적인 대리권을 수여할 수 있다고 생각한다.[71]

c. 대리인의 수

대리인의 수에 대하여 상법에 규정이 없으나, 주주가 2인 이상의 대리인을 출석시키는 것은 총회의 원활한 진행을 방해할 염려가 있고 결과적으로 의결권의 불통일행사에 해당하므로, 회사로서는 1인인 경우를 제외하고는 거절할 수 있다. 그러나 증권투자수탁회사 · 증권회사 · 증권예탁원 등이 실질상 다수인의 주식을 갖는 경우에는 복수의 대리인을 출석시킬 수 있다.

d. 대리인의 자격제한

정관에 대리인의 자격을 '회사의 주주'로 한정하는 규정을 두고 있는 회사가 많은데, 이 규정의 효력이 문제시되어, (i) 유효설(한국의 다수설): 주주 이외의 자를 통한 주주총회의 교란방지에 의한 회사의 이익보호상 유효하다는 견해,[72] (ii) 제한적 유효설: 원칙적 유효, 법인주주가 비주주인 직원 또는 종업원에게 대리행사시키는 경우 및 개인주주가 실자(實子)나 사위인 비주주에게 대리행사시키는 경우에는 예외적으로 정관의 구속력을 배제할 수 있다는 견해, (iii) 무효설: 현재 주주가 널리 분산되어 있어, 신뢰할 수 있는 주주를 선택할 수 없어 그 결과 의결권포기 또는 백지위임장으로 인하여 경영자지배를 조장할 염려가 있다는 견해, (iv) 제한적 무효설: 일반적으로 이 정관규정은 무효이나 주식양도제한이 가능한 회사(즉 폐쇄적 회사)의 경우에는 무효가 아니라는 견해 등으로 나누인다.

e. 대리인의 자의적 의결권행사

대리인이 본인의 의사와 달리 의결권을 자의적으로 행사한 경우, 일반적으로 대리인에게 손해배상의무가 생길 뿐, 결의의 효력에는 영향이 없다. 그러나 회사가 의결권의 대리

결의의 성립을 원활하게 하기 위한 데 그 목적이 있다 할 것이므로, 대리권을 증명하는 서면은 위조나 변조 여부를 쉽게 식별할 수 있는 원본이어야 하고 특별한 사정이 없는 한 사본은 그 서면에 해당하지 않는다(대법원 1995년 2월 28일 선고 94다34579 판결).

상법 제368조 제3항의 규정은 대리권의 존부에 관한 법률관계를 명확히 하여 주주총회 결의의 성립을 원활하게 하기 위한 데 그 목적이 있다 할 것이므로 대리권을 증명하는 서면은 위조나 변조 여부를 쉽게 식별할 수 있는 원본이어야 하고, 특별한 사정이 없는 한 사본은 그 서면에 해당하지 아니 하고, 팩스를 통하여 출력된 팩스본 위임장 역시 성질상 원본으로 볼 수 없다(대법원 2004년 4월 27일 선고 2003다29616 판결).

71) 주식회사의 주주권 행사는 포괄적으로 위임할 수 있고, 수임자는 그 회사 재산에 불리한 영향을 미칠 사항에 관하여도 그 주주권을 행사할 수 있다(대법원 1969년 7월 8일 선고 69다688 판결).

72) 대법원 2009년 4월 23일 선고 2005다22701, 22718 판결.

행사의 권유자인 경우에는 무효이다(따라서 주주총회결의 취소의 소의 원인이 된다).

③ 의결권의 불통일행사

a. 의의

의결권의 불통일행사란 주주가 2 이상의 의결권을 갖는 경우에 이를 통일하지 않고 행사하는 것을 말한다(제368조의 2).

주권신탁이나 주권예탁결제제도 등으로 인하여 주주명부상 형식적으로는 1인에 속하나 실질상은 수인에게 속하는 경우에 실질주주의 의사에 따른 행사의 필요 또는 법인 등 단체소유주식의 단체내부의 의사가 대립하는 경우에는 의결권불통일행사의 필요성이 있다.

b. 절차

주주가 의결권을 불통일행사하기 위하여는 회일의 3일 전에 회사에 대하여 서면으로 그 뜻과 이유를 통지하여야 한다(동조 제1항 제2문, 도달주의).

이 통지는 총회마다 할 필요는 없으며, 계속적으로 불통일행사한다는 뜻과 이유를 붙여 포괄적 통지도 할 수 있다(예: 신탁회사의 경우).

통지가 없는 경우, 회사는 반드시 불통일행사를 거절하여야 할 것이다. 이러한 통지가 없이도 불통일행사할 수 있다면 상법의 통지요구의 취지가 무의미하게 될 염려가 있고 주식평등의 원칙에 반하기 때문이다. 그러므로 통지 없는 의결권의 불통일행사는 무효이다.

불통일행사를 통지한 주주가 의결권을 통일행사하는 것은 무방하다.

복수대리인에 의한 불통일행사시 위임장에 각 대리인이 행사할 수 있는 의결권의 수를 기재하여야 한다.

c. 불통일행사의 거부

주주가 주식의 신탁을 인수하였거나 기타 타인을 위하여 주식을 가지고 있는 경우(주식신탁 · 증권투자신탁 · 외국예탁증권이 발행된 경우 · 주권예탁결제 · 주식공유 · 주식양도 후 명의개서하지 않은 경우 등) 외에는 회사는 주주의 의결권불통일행사를 거부할 수 있다(제368조의 2 제2항).

회사의 적법한 거부에도 불구하고 행한 주주의 의결권의 불통일행사는 모두 무효이다.

d. 불통일행사의 효과

의결권을 불통일행사하면 예컨대 찬성과 반대가 상계되어 그만큼 무효로 되는 것이 아니라 '찬성은 찬성대로 반대는 반대대로' 모두 그대로 유효하다.

불통일행사는 의안마다 별도로 할 수 있다.

의결권의 일부 불행사도 가능하다.

④ 의결권의 서면행사

주주는 정관이 정하는 바에 따라 주주총회에 출석하지 않고 서면에 의하여 의결권을 행사할 수 있는데, 이때 회사는 주주총회의 소집통지서에 주주가 서면에 의하여 의결권을 행사하는 데 필요한 서면과 참고자료를 첨부하여야 한다(제368조의 3).

자본금 총액이 10억원 미만인 회사는 주주 전원의 동의가 있을 경우에는 소집절차 없이 주주총회를 개최할 수 있고, 서면에 의한 결의로써 주주총회의 결의를 갈음할 수 있다. 결의의 목적사항에 대하여 주주 전원이 서면으로 동의를 한 때에는 서면에 의한 결의가 있는 것으로 본다. 이 결의는 주주총회의 결의와 같은 효력이 있으며, 서면에 의한 결의에 대하여는 주주총회에 관한 규정을 준용한다(제363조의 제5항~제7항).

⑤ 전자적 방법에 의한 의결권행사(전자투표)

회사는 이사회의 결의로 주주가 주주총회에 출석하지 않고 전자적 방법으로 의결권을 행사할 수 있음을 정할 수 있다.

회사는 주주총회의 소집통지나 공고를 할 때에는 주주가 전자적 방법으로 의결권을 행사할 수 있다는 내용을 통지하거나 공고하여야 한다. 회사가 전자적 방법에 의한 의결권 행사를 정한 경우 주주는 주주확인절차 등 대통령령으로 정하는 바에 따라 의결권을 행사하여야 한다. 이 경우 회사는 의결권행사에 필요한 양식과 참고자료를 주주에게 전자적 방법으로 제공하여야 한다.

동일한 주식에 관하여 전자적 방법 또는 서면행사의 방법에 따라 의결권을 행사하는 경우 전자적 방법 또는 서면 중 어느 하나의 방법을 선택하여야 한다.

회사는 의결권행사에 관한 전자적 기록을 총회가 끝난 날부터 3개월간 본점에 갖추어 두어 열람하게 하고 총회가 끝난 날부터 5년간 보존하여야 한다(제368조의 4).

⑥ 회사의 이익공여금지

회사는 누구에게든지 주주의 권리행사와 관련하여 재산상의 이익을 공여할 수 없다. 회사가 특정의 주주에 대하여 무상으로 계산상의 이익을 공여한 경우에는 주주의 권리행사와 관련하여 이를 공여한 것으로 추정한다. 회사가 특정의 주주에 대하여 유상으로 재산상의 이익을 공여한 경우에 있어서 회사가 얻은 이익이 공여한 이익에 비하여 현저하게 적은 때에도 또한 같다. 회사가 주주의 권리행사와 관련하여 재산상의 이익을 공여한 때에는 그 이익을 공여받은 자는 이를 회사에 반환하여야 한다. 이 경우 회사에 대하여 대가를 지급한 것이 있는 때에는 그 반환을 받을 수 있다. 소수주주는 회사의 이익을 위하여 이익반환청구에 관한 대표소송을 제기할 수 있다(제467조의 2).

주주가 회사로부터 이익공여를 받았다고 하더라도 주주의 의결권 행사 그 자체의 효력에는 아무런 영향이 없다(다수설).

5. 의사운영

상법상 주주총회의 의사방법에 관하여 규정이 없으므로, 정관 또는 총회결의에 따르고 이것이 없으면 주주총회의 관습에 따르고, 관습도 없으면 회의체의 의사에 관한 일반원칙에 따른다.

(1) 주주총회의 성립

이사는 주주총회 의사록에 기명날인 또는 서명의 의무가 있고 의안제안자로서 그 이유를 설명하여야 하므로 이사의 주주총회에의 출석은 직무인 동시에 권한이다. 감사도 주주총회에 출석할 수 있다(제413조).

(2) 의장의 선임 · 권한

주주총회는 회의체형식이므로 의장이 필요하다. 의장의 자격에는 제한이 없고, 보통 정관에서 의장이 될 자를 정하나 정관에 정함이 없는 때에는 주주총회에서 선임한다.[73]

의장은 의사진행에 필요한 권한(의사진행에 필요한 발언의 허용 · 찬반표의 점검 · 회의장의 질서유지 등)을 가진다(제366조의 2 제2항 · 제3항). 즉 의장은 고의로 의사결정을 방해하기 위한 발언 · 행동을 하는 등 현저히 질서를 문란하게 하는 자에 대하여 그 발언의 정지 또는 퇴장을 명할 수 있다.

(3) 심의 및 결의사항

주주총회는 소집의 통지 · 공고에 기재된 회의의 목적사항(의제)에 한하여 심의 · 의결한다. 주주총회결의로써 '의제의 삭제'는 할 수 있으나 '의안의 추가'는 할 수 없다(원안의 수정가결도 원칙적으로 가능).

(4) 의사록의 작성 · 비치

의장의 폐회선언으로 주주총회는 종료하고, 그 후 바로 증거로서 의사록을 작성하여야 한다. 의사록에는 '의사의 경과요령과 그 결과'를 기재하고 의장과 출석한 이사가 기명날인 또는 서명하여야 한다(제373조).

---

73) 대표이사가 담당하는 것이 아님에 주의.

(대표)이사 또는 (대표)집행위원은 의사록을 작성하여 회사의 본점과 지점에 비치하고 주주 및 회사채권자의 열람에 제공하여야 한다(제396조 제1항, 제408조의 9).

6. 결의

(1) 의의

주주총회의 결의란 다수결원리에 의하여 형성된 주주총회의 의사표시를 말한다.

(2) 결의의 법적 성질

주주총회결의의 법적 성질은 법률행위의 종류 중 '합동행위'에 속한다.

주주총회결의는 창설적 행위로서 결의의 성립이 선언된 때로부터 관계자에 대하여 구속력을 가진다(의장이 찬반의 수를 오산하여 결의결과를 잘못 선언한 때에도 마찬가지이다. 다만 결의취소의 소의 원인이 된다).

의결권의 행사도 의사표시이므로 의사표시에 하자가 있는 경우 민법규정이 적용되고, 의결권행사의 취소로 말미암아 주주총회결의에 하자가 있는 경우 (회사에 관한 법률관계의 안정도모상) 결의취소의 소의 대상이 된다.

의결권은 그 효력이 부동적(浮動的)이면 법적 안정을 해하므로 행사시에 조건을 붙일 수 없다.

(3) 표결방법

표결방법에 관하여 상법에 규정이 없고(거수 · 기립 · 투표 모두 가능), 정관에 규정을 둘 수 있다.

(4) 결의요건

① 보통결의

보통결의는 상법 또는 정관에 특별한 요건이 정하여져 있지 않은 경우의 결의방법으로서, 출석한 주주의 의결권의 과반수와 발행주식총수의 1/4 이상의 수로써 한다(제368조 제1항).[74][75]

74) 발행주식총수가 10,000주인 회사의 경우, (주주가 몇 명 출석하였는지는 불문하고 출석한 주주가 보유하고 있는 의결권의 수를 기준으로 하여) 5,000주가 출석하여 그 과반수인 2,501주가 찬성한다면, 이것이 발행주식총수의 1/4 이상에도 해당하게 되므로, 보통결의가 성립하게 된다는 것이다.

75) 결의시 가부동수인 경우에는 그 의안은 부결된 것으로 보아야 하고, 이때 의장에게 그 결정권을 주는 내용의 정관의 규정은 1주 1의결권의 원칙에 반하므로 무효라고 본다(통설).

정관으로 달리 정할 수 있으되, 요건의 가중은 할 수 있으나 완화는 할 수 없다. 결의결과가 가부동수인 경우에는 그 의안은 부결된 것으로 본다(통설).

② 특별결의

a. 특별결의는 출석한 주주의 의결권의 2/3 이상의 수와 발행주식총수의 1/3 이상의 수로써 한다(제434조). 정관상 달리 정할 수 있으되, 요건을 가중할 수는 있으나 완화할 수는 없다.

b. 주주총회의 특별결의를 요하는 사항으로는 주식의 분할 · 주식의 포괄적 교환 · 주식의 포괄적 이전 · 정관의 변경 · 자본의 감소 · 회사의 해산 · 회사의 합병 · 회사의 분할 · 회사의 계속 · 회사의 영업의 전부 또는 중요한 일부의 양도 · 영업전부의 임대 또는 경영위임 · 타인과 영업의 손익 전부를 같이 하는 계약 기타 이에 준할 계약의 체결이나 변경 또는 해약 · 회사의 영업에 중대한 영향을 미치는 다른 회사의 영업 전부 또는 일부의 양수 · 사후설립 · 이사와 감사의 해임 · 주주 이외의 자에 대한 전환사채 또는 신주인수권부사채의 발행 · 주식의 할인발행 등이 있다.

c. 주요 특별결의사항

(a) 영업의 양도와 양수

회사의 영업의 전부 또는 중요한 일부를 양도하는 때에는 주주총회 특별결의를 요한다(제374조 제1항 제1호).[76] '영업의 중요한 일부'란 주주들의 출자동기에 영향을 미치는 정도를 고려하여 판단하되 양도로 인하여 회사의 기본적인 사업목적을 변경시킬 정도에 이르는 경우를 말한다.

(b) 영업의 임대 · 경영위임 등

영업 전부의 임대 또는 경영위임, 타인과 영업의 손익 전부를 같이하는 계약, 기타 이에 준하는 계약의 체결 · 변경 · 해약의 경우에는 주주총회의 특별결의를 요한다(동 규정 제2호). 영업의 전부임대는 회사의 전 재산이 제3자의 점유 하에 놓이게 되어 회사의 재산적 기초를 불안하게 하므로 주주총회 특별결의를 요하나, 영업의 일부임대는 (그 정도까지는 아니므로) 주주총회 특별결의를 요하지 않는다.

경영의 전부위임은 주주총회 특별결의를 요하나, 일부의 위임은 주주총회 특별결의를 요하지 않는다.

(c) 다른 회사의 영업의 양수

회사의 영업에 중대한 영향을 미치는 다른 회사의 영업의 전부 또는 일부의 양수의 경

76) 영업의 양도에 관하여는 제1편 제6장 '기업의 양도' 참조.

우에는 주주총회 특별결의를 요한다(동 규정 제3호).

이 경우, 영업 전부의 양수인 때에는 각 당사회사의 주주총회 특별결의를 요하고, 영업의 중요한 일부를 양도 · 양수하는 경우에는 양도회사만의 주주총회 특별결의를 요한다. 다만 영업의 일부양수가 회사의 영업에 중대한 영향을 미치는 경우에는 양수회사의 주주총회 특별결의도 요한다.

(d) 간이영업 양도 · 양수 · 임대 등에 관한 특칙

회사의 영업양도·영업임대·경영위임·다른 회사의 영업양수 등 주주총회 특별결의를 요하는 제374조 제1항의 사항에 대하여, 회사의 총주주의 동의가 있거나 그 회사의 발행주식총수의 90/100 이상을 상대방이 소유하고 있는 경우에는 그 회사의 주주총회의 승인은 이를 '이사회의 승인'으로 갈음할 수 있다(제374조의 3 제1항). 이 경우 회사는 영업양도 · 양수 · 임대 등의 계약서작성일로부터 2주 내에 주주총회의 승인을 얻지 않고 영업양도 · 양수 · 임대 등을 한다는 뜻을 공고하거나 주주에게 통지하여야 하나, 총주주의 동의가 있는 때에는 그러하지 아니 하다(동조 제2항). 회사의 공고 또는 통지가 있은 날부터 2주 내에 회사에 대하여 서면으로 영업양도 · 양수 · 임대 등에 반대하는 통지를 한 주주는 그 기간이 경과할 날부터 20일 내에 주식의 종류와 수를 기재한 서면으로 회사에 대하여 자기가 소유하는 주식의 매수를 청구할 수 있다(동조 제3항).

③ 특수결의

a. 총주주의 동의

'총주주의 동의' 또는 '총주주의 일치에 의한 주주총회의 결의'를 요하는 것이 특수결의이다. 이사 · 감사 · 발기인의 회사에 대한 책임의 면제, 유한회사로의 조직변경 등의 경우에 필요하다.

이것은 주주총회의 소집절차를 요하지 않는 점에서 엄격하게는 주주총회가 아니라고 할 것이다.

b. 창립총회(모집설립 또는 신설합병시의)의 결의

창립총회는 출석한 주식인수인의 의결권의 2/3 이상이며 인수된 주식 총수의 과반수를 요한다.

〈주주총회 결의사항〉

<table>
<tr><td colspan="2" rowspan="2"></td><td colspan="3">주주총회</td></tr>
<tr><td>보통결의</td><td>특별결의</td><td>특수결의</td></tr>
<tr><td colspan="2">결의
요건</td><td>출석한 주주의 의결권의 과반수이며 발행주식총수의 4분의 1 이상</td><td>출석한 주주의 의결권의 3분의 2이상이며 발행주식총수의 3분의 1 이상</td><td>총주주의 동의,
총주주의 일치에 의한 주주총회의 결의</td></tr>
<tr><td rowspan="6">결
의
대
상</td><td>임원
관련</td><td>이사·감사의 선임
보수의 결정
청산의 선임 및 해임</td><td>이사·감사의 해임</td><td>발기인·이사·감사·청산인의 회사에 대한 책임 면제</td></tr>
<tr><td>주식
관련</td><td>자본금의 감소
(결손보전)</td><td>주식의 분할, 자본금의 감소 (실질감자), 주식의 할인발행</td><td></td></tr>
<tr><td>배당
관련</td><td>재무제표의 승인(이익배당의 결정), 주식배당</td><td></td><td></td></tr>
<tr><td>사채
관련</td><td></td><td>주주 이외의 자에 대한 전환사채·신주인수권부사채의 발행</td><td></td></tr>
<tr><td>영업
·
재산
관련</td><td></td><td>영업의 전부 또는 중요한 일부의 양도, 영업전부의 임대 또는 경영위임, 타인과 영업의 손익 전부를 같이하는 계약 기타 이에 준할 계약의 체결이나 변경 또는 해약, 회사의 영업에 중대한 영향을 미치는 다른 회사의 영업 전부 또는 일부의 양수</td><td></td></tr>
<tr><td>기타</td><td></td><td>정관의 변경, 해산, 합병, 분할, 계속, 사후설립</td><td>조직변경</td></tr>
</table>

(5) 다수결의 한계와 수정

① 다수결의 한계

다수결의 한계란 다수결로써 결정할 수 있는 사항에 대하여 제한을 가하는 것을 말한다. 즉 (i) 총회는 상법 또는 정관규정에 의하여 권한사항으로 되어 있는 것에 한하여 결의할 수 있고, (ii) 권한사항이라 하더라도 선량한 풍속기타 사회질서 강행법규 또는 주식평등의 원칙에 위반하거나 주주의 고유권을 침해하는 결의는 할 수 없다.

② 다수결의 수정

다수결의 수정이란 다수결원칙을 인정하면서도 소수파주주에게 불리한 경우 그들을 보호하게 위하여 마련된 장치를 가리킨다. 그 예로는 주주총회결의 반대주주의 주식매수청구권과 감사선임에 있어서의 대주주의 의결권제한 등이 있다.

(6) 반대주주의 주식매수청구권

① 의의

'반대주주의 주식매수청구권'이란 주주총회에서 주주의 이익에 중대한 영향을 미치는 일정사항이 다수결에 의하여 결의된 경우에, 다수파주주의 횡포로부터 소수파주주의 이익을 보호하고 다수파와 소수파 쌍방의 이익을 조화시키고자, 이 결의에 반대한 주주가 회사에 대하여 자기소유주식(일부도 가능)을 공정한 가격으로 매수할 것을 청구할 수 있는 권리를 말한다.

② 인정되는 경우

a. 영업의 양도 · 양수 · 임대에 대한 반대주주의 주식매수청구권

영업양도 · 양수 · 임대에 관한 주주총회결의사항에 반대하는 주주(의결권이 없거나 제한되는 주주를 포함)는 주주총회 전에 회사에 대하여 서면으로 그 결의에 반대하는 의사를 통지한 경우에는 그 총회의 결의일로부터 20일 내에 주식의 종류와 수를 기재한 서면으로 회사에 대하여 자기가 소유하고 있는 주식의 매수를 청구할 수 있다(제374조의 2).

b. 합병반대주주의 주식매수청구권

합병에 관한 주주총회결의사항에 관하여 이사회의 결의가 있는 때에 그 결의에 반대하는 주주는 주주총회 전에 회사에 대하여 서면으로 그 결의에 반대하는 의사를 통지한 경우에는 그 총회의 결의일부터 20일 이내에 주식의 종류와 수를 기재한 서면으로 회사에 대하여 자기가 소유하고 있는 주식의 매수를 청구할 수 있다(제522조의 3).

그러나 회사가 해산을 한 후에 영업을 양도하는 경우와 정리회사가 정리계획의 일환으로 영업을 양도하거나 다른 회사와 합병을 하는 경우에는 그렇지 않다. 만약 주식매수청구권을 인정한다면 주주가 회사채권자에 우선하여 변제받는 결과가 되기 때문이다. 주주는 사원이므로 잔여재산을 분배받는 것으로 족하다.

c. 주식의 포괄적 교환에 대한 반대주주의 주식매수청구권

주식의 포괄적 교환에 관하여 이사회의 결의가 있는 때에 그 결의에 반대하는 주주(의결권이 없거나 제한되는 주주를 포함)는 주주총회 전에 회사에 대하여 서면으로 그 결의에 반대하는 의사를 통지한 경우에는 그 총회의 결의일부터 20일 내에 주식의 종류와 수를 기재한 서면으로 회사에 대하여 자기가 소유하고 있는 주식의 매수를 청구할 수 있다

(제360조의 5 제1항).

d. 주식의 포괄적 이전에 대한 반대주주의 주식매수청권

주식의 포괄적 이전에 관하여 이사회의 결의가 있는 때에 그 결의에 반대하는 주주(의결권이 없거나 제한되는 주주를 포함)는 주주총회 전에 회사에 대하여 서면으로 그 결의에 반대하는 의사를 통지한 경우에는 그 총회의 결의일부터 20일 내에 주식의 종류와 수를 기재한 서면으로 회사에 대하여 자기가 소유하고 있는 주식의 매수를 청구할 수 있다(제360조의 22).

③ 절차

결의에 반대한 주주가 주주총회 전에 당해 회사에 대하여 서면으로 결의반대의 의사를 통지하여야 한다.

반대주주는 주주총회결의일로부터 20일 내에 주식의 종류와 수를 기재한 서면으로써 청구한다.

주주총회에 출석하여 반대의 투표를 할 필요까지는 없으나, 반대의 통지를 한 주주가 주주총회에 참석하여 찬성의 투표를 한 경우에는 반대의 의사를 철회한 것으로 보아 매수청구권을 행사할 수 없다.

④ 효과

매수청구를 받은 회사는 청구를 받은 날로부터 2월 내에 주식을 매수하여야 한다.[77]

주식매수가액은 (i) 주주와 회사 간의 협의에 의하여 정하고, (ii) 매수청구기간이 종료하는 날부터 30일 이내에 상기 협의가 이루어지지 않은 경우에는 회사 또는 주식의 매수를 청구한 주주는 법원에 대하여 매수가액의 결정을 청구할 수 있다. 이와 같이 법원이 매수가액을 결절하는 경우에는 재산상태 그 밖의 사정을 참작하여 공정한 가액으로 이를 산정하여야 한다(제374조의 2 · 제3항).

⑤ 매수주식의 처분

반대주주의 주식매수청구권의 행사에 의하여 회사가 취득한 자기주식은 상당한 기간 내에 처분하여야 한다(제342조 참조).

77) 영업양도에 반대하는 주주의 주식매수청구권에 관하여 규율하고 있는 상법 제374조의 2 제1항 내지 제4항의 규정 취지에 비추어 보면, 영업양도에 반대하는 주주의 주식매수청구권은 이른바 형성권으로서 그 행사로 회사의 승낙 여부와 관계없이 주식에 관한 매매계약이 성립하고, 상법 제374조의 2 제2항의 '회사가 주식매수청구를 받은 날로부터 2월'은 주식매매대금지급의무의 이행기를 정한 것이라고 해석된다. 그리고 이러한 법리는 위 2월 이내에 주식이 매수가액이 확정되지 않았다고 하더라도 다르지 아니 하다(대법원 2011년 4월 28일 선고 2010다94953 판결).

7. 종류주주총회

(1) 의의

종류주주총회(특종주주총회)란 회사가 수종의 주식을 발행한 경우 특정종류의 주식을 가진 주주들만으로 구성되는 주주총회를 말한다(제435조). 종류주주총회는 그 자체가 독립한 주주총회는 아니고 회사의 기관도 아니며, 다만 어느 주주총회의 결의의 효력발생을 위한 '추가적 요건'에 불과하다(일종의 타협).

(2) 종류주총의 결의를 요하는 경우

상법상 종류주주총회의 결의를 요하는 3 경우가 있다(제436조). (i) 정관을 변경함으로써 어느 종류의 주주에게 손해를 미치게 될 때(제435조 제1항), (ii) 주식의 종류에 따라 신주의 인수, 주식의 병합 · 소각, 회사의 합병 · 분할로 인하여 주식의 배정에 관하여 특수한 정함을 하는 경우 어느 종류의 주주에게 손해를 미치게 될 때(제436조, 제344조 제3항), (iii) 회사의 분할 또는 분할합병, 주식의 포괄적 교환, 주식의 포괄적 이전, 회사의 합병으로 인하여 어느 종류의 주주에게 손해를 미치게 될 때(예: 흡수합병시 해산회사의 우선주에 대하여 보통주보다 존속회사의 주식을 더 많이 배정하는 경우).[78]

(3) 결의의 요건

종류주주총회의 결의는 출석한 주주의 의결권의 2/3 이상의 수와 그 종류의 발행주식 총수의 1/3 이상의 수로써 한다(제435조). 이 결의요건은 신축할 수 없다.

(4) 소집과 회사운영 등

종류주주총회의 소집 · 의사운영 기타에 관하여 의결권 없는 종류의 주식에 관한 것을 제외하고는 일반주주총회의 규정을 준용한다.

종류주주총회의 결의에 하자가 있는 경우에는 독립적으로 다툴 이익이 있으므로 일반

78) '어느 종류의 주주에게 손해를 미치게 될 때'라 함에는, 어느 종류의 주주에게 직접적으로 불이익을 가져오는 경우는 물론이고, 외견상 형식적으로는 평등한 것이라고 하더라도 실질적으로는 불이익한 결과를 가져오는 경우도 포함되며, 나아가 어느 종류의 주주의 지위가 정관의 변경에 따라 유리한 면이 있으면서 불리한 면을 수반하는 경우도 이에 해당된다.
어느 종류의 주주에게 손해를 미치는 내용으로 정관을 변경함에 있어서 그 정관변경에 관한 주주총회결의 외에 추가로 요구되는 종류주주총회의 결의는 정관변경이라는 법률효과가 발생하기 위한 특별요건이라고 할 것이므로, 그와 같은 내용의 정관변경에 관하여 종류주주총회의 결의가 아직 이루어지지 않았다면 그러한 정관변경의 효력이 아직 발생하지 않는 데에 그칠 뿐이고, 그러한 정관변경을 결의한 주주총회결의 자체의 효력에는 아무런 하자가 없다(대법원 2006년 1월 27일 선고 2004다44575 판결).

주주총회에 관한 제376조 이하의 규정을 준용하여야 한다고 본다.

(5) 결의의 효과

종류주주총회의 결의는 일반주주총회의 결의 또는 이사회의 결의 등이 완전한 효력을 발생하기 위한 요건이다. 그러므로 이 결의를 얻지 못하면 일반주주총회는 무효로 된다. 이때 일반주주총회결의의 무효의 주장은 제380조에 의할 것이 아니라 민사소송법상의 일반적인 확인의 소에 의하여야 한다.

8. 주주총회결의의 하자

(1) 총설

결의에 하자가 있는 경우 결의의 효력을 그대로 인정할 수 없는 것은 당연하다. 그러나 모두 무효로 처리하면 회사 · 주주 · 제3자 등의 이해관계인들에게 혼란과 불이익이 발생한다. 따라서 회사에 관한 법률관계의 획일적 처리 및 법적 안정성을 고려하여 상법은 제376조 · 제380조 · 제381조에서 4가지 소송에 대하여 규정하고 있다.

(2) 주주총회결의 취소의 소

① 의의 및 성질

주주총회결의 취소의 소란 주주총회결의에 형식적 하자 또는 경미한 내용적 하자(예: 정관 위반)가 있음을 이유로 하여 결의의 날로부터 2월 내에 주주 · 이사 · 감사 · 청산인(제542조)이 그 결의의 취소를 구하는 소를 말한다(제376조, 형성의 소).[79]

결의취소의 소는 형성의 소이므로(대판, 통설) 소송의 방법으로써만 취소의 주장을 할 수 있다. 따라서 판결에 의하여 취소되기 전까지는 결의가 유효하므로 소에 의하지 않고 다른 청구의 공격·방어방법으로 주장할 수 없다.[80]

---

79) 주주는 다른 주주에 대한 소집절차의 하자를 이유로 주주총회결의의 취소의 소를 제기할 수도 있다(대법원 2003년 7월 11일 선고 2001다45584 판결).

80) 주주총회결의에 의하여 이사로 선임된 자가 지급받은 보수를 반환시키려고 하는 경우, 결의취소의 소를 제기하여 이사선임결의의 취소의 확정판결을 받은 후 그에 따라 보수의 반환을 청구하여야 하지 처음부터 선임결의에 취소사유가 있다는 것을 이유로 하여 보수의 반환을 청구할 수는 없다.

〈주주총회결의 하자의 소〉

	결의 취소의 소	결의무효 확인의 소	결의 부존재 재확인의 소	부당결의의 취소·변경의 소
소의 원인	총회의 소집절차 또는 결의방법이 법령 또는 정관에 위반하거나 현저하게 불공정한 때 또는 그 결의의 내용이 정관에 위반한 때	총회의 결의의 내용이 법령에 위반한 때	총회의 소집절차 또는 결의방법에 총회결의가 존재한다고 볼 수 없을 정도의 중대한 하자가 있는 경우	특별한 이해관계인인 주주가 의결권을 행사하였더라면 이를 저지할 수 있는 경우
판례	· 이사회의 결의없이 소집권자가 주주총회를 소집. · 일부주주에게 소집통지를 하지 않았거나 법정기간을 준수한 서면통지를 하지 않은 경우. · 총회소집통지서에 기재하지 않은 사항에 관하여 결의한 경우. · 의결정족수에 미달한 결의		· 이사회의 결의없이 무권한자가 일부주주에게만 구두통지하여 소집한 주주총회의 결의 · 주주의 전부 또는 대부분의 주주에게 소집통지를 발송하지 않고 개최된 주주총회의 결의	
원고	주주·이사·감사	무효인 주주총회의 결의로 대표이사직을 해임당한 자, 임기만료로 퇴임하는 이사, 주주총회의 결의에 찬동, 추인한 주주 회사의 금전상의 채권자		주주총회결의에 관하여 특별한 이해관계가 있어 의결권을 행사할 수 없었던 자
제소기간	주주총회 결의의 날로부터 2월 내	제한 없음		주주총회 결의의 날로부터 2월 내

② 원인

a. 형식직 하자

주주총회결의의 형식적 하자란 주주총회의 '소집절차나 결의방법'이 법령 또는 정관에 위반하거나 현저하게 불공정한 때(예: 너무 먼 개최지 또는 주주수에 비하여 너무 좁은 소집장소)를 말한다.

다수파주주가 의결권을 남용한 때 결의취소의 원인이 되는지도 문제될 수 있는데, 회사의 비상사항 내지 기본적 변경에 관한 결의시 다수파 주주는 소수파 주주를 희생시켜서는 안 될 충실의무를 진다 할 것이므로 이에 위반시 결의취소의 소의 원인이 된다.[81]

81) 주식회사가 주주명부상의 주주에게 주주총회의 소집을 통지하고 그 주주로 하여금 의결권을 행사하게 하면, 그 주주가 단순히 명의만을 대여한 이른바 형식주주에 불과하여도 그 의결권행사는 적법하지만, 주식회사가 주주명부상의 주주가 형식주주에 불과하다는 것을 알았거나 중대한 과실로 알지 못하였고 또한 이를 용이하게 증명하여 의결권행사를 거절할 수 있었음에도 의결권행사를 용인하거나 의결권을 행사하게 한 경우에는 그 의결권행사는 위법하게 된다. 주주명부상의 주주가 실질주주가 아님

b. 경미한 실질적 하자

경미한 실질적 하자란 주주총회의 결의내용이 정관을 위반한 때를 말한다. 예컨대 정관상 규정되어 있는 이사의 정원을 초과하거나, 정관상 정한 이사로서의 자격이 없는 자를 이사로 선임한 때 등이다(자격주, 제387조 참조).

③ 당사자

a. 원고

원고는 주주,[82] 이사,[83] 감사이다.

b. 피고

이에 관한 규정은 없으나 피고는 통설·판례상 회사로 본다.

피고인 회사는 대표이사가 대표함이 원칙이나, 이사가 원고인 때는 감사가 회사를 대표하고, 대표이사를 이사로 선임한 주주총회결의가 취소대상인 경우에도 그 대표이사가 회사를 대표한다.

④ 제소기간

주주총회결의 취소의 소는 주주총회결의가 있은 날로부터 2월 내에 제소하여야 한다(제척기간).

⑤ 절차

소송은 회사의 본점소재지의 지방법원이 전속관할한다(제186조).

(다른 주주로 하여금 소송에 참여할 수 있는 기회를 부여하기 위하여) 피제소시 회사는 지체 없이 공고하여야 한다(제187조).

(심리의 효율과 판결의 저촉을 방지하기 위하여) 수 개의 소가 제기된 때에는 법원은 병합심리하여야 한다(유사필요적 공동소송, 제188조).

⑥ 제소주주의 담보제공의무

남소의 방지상, 이사·감사가 아닌 주주의 제소시 법원은 (주주의 청구가 악의임을 소명하는 것을 전제로) 회사의 청구에 의하여 상당한 담보의 제공을 명할 수 있다. 회사가 담보제공의 청구를 하려면 이해관계인의 청구가 악의임을 소명하여야 한다(제377조).

을 회사가 알고 있었고 이를 용이하게 증명할 수 있었는데도 위 형식주주에게 소집통지를 하고 의결권을 행사하게 한 잘못이 인정된다는 이유로 그 주주총회결의를 취소할 수 있다(대법원 1998년 9월 8일 선고 96다45818 판결).

82) 이때 의결권이 전제이므로 무의결권주주는 제외된다. 소송계속 중 주주가 사망한 때에는 결의취소청구권의 재산권적 성질상 상속인이 소송을 계승한다.

83) 해임된 이사는 이사지위의 회복가능성상 원고가 될 수 있고, 청산인도 원고의 지위를 가질 수 있다.

⑦ 법원의 재량기각

주주총회결의취소의 원인은 존재하나 실질적 손해가 없거나 소의 정당한 이익이 없는 경우 경미한 하자를 내세운 남소를 방지하기 위하여, 결의의 내용 · 회사의 현황과 제반 사정을 참작하여 취소가 부당하다고 인정한 때에는 법원은 청구를 기각할 수 있다(제379조).

⑧ 판결의 효력

a. 원고 승소시

원고가 승소한 때, 판결의 효력은 회사에 관한 법률관계의 획일적 확정을 위하여 대세적 효력이 있다(제376조 제2항).

또한 1995년 개정 전에는 기존상태존중상 판결확정 전에 생긴 회사와 주주 및 제3자 간의 권리의무에 영향이 없다고 규정하고 있었으나(불소급효), 임원의 보수결정 · 이사의 면책 · 이익배당 등과 같이 '1회적 · 완료적인 내용'인 경우에는 결의취소의 판결을 얻더라도 효력이 소급하지 않아 소송이 실질적인 효과가 없었다. 그리하여 제376조가 판결의 불소급효에 관한 규정(제190조 단서)을 준용하지 않기로 하였다. 즉 '결의사항'에 따라 소급효의 유무가 결정된다(불소급효와 소급효가 병존).

b. 원고 패소시

원고가 패소한 때, 판결의 효력은 민사소송법의 일반원칙에 따라 당사자 간에만 미친다(대인적 효력). 이때 원고들에게 악의 또는 중과실이 있는 때에는 회사의 손해에 대하여 연대하여 배상책임을 진다.

또한 제소기간(2개월)의 만료로 인하여 다른 제소권자가 다시 제소하는 것은 실제로는 불가능하므로 결의의 효력은 더 이상 다툴 수 없게 된다.

(3) 주주총회결의 무효확인의 소 · 주주총회결의 부존재확인의 소

① 의의

'결의 무효확인의 소'란 결의의 내용적 하자를 이유로 하여 결의의 무효를 주장하는 소를 말하고, 이때 내용적 하자란 결의의 내용이 법령에 위반하는 것을 가리킨다. '결의 부존재확인의 소'란 주주총회결의가 아예 존재하지 않아 아무 효력이 없다고 주장하는 소를 말한다(제380조).

② 주주총회결의 무효확인의 소의 원인

결의무효확인의 소의 원인은 주주총회결의의 내용이 내용상(또는 실질적으로) 중대한 하자이다. 즉 주주총회결의의 내용이 법령에 위반하는 것을 가리킨다. 예컨대 주식평등의 원칙을 위반하는 결의, 주주유한책임의 원칙을 위반하는 결의, 위법한 재무제표의 승인결의, 이익배당요건을 위반한 결의, 주주의 고유권을 침해하는 결의 등의 경우이다.

③ 주주총회결의 부존재의 사례(비결의와 표현결의의 2 유형)

주주총회결의의 부존재란 주주총회의 소집절차 또는 결의방법에 총회결의가 존재한다고 볼 수 없을 정도의 중대한 하자가 있는 때를 말한다. 구체적으로는 '비결의'와 '표현결의'로 나누인다.

비결의란 주주총회 개최의 사실이 전혀 없거나 주주총회결의를 한 사실이 없는 경우처럼 결의가 사실상 존재하지 않는 경우를 말하고, 표현결의란 총회 및 결의라고 볼만한 것이 사실상 존재하더라도 결의의 성립과정에 중대한 하자가 있어 법률상 결의가 존재하지 않는다고 평가되는 경우를 말한다.

결의취소의 사유와 결의부존재 중 표현결의의 사유는 둘 다 결의에 '형식적 하자'가 있는 경우인데, 형식적 하자의 '중대성' 여하에 의하여 구별되어 하자가 가벼운 경우는 결의취소의 사유에 해당하고 무거운 경우는 결의부존재사유에 해당한다.

④ 소의 성질

상법상 두 소송의 주장자 · 기간 · 방법 등에 있어서 제한을 가하는 규정이 없다.[84] 그러므로 소송에 의하여만 주장할 수 있는 것인지 아니면 소송 외의 항변으로써도 주장할 수 있는 것인지 여부가 문제시되는데, 이것은 소의 성질 여하에 따라 결과가 달라진다.

a. **확인소송설(다수설)**

이러한 경우 결의는 당연히 무효이므로 누구든지 언제든지 어떤 방법에 의하여도 주장할 수 있으므로 반드시 소에 의하여 주장할 것은 아니라는 견해이다. 그러므로 당연히 '무효이거나 부존재인' 결의에 대하여 무효 또는 부존재의 확인을 구하는 것이므로 보통의 '확인의 소'에 불과하다는 것으로서, 제380조가 제190조 단서를 준용하지 않음으로써 확인의 소의 성질이 더욱 확실하다고 한다.

b. **형성소송설**

주식회사라는 단체에 관한 법률관계의 획일적의 필요성 및 판결의 대세적 효력 등을 근거로 하여 반드시 소의 방법만으로 주장할 수 있다는 견해이다. 소의 명칭 여하를 불문하고 '형성의 소'에 속한다고 한다.

---

84) 소의 원고에 대하여 상법상 제한이 없으나, 판례는 확인의 이익이 있을 것을 요구하고 있다.

c. 절충설

주주총회결의 무효의 주장은 원칙적으로 소에 의하여야 하나, 선량한 풍속 기타 사회질서에 위반하거나 주식회사의 본질에 반하여 무효인 결의 및 결의부존재의 경우에는 제소 없이 무효를 주장할 수 있다는 견해이다. 즉 사회질서에 반하거나 주식회사의 본질에 반하는 결의의 무효확인의 소와 결의부존재확인의 소는 확인의 소이고, 그 밖의 사유에 의한 무효확인의 소는 형성의 소라고 한다.

d. 소결

확인소송설은 누구든지 언제든지 주장할 수 있다는 점을 주요 근거로 하고 있으나 무효 또는 부존재확인판결에 대세적 효력이 인정되는 점을 설명하기 어렵고, 절충설은 어느 경우가 확인의 소이고 어느 경우가 형성의 소인지 그 한계가 불분명하며, 형성소송설은 (대세적 효력에 대한 설명에는 적합하나) 사회질서에 위반하거나 부존재한 결의조차도 판결이 있기까지는 유효한 것으로 보아야 한다든지 무효인 결의에 의하여 보수를 받은 이사 · 감사에 대한 손해배상청구시 먼저 무효판결을 얻어야 하므로 2중의 절차를 요구하게 되는 비판점들이 각각 있다.

⑤ 당사자와 제소기간

소의 이익이 있으면 누구든지 언제든지 제소할 수 있다.[85] 예컨대 회사채권자도 재무제표의 승인결의가 없는 잉여금처분 · 이익배당 등의 경우 주주총회결의부존재확인의 이익이 있다.[86]

이때 피고는 회사이다.

⑥ 소의 절차 · 제소주주의 담보제공의무 및 판결의 효력

이러한 사항에 관하여는 결의취소의 소의 경우와 같다. 다만 이 경우에는 법원의 재량기각이 인정되지 않는 점이 다르다.

---

85) '취소의 소'의 경우와 달리 상법상 제소기간에 대한 제한이 없어서 확인의 이익이 있는 한 언제든지 제소할 수 있다.

86) 주주로부터 기명주식을 양도받은 자라 하더라도 주주명부에 명의개서를 하지 아니 하여 그 양도를 회사에 대항할 수 없는 이상 그 주주에 대한 채권자에 불과하고, 또 제권판결 이전에 주식을 선의취득한 자는 위 제권판결에 하자가 있다 하더라도 제권판결에 대한 불복의 소에 의하여 그 제권판결이 취소되지 않는 한 회사에 대하여 적법한 주주로서의 권한을 행사할 수 없으므로 회사의 주주로서 주주총회 및 이사회 결의 무효확인을 소구할 이익이 없다(대법원 1991년 5월 28일 선고 90다6774 판결).
주주총회결의 부존재확인의 소는 통상의 확인의 소송이므로 회사의 채권자라도 확인의 이익이 있는 이상 이를 제기할 수 있는 것이지만, 이 경우 확인의 이익이 있다 함은 그 주주총회의 결의가 회사채권자의 권리 또는 법적 지위를 구체적으로 침해하고 직접적으로 이에 영향을 미치는 경우에 한하는 것이다(대법원 1980년 10월 27일 선고 79다2267 판결).

(4) 부당결의 취소 · 변경의 소

① 의의

부당결의 취소·변경의 소란 주주가 주주총회에 관한 특별이해관계로 말미암아 의결권을 행사할 수 없었던 경우에 자기에게 현저하게 부당한 결의가 이루어졌고, 만일 의결권을 행사하였더라면 그 결의를 저지할 수 있었을 경우 부당한 결의의 취소 또는 변경을 구하는 소를 말한다(제381조). 이 소송은 '다수의 횡포를 방지'하기 위하여 마련된 제도이다.

이때 '부당'이란 위법하지는 않으나 회사 기타 관계인의 이익을 해치는 것을 말한다.

본질적으로는 주주총회결의 취소의 소의 일종이므로(형성의 소), 이러한 유형의 소를 별도로 인정할 필요가 있는 것인지에 대하여 입법론상 문제가 있다.

② 소의 당사자와 제소기간

원고는 특별이해관계로 인하여 의결권을 행사할 수 없던 자이고, 피고는 회사이다.

이 소송은 결의의 날로부터 2월 내에 제기하여야 한다(제척기간).

③ 소의 절차 · 제소주주의 담보제공의무 및 판결의 효력

이러한 내용은 주주총회결의 취소의 소의 경우와 같다.

(5) 결의의 불완전 또는 불발효

주주총회결의의 '불완전' 또는 '불발효'란 결의 자체에는 하자가 없으나 결의 단독으로는 목적을 달성할 수 없고 다른 결의나 법적 행위가 추가되어야만 완전한 효력이 발생되는 경우를 말한다. 그러므로 추가로 필요한 결의나 행위가 거절되는 경우에는 무효로 된다.

불완전한 결의에 대하여는 제376조 이하의 소송이 불가능하다. 부동적 효력(浮動的 效力)의 존부에 대하여 민사소송상의 확인의 소를 제기할 수 있을 뿐이다.

Ⅲ. 이사회(의사결정기관)와 대표이사(의사집행기관)

1. 총설

이사회는, (i) 회사의 업무집행기관과 (ii) 이 기관이 그 권한을 행사하기 위하여 개최하는 회의라는 두 가지 의미를 갖는데, 상법상은 주로 전자의 의미이다.

이사회와 대표이사의 관계에 대하여는, (i) 독립기관설: 양자는 각각 독립기관으로서 이사회는 의사결정기관이고 대표이사는 의사집행 및 대표기관이라는 견해, (ii) 파생기관

설: 결정뿐만 아니라 그 집행도 이사회의 권한에 속하지만 이사 전원에 의한 공동집행이 사실상 불편하므로 대표이사에게 맡긴다는 견해, (iii) 병행기관설: 양자는 별개의 병행적 기관이라는 견해 등이 있는데, 이 중에서 독립기관설이 가장 타당하다고 생각한다.

이사회와 이사의 관계에 대하여는, 이사회의 운영상 회사업무 전반에 관한 정보가 필요하므로, 이사는 3개월에 1회 이상 업무집행상황을 이사회에 보고하여야 한다(제393조 제4항).

2011년 개정상법은 '집행임원제도'를 도입하여, 회사는 선택에 따라 대표이사에 갈음하여 집행임원을 둘 수 있도록 하였다. 이러한 회사를 가리켜 '집행임원설치회사'라고 한다. 집행임원을 설치한 회사는 회사의 업무집행기관(집행임원)과 업무감독기관(이사회)를 분리하여, 회사의 업무집행(즉 경영)은 회사의 업무를 잘 알고 경영전문가인 집행임원에게 맡기고, 이사회는 이에 대한 감독만을 하면서 필요한 경우에 회사의 중요한 사항에 대하여 의사를 결정한다.

2. 이사

(1) 의의

이사란 '이사회의 구성원'으로서 회사의 업무집행의 의사결정에 참여하고 이사회를 통하여 대표이사 등의 직무집행을 감독하는 권한을 가지는 자를 말한다.

이사의 '회사의 기관'으로서의 지위 여부에 관하여는 견해가 나누이는데, (i) 소수설은 이사의 이사회소집권 · 각종의 제소권 · 검사인 선임청구권 · 주주총회의사록에의 기명날인 또는 서명하는 권리 등을 근거로 회사의 기관으로서의 지위를 갖는다고 하고, (ii) 통설은 각 이사는 이사회의 구성원으로서 대표이사라는 지위의 전제가 되는 것에 불과하고 그 자체로서는 업무집행기관이 아니라고 한다.

이사와 회사와의 관계는 '위임관계'이다. 그러므로 제382조 제2항상 민법의 위임규정이 준용된다. 다만 민법상은 수임인의 무보수가 원칙이나, 이사는 보수청구권을 갖는 것이 보통이고 보수액을 정관으로써 정하지 않은 때는 주주총회결의로써 정한다(제388조, price cap제도).

(2) 사외이사

① 의의

사외이사란 이사 중 상무에 종사하지 않는 자(비경영이사)를 말하며, 그 기능에 있어서 차이가 있을 뿐, 다른 점에서는 통상의 이사와 동일하다.

사외이사의 수는, 상장회사의 경우에는 이사의 수의 1/4 이상이어야 하며, 최근 사업연도 말 현재의 자산총액이 2조원 이상인 상장회사는 사외이사를 3인 이상으로 하고 이사 총수의 과반수가 되도록 하여야 한다(제542조의 8 제1항). 이에 미달하는 경우에는 상장폐지의 원인이 된다.

사외이사는 이사회에는 참석하나 업무집행은 담당하지 않으므로, 실무계의 비상근이사에 속하나, (i) 비상근이사는 그 자격에 제한이 없는 반면, 사외이사는 경영 · 경제 · 회계 · 법률 · 기술 등에 관하여 전문지식이나 경험이 풍부한 자 중 최대주주 또는 사내이사의 배우자 내지 직계존비속이 아닌 자이어야 하고,[87] (ii) 비상근이사는 선량한 관리자의 주의의무 · 충실의무의 범주 내에서 회사의 이익을 위한 존재인 반면, 사외이사는 회사경영의 공정성과 투자자의 보호를 위한 존재이므로, 양자는 그 지위 · 기능에 있어서 차이가 있다.

② 지위 · 기능

a. 객관성 · 독립성 · 감독기능

사외이사는 객관적인 입장에서 경영자로부터 독립하여 합리적인 의사결정에 진력하고 회사의 업무집행을 감독한다.[88]

b. 경영진의 전문성 보완

전문가를 사외이사로 함으로써 전문가의 자문을 구할 수 있다.

c. 경영의 투명성 확보

사외이사를 통하여 내부거래 등 부당한 관행이 행하여지는지 감시할 수 있다.

③ 의무 · 책임

사외이사도 상법상의 이사이므로 통상의 이사와 동일한 의무와 책임을 부담한다.

---

87) 사외이사 결격사유(제382조 제3항)

1. 회사의 상무에 종사하는 이사 · 집행임원 및 피용자 또는 최근 2년 이내에 회사의 상무에 종사한 이사 · 감사 · 집행임원 및 피용자
2. 최대주주가 자연인인 경우 본인과 그 배우자 및 직계 존속 · 비속
3. 최대주주가 법인인 경우 그 법인의 이사 · 감사 · 집행임원 및 피용자
4. 이사 · 감사 · 집행임원의 배우자 및 직계 존속 · 비속
5. 회사의 모회사 또는 자회사의 이사 · 감사 · 집행임원 및 피용자
6. 회사와 거래관계 등 중요한 이해관계에 있는 법인의 이사 · 감사 · 집행임원 및 피용자
7. 회사의 이사 · 집행임원 및 피용자가 이사 · 집행임원으로 있는 다른 회사의 이사 · 감사 · 집행임원 및 피용자

상장회사 사외이사의 결격사유에 관하여는 제542조의 8 제2항 참조.

88) 대주주나 재벌총수가 우호적인 사람들로만 이사회를 구성해 독단적으로 의사결정을 하는 것을 막기 위해서 필수적으로 외부인사를 이사회에 포함시키도록 한 것이다.

④ 권한

사외이사도 이사회의 구성원이므로 통상의 이사와 동일한 권한을 갖는다.[89] 그러나 사채청약서의 작성, 재무제표의 작성 · 제출 · 비치 · 공고 등의 업무집행적 성질의 사항에 대하여는 권한이 인정되지 않는다.

(3) 선임

① 선임기관 · 방법

a. 총설

이사는 주주총회에서 선임한다(주주총회 전속결의사항, 제382조 제1항). 그러므로 이사의 선임을 제3자나 타기관(예: 이사회)에 위임하는 정관규정이나 주주총회의 결의는 무효이다. 다만 발기설립의 경우에는 발기인 상호 간의 호선(互選) · 모집설립의 경우에는 창립총회에서 선임한다.

b. 집중투표제도

(a) 의의

집중투표제도란 동일한 주주총회에서 2인 이상의 이사를 선임하는 경우에 소수주주에게 1주마다 선임할 이사의 수와 동일한 의결권을 주고, 각 주주는 그 중 1인에 대하여서만 의결권을 집중적으로 행사할 수 있게 하는 투표제도를 말한다(제382조의 2). 의결권의 행사방법이 통상의 경우와 다를 뿐이고, '1주 1의결권의 원칙'의 예외는 아니다.

이 제도를 통하여 소수파주주와 그 이익을 대표하는 자를 이사로 선임할 수 있다.

한편 이사회의 내부분열 · 이사회 운영의 효율성 저하 · 회사의 부담증가 등의 문제점도 있으므로, 회사는 정관에 의하여 집중투표제도를 배제할 수 있다(예컨대 전면적 배제, 3/100 이상의 요건의 강화 · 완화 · 단독주주권화 등).

(b) 의결권의 불통일행사와의 관계

2인 이상의 이사 후보에게 분산하여 의결권을 행사할 수도 있는 바, 이 경우 의결권의 불통일행사에 해당하는지 여부가 문제될 수 있는데, 각 이사 후보에게 분할투표하더라도 각자에게 선임의사를 표하는 것이지, 일부 찬성 · 일부 반대는 아니므로 의결권의 불통일행사에는 해당하지 않는다.

---

89) '사외이사직무수행기준' 참조

(c) 집중투표의 청구

ⓐ 청구권자

집중투표를 청구할 수 있는 자는 의결권 있는 발행주식총수의 3/100 이상의 소수주주이다(동조 제1항).

ⓑ 청구시기

주주총회 회일의 7일 전까지 청구하여야 한다(동조 제2항).

ⓒ 통지 · 공고

정관상 집중투표제를 배제하지 않은 회사는 주주총회소집통지 공고시 선임할 이사의 수를 기재하여야 한다. 기재하지 않으면 주주총회결의 취소의 소의 원인이 된다.

ⓓ 청구서의 비치

집중투표를 청구하는 서면은 일반주주로 하여금 그러한 사실을 알게 하고 그에 대비할 기회를 부여하기 위하여 주주총회의 종결시까지 비치하여야 한다. 이를 비치하지 않으면 주주총회결의 취소의 소의 원인이 된다.

ⓔ 청구방법

청구는 서면 또는 전자문서로 한다.

ⓕ 청구의 철회

집중투표청구주주는 투표 전에는 언제든지 그 청구를 철회할 수 있다.

(d) 집중투표의 방법으로 이사를 선임하는 경우에는 투표의 최다수를 얻은 자부터 순차적으로 이사로 선임되는 것으로 한다(제382조의 2 제4항).

(e) 상장회사의 집중투표에 관한 특례

상장회사에 대하여 제382조의 2에 따라 집중투표의 방법으로 이사를 선임할 것을 청구하는 경우 주주총회일(정기주주총회의 경우에는 직전 연도의 정기주주총회일에 해당하는 그 해의 해당일. 제542조의 8 제5항 참조)의 6주 전까지 서면 또는 전자문서로 회사에 청구하여야 한다. 자산규모 등을 고려하여 대통령령으로 정하는 상장회사의 의결권 없는 주식을 제외한 발행주식총수의 1/100분 이상에 해당하는 주식을 보유한 자는 제382조의 2에 따라 집중투표의 방법으로 이사를 선임할 것을 청구할 수 있다. 제542조의 7 제2항의 상장회사가 정관으로 집중투표를 배제하거나 그 배제된 정관을 변경하려는 경우에는 의결권 없는 주식을 제외한 발행주식총수의 3/100분을 초과하는 수의 주식을 가진 주주는 그 초과하는 주식에 관하여 의결권을 행사하지 못한다. 다만, 정관에서 이보다 낮은 주식보유비율을 정할 수 있다. 제547조의 2 제2항의 상장회사가 주주총회의 목적사항으로 동조 제3항에 따른 집중투표 배제에 관한 정관변경에 관한 의안을 상정하려는 경우에는 그 밖의 사항의 정관변경에 관한 의안과 별도로 상정하여 의결하여야 한다(제542조의7).

② 피선자격 · 수

a. 자격

이사의 자격에는 제한이 없다. 그러므로 주주가 아닌 자도 이사가 될 수 있다(자격주에 관한 제387조 참조).

법인이 이사가 될 수 있는지에 관하여는 부정설 · 업무비담당이사긍정설 · 긍정설 등이 있는데, 법인도 발기인이 가능하다는 해석 및 통합도산법상 법인도 관리인이 가능하다는 규정(제74조 제6항)과 균형을 이루며 법인인 이사가 대외적 신용이나 자력에 있어서 자연인보다 유리할 수 있으므로, 긍정설이 타당하다고 생각된다.

감사는 당해 회사의 이사를 겸직할 수 없다(제411조, 제17조 제1항).

사용인겸무이사, 즉 이사이면서 부장 · 공장장 · 지점장 · 기사 등을 겸직하는 것은 가능하다.

b. 수

이사의 수는 원칙적으로 3인 이상이다(제383조 제1항 본문). 그러나 예외적으로 소규모회사의 운영의 간편을 도모하고자 자본금총액이 10억원 미만인 소규모주식회사는 1인 또는 2인으로 할 수 있다(동 규정 단서). 그 결과 소규모주식회사의 업무집행기관은 이사회와 대표이사로 이원화되지 않고 각 이사로 일원화된다(제383조 제6항).

③ 선임의 효과 · 등기

이사선임결의는 회사내부의 의사결정에 불과하고 따라서 피선임자의 승락을 요한다(임용계약).

회사는 이사의 성명과 주소를 등기하여야 한다.

④ 상장회사 사외이사의 선임

상장회사는 자산 규모 등을 고려하여 대통령령으로 정하는 경우를 제외하고는 이사 총수의 4분의 1 이상을 사외이사로 하여야 한다. 다만, 자산 규모 등을 고려하여 대통령령으로 정하는 상장회사의 사외이사는 3명 이상으로 하되, 이사 총수의 과반수가 되도록 하여야 한다.

상장회사의 사외이사는 제382조 제3항 각 호 뿐만 아니라 다음 각 호의 어느 하나에 해당되지 아니 하여야 하며, 이에 해당하게 된 경우에는 그 직을 상실한다(상장회사 사외이사의 결격사유).

(i) 미성년자, 피성년후견인 또는 피한정후견인

(ii) 파산선고를 받고 복권되지 아니한 자

(iii) 금고 이상의 형을 선고받고 그 집행이 끝나거나 집행이 면제된 후 2년이 지나지 아니한 자

(iv) 대통령령으로 별도로 정하는 법률을 위반하여 해임되거나 면직된 후 2년이 지나지 아니 한 자

(v) 상장회사의 주주로서 의결권 없는 주식을 제외한 발행주식총수를 기준으로 본인 및 그와 대통령령으로 정하는 특수한 관계에 있는 자(이하 '특수관계인'이라 한다)가 소유하는 주식의 수가 가장 많은 경우 그 본인(이하 '최대주주'라 한다) 및 그의 특수관계인

(vi) 누구의 명의로 하든지 자기의 계산으로 의결권 없는 주식을 제외한 발행주식총수의 10/100 이상의 주식을 소유하거나 이사 · 집행임원 · 감사의 선임과 해임 등 상장회사의 주요 경영사항에 대하여 사실상의 영향력을 행사하는 주주(이하 "주요주주"라 한다) 및 그의 배우자와 직계 존속 · 비속

(vii) 그 밖에 사외이사로서의 직무를 충실하게 수행하기 곤란하거나 상장회사의 경영에 영향을 미칠 수 있는 자로서 대통령령으로 정하는 자

(4) 임기

이사의 임기는 3년을 초과하지 못한다(제383조 제2항). 그러나 (이사로 하여금 주주총회에서 주주의 질문에 대하여 충분히 해명할 수 있도록) 임기 중의 최종의 결산기에 관한 정기주주총회의 종결 이전에 임기가 만료하는 때에는 정관으로 종결시까지 임기를 연장할 수 있다(동조 제3항).

임기의 기산점은 이사 취임시이다. 실제로는 회사와 이사 후보자 사이에 총회결의를 조건으로 하는 임용계약을 체결하므로 결의시에 바로 선임의 효력이 발생한다.

(5) 종임

① 종임사유

a. 일반적 사유

이사와 회사는 위임관계에 있으므로, 위임의 법정종료사유(이사의 사망 · 파산 · 성년후견개시, 회사의 해산 · 파산, 위임계약의 해지)에 의하여 종임된다(민법 제689조 · 제690조).

그 밖의 사유로 (i) 이사의 일방적 의사표시, (ii) 임기종료, 정관 소정의 자격상실, (iii) 이사의 해임제도(주주총회결의상 · 법원판결상) 등도 있다.

b. 주주총회의 해임결의

주주총회는 이사의 임기 중 언제든지 정당한 이유의 유무에 관계없이 특별결의로써 이사를 해임할 수 있다. 다만 정당한 이유 없이 임기만료 전에 해임하는 경우 회사는 이사에 대하여 손해배상책임을 진다(제385조 제1항).[90][91]

해임의 효과는 피해임자의 동의를 요하지 않으나 해임결의 즉시 발생하는 것이 아니라 당해 이사에 대한 해임고지시에 비로소 발생한다.

c. 소수주주의 해임청구

이사가 직무에 관하여 부정행위(경업피지의무 · 자기거래의무 위반의 고의적인 행위) 또는 법령이나 정관에 위반한 중대한 사실이 있음에도 불구하고 주주총회에서 해임을 부결한 때, (i) 비상장회사의 경우에는 발행주식총수의 3/100에 해당하는 주식을 가진 소수주주가, (ii) 상장회사의 경우에는 6개월 전부터 상장회사 발행주식총수의 50/10,000(최근 사업연도 말 자본금이 1,000억원 이상인 상장회사의 경우에는 25/10,000) 이상에 해당하는 주식을 보유한 자가, 주주총회결의가 있은 날로부터 1월 내에 회사의 본점소재지 관할 지방법원에 그 이사의 해임을 청구할 수 있다(제385조 제2항 · 제3항, 제542조의 6 제3항, 상법시행령 제32조).

이사해임의 소의 피고에 관하여 (i) 회사 피고설과 (ii) 회사 · 이사의 공동피고설이 있는데, 이 소가 회사와 이사 간에 존재하는 위임관계의 해소를 구하는 소이고 또 어느 일방에 대한 판결의 효력이 당연히 타방에 미치는 것은 아니므로 후자가 타당하다고 생각한다.

원고승소의 판결이 확정되면 별도의 위임관계해소절차를 요하지 않고 당연히 해임의

90) 상법 제385조 제1항에 규정된 '정당한 이유'란 주주와 이사 사이에 불화 등 단순히 주관적인 신뢰관계가 상실된 것만으로는 부족하고, 이사가 법령이나 정관에 위배된 행위를 하였거나 정신적 · 육체적으로 경영자로서의 직무를 감당하기 현저하게 곤란한 경우, 회사의 중요한 사업계획 수립이나 그 추진에 실패함으로써 경영능력에 대한 근본적인 신뢰관계가 상실된 경우 등과 같이 당해 이사가 경영자로서 업무를 집행하는 데 장해가 될 객관적 상황이 발생한 경우에 비로소 임기 전에 해임될 수 있는 정당한 이유가 있다고 할 것이다(대법원 2004년 10월 15일 선고 2004다25611 판결).

91) 상법 제385조 제1항은 주주총회의 특별결의에 의하여 언제든지 이사를 해임할 수 있게 하는 한편, 임기가 정하여진 이사가 그 임기 전에 정당한 이유 없이 해임 당한 경우에는 회사에 대하여 손해배상을 청구할 수 있게 함으로써 주주의 회사에 대한 지배권의 확보와 경영자 지위의 안정이라는 주주와 이사의 이익을 조화시키려는 규정이고, 이사의 보수청구권을 보장하는 것을 주된 목적으로 하는 규정이라 할 수 없으므로, 이를 이사회가 대표이사를 해임한 경우에도 유추적용할 것은 아니고, 대표이사가 그 지위의 해임으로 무보수 · 비상근의 이사로 되었다고 하여 달리 볼 것도 아니다(대법원 2004년 12월 10일 선고 2004다25123 판결).

효력이 발생한다(형성의 소).

② 종임등기

이사가 해임되면 종임등기를 하여야 한다.

③ 결원시의 조치

이사 퇴임의 결과 법률 또는 정관에 정한 이사의 수를 결한 경우에는 후임이사를 선임하여야 하나, 임기만료 또는 사임으로 인하여 퇴임한 이사에 한하여 새로 선임된 이사가 취임할 때까지 이사의 권리의무가 있다(퇴임이사에 의한 이사직무속행, 임시이사, 이사직무대행자)(제386저 제1항, 이사직무속행퇴임이사).[92]

법률 또는 정관에 정한 이사의 수를 결한 경우에 필요하다고 인정할 때에는 법원은 이사 · 감사 기타의 이해관계인의 요구에 의하여 일시 이사의 직무를 행할 자를 선임할 수 있다(제386조 제2항, 임시이사 또는 가이사). 이러한 자들은 특별한 제한이 없는 한 본래의 이사와 동일한 권한을 갖는다.

(6) 권한

모든 이사는 이사회의 구성원으로서 업무집행의 의사결정에 참여하고 이사회를 통하여 이사의 직무집행을 감독할 권한이 있다.

다만 정관 기타의 내부규칙에 의하여 회사의 내부적 업무집행의 권한을 부여받은 이사, 즉 업무담당이사(전무 · 상무 등으로서 대표이사가 아닌 자)가 있을 수 있다.

(7) 이사의 보수

이사의 보수라 함은 이사의 직무집행의 대가로서 지급되는 것을 말한다(제388조, 봉급 · 수당 · 급여 등 명칭 여하 불문). 퇴직위로금도 후불임금적 성질을 가지므로 포함되고, 상여금도 포함된다.[93][94]

---

92) 대표이사를 포함한 이사가 임기의 만료나 사임에 의하여 퇴임함으로 말미암아 법률 또는 정관에 정한 대표이사나 이사의 원수(최저인원수 또는 특정한 인원수)를 채우지 못하게 되는 결과가 일어나는 경우에, 그 퇴임한 이사는 새로 선임된 이사(후임이사)가 취임할 때까지 이사로서의 권리의무가 있는 것인바(제386제 제1항, 제389조 제3항), 이러한 경우에는 이사의 퇴임등기를 하여야 하는 2주 또는 3주의 기간은 일반의 경우처럼 퇴임한 이사의 퇴임일부터 기산하는 것이 아니라 후임이사의 취임일로부터 기산한다고 보아야 하며, 후임이사가 취임하기 전에는 퇴임한 이사의 퇴임등기만을 따로 신청할 수 없다고 봄이 상당하다(대법원 2007년 6월 19선고 23007마311 판결).

93) 다만 상여가 이익처분의 방법에 의하여 지급되는 경우 제449조에 의한 주주총회결의를 거치면 족하고 제388조에 의하여 상여금이라는 보수를 지급한다는 결의의 반복은 요하지 않는다.

94) 이사의 퇴직위로금은 그 직에서 퇴임한 자에 대하여 그 재직 중 직무집행의 대가로 지급되는 보수의 일종으로서 상법 제388조에 규정된 보수에 포함되고, 정관 등에서 이사의 보수 또는 퇴직금에 관하여

이사가 받을 보수액의 결정을 대표이사나 이사 등에 맡기는 경우 부당하게 이사에게 유리하게 정할 염려가 있으므로, 주주의 보호를 위하여 그 보수액은 정관규정 또는 주주총회의 결의에 의하여 정하여진다(현재는 통상 물가변동이 심하여 통상 주주총회결의로 정한다). 그러나 주주총회에서 각 이사의 보수액을 개별적으로 정하여야 하는 것은 아니고 이사 전원에게 지급할 보수총액 또는 한도액만을 정하고 구체적으로 각 이사에게 지급할 보수액의 결정을 이사회에 위임하는 것은 무방하다.[95]

(8) 이사의 직무집행정지 등 가처분

① 총설

이사회가 정관 또는 법률에 정한 정원을 결하거나 대표이사가 업무집행과 회사대표를 수행할 수 없는 특별한 사정이 있는 경우에는 회사의 업무집행이 중단될 염려가 있으므로 이런 비상사태에 대처하고자 상법상 일시 이사의 직무를 수행할 자를 정하는 방법을 규정하고 있다.

임기만료 또는 사임으로 인하여 퇴임한 이사는 이사 결원의 경우 후임이사의 취임시까지 이사의 직무를 수행할 수 있고, 이사결원의 경우 법원에 임시이사의 선임을 청구할 수 있다. 이때 이사직무속행퇴임이사 및 임시이사(가이사)의 권한은 통상의 이사와 동일하다.

② 이사직무대행자

a. 총설

이사신임결의의 무효나 취소 또는 이사 해임의 제소시, 문제된 이사가 직무집행을 계속하는 경우 회사에 발생할 수 있는 손해를 사전에 방지하고자, 법원은 당사자의 신청에 의하여 가처분[96]으로써 이사의 직무집행을 정지하거나 직무대행자를 선임할 수 있다(제407조, 이사직무집행정지 또는 이사직무대행자선임의 가처분). 이에 의하여 일시 직무를 대행할 자로서 선임된 자가 바로 '이사직무대행자'이다.

주주총회의 결의로 정한다고 규정되어 있는 경우 그 금액 · 지급방법 · 지급시기 등에 관한 주주총회의 결의가 있었음을 인정할 증거가 없는 한 이사의 보수나 퇴직금청구권을 행사할 수 없다. 또한 임원퇴직금지급규정에 관하여 주주총회결의가 있거나 주주총회의사록이 작성된 적은 없으나 위 규정에 따른 퇴직금이 사실상 1인 회사의 실질적 1인 주주의 결재 · 승인을 거쳐 관행적으로 지급되었다면 위 규정에 대하여 주주총회의 결의가 있었던 것으로 볼 수 있다(대법원 2004년 12월 10일 선고 2004다25123 판결).

95) 대법원 2003년 9월 26일 선고 2002다64681 판결.

96) 민사집행법상 '임시의 지위를 정하는 가처분'

b. 가처분의 요건 · 절차

문제된 이사로 하여금 그대로 직무를 집행하게 할 경우 회사에 현저한 손해발생의 염려가 있어야 한다.

피보전권리로서, 이사선임결의의 무효나 취소 또는 이사해임의 소를 제기하여야 한다(다만 급박한 경우에는 예외).

가처분의 신청인은 본안소송의 원고 또는 원고가 될 수 있는 자이고, 피신청인에 관하여는 회사설 · 회사와 이사의 양자설 · 당해 이사설 등이 있는데 판례 · 통설은 당해 이사설이다.

c. 가처분의 내용 · 효력

가처분명령의 내용은 본안판결확정시까지 이사의 직무집행을 정지하는 부분과 필요한 경우에 직무대행자를 선임하는 부분으로 구성하는 것이 일반적이다.

직무집행의 정지는 당해 이사의 직무 전체의 집행을 정지하는 것이지만 가처분에서 정지할 직무의 범위를 명시할 수도 있다. 가처분명령은 대세적 효력이 있으며, 위반행위는 제3자에 대한 관계에서도 절대 무효이다. 정지당한 이사의 행위는 가처분이 취소 · 변경된다 하더라도 유효로 되지 않는다.

d. 직무대행자의 권한 · 책임

직무대행자는 가처분명령에 다른 정함이 있거나 법원의 허가를 얻은 경우가 아니면 회사의 상무(常務 - 회사의 영업계속상 통상의 업무범위에 속하는 사무: 통상의 정도의 원재료구입, 제품판매, 운영자금차입 등)에 속하지 않는 행위는 할 수 없다.[97]

이사직무대행자가 법원의 허가 없이 상무에 속하지 않는 행위를 한 경우에도 회사는 선의의 제3자에 대하여 책임을 부담한다(제408조).

e. 가처분의 취소 · 변경

법원은 피신청인의 신청에 의하여 가처분을 (민사소송법상의 절차에 의하여) 취소 · 변경할 수 있다.

가처분에 의하여 직무집행을 정지당한 이사가 사망하고 후임이사 등이 선임되면 사정변경을 이유로 가처분결정의 취소신청을 할 수 있고 이 취소판결이 있어야 비로소 가처분의 효력이 소멸된다(제407조 제2항).[98]

---

97) 임시총회의 소집은 회사의 상무에 속하지 않는다(대법원 2007년 6월 28일 선고 2006다62362 판결).

98) 대표이사의 직무집행정지 및 직무대행자선임의 가처분이 이루어진 이상, 그 후 대표이사가 해임되고 새로운 대표이사가 선임되었다 하더라도 가처분결정이 취소되지 않는 한 직무대행자의 권한은 유효하게 존속하는 반면 새로이 선임된 대표이사는 그 선임결의의 적법 여부에 관계없이 대표이사로서의 권

f. 등기

이사직무집행정지 또는 직무대행자선임의 가처분이 있거나 또는 이 가처분의 취소나 변경이 있는 때에는 본점과 지점의 소재지에서 법원의 촉탁으로 등기하여야 한다(제407조 제3항).

3. 이사회

(1) 총설

이사회는 이사 전원으로 구성되고 회사의 업무집행에 관한 의사결정 및 이사의 직무집행의 감독을 행하는 필요적 상설기관이다.[99] 자본금 총액이 10억 원 미만의 소규모주식회사로서 이사가 1인 또는 2인인 경우에는 이사회가 존재하지 않으므로 그러한 회사에 대하여는 이사회에 관한 규정이 적용되지 않는다(제383조 제1항 단서, 제4항~제6항).

(2) 권한

① 집행임원비설치회사에 있어서의 이사회의 권한

a. 의사결정권한

이사회는 법령 또는 정관에 의하여 주주총회의 권한으로 되어 있는 것을 제외하고는 회사의 모든 업무집행에 관하여 회사의 의사를 결정한다(제393조).[100]

상법규정상 이사회의 결정사항으로 구체적으로 명시하고 있는 것은 (정관규정으로써 주주총회의 권한으로 하지 않는 한) 반드시 이사회가 스스로 결의하여야 하며 대표이사나 상무회 등의 기관에 맡길 수 없고, 중요사항을 제외하고는 대표이사 또는 업무담당이사에 위임할 수 있나.

한을 가지지 못한다(대법원 1992년 5월 12일 선고 92다5638 판결).

99) 우리 대기업의 경우 이사의 수가 많아 이사회의 개최가 곤란하고 이사회소집이 기동성을 띨 수 없어 실제로는 이사회가 자주 열리지 않고, 사장 · 부사장 기타 업무담당이사 이상의 자로 구성되는 '상무회'를 적지 않게 둔다: 회사의 법정기관이 아닌 임의기관(대표이사의 자문기관).

한편 우리나라의 경우, 이사회가 대표이사 및 사용인을 겸무하는 내부이사로 구성되어 있으므로 이사회의 대표이사에 대한 감독이 실효를 거두지 못하고 있는 실정이다.

100) 예컨대 주주배정에 의한 전환사채 · 신주인수권부사채의 발행, 이사의 경업승인, 지점의 설치 · 이전 · 폐지, 대규모 재산의 차입, 지배인의 선임 · 해임, 준비금의 자본전입, 이사와 회사 간 거래 등.

〈이사회결의〉

<table>
<tr><td colspan="2" rowspan="2"></td><td colspan="2">결의요건</td></tr>
<tr><td>이사 과반수 출석과 출석이사의 과반수 찬성</td><td>이사 총수의 2/3 이상</td></tr>
<tr><td rowspan="6">결의대상</td><td>임원 관련</td><td>대표이사의 선임과 공동대표의 결정, 이사회 소집권자의 특정, 이사의 경업거래와 겸직의 승인·경업시 개입권의 행사, 감사위원의 선임</td><td>회사의 기회 및 자산의 유용 승인, 이사 등의 회사와의 거래에 대한 승인, 감사위원의 해임</td></tr>
<tr><td>주식 관련</td><td>신주발행사항의 결정, 준비금의 자본전입</td><td></td></tr>
<tr><td>배당 관련</td><td>중간배당</td><td></td></tr>
<tr><td>사채 관련</td><td>사채의 모집, 전화사채·신주인수권부사채의 발행</td><td></td></tr>
<tr><td>영업재산 관련</td><td>중요한 자산의 처분 및 양도, 대규모 재산의 차입</td><td></td></tr>
<tr><td>기타</td><td>주주총회의 소집, 지배인의 선해임, 지점의 설치·이전·폐지</td><td></td></tr>
</table>

〈소규모회사의 경우〉

<table>
<tr><td>자본금</td><td>이사의 수</td><td colspan="2">이사회</td><td>대표이사</td></tr>
<tr><td>10억원 이상</td><td>3인 이상</td><td colspan="2">o</td><td>o</td></tr>
<tr><td rowspan="3">10억원 미만
(소규모 회사)</td><td rowspan="3">1~2인도 가능</td><td colspan="2">x</td><td rowspan="3">△
(각 이사가 대표기관, 다만 정관으로 대표이사를 정할 수 있다)</td></tr>
<tr><td>이사의 단독결정</td><td>주주총회로 대체</td></tr>
<tr><td>중요한 자산의 처분 및 양도, 대규모 재산의 차입, 지배인의 선임 또는 해임과 지점의 설치·이전 또는 폐지, 주주총회의 소집결정, 주주제안의 수리</td><td>주식양도에 제한을 둘 경우 승인, 주식매수선택권의 취소, 이사의 경업·자기거래의 승인, 신주의 발행, 사채의 발행, 준비금의 자본전입, 중간배당</td></tr>
</table>

b. 감독권한

이사회는 이사의 직무의 집행을 감독한다(제393조 제2항). 이사회의 감독권한은 적법성의 감사 외에 업무집행의 타당성 내지 합목적성의 감사에도 미친다.

그러나 소규모주식회사의 경우에는 이사회가 없으므로 이사회의 이러한 권한을 각 이사(정관에 따라 대표이사를 정한 경우에는 그 대표이사)가 갖는다(제383조 제6항).

② 집행임원설치회사에 있어서의 이사회의 권한

a. 집행임원설치회사에 있어서의 이사회는 '업무집행기관(집행임원)에 대한 업무감독

권한'을 갖는다. 즉 이사회는 (i) 집행임원과 대표집행임원의 선·해임권, (ii) 집행임원의 업무집행감독권, (iii) 집행임원과 집행임원설치회사의 소송에서 집행임원설치회사를 대표할 자의 선임권, (iv) 집행임원에게 업무집행에 관한 의사결정의 위임권(상법상 이사회의 권한사항으로 정한 경우는 제외), (v) 집행임원이 여러 명인 경우 집행임원의 직무분담 및 지휘·명령관계 기타 집행임원의 상호관계에 관한 사항의 결정권, (vi) 정관에 규정이 없거나 주주총회의 승인이 없는 경우 집행임원의 보수결정권 등을 갖는다(제408조의 2 제3항 제4호, 제408조의 9).

b. 집행임원설치회사는 업무집행기관(집행임원)과 업무감독기관(이사회)의 분리가 명확하고 경영전문가에게 업무집행기능을 맡길 수 있어 업무집행기능과 업무감독기능의 효율성을 보다 더 높일 수 있다. 특히 이사회에 사외이사가 과반수인 대회사의 경우에는 사외이사가 개별적인 업무집행에 참여하지 않게 되어 업무집행의 효율성을 높일 수 있고, 사외이사는 업무집행기관(집행임원)의 선·해임 등과 중요한 회사의 의사결정에만 참여하여 감독권을 효율적으로 행사할 수 있다. 사외이사 역시 이사회의 구성원이나 업무집행기관과 이해관계가 없으므로 이사회의 업무집행기관(집행임원)에 대한 업무감독에 참여하여 업무감독의 효율성을 높일 뿐만 아니라 이사회 내 위원회의 하나인 감사위원회에도 참여하여 업무집행기관(집행임원)의 직무집행에 대하여 효율적인 감사를 할 수 있게 된다.

(3) 소집

① 소집권자

이사회는 원칙적으로 '각 이사'가 소집한다. 그러나 이사회의 결의로 소집할 이사를 정한 때에는 그러하지 아니 하다(제390조 제1항). 이사회의 결의로 특정이사(대표이사나 이사회장)에게 소집권을 일임할 수 있다(소집권자 이사). 이때에도 다른 이사는 소집권자 이사에게 언제든지 소집을 요구할 수 있으며 소집권자 이사가 정당한 이유 없이 소집을 거절하는 경우에는 다른 이사가 스스로 소집할 수 있다(동조 제2항). 이사회가 없는 소규모주식회사의 경우에는 이러한 규정이 적용되지 않는다(제383조 제5항).

집행임원과 감사에게도 이사회소집청구권이 있다(제408조의 7, 제412조의 4).

② 소집절차

이사회 소집의 경우에는 출석의 기회와 준비의 시간을 주기 위하여, 회일로부터 1주 전에 각 이사 및 감사에게 소집의 통지를 발송하여야 하며(발신주의, 서면·구두 불문, 목적사항의 통지를 요하지 않음),[101] 이 기간은 정관으로 단축할 수 있다(제390조 제3항).

감사는 이사회에 출석하여 의견을 진술할 수 있는바(제391의 2 제1항), 각 감사에게도 소집을 통지하여야 한다.

일부의 이사에 대하여 소집통지 없이 이사회를 개최하고 결의한 경우의 결의의 효력 여부는, 이사회가 소수인의 집합체이고 또 소집통지를 받지 못한 이사가 출석을 하여 의견을 진술하면 다른 이사의 의결권행사에 영향을 줄 수 있으므로, 이 결의는 무효라 할 것이다.

③ 소집절차의 생략

이사 · 감사 전원의 (명시적 · 묵시적) 동의가 있으면 소집절차 없이 언제든지 회의를 개최할 수 있다(제390조 제3항).

(4) 결의방법

① 결의요건

이사회의 결의는 통상 (재임)이사의 과반수가 출석하고(정족수: 개회시는 물론 전과정을 통하여 유지) 출석이사의 과반수로 한다(제391조 제1항). 그러나 이사 · 집행임원의 회사기회 이용 또는 회사와의 자기거래를 승인하는 경우에는 예외적으로 재적이사의 2/3 이상의 찬성을 얻도록 가중하고 있다(제397조의 2 제1항 제2문, 제398조 제2문, 제408조의 9).

이사회의 결의요건은 정관으로 가중할 수는 있으나 완화할 수는 없다(제391조 제1항 단서).

가부 동수인 경우 이사회 의장의 결정에 따른다는 정관규정의 효력 여하에 관하여는, (i) 상법상의 요건의 완화는 불가하고 특정인에게 복수의결권을 주는 결과가 된다는 취지에서 무효설도 있으나, (ii) 이사회는 업무집행에 관한 의사를 신속하게 결정하여야 하고 주주총회와 같이 이사의 의결권의 평등을 강하게 요청할 필요는 없으며 통상의 회의체의 의사결정방법이므로 유효하다고 보는 것이 타당하다고 생각한다. 그러나 의장 외의 특정인의 동의를 구하는 것은 이사회의 권한에 대한 제약으로서 무효이다.

② 의결권의 대리행사 · 서면결의 · 회람결의

이사회는 이사의 협의와 의견의 교환에 의하여 지식과 경험을 결집하여 일정한 결론을 얻기 위한 제도이므로 의결권의 대리행사 · 일반전화나 서면에 의한 의결권행사 · 공람

101) 이사회의 소집통지를 할 때에는, 회사의 정관에 이사들에게 회의의 목적사항을 함께 통지하도록 정하고 있거나 회의의 목적사항을 함께 통지하지 않으면 이사회에서의 심의 · 의결에 현저한 지장을 초래하는 등의 특별한 사정이 없는 한, 주주총회의 소집통지의 경우와 달리 회의의 목적사항을 함께 통지할 필요는 없다(대법원 2011년 6월 24일 선고 2009다35033 판결).

회람에 의한 결의방법은 인정되지 않는다(무효).

③ **원격통신회의**

정관에서 달리 정한 경우를 제외하고는 이사회는 이사의 전부 또는 일부가 직접 회의에 출석하지 않고 모든 이사가 음성을 동시에 송수신하는 원격통신수단에 의하여 결의에 참여하는 것을 허용할 수 있다. 이 경우 당해 이사는 이사회에 직접 출석한 것으로 본다(제391조 제2항).

④ **특별이해관계이사**

결의의 공정성 도모의 취지상, 이사회의 결의에 관하여 특별이해관계가 있는 이사(예: 이사와 회사 간의 거래에 대한 승인의 경우의 당해 이사)는 의결권을 행사할 수 없다(제391조 제3항).[102]

대표이사해임결의의 경우에 대표이사가 특별이해관계인에 해당하는가에 관하여, (i) 부정설도 있으나, (ii) 회사의 이익에 따른 공정한 의결권행사를 기대할 수 없으므로 긍정설이 타당하다고 생각된다(주주총회에서의 주주의 경우와 다르다).

정관 또는 주주총회에서 정한 이사의 보수총액을 각 이사에게 배분하는 이사회결의의 경우 각 이사는 특별이해관계인에 해당하지 않는다. 왜냐하면 일단 보수총액을 정한 이상 그 분배 여하는 회사의 이익침해의 염려가 없기 때문이다.

특별이해관계인인 이사도 이사회의 소집통지를 받고 이사회에 출석하여 의견을 진술할 수 있으므로 이사회의 정족수 산정의 기초가 되는 재임이사의 수에는 포함되나, 표결수의 산정시에는 출석한 이사의 의결권의 수에 포함되지 않는다.

⑤ 이사회가 없는 소규모주식회사의 경우에는 이러한 규정들이 적용되지 않는다(제383조 제5항).

(5) 의사록

이사회결의의 정확성·진정성의 확보상, 의사록을 작성하여 의사의 경과요령과 결과를 기재하고, 출석한 이사 및 감사가 기명날인 또는 서명하여야 한다(제391조의 3).

주주는 영업시간 내에 이사회의사록의 열람 또는 등사를 청구할 수 있는데, 회사는 주

102) 특별이해관계가 있는 이사는 이사회에서 의결권을 행사할 수는 없으나, 의사정족수 산정의 기초가 되는 이사의 수에는 포함되고 다만 결의성립에 필요한 출석이사에는 산입되지 않는 것이므로, 회사의 3명의 이사 중 대표이사와 특별이해관계가 있는 이사 등 2명이 출석하여 의결을 하였다면 이사 3명 중 2명이 출석하여 과반수 출석의 요건을 구비하였고 특별이해관계 있는 이사가 행사한 의결권을 제외하더라도 결의에 참여할 수 있는 유일한 출석이사인 대표이사의 찬성으로 과반수의 찬성이 있는 것으로 되어 그 결의는 적법하다(대법원 1992년 4월 14일 선고 90다카22698 판결).

주의 이러한 청구에 대하여 이유를 붙여 이를 거절할 수 있고, 이 경우 주주는 법원의 허가를 얻어 이사회의사록을 열람 또는 등사할 수 있다(제391조의 3).

이사회결의에 참석한 이사로서 그 결의에 이의를 한 때에는 의사록에 그 사실을 기재하여야 하고, 이의의 기재가 없으면 결의에 찬성한 것으로 추정한다(제399조 제3항).

(6) 이사회결의의 하자

이사회의 소집절차 · 결의방법 · 결의내용이 법령 또는 정관에 위반하는 경우에 관하여 상법상 규정이 없다. 그러므로 이사회결의에 하자가 있는 경우에는 민법의 일반원칙으로 처리하여야 한다. 그 결과 실질적 · 형식적 하자를 불문하고 원칙적으로 무효이고, 나아가 결의무효확인의 소를 제기할 수 있다.

4. 이사회 내 위원회

(1) 의의

대규모회사 특히 이사가 분산되어 있는 회사에서 일일이 회의를 소집하는 부담을 덜고 회사운영의 효율성을 높이기 위하여(미국의 모범회사법 8.25 참조) 이사회는 정관에 의하여 위원회를 설치할 수 있다(제393조의 2). 그 예로는 업무집행위원회 · 추천위원회 · 보수위원회 · 감사위원회 등이 있다.

이러한 위원회는 이사회로부터 위임받은 업무에 대하여 이사회의 권한을 행사하는 이사회의 하부조직이다. 상법상 이러한 이사회 내 위원회는 강제적으로 두어야 하는 것은 아니고, 자율적으로 정관규정에 의하여 설치하는 것이다.

(2) 구성

① 위원의 수

이사회 내 각 위원회는 2인 이상의 이사로 구성하되, 그 수는 정관으로 정한다. 자본금총액 10억원 미만의 소규모회사로서 이사가 2인 미만인 경우에는 위원회를 구성할 수 없다.

② 위원의 자격 · 선임 · 종임

이사회 내 위원회의 위원은 이사의 자격이 있어야 한다.

위원의 선 · 해임기관에 대하여는 상법에 규정이 없으나 '이사회'로 보아야 할 것이다.

법률 또는 정관에 정한 수에 부족이 생긴 경우, 임기만료 또는 사임으로 인하여 퇴임한 임원은 새로 선임된 위원이 취임할 때까지 위원으로서의 권리의무를 가진다.

어떤 위원회를 둘 것인가는 회사의 자율에 따를 것인바 정관이 정하는 바에 의한다.

(3) 소집

위원회의 소집권자 · 소집절차는 이사회의 경우와 같다(제393조의 2 제5항, 제390조).

(4) 권한

위원회는 이사회의 하부조직이므로 위원회의 권한은 이사회로부터 위임받은 범위 내에서만 권한을 가진다.

그러나 이사회는 모든 권한을 위원회에 위임할 수 있는 것은 아니고, (i) 주주총회의 승인을 요하는 사항의 제안, (ii) 대표이사의 선 · 해임, (iii) 위원회의 설치와 그 위원의 선 · 해임, (iv) 정관에서 정하는 사항 등은 이사회의 고유권한사항이므로 위임할 수 없다(제393조의 2 제2항).

(5) 운영

의원회의 소집과 결의방법은 이사회와 동일하다.

위원회의사록의 작성 및 작성내용과 서명 등에 관하여도 이사회의사록과 동일하다.

위원회는 결의된 사항을 각 이사에게 통지하여야 한다. 이 경우 이를 통지받은 각 이사는 이사회의 소집을 요구할 수 있으며, 이사회는 위원회가 결의한 사항에 대하여 다시 결의할 수 있다(동조 제4항). 다만 감사위원회가 결의한 사항에 대하여는 이사회가 다시 결의할 수 없다(제415조의 2 제6항).

(6) 의사록

위원회의 의사록에 관한 것은 이사회의사록의 경우와 같다(제393조의 2 제5항, 제391조의 3).

5. 대표이사

(1) 의의

대표이사란 회사를 대외적으로 대표하고 대내적으로 업무를 집행하는 주식회사의 필요적 상설기관을 말한다.[103)]

이사회와 대표이사의 관계는, 양자 독립기관이나, 대표이사가 이사회에서 선임되고 그

103) 한편 업무담당이사는 대외적인 대표권은 없고 내부적인 업무집행만을 담당하는 이사를 가리킨다.

직무집행에 관하여 이사회의 감독을 받으므로 대표이사는 이사회의 하부기관이다.

(2) 수

대표이사의 수에는 제한이 없으므로, 1인 또는 수인의 대표이사가 가능하다(이사 전원이 대표이사이어도 적법).

대표이사가 수인인 경우, 단독대표가 원칙이고 공동대표는 예외이다.

(3) 선임

대표이사는 이사 중에서 이사회결의로 선정함이 원칙이다. 다만 정관규정상 주주총회에서도 선정할 수 있다(제389조 제1항).

대표이사의 자격은 이사이면 되고 기타의 특별한 자격제한은 없다.

대표이사 선임결의시 후보이사는 특별이해관계인에 해당하지 않는다.

대표이사 선임시 그 성명 등을 등기하여야 한다(제317조 제2항).

대표이사 선임에 관한 이사회결의에 대하여 무효확인의 소가 제기된 경우에는 이사선임결의의 무효 · 취소의 소가 제기된 경우의 가처분에 관한 규정(제407조, 제408조)을 유추적용한다.

(4) 종임

이사의 자격을 상실하면 대표이사의 자격도 당연히 상실한다.

대표이사는 언제든지 그 직을 사임할 수 있다(사임의사 도달주의). 다만 회사에 불리한 때의 사임으로 인한 회사의 손해에 대하여는 배상책임을 진다.

이사회는 정당한 사유 여하를 불문하고 언제든지 대표이사를 해임할 수 있다. 그러나 정당한 이유 없이 임기만료 전 해임하는 때에는 대표이사는 회사에 대하여 해임으로 인한 손해배상을 청구할 수 있다.

대표이사의 종임시 등기하여야 한다.

(5) 권한

① 총설

대표이사는 이사회와 더불어 업무집행권을 분담하는 독립적 기관이며, 법률 · 정관 또는 이사회결의에 의하여 이사회의 결정사항으로 되어 있지 않은 사항에 관하여는 대표이사도 업무집행의 의사결정을 할 수 있다.

② 업무집행권

a. 범위와 제한

대표이사의 업무집행권 및 그 범위에 관한 일반적인 규정은 없고, 대외적인 대표권에 관한 규정만 있다(제389조 제1항). 그러나 대외적 업무집행권과 대내적 업무집행권이 모두 인정된다.

대표이사는 이사회에서 결정된 사항을 집행할 뿐만 아니라 이사회에 의하여 위임된 일상의 업무사항을 결정하고 실행할 수 있다.

대표이사는 업무집행을 함에 있어서 법률 · 정관 · 이사회규칙 등에 의한 제한을 받는다.

b. 법정직무권한

다음은 상법규정상 이사회에 의하여 주어지는 권한들이다.

- 의사록 · 주주명부 · 사채원부의 비치(제396조)
- 재무제표의 작성 · 비치 · 공고 · 제출(제447~제449조)
- 주식청약서의 작성(제420조)
- 신주인수권증서의 발행(제420조의 2)
- 사채청약서의 작성(제474조)
- 신주인수권증권의 발행(제516조의 5)

③ 대표권

a. 범위

대표이사의 대표권은 회사의 영업에 관한 재판상 · 재판외의 모든 행위에 미치며(포괄적 권한), 내부적으로 제한하더라도 선의의 제3지에 대하여 대항할 수 없다(제389조 제3항, 제209조).104)

b. 제한

(a) 법률에 의한 대표권의 제한

이사와 회사 간의 소의 경우 감사가 회사를 대표하고(제394조), 감사에 갈음하여 감사위원회를 둔 경우에는 감사위원이 회사를 대표한다(제415조의 2 제7항). 감사가 없는 소규모주식회사의 경우에는 회사 · 이사 · 이해관계인이 법원에 회사를 대표할 자를 선임하여 줄 것을 신청하여야 한다(제409조 제5항).

대표이사는 제374조 제1항(영업양도) · 제375조(사후설립) 등의 주주총회 결정사항과 제398조(이사와 회사 간의 거래) · 제416조(신주발행) · 제469조(사채모집) 등의 이사

104) 대표와 대리는 다르나, 성질이 반하지 않는 한 대리에 관한 규정이 대표에 유추적용된다.

회결정사항에 관하여 대표이사는 주주총회 또는 이사회의 결의를 얻지 않으면 회사를 대표할 수 없다.

(b) 정관 · 이사회규칙에 의한 제한

정관 또는 이사회규칙으로써 대표권을 대표이사 간의 통솔관계·업무분담상 영업분야·영업장소의 한정 등으로 제한할 수 있다.

c. 부적법한 대표행위

대표이사의 부적법한 대표행위에는 대표이사의 불법행위, 위법한 대표행위(전단적인 대표행위), 대표권의 남용행위 등이 있다.

(a) 대표이사의 불법행위

대표이사가 그 업무집행으로 인하여 타인에게 손해를 가한 때에는 회사와 대표이사는 연대하여 그 손해를 배상할 책임이 있다(제389조 제3항, 제210조).

(b) 위법한 대표행위(전단적 대표행위)

법률상 주주총회나 이사회의 결의를 얻어야 할 경우 이를 얻지 않거나 이 결의에 위반하여 행한 대표행위의 효력에 관하여 상법에 규정이 없어 견해가 대립되나, 총회 또는 이사회의 결의를 필요로 함으로써 회사가 갖는 이익과 그 행위를 회사의 대표행위로 신뢰하여 거래한 제3자의 이익을 비교형량하여 해결하여야 할 것이다.

주주총회결의 없이 행한 법률행위(예: 정관변경 · 합병 · 감자)는 원칙적으로 무효이다.

이사회결의 없이 행한 법률행위의 경우, 일반적으로 거래안전을 고려할 필요가 없는 (i) 회사의 내부적 사항에 관한 대표이사의 행위는 무효, (ii) 이사회의 승인 없는 이사와 회사 간의 거래는 (상대적) 무효,[105] (iii) 이사회결의 없는 대표이사소집의 주주총회결의는 주주총회결의 취소의 소의 원인이 된다(통설 · 판례).

거래안전을 고려할 필요가 있는 회사의 외부적 사항에 관한 대표이사의 행위의 효력에 관하여는 경우를 나누어 고찰한다. (i) 대표이사가 개별적인 대외적 거래행위를 한 경우에는 이사회결의를 거치지 않았더라도 그 거래행위는 내부적 의사결정의 흠결에 불과하므로 유효하고, 다만 상대방이 악의나 중과실인 경우에 한하여 무효이다. (ii) 사채발행 등 집단적 행위에 관하여는 거래안전보호의 요청상 이사회결의가 없더라도 아무런 영향이 없다. (iii) 이사회결의 없는 신주발행의 경우도 역시 거래안전보호의 요청상 유효하다(신주발행무효의 소의 원인이 된다는 견해도 있다).

105) 선의의 제3자에게는 이사회결의의 부존재를 주장할 수 없다.

(c) 대표권의 남용행위

대표권의 남용행위란 객관적으로는 대표권의 범위에 속하지만 주관적으로는 '자기 또는 제3자의 이익(회사 외의 이익)을 위하는 대표행위'를 말한다. 예컨대 자기 또는 타인이 발행한 어음의 지급을 담보하기 위하여 회사가 관련이 없음에도 불구하고 회사명의로 배서하는 경우가 이에 해당한다.

이때 내부적으로 대표이사가 회사에 대하여 손해배상책임을 부담하는 것은 당연하지만 대외적 효력 여하에 대하여는 다음과 같이 견해가 나누인다.

(i) 심리유보설(비진의의사표시설): 원칙적으로 유효하고, 상대방이 권리남용에 의한 사실을 알았거나 알 수 있었을 경우(상대방이 대표이사가 회사가 아니라 자기 또는 제3자를 위하여 대표이사의 명의로 배서한 사실을 알았거나 알 수 있었을 경우)에는 무효라는 견해.[106)]

(ii) 권리남용설: 대표이사의 권한 내의 행위인 이상 비록 상대방이 권리남용에 관하여 악의라 할지라도 그 행위는 유효하나, 다만 악의인 상대방이 회사에 대하여 권리를 주장하는 것은 신의칙위반 내지 권리남용이 되어 허용할 수 없다는 견해.

(iii) 이익형량설(상대적 무효설): 남용행위는 법률상의 의무(선관주의의무)를 위반한 행위이므로 기본적으로는 무효이지만 거래의 안전을 위하여 선의의 상대방에 대하여는 무효를 주장할 수 없다는 견해.

(iv) 대표권제한설(내부적 제한설): 대표권한은 원래 회사를 위하여 행사하여야 하는 것이므로 대표이사의 개인적 이익을 위하여 행사하는 경우는 당연히 무효라는 견해. 다만 선의의 상대방에 대하여는 무효를 주장할 수 없다.

④ 권한행사의 방법

대표이사가 수인 있는 경우에도 원칙적으로 각자 독립하여 대표한다(단독집행 · 단독대표). 그러나 대표권의 남용 내지 오용을 방지하기 위하여 이사회의 결의로써 수인의 대표이사가 공동으로 회사를 대표하도록 정할 수 있다(공동대표, 제389조 제2항).

이사 전원의 동의로써 일정사항에 관하여는 그 결정과 집행을 일부에게 포괄적으로 위

106) 대표이사의 대표권한 범위를 벗어난 행위라 하더라도 그것이 회사의 권리능력의 범위 내에 속한 행위이기만 하면 대표권의 제한을 알지 못하는 제3자가 그 행위를 회사의 대표행위라고 믿은 신뢰는 보호되어야 하고, 대표이사가 대표권의 범위 내에서 한 행위는 설사 대표이사가 회사의 영리목적과 관계없이 자기 또는 제3자의 이익을 도모할 목적으로 그 권한을 남용한 것이라 할지라도 일단 회사의 행위로서 유효하고, 다만 그 행위의 상대방이 대표이사의 진의를 알았거나 알 수 있었을 때에는 회사에 대하여 무효가 되는 것이며, 이는 민법상 법인의 대표자가 대표권한을 남용한 경우에도 마찬가지이다(대법원 2004년 3월 26일 선고 2003다34045판결).

임할 수 있다고 본다.

(6) 공동대표이사

① 의의

공동대표이사란 다른 대표이사와 공동으로써만 회사를 대표할 수 있는 이사를 말한다. 주식회사는 수인의 대표이사를 둘 수 있고, 이 경우 '각자대표'가 원칙이지만, 수인의 대표이사가 공동으로써만 회사를 대표할 것을 정할 수 있다(제389조 제2항). 이 경우 공동대표이사라는 사항을 등기하여야 한다(제317조 제2항 제10호).

공동대표이사제도를 이용하면 그들 상호간의 '견제와 균형'을 통하여, (i) 회사의 대표이사가 수인이 있는 경우 이들을 공동대표이사로 함으로써 대외적으로 업무집행에 통일을 기할 수 있고, (ii) 회사의 의사결정을 신중히 하여 내부적으로 각 대표이사에 의하여 대표권이 남용되거나 위법 또는 부적정한 대표행위를 사전에 방지할 수 있다.

② 공동대표권의 행사방법

a. 공동대표이사는 단독으로 업무를 결정 · 집행하거나 회사를 대표할 수 없고 반드시 다른 공동대표이사와 공동으로 이를 하여야 한다. 이때 공동대표이사 사이에 다수결의 원칙은 적용되지 않고 의견이 대립될 때에는 이사회결의를 거쳐야 한다. 공동대표이사 중의 1인이 다른 공동대표이사의 동의없이 단독으로 대표행위를 한 경우에 그 대표행위는 무효이다.[107]

b. 공동대표이사의 대내적인 업무집행권도 공동으로 이를 행사하여야 함이 원칙이다. 그러나 순수한 대내적인 업무집행은 단독으로 하더라도 행위의 효력문제는 생기지 않는다. 다만 그 대표이사의 회사에 대한 책임이 문제될 수 있다.

c. 공동대표이사들의 의사는 반드시 동시에 표시되어야 하는 것은 아니다. 이 경우 최후의 의사표시가 있은 때에 대표행위가 있는 것으로 본다.

d. 공동대표이사가 단독으로 회사를 대표하여 제3자와 법률행위를 한 경우 무효이지만, 회사가 이를 추인할 수 있고, 추인의 의사표시는 단독으로 행위한 공동대표이사나 그 법률행위의 상대방인 제3자 중 어느 한 사람에 대하여도 할 수 있다.

---

107) 공동대표이사 중의 1인이 '사장' 또는 '대표이사' 등과 같은 단독으로 회사를 대표할 권한이 있는 것으로 인정될 만한 명칭을 사용하여 대표행위를 하는 경우, 표현대표이사의 행위에 관한 회사의 책임을 정한 제395조가 유추적용될 수 있는지 여부에 관하여는 긍정설(확장적용설)과 부정설(한정적용설)로 견해가 나누인다. 긍정설이 타당하다고 생각되고, 대법원 1991년 11월 12일 선고 91다19111 판결도 공동대표이사 중 1인이 단독으로 대표행위를 한 경우에도 표현대표이사에 관한 법리를 적용하여야 한다고 판시한 바 있다.

③ 공동대표권의 위임

a. 능동대표권의 포괄적 위임

공동대표이사 중 일부가 다른 공동대표이사에게 회사를 대표할 권한(즉 대표권)을 위임할 수 있는가에 관하여, 통설은 대표권 행사의 일반적 · 포괄적 위임은 (i) 실질적으로 단독대표를 가능하게 하는 것이므로 허용될 수 없고, (ii) 대표권 행사의 공동을 그 요소로 하는 공동대표의 취지 및 본질상 허용할 수 없다고 한다.[108)]

b. 능동대표권의 개별적 위임

대표권 행사의 개별적 위임(즉 특정거래 또는 일정 종류의 거래에 관하여 대표권 행사를 위임)을 할 수 있는지에 관하여, 의사결정 내지 의사표시를 1인의 공동대표에게 개별적으로 위임할 수 있다는 적극설과 그렇지 않다는 소극설(표시행위위임설)로 견해가 나누이는데, 소극설을 택하는 경우 거래의 신속에 반하고 회사의 조직 · 운영에 비효율을 가져올 우려가 있는바, 적극설이 타당하다고 생각한다.[109)]

c. 수동대표의 경우

의사표시의 수령은 대외적 의사표시의 통일문제가 없고 권한남용의 문제도 없기 때문에 공동대표이사의 각자가 할 수 있다. 소송서류의 송달(민사소송법 제167조) · 변제의 청구 · 어음의 제시 등도 그 1인에게 하면 충분하다.

④ 공동대표권 행사를 위반한 단독대표행위의 효력

a. 대외적 효력

(a) 거래행위

회사가 제3자에게 하는 의사표시는 대표이사들이 공동으로만 회사를 대표할 수 있는데(제389조 제2항), 이를 위반한 대표행위는 무권대표행위로서 상대방의 선의 · 악의를 불문하고 무효임이 원칙이다. 그러나 공동대표이사의 단독대표행위를 그 공동대표이사들이 스스로 무효라고 주장하는 것은 금반언의 법리에 반한다. 일부의 공동대표이사가 행한 회사대표행

108) 주식회사에 있어서의 공동대표제도는 대외관계에서 수인의 대표이사가 공동으로만 대표권을 행사할 수 있게 하여 업무집행의 통일성을 확보하고, 대표권 행사의 신중함을 기함과 아울러 대표이사 상호간의 견제에 의하여 대표권의 남용 내지 오용을 방지하여 회사의 이익을 도모하려는 데 그 취지가 있으므로 공동대표이사의 1인이 그 대표권의 행사를 특정사항에 관하여 개별적으로 다른 공동대표이사에게 위임함은 별론으로 하고, 일반적· 포괄적으로 위임함은 허용되지 아니 한다(대법원 1989년 5월 23일 선고 89다카3677 판결.

109) 회사가 수인의 대표이사가 공동으로 회사를 대표할 것을 정하고 이를 등기한 경우에도, 공동대표이사 중의 1인이 대표이사라는 명칭을 사용하여 법률행위를 하는 것을 용인하거나 방임한 때에는, 그 공동대표이사가 단독으로 회사를 대표하여 한 법률행위에 관하여 회사가 선의의 제3자에 대하여 상법 제395조에 따른 책임을 진다(대법원 1993년 12월 28일 선고 93다47653 판결).

위는 다른 공동대표이사의 추인이 있으면 유효하다고 보아야 할 것이다.

ⓐ 위반한 공동대표이사의 책임

공동대표이사임을 모르고 거래한 상대방은 그 공동대표이사에게 무권대표 내지 월권적 대표행위로서 무권대리의 법리에 따른 책임을 물을 수 있다고 보아야 할 것이다. 또한 그 공동대표이사의 개인적인 불법행위책임(민법 제750조) 또는 이사의 제3자에 대한 책임(제401조)를 물어 손해배상을 구할 수도 있다.

ⓑ 회사의 책임

공동대표이사 1인의 단독행위로 인한 손해는 회사의 업무집행으로 인한 손해로 보아 회사도 연대하여 손해배상책임을 진다(제389조 제3항. 제210조). 대부분의 경우 그 공동대표이사는 표현대표이사로서의 요건도 갖추게 되므로 회사는 표현대표이사의 행위에 대한 책임도 면할 수 없다고 보아야 할 것이다.

(b) 불법행위

공동대표제도는 거래행위에만 적용되고 불법행위에는 적용되지 않는다. 회사의 불법행위제도는 법령 · 정관에 위반하여 업무를 집행한 이사의 행위에 대하여 제재를 가하려는 제도인데, 공동대표이사가 있는 경우 반드시 공동으로 불법행위가 행하여져야만 회사가 책임을 인정할 수 있는 것은 아니기 때문이다.[110)]

b. 대내적 효력

공동대표이사 중 1인이 단독으로 회사를 대표한 경우, 그 이사는 법령 또는 정관에 위반한 행위를 한 것이므로 회사에 대하여 손해배상책임을 져야 한다(제399조). 또한 이것은 해임사유에 해당하기도 한다.

(7) 표현대표이사

① 의의

표현대표이사란 사장 · 부사장 · 전무 · 상무 기타 회사를 대표할 권한이 있는 것으로 인정될 만한 명칭을 사용한 이사에 대하여는 그 이사가 회사를 대표할 권한이 없는 경우에도 회사는 선의의 제3자에 대하여 책임을 지는데, 이처럼 대표이사가 아니면서도 선의의 제3자의 보호를 위하여 외관으로 인하여 대표이사로 취급되는 자를 말한다(제395조). 그러나 자본금이 5억원 미만으로서 이사가 1인인 소규모주식회사의 경우에는 그 이사에게 회사의 대표권이 있으므로 이러한 이사에 대하여는 표현대표이사에 관한 규정이 적용될

110) 대법원 2012년 7월 12일 선고 2012다20475 판결 참조.

여지가 없다.

제395조와 민법의 표현대리규정과의 관계는, 제395조는 '민법 제125조의 강화 및 정형화에 의한 변용'이라고 설명되며, 나아가 제126조와 제129조의 경우에도 적용된다.

표현대표이사제도는 회사제도에 대한 일반 대중의 이해가 충분치 못했던 시대의 유물이다. 이제는 사실상의 이사제도(제401조의 2 업무집행지시자 등의 책임)나 일반이론으로써 제3자의 보호가 충분하다고 할 수 있다.[111]

② 적용요건

a. 외관의 존재

회사를 대표할 권한이 있는 것으로 인정될 만한 외관(명칭)이 존재하여야 한다.

법문상, 표현대표이사는 적어도 이사의 자격을 가져야 한다. 그러나 실제거래상은 이사의 자격이 없는 회사의 사용인이나 이사직을 사임한 자가 회사의 대표권이 있는 것으로 인정될 만한 명칭을 사용한 경우에도 유추적용한다.

b. 외관에 대한 원인관계(외관에 대한 기여)

외관의 존재에 대하여 회사가 원인을 부여하여야 한다(회사의 귀책사유: 표현대표이사에 해당하는 명칭의 명시적 · 묵시적 부여 또는 허용). 그러므로 행위자가 함부로 명칭을 잠칭한 경우에는 회사에 책임이 없다.[112]

c. 외관에 대한 신뢰

선의의 제3자가 외관을 신뢰하였어야 한다. 선의의 제3자란 직접의 상대방 뿐만 아니라 사용한 명칭의 표시를 신뢰한 제3자를 모두 포함한다. 이때 선의란 표현대표이사가 실제로는 대표이사가 아닌 것을 알지 못한 것을 말한다.

표현대표이사와 거래하는 제3자의 선의 여부에 대한 입증책임은 회사에 있다.[113]

---

111) 상법 제395조가 회사를 대표할 권한이 있는 것으로 인정될 만한 명칭을 사용한 이사의 행위에 대한 회사의 책임을 규정한 것이어서 표현대표이사가 이사의 자격을 갖출 것을 그 요건으로 하고 있으나, 이 규정은 표시에 의한 금반언의 법리나 외관이론에 따라 대표이사로서의 외관을 신뢰한 제3자를 보호하기 위하여 이와 같은 외관의 존재에 의하여 귀책사유가 있는 회사로 하여금 선의의 제3자에 대하여 그들의 행위에 관한 책임을 지도록 하려는 것이므로 회사가 이사의 자격이 없는 자에게 표현대표이사의 명칭을 사용하는 것을 허용하는 경우는 물론, 이사의 자격도 없는 사람이 임의로 표현대표이사의 명칭을 사용하고 있는 것을 회사가 알면서도 아무런 조치도 취하지 아니한 채 그대로 방치하여 소극적으로 묵인한 경우에도 위 규정이 유추적용되는 것으로 해석함이 상당하다(대법원 1992년 7월 28일 선고 91다35816 판결).

112) 주주총회를 소집 · 개최함이 없이 의사록만 작성한 주주총회의 결의로 대표자로 선임된 자의 행위에 대하여 회사에게 표현대표이사로서의 선임된 자의 의사록 작성으로 대표자격의 외관이 표출된 데 대하여 회사에 귀책사유가 있음이 인정되어야 한다(대법원 1994년 12월 27일 선고 94다7621, 7638 판결).

113) 대법원 1971년 6월 29일 선고 71다946 판결.

제3자의 선의에 관하여는 (i) 무과실을 요구하는 설, (ii) 선의로써 족하고 과실의 유무와 정도는 불문하는 설, (iii) 선의인 것에 대하여 경과실은 무방하나 중과실은 보호할 수 없다는 설(대판)114) 등으로 견해가 나누이고 있다.

실제 거래계의 경우, 회사의 등기부를 일일이 조사하는 것은 번잡·곤란하여 등기의 유무를 절대시하는 것은 거래실정에 맞지 않으므로 제37조(제3자의 악의 의제)에도 불구하고 보완적으로 표현대표이사제도의 존재를 인정하고 있는 바, 제37조와 제395조와의 관계는 후자는 전자와는 다른 차원에서 회사의 표현책임을 정한 것이다(이차원설).115)

③ 적용범위

제395조는 표현대표이사가 법률행위를 한 경우에만 적용된다 그러므로 표현대표이사의 불법행위에 대하여는 적용되지 않고, 이 경우 회사는 민법 제35조 또는 제756조에 따른 책임을 진다. 소송행위에 대하여도 제395조는 적용되지 않는다(제14조 제1항 단서 유추적용: 통설).

④ 적용효과

회사는 선의의 제3자에 대하여 책임을 부담한다. 그러므로 제395조의 적용시에는 무권대리에 관한 민법 제130조116) 이하는 적용되지 않는다. 다만 어음행위의 경우에는 제395조에 의한 회사의 책임 외에 표현대표이사는 어음법 제8조에 의한 무권대리인으로서의 책임을 진다.117)

---

114) 대법원 2003년 9월 26일 선고 2002다65073 판결: 상법 제395조가 규정하는 표현대표이사의 행위로 인한 주식회사의 책임이 성립하기 위하여 제3자의 선의 이외에 무과실까지도 필요로 하는 것은 아니지만, 그 규정의 취지는 회사의 대표이사가 아닌 외관상 회사의 대표권이 있는 것으로 인정될 만한 명칭을 사용하여 거래행위를 하고, 이러한 외관이 생겨난 데에 관하여 회사에 귀책사유가 있는 경우에 그 외관을 믿은 선의의 제3자를 보호함으로써 상거래의 신뢰와 안전을 도모하려는 데에 있다 할 것인바, 그와 같은 제3자의 신뢰는 보호할 만한 가치가 있는 정당한 것이어야 할 것이므로, 설령 제3자가 회사의 대표이사가 아닌 이사에게 그 거래행위를 함에 있어 회사를 대표할 권한이 있다고 믿었다 할지라도 그와 같이 믿음에 있어서 중대한 과실이 있는 경우에는 회사는 그 제3자에 대하여는 책임을 지지 아니하고, 여기서 제3자의 중대한 과실이라 함은 제3자가 조금만 주의를 기울였다면 표현대표이사의 행위가 대표권에 기한 것이 아니라는 사정을 알 수 있었음에도 만연히 이를 대표권에 기한 행위라고 믿음으로써 거래통념상 요구되는 주의의무에 현저히 위반하는 것으로서, 공평의 관점에서 제3자를 구태여 보호할 필요가 없다고 봄이 상당하다고 인정되는 상태를 말한다(대법원 2009년 9월 10일 선고 2009다34160 판결).

115) 상법 제395조와 상업등기와의 관계를 헤아려 보면, 본조는 상업등기와는 다른 차원에서 회사의 표현책임을 인정한 규정이라고 하여야 옳을 것이니 이 책임을 물음에 상업등기가 있는 여부는 고려의 대상에 넣어서는 아니 된다고 하겠다(대법원 1979년 2월 13일 선고 77다2436 판결).

116) 무권대리의 경우, 그 계약은 본인이 추인하지 않으면 효력이 없다.

117) 상법 제395조에 의한 표현대표에 대한 회사의 책임을 규정한 취지는 표현대표에 대하여 회사에게 책임이 있고 그를 믿었던 제3자가 선의인 경우에 회사는 제3자에게 책임을 져야 한다는 데 있다고 할 것이므로 대표이사 또는 공동대표이사로 등기되어 있는 사람들이 적법한 주주총회결의에 기하지 않으

회사가 책임을 부담한 경우에는 당해 표현대표이사에 대하여 구상권을 행사할 수 있다.

⑤ 제395조의 유추적용

공동대표의 정함이 있는 경우, 공동대표이사 1인의 단독대표행위에 대하여 상대방이 그 대표이사가 단독으로 회사를 대표할 권한이 있다고 믿은 때의 회사의 책임에 대하여, (i) 사장 등 단독으로 회사를 대표할 권한이 있다고 인정되는 명칭을 사용한 경우에는 다른 요건이 구비되면 동조를 유추적용하고, (ii) 단순히 대표이사라는 명칭을 사용하여 단독으로 행위한 경우에도 유추적용한다.[118)]

(7) 집행임원

① 의의

상법은 2011년 개정에서 주식회사의 경영의 투명성과 효율성을 높이기 위하여 대표이사에 갈음하는 집행임원제도를 도입하였다. 집행임원을 둔 회사를 가리켜 '집행임원설치회사'라고 한다.

집행임원설치회사는 회사의 업무집행기관(집행임원)과 업무감독기관(이사회)을 분리하여(감독형 이사회), 이사회는 회사의 업무를 잘 알고 경영의 전문가인 집행임원을 업무집행기관으로서 그 선・해임을 통하여 회사의 업무집행을 맡기고 이사회는 이에 대한 감독만을 하면서 필요한 경우 회사의 중요한 사항에 대하여 의사를 결정하는 회사를 말한다.

자본금총액이 10억 원 미만으로서 이사를 1명 또는 2명만 둔 경우에는 이사회가 없으므로 집행임원설치회사가 있을 수 없다.

② 지위

집행임원설치회사와 집행임원의 관계는 민법 중 위임에 관한 규정이 준용된다(제408조의 2 제2항).

집행임원과 대표집행임원은 이사회가 선・해임한다(제408조의 2 제3항 제1호).

집행임원의 수에는 제한이 없다. 집행임원이 다수인 경우에도 이사회와 같은 회의체를 구성하는 것은 아니다.

므로 그 선임이 무효이어서 회사의 적법한 대표이사 또는 공동대표이사가 아니라면 그 사람들이 회사를 대표해서 한 행위에 대하여 회사가 상법 제395조에 의한 책임을 지기 위하여는 회사가 그들 대표명의 사용을 적극적으로 또는 묵시적으로 허용하였다고 할 수 있는 사정이 있어야 한다(대법원 1977년 5월 10일 선고 76다878 판결); 회사를 대표한 권한이 없는 표현대표이사가 다른 대표이사의 명칭을 사용하여 어음행위를 한 경우, 회사가 책임을 지는 선의의 제3자의 범위에는 표현대표이사로부터 직접 어음을 취득한 상대방뿐만 아니라, 그로부터 어음을 다시 배서양도받은 제3취득자도 포함된다(대법원 2003년 9월 26일 선고 2002다65073 판결).

118) 표현대표는 대표권이 있고 없고의 문제이고, 공동대표는 대표권은 있으되 그 행사방법상 제한이 있는 것에 불과하다.

집행임원의 자격에는 제한이 없다. 다만 해석상 집행임원은 당해 회사 및 자회사의 감사를 겸직할 수 없다고 본다(제411조 참조).

집행임원의 임기는 정관에 다른 정함이 없으면 2년을 초과하지 못한다(제408조의 3 제1항). 이 임기는 정관에 그 임기 중의 최종결산기에 관한 정기주주총회가 종결한 후 가장 먼저 소집하는 이사회의 종결시까지로 정할 수 있다(동조 제2항).

집행임원의 성명과 주민등록번호는 이사와 같이 등기사항이고, 대표집행임원의 성명 · 주민등록번호 · 주소도 등기사항이며, 2 이상의 대표집행임원이 회사를 대표할 것을 정한 경우(공동대표집행임원)에는 그것도 등기사항이다(제317조 제2항 제10호).

집행임원선임결의의 무효나 취소 또는 집행임원해임의 소가 제기된 경우, 법원은 당사자의 신청에 의하여 가처분으로써 집행임원의 직무집행을 정지할 수 있고 직무대행자를 선임할 수 있다(제408조의 9, 제407~제408조).

③ 권한

a. 업무집행권 및 업무집행의사결정권

집행임원은 집행임원설치회사의 업무를 집행하고, 정관 또는 이사회결의에 의하여 위임받은 업무집행에 관한 의사를 결정한다(제408조의 4).

b. 이사회소집청구권

집행임원은 필요하면 회사의 목적사항과 소집이유를 서면에 적어 이사(소집권자가 있는 경우에는 소집권자)에게 제출하여 이사회의 소집을 청구할 수 있다(제408조의 7 제1항). 집행임원이 이사회의 소집청구를 한 후 이사가 지체 없이 이사회소집의 절차를 밟지 않으면 소집을 청구한 집행임원은 법원의 허가를 얻어 이사회를 소집할 수 있다(제408조의 7 제2항 제1문). 이 경우 이사회 의장은 법원이 이해관계인의 청구에 의하여 또는 직권으로 선임할 수 있다(동 규정 제2문).

c. 대표집행임원의 대표권

대표집행임원은 집행임원설치회사를 대표한다. 2명 이상의 집행임원이 선임된 경우에는 이사회결의로 대표집행임원을 선임하여야 하고, 집행임원이 1명인 경우에는 그 집행임원이 대표집행임원이 된다. 대표집행임원에 관하여 상법에 다른 정함이 없으면 주식회사의 대표이사에 관한 규정을 준용하고 표현대표이사에 관한 규정도 준용한다(제408조의 5).

④ 의무와 책임

a. 의무

(a) 이사회에 대한 보고의무

집행임원은 3개월에 1회 이상 업무의 집행상황을 이사회에 보고하여야 한다. 집행임원은 이사회의 요구가 있으면 언제든지 이사회에 출석하여 요구한 사항을 보고하여야 한다. 이사는 대표집행임원으로 하여금 다른 집행임원 또는 피용자의 업무에 관하여 이사회에 보고할 것을 요구할 수 있다(제408조의 6).

(b) 기타의 의무

집행임원에게는 이사의 충실의무, 비밀유지의무, 경업피지의무, 회사의 사업기회유용금지의무, 정관 등의 비치 · 공시 의무, 자기거래제한, 감사에 대한 이사의 보고의무 등에 관한 규정이 준용된다(제408조의 9).

b. 책임

(a) 회사에 대한 책임

집행임원이 고의 또는 과실로 법령이나 정관을 위반한 행위를 하거나 그 임무를 게을리 한 경우에는 그 집행임원은 집행임원설치회사에 대하여 손해를 배상할 책임이 있다. 이때 다른 집행임원 · 이사 또는 감사도 그 책임이 있으면 이들과 연대하여 배상할 책임이 있다(제408조의 8).

회사에 대한 책임은 총주주의 동의로 면제할 수 있다(408조의 9, 제400조 제1항). 집행임원의 책임에 대하여는 대표소송에 의하여 추궁할 수 있다(제408조의 9, 제403조~제406조).

(b) 제3자에 대한 책임

집행임원이 고의 또는 중대한 과실로 그 임무를 게을리한 경우에는 그 집행임원은 제3자에게 손해를 배상할 책임이 있다(제408조의 8 제2항). 이에 다른 집행임원 · 이사 또는 감사도 책임이 있으면 이들도 연대하여 배상할 책임이 있다(동조 제3항).

(c) 업무집행지시자 등의 책임

집행임원에 대하여 업무집행을 지시하거나 집행임원의 명의로 업무집행을 한 자 또는 집행임원으로 오인할 수 있는 일정한 명칭을 사용하는 자(예: 회장, 부회장)의 업무집행에 대하여는 집행임원의 책임에 관한 규정이 준용된다(제408조의 9, 제401조의 2).

⑤ 집행임원설치회사의 이사회

a. 이사회의 권한

집행임원설치회사의 이사회는 집행임원과 대표집행임원의 선 · 해임, 집행임원의 업무감독, 집행임원과 집행임원설치회사 간의 소송에서 집행임원실치회사를 대표할 자의 선임, 집행임원에게 업무집행에 관한 의사결정의 위임(상법상 이사회의 권한상항으로 정한 경우는 제외), 집행임원이 수인인 경우 집행임원의 직무부담 및 지휘명령관계, 기타 집행임원의 상호관계에 관한 사항의 결정, 정관에 규정이 없거나 주주총회의 승인이 없는 경우 집행임원의 보수의 결정 등의 권한을 갖는다(제408조의 2 제3항).

b. 이사회 의장

집행임원설치회사는 이사회의 회의를 주관하기 위하여 이사회 의장을 두어야 한다. 이 경우 이사회 의장은 정관에 정함이 없으면 이사회결의로 선임한다(제408조의 2 제4항). 그러나 법원의 허가를 얻어 집행임원이 이사회를 소집하는 경우에는 이해관계인의 청구나 직권으로 법원이 선임할 수 있다(제408조의 7 제2항).

6. 이사(집행임원 포함)와 회사 간의 관계

(1) 위임관계

이사와 회사와의 관계는 상법 제382조 제2항상 '위임관계'이다. 그러므로 이사는 민법 제681조상의 선량한 관리자의 주의의무로 위임사무를 처리할 의무가 있다. 따라서 이사 또는 대표이사는 그 자격에서 거래통념상 객관적으로 요구되는 주의능력을 갖추고 그 주의로써 회사의 업무를 집행하여야 하며, 위반시에는 제399조와 제401조에 의하여 손해배상책임을 진다.[119]

그 구체적 내용으로서는, (i) 제412조의 2상의 보고의무(이사는 거래처의 도산 · 대규모의 영업손실 · 공장의 화재 등 회사에 현저하게 손해를 미칠 염려가 있는 사실을 발견한 때에는 즉시 감사에게 보고하여야 한다), (ii) 감시의무(다른 이사에 대한 직무집행감시 제393조 제2항), (iii) 재임 중 영업비밀준수의무 등을 부담한다.

그러나 오늘날 경영이 복잡화 · 전문화하였으므로 이사회의 경영판단의 적부를 사후심사하여 과실의 유무를 판단하는 것은 쉽지 않다. 그리하여 '경영판단의 법칙'이 필요하다.

---

119) 대표이사가 대표이사로서의 업무 일체를 다른 이사 등에게 위임하고, 대표이사로서의 직무를 전혀 집행하지 않는 것은 그 자체가 이사의 직무상 충실 및 선관의무를 위반하는 행위에 해당한다(대법원 2003년 4월 11일 선고 2002다70044 판결).

경영판단의 법칙이란 이사가 회사의 능력범위 내에서 또 그들의 권한 내에서 합리적 기준에 의하여 판단을 내리고 이에 따라 성실하게 행위한 경우, 법원은 이사의 판단에 간섭하지 않으며 이 판단에 따른 거래행위를 유지 또는 취소하거나 그로 인한 손해에 관하여 이사에게 배상책임을 지우지 않는 영미법상의 원칙이다.[120][121]

(2) 충실의무

① 제382조의 3

이사는 법령과 정관에 따라 회사를 위하여 그 직무를 충실하게 수행하여야 한다.

② 선량한 관리자의 주의의무와의 관계

a. 동질설

충실의무는 선량한 관리자의 주의의무와 동질적인 것으로서, 선량한 관리자의 주의의무를 구체적 · 주의적으로 규정한 것이라는 견해이다.

b. 이질설

선량한 관리자의 주의의무는 이사가 직무수행상 준수하여야 할 주의의 정도에 관한 규정이고(이사의 직무집행에 있어서의 주의 · 기능이 문제), 충실의무는 이사가 그 지위를 이용하여 회사의 이익을 고려하지 않고 자기 또는 제3자의 이익만을 추구하여서는 아니 되는 의무(이사의 직무집행에 관한 지위의 자기 또는 제3자를 위한 이용이 문제)라는 견해이다.

구체적으로 명시된 제397조 · 제398조 · 제388조 외에, 이사의 수뢰나 내부정보이용 등이 충실의무위반에 해당한다.

c. 양설의 차이

이질설에 따르면, (i) 선량한 관리자의 주의의무의 위반에는 원칙적으로 고의 · 과실을 요하나 충실의무위반은 '결과책임'이므로 이 요건을 요하지 않고, (ii) 책임범위에 관하여, 선량한 관리자의 주의의무 위반의 경우에는 회사가 입은 손해액에 한하나, 충실의무위반의 경우에는 회사가 입은 손해액과 이사가 얻은 모든 이익을 회사에 반환하여야 하며,

---

120) 일명 '사업판단존중의 법칙'이라고도 함.

121) 이사가 임무를 수행함에 있어서 법령을 위반한 행위를 한 때에는 그 행위 자체가 회사에 대하여 채무불이행에 해당하므로, 그로 인하여 회사에 손해가 발생한 이상 손해배상책임을 면할 수 없고, 위와 같은 법령을 위반한 행위에 대하여는 이사가 임무를 수행함에 있어서 선량한 관리자의 주의의무를 위반하여 임무해태로 인한 손해배상책임이 문제되는 경우에 고려될 수 있는 경영판단의 원칙은 적용될 여지가 없다(대법원 2006년 11월 9일 선고 2004다41651, 41668 판결): 이사가 법령에 위반한 행위에 대하여는 원칙적으로 경영판단의 원칙이 적용되지 않는다고 할 것이다(대법원 2007년 7월 26일 선고 2006다33685 판결).

(iii) 경영판단의 법칙은 (임무해태에 국한하여 적용되고 법령위반행위에는 적용되지 않으므로) 충실의무위반에는 적용되지 않는다.

(3) 이사와 회사 간의 이익충돌방지

① 경업피지의무

	경업금지의무	겸직금지의무
상업사용인	· 상업사용인은 영업주의 허락 없이 자기 또는 제3자의 계산으로 영업주의 영업부류에 속한 거래를 하지 못한다. · 경업금지의무에 위반하여 거래를 한 경우, 그 거래가 자기의 계산으로 한 것인 때에는 영업주는 이를 영업주의 계산으로 한 것으로 볼 수 있고 제3자의 계산으로 한 것인 때에는 영업주는 사용인에 대하여 이로 인한 이득의 양도를 청구할 수 있다. · 이 권리는 영업주가 그 거래를 안 날로부터 2주간을 경과하거나 그 거래가 있은 날로부터 1년을 경과하면 소멸한다.	상업사용인은 영업주의 허락 없이 회사의 무한책임사원, 이사 또는 다른 상인의 사용인이 되지 못한다.
이사	· 이사는 이사회의 승인이 없으면 자기 또는 제3자의 계산으로 회사의 영업부류에 속한 거래를 하지 못한다. · 경업금지의무에 위반하여 거래를 한 경우에 회사는 이사회의 결의로 그 이사의 거래가 자기의 계산으로 한 것인 때에는 이를 회사의 계산으로 한 것으로 볼 수 있고, 제3자의 계산으로 한 것인 때에는 그 이사에 대하여 이로 인한 이득의 양도를 청구할 수 있다. · 이 권리는 거래가 있은래가 있은 날로부터 1년을 경과하면 소멸한다.	이사는 이사회의 승인이 없으면 동종영업을 목적으로 하는 다른 회사의 무한책임사원이나 이사가 되지 못한다.

a. 경업금지의무

(a) 총설

이사는 이사회의 승인이 없으면 자기 또는 제3자의 계산으로 회사의 영업부류에 속하는 거래를 하거나 동종영업을 목적으로 하는 다른 회사의 무한책임사원이나 이사가 되지 못한다(제397조). 제17조(상업사용인) · 제89조(대리상) · 제198조(합명회사) · 제269조(합자회사) · 제564조(유한회사)의 경업피지의무와 정신을 같이 하나, 상업사용인은 (동종영업을 목적으로 하는 회사는 물론이고) 이종영업을 목적으로 하는 회사의 무한책임사원이나 이사가 되지 못하는 점에서 다르다.

(b) 경업거래의 범위

경업금지되는 거래는 이사가 자기 또는 제3자의 계산으로 하는 회사의 영업부류에 속하는 거래이다.

(c) 경업거래의 승인

경업거래의 승인은 이사회결의로 한다(제397조 제1항 전단, 제408조의 9).

거래의 범위 · 대상을 한정하는 등 영향을 예측할 수 있으면 포괄적 승인도 할 수 있다.

(d) 경업거래의 효과

이사회의 승인을 받지 않은 이사의 경업거래도 그 자체의 사법상의 효력은 유효하다(거래상대방이 악의이더라도 마찬가지).

그러나 의무위반에 대한 제재로서, 회사는 개입권을 행사할 수 있다(제397조 제2항). 즉 회사는 이사회결의로 이사의 거래가 자기의 계산으로 한 경우 회사의 계산으로 볼 수 있고 제3자의 계산으로 한 때에는 이득의 양도를 청구할 수 있다. 이 개입권은 거래가 있은 날로부터 1년이 경과하면 소멸한다. 개입권행사의 효과에 관하여는 다툼이 있다. 개입권행사시 즉시 물권적 효과가 발생한다는 물권적 귀속설이 있으나 다수설과 판례는 채권적 효과만이 발생한다고 한다(채권적 귀속설).

또한 개입권의 행사와 더불어, 위반행위로 인하여 회사가 손해를 입은 경우에는 회사는 이사에 대하여 손해배상을 청구할 수 있고, 이사를 해임할 수도 있다.

이사의 경업의무에 대한 이사회의 사후승인 여부에 관하여 다수설은 부정한다. 왜냐하면 사후승인을 인정하면 경업금지의무의 위반으로 인한 이사의 회사에 대한 면책에 총주주의 동의를 얻도록 한 제400조의 취지가 몰각될 우려가 있기 때문이다.

b. 특정지위취임금지의무

이사는 이사회의 승인이 없으면 동종영업을 목적으로 하는 다른 회사의 무한책임사원이나 이사가 되지 못한다(제397조 제1항 후단, 제408조의 9).[122)]

이사의 특정지위취임금지의무는 상업사용인의 특정지위취임금지의무와 공통점과 차이점이 각각 있다. (i) 공통점은 이사가 특정지위취임금지의무를 위반한 경우 회사는 그 이사를 해임할 수 있으며(제385조, 제408조의 2 제3항 제1호) 손해가 있는 경우에는 손해배상청구를 할 수 있다는 점(제399조, 제408조의 8 제1항 · 제3항)이고, (ii) 차이점은 상업사용인의 경우에는 '다른 모든 회사의 무한책임사원 · 이사 · 다른 상인의 사용인'이 될 수 있으나, 주식회사의 이사의 경우에는 '동종영업을 목적으로 하는 다른 회사의 무한책임사원 · 이사에 한한다는 것이다.

122) 갑주식회사의 이사가 주주총회의 승인이 없이 그 회사와 동종영업을 목적으로 하는 을회사를 설립하고, 을회사의 이사 겸 대표이사가 되었다면 설령 을회사가 영업활동을 개시하기 전에 을회사의 이사 및 대표이사직을 사임하였다고 하더라도, 이는 분명히 상법 제397조 제1항 소정의 경업금지의무를 위반한 행위로서 특별한 사정이 없는 한 이사의 해임에 관한 제385조 제2항 소정의 '법령에 위반한 중대한 사실'이 있는 경우에 해당한다(대법원 1990년 11월 2일 선고 자90마745 판결).

② 자기거래금지의무

a. 자기거래의 의의

자기거래란 이사와 회사 간의 거래를 말한다. 그런데 이사 등은 회사의 업무집행에 정통하고 있으므로 이사 등이 회사와 거래한다면 자기 또는 제3자의 이익을 위하여 회사의 이익을 희생하기 쉽기 때문에 이사 등은 자기 또는 제3자의 계산으로 회사와 거래를 함에는 이해관계의 충돌방지상 이사회의 승인을 받아야 한다. 이 경우 이사회의 승인은 이사 2/3 이상의 수로써 하여야 하고, 그 거래의 내용과 절차는 공정하여야 한다(제398조). 이사 등은 회사의 업무집행에 정통하고 있으므로 이사 등이 회사와 거래한다면 자기 또는 제3자의 이익을 위하여 회사의 이익을 희생하기 쉽기 때문이다.

'이사 등'이란 (i) 이사 또는 주요 주주(회사의 의결권 있는 발행주식총수의 10/100 이상을 소유하거나 이사 · 감사의 선임과 해임 등 회사의 주요 경영사항에 대하여 사실상의 영향력을 행사하는 주주), (ii) (i)의 자의 배우자 및 직계비속, (iii) (i)의 자의 배우자의 직계존비속, (iv) (i)부터 (iii)까지의 자가 단독 또는 공동으로 의결권 있는 발행주식총수의 50/100 이상을 가진 회사 및 그 자회사, (v) (i)부터 (iii)까지의 자가 (iv)의 회사와 합하여 의결권 있는 발행주식총수의 50/100 이상을 가진 회사를 말한다.

이사회의 승인이 있으면 자기거래 및 쌍방대리의 금지에 관한 민법 제124조는 적용되지 않는다.

b. 제한을 받는 거래

(a) 제한의 범위와 판단기준

제398조상의 제한을 받는 자기거래는 회사에 불이익을 끼칠 염려가 있는 모든 재산상의 법률행위이다.[123] 그러므로 예컨대 이사로부터의 부담이 없는 무상증여 · 채무이행행위 · 보통거래약관상의 행위 등 양자 간에 이해관계충돌의 염려가 없는 경우는 포함되지 않는다.

판단기준에 관하여 종래에는 일반적 · 추상적 성질만을 기준으로 하였으나 오늘날에는 실질적 · 구체적 기준도 고려하고 있다.

1인 회사에 있어서 이사가 1인 주주인 경우 이사 개인과 회사 사이는 이해상반의 관계

---

123) 갑, 을 두 회사의 대표이사를 겸하고 있던 자에 의하여 갑회사와 을회사 사이에 토지 및 건물에 대한 매매계약이 체결되고 을회사 명의로 소유권이전등기가 경료된 경우, 그 매매계약은 이른바 '이사의 자기거래'에 해당하고, 달리 특별한 사정이 없는 한 이는 갑회사와 그 이사 사이에 이해충돌의 염려 내지 갑회사에 불이익을 생기게 할 염려가 있는 거래에 해당하는데, 그 거래에 대하여 갑회사 이사회의 승인이 없었으므로 그 매매계약의 효력은 을회사에 대한 관계에 있어서 무효이다(대법원 1996년 5월 28일 선고 95다12101, 12118 판결).

가 없으므로 '이사의 자기거래에 관한 규정'의 적용대상에 포함되지 않는다.

(b) 어음행위

이사와 회사 간의 거래에서 그 결제를 위하여 어음을 이용하는 경우에 이사와 회사 간의 거래에 대한 이사회의 승인과는 별도로 어음행위 자체에 대하여도 이사회의 승인을 요하는지 여부에 대하여 견해가 나누이고 있는데, 통설 · 판례는 어음행위에 대하여 별도의 이사회의 승인결의를 요한다고 본다.[124)]

(c) 간접거래

거래가 형식적으로는 회사와 '이사 외의 제3자' 간의 것이지만 실질적으로는 이사의 자기거래에 해당되는 때를 가리켜 '간접거래'라고 한다. 그 예로서 이사 개인이 제3자에 대하여 부담하는 채무에 관하여 회사대표의 자격에서 채권자인 제3자에 대하여 채무인수를 하거나 연대보증을 하는 경우가 있다. 통설 · 판례는 모두 제398조의 적용대상에 간접거래도 포함된다고 한다.

c. 이사회의 승인

이사의 자기거래에 관한 승인기관은 이사회에 한하고, 정관규정에 의하여도 주주총회의 결의사항으로 할 수 없다. 이사회의 승인을 총주주의 동의로 갈음할 수 있는지에 대하여는 긍정설도 있으나 이 제도가 주주만의 이익을 위한 것이 아니라 '회사 나아가 회사채권자의 이익'을 위한 것이므로 부정설이 타당하다.

이사회의 승인은 개개 거래에 관하여 개별적으로 하여야 하며 포괄적인 승인은 할 수 없다. 그러나 반복되는 거래에 관하여는 종류 · 기간 · 금액한도 등 합리적 범위를 정한 포괄적 승인은 무방하다.

이사회의 승인은 사전승인만 인정되고 사후승인은 인정되지 않는다.

명문규정은 없으나 이사가 자기거래에 관하여 이사회의 승인을 받을 때, (승인여부결정의 자료상) 그 거래에 대한 자기의 이해관계를 개시하여야 한다.[125)]

---

124) 양자 간의 이해관계의 충돌을 방지하기 위하여 이사회의 승인을 얻으라고 한 것인데, 지급을 위하여 어음을 받았는데 그 어음이 부도가 나면 더 큰 손해를 입는 결과가 되기 때문이다.

125) 회사에 대하여 개인적인 채권을 가지고 있는 대표이사가 회사를 위하여 보관하고 있는 회사 소유의 금전으로 자신의 채권변제에 충당하는 행위는 회사와 이사의 이해가 충돌하는 자기거래행위에 해당하지 않는 것이므로, 대표이사가 이사회의 승인 등의 절차 없이 그와 같이 자신의 회사에 대한 채권을 변제하였다 하더라도, 이는 대표이사의 권한 내에서 한 회사 채무의 이행행위로서 유효하고, 따라서 불법영득의 의사가 인정되지 아니 하여 횡령죄의 죄책을 물을 수 없다(대법원 2002년 7월 26일 선고 2001도549 판결).

대법원 2004년 3월 25일 선고 2003다64688 판결도 참조.

주식회사의 대표이사가 회사를 대표하여 회사의 제3자에 대한 채권을 대표이사 자신에게 양도하는 행위는 상법 제398조 소정의 이사의 자기거래행위에 해당하여 이사회의 결의를 거쳐야 할 것인바, 위이사회의 승인은 이사 2/3 이상의 수로써 승인을 받아야 하며, 그 거래의 내용과 절차는 공정하여야 한다.

승인이 있다 하더라도 반드시 이사의 책임이 면제되는 것은 아니고, 당해 거래로 인한 손해발생시의 '거래이사 및 승인결의에 찬성한 이사'는 연대하여 손해배상책임을 진다. 이사회의 승인은 자기거래의 유효조건에 불과하기 때문이다.

자본금총액이 10억원 미만으로서 이사를 1명 또는 2명을 둔 소규모주식회사는 이사회가 없으므로 주주총회가 대신한다(제383조 제4항).

d. 의무위반의 효과

(a) 이사의 책임

당해이사와 회사를 대표한 이사는 위법행위로 인하여 회사에 대하여 손해배상책임을 진다(제399조, 제400조).

(b) 거래행위 자체의 효력

자기거래금지의무를 위반한 거래행위 자체의 효력에 관하여 상법상 규정이 없으므로 견해가 나누이고 있다.

(i) 무효설: 이사회의 승인 없는 자기거래는 무효이고 제3자는 선의취득규정에 의하여 보호할 수 있다는 견해. 회사의 이익보호에는 철저하나 거래의 안전에는 위해가 된다.

(ii) 유효설: 이사회의 승인이 없어도 자기거래는 유효하고 회사는 상대방인 이사 또는 악의의 제3자에 대하여는 악의의 항변 또는 권리남용의 항변으로써 의무를 면할 수 있다는 견해. 회사의 이익보호에 소홀하게 된다.

(iii) 절충설(효력부동설, 무권대리행위설): 이사회의 승인이 없는 행위를 무권대리행위로 보아(행위의 효력이 부동(浮動)상태에 있다가) 이사회의 추인이 있으면 유효하고 추인이 거절되면 무효가 된다는 견해.

(iv) 상대적 무효설(대판): 회사와 이사 간에서는 무효, 선의의 제3자에 대하여는 유효라는 견해. 이때 (이사회의 승인이 없음을 알았다는) 악의의 입증책임은 무효를 주장하

채권양도행위에 대하여 이사회의 결의가 있었다거나 그것이 회사의 기존채무이행을 위하여 행하여진 것으로 이사회의 승인을 요하지 않는다는 점에 대하여는 당해 이사가 스스로 주장·입증하여야 할 것이다(대법원 2006년 3월 9일 선고 2005다65180 판결).

이사와 회사 사이의 이익상반거래가 비밀리에 행하여지는 것을 방지하고 그 거래의 공정성을 확보함과 아울러 이사회에 의한 적정한 직무감독권의 행사를 보장하기 위해서는 그 거래와 관련된 이사는 이사회의 승인을 받기에 앞서 이사회에 거래에 관한 자기의 이해관계 및 그 거래에 관한 중요한 사실들을 개시하여야 할 의무가 있다고 할 것이고, 이사회의 승인을 받지 못한 이익상반거래에 대하여 아무런 승인권한이 없는 주주총회에서 사후적으로 추후결의를 하였다 하여 그 거래가 유효하게 될 수는 없다(대법원 2007년 5월 10일 선고 2005다4291 판결).

는 회사가 부담한다.[126)]

(c) 무효의 주장

회사의 이익보호가 목적이므로 회사만이 제398조 위반으로 인한 무효를 주장할 수 있고 당해 이사는 무효를 주장할 수 없다.

e. 상장회사에 있어서의 주요 주주 등 이해관계자와의 거래

상장회사의 특례에 관한 규정인 상법 제542조의 9에 따르면, 상장회사는 다음 사항의 어느 하나에 해당하는 자를 상대방으로 하거나 그를 위하여 신용공여(금전 등 경제적 가치가 있는 재산의 대여, 채무이행의 보증, 자금 지원적 성격의 증권 매입, 그 밖에 거래상의 신용위험이 따르는 직접적·간접적 거래로서 대통령령으로 정하는 거래를 말한다)를 하여서는 아니 된다.

(i) 주요주주 및 그의 특수관계인

(ii) 이사(제401조의 2 제1항 각 호의 어느 하나에 해당하는 자를 포함한다) 및 집행임원

(iii) 감사

그러나 다음 사항의 어느 하나에 해당하는 경우에는 신용공여를 할 수 있다.

(i) 복리후생을 위한 이사·집행임원 또는 감사에 대한 금전대여 등으로서 대통령령으로 정하는 신용공여

(ii) 다른 법령에서 허용하는 신용공여

(iii) 그 밖에 상장회사의 경영건전성을 해칠 우려가 없는 금전대여 등으로서 대통령령으로 정하는 신용공여

자산규모 등을 고려하여 대통령령으로 정하는 상장회사는 최대주주, 그의 특수관계인 및 그 상장회사의 특수관계인으로서 대통령령으로 정하는 자를 상대방으로 하거나 그를 위하여 다음 사항의 어느 하나에 해당하는 거래(제1항에 따라 금지되는 거래는 제외)를 하려는 경우에는 이사회의 승인을 받아야 한다.

(i) 단일거래규모가 대통령령으로 정하는 규모 이상인 거래

---

126) 두 회사의 대표이사를 겸하던 자가 그 한 회사의 채무에 관하여 그 다른 회사를 대표하여 연대보증을 한 경우에도 상법 제398조의 규정이 적용되는 것이나, 다만 이 경우 위 연대보증회사가 그 거래의 무효를 그 상대방인 원고에게 주장하기 위하여는 거래의 안전과 선의의 제3자 보호의 필요상 그 연대보증에 대하여 이사회의 승인을 얻지 못하였다는 것 외에 이사회의 승인 없음을 알았다는 사실을 주장·입증하여야 한다(대법원 1984년 12월 112일 선고 84다카1591 판결); 1994년 10월 11일 선고 94다24626 판결; 1996년 5월 28일 선고 95다12101, 12118 판결; 1999년 2월 23일 선고 98도2296 판결; 2005년 5월 27일 선고 2005다480 판결.

(ii) 해당 사업연도 중에 특정인과의 해당 거래를 포함한 거래총액이 대통령령으로 정하는 규모 이상이 되는 경우의 해당 거래

제542조의 7 제3항의 경우 상장회사는 이사회의 승인결의 후 처음으로 소집되는 정기주주총회에 해당 거래의 목적, 상대방, 그 밖에 대통령령으로 정하는 사항을 보고하여야 한다. 그러나 상장회사가 경영하는 업종에 따른 일상적인 거래로서 다음 각 사항의 어느 하나에 해당하는 거래는 이사회의 승인을 받지 아니 하고 할 수 있으며, 제2호에 해당하는 거래에 대하여는 그 거래내용을 주주총회에 보고하지 아니 할 수 있다.

(i) 약관에 따라 정형화된 거래로서 대통령령으로 정하는 거래

(ii) 이사회에서 승인한 거래총액의 범위 안에서 이행하는 거래

(4) 회사기회유용금지의무

① 의의

회사기회유용금지의무란 이사가 직무상 알게 된 회사의 정보를 이용하여 회사의 이익이 될 수 있는 사업기회를 이사회의 승인 없이는 자기 또는 제3자의 이익을 위하여 이용하지 못하도록 하는 것을 말한다(제397조의 2 제1항, 제408조의 9).[127]

이사의 경업피지의무는 현재의 회사의 이익을 보호하기 위한 것인 데 대하여 회사기회유용금지의무는 장래의 회사의 이익을 보호하기 위한 것이라는 점에서 양자는 구별된다.

② 회사의 사업기회

이사가 이사회의 승인 없이 자기 또는 제3자의 이익을 위하여 이용할 수 없는 회사의 사업기회는 '현재 또는 장래에 회사에 이익이 될 수 있는 사업기회'로서 '직무를 수행하는 과정에서 알게 되거나 회사의 정보를 이용한 사업기회(주관적 사유에 따른 사업기회)' 또는 '회사가 수행하고 있거나 수행할 사업과 밀접한 관계가 있는 사업기회(객관적 사유에 따른 사업기회)'이어야 한다.

③ 회사의 사업기회유용금지의 대상

회사의 사업기회유용금지대상은 '이사'에 한한다. 이사의 자기거래는 이사의 주변인들이

127) 개정전 상법 하에서 현대자동차의 일부 주주들이 현대자동차가 글로비스를 설립하여 현대자동차의 물류업무를 글로비스에 대거 맡긴 행위는 현대자동차의 사업기회를 유용한 것이라고 하여 손해배상책임을 구하는 소를 제기하였으나, 법원은 사업기회유용금지의 법리 자체는 인정하면서도 글로비스의 설립이 구체화되고 현실적인 사업기회라고 보기 어려우며 현대자동차가 물류업무를 직접 또는 자회사를 통하여 수행하거나 아웃 소싱으로 할 지 여부는 현대자동차 경영진의 경영상의 판단으로서 존중되어야 한다는 이유에서 현대자동차 경영진의 책임을 인정하지 않았다(서울중앙지방법원 2008가합47881 판결).

회사와 직접 거래를 하여 회사와 실질적인 연관성을 가지나 경업금지와 사업기회유용은 이사의 주변인들이 회사와 직접적인 연관을 갖는 것이 아니라는 점에서 차이가 있고, 이를 회사의 주변인들에게까지 확대하면 그들의 영업의 자유를 침해할 우려가 있기 때문이다.

④ 이사회의 승인

회사의 사업기회유용금지의 대상이 되는 사업이라도 이사회의 승인이 있으면 이사는 유효하게 그 사업을 할 수 있다. 이 승인은 이사 2/3 이상의 수로써 한다(제397조의 2 제1항 제2문, 제408조의 9).

승인기관은 이사회에 한하고, 정관에 의하여도 주주총회의 결의사항으로 할 수 없다고 보고, 이것은 주주만의 이익을 위한 것이 아니고 회사의 이익을 위한 것이므로, 총주주의 동의에 의하여도 이사회의 승인을 갈음할 수 없다고 생각된다.

승인시기는 '사전'에 한하고 사후승인은 인정되지 않는다.

승인방법은 이사회가 개별적으로 검토하여 승인 여부를 결정하여야 하므로 포괄승인은 원칙적으로 인정되지 않으나 예외적으로 예측가능하고 정형화된 거래에 대하여는 일정한 기간별로 가능하다고 본다.

이사회의 승인은 이사가 회사의 사업기회를 유용할 수 있는 유효요건에 불과하고 이사의 책임을 면제하는 것은 아니다.

⑤ 의무위반의 효과

a. 회사의 사업기회유용행위 자체의 효력

이사가 이사회의 승인 없이 회사의 사업기회를 이용하여 행한 법률행위 또는 사실행위 자체는 유효하다.

b. 이사의 책임

제397조의 2 제1항 또는 제408조의 9를 위반하여 회사에 손해를 가져온 이사 및 승인한 이사는 연대하여 회사에 손해배상책임이 있고, 이로 인하여 이사 또는 제3자가 얻은 이익은 회사의 손해로 추정한다.

(5) 보고의무

① 이사회에 대한 보고의무

이사(집행임원설치회사의 경우에는 집행임원)는 (이사회의 활성화 차원에서) 3개월에 1회 이상 업무의 집행상황을 이사회에 보고하여야 한다. 그러나 자본금총액이 10억원 미만으로서 이사를 1명 또는 2명 둔 소규모주식회사는 이사회가 없으므로 이러한 규정이 적용되지 않는다(제383조 제5항).

이사는 대표이사(대표집행임원)으로 하여금 다른 이사(집행임원) 또는 피용자의 업무에 관하여 이사회에 보고할 것을 요구할 수 있고(제393조 제3항, 제408조의 6 제3항), 집행임원은 이사회의 요구가 있으면 언제든지 이사회에 출석하여 요구한 사항을 보고하여야 한다(제408조의 6 제2항).

② 감사 또는 감사위원회에 대한 보고의무

이사는 회사에 현저하게 손해를 미칠 염려가 있는 사실을 발견한 때에는 즉시 감사 또는 감사위원회에 이를 보고하여야 할 의무를 부담한다(제412조의 2, 제415조의 2 제7항, 제408조의 9).

이사가 이러한 사실을 발견한 때에는 이사는 감사 또는 감사위원회의 요구가 없더라도 자발적으로 보고할 적극적인 보고의무를 부담하는데, 이는 회사의 업무집행에 관여하지 않는 감사 또는 감사위원회의 감사실시를 용이하게 하고 회사의 손해를 미연에 방지하기 위한 것이다.

자본금총액이 10억원 미만으로서 감사를 선임하지 않은 소규모주식회사는 이러한 감사의 업무를 주주총회가 갈음하여 행한다(제409조 제6항).

(6) 비밀유지의무

사외이사제도의 도입에 따라 회사의 영업상의 기밀이 다른 경쟁회사 기타에 누설될 우려가 있어, 이사로 하여금 재임 중뿐만 아니라 퇴임 후에도 직무상 알게 된 회사의 영업상 비밀을 누설하지 못하도록 의무를 부과하고 있다(제382조의 4). 재임 중에는 선량한 관리자의 주의의무나 충실의무에 의하여도 비밀유지의무를 요구할 수 있으나 퇴임 후에는 별도의 규정이 필요한 것이다(제92조의 3 대리상계약종료 후의 영업비밀준수의무와 같은 취지).

(7) 감시의무

대표이사(대표집행임원)가 다른 이사(집행임원)의 직무집행을 감시할 의무가 있는 점은 그의 직무의 성질상 당연하고, 공동대표이사(공동대표집행임원)의 경우 각 대표이사는 다른 대표이사의 직무집행을 서로 감시할 의무가 있다.

집행임원비설치회사의 경우, 대표권도 없고 업무도 담당하지 않는 평이사(사외이사 또는 비상근이사)는 이사회를 통하여 다른 이사의 직무집행을 감시하는 점은 상법규정상 당연하고(제393조 제2항), 이사회를 통하지 않고도 개별적으로 회사의 업무 전반에 관하여 다른 이사에 대하여 감시의무(적극적 감시의무)도 부담한다고 본다.[128]

128) 주식회사의 이사는 이사회의 일원으로서 이사회에 상정된 의안에 대하여 찬부의 의사표시를 하는 데에 그치지 않고, 담당업무는 물론 다른 업무담당이사의 업무집행을 감시할 의무가 있으므로, 주식회사의 이사가 다른 업무담당이사의 업무집행이 위법하다고 의심할 만한 이유가 있음에도 불구하고 이

집행임원설치회사의 경우, 이사회를 통하여 집행임원에 대한 감독권을 행사하는 것(제408조이 2 제3항 제2호) 뿐만 아니라 이사회를 통하지 않고 개별적으로 집행임원에 대하여 이러한 감시의무를 부담한다고 본다.

7. 이사의 책임

이사는 일정한 경우 회사 및 제3자에 대하여 책임을 진다.

(1) 이사의 회사에 대한 책임

① 손해배상책임

a. 총설

이사와 회사 간의 '위임 또는 준위임(이사는 법률행위 외에 사실행위도 하므로)'의 관계상 민법 제681조에 따라 선량한 관리자의 주의의무를 부담하므로 채무불이행으로 인한 손해배상책임과 불법행위로 인한 손해배상책임을 지는 것은 물론이고, 이사가 광범위한 권한을 가지는바 이것만으로는 불충분하여 상법은 민법상의 일반책임에 대한 특칙으로서 이사의 책임에 관한 규정을 별도로 마련하고 있다. 즉 이사가 고의 또는 과실로 법령 또는 정관에 위반한 행위를 하거나 그 임무를 게을리하여 회사에 손해가 생긴 경우에는 그 이사는 회사에 대하여 연대하여 손해를 배상할 책임이 있다(제399조 제1항, 제408조의 8 제1항 · 제3항). 그리고 이러한 이사의 행위가 이사회의 결의에 의한 때에는 그 결의에 찬성한 이사도 연대책임을 지고, 결의에 참가한 이사로서 이의를 한 기재가 의사록에 없는 자는 결의에 찬성한 것으로 추정한다.

b. 책임원인과 책임요건

이사의 회사에 대한 손해배상의 책임원인은 이사가 '고의 또는 과실로 법령 또는 정관에 위반한 행위를 하거나 그 임무를 해태한 것'이다.

법령 또는 정관에 위반한 행위를 한 경우에 이사의 책임이 발생하기 위하여 이사에게 고의 또는 과실이 필요한지에 대하여, 종래의 통설은 이사의 책임은 모두 무과실책임이거나 또는 명백히 과실을 전제로 하는 책임원인(경업행위금지)을 제외하고는 무과실책임이라고 하였으나,[129] 2011년 상법개정시 이러한 해석상의 논란을 해결하기 위하여 이사의

를 방치한 때에는 이로 말미암아 회사가 입은 손해에 대하여 배상책임을 면할 수 없다(대법원 2004년 12월 10일 선고 2002다60467, 60474 판결).

129) 유력설 및 영미 · 독일에서는 무과실책임을 인정하는 경우 유능한 경영인의 확보가 곤란하므로 과실책임으로 하고 있다. 이 경우 이사의 위법사실 자체가 과실의 존재의 추정이므로 이사는 무과실의 입증책임을 부담한다.

회사에 대한 책임을 '고의 또는 과실'을 전제로 한다는 점을 분명히 하였다.

〈이사의 책임〉

이사의 책임	회사에 대한 책임		제3자에 대한 책임
	자본금충실책임	손해배상책임	
원인	신주의 발행으로 인한 변경등기가 있은 후에 아직 인수하지 않은 주식이 있거나 주식인수의 청약이 취소된 때에는 이사가 이를 공동으로 인수한 것으로 본다.	이사가 고의 또는 과실로 법령 또는 정관에 위반한 행위를 하거나 그 임무를 해태한 때에는 그 이사는 회사에 대하여 연대하여 손해를 배상할 책임이 있다.	이사가 고의 또는 중대한 과실로 인하여 그 임무를 해태한 때에는 그 이사는 제삼자에 대하여 연대하여 손해를 배상할 책임이 있다.
성질	무과실책임	채무불이행	특수한 책임
면제	불가	총주주의 동의로써 가능	불가
시효	없음	10년	10년
대표소송	O	O	X
부담자의 범위	(i) 임무를 해태한 그 이사 (ii) 이사의 행위가 이사회의 결의에 의한 것인 때에는 그 결의에 찬성한 이사 (iii) 이사회의 결의에 참가한 이사로서 이의를 한 기재가 의사록에 없는 자는 그 결의에 찬성한 것으로 추정 (iv) 업무집행지시자 등		
기타		법령을 위반한 행위에 대하여는 이사가 임무를 수행함에 있어서 선량한 관리자의 주의의무를 위반하여 임무해태로 인한 손해배상책임이 문제되는 경우에 고려될 수 있는 경영판단의 원칙은 적용될 여지가 없다.	이사가 회사재산을 횡령하여 회사재산이 감소함으로써 회사가 손해를 입고 결과적으로 주주의 경제적 이익이 침해되는 손해와 같은 간접적인 손해는 상법 제401조 제1항에서 말하는 손해의 개념에 포함되지 아니하므로 이에 대하여는 위법조항에 의한 손해배상을 청구할 수 없다.

'임무해태'란 이사가 위임규정에 따른 선량한 관리자의 주의의무를 다하지 않은 것을 말한다. 그 예로는 다른 이사에 대한 감독을 소홀히 하거나, 회사 본분에 맞지 않는 과다한 투자로 인하여 파탄을 초래하거나, 감독불충분으로 인하여 지배인이 회사재산을 낭비하는 것 등이 있다.[130][131]

130) 대법원 2005년 10월 28일 선고 2003다69638 판결.

131) 주식회사의 이사의 회사에 대한 임무해태로 인한 손해배상책임은 일반불법행위책임이 아니라 위임관계로 인한 채무불이행책임이므로 그 소멸시효기간은 일반채무의 경우와 같이 10년이라고 보아야 한다(대법원 2006년 8월 25일 선고 2004다24144 판결); 주식회사의 이사는 이사회의 일원으로서 이사회에 상정된 의안에 대하여 찬부의 의사표시를 하는 데 그치지 않고, 담당업무는 물론 다른 업무담당이사의 업무집행을 전반적으로 감시할 의무가 있으므로, 주식회사의 이사가 다른 업무담당이사의 업

이사가 주주총회 또는 이사회의 결의에 따라 업무를 집행하였더라도 그 결의내용이 위법 또는 불공정한 것이라면 책임을 면할 수 없다.132)

이사가 다른 업무담당이사의 업무집행이 위법하다고 의심할 사유가 있음에도 불구하고 이를 방치한 때에는 회사가 입은 손해를 배상할 책임이 있다.133)

c. 책임의 내용 및 부담자

법령이나 정관의 위반 또는 임무해태로 인하여 회사가 입은 손해에 대하여 상당한 인과관계가 있는 범위에서 배상책임을 진다.134)

회사에 대한 손해배상책임을 부담하는 자는 법령 또는 정관의 위반행위를 하거나 임무를 해태한 이사 자신이다(수인의 경우 연대책임). 그리고 책임을 질 이사의 행위가 이사회결의에 의한 것인 때에는 결의에 찬성한 이사도 회사에 대하여 연대책임을 지고, 결의에 참가한 이사로서 이의를 한 기재가 의사록에 없는 자는 결의에 찬성한 것으로 추정한다.135)

이사가 법령 또는 정관에 위반한 행위를 하여 회사에 대하여 손해를 배상할 책임이 있는 경우에 그 손해배상범위를 정함에 있어서는 손해분담의 공평이라는 관점에서 그 손해배상액을 제한할 수 있다.136)

이사의 회사에 대한 손해배상의 범위를 정함에 있어서는 재반사정을 참작하여 그 손해배상액을 제한할 수 있다.137)

d. 책임의 면제

이사의 회사에 대한 손해배상책임에 대하여는, 총주주의 동의에 의한 '적극적 책임면제(제400조)'와 정기주주총회에서 재무제표 등을 승인한 후 2년 내에 다른 결의가 없으면 이사의 책임이 면제되는 것으로 의세되는 '소극적 책임면제(부정행위가 있는 경우는 제외, 제450조)'가 있다.

이사의 회사에 대한 손해배상책임은 정관으로 정하는 바에 따라 제399조에 따른 이사

무집행이 위법하다고 의심할 만한 사유가 있음에도 불구하고 이를 방치한 때에는 이사에게 요구되는 선관주의의무 내지 감시의무를 해태한 것이므로 이로 말미암아 회사가 입은 손해에 대하여 배상책임을 면할 수 없다(2007년 9월 20일 선고 2007다25865 판결).

132) 대법원 2007년 11월 30일 선고 2006다19603 판결.

133) 대법원 2007년 9월 20일 선고 2007다25865 판결.

134) 주식회사의 이사 또는 감사의 회사에 대한 임무해태로 인한 손해배상책임은 일반불법행위의 책임이 아니라 위임관계로 인한 채무불이행책임이므로 그 소멸시효기간은 일반채무와 같이 10년이라고 보아야 할 것이다(대법원 1985년 6월 25일 선고 84다카1954 판결).

135) 대주주가 이사를 조종하여 이사로 하여금 본조에 해당하는 행위를 하게 한 때에는 대주주도 회사에 대하여 손해배상책임이 있다.

136) 대법원 2005년 10월 28일 선고 2003다69638 판결.

137) 대법원 2004년 12월 10일 선고 2002다60476, 60474 판결.

의 책임을 이사가 그 행위를 한 날 이전 최근 1년간의 보수액[138]의 6배(사외이사의 경우는 3배)를 초과하는 금액에 대하여 면제할 수 있다. 그러나 이사가 고의 또는 중대한 과실로 손해를 발생시킨 경우와 경업금지(제397조) · 회사기회유용금지(제397조의 2) · 자기거래금지(제398조) 등의 위반에 해당하는 경우에는 책임을 감면할 수 없다.

이사의 회사에 대한 손해배상책임의 소멸시효는 일반원칙에 따라 10년이다(민법 제162조 제1항).

e. 책임의 추궁

이사의 회사에 대한 손해배상책임은 회사 스스로 추궁할 수 있고, 발행주식총수의 1/100 이상에 해당하는 주식을 가진 주주는 회사에 대하여 이사의 책임을 추궁할 소의 제기를 청구할 수 있다(소수주주의 대표소송, 제403조).

② 자본금충실책임

신주발행에 의한 변경등기가 있은 후에 아직 인수하지 않은 주식이 있거나 주식인수의 청약이 취소된 때(행위무능력자 등)에는 이사가 공동으로 인수한 것으로 보고(제428조 제1항), 인수한 주식에 대하여는 이사는 납입책임을 부담한다.

이사의 자본금충실책임은 회사채권자에 대한 담보의 기능을 가지므로 무과실책임이며, 총주주의 동의로써도 면제할 수 없다.

(2) 이사의 제3자에 대한 책임

① 의의

이사(집행임원)가 고의 또는 중과실로 그 임무를 게을리한 때에는 그 이사는 제3자에 대하여 연대하여 손해를 배상할 책임이 있다(제401조 제1항, 제408조 제2항).

'고의 또는 중과실로 그 임무를 게을리하여 제3자(회사 이외의 자: 회사채권자, 주주 등)에 손해를 입힌 경우'란 주식청약서 · 사채청약서 · 재무제표 등에 허위의 기재를 하거나 허위의 등기나 공고를 하여 제3자에게 손해를 입힌 경우를 말한다.[139]

② 책임의 성질 · 범위

이사의 제3자에 대한 손해배상책임의 법적 성질에 대하여는 법정책임설과 불법행위책

---

138) 상여금과 주식매수선택권의 행사로 인한 이익 등을 포함한다.

139) 이사가 제3자에 대하여 연대하여 손해배상책임을 지는 '고의 또는 중대한 과실로 인한 임무해태행위'라 함은 이사의 직무상 충실 및 선관의무 위반의 행위로서 위법한 사정이 있어야 하고 통상의 거래행위로 인하여 부담하는 회사의 채무를 이행할 능력이 있었음에도 단순히 그 이행을 지체하고 있는 사실로 인하여 상대방에게 손해를 끼치는 사실만으로는 이를 임무를 해태한 위법한 경우라 할 수는 없다(대법원 1985년 11월 12일 선고 84다카2490 판결).

임설로 견해가 나누이고 있다.[140]

a. 법정책임설

제401조의 이사의 책임은 제3자의 보호를 위하여(이사의 행위는 회사의 업무집행기관으로서의 행위인 만큼 회사 자체가 책임질 것이나 회사에 손해배상을 할 능력이 없는 경우의 제3자의 불이익을 방지하기 위하여) 법에 의하여 정책적으로 인정된 책임이라는 견해이다. 그 결과 10년의 소멸시효에 걸린다.

b. 불법행위설

(a) 불법행위특칙설

이사는 잡다한 업무의 신속한 처리가 요망되는바 제3자(주주 포함)에게 과실로 손해를 가할 기회가 많게 되는데, 일반불법행위요건에 따른 책임을 부담시키면 가혹하므로 이사의 책임을 경감하기 위한 것이라는 견해이다. 즉 이사의 제3자에 대한 손해배상책임은 일반불법행위책임이지만 책임요건에서 경과실을 면제한 것이 특색이다(일반불법행위에 대한 특칙). 특칙이므로 청구권의 경합은 인정되지 않고, 3년의 소멸시효에 걸린다.

(b) 특수불법행위책임설

일반불법행위의 성립요건으로써 규율할 수 없는 경우 제3자보호의 입장에서 이사의 책임을 강화하기 위하여 성립요건을 달리한 것이라는 견해이다.

고의 · 중과실은 이사의 임무해태에 관하여 존재하면 족하다. 직접손해이든 간접손해이든 불문하고,[141] 민법의 불법행위책임과 경합하며, 3년의 소멸시효에 걸린다.

그런데 고의 · 과실이라는 민법 제750조(불법행위)의 요건을 전혀 배제하는 것은 문제이다.

③ 제3자의 범위

제3자의 범위에는 주주(또는 주식인수인)는 언제든지 포함된다. 그러나 판례는 주주가 입은 간접손해에 대하여는 주주가 포함되지 않는다고 한다. 즉 주주는 그 이사에 대하여 자기에게 직접 손해배상을 할 것을 청구할 수는 없고 회사에 대하여 손해배상할 것을 청구할 수 있을 뿐이라는 것이다.[142]

140) 법적 성질을 어떻게 보느냐에 따라 청구권의 경합 여부, 소멸시효기간 등에서 차이가 나게 된다.

141) 직접손해란 이사가 제3자에 대하여 직접으로 위법행위를 하여 손해를 준 경우를 말하고, 간접손해란 이사의 임무해태로 인하여 1차로 회사에 손해를 주고 그 결과 회사로부터 채무의 이행을 받지 못하게 되어 2차적으로 손해를 입은 경우를 말한다.

142) 주식회사의 주주가 이사의 악의 또는 중대한 과실로 인한 임무해태행위로 직접 손해를 입은 경우에는 이사에 대하여 상법 제401조에 의하여 손해배상을 청구할 수 있으나, 이사가 회사재산을 횡령하여 회사재산이 감소함으로써 회사가 손해를 입고 결과적으로 주주의 경제적 이익이 침해되는 손해와 같은 간접적인 손해는 상법 제401조 제1항에서 말하는 손해의 개념에 포함되지 않으므로 이에 대하여

〈이사의 제3자에 대한 책임의 법적 성질〉

	법정책임설	특수불법행위책임설	불법행위특칙설
의의	제3자보호를 위한 입법정책적 특별책임	(본질적으로는 불법행위책임이나) 민법상 일반불법행위요건으로 규율할 수 없는 경우에 '제3자의 보호를 위하여' 이사의 책임을 강화한 특수한 불법행위	일반불법행위의 성립요건에서 경과실을 제외함으로써 이사의 책임을 경감한 불법행위특칙
고의 또는 중과실	임무해태에만 있으면 충분		그러한 임무해태 외에 가해행위도 존재하여야 함
손해의 범위	직접손해·간접손해 불문		직접손해
제3자의 범위	주주 불포함		
민법상의 불법행위책임과의 경합	경합 가능		경합 불가능
소멸시효기간	10년	3년 또는 10년	

④ 책임의 부담자

제3자에 대하여 책임을 부담하는 자는 고의 또는 중대한 과실로 의무를 게을리 한 이사 자신이며, 수인인 때에는 연대하여 책임을 진다(제401조 제1항).

이사회의 결의에 의한 것인 때에는 그 결의에 찬성한 이사도 연대책임이 있고, 그 결의에 참가한 이사로서 의사록에 이의를 한 기재가 없는 자는 그 결의에 찬성한 것으로 추정한다(동조 제2항, 제399조 제2항 · 제3항).

집행임원 또는 감사에게도 책임이 있는 경우, 이사는 집행임원 또는 감사와 연대하여 배상할 책임이 있다(제408조의 8 제3항).

⑤ 소멸시효

이사의 제3자에 대한 손해배상책임은 제3자를 보호하기 위하여 상법이 인정하는 특수한 책임이므로 일반불법행위책임의 단기소멸시효를 규정한 민법 제766조 제1항은 적용될 여지가 없고, 일반채권으로서 민법 제162조 제1항에 따라 그 소멸시효기간은 10년이며

는 위 법조항에 의한 손해배상을 청구할 수 없다(대법원 2003년 10월 24일 선고 2003다29661 판결).

대표이사가 회사재산을 횡령하여 회사재산이 감소함으로써 회사가 손해를 입고 결과적으로 주주의 경제적 이익이 침해되는 손해와 같은 간접적인 손해는 상법 제401조 제1항에서 말하는 손해의 개념에 포함되지 아니 하므로 이에 대하여는 위 법조항에 의한 손해배상을 청구할 수 없다(1993년 1월 26일 선고 91다36093 판결).

(대법원 2006년 12월 22일 선고 2004다63354 판결), 상법 제401조에 기한 이사의 제3자에 대한 손해배상책임에는 외감법 제17조 제7항이 정하는 단기소멸시효가 적용될 여지가 없다.[143]

(3) 업무집행지시자 등(사실상의 이사)의 책임

기업의 부실경영 · 경영상의 책임이 거론되면서, 이사의 책임에 관한 종전의 규정만으로는 부족하여, 법률상의 이사 외에 사실상의 이사와 같은 기능을 하거나 이사의 업무집행에 영향을 미치는 자에게도 이사와 같은 책임을 부과하고 있다. 즉 제401조의 2는 '사실상의 업무집행기관'까지로 책임주체의 범위를 확대한 것이다.[144]

① 책임의 주체

사실상의 이사는 '배후이사'와 '표현이사'로 나누인다. 양자는 법률상의 이사가 아니면서 사실상의 이사로서의 기능을 하는 점에서 공통되나, 배후이사는 회사 내에 아무런 직함 없이 이사에게 영향력을 행사하여 이사의 기능을 하는 자이고 표현이사는 명예회장 기타의 명칭을 가지고서 업무집행을 하는 자인 점에서 구별된다.

② 배후이사

a. 주관적 요건

회사에 대한 자신의 영향력을 이용하여 이사에게 업무집행을 지시하거나(1인주주 내지 지배주주의 경우), 이사의 명의로 직접 회사의 업무를 집행한 자(지배주주 등이 직접 이사의 명의로 업무집행행위를 한 경우)는 그 지시 · 집행한 업무에 관하여 제399조 내지 제401조상의 이사로 본다.[145]

b. 지시요건

(a) 지시방법

명령 · 충고 · 협조요청 등 지시의 방법에는 제한이 없으나, 명시 · 묵시를 불문하고 강제성이 있는 것이어야 한다.

---

143) 대법원 2008년 2월 28일 선고 2005다60369 판결.

144) 대법원 2009년 11월 26일 선고 2009다39240 판결.

145) 상법 제401조의 2 제1항 제1호의 '회사에 대한 자신의 영향력을 이용하여 이사에게 업무집행을 지시한 자'에는 자연인뿐만 아니라 법인인 지배회사도 포함되나, 나아가 상법 제401조의 제3자에 대한 책임에서 요구되는 '고의 또는 중대한 과실로 인한 임무해태행위'는 회사의 기관으로서 인정되는 직무상 충실 및 선관의무 위반의 행위로서 위법한 사정이 있어야 하므로, 통상의 거래행위로 부담하는 회사의 채무를 이행할 능력이 있었음에도 단순히 그 이행을 지체하여 상대방에게 손해를 끼치는 사실만으로는 임무를 해태한 위법한 경우라고 할 수 없다(대법원 2006년 8월 25일 선고 2004다26119 판결).

(b) 지시의 내용

지시대상은 업무집행인데, 업무와 직간접으로 관련되는 사항까지 포함하는 넓은 개념으로서, 법률행위는 물론 사실행위(예: 물건공급)도 포함한다.

(c) 지시상대방

지시상대방은 이사로 되어 있으나, 부장 · 과장 등의 사용인에 대한 지시도 포함되는 것으로 보는 것이 타당하다.

c. 행위요건(이사 명의의 업무집행)

이사에게 경영상의 실권을 주지 않고 주요사항에 관하여 기업주 등이 이사 명의로 직접 업무처리를 하는 경우가 적지 않는데, 종전의 상법 하에서는 이 자는 이사가 아니므로 이사로서의 책임을 추궁할 수 없었는바, 이러한 책임면탈의 악용을 방지하기 위하여, 이사 명의로 직접 회사의 업무를 집행하는 행위이어야 한다.

③ 표현이사

이사가 아니면서, 명예회장 · 회장 · 사장 · 부사장 · 전무 · 상무 기타 회사의 업무집행권한이 있는 것으로 인정될 만한 명칭을 사용하는 자가 회사의 업무를 집행한 때에는 그 집행한 업무에 관하여 제399조 내지 제401조상의 이사로 본다. 즉 일정한 직함을 가지는 자가 이사에게 지시하는 것이 아니라 직접 업무집행행위를 하는 경우이다.

그 명칭에 제한은 없으나, 회사의 업무집행권한이 있는 것으로 인정될만한 명칭이어야 한다(예컨대 기업집단의 기획조정실장 · 비서실장 등의 명칭을 가지는 자가 이사에게 지시를 하는 경우는 표현이사가 아니라 배후이사에 해당).

④ 책임의 내용

배후이사 · 표현이사는 제399조와 제401조상의 책임을 진다. 즉 회사의 제3자에 대한 책임에 있어서 업무집행지시자의 책임은 이사와 같다.

⑤ 책임의 연대성

배후이사 · 표현이사가 회사 또는 제3자에 대하여 손해배상책임을 지는 경우에 이사도 책임을 지는 경우라면, 이들은 모두 연대책임을 지게 된다.

8. 이사와 주주 간의 관계(이사의 위법행위에 대한 주주의 감독)

주주는 회사의 구성원 내지 공동소유자로서 주주총회에서 의결권을 행사할 뿐만 아니라 회사의 운영을 감독하고 시정할 권리보유를 갖는데, 이 주주의 감독 · 시정권 중 위법행위유지청구권과 대표소송권이 대표적인 것으로서 상법이 이사회제도를 채택함에 따른 주주 지위의 상대적 약화를 보강하는 한편 이사의 확대된 권한의 행사를 견제하기 위하여 미국 회사법상의 제도를 도입한 것이다.[146]

(1) 이사의 위법행위유지청구권

① 의의

이사의 위법행위유지청구권이란 이사가 법령 또는 정관에 위반하는 행위를 하고자 할 때 소수주주가 회사를 위하여 이사에 대하여 그 행위의 금지를 청구할 수 있는 권리를 말한다(제402조, 제408조의 9).

이사의 회사에 대한 책임에 관한 규정이 있으나(제399조, 사후구제) 회사에 대한 구제책으로서 불충분하므로 사전예방적 차원에서 영미법상의 prohibitory injunction제도를 도입한 것이다.

이 유지청구권은 감사에게도 인정되며, 유사제도로는 제424조상의 '신주발행유지청구권'이 있다.

② 요건

이사에 대하여 위법행위유지청구권을 행사하기 위하여는 이사의 '법령 또는 정관에 위반하는 행위'로 인하여 회사에 '회복할 수 없는 손해발생의 염려'가 있어야 한다.

법령 또는 정관에 위반하는 행위란 구체적인 위법행위뿐만 아니라 이사의 선량한 관리자의 주의의무 등 일반규정에 위반한 경우를 말한다. 이때 당해 행위의 효력의 유무는 불문한다. 또한 회복할 수 없는 손해발생의 염려란 손해의 회복이 불가능할 뿐만 아니라 비용 · 수고 등을 고려할 때 손해의 회복이 곤란한 경우를 말한다.

③ 당사자

청구권자는 감사나 감사위원회 또는 발행주식총수의 1/100 이상에 해당하는 주식을 가진 소수주주이고, 피청구자는 법령 또는 정관에 위반한 행위를 한 이사이다.

④ 유지청구방법

우선 이사의 위법행위에 대하여 재판외에서 유지청구를 할 수 있다.

또한 재판상으로도 유지청구를 할 수 있으나 (확정판결이 날 때까지 이사가 위법행위를 중지하지 않을 수 있으므로) 소수주주가 이사를 피고로 하여 위법행위유지청구의 소를 제기하고 이 소를 본안으로 하여 가처분으로써 행위를 유지시킬 수 있다(민사소송법 제300조). 유

146) 다만 미국은 단독주주권이고 우리는 권리의 남용방지상 소수주주권이다.

지청구의 소는 회사를 위하여 하는 것이므로 기판력은 회사에도 미치며, 소에 관하여는 상법상 아무런 규정이 없으나 성질상 대표소송의 일종이므로 그에 관한 규정이 유추적용된다고 보아야 할 것이다.

⑤ 효과

'감사나 감사위원회' 또는 소수주주가 위법행위유지청구를 하면 당해 이사는 그 행위를 중지하여야 한다.

유지청구에도 불구하고 이사가 이를 무시하고 위법행위를 하는 경우, 유지청구가 있더라도 그 청구가 이유 없는 수도 있으므로 이사는 선량한 관리자의 주의의무로써 행위의 유지 여부를 결정하여야 하며, 이사는 나중에 법령 또는 정관에 위반한 행위를 하였음이 확정된 경우에 한하여 책임을 진다.

위법행위 자체의 사법상의 효력은, (i) 원래 무효인 경우는 모든 행위의 효력에 영향이 없고, (ii) 위법행위가 유효인 경우는 2로 나누어, 첫째 주식이나 사채의 발행과 같은 '단체법적 행위'는 그 효력을 획일적으로 결정하여야 하므로 유지청구를 무시하더라도 그 행위는 유효하고, 둘째 통상의 '개별적 거래행위'에 있어서는 거래상대방이 유지청구의 사실을 알고 있을 때(악의의 거래상대방)에 한하여 회사는 유지청구를 무시하고 행한 행위의 무효를 주장할 수 있다.

그러나 단체법적 행위에 있어서 이사회결의 없이 대표이사가 행한 전횡적인 행위는 거래안전보호상 이를 유효로 하는 것이 일반적이므로 이는 유지청구의 유무와 무관하고, 또 개별적인 거래행위에 있어서는 원칙적으로 유효하고 상대방이 악의인 때에만 무효를 주장할 수 있다 하였으나 이는 실은 이사회결의의 흠결에 관하여 악의인 것의 효과에 불과한 것이지 유지청구의 효과는 아니다. 즉 유지청구의 효과는 이를 무시한 행위의 효력에 별다른 영향을 미치지 않는 결과가 되므로 유지청구의 실효성은 별로 없다.

⑥ 유지청구의 준용과 벌칙

이사의 위법행위유지청구에 관한 제402조는 주식회사의 청산인 및 유한회사의 이사 · 청산인에도 준용된다.

유지청구권의 행사에 관하여 부정한 청탁을 받고 재산상의 이익을 수수 · 요구 · 약속한 자 및 이 이익을 약속 · 공여 · 공여의 의사표시를 한 자는 형사제재를 받는다(제631조).

(2) 대표소송

① 의의

대표소송이란 (남소 또는 위협소송(strike suit)의 폐해방지상 단독주주가 아니라) 소수주주가 회사를 위하여 이사 기타의 자의 책임을 추궁하기 위하여 제기하는 소송을 말한다(제403조, 사후조치).

원래 회사가 스스로 추궁하여야 할 것이지만 '정실관계'로 인하여 책임추궁의 실현을 기대하기 곤란하므로 미국 회사법상의 대표소송 또는 대위소송제도(1 주주가 모든 주주를 대표하여 제소)를 도입하였다. 즉 이사와 회사 간의 소송에 관하여는 감사나 감사위원회가 제소하고 회사를 대표하므로(제394조, 제415조의 2 제7항) 감사나 감사위원회를 통하여 회사가 스스로 책임추궁을 하여야 할 것이나, 이들과 이사 간의 정실관계로 인하여 책임추궁을 기대하기가 곤란하고, 집행임원설치회사의 경우에는 집행임원과 집행임원설치회사 간의 소송에 관하여는 이사회가 회사를 대표할 자를 선임하는데(제408조의 2 제3항 제3호) 이러한 자도 집행임원과의 정실관계로 인하여 책임추궁의 실현을 기대하기가 곤란하기 때문에, 회사와 주주의 이익을 보호하기 위하여 소수주주로 하여금 이사 등의 책임을 추궁하도록 한 것이다.

② 성질

대표소송은 소수주주가 회사의 이익을 위하여 회사의 대표기관적 자격에서 소송을 수행하는 것이므로 '제3자의 소송담당'에 해당한다. 그러므로 원고인 소수주주가 받는 판결의 효력은 본래의 이익의 주체인 회사에 당연히 미친다.

소수주주의 대표소송권은 회사의 운영을 감독 · 시정하기 위하여 인정되는 권리이므로 '공익권'의 일종이다.

주주가 이사의 행위에 의하여 직접 손해를 입은 경우, 민법 제750조나 상법 제401조에 의하여 손해배상을 청구할 수 있으나 이것들은 주주가 자기의 이익을 위한 것이므로, 회사의 이익을 위한 소수주주의 대표소송과는 구별을 요한다.

③ 대표소송이 인정되는 책임의 범위

대표소송은 발기인 · 감사 · 청산인, 불공정한 가액으로 신주를 인수한 자, 주주권의 행사와 관련하여 이익을 공여받은 자 등에 대하여 회사의 권리를 실현하기 위하여 이를 준용한다.[147]

대표소송이 인정되는 책임에 대하여 살펴보면 다음과 같다. (i) 이사의 회사에 대한 손

147) 발기인 또는 이사의 '제3자에 대한 책임'은 대표소송의 대상이 아니다.

해배상책임과 자본충실책임은 당연히 인정된다. (ii) 이사가 회사에 대하여 부담하는 모든 채무(예: 차용금채무)도 대상이 될 것이다. (iii) 이사가 이사로서 재임 중에 부담한 채무(이는 퇴임 후라도 그 추궁에 관하여 대표소송 인정) 뿐만 아니라, (제소를 해태할 가능성이 있으므로) 이사 취임 전에 부담한 채무와 상속이나 채무인수에 의하여 승계취득한 채무도 포함된다 할 것이다.

④ 당사자

원고는 (대표소송은 주주총회결의와는 관계없이 회사의 구성원이라는 자격에서 인정되므로 의결권 없는 주주도 포함하여) 발행주식총수의 1/100 이상에 해당하는 주주이다.[148][149]

대표소송을 제기하는 소수주주가 보유하여야 할 주식의 비율은 '제소 당시'에만 유지하면 되고, 그의 보유주식이 제소 후 발행주식총수의 1/100 미만으로 감소한 경우(發行株式을 보유하지 아니하게 된 경우를 제외한다)에도 제소의 효력에는 영향이 없다(제403조 제5항).

피고는 이사 또는 이사이었던 자이고, 업무집행지시자 등도 포함된다고 본다(제401조의 2 제1항, 제408조의 9).

⑤ 절차

회사가 주된 이해관계자이므로, 먼저 회사 자체에 의한 해결을 촉구하여야 한다. 즉 회사에 대하여 이유를 기재한 서면으로 이사의 책임을 추궁할 소의 제기를 청구하여야 하고, 회사가 이 청구를 받은 날로부터 30일 내에 제소하지 않으면 회사를 위하여 즉시 제소할 수 있으며, 30일을 경과함으로써 회사에 회복할 수 없는 손해발생의 염려가 있는 때에는 즉시 제소할 수 있다.

---

148) 주주명부에 기재된 명의상 주주는 회사에 대한 관계에서 자신의 실질적 권리를 증명하지 않아도 주주 권리를 행사할 수 있는 자격수여적 효력을 인정받을 뿐이지 주주명부 기재에 의하여 창설적 효력을 인정받는 것은 아니므로, 주식을 인수하면서 타인의 승낙을 얻어 그 명의로 출자하여 주식대금을 납입한 경우에는 실제로 주식을 인수하여 대금을 납입한 명의차용인만이 실질상 주식인수인으로서 주주가 되고 단순한 명의대여인은 주주가 될 수 없으며, 이는 회사를 설립하면서 타인명의를 차용하여 주식을 인수한 경우에도 마찬가지이다. 또한 상법 제403조 제1항은 '발행주식의 총수의 100분의 1 이상에 해당하는 주식을 가진 주주'가 주주대표소송을 제기할 수 있다고 규정하고 있을 뿐, 주주의 자격에 관하여 별도 요건을 규정하고 있지 않으므로, 주주대표소송을 제기할 수 있는 주주에 해당하는지는 위 법리에 따라 판단하여야 할 것이다(대법원 12011년 5월 26일 선고 2010다22552 판결).

149) 어느 한 회사가 다른 회사의 주식의 전부 또는 대부분을 소유하여 양자간에 지배종속관계에 있고, 종속회사가 그 이사 등의 부정행위에 의하여 손해를 입었다고 하더라도, 지배회사와 종속회사는 상법상 별개의 법인격을 가진 회사이고, 대표소송의 제소자격은 책임추궁을 당하여야 하는 이사가 속한 당해 회사의 주주로 한정되어 있으므로, 종속회사의 주주가 아닌 지배회사의 주주는 상법 제403조, 제415조에 의하여 종속회사의 이사 등에 대하여 책임을 추궁하는 이른바 이중대표소송을 제기할 수 없다(대법원 2004년 9월 23일 선고 2003다49221 판결).

소수주주의 제소청구시 회사의 어느 기관에서 처리할 것인가? 이사의 책임추궁도 회사의 일반적인 업무집행에 해당하므로 이사회결정사항이겠으나, 제394조 후단상 '감사'가 회사를 대표하게 된다. 이때 감사에게는 제소 여부를 결정할 재량이 없다고 하는 것이 일반적이다.

회사에 대하여 청구를 하지 않고 바로 제소한 경우에는 부적법 각하하여야 할 것이다.

회사에 대하여 청구를 하였으나 30일의 경과를 기다리지 않고 제소한 때에는 특별한 사유의 유무를 심리하고 그러한 사정이 없는 때에는 회사에 청구한 날로부터 30일 내에 한하여 각하할 수 있다(30일이 경과하면 제소전절차에 관한 하자가 치유되므로).

⑥ **소송관련사항**

이사책임추궁의 소는 회사의 본점소재지의 지방법원의 전속관할에 속한다(제403조 제7항, 제408조의 9, 제186조).

피고인 이사는 주주가 악의(원고가 피고를 해한다는 것을 아는 것)임을 소명하고 주주에게 상당한 담보를 제공할 것을 법원에 청구할 수 있다(제377조, 담보를 제공하지 않을 때에는 소를 각하).

제소주주는 (대표소송에 대한 회사의 소송참가를 용이하게 하고자) 소제기 후 지체 없이 회사에 대하여 소송을 고지하여야 한다: 해태시에는 손해배상책임을 지게 된다.

회사는 소수주주가 제기한 소송에 참가할 수 있고(공동소송적 당사자 참가), 명문규정은 없으나 다른 주주도 대표소송에 참가할 수 있다.

⑦ **소송의 종결**

a. 판결에 의한 종결

대표소송에 대하여 판결이 선고되면 판결의 효력은 회사에 당연히 미친다(민사소송법 제218조 제3항).

원고승소시 주주는 그로 인하여 이익을 받게 된 회사에 대하여 소송비용 외의 소송으로 인한 실비액의 범위 내에서 상당한 금액의 지급을 청구할 수 있다(제405조 제1항). 한편 원고패소시에는 원고는 악의의 경우를 제외하고는 회사에 대하여 손해배상책임을 지지 않는다.

b. 당사자의 의사에 의한 소송의 종료

대표소송을 포함하여 이사의 책임을 추궁하는 소송은 회사와 타주주의 이해가 관련되어 있으므로, 회사와 제소주주는 법원의 허가 없이 소의 취하 · 청구의 포기 · 인낙 · 화해를 할 수 없다(제403조 제6항).

⑧ **재심의 소**

제소주주와 피고이사의 공모로 인하여 소송의 목적인 회사의 권리를 사해할 목적으로 판결을 하게 한 때,[150] 회사 또는 주주(소수주주권을 갖지 않는 주주도 무방)는 확정된 종국판결에 대하여 재심의 소를 제기할 수 있다(제406조 제1항).

⑨ 대표소송의 준용과 대위청구 및 벌칙

대표소송은 발기인 · 청산인 · 불공정한 가액으로 주식을 인수한 자 및 주주권의 행사와 관련하여 이익을 공여받은 자 등에 대한 책임에도 준용한다.

대표소송 및 재심의 소와 관련한 증수뢰에 대하여는 1년 이하의 징역이나 300만원 이하의 벌금에 처한다(제631조 제1항 · 제2항).

⑩ 다중대표소송

종전의 상법은 자회사의 이사가 임무해태 등으로 자회사에 손해를 발생시킨 경우 모회사 및 모회사의 주주도 그에 따른 피해를 입게 됨에도 불구하고, 모회사의 주주가 자회사의 이사를 상대로 책임을 추궁할 수 있는 법적 수단에 대하여 규정이 없었다.

이에 2020년 개정 상법은 자회사의 이사가 임무해태 등으로 자회사에 손해를 발생시킨 경우 일정비율 이상의 주식을 보유한 모회사의 주주도 자회사에 대하여 자회사 이사의 책임을 추궁할 소의 제기를 청구하고, 자회사가 위와 같은 청구를 받았음에도 30일 내에 소를 제기하지 않는 경우 자회사의 이사를 상대로 직접 대표소송을 제기하여 책임을 추궁할 수 있도록 하는 규정을 제406조의 2에 신설함으로써 '다중대표소송제도'를 도입하였다.

비상장회사는 발행주식총수의 1% 이상을 보유하고 있는 모회사 주주(상법 제406조의2 제1항) · 상장회사는 발행주식총수의 0.5% 이상의 주식을 6개월 이상 계속하여 보유하고 있는 모회사 주주(상법 제542조의6 제7항)가, 각 자회사의 이사를 상대로 그 책임을 추궁할 수 있는 다중대표소송을 제기할 수 있게 되었다.

Ⅳ. 감사 · 감사위원회 · 감사인 · 검사인

1. 감사

(1) 의의

감사란 이사(집행임원)의 업무집행과 회계감사를 주된 임무로 하는 주식회사의 필요적 상설기관을 말한다. 자본금총액 10억원 미만의 소규모주식회사는 감사를 선임하지 않을

150) 예컨대 '얼마 줄테니까 이렇게 판결이 나도록 하자'고 한 경우.

수 있으므로(제409조 제4항) 이러한 소규모주식회사의 경우에는 감사가 임의기관이나, 그 밖의 주식회사의 경우에는 감사 또는 감사위원회가 필요적 상설기관이다.[151)]

수인의 감사의 경우, 개개의 감사가 독립하여 권한을 행사한다.

(2) 선임 · 종임

① 선임기관 · 결의요건

a. 원칙

감사는 주주총회에서 선임한다(주주총회 전속권한사항).[152)] 선임방법은 보통결의에 의하되, 비상장회사의 경우에는 의결권 없는 주식을 제외한 발행주식총수의 3/100(정관으로 비율을 완화할 수 있음)을 초과하는 수의 주식을 가진 주주는 그 초과부분에 관하여 의결권을 행사할 수 없고, 상장회사의 경우에는 최대주주 · 그의 특수관계인 · 기타 대통령령으로 정하는 자가 소유하는 상장회사의 의결권 있는 주식의 합계가 그 회사의 의결권 없는 주식을 제외한 발행주식 총수의 3/100(정관으로 비율을 완화할 수 있다)을 초과하는 경우에 주주는 그 초과부분에 대하여 의결권을 행사할 수 없다(제542조의12 제3항).

b. 결의요건의 완화

2020년에 상법이 개정되기 전에는, 감사를 선임하거나 자산총액 2조 원 이상의 상장회사에서 감사위원회 위원을 선임할 때 출석한 주주의 의결권의 과반수와 발행주식총수의 4분의 1 이상의 수로 의결하도록 규정하고 있었는데, 2017년 12월 섀도 보팅(shadow voting)제도[153)]가 폐지되고 감사선임시 3% 의결권 제한이 강화됨에 따라 감사 등 선임을 위한 의결정족수의 충족이 곤란하다는 문세가 발생하였다.

---

151) 유한회사의 경우에는 임의적 기관이다.

152) 대법원 2005년 11월 8일 선고 자2005마541 판결.

153) 주주가 주주총회에 참석하지 않아도 투표한 것으로 간주하여 다른 주주들의 투표비율을 의안 결의에 그대로 적용하는 제도로, 국내에는 1991년 도입되었다가 2017년 12월에 폐지되었다. 이 제도는 경영진과 대주주의 정족수 확보수단으로 남용돼 주주총회의 형식화를 유발한다는 지적이 많았다.
정족수가 모자라면 주주총회 자체가 성립되지 않기 때문에 참석인원 미달로 주총이 무산되는 것을 막기 위하여 섀도 보팅제도가 도입된 것이다. 하지만 실제로는 소수 경영진이나 대주주의 경영권 강화수단으로 악용돼 '주주 우선 경영원칙'에 위배된다는 비판을 받았다. 왜냐하면 기업들이 소액주주들의 주주총회 참여를 독려하기보다는 섀도 보팅을 이용해 보다 쉽게 정족수 확보를 꾀하려는 움직임이 많았기 때문이다. 또 기업들이 섀도 보팅을 선호해 주주총회의 형식화가 유발되면서 이를 개선해야야 한다는 지적이 계속되어 왔다.
이러한 논란으로 1991년 국내에 도입된 섀도 보팅은 2013년 5월 자본시장법의 개정에 따라 2015년 1월 폐지될 예정이었다. 그러나 섀도 보팅의 폐지로 기업의 주주총회가 무산될 수도 있어 한국상장회사협의회를 주축으로 한 상장사들은 전자투표를 도입하는 기업에는 섀도 보팅을 허용해야 한다고 주장하는 등 논란이 증폭되었고, 결국 시장 혼란 등을 이유로 3년간 폐지가 유예되었다가 2017년 12월 결국 폐지에 이르렀다. [네이버 지식백과] 섀도 보팅 (시사상식사전, pmg 지식엔진연구소)

이에 2020년 개정상법은, 전자투표를 실시하여 주주의 주주총회 참여를 제고한 회사에 한하여, 주주총회 결의요건을 '출석한 주주의 의결권의 과반수'로 완화하는 제409조 제3항 및 제542조의12 제8항 규정을 신설하였다.

이때 제542조의 12 제8항은 개정 상법 시행 이후 새로 감사위원회 위원을 선임하는 경우부터 적용된다는 점도 유의하여야 한다(부칙 제2조).

ㄷ. 감사위원회 위원의 분리선임

2020년 상법이 개정되기 전에는, 자산총액 2조원 이상의 상장회사 또는 자산총액 1천억원 이상의 상장회사 중 감사위원회를 설치한 회사의 경우 주주총회 결의를 통해 이사를 먼저 선임한 후 위 결의에서 선임된 이사 중에서 감사위원회 위원을 일괄선임하도록 하였는데, 이때 감사위원회 위원이 될 이사를 선임하는 단계에서는 최대주주 등의 의결권이 제한되지 않았고 선임된 이사 중에서 감사위원회 위원을 선임할 때에만 최대주주 등의 의결권이 제한되어 대주주의 의사에 부합하는 이사만 감사위원회 위원 후보자로 선임되었다는 문제가 있었다.

이에 2020년 개정상법은, 감사위원회 위원을 선임하는 경우 위원 중 1명(정관으로 2명 이상으로 정하는 것도 가능)은 선임단계에서부터 다른 이사들과 분리하여 '감사위원회 위원이 되는 이사'로 선임하도록 하는 규정을 신설하였다(제542조의 12 제2항 단서). 이처럼 감사위원회 위원이 되는 이사 중 최소 1명 이상은 이사 선임단계에서부터 최대주주 등의 의결권이 제한된 주주총회 결의를 통하여 선임되어, 이전보다 감사위원회 위원의 독립성을 확보할 수 있게 되었다.

또한 제542조의 12 제3항에서 감사위원회 위원은 주주총회 특별결의로 해임할 수 있다고 규정하면서, 제2항 단서조항에 의하여 분리선임방식에 따라 감사위원회 위원이 되는 이사로 선임된 자는 감사위원회 위원에서 해임될 때 감사위원회 위원직 외에 이사직도 함께 상실하게 되는 점도 새로이 규정하였다.

2020년 상법이 개정되기 전에는, 상장회사가 감사위원회 위원을 선임·해임하는 것과 관련하여, '최대주주와 나머지 일반주주'·'자산총액 2조원 이상의 상장회사와 나머지 상장회사'로 이원화하여 취급하였는데, 이와 같은 구별에 합리적인 이유가 없고 실무상 해석의 혼선을 야기한다는 점이 지적되어 왔다.

이에 2020년 개정상법은, 상장회사의 감사위원회 위원 선임·해임 시 적용되던 3% 의결권 제한규정을 정비하여, 감사위원회 위원의 선임과 해임을 막론하고, (i) 사외이사가 아닌 감사위원회 위원에 대해서는 최대주주의 경우에는 그 특수관계인 등과 합산하여, 나머지 일반주주의 경우에는 주주별로 의결권 있는 발행주식총수의 3%를 초과하는 주식의 의결권을 제한하고, (ii) 사외이사인 감사위원회 위원에 대해서는 모든 주주에 대해서 주주별로(최대주주의 경우에도 그 특수관계인과 합산하지 않고) 각 의결권 있는 발행주식총수의 3%를 초과하는 주식의 의결권을 제한하는 것으로 제542조의 12 제4항을 수정하였고, 이를 감사를 선임하거나 해임할 때에도 준용하도록 제542조의 12 제7항을 신설하였다.

② 자격 · 수

감사의 자격과 수에는 제한이 없다. 그러므로 법인도 감사가 될 수 있다. 그러나 감사의 독립성 및 공정성을 기하기 위하여 당해회사는 물론 자회사의 이사(집행임원) · 지배인 기타의 사용인은 감사를 겸직할 수 없다(제411조).

최근 사업연도 말 현재의 자산총액이 1,000억원 이상인 상장회사의 경우에는 상법의 상장회사에 대한 특례규정 또는 다른 법률에 따라 감사위원회를 설치한 경우가 아니면 반드시 1인 이상의 상근감사를 두어야 하는데(제542조의 10 제1항), 이러한 상근감사의 결격사유에 대하여는 별도의 규정을 두고 있다(동조 제2항).

③ 임기

감사의 임기는 취임 후 3년 내의 최종의 결산기에 관한 정기총회의 종결시까지이다(제410조).

④ 종임

감사의 종임사유는 이사의 경우와 같다. 다만 (i) 주주총회에서 감사해임결의시 감사는 해임에 관하여 의견을 진술할 수 있고(제409조의 2), (ii) 청산중의 회사도 감사가 필요하므로 해산에 의하여 당연히 종임되지는 않는다.

상장회사의 경우는 감사 해임의 경우에도 선임의 경우와 마찬가지로 최대주주 등의 의결권이 제한된다(제542조의 12 제3항).

감사의 종임으로 법률 또는 정관에 정한 수를 결하는 때에는 지체 없이 후임을 선임하여야 한다. 다만 임기만료 또는 사임으로 인하여 정원수를 결한 때에는 신임감사의 취임시까지 전임감사의 권리의무가 계속되며, 필요한 경우 법원은 이해관계인의 청구에 의하여 일시 감사의 직무를 행할 자(가감사 · 임시감사)를 선임할 수 있다(소위 퇴임감사의 임기연장, 임시감사 · 가감사, 직무집행정지 및 대행자).

⑤ 등기

감사의 선임과 종임은 등기사항이다.

임시감사 · 감사직무대행자의 경우도 마찬가지이다.

(3) 권한

① 업무감사권 · 회계감사권

제412조 제1항은 감사는 이사(또는 지배인 기타의 사용인)의 직무의 집행을 감사한다고 규정하여 감사의 업무감사권과 회계감사권을 인정하고 있다.

업무감사의 범위에 관하여는 (i) 적법성은 물론 타당성(합목적성)까지도 미친다는 설, (ii) 적법성감사에 그치고 명문규정이 있는 경우에만 타당성감사에도 미친다는 설(다수설), (iii) 원칙적으로 적법성감사에 한정하면서 업무집행이 현저하게 부당한 경우에는 예외적으로 타당성감사도 할 수 있다는 절충설 등의 견해가 있다.

자본금총액이 10억원 미만으로서 감사를 선임하지 않은 소규모주식회사는 이러한 감사의 업무를 주주총회가 수행한다(제409조 제6항).

② 기타의 권한

a. 영업보고요구권 · 업무재산조사권

감사는 언제든지 이사에 대하여 영업에 관한 보고를 요구하거나 회사의 업무와 재산상태를 조사할 수 있다(제412조 제2항).

이것을 회사가 거부하거나 조사를 방해하면 과태료에 처한다.

b. 주주총회소집청구권

회의의 목적사항과 소집이유를 기재한 서면을 이사회에 제출하여 임시총회의 소집을 청구할 수 있다. 이때 이사회가 지체 없이 소집절차를 밟지 않으면 법원의 허가를 얻어 스스로 소집할 수 있다(제412조의 3).

c. 이사회출석권 · 의견진술권

감사는 이사회에 출석하여 의견을 진술할 수 있다(제391의 2 제1항). 이사회를 소집함에는 회일을 정하고 그 1주간 전에 각 이사와 감사에게 통지를 발송하여야 한다. 그러나 그 기간은 정관으로 단축할 수 있다(제390조 제2항).

감사는 의결권은 없으나, 선량한 관리자의 주의의무상 이사회 출석권 뿐만 아니라 출석의무도 있으며, 따라서 감사가 정당한 이유 없이 계속 출석하지 않는 경우에는 임무해태로 인한 책임을 지게 된다.

d. 이사회의사록 기명날인권(서명권)

감사는, 이사회의사록의 정확성과 진정성을 보장하기 위하여 이사회의사록에는 의사의 안건 · 경과요령 · 그 결과 · 반대하는 자와 그 반대이유를 기재하고, 출석한 이사 및 감사가 기명날인 또는 서명하여야 한다(제391조의 3 제2항).

e. 이사와 회사 간의 소에 관한 회사대표권(제394조 제1항 · 제2항)

회사가 이사에 대하여 또는 이사가 회사에 대하여 소를 제기하는 경우에 감사는 그 소에 관하여 회사를 대표한다. 감사를 선임하지 않은 회사가 이사에 대하여 또는 이사가 그 회사에 대하여 소를 제기하는 경우에 회사 이사 또는 이해관계인은 법원에 회사를 대표할 자를 선임하여 줄 것을 신청하여야 한다(제409조 제5항). 감사위원회의 위원이 소의 당사자인 경우에는 '감사위원회 또는 이사'는 법원에 회사를 대표할 자를 선임하여 줄 것을 신청하여야 한다.

f. 자회사에 대한 조사권

모회사의 감사는 직무수행을 위하여 필요시 자회사에 대하여 영업의 보고를 요구할 수 있다(제412조의 4).

g. 각종의 소권

자본금총액이 10억원 미만으로서 감사를 선임하지 않은 소규모주식회사는 감사의 '회사 및 자회사에 대한 보고요구 · 조사권, 이사의 보고요구에 관한 감사'의 업무를 주주총회가 수행한다(제409조 제6항).

(4) 의무

① 선량한 관리자의 주의의무

감사와 회사 간의 관계는 위임관계이므로(제415조, 제382조 제2항), 감사는 수임인으로서 회사에 대하여 선량한 관리자의 주의로써 위임사무를 처리할 의무를 부담한다.

그러나 감사는 업무집행에 직접 관여하지 않아 이해관계의 대립의 여지가 없으므로 충실의무 · 경업피지의무 · 회사기회유용금지의무 · 자기거래금지의무 등은 요구되지 않는다.

② 기타의 의무

a. 이사회에 대한 보고의무

감사는 이사회에 대하여 감독권의 발동을 촉구하는 취지상 이사가 위법행위를 하거나 할 염려가 있다고 인정한 때에는 이사회에 이를 보고하여야 한다(제391조의 2 제2항).

b. 주주총회제출서류의 조사 · 보고의무

주주총회에 제출할 모든 의안 및 서류를 조사하여 법령 또는 정관에 위반하거나 현저하게 부당한 사항이 있는 여부에 관하여 주주총회에 의견을 진술하여야 한다(제413조).

c. 감사록작성의무

감사록에는 감사의 실시요령과 그 결과를 기재하고 감사를 실시한 감사가 기명날인 또는 서명하여야 한다(제413조의 2).

d. 감사보고서작성제출의무

감사는 매 결산기에 이사로부터 제출받는 재무제표와 영업보고서를 감사하여 정기총회 회일 2주 전에(상장법인은 1주) 이사에게 감사보고서를 제출하여야 한다(제447조의 4 제2항).

e. 비밀유지의무

감사는, 이사와 마찬가지로, 재임 중 뿐만 아니라 퇴임 후에도 직무상 알게 된 회사의 영업상 비밀을 누설하여서는 아니 된다(제415조, 제382조의 4).

(5) 책임

감사와 회사 간의 관계는 위임관계이므로 감사가 수임인으로서의 임무를 게을리 한 때에는 회사에 대하여 연대하여 손해배상책임을 진다(제414조 제1항). 이 책임은 총주주의 동의로 면제할 수 있고, 그 책임추궁을 위하여 대표소송이 인정된다.

감사가 악의 또는 중과실로 인하여 임무를 게을리 한 때에는 제3자에 대하여 연대하여 손해배상책임을 진다(동조 제2항, 또한 이사와도 연대하는 경우가 있다).

〈이사 · 집행임원 · 감사의 의무〉

의 무	이사 · 집행임원	감 사
선관주의의무	O	O
충실의무	O	X
경업금지의무	O	X
거래금지의무	O	X
비밀유지의무	O	O
보고의무	O	O
감시의무	O	O
겸직금지의무	X	O 감사는 회사 및 자회사의 이사 또는 지배인 기타의 사용인의 직무를 겸하지 못한다(제411조)

(6) 보수와 비용

감사의 보수에 관하여는 회사와 감사 간의 위임관계상 위임규정이 준용되는데, 일반위임관계에서의 수임인의 무상원칙과는 달리, 감사는 보수를 받는 것이 원칙이다(유상). 감사의 보수는 이사와 마찬가지로 정관에서 그 액을 정하지 않은 때에는 주주총회결의로 정한다(제415조-제388조).

상법은 감사비용에 관하여 특별한 규정을 두지 않으므로 민법 제687조(수임인의 비용선급청구권)와 제688조(수임인의 비용상환청구권)에 의한다.

(7) 감사의 직무집행정지와 직무대행자의 선임

감사의 직무집행정지와 직무대행자의 선임에 관하여는 이사의 경우와 마찬가지이다.

(8) 상근감사

상근감사란 주주총회의 결의에 의하여 회사에 상근하면서 감사업무를 수행하는 감사를 말한다. 2009년 상법 개정 전에는 감사의 상근 여부에 관한 명문규정이 없어서 전체 상장회사 중 절반에 가까운 회사가 비상근감사를 두고 있었는데(대개 대주주또는 대표이사의 친인척이 감사로 선임), 2009년 상법 개정시 상장회사로서 대통령령이 정하는 법인, 즉 최근 사업연도 말 자산총액 1,000억원 이상인 법인은 1인 이상의 상근감사를 두어야 한다는 규정이 마련되었다(제542조의 10 제1항, 감사위원회설치회사는 제외).

상근감사의 결격사유는 다음과 같다(동조 제2항).

(i) 미성년자, 피성년후견인 또는 피한정후견인

(ii) 파산선고를 받고 복권되지 아니한 자

(iii) 금고 이상의 형을 선고받고 그 집행이 끝나거나 집행이 면제된 후 2년이 지나지 아니한 자

(iv) 대통령령으로 별도로 정하는 법률을 위반하여 해임되거나 면직된 후 2년이 지나지 아니한 자

(v) 누구의 명의로 하든지 자기의 계산으로 의결권 없는 주식을 제외한 발행주식총수의 10/100분 이상의 주식을 소유하거나 이사·집행임원·감사의 선임과 해임 등 상장회사의 주요 경영사항에 대하여 사실상의 영향력을 행사하는 주주(이하 '주요주주'라 한다) 및 그의 배우자와 직계 존속·비속

(vi) 회사의 상무(常務)에 종사하는 이사·집행임원 및 피용자 또는 최근 2년 이내에

회사의 상무에 종사한 이사·집행임원 및 피용자(감사위원회 위원으로 재임 중이거나 재임하였던 이사는 제외).

(vii) 제542조의 10 제2항 제1호 및 제2호에 규정된 자 외에 회사의 경영에 영향을 미칠 수 있는 자로서 대통령령으로 정하는 자

2. 감사위원회

(1) 의의

감사위원회는 감사에 갈음하여 이사의 업무집행과 회계를 감사할 권한을 가진 이사회내 위원회의 하나인 필요적 상설기관을 말한다. 1999년 상법개정시 미국의 제도를 도입하여 주식회사는 이사회내 위원회의 하나로서 감사위원회제도를 감사에 갈음하여 채택할 수 있게 하였다(제415조의 2 제1항).

상법상 이러한 감사위원회는 원칙적으로 자율적으로 정관에 의하여 설치할 수 있는데, 감사위원회를 설치한 경우에는 감사를 둘 수 없다(동 규정). 그리고 최근 사업연도 말 현재 자산총액이 2조원 이상인 상장회사는 일정한 회사를 제외하고는 의무적으로 감사위원회를 설치하여야 한다(제542조의 11 제1항).

(2) 구성

① 위원의 수

감사위원회는 '이사회내 위원회'의 일종이기는 하나, 반드시 3인 이상의 위원(이사)으로 구성된다(제415조의 2 제2항 본문).[154]

② 위원의 자격 · 선임 · 종임

상법상 감사위원회 위원의 2/3 이상은 사외이사이어야 한다(제415조의 2 제2항 단서). 감사위원회를 의무적으로 설치하여야 하는 상장회사는 이밖에도 감사위원회 대표가 사외이사이어야 하는 등의 추가요건이 있다(제542조의 11 제2항). 또 이러한 회사의 상근감사위원회 위원에 대하여는 상근감사의 결격사유가 동일하게 적용된다(제542조의 11 제3항, 제542조의 10 제2항).

감사위원회 위원은 이사 중에서 이사회의 보통결의로 선임되지만(제415조의 1 제1항 제1문), 해임은 이사 총수의 2/3 이상의 결의로 하는 이사회결의로 한다(제415조의 2 제3항). 그러나 감사위원회를 의무적으로 설치하여야 하는 상장회사(제542조의 11 제1항)의 경우 감사위원회 위원을 선·해임하는

154) 따라서 감사위원회 위원은 이사회의 구성원이다.

권한은 주주총회에 있다(제542조의 12 제1항 · 제2항). 이 경우 상근감사위원회 위원의 선 · 해임과 사외이사인 감사위원회 위원의 선임에는 감사의 선임에서와 같이 주주의 의결권이 제한된다(제542조의 12 제3항 · 제4항).

(3) 운영

① 대표 · 공동대표

감사위원회는 그 결의로 위원회를 대표할 자(대표위원)을 선정하여야 하는데, 이때 여러 명의 위원이 공동으로 감사위원회를 대표할 것을 정할 수 있다(제415조의 2 제4항).

② 소집 · 결의 등

감사위원회도 '이사회내 위원회' 중의 하나이므로 그 소집 · 결의 등에 관하여는 다른 위원회의 경우와 같다.

③ 전문가의 조력

감사위원회는 회사의 비용으로 전문가의 조력을 구할 수 있다(제415조의 2 제5항).

(4) 권한 · 의무 · 책임

감사위원회의 권한 · 의무 · 책임은 감사의 경우와 같다(제415조의 2 제7항).

3. 감사인

직전사업년도 말의 자산총액이 1,000억원 이상인 대규모주식회사는 '감사(監事)에 의한 감사(監査: 내부감사)' 외에 '공인회계사 또는 회계법인에 의한 회계감사(외부감사)'를 받아야 한다(외감법 제2조 제1항). 이러한 외부감독자를 가리켜 '(외부)감사인'이라고 한다. 다만 공공기관의 운영에 관한 법률의 적용을 받는 주식회사와 기타 대통령령에 정하는 주식회사는 제외된다.

감사인은 제3자로서 중립적 입장에 있고 외부감사의 성격을 가지므로 회사의 기관이 아니다. 양자 간 감사계약의 법적 성질은 (법률행위 이외의 사무처리를 위임하는 것이므로) '준위임'에 해당한다.

4. 검사인

(1) 의의

검사인이란 주식회사의 설립절차나 업무 또는 재산상태를 조사할 임무가 있는 임시적 감사기관을 말한다.

(2) 자격 · 수 · 임기

검사인의 자격과 수에 대하여는 제한이 없으나, 직무의 성질상 자연인에 한하며 당해 회사의 이사 · 감사 · 지배인 기타의 사용인은 겸직할 수 없다.

검사인의 임기는 '직무의 종료시'까지이다.

(3) 선임기관 · 직무권한

① 법원에 의한 선임

다음의 경우에는 발기인의 청구 · 이사의 청구 · 소수주주의 청구 · 법원의 직권에 의하여 검사인이 선임된다: (i) 발기설립의 경우 설립과정의 조사를 위한 때, (ii) 모집설립의 경우 변태설립사항의 조사를 위한 때, (iii) 신주발행의 경우 현물출자의 조사를 위한 때, (iv) 회사의 업무 또는 재산상태를 조사하기 위하여 소수주주의 청구가 있는 때, (v) 할인발행의 경우 회사의 재산상태 기타 필요한 사항을 조사하기 위한 때.

② 창립총회 또는 주주총회에 의한 선임

다음의 경우에는 주주총회(창립총회)에서 검사인을 선임한다. (i) 모집설립의 경우 설립경과의 조사를 위한 때, (ii) 소수주주에 의하여 소집된 임시총회에서 회사의 업무와 재산상태를 조사하기 위한 때(제366조 제3항), (iii) 이사 또는 청산인이 제출한 서류와 감사의 보고서를 조사하기 위한 때(제367조, 제542조 제2항, 제415조의 2 제6항).

(4) 종임

검사인의 종임에 관하여는 규정이 없으나, (i) 직무의 종료, (ii) 총회선임의 경우 위임관계종료사유의 발생, (iii) 총회에 의한 해임결의, (iv) 법원선임의 경우 법원에 의한 해임 등으로 종임한다.

(5) 책임

① 법원이 선임한 경우

회사의 설립경과를 조사하게 하기 위하여 법원이 검사인을 선임한 경우에 검사인이 고의 또는 중대한 과실로 인하여 회사설립경과조사에 관한 임무를 게을리 한 때에는 회사 또는 제3자에 대하여 손해배상책임이 있다(제325조).

② 주주총회가 선임한 경우

주주총회가 검사인을 선임한 경우, 양자 간의 위임관계상, 검사인은 선량한 관리자의 주의의무를 지므로 검사인은 임무를 게을리 한 경우에 회사에 대하여 그로 인한 손해배상책임을 지며, 제3자에 대하여는 (상법에 규정이 없으므로 민법상의) 일반불법행위의 요건 구비시 불법행위로 인한 손해배상책임을 진다(민법 제750조).

5. 준법지원인

(1) 의의

준법지원인이란 준법통제기준의 준수에 관한 업무를 담당하는 사람을 말한다. 2011년 개정상법은 대통령령으로 정하는 일정규모 이상의 상장회사에 대하여 준법통제기준과 준법지원인을 두도록 하였다. 즉 자산규모 등을 고려하여 대통령령으로 정하는 상장회사[155]는 법령을 준수하고 회사경영을 적정하게 하기 위하여 임직원이 그 직무를 수행할 때 따라야 할 '준법통제에 관한 기준 및 절차(준법통제기준)'를 마련하여야 하고(제542조의 13 제1항), 동시에 준법통제기준의 준수에 관한 업무를 담당하는 자(준법지원인)를 1인 이상 두어야 한다(동조 제2항).

내부통제기준과 준법지원인에 관하여 필요한 사항은 대통령령으로 정한다(동조 제12항).

(2) 지위

① 준법지원인은 '임직원이 준법통제기준을 준수하고 있는지 여부를 점검하고 그 결과를 이사회에 보고하는 자'라고 볼 수 있는데(동조 제2항·제3항), 이러한 준법지원인은 (이사회가 제정한) 준법통제기준에 의하여 회사의 내부에서 임직원이 업무를 수행하기 이전에 관련 법규위반의 여부 등을 점검하고, 감사 또는 감사위원회는 주주를 대리하여 업무집행기관 이외의 제3자로서 업무집행기관이 수행한 업무 및 회계 등의 적법성 여부를 일반적으로 사후에 감사한다고 볼 수 있다.

② 이러한 준법지원인은 이사회에 의하여 선·해임되고(동조 제4항) 또한 업무수행의 결과를 이사회에 보고하며(동조 제3항) 또한 (회사와의 관계에서 위임관계를 전제로 하여) 준법지원인은 회사에 대하여 선량한 관리자의 주의의무를 부담하는 점(동조 제7항) 등에서 볼 때, 집

155) 상법시행령 제39조(준법통제기준 및 준법지원인 제도의 적용범위)에 따르면, '대통령령으로 정하는 상장회사'란 최근 사업연도 말 현재의 자산총액이 5천억원 이상인 회사를 말한다. 다만 다른 법률에 따라 내부통제기준 및 준법감시인을 두어야 하는 상장회사는 제외한다.

행임원에 준하는 지위에 있다고 볼 수 있으므로, 집행임원을 감독하는 이사회 및 업무집행기관을 감사하는 감사 또는 감사위원회와는 구별된다고 본다.

(3) 선임 · 해임

① 준법지원인은 이사회의 결의로 선임 · 해임된다(동조 제4항). 이러한 이사회의 결의요건에 대하여 특별한 제한이 없으므로 준법지원인의 선임과 해임은 이사 과반수의 출석과 출석이사의 과반수로 하여야 하는데, 다만 정관으로 이 비율을 높게 정할 수 있다고 본다(제391조). 이는 감사위원회 위원의 해임에 관한 이사회의 결의는 이사 총수의 2/3 이상의 결의로 하도록 한 점(제415조의 2 제3항)과는 대비된다.

② 준법지원인은 (i) 변호사의 자격이 있는 자, (ii) 고등교육법 제2조에 따른 학교의 법률학 조교수 이상의 직에 5년 이상 근무한 자, (iii) 그 밖에 법률적 지식과 경험이 풍부한 사람으로서 대통령령으로 정하는 자이다(제542조의 13 제5항).

(4) 임기

준법지원인의 임기는 3년으로 하고, 준법지원인은 상근으로 한다(동조 제6항). 그리고 준법지원인의 임기에 관하여 다른 법률의 규정이 3년보다 단기로 정하고 있는 경우에도 3년으로 한다(동조 제11항 단서).

(5) 의무

상법상 준법지원인은 다음과 같은 의무를 부담한다.

① 선량한 관리자의 주의의무

준법지원인은 선량한 관리자의 주의로써 그 직무를 수행하여야 한다(동조 제7항).

② 보고의무

준법지원인은 준법통제기준의 준수 여부를 점검하고 그 결과를 이사회에 보고하여야 한다(동조 제3항).

③ 영업비밀준수의무

준법지원인은 재임 중 뿐만 아니라 퇴임 후에도 직무상 알게 된 회사의 영업상 비밀을 누설하여서는 아니 된다(동조 제8항).

(6) 책임

2011년 개정상법은 준법지원인의 책임에 대하여는 전혀 규정이 없다. 준법지원인의 지위를 집행임원에 준하여 본다면, 준법지원인의 '회사 및 제 3자에 대한 책임'에 관하여 규정이 마련되어야 할 것이다.

(7) 준법지원인과 관련한 회사의 의무

준법지원인을 둔 상장회사는 준법지원인이 그 직무를 독립적으로 수행할 수 있도록 하여야 하고, 준법지원인을 둔 상장회사의 임직원은 준법지원인이 그 직무를 수행할 때 자료나 정보의 제출을 요구하는 경우 이에 성실하게 응하여야 한다(동조 제9항).

준법지원인을 둔 상장회사는 준법지원인이었던 자에 대하여 그 직무수행과 관련된 사유로 부당한 인사상의 불이익을 주어서는 아니 된다(동조 제10항).

제 5 절 재정질서

Ⅰ. 회사의 자금조달

1. 자기자본과 타인자본

주식회사의 자본은 자기자본과 타인자본으로 구성된다.

'자기자본'이란 회사가 존속하고 있는 한 반환할 의무가 없는 기업 자체에 귀속하는 재산적 가치로서, 기본자본(법정의 자본으로서 주식의 발행을 기초로 하여 형성)과 부가자본(사내유보로서 준비금이 그 중심)으로 구성된다. 회사설립시에 주식의 발행을 통하여 회사설립의 기본이 되는 자기자본을 형성한다.

'타인자본'이란 회사 외부의 채권자로부터 받은 일체의 상품신용 및 금융신용으로서 변제기에 반환할 의무가 있는 것을 말한다.[156]

---

156) 주식과 사채 간에 접근화현상이 있다. 즉 무의결권우선주 · 비참가적 우선주 · 상환주는 경제적으로 사채에 가깝고, 전환사채 · 신주인수권부사채 · 이익참가부사채 · 교환사채는 주식으로의 전환 또는 주식의 취득이 부여되고 있으며, 최근 미국의 소득사채(income bond)는 회사에 이득이 발생한 때에만 이자를 지급하는 사채로서 무의결권우선주에 가깝다.

2. 신주발행

(1) 의의

신주발행이란 수권자본제도 하에서 회사의 발행예정주식총수(수권주식)의 범위 내에서 미발행의 주식을 발행하는 것을 말한다. 신주발행에는 '통상의 신주발행'과 '특수한 신주발행'이 있다.

통상의 신주발행(협의의 신주발행)이란 회사의 '자금조달'을 직접의 목적으로 하는 경우로서, 회사의 재산은 신주의 인수가액의 총액만큼 증가하지만, 재산액의 증가가 자본액의 증가와 반드시 일치하는 것은 아니다(예: 할인발행 또는 액면초과발행).

특수한 신주발행이란 '자금조달 이외의 사유'에 의하여 신주가 발행되는 경우로서, 회사의 재산이 증가하지 않는 것이 원칙이다: (i) 전환주식 또는 전환사채의 전환, (ii) 신주인수권부사채의 신주인수권의 행사, (iii) 준비금의 자본전입, (iv) 주식배당, (v) 주식의 병합, (vi) 흡수합병 · 주식분할에 의한 경우 등.157)

(2) 통상의 신주발행

① 의의

통상의 신주발행이란 회사성립 후 자금조달을 직접의 목적으로 하여 발행예정주식총수의 범위 내에서 미발행주식을 발행하는 것을 말한다. 이 경우 '회사의 재산 내지는 회사의 구성원'이 증가한다.

신주발행은 이미 성립한 회사에서 자금조달이 필요하여 행하는 것이므로(추가설립), 설립시와 같은 엄격한 규제는 필요하지 않다. 즉 (i) 새로 발행되는 주식총수에 대한 인수 · 납입이 없더라도 실제로 인수 · 납입된 부분만으로써 효력이 발생한다. (ii) 인수인이 납입하지 않으면 설립시와 같은 실권최고의 독려절차 없이 그대로 실권하게 된다(제419조 제4항). (iii) 주식인수의 무효 · 취소에 관한 주장의 제한에 있어서, 회사설립시에 관한 제320조와는 달리 신주발행의 변경등기를 한 날로부터 1년을 경과하였거나 그 주식에 대하여 주주권을 행사한 때에는 주장할 수 없다(제427조). (iv) 현물출자는 이사회결의만으로 가능하며 현물출자자의 자격에는 제한이 없으나 (따라서 부당(不當)의 여지가 더 크므로) 검사인의 검사 · 감정인의 감정을 요한다(제422조). (v) 주식발행절차의 공정성의 확보상, 설립

157) 통상의 신주발행에 의한 증자는 유상증자라고 하고, 준비금의 자본금전입 또는 재평가적립금의 자본금전입 등에 의한 증자는 무상증자라고 한다.
포괄증자(또는 병행증자)란 유상증자와 무상증자가 함께 이루어지는 것을 가리킨다.

시에는 검사인과 창립총회에 의하여 감독되나, 신주발행의 경우에는 검사인의 검사(제416조)와 주주에 의한 신주발행유지청구권이 적용된다(제424조). (vi) 신주의 효력발생시기는 (자본금변경의 등기시가 아니라) 납입기일의 익일이다.

② 신주발행사항의 결정

a. 결정기관

신주발행사항에 대한 결정은 원칙적으로 이사회가 한다. 다만 상법상 다른 규정이 있거나 정관으로 주주총회에서 결정하기로 정한 경우에는 그러하지 아니 하다(제416조).

b. 결정사항

(i) 신주의 종류와 수

(ii) 신주의 발행가액과 납입기일

액면미달의 발행(할인발행)은 주주총회 특별결의사항이다.

신주의 발행가액 기타의 조건은 발행시마다 균등하게 · 회사의 자산상태와 수익력 등에 비추어 공정하게 결정하여야 한다.

신주인수인이 납입기일(신주인수인이 인수한 주식에 대하여 납입 또는 현물출자의 이행을 하여야 할 날)까지 납입 또는 현물출자의 이행을 하지 않으면 실권하고, 이행시에는 납입기일의 익일부터 주주가 된다(제423조).

(iii) 무액면주식의 경우에는 신주의 발행가액 중 자본금으로 계상하는 금액

(iv) 신주의 인수방법

우선 주주배정 · 제3자배정 · 모집 중에서 선택하고(신주발행의 태양), 주식청약단위 · 청약징수금의 징수 · 주금납입취급금융기관 · 단주 및 실권주 처리방법 등에 관하여 정한다.

(v) 현물출자에 관한 사항(현물출자를 하는 자의 성명과 그 목적인 재산의 종류 · 수량 · 가액과 이에 대하여 부여할 주식의 종류와 수)

(vi) 주주가 가지는 신주인수권을 양도할 수 있는 것에 관한 사항

(vii) 주주의 청구가 있는 때에만 신주인수권증서를 발행한다는 것과 그 청구기관

(viii) 신주배정일

회사는 일정한 날을 정하여 그 날의 주주명부상의 명의주주가 신주인수권을 가짐을 배정일의 2주전에 공고하여야 한다.

(i)~(v)는 주주배정 · 제3자배정 · 모집의 모든 경우에 결정하고, (vi)~(viii)는 주주배정의 경우에만 결정한다.

(vi)의 경우, 신주인수권의 양도는 신주인수권증서에 의하는데, 그 양도를 원하지 않는 주주도 있으므로 원하는 주주에게만 신주인수권증서를 발행한다.

③ 신주인수권

a. 의의

신주인수권이란 회사의 성립 후 신주를 발행하는 경우에 타인에 우선하여 신주를 인수할 수 있는 권리를 말한다.

신주발행의 경우, '주주의 이익보호'와 '회사에 유리한 자본조달 및 기동성확보'의 양자의 조화가 문제된다: (i) 제3자배정시, 주주의 지분율저하에 의하여 지배력이 저하되며 시가이하발행의 경우에는 주가의 하락으로 인하여 주주에게 경제적 손실이 생기고(따라서 지분율에 따른 신주인수권이 필요), (ii) 주주의 신주인수권시, 회사의 유리한 자본조달방법의 선택 및 자본조달의 기동성에 있어서 제약이 있을 수 있다.

b. 주주의 신주인수권

(a) 의의

주주의 신주인수권이란 주주가 지주수(持株數)에 비례하여 우선적으로 신주의 배정을 받는 권리를 말한다(주주배정에 의한 신주발행, 제418조). 주주의 신주인수권은 정관 또는 이사회결의에 의하여 생기는 것이 아니라 법률규정에 의하여 당연히 생기는 권리이다(제418조 제1항).

이것에는 '추상적 신주인수권(주식이면 법률규정상 당연히 인정되는 신주인수권, 주식과 분리하여 양도 기타의 처분 불가)'과 '구체적 신주인수권(신주발행의 결정이 있은 후 비로소 구체화되는 신주인수권, 주식과 독립하여 양도 가능)'이 있다. 구체적 신주인수권은 이사회결의에 의한 배정일 현재 주주명부상의 주주에게 귀속되는 권리로서, 청약 및 배정에 의하여 주식인수의 효과가 발생하므로 형성권이 아니라 하나의 채권적 권리이다.

(b) 신주인수권의 제한

주주의 신주인수권은 법률 또는 정관에 의하여 제한될 수 있고, 해석에 의하여 제한되는 경우도 있다.

ⓐ 법률에 의한 제한

상장법인 또는 신규상장시 신주를 매출·모집하는 경우, 종업원지주제도상 정관에 규정이 없더라도 발행주식의 20/100의 범위 내에서 주주의 신주인수권이 제한된다(자본시장법 제165조의 7).

ⓑ 정관에 의한 제한

자본조달의 기동성을 도모하기 위하여, 주주의 신주인수권은 정관으로 제한할 수 있다.

즉 신기술의 도입·재무구조의 개선 등 회사의 경영상 목적을 달성하기 위하여 필요한 경우에 한하여 정관에 정하는 바에 따라 주주 외의 자에게 신주를 발행할 수 있다(제418조 제2항: 자본조달의 편의상 완전히 박탈할 수도 있다는 것이 통설).

ⓒ 해석에 의한 제한

회사가 취득하고 있는 자기주식(제341조, 제341조의 2), 자회사가 취득하고 있는 모회사의 주식(제342조의 2 제1항 제1호 · 제2호) · 실권주 · 단주 등의 경우이다.

(c) 신주인수권과 주식평등의 원칙

추상적 신주인수권과 구체적 신주인수권을 불문하고 주식평등의 원칙상 주주는 정관에 다른 규정이 없는 한 지분율에 따라 신주인수권을 가진다.

다만 그 예외로서, (i) 종류주식의 발행시, 각 종류에 따라 신주인수에 관하여 특수하게 정할 수 있고(제344조 제3항), (ii) 회사보유의 자기주식과 자회사보유의 모회사주식에 대하여는 신주인수권이 인정되지 않으며, (iii) 단주에 관하여는 명문규정이 없으나 이사회가 자유롭게 처분할 수 있다.

(d) 신주인수권의 대상이 되는 주식

주주는 법률상 당연히 신주인수권을 가지므로, 원칙적으로 장래 발행될 모든 신주가 신주인수권의 대상으로 된다.

(e) 신주인수권을 갖는 주주

ⓐ 신주인수권을 갖는 주주는 '배정일 현재의 주주명부상의 주주'이다.

ⓑ 실기주(失期株, 실념주(失念株))

가. 의의

'협의의 실기주'란 구주(舊株)의 양수인이 배정일까지 명의개서를 하지 않고 기일을 넘긴 결과 명의주주인 구주의 양도인에게 배정된 신주를 말하고, '광의의 실기주'란 이익배당금 · 합병교부금 등의 지급과 관련하여 배정일까지 명의개서를 하지 않은 주식을 말한다.

나. 처리

광의의 실기주의 경우, 실기주주는 이익배당금 · 합병교부금 등을 수령한 명의주주에 대하여 '부당이득'으로서 수령한 배당금 등의 반환을 청구할 수 있다.

협의의 실기주의 처리와 관련하여서는 다음과 같은 문제가 있다: (i) 실기주주가 회사에 대하여 신주의 배정을 요구하거나 또는 주주로서의 권리를 행사할 수 있는지 여부에 대하여, 명의개서의 효력에 비추어 볼 때 행사할 수 없고 회사는 명의주주를 신주인수권자로 보아 신주를 배정하면 면책된다. (ii) 양도인과 양수인 중 신주인수권의 귀속주체와 관련하여, 추상적 신주인수권은 주식의 양도와 함께 이전하고, 구체적 신주인수권은 독립한 권리이지만 주주자격에 기한 지분권이므로 주주권의 이전과 함께 실질적으로 양수인에게 이전한다. 신주의 발행이 결정되면 구주의 시장가격이 상승하였다가 신주의 배정 후에는 권리락(權利落)으로서 주가가 하락하는 것이 보통이므로 양수인이 신주배정을 받지 못하면 양수인은 손실이고 양도인은 이중의 프레미엄을 얻게 된다. 이때 양수인이 양도인에 대하여 어떠한 권리를 갖는가에 대하여 (i) 부당이득설(신주 자체의 인도 · 청구가 불가능하다는 비판점)과 (ii) 준사무관리설(상법의 해석상 타당한 견해이나, 양도인이 인수납입을 하지 않으면 양수인은 당연히 실권하므로 양수인 대신에 인수 · 납입한 양도인의 기여에 대한 고려가 도외시되는바, 당사자 간에 공평한 해결을 주지 못하는 비판점)로 견해가 나누인다.

(f) 신주인수권행사의 기회의 확보

주주로 하여금 신주인수권을 행사할 수 있도록 하기 위하여, (i) 회사는 일정한 날을 정하여 그 날에 주주명부에 기재된 주주가 제1항의 권리를 가진다는 뜻과 신주인수권을 양도할 수 있을 경우에는 그 뜻을, 그 날의 2주간 전에 공고하여야 한다. 그러나 그 날이 주주명부폐쇄기간 중인 때에는 그 기간의 초일의 2주 전에 공고하여야 하고(제418조 제2항, 배정일의 공고), (ii) 회사는 신주인수권을 가진 자에 대하여 그 인수권을 가지는 주식의 종류 및 수와 일정한 기일까지 주식인수의 청약을 하지 않으면 그 권리를 잃는다는 뜻을 통지하여야 한다(제419조, 실권예고부최고).

(g) 신주인수권의 행사

신주인수권을 부여받은 주주는 통지 또는 공고된 청약기일까지 주식인수의 청약을 하여야 하고, 그때까지 청약을 하지 않으면 신주인수권을 상실한다.

이때 회사는 실권주에 대하여 다시 주식인수인을 구하여도 좋고 신주의 발행을 그만두어도 좋다. 이 경우에는 신주발행사항의 공고 또는 통지를 요하지 않는다고 본다.

신주의 청약은 '주식청약서'에 의하는 것이 원칙이고 '신주인수권증서'가 발행되면 그에 의한다. 그러나 신주인수권증서를 상실한 자는 주식청약서에 의하여 주식을 청약할 수 있으나 신주인수권증서에 의한 청약이 있으면 효력을 상실한다(제420조의 5 제1항).

회사는 신주인수권증서를 발행하는 대신 정관으로 정하는 바에 따라 전자등록기관의 전자등록부에 신주인수권을 등록할 수 있다(제420조의 4, 신주인수권의 전자등록).

신주인수권자가 청약기일까지의 소정절차에 따라 유효하게 청약한 경우 회사는 신주의 배정을 하여야 한다.

(h) 신주인수권의 양도

ⓐ 신주인수권의 양도성

회사는 이사회의 결의 또는 정관의 규정으로 신주인수권을 양도할 수 있음을 정할 수 있으며, 이런 정함이 있을 때에는 그 양도는 회사에 대하여 효력이 있다(제416조 제5호).

정관상 신주발행을 주주총회에서 결의하기로 한 경우에는 신주인수권의 양도 여부도 주주총회에서 결정한다.

'제3자에게 부여된 신주인수권'의 양도 가능 여부에 대하여는 견해가 나누이는데, 양도할 수 없다고 보아야 할 것이다. 주주의 경우와 같이 신주의 시가와 발행가액과의 차액을 보장하기 위하여 인정된 것이 아니므로 그 환가나 양도를 인정할 필요가 없기 때문이다.

ⓑ 신주인수권의 양도방법

신주인수권을 양도하기 위하여는 '신주인수권증서'[158]를 양도하면 된다(주식청약서의 양도로는 불가).

주주의 신주인수권의 양도를 인정한 때에는 주주의 청구에 의하여 신주인수권증서를 발행한다는 것과 그 청구기간을 정관 또는 이사회의 결의로 정한다(제416조 제6호).

c. 제3자의 신주인수권

(a) 의의

'제3자의 신주인수권'이란 주주 이외의 제3자가 신주를 우선적으로 배정받을 수 있는 권리를 말한다. 주주 이외의 제3자에 대한 신주인수권은 회사지배관계의 변동과 주주의 재산적 이익의 침해가 되는 반면, 자금조달의 기동성 · 타회사와의 업무제휴 · 종업원지주제도의 확립 · 현 경영자의 지배권 유지 등을 위하여는 필요하다.

제3자의 신주인수권은 법률 또는 정관에 의하여 부여되며, 제3자에게 신주인수권을 부여하기 위하여는 정관 및 주식청약서에 그 뜻의 기재가 있어야 한다(제418조 제4항).

(b) 성질

회사의 내부규칙인 정관의 규정만으로써 제3자의 권리의무에 영향을 줄 수 없으므로, 제3자의 신주인수권은 정관규정만으로 바로 발생하지 않고 회사와 제3자 사이에 계약이 있어야 비로소 발생한다. 주주의 신주인수권이 법률상 당연히 인정되는 것인 데 반하여, 제3자의 신주인수권은 계약상의 권리에 불과하기 때문이다.

---

158) 신주인수권부사채(BW: Bond with Warranty)에서 신주인수권만을 떼어낸 것으로서 일정기간에 미리 정해진 가격으로 새로 주식을 발행해 달라고 요구할 수 있는 권리를 담은 증서인 '신주인수권증권'과는 구별을 요한다.

(c) 제3자의 범위

제3자는 회사와 주주 이외의 자를 가리키는데, 종업원 · 임원 · 거래처 등과 같이 특정되어야 한다.

주주의 자격을 떠난 주주도 제3자에 포함된다. 즉 주주는 지분율에 따른 신주인수권(제418조 제1항)이 인정되는 외에 주주의 자격에 기하지 않고 신주인수권을 갖는 경우도 있을 수 있는데 이 경우의 주주는 제3자에 해당된다는 것이다.

(d) 양도

상법에는 제3자의 신주인수권의 양도성에 관하여 규정이 없다. 그러므로 이사회결의 또는 정관규정에 따를 것이고, 이사회결의 또는 정관규정이 없는 경우에 대하여는 (i) 양도가능설(제3자의 신주인수권은 회사와 제3자 간의 계약상의 권리이므로 양도할 수 있다는 견해), (ii) 양도불가능설(제3자의 신주인수권은 회사와 제3자 간의 계약상의 권리이지만 양도할 수 없다는 견해), (iii) 절충설(제3자의 인수인수권은 회사가 인정하는 경우에만 양도할 수 있다는 견해) 등으로 견해가 나누이고 있다.

제3자의 신주인수권은, (i) 회사와 제3자 사이의 특별한 관계를 고려하여 인정된 것이고 (ii) 주주의 신주인수권과 같이 환가를 전제로 한 것이 아니므로, 계약상의 권리이지만 양도할 수 없는 것으로 해석하는 것이 타당할 것이다.

d. 신주인수권을 무시한 신주발행의 효과

(a) 주주의 신주인수권을 무시한 경우

회사가 주주의 신주인수권을 무시하고 신주를 발행한 경우, (i) 위반행위 자체의 사법상의 효력에 대하여는 무효설(신주발행무효의 소의 원인) · 유효설 · 절충설 등으로 견해가 나누이는데, 주주의 신주인수권의 전부 또는 대부분이 무시된 경우에만 신주발행이 무효로 된다는 절충설이 타당하다고 생각되고, (ii) 사전예방책으로서 주주는 신주발행유지청구권을 행사할 수 있고(제424조), (iii) 사후구제책으로서 신주발행무효의 소를 제기할 수 있고(제429조 이하), (iv) 회사에 대하여 불법행위를 원인으로 한 손해배상청구를 할 수 있으며(제389조, 제210조), (v) 이사(집행임원)에 대하여는 고의 또는 중대한 과실로 그 임무를 게을리한 때에는 그로 인한 손해배상청구를 할 수 있다(제401조, 제408조의 8 제2항).

(b) 제3자의 신주인수권을 무시한 경우

회사가 제3자의 신주인수권을 무시하고 신주를 발행한 경우, 신주의 발행이 무효로 되는 것은 아니고 회사가 계약위반에 따른 책임(채무불이행책임)을 부담하게 된다.

④ 신주발행의 절차

이사회(드물게는 주주총회)에서 신주발행사항이 결정되면 그 발행절차가 진행된다. 이때 제425조상의 준용규정에 의하여 모집설립에 관한 규정이 준용된다.

a. 주식의 인수방법에 따른 차이

신주발행시 주식의 인수방법에는 주주배정 · 제3자배정 · 모집[159]의 3가지 방법이 있다.

우리나라에서는 주주배정에 의한 액면발행이 많고, 기업공개시에는 공모에 의한 시가발행이 보통이다.

b. 주식인수의 청약

주식인수의 청약에는 제425조상 주식청약서에 관한 규정이 준용된다.

신주인수권증서를 발행한 경우에는 신주인수권증서에 의하여 주식의 청약을 한다. 신주인수권증서를 상실한 자는 주식청약서에 의하여 주식의 청약을 할 수 있다. 그러나 그 청약은 신주인수권증서에 의한 청약이 있는 때에는 그 효력을 잃는다(제420의 5 제1항 · 제2항, 신주인수권증서에 의한 청약).

신주의 발행으로 인한 변경등기를 한 날로부터 1년이 경과한 후에는 신주를 인수한 자는 주식청약서 또는 신주인수권증서의 요건의 흠결을 이유로 하여 그 인수의 무효를 주장하거나 사기 · 강박 · 착오를 이유로 하여 그 인수를 취소하지 못한다. 그 주식에 대하여 주주의 권리를 행사한 때에도 같다(제427조 인수의 무효 주장, 취소의 제한).

주식인수의 청약시 청약증거금을 납입하는데 대개 발행가액 전액으로 한다.

c. 신주의 배정과 인수

신주의 청약에 대하여 회사(대표이사)가 배정을 하고, 이로써 신주의 인수가 있게 되면, 지체 없이 납입하여야 한다. 신주인수의 법적 성질은 신주인수인과 회사 간의 입사계약이다(통설).

이때 신주인수권자의 배정에 대하여는 배정의무를 지나, 신주인수권이 없는 자의 청약에 대하여는 배정자유의 원칙이 적용된다.

d. 현물출자의 검사

현물출자사항의 조사를 위하여 검사인의 선임을 법원에 청구하고, 법원은 검사인의 보고서 또는 감정인의 감정결과를 심사하여 부당하다고 인정하는 때에는 이를 변경하여 이사와 현물출자자에게 통고할 수 있다. 이에 불복시에는 주식인수를 취소할 수 있다. 법원의 통고 후 2주간 내에 주식의 인수를 취소한 현물출자자가 없는 때에는 변경통고에 따

159) 회사의 모집설립의 절차와 비슷하여 연고모집과 공모, 직접모집과 간접모집(모집주선 · 잔액인수 · 총액인수) 등의 방법이 있다.

라 변경된 것으로 본다(제422조).

e. 납입(및 현물출자)의 이행

이사는 신주의 인수인으로 하여금 배정받은 주수(株數)에 따라 납입기일에 인수한 주식에 대한 인수가액의 전액을 납입시켜야 한다.[160] 신주의 인수인은 회사의 동의 없이 납입채무와 주식회사에 대한 채권을 상계할 수 없다(제421조).

납입장소 · 납입금보관자 · 납입금보관증명 등은 모집설립의 경우와 마찬가지이다.

f. 신주의 효력발생시기

신주인수인이 신주의 납입기일에 납입 또는 현물출자의 이행을 한 때 납입기일의 익일로부터 신주발행의 효력이 발생한다(제423조). 그러나 예외적으로 대용납입[161]이 인정되는 경우에는 신주인수권을 행사하는 자가 회사에 신주발행의 청구서를 제출한 때에 신주발행의 효력이 생긴다.

납입하지 않는 경우에는 당연히 주식인수인으로서의 권리를 상실하며, 실권절차를 요하지 않는다. 또한 그로 인한 손해가 있으면 회사에 대하여 배상책임을 진다.

신주발행의 효력이 발생하면 권리주양도의 제한이 해제된다. 주권발행 전의 주식의 양도는 회사에 대하여 효력이 없다. 회사는 신주의 납입기일 후 지체 없이 주권을 발행하여야 한다.

g. 신주발행으로 인한 변경등기

신주가 발행되면 통상 자본이 증가하므로 (그 결과 등기내용이 변경되는 바) 납입기일로부터 본점소재지에서는 2주 내 · 지점소재지에서는 3주 내에 각각 변경등기를 하여야 한다.

이 등기는 일반적인 공시효과 외에 2가지 부수적 효력이 있다: (i) 신주의 발행으로 인한 변경등기를 한 날로부터 1년이 경과한 후에는 신주를 인수한 자는 주식청약서 또는 신주인수권증서의 요건의 흠결을 이유로 하여 그 인수의 무효를 주장하거나 사기 · 강박 · 착오를 이유로 하여 그 인수를 취소하지 못한다. 그 주식에 대하여 주주의 권리를 행사한 때에도 같다(제427조, 신주의 무효 · 취소의 제한). (ii) 신주의 발행으로 인한 변경등기가 있은 후에 아직 인수되지 않은 주식이 있거나 주식인수의 청약이 취소된 때에는 이사가 이를 공동으로

160) 주식의 신주인수권은 주주가 종래 가지고 있던 주식의 수에 비례하여 우선적으로 인수의 배정을 받을 수 있는 권리로서 주주의 자격에 기하여 법률상 당연히 인정되는 것이지만 현물출자자에 대하여 발행하는 신주에 대하여는 일반주주의 신주인수권이 미치지 않는다(대법원 1989년 3월 14일 선고 88누889 판결).

161) 대용납입이란 신주인수권부사채의 경우에 신주인수권의 행사시 현금 대신에 사채로써 납입하는 것을 가리킨다.

인수한 것으로 본다. 이 경우 이사에 대한 손해배상의 청구에 영향을 미치지 않는다(제428조의 이사의 인수담보책임과 손해배상책임).

h. 실권주와 단주의 처리

실권주(失權株, 주주가 배정받은 신주인수권을 포기하고 주금을 납부하지 않은 주식)은 납입기일 종료시에 확정된다.[162]

이때 실권주를 그대로 방치하거나(수권주식 중의 미발행주식으로 남는다) 주주를 재모집할 수 있다.

단주처리에 관하여는 상법에 관련규정이 없다. 그러므로 미발행부분으로 남겨둘 수도 있고 이사회결의에 의하여 임의처리할 수도 있으나, 시가로 처분하여 시가와 발행가액과의 차액을 단주의 주주에게 분배하는 것이 공평하다.

⑤ 신주의 액면미달발행(할인발행)

a. 의의

유가증권의 액면미달발행(할인발행)이란 유가증권을 액면가보다 낮게 발행하는 것을 말한다. 그런데 상법상은 회사설립에 있어서는 자본금충실의 원칙상 액면미달발행이 금지되어 있다(제330조). 그러나 이 원칙을 회사의 성립 후에도 계속 관철하면 자금조달이 사실상 불가능하게 되므로 허용은 하되 엄격하게 제한하고 있다(제417조).[163]

b. 요건

신주의 액면미달발행을 하기 위한 요건으로는 (i) 회사가 성립한 날로부터 2년을 경과하였을 것, (ii) 할인발행의 여부와 최저발행가액의 결정에 관하여 주주총회의 특별결의를 얻을 것, (iii) 법원의 인가를 얻을 것, (iv) 법원의 인가를 얻은 날로부터 1월 내에(법원은 연장할 수 있음) 신주를 발행할 것 등이 있다.

⑥ 신주발행의 위법 · 불공정에 대한 구제조치

a. 신주발행유지청구권

(a) 의의

신주발행유지청구권이란 회사가 법령 또는 정관에 위반하거나 현저하게 불공정한 방법에 의하여 주식을 발행함으로써 주주가 불이익을 받을 염려가 있는 경우, 주주가 회사에 대하여 신주발행의 유지청구를 할 수 있는 권리를 말한다(제424조, 사전구제수단).[164]

162) 신주인수인이 납입하지 않은 때에는 실권되므로, 이때 이사는 납입책임을 지지 않는다.

163) 1948년 영국 회사법상의 제도를 도입한 것이나 거의 활용되고 있지 않으며(영국도 1980년 회사법 개정시에 폐지하였다), 많은 나라에서는 자금조달의 편의를 도모하기 위하여 '무액면주식제도'를 이용하고 있다.

(b) 요건

회사가 법령 또는 정관에 위반하거나 현저하게 불공정한 방법에 의하여 주식을 발행하여야 하고, 이로 말미암아 주주가 불이익을 받을 염려가 있는 경우에 인정된다.

법령 또는 정관에 위반한 경우의 예로는 제417조 위반의 액면미달발행 · 이사회결의 없는 신주발행 · 정관에서 정한 주식의 종류를 무시한 신주발행 등이 있고, 현저하게 불공정한 방법의 예로는 회사 임원에게 부당하게 많이 배정한다든가 이사가 자기 편의 특정인에게 부당하게 많이 배정하는 것 등이 있다.

(c) 유지청구의 시기와 방법

신주발행이 유효한 경우에는 사전예방차원에서 신주발행의 효력발생 전(즉 납입기일까지)이고, 신주발행이 무효에 해당하는 경우에는 그 후에도 가능하다.

유지청구의 방법에는 제한이 없어 재판상 · 재판외의 청구를 할 수 있으므로 필요시 주주는 회사를 피고로 하여 신주발행유지청구의 소를 제기할 수도 있고, 가처분으로써 신주발행유지를 청구할 수도 있다.

(d) 유지청구를 무시한 신주발행의 효력

재판외의 유지청구시에는 신주의 발행이 무효로 되는 것이 아니고 이사의 책임이 생길 뿐이다.

법원의 유지판결이나 가처분이 있음에도 불구하고 이를 무시하고 신주를 발행한 경우의 효력에 관하여는, 유효설과 무효설로 견해가 나누이는데, 공권적 판단이므로 무효라고 하는 것이 타당하다고 생각된다.

b. 통모인수인에 대한 책임추궁

(a) 총설

이사와 통모하여 현저하게 불공정한 방법으로 주식(소위 '물탄 주')를 인수한 자는 회사에 대하여 공정한 발행가액과의 차액에 상당한 금액을 지급할 의무가 있다(제424의 2).

(b) 요건

(i) 주식인수인이 이사와 통모하여야 한다(인수인이 발행가액의 현저한 불공정을 알고 있어도 이사와의 통모가 없으면 책임이 없다). (ii) 발행가액이 현저하게 불공정하여야 한다. (iii) 불공정한 발행가액으로 인한 차액은 구주식에서 입은 불이익을 보충하는 것에 불과하므로 주주배정에 의한 신주발행의 경우에는 통모인수인의 책임은 발생하지 않는다

164) 이사의 위법행위유지청구권(제402조)과 함께 미국의 injunction제도를 도입한 것이다. 주주는 필요한 경우 2가지 유지청구권을 병용할 수 있다.

는 견해도 있으나, 제3자배정 · 모집은 물론 주주배정의 경우도 통모인수인의 책임을 인정하는 것이 타당하다. (iv) 책임을 추궁하는 경우, 회사 또는 대표소송을 제기하는 주주는 입증책임을 부담한다.

(c) 책임의 내용과 성질

인수인 자신은 불공정한 발행가액과 공정한 발행가액과의 차액에 상당하는 금액을 회사에 지급하여야 한다. 이 통모인수인의 책임은 법률적으로는 불법행위에 기한 손해배상책임의 일종이고 실질적으로는 자본금충실을 위한 추가출자의무의 성질을 띤다.

통모인수인이 회사에 추가로 지급한 차액은 액면초과금에 준하는 것으로서 자본준비금으로 적립하여야 한다.

원래 통모인수인의 책임은 회사가 추궁할 것이나, 대표이사가 이사와 통모한 자에 대하여 책임을 추궁하는 것이 사실상 기대하기 곤란하므로, 대표소송으로 책임을 추궁할 수 있다.

이사는 회사에 대하여 손해배상책임을 진다. 통모인수인과 이사의 손해배상책임은 부진정연대관계이다.

c. 신주발행무효의 소

(a) 총설

신주발행의 무효란 신주의 발행이 법령 또는 정관에 위반하여 새로이 발행되는 주식 전부를 무효로 하는 것을 말한다.[165]

'무효'는 원래 효력이 없는 것에 대하여 효력이 없다고 하는 것이므로 누구든지 언제든지 주장할 수 있는 것이 원칙이나, 신주발행무효 등과 같은 경우에는 법률관계의 안정과 획일적 처리를 위하여, 주주 · 이사 · 감사에 한하여 신주를 발행한 날로부터 6월 내에 소만으로 이를 주장할 수 있도록 하고 있다(제429조, 형성의 소).

(b) 무효원인

상법에는 신주발행의 무효원인에 대한 규정이 없다.

신주발행상 법령 또는 정관에 위반한 하자가 있더라도, 제3취득자의 보호를 위하여 신주발행유지청구 또는 이사의 손해배상책임 등으로 해결될 수 있는 가벼운 위법행위의 경우에는 무효로 할 필요가 없고, 주식회사의 본질에 반하는 중대한 위법행위의 경우에 한하여 무효로 하여야 할 것이다(법적 안정성을 위하여 무효의 원인은 되도록 좁게 해석).

165) 그러므로 개개 주식인수의 무효와는 구별을 요한다.

ⓐ 수권주식의 총수 · 종류 위반

정관에서 정하지 않은 종류의 신주발행은 무효이나, 정관 소정의 발행예정주식총수를 초과하여 발행한 경우 초과부분만 무효인지 전부 무효인지 여부가 문제로 되나 (초과부분을 특정할 수 없으므로) 전부 무효로 보아야 할 것이다.

ⓑ 자본금충실의 위반

법정절차를 따르지 않은 할인발행의 경우는 원칙적으로 무효이다. 그러나 작은 일부만의 할인발행의 경우에는 이사의 손해배상책임으로 전보될 수 있으므로 유효하다.

ⓒ 신주인수권의 무시

주주의 신주인수권의 전부 또는 대부분을 무시한 경우에는 무효이지만, 작은 일부만 무시한 경우에는 유효하고, 다만 이사에게 손해배상책임을 지우면 된다.

제3자의 신주인수권을 무시한 경우는 회사의 계약위반의 책임(채무불이행책임)에 그칠 뿐 무효로 되는 것은 아니다.

ⓓ 대표이사의 전단(專斷)

이사회결의 없이 대표자가 전횡으로 신주를 발행한 경우에 관하여, (i) 대표권을 신뢰한 상대방의 보호와 획일적 처리를 위한 유효설, (ii) 이사회의 자본조달의 권한은 신중히 행사하여야 한다는 무효설, (iii) 악의의 첫 인수인 및 양수인에 대하여는 무효이나 선의의 양수인에 대하여는 유효라는 절충설 등으로 견해가 나누이나, 이 중 유효설이 가장 타당하다고 생각한다.

ⓔ 신주발행유지청구의 무시

주주의 신주발행유지청구권을 무시한 신주발행의 경우, 주주가 재판외에서 행한 유지청구를 무시한 경우에는 무효로 되지 않으나 유지의 가처분이나 판결을 무시한 경우에는 무효의 원인이 된다.

ⓕ 위법한 주식배당

검사인을 선임하지 않은 현물출자의 방법에 의한 신주발행은 현물출자의 평가가 부당하지 않는 한 유효하다.

ⓖ 현저하게 불공정한 방법에 의한 신주발행

현저하게 불공정한 방법에 의한 신주발행은 주주의 유지청구와 이사의 손해배상책임에 의하여 해결할 것이고 거래안전상 유효로 해석하여야 할 것이다.

(c) 무효의 소와 절차

신주발행의 무효는 주주 · 이사 또는 감사가 신주를 발행한 날(신주발행효력발생일인

납입기일의 익일)로부터 6월 내에 소만으로 주장할 수 있다.[166)]

이 경우, 제186조 내지 제189조 · 제190조 본문 · 제191조 · 제192조 · 제377조의 규정이 준용된다(제430조).

(d) 무효판결의 효력

신주발행무효판결이 확정된 때에는 법률관계의 획일적 처리를 위하여 대세적 효력이 인정되고(제430조, 제190조 본문), 신주는 장래에 대하여 그 효력을 잃는다(제431조, 불소급효).

(e) 무효판결 후의 조치

회사는 지체 없이 신주 실효의 뜻과 3월 이상의 일정한 기일 내에 신주권을 회사에 제출할 것을 공고하고 주주명부상의 주주 및 질권자에게 개별통고하여야 한다(동조 제2항, 주권의 회수).

회사는 신주발행무효의 판결이 확정된 때에는 신주의 주주에 대하여 납입금액(현물출자의 경우엔 평가액)을 반환하여야 한다(제432조, 납입금의 반환). 납입시와 판결확정시 사이에 회사의 재산상태의 변동으로 인하여 그대로의 반환이 현저하게 부당한 경우에는 법원은 회사 또는 주주의 청구에 의하여 반환금액의 증감을 명할 수 있다. 즉 신주주도 그때까지 회사에 참여한바 손익에 참여할 수 있으므로 '주주는 증액을 · 회사는 감액'을 각각 청구할 수 있다.

확정판결에 따라 신주가 무효로 되면 회사의 자본이 감소하게 되므로 이에 따른 등기의 경정을 요한다.

(f) 신주발행의 부존재

신주발행의 부존재는 누구든지 언제든지 어떤 방법으로든지 주장할 수 있다. 그리고 필요한 경우에는 신주발행부존재확인의 소를 제기할 수 있다.

166) 상법 제429조는 신주발행의 무효는 주주 · 이사 또는 감사에 한하여 신주를 발행한 때부터 6월 내에 소만으로 주장할 수 있다고 규정하고 있는데, 이는 신주발행에 수반되는 복잡한 법률관계를 조기에 확정하고자 하는 것으로서, 새로운 무효사유를 출소기간 경과 후에도 주장할 수 있도록 하면 법률관계가 불안정하게 되어 위 규정의 취지가 몰각된다는 점에 비추어, 위 규정은 무효사유의 주장시기도 제한하고 있는 것이라고 해석함이 타당하므로, 신주발행무효의 소에서 신주를 발행한 날로부터 6월의 출소기간이 경과한 후에는 새로운 무효사유를 추가하여 주장할 수 없다.

(3) 특수한 신주발행

<table>
<tr><th></th><th>권 한</th><th>효력발생시기</th></tr>
<tr><td>주식배당</td><td></td><td>주주총회 종결시</td></tr>
<tr><td rowspan="2">준비금의 자본전입</td><td>이사회</td><td>신주배정일</td></tr>
<tr><td>정관상 주주총회인 경우</td><td>주주총회 결의시</td></tr>
<tr><td>주식병합</td><td>주주총회 특별결의</td><td>주권제출기간의 만료시 또는 회사채권자보호절차 종료시</td></tr>
<tr><td rowspan="2">주식의 전환</td><td>주주</td><td>전환청구시</td></tr>
<tr><td>회사</td><td>주권제출기간의 만료시</td></tr>
<tr><td>주식매수선택권</td><td>선택권자</td><td>선택권 행사시</td></tr>
<tr><td rowspan="2">신주인수권부사채의 신주인수권의 행사</td><td>사채권자(현실납입시)</td><td>납입시</td></tr>
<tr><td>사채권자(대용납입시)</td><td>청구서 제출시</td></tr>
</table>

① 의의

특수한 신주발행이란 '자금조달 이외의 사항'을 직접적인 목적으로 하는 신주발행을 말하고, 이에는 준비금의 자본금전입에 의한 신주발행 · 주식배당에 의한 신주발행 · 전환주식 또는 전환사채의 전환에 의한 신주발행 · 신주인수권부사채의 신주인수권의 행사에 의한 신주발행 · 흡수합병에 의한 신주발행 · 주식분할 또는 주식병합에 의한 신주발행 · 회사분할에 의한 신주발행 · 주식매수선택권에 의한 신주발행 등이 있다.

수권범위 내에서 발행하여야 하는 점은 통상의 신주발행과 같으나, 몇 가지 점에서 차이가 있다. (i) 특수한 신주발행의 경우에는 자본금이 증가하지 않는 경우가 있다.[167] (ii) 일반적으로 회사재산을 충당하여 신주를 특정한 자에게 교부하는 것이므로 통상의 신주발행의 경우의 절차를 요하지 않는다. (iii) 신주발행사항의 결정은, 준비금의 자본금전입의 경우에는 통상 이사회에서, 주식배당 · 주식분할의 경우에는 주주총회에서, 전환주식의 경우에는 정관에 의하여 각각 결정된다. (iv) 납입이 불필요하므로 신주의 효력발생시기는, 준비금의 자본금전입의 경우에는 이사회에서 정한 배정일, 주식배당 · 주주총회결의에 의한 준비금의 자본금전입의 경우에는 주주총회의 종결시, 전환주식 · 전환사채의 경우에는 개별적인 전환청구시이다. (v) 회사가 이미 보유하고 있는 재산을 충당하여 신주를 발행

167) 예컨대 주식분할 또는 전환주식의 전환에 있어서 전환비율이 1:1인 경우에는 자본금이 변하지 않는다.

하므로 회사의 재산이 현실적으로 증가하지 않는 것이 원칙이고, 다만 신주인수권부사채의 경우 대용납입을 하지 않고 신주가액을 납입하는 경우에는 재산이 증가한다.

② 준비금의 자본금전입에 의한 신주발행

회사는, 정관으로 주주총회에서 결정하기로 정한 경우를 제외하고는, 이사회의 결의에 의하여 준비금의 전부 또는 일부를 자본금에 전입할 수 있다. 이 경우 주주에 대하여 그가 가진 주식의 수에 따라 주식을 발행하여야 한다(준비금의 자본금전입, 제461조 제1항 · 제2항). 이를 가리켜 '준비금의 자본금전입에 의한 신주의 무상교부' 또는 단순히 '신주의 무상교부'라고 한다.

준비금의 자본금전입에 의한 신주발행의 성질은 일종의 주식의 분할(자본금의 증가 없음) 또는 신주의 무상교부(자본금의 증가 있음)이라고 할 수 있다.

③ 주식배당에 의한 신주발행

주식배당에 의한 신주발행이란 배당가능이익을 자본금에 전입하여 신주를 발행하고 지분율에 따라 무상으로 교부하는 것을 말한다.

그 법적 성질에 관하여는 이익배당의 일종으로 보는 것이 다수설이나 주식분할로 보는 소수설도 있다.

주식배당은 주주총회결의에 의하고, 주주는 주식배당의 결의가 있는 주주총회가 종결한 때로부터 신주의 주주가 된다(제462조의 2 제4항).

④ 전환주식의 전환에 의한 신주발행

전환주식을 보유하고 있는 주주로부터 전환의 청구가 있으면 기존의 전환주식은 소멸하고 그 대신 정관 소정의 종류와 수의 주식이 새로이 발행된다. 이 경우 주주가 새로운 출자를 하지 않으므로 회사의 재산에는 변동이 없다. 그러나 자본금의 경우에는, 신구 주식의 수가 같으면 자본금에 변동이 없고, 전환 후의 신주식의 수가 구주식의 수보다 많은 때에는 신주식의 액면총액과 구주식의 액면총액과의 차액만큼 자본금이 증가하게 된다(자본금변동설: 통설, 그러나 신구주식의 교환에 불과하므로 자본금에는 변동이 없다는 자본금불변설도 있다).

⑤ 전환사채의 전환에 의한 신주발행

전환사채권자로부터 전환의 청구가 있으면 기존의 사채는 소멸하고 그 대신 정관이나 이사회 또는 주주총회의 결의에서 정하여진 주식이 새로이 발행되어 종전의 사채권자에게 교부된다.

이 경우 신주의 발행대가는 이미 회사에 들어와 있으므로 전환주식의 경우와 마찬가지로 회사의 재산이 현실적으로 증가하는 것은 아니며, 다만 사채권자에게 주어지는 주식의 주금액만큼의 자본금의 증가가 생기게 된다.

⑥ 신주인수권부사채의 신주인수권의 행사에 의한 신주발행

신주인수권부사채권자 또는 신주인수권증권의 취득자가 신주인수권을 행사한 때에도 신주의 청약·배정 등의 절차를 요하지 않고, 신주발행청구를 하고 신주의 발행가액의 금액을 납입한 때 주주가 된다(제516조의 9, 그만큼 회사재산 증가). 신주인수권을 행사하는 자는 주식납입을 하는 경우와 하지 않는 경우(대용납입, 제516조의 2 제2항 제5호, 회사재산 불변)가 있으며, 어느 경우이든 신주발행에 의하여 늘어나는 주식의 액면금액만큼의 자본금증가가 생기게 된다. 액면을 초과하여 발행하는 경우에는 그 초과액은 자본준비금으로 적립된다.

⑦ 흡수합병에 의한 신주발행

흡수합병에 의한 신주발행은 회사의 재산이 늘고 자본금도 증가하는 것이 보통인데, 통상의 신주발행이 개별적인 출자임에 반하여 합병에 의한 신주발행은 해산회사의 재산이 존속회사에 포괄적으로 이전되고 해산회사의 주주에게 그 주식수에 따라 신주가 교부되는 특수성이 있다.

⑧ 주식분할에 의한 신주발행

주식의 분할이란 자본금을 증가하지 않고 기존의 주식을 세분화하여 발행주식수를 증가시키는 것을 말한다. 회사의 자본금과 재산에는 아무런 변동이 없고 주식의 수만 증감한다.

주식의 분할은 정관의 절대적 기재사항인 '1주의 금액'을 변경하는 것으로서 주주총회 특별결의를 요한다.

⑨ 주식병합에 의한 신주발행

주식의 병합이란 수개의 주식을 합하여 소수의 주식으로 하는 것을 말한다. 주식의 병합은 자본금감소(제440조 이하) 및 회사의 합병에 따라서 하는 경우가 있고, 회사의 재산이나 자본금은 그대로 두고 주식만을 병합하는 경우가 있다.

⑩ 회사분할에 의한 신주발행

회사분할(제530조의 2)에 의하여 신설된 회사 또는 회사분할합병(제530조의 6)의 경우의 합병상대회사는 신주를 발행하여 피분할회사의 주주에게 주게 된다. 회사분할은 어느 경우이든 주주총회 특별결의를 요하며, 단체법적인 절차를 따르므로 개별적인 청약이나 주금납입 등의 절차가 없는 점은 다른 특수한 신주발행의 경우와 같다.

⑪ 주식매수선택권에 의한 신주발행

정관에 주식매수선택권을 규정한 회사는 주주총회결의로써 회사의 경영과 기술혁신 등에 기여한 이사 등에 대하여 미리 정한 가액으로 신주인수권을 부여할 수 있으며, 부여받은 자는 2년 이상 재직할 것을 요건으로 일정기간 내에 신주인수권을 행사하면 회사는 이에 따라 신주를 발행하게 된다(제340조의 4).

3. 사채(타인자본)

(1) 총설

① 의의

사채란, 회사채(會社債)의 준말로서, 회사가 일반공중으로부터 비교적 장기의 자금을 집단적·대량적으로 조달하기 위하여 채권(債券)을 발행함으로써 부담하는 채무를 말한다.

합명회사·합자회사에 대하여는 사채 관련 규정이 전혀 없어, 사채발행의 가능 여부의 논란이 있는데, 유한회사처럼 명시적인 금지규정이 없는 만큼 발행은 할 수 있으나 실제는 활용되지 않는 것으로 보는 것이 타당할 것이다. 유한회사는 그 폐쇄성·비공개성때문에 명시규정으로 사채를 발행할 수 없도록 하고 있다(제600조 참조). 유한책임회사는 유한회사의 사채발행금지의 근거가 되는 제600조가 준용되지 않으나, 604조 제1항 후단의 규정(주식회사의 사채 상환 전 유한회사로의 조직변경금지규정)을 여전히 준용하고 있으므로(제287조의 44) 사채발행 가부에 관하여 논란의 여지가 있다.

사채에는 이자지급·상환·집단적 기채(起債) 등의 특색이 있다.

〈주식과 사채의 차이〉

	주 식	사 채
자본의 종류	자기자본의 조달	타인자본의 조달
증권소유자의 지위	주주로서의 지위	채권자로서의 지위
소유자로부터의 권리	결산시 이익배당을 받을 권리	확정이자의 수령권리
존속기간	영속성	기한성 (영구채의 경우는 예외)
환금상환 여부	불확실	확실
증권의 성질	출자증권	대부증권

② 사채의 종류

a. 담보부사채와 무담보부사채

담보부사채신탁법의 적용을 받는 담보부사채와 상법의 적용을 받는 무담보사채는 사채의 담보를 위하여 물상담보가 설정되어 있는지 여부에 의한 분류이다.[168]

b. 기명사채와 무기명사채

기명사채와 무기명사채는 사채권자 성명의 기재 여하에 따른 분류이다. 제480조상 사채를 기명식 또는 무기명식으로 한하는 것으로 정한 때를 제외하고는 양자 간의 전환은 언제든지 인정된다. 실제로는 무기명사채가 대부분이다(부자들의 경우 재산을 숨기기에 적합하기 때문이다).

c. 등록사채와 현물사채

공사채등록법에 의한 등록기관에의 등록 여부에 따른 분류이다.

등록사채란 채권을 발행할 때 본권을 발행하지 않고 이미 지정된 등록 기관에 채권의 액면, 번호 등을 등록하는 것만으로 사채권자의 지위가 확보되는 채권을 말한다. (i) 도난·분실의 염려가 없고, (ii) 원리금의 수령이 편리하며, (iii) 집중적 사무처리가 가능하다는 등의 이점이 있다. 등록사채의 이전 및 입질은 공사채등록원부에 등록하지 않으면 회사 기타의 제3자에게 대항할 수 없다. 현재 회사채는 거의 등록사채이다.

현물사채란 등록기관에 등록하지 않고 현실로 발행되는 사채를 말한다.

d. 보통사채와 특수사채

보통사채와 특수사채는 사채권자에의 특수한 권리부여 여부에 따른 분류이다. 특수사채에는 전환사채 · 신주인수권부사채 · 이익참가부사채 · 교환사채 · 담보부사채 등이 있다.

③ 사채와 주식

a. 공통점

양자 간의 공통점으로는 다음과 같은 것들이 있다.

- 회사의 장기자금조달
- 유가증권제도의 이용
- 이사회결정사항
- 서면에 의한 청약(사채청약서와 주식청약서)
- 기명식 발행의 경우 명의개서 필요

168) 사채를 가리키는 영어로는 bond와 debenture가 있는데, bond는 담보부사채를 가리키고 debenture는 무담보사채를 가리킨다.

• 공모시 모집액이 일정금액을 초과하면 자본시장법상 일정한 제한을 받는다(자본시장법 제119조 · 제120조 · 제123조).

b. 차이점(자기자본 대 타인자본)

주식	사채
주주는 회사의 관리운영에 참여 (무의결권주 예외)	사채권자는 회사의 관리운영에 참여 불가
불확정한 이익배당	확정액의 이자
상환 불가(상환주 예외)	상환(회사의 해산시 사채가 주식에 우선)
주권	사채권
전액납입, 현물출자, 상계(대항) 가능	분할납입, 금전납입(현물출자 불가), 상계(대항) 가능
수권주식총수와 액면가액상 제한	사채모집의 제한 없음
자기주식취득의 제한	자기사채취득의 제한 없음
주식 입질 관련 특별규정 있음 (제338조: 기명주식의 입질, 제340조: 기명주식의 등록질)	사채 입질 관련 특별규정 없음

c. 양자의 접근화(혼혈적 증권의 출현)

회사의 자금조달의 편의를 위하여 '주식의 사채화'와 '사채의 주식화'의 현상이 발생하여 양자 간의 중간적 성질의 증권이 많이 생기고 있는 경향이다.

(a) 주식의 사채화

주식이지만 사채의 성질을 가지는 것으로서 무의결권주 · 비참가적 우선주 · 상환주 등이 있다.

(b) 사채의 주식화

사채이면서 주식의 성질을 가지는 것으로서 전환사채 · 신주인수권부사채 · 이익참가부사채 · 교환사채 등이 있다.

④ 사채의 법적 성질

사채의 법적 성질에 대하여 소비대차설 · 소비대차에 유사한 무명계약설(無名契約說) · 채권매매설 · 절충설 등이 있는데, 사채계약은 소비대차와 유사한 무명계약이지만 금융채권에 관하여 인정되는 매출발행의 경우에는 채권의 매매로 보는 것이 무방할 것이다(절충설 또는 구분설).

(2) 사채의 모집(사채의 발행)

① 사채모집제한의 폐지

2011년 상법개정 전에는 (i) 사채총액을 제한하였고(제470조), (ii) 전에 모집한 사채총액의 납입이 완료된 후에만 다시 사채를 모집할 수 있도록 사채의 재모집을 제한하였고(제471조), (iii) 사채금액을 10,000원 이상으로 제한하였으며(제472조), (iv) 할증상환의 경우 권면액의 초과액은 동률이어야 한다고 제한하였었는데(제473조), 2011년 개정상법은 이러한 사채모집의 제한에 관한 규정을 모두 폐지하였다.

② 사채모집의 방법

사채모집의 경우에는 신주발행시의 신주인수권에 해당하는 것이 없으므로 주주배정이나 제3자배정은 있을 수 없고, 언제나 모집의 방법에 의한다. 모집의 방법에는 '총액인수'와 '공모'가 있다.

총액인수는 기채회사와 특정인 간의 계약에 의하여 특정인으로 하여금 사채총액을 일괄하여 인수하도록 하는 방법이다(제475조 제1문, 이때 특정인은 금융투자업을 하는 회사이다).

공모는 기채회사가 일반공중으로부터 사채를 직접 모집하는 방법인데(이것이 기본방법), 이에는 다시 직접모집과 간접모집이 있고, 간접모집에는 다시 위탁모집(제476조 제2항) · 도급모집(제474조 제2항 제1호, 제475조 제2문)이 있다. 그리고 공모에는 또 채권을 직접 일반공중으로부터 매출하는 매출발행도 있다.

③ 사채모집절차

a. 이사회결의

사채를 모집하기 위하여는 '이사회의 결의'가 있어야 한다(제469조). 신주발행의 경우와 균형을 맞추어 자금조달의 신속을 꾀하고자, 사채모집은 이사회결의사항으로 한 것이다.

이사회는 정관에서 정하는 바에 따라 대표이사 또는 대표집행임원에게 사채의 금액 또는 종류를 정하여 1년을 초과하지 않는 기간 내에 사채를 발행할 것을 위임할 수 있다(제469조 제4항).

이사회의 결의 없이 대표이사가 사채를 모집한 경우에도 사채의 발행은 단순한 업무집행행위이고 또 사채권자인 공중을 보호하고 유통을 보호할 필요가 있으므로 유효하다(통설).

b. 사채청약

사채의 청약은 모집방법에 따라 그 절차가 다르다.

직접모집 또는 간접모집 중 위탁모집의 방법에 의하는 경우, 공중보호상 사채내용을 알리기 위하여 사채청약서[169] 2통에 인수할 사채의 수와 주소를 기재하고 기명날인 또는 서명하여야 한다. 사채청약서에 의하지 않은 청약은 무효이고 중요기재사항을 누락한 사채청약서에 의한 청약도 무효이다(제474조, 제476조 제2항).

총액인수 · 간접모집 중 도급모집 · 매출발행의 경우에는 일반공중을 대상으로 하지 않으므로 사채청약서에 의한 청약을 요하지 않는다.

c. 사채의 배정

청약에 대하여 기채회사 또는 수탁회사가 배정을 하면 사채계약이 성립한다.

통일성 · 일체성상 모집의 총액에 대한 응모가 없으면 사채모집은 전체로서 성립하지 않을 것이나, 신주발행시와의 균형상(둘 다 자금조달방법이므로) 사채청약서에 응모한도 내에서 성립한다는 취지의 조항이 있으면 사채발행의 효력이 있다고 본다.

d. 납입

사채모집이 완료한 때에는 기채회사의 이사 또는 수탁회사는 지체 없이 인수인에 대하여 각 사채의 전액 또는 제1회의 납입을 시켜야 한다(제476조).[170]

납입지체에 대하여 실권절차는 인정되지 않는다(주식발행에 관한 규정의 준용규정인 제425조에 제307조가 포함되지 않는다).

주식의 경우와 달리 납입장소의 제한도 없다(제425조 제1항, 제305조 제2항).

통상의 사채의 경우 사채등기를 요하지 않는다(자기자본인 주식의 경우에는 등기사항이다).

사채의 인수대금 납입시 상계가 허용된다.

(3) 사채의 유통

① 채권(債券)

a. 의의 및 성질

채권(사채권: 사채총액에 대한 분할채무증서)이란 사채를 표창하는 유가증권을 말한다. 채권의 유가증권으로서의 성질로는 채권적 증권 · 상환증권 · 문언증권 · 유인증권 · 요식증권 등이 있다.

---

169) 기채회사의 이사 또는 수탁회사가 작성한다.
170) 분할납입이 가능하다.

회사는 채권을 발행하는 대신에 정관에서 정하는 바에 따라 전자등록기관의 전자등록부에 채권을 등록하여 발행할 수 있다(주권의 전자등록발행과 동일, 제478조 제3항).

b. 종류

채권에는 증권상에 사채권자의 성명의 기재 여하에 따라 기명식과 무기명식의 2 종류가 있다(제480조 참조).

c. 채권발행시기

채권계약의 성립에 원칙적으로 채권의 발행을 필요로 하는 것은 아니다.

채권은 사채 전액의 납입이 완료한 후가 아니면 발행할 수 없다(제478조 제1항). 그리고 전액납입 후에는 원칙적으로 채권을 발행하여야 할 것이다.

사채 전액의 납입완료 전에 발행한 채권의 효력에 관하여 유효설 · 무효설로 견해가 나누이는데, 제478조는 회사의 이익을 위한 규정이므로 회사가 스스로 이익을 포기하고 채권을 발행한 것인바 유효로 보는 것이 타당하다.

d. 등록사채에 있어서의 채권의 불발행

공사채등록법은 사채에 관하여 등록제도를 채택하여 등록기관에 등록한 사채에 관하여는 채권을 발행하지 않고, 기발행사채에 대하여 등록하는 경우 등록기관이 채권을 회수하여야 한다고 규정하고 있다.

주권불소지제도와 같은 것으로서 '증권 없는 사회(가치권 또는 관념권)'의 일환이다.

e. 채권의 재발행

기명채권은 지명채권이므로 제권판결이 부인되나, 무기명채권의 경우에는 제360조가 적용되어 필요한 경우 채권을 재발행할 수 있다.

② 사채원부 · 사채등록부

사채원부란 사채 · 사채권자 · 채권에 관한 사항을 명확히 하기 위하여 작성되는 장부를 말한다. 사채원부는 (대표)이사 또는 (대표)집행임원이 작성하여 본점 또는 명의개서대리인의 영업소에 비치하고 주주 · 회사채권자의 열람에 제공하여야 한다(제396조).

사채원부의 기재사항은 다음과 같다. (i) 사채권자(무기명식 채권이 발행되어 있는 사채의 사채권자는 제외)의 성명과 주소, (ii) 채권의 번호, (iii) 사채의 총액 · 각 사채의 금액 · 사채의 이율 · 사채의 상환과 이자지급의 방법과 기한 · 사채를 수회에 분납할 것을 정한 때에는 그 분담금액과 시기 · 사채모집의 위탁을 받은 회사가 있는 때에는 그 상호와 주소 · 사채관리회사가 있는 때에는 그 상호와 주소 · 사채관리회사가 사채권자 집회결의에 의하지 아니하고 제484조 제4항 제2호의 행위를 할 수 있도록 정한 때에는 그 뜻, (iv) 각 사채의 납입금액과 납입연월일, (v) 채권의 발행연월일 또는 채권을 발행하는 대신 전자등록기관의 전자등록부에 사채권자의 권리를 등록하는 때에는 그 뜻, (vi) 각 사채의 취득연월일, (vii) 무기명식 채권을 발행한 때에는 그 종류, 수, 번호와 발행연월일.

사채원부의 기능은 (주주명부와 같은바) 기명사채이전의 대항요건이며(제479조) 사채권자에 대한 통지 · 최고의 근거이다(제489조 제1항).

사채원부는, 기명사채 이전의 대항요건인 '사채권자에 대한 통지 및 최고'에 있어서 그 의의가 있으나, 실제로는 무기명채권이 대부분이어서 그 의의가 별로 없다.

사채등록부는 공사채등록법에 의하여 사채의 등록을 위하여 등록기관이 비치하여야 하고, 법정사항을 기재하고 등록사채권자 기타 이해관계자의 열람에 제공하여야 하며, 사채등록부는 담보권설정의 대항요건에 관하여 의의가 있다.

③ 사채의 양도와 입질

a. 기명사채의 경우

(a) 양도

기명사채의 양도방법에 관하여 상법상 특별한 규정이 없다. 그러므로 기명사채의 양도는 '지명채권의 양도방법'에 의한다. 즉 양도의 의사표시와 채권의 교부에 의하여 양도의 효력이 발생하고(효력발생요건), 회사 기타 제3자에게 대항하기 위하여 취득자의 성명과 주소를 사채원부에 기재하고 성명을 채권에 기재하여야 한다(대항요건). 회사가 명의개서 대리인을 둔 경우에는 영업소에 비치된 사채원부 또는 복본에 명의개서를 하여야 한다.

기명사채를 지시식으로 발행할 수 있는가에 대하여 긍정설과 · 부정설로 견해가 나누이나, 유가증권법정주의에 비추어 '부정'하는 것이 타당하다(다만 긍정설을 취하는 경우에는 배서에 의하여 양도할 수 있다).

전자등록기관의 전자등록부에 등록된 기명사채의 양도나 입질은 전자등록부에 등록하여야 그 효력이 생긴다(제478조 제3항, 제356조의 2 제2항).

(b) 입질

기명사채의 입질은, 기명사채가 일종의 지명채권이므로 민법규정에 따른 의사표시에 의하고 채권이 발행된 경우에는 채권을 채권자에게 교부함으로써 질권설정의 효력이 발생한다(민법 제346조 · 제346조 권리질의 입질방법). 입질의 대항요건에 대하여는 민법 제349조에 따라 제450조(지명채권양도의 대항요건)의 절차를 밟아야 한다는 것이 다수설이다.

b. 무기명사채의 경우

무기명사채의 양도와 입질에 관하여도 상법에 규정이 없다. 하지만 무기명채권의 일종이므로 무기명채권의 양도와 입질에 관한 민법규정에 따라야 한다.

무기명채권의 양도는 양수인에게 채권을 교부함으로써 효력이 있고, 입질은 채권을 질권자에게 교부함으로써 효력이 생기며, 질권자는 채권을 계속 점유함으로써 제3자에게 대항할 수 있다.

c. 등록사채의 경우

등록한 기명사채를 이전하거나 담보권의 목적으로 하는 것은 채권의 교부 없이 '의사표시'만으로써 할 수 있으나, 등록기관에 등록하고 발행회사가 비치하는 사채원부에 기재하지 않으면 발행회사 기타 제3자에게 대항할 수 없다.

등록한 무기명사채를 이전하거나 담보권의 목적으로 하는 것 역시 의사표시에 의하여 할 수 있으나 등록하지 않으면 발행회사 기타 제3자에게 대항할 수 없다.

d. 선의취득

기명채권은 유가증권에 해당하나, 법률상 당연한 지시증권성 또는 무기명증권성이 없고 점유자가 적법한 소지인으로 추정되지 않으므로, 선의취득이 부정되어야 할 것이다.

무기명채권은 그 성질상 선의취득이 인정된다.

④ 사채의 이자지급과 상환

a. 사채의 이자지급

(a) 이자의 약정

사채의 이율 · 이자의 지급방법 · 기한 등은 사채모집조건에서 정하여지고, 사채청약서 · 채권 · 사채원부에 기재된다.

(b) 이자의 지급방법

이자의 지급은 후급 또는 선급(확정금리일 필요가 없으며, 공금리에 따른 연동금리방식)으로 할 수 있다. 실제로는 3개월 선급의 확정금리부사채가 이용되고 있다.

기명사채의 경우에는 이자지급시기에 사채원부에 기재된 사채권자에게 지급되고, 무기명사채의 경우에는 무기명사채에 붙여 발행된 이권(利券)의 소지인에게 이자지급시기에 지급장소에서 이권과 상환하여 지급된다.

(c) 이권(利券)

이권이란 각 이자지급시기에 있어서의 이자지급청구권을 표창하는 유가증권을 말한다.

사채권자는 각 이자지급시기에 지급장소에서 이권을 제시하고 이와 상환하여 이자의 지급을 받을 수 있다. 이때 채권 자체의 제시는 요하지 않는다.

이권이 채권으로부터 분리되면 이자지급청구권을 표창하는 독립한 유가증권으로서 채권과 별개로 유통된다.

무기명사채상환의 경우, 이권 있는 무기명식의 사채를 상환하는 때에 이권이 없어진 것이 있으면 그 이권에 상당한 금액을 상환액으로부터 공제한다. 이 경우 이권소지인은 언제든지 그 이권과 상환하여 공제액의 지급을 청구할 수 있다(제486조).

(d) 이자지급청구권의 시효

사채의 이자지급청구권과 흠결이권소지인의 공제금지급청구권은 5년간 행사하지 않으면 소멸시효가 완성된다(제487조 제3항).

b. 사채의 상환

(a) 의의

사채의 상환이란 회사가 사채권자에 대하여 부담한 채무를 변제하는 것을 말한다.

상환의 방법과 기한은 사채모집조건에서 정하여지며 사채청약서 · 채권 · 사채원부에 기재된다(제474조 제2항 제8호, 제478조 제2항, 제488조 제3호).

(b) 상환금액

권면액(券面額)을 상환하는 것이 원칙이나, 권면액을 초과하는 액 또는 권면액에 미달하는 액으로 상환할 것을 약정할 수 있다. 다만 할증상환의 경우 초과액은 각 사채에 대하여 동률이어야 한다.

상환시에 지급하는 금액을 권면액으로 하고 발행시부터 상환시까지의 이자합계액을 차감한 금액으로 사채를 발행하는 수가 있는데 이를 '할인발행' '할인사채'라고 한다.

(c) 상환기간

사채의 상환기간에 관하여는, 사채발행 후 일정한 거치기간을 정하고 그 후 일정기일까지 수시로 상환하거나 정기적으로 일정액 또는 그 이상의 금액을 추첨에 의하여 상환하여 일정한 기일까지 전부의 상환을 할 것을 정할 수 있다. 이 거치기간 중에는 사채권자의 의사에 반하여 상환할 수 없지만(민법 제153조 제2항), 기간경과 후에는 상환조건에 따라 (수시로 또는 정기적으로) 상환하여야 한다.

사채발행조건에 정함(상환조항)이 있는 때에는 만기 전이라도 회사는 사채의 전부나 일부를 상환할 수 있다.

(d) 상환방법

사채상환은 채권과 상환하여 행한다. 그러나 채권불발행의 등록사채의 경우에는 등록기관이 지급장소에 통지하는 동시에 사채권자에게 등록사채원금영수증을 송부하고 사채권자가 지급장소에서 이것과 상환하여 지급받는다.

또한 사채에 관하여는 제341조의 제한이 없으므로 사채시가의 하락시에는 매입소각에 의하여 유리하게 상환과 동일한 목적을 달성할 수 있다.

(e) 사채관리회사가 있는 경우의 상환

사채관리회사는 사채권자를 위하여 사채의 상환을 받음에 필요한 재판상 · 재판외의 모든 행위를 할 권리가 있다. 사채관리회사가 위 권리를 행사하여 발행회사로부터 사채의 상환을 받은 때에는 지체 없이 그 뜻을 공고하고 알고 있는 사채권자에 대하여는 개별통지하여야 한다(제484조).

이와 같이 사채관리회사가 상환을 받으면 사채발행회사의 채무는 소멸하고, 이 경우 사채권자는 사채관리회사에 대하여 채권과 상환하여 상환액의 지급을 청구할 수 있다.

사채관리회사가 2 이상인 경우에는 권리를 공동행사하며, 각 회사는 사채권자에 대하여 연대하여 상환액을 지급할 의무가 있다.

(f) 상환청구권의 시효

사채권자의 '기채회사 또는 사채관리회사'에 대한 상환청구권은 10년 간 행사하지 않으면 소멸시효가 완성한다(제487조 제1항 · 제2항). 사채의 상환청구권에 대한 지연손해금의 소멸시효기간도 10년이다. 사채의 공중성과 계속성을 고려하여 제64조(5년)에 대한 예외로 한 것이다.[171]

⑤ 사채의 관리(사채권자의 단체성)

사채권자는 일종의 이익공동체를 구성할 수 있고, 이에 상법은 공동이익을 위한 이들의 단체적 행동을 인정하고 있다. 이 단체적 행동에는 '사채관리회사'와 '사채권자집회'가 있다. 그러나 주주의 단체성보다는 약하다.

a. 사채관리회사

2011년 상법개정 전에는 기채회사(起債會社: 사채모집회사)로부터 사채모집의 위탁을

171) 금전채무에 대한 변제기 이후의 지연손해금은 금전채무의 이행을 지체함으로 인한 손해의 배상으로 지급되는 것이므로, 그 소멸시효기간은 원본채권의 그것과 같다. 상법 제487조 제1항에 '사채의 상환청구권은 10년간 행사하지 아니 하면 소멸시효가 완성한다.' 같은 조 제3항에 '사채의 이자와 전조 제2항이 청구권은 5년간 행사하지 아니 하면 소멸시효가 완성한다'고 규정하고 있고, 이미 발생한 이자에 관하여 채무자가 이행을 지체한 경우에는 그 이자에 대한 지연손해금을 청구할 수 있으므로, 사채의 상환청구권에 대한 지연손해금은 사채의 상환청구권과 마찬가지로 10년간 행사하지 아니 하면 소멸시효가 완성하고, 사채의 이자에 대한 지연손해금은 사채의 이자와 마찬가지로 5년간 행사하지 아니 하면 소멸시효과 완성한다(대법원 2010년 9월 9일 선고 2010다28031 판결).

받은 수탁회사는, 한편으로는 기채회사와 위임계약을 체결하여 기채회사의 임의대리인의 자격에서 사채모집의 업무를 수행하였고, 다른 한편으로는 (사채권자와 특별한 계약관계에 있지 않으면서) 사채권자의 법정대리인의 자격에서 사채권자를 위하여 사채의 상환을 받는 등의 업무를 수행하였다.

그런데 수탁회사가 동시에 이해가 상반하는 '기채회사와 사채권자'의 대리인이 되는 것은 문제가 있는바, 이 양자의 지위를 분리하여 기채회사로부터 사채모집의 위탁을 받아 사채모집의 업무를 수행하는 수탁회사는 그대로 두고, 사채권자의 대리인으로서 사채권자를 위하여 사채의 상환을 받는 등의 업무를 수행하는 자에 대하여는 수탁회사와는 별도로 사채관리회사를 두도록 하였다(사채관리회사의 법정권한을 명확히 하고 조사권한에 대하여 규정하고 있다)(제480조의 2, 제484조, 제485조, 제489조 제1항 참고).

(a) 의의

사채관리회사란 회사가 사채를 발행하는 경우에 회사의 위탁에 의하여 사채권자를 위하여 변제의 수령, 채권의 보전, 기타 사채의 관리를 하는 회사를 말한다.

사채권자에 대하여 직접 계약관계가 있는 것은 아니지만, 상법규정상 사채권자를 위하여 일정법률행위나 일정행위를 할 대리권 내지 대표권을 가지므로 사채권자에 대하여 일종의 법정대리인으로서의 지위를 갖는다.

(b) 직무권한

사채관리회사는 기채회사로부터 사채모집의 위탁을 받은 회사이므로 본래의 권한은 사채모집시에 사채청약서를 작성하고 납입을 시키는 것에 그치나, 사채권자의 이익을 계속적으로 보호하기 위하여, (i) 사채상환을 받음에 필요한 재판상・재판외의 모든 행위를 하고, (ii) 사채권자집회에 관하여 집회를 소집하고 대표자를 집회에 출석시키거나 서면으로 의견을 제출하고, 기채회사의 대표자의 출석을 청구하고 집회의 결의를 집행하며, (iii) 기채회사가 현저하게 불공정한 변제・화해 기타의 행위를 한 때에는 그 취소의 소를 제기할 수 있다.

사채관리회사가 2 이상인 때에는 공동으로 직무권한을 행사하고, 상환금지급에 관하여 사채권자에 대하여 연대의무가 있다.

(c) 취임・퇴임과 사무승계자

사채관리회사는 기채회사와의 위임계약에 의하여 취임하는데, 그 자격은 '은행・신탁회사・기타 대통령령으로 정하는 자'로 한정하고, 사채의 인수인과 사채를 발행한 회사와 특수한 이해관계가 있는 자로서 대통령령으로 정하는 자는 사채관리회사가 될 수 없

다(제480조의 3).172)

사채관리회사는 위임계약의 종료에 의하여 퇴임한다.

사채관리회사는 임의로 사임할 수 없다. 기채회사와 사채권자의 동의를 얻든가 부득이한 사유가 있는 때 법원의 허가를 얻어 사임할 수 있다(제481조).

사채관리회사는 기채회사가 임의로 해임할 수 없고 사채관리회사가 사무처리에 부적임하거나 기타 정당한 사유가 있는 때에 한하여 법원이 기채회사 또는 사채권자집회의 청구에 의하여 해임할 수 있다(제482조).

사임 또는 해임에 의하여 사채관리회사가 없게 된 경우, 기채회사와 사채권자집회의 일치로써 사무의 승계자를 정할 수 있고, 부득이한 사유가 있는 때에는 이해관계인은 사무승계자의 선임을 법원에 청구할 수 있다(제483조).

(d) 보수 · 비용

사채관리회사와 기채회사 사이에 약정이 있는 때에는 그에 따르고, 약정이 없으면 법원의 허가를 얻어서만 기채회사에 대하여 보수와 비용을 청구할 수 있고, 사채관리회사는 상환받은 금액에서 사채권자에 우선하여 보수 · 비용의 변제를 받을 수 있다(제507조).

(e) 의무 · 책임

사채관리회사는 사채권자를 위하여 공평하고 성실하게 사채를 관리하여야 한다. 사채관리회사는 사채권자에 대하여 선량한 관리자의 주의로써 사채를 관리하여야 한다. 사채관리회사가 상법이나 사채권자집회결의를 위반한 행위를 한 때에는 사채권자에 대하여 연대하여 이로 인하여 발생한 손해를 배상할 책임이 있다(제484조의 2).

(f) 2 이상의 사채관리회사의 권한과 의무

사채관리회사가 2 이상 있는 때에는 그 권한에 속하는 행위는 공동으로 하여야 한다. 이 경우에 사채관리회사가 사채에 관한 채권의 변제를 받은 때에는 사채관리회사는 사채권자에 대하여 연대하여 변제액을 지급할 의무가 있다(제485조).

b. 사채권자집회

(a) 의의

사채권자집회란 많은 사채권자의 개별적 권리행사와 또 이에 대응하여야 하는 회사의 불편을 회피하기 위하여 동일 종류의 사채권자에 의하여 구성되고 사채권자에게 중대한 이해관계가 있는 사항에 관하여만 의사를 결정하는 '사채권자단체의 임시기관'을 말한다.

172) 사채의 인수인은 그 사채의 사채관리회사가 될 수 없다.

(b) 소집

소집권자는 '기채회사 · 사채관리회사 · 소수사채권자(사채총액의 1/10 이상에 해당하는 사채권자)'이다(제491조 제2항).

소수사채권자는 회의의 목적인 사항과 소집이유를 기재한 서면을 기채회사 또는 사채관리회사에 제출하여 소집을 청구할 수 있고, 소집청구를 받고도 회사가 지체 없이 집회소집절차를 밟지 않을 때는 법원의 허가를 얻어 소집할 수 있다(동조 제3항).

소집절차는, 주주총회의 소집절차에 준하여, 회일의 2주 전에 각 사채권자(기채회사와 수탁회사 포함)에게 회의의 목적사항을 기재한 서면으로 통지를 발송하여야 하고, 무기명채권을 가진 사채권자는 그 채권을 공탁하여야 한다(동조 제4항).

(c) 권한

사채권자집회의 권한은 (i) 상법에 규정된 것과 (ii) 사채권자의 이해에 중대한 관계가 있는 사항으로 한정된다(제490조).

ⓐ 법정사항

(i) 기채회사가 이자지급 또는 정기의 일부상환을 해태한 경우의 기한의 이익의 박탈, (ii) 기채회사의 현저하게 불공정한 변제 · 화해 기타의 행위를 취소하는 소의 제기, (iii) 기채회사의 감자 · 합병에 대한 이의 제기, (iv) 집회의 대표자 및 결의집행자의 선 · 해임 및 위임사항의 변경, (v) 수탁회사의 사임 동의 · 해임 청구와 사무승계자의 선임, (vi) 기채회사의 대표자의 집회출석요구, (vii) 사채권자집회의 연기 · 속행 등.

ⓑ 사채권자의 이해에 중대한 관계가 있는 사항

사채권자의 이해에 중대한 관계가 있는 사항으로는, 예컨대 사채원리금의 지급유예 · 이율인하 등 권리의 확장의 경우가 있는데, 이에 대하여는 법원의 허가를 요한다.

(d) 의결권

각 사채권자는 그가 가지는 해당 종류의 사채금액의 합계액(상환받은 액은 제외한다)에 따라 의결권을 가지고(제492조 제1항), 무기명식채권을 가진 자는 회일로부터 1주 전에 채권을 공탁하여야 의결권을 행사할 수 있다(동조 제2항).

의결권 대리행사의 허용과 방법 · 기채회사 소유의 자기사채의 의결권의 휴지 · 특별이해관계인의 의결권제한 · 정족수 및 의결권수의 계산 등은 주주총회의 경우와 마찬가지이다(제510조).

(e) 의사

기채회사 또는 사채관리회사는 대표자를 집회에 출석시키거나 서면으로 의견을 제출할

수 있다.[173]

사채권자집회 또는 소집권자는 필요하다고 인정하는 때에 기채회사에 대하여 대표자의 출석을 청구할 수 있다.

회의의 속행 또는 연기의 결의를 할 수 있다.

의사록을 작성하여, 기채회사의 본점에 비치하고, 수탁회사와 사채권자의 열람에 제공하여야 한다(제510조).

(f) 결의

ⓐ 결의방법

사채권자집회의 결의는 원칙적으로 주주총회 특별결의에 준하여 출석한 사채권자의결권의 2/3 이상과 발행사채총액의 1/3 이상의 다수로 한다(제495조 제1항, 제434조).

예외적으로 (수탁회사의 사임동의 · 해임청구와 사무승계자의 선임, 기채회사 대표자의 집회출석요구 등) 비교적 중요하지 않은 사항의 경우에는 출석한 사채권자의 의결권의 과반수로 한다.

사채권자집회를 용이하게 하기 위하여, 사채권자집회에도 '서면투표와 전자투표'를 인정한다(제495조 제3항 · 제6항).

ⓑ 결의의 효력

사채권자집회의 결의는, 사채권자의 보호와 함께 결의하자의 문제를 비송사건인 인가절차에 흡수시키기 위하여,[174] 결의 자체만으로는 효력이 없고 결의일로부터 1주 내에 법원의 인가를 얻어야 효력이 발생하고(제498조 제1항 본문), 그 결의는 (흠결자 및 반대자를 포함하여) 총사채권자에 대하여 효력이 있다(동조 제2항).

사채권자집회는 결의한 날로부터 1주 내에 결의의 인가를 법원에 청구하여야 한다(제496조). 집회결의에 대한 인가 · 불인가의 결정이 있으면 기채회사는 지체 없이 그 뜻을 공고하여야 한다. 인가할 수 없는 경우로는 (i) 사채권자집회의 소집절차 또는 결의방법이 법령이나 사채모집계획서의 기재를 위반한 때, (ii) 결의가 부당한 방법에 의하여 성립된 때, (iii) 결의가 현저하게 불공정한 때, (iv) 결의가 사채권자의 일반의 이익에 반하는 때 등이 있다(제497조).

173) 사채권자집회에 출석하지 않은 사채권자는 서면에 의하여 의결권을 행사할 수 있다. 서면에 의한 의결권의 행사는 의결권행사서면에 필요한 사항을 적어 사채권자집회 전일까지 의결권행사서면을 소집자에게 제출하여야 한다. 서면에 의하여 행사한 의결권의 수는 출석한 의결권자의 의결권의 수에 포함한다(제495조 제3항~제5항).

174) 사채권자집회결의의 하자에 대하여는 제376조 내지 제381조 등의 소가 인정되지 않는다.

ⓒ 결의의 집행

집회의 결의로서 집행자를 정한 때는 그 집행자가 집행하고, 정하지 않은 때는 사채관리회사가 집행하며, 사채관리회사가 없는 때는 집회의 대표자가 집행한다(제501조).

이때 집행자와 대표자는 상환받을 금액에서 사채권자에 우선하여 보수와 비용의 변제를 받을 수 있다.

(g) 사채권자집회의 대표자

사채권자집회는 해당 종류의 사채총액의 1/500 이상을 가진 사채권자 중에서 1인 또는 수인의 대표자를 선임하여 그 결의할 사항의 결정을 위임할 수 있고, 수인의 대표자인 경우에는 과반수로 정한다(제500조).

이 결정 외에 대표자의 권한에 속하는 행위는 수인의 대표자가 공동으로 한다(제502조).

사채권자집회는 언제든지 대표자를 해임하거나 위임사항을 변경할 수 있다(제504조).

사채관리회사 · 대표자 · 집행자는 상환받은 금액에서 사채권자에 우선하여 보수와 비용을 변제받을 수 있다(제507조 제2항).

(h) 비용의 부담

사채권자집회에 관한 비용은 기채회사가 부담한다(제508조 제1항).

법원에 대한 결의인가청구에 관한 비용도 기채회사의 부담이 원칙이나, 예외적으로 법원은 이해관계인의 신청에 의하거나 직권으로 전부 또는 일부에 관하여 별도의 부담자를 둘 수 있다(동조 제2항).

⑥ 특수사채

특수사채는 '상법이 인정하는 특수사채'와 '특별법이 인정하는 특수사채'로 나누인다. 전자에는 전환사채 · 신주인수권부사채 · 이익참가부사채 · 교환사채 · 상환사채 등이 있고, 후자에는 담보부사채신탁법상의 담보부사채가 있다(동법 제17조 참조). 이 중에서 담보부사채와 전환사채 · 신주인수권부사채를 중심으로 살펴보기로 한다.

a. 담보부사채

(a) 의의

담보부사채란 사채권을 담보하기 위하여 물상담보가 붙여진 사채를 말한다.[175] 그런데 사채권자가 다수이고 그들이 수시로 변동하므로 각 사채권자에게 개별적으로 담보권을 설정하는 것은 실제 불가능하다. 그리하여 영미의 신탁제도를 도입하여, 기채회사와 사채

175) 인적 담보가 붙은 경우에는 '보증사채'라고 한다.

권자 간에 신탁업자(사채관리회사: 신탁회사 또는 은행법에 의한 금융기관)를 두고 위탁회사와 수탁회사 간의 신탁계약에 의하여(신탁증서) 사채관리회사가 물상담보권을 취득하고 이를 총사채권자를 위하여 보존・실행할 의무를 지며 총사채권자가 채권액에 따라 평등하게 담보의 이익을 받을 수 있도록 하게 한 것이다.

(b) 담보권의 종류

담보부사채신탁법상 사채에 붙일 수 있는 물상담보의 종류는 동산질・증서가 있는 채권질・주식질・부동산저당 기타 법령이 인정하는 각종 저당(선박저당・공장저당)에 한한다.

(c) 사채의 발행

동일순위의 담보권을 갖는 사채를 여러 차례로 나누어 발행할 수 있다(분할발행). 미국의 개방담보제도(open-end mortgage)를 본딴 것으로 신주발행에 있어서의 수권자본제도와 유사하다. 개방담보란 담보부채권을 발행할 때 그 담보물건에 대해서 발행되는 채권이 1회에 한정하여 발행되는 것이 아니라 동일한 담보에 대하여 수차례의 발행이 동일 우선변제순위로 이루어지는 것을 말한다. 동일한 담보에 관하여 사채를 1회만 발행하는 경우는 폐쇄담보라고 한다. 기채액(起債額)이 소액인 경우를 제외하고는 개방담보가 많이 이용된다.

(d) 사채권자의 단체성

ⓐ 사채관리회사

사채관리회사는 기채회사와의 신탁계약에 의하여 물상담보권을 취득하고 총사채권자를 위하여 보존・실행하여야 한다.

사채관리도 담당하여 신탁계약에 따로 정함이 없으면 총사채권자를 위하여 채무의 변제를 받음에 필요한 모든 행위를 할 권한이 있다.

상환기간이 만료하였음에도 불구하고 사채에 대하여 변제하지 않으면 사채관리회사는 지체 없이 담보권을 실행하여야 하고 나아가 강제집행 또는 경매를 할 수 있다.

사채권자집회를 소집하고 그 결의를 집행할 수 있다.

ⓑ 사채권자집회

사채권자집회의 회의는 원칙적으로 보통결의(행사된 의결권의 과반수)로 정한다.

결의사항은 담보부사채신탁법에 규정된 것 외에 신탁계약에서 정한 것에 한한다.

의결권행사의 방법으로써 집회불출석사채권자는 별도의 정함이 없으면 문서로써 의결권을 행사할 수 있다. 결의의 효력에 법원의 인가를 요하지 않는다. 집회결의는 수탁업자가 집행함이 원칙이다.

b. 전환사채

(a) 의의

전환사채(CB: Convertible Bond)란 주식으로 전환할 수 있는 권리(전환권)가 인정된 사채를 말한다.

전환사채권자는 회사사업이 부진할 때에는 일정한 이자를 받다가, 회사사업이 호전되면 주식으로 전환하여 이익배당을 받을 수 있다. 즉 사채의 안전성과 주식의 투기성을 함께 갖고 있어, 자금조달의 편의를 꾀할 수 있는 장점이 있다. 즉 '잠재적 주식'의 성격을 가지고 있는 사채이다.

(b) 발행

전환사채는 잠재적 주식이므로 그 발행절차가 신주발행절차와 유사하다.

ⓐ 발행사항의 결정

'주주배정 · 제3자배정 · 모집'의 3 방법이 있는데, 각 방법에 따라 발행절차상 차이가 있다.

우선 해당 정관의 규정에 따르고, 정관으로 주주총회에서 정하기로 정한 경우를 제외하고는 정관에 규정이 없는 것은 이사회에서 정한다.

이사회의 결정사항은 (i) 전환사채총액 · 전환조건 · 전환으로 인하여 발행할 주식의 내용 · 전환청구기간, (ii) 주주배정의 경우에는 주주에게 전환사채의 인수권을 준다는 뜻과 전환사채의 액, (iii) 제3자배정 및 모집의 경우에는 주주 이외의 자에게 전환사채를 발행한다는 뜻과 전환사채의 액 등이다

주주 이외의 자에게 전환사채를 발행하는 경우에는 주주의 이익보호상 전환사채총액 · 전환조건 · 전환으로 인하여 발행할 주식의 내용 · 전환청구기간에 관하여 정관에 규정이 없으면 주주총회 특별결의로써 정한다(제513조 제3항). 다만 이 경우에는 신기술의 도입 · 재무구조의 개선 등 회사의 경영상의 목적을 달성하기 위하여 필요한 경우에 한한다(제516조의 2 제4항).

전환조건은 전환비율 또는 전환가액으로 정하여진다(시가전환방식 · 액면전환방식) 여기서 전환비율이란 전환될 사채와 이에 대하여 발행할 주식의 비율을 말하고, 전환가액이란 전환에 의하여 발행되는 주식 1주에 대하여 요구되는 사채권면금액을 말한다(예컨대 '사채 10,000원을 보통주식 1주로 전환할 수 있다').

ⓑ 발행절차

보통사채의 발행의 경우와 같으나, 다음 사항에 대하여는 유의하여야 한다.

(i) 사채청약서 · 채권 · 사채원부에 사채를 주식으로 전환할 수 있다는 뜻 · 전환조건 · 전환으로 인하여 발행할 주식의 내용 및 전환청구기간 · 주식의 양도에 관하여 이사회의 승인을 얻도록 정한 때에는 그 뜻 등을 기재하여야 한다(제514조).

(ii) 정관 또는 이사회(드물게는 주주총회)의 결의에 의하여 주주에게 전환사채의 인수권을 부여할 수 있다(제513조의 2, 제513조의 3).

(iii) 이사가 1인인 소규모회사가 전환사채를 주주에게 발행하는 경우에는 그 발행사항은 주주총회에서 결정한다(제516조 제6항, 제383조 제4항).

(iv) (보통사채의 경우에는 이런 구제책이 없으나) 사채의 발행과 관련하여 예방 또는 시정할 수 있는 구제책이 있다(제516조 제1항). 즉 회사가 법령 또는 정관에 위반하거나 현저하게 불공정한 방법에 의하여 전환사채를 발행함으로써 주주가 불이익을 받을 염려가 있는 경우에는 사채발행의 유지청구를 할 수 있다(제424조).

이사와 통모하여 현저하게 불공정한 가액으로 전환사채를 인수한 자는 그 차액을 지급할 의무를 부담하며, 이 의무를 관철시키기 위하여 대표소송이 인정된다(424의 2 제1항 · 제2항 · 제3항).

(v) 보통사채와는 달리 사채납입일자로부터 2주 내 본점소재지에서 등기하여야 한다(제514조의 2).

ⓒ 전환절차

전환청구자는 청구서 2통을 채권에 첨부하여 회사에 제출, 전환하고자 하는 사채와 청구의 연월일을 기재하고 기명날인 또는 서명하여야 한다(제515조, 제516조).

전환청구기간 내에는 주주명부폐쇄기간을 포함하여 언제든지 전환을 청구할 수 있다. 그러나 폐쇄기간 중의 결의에 있어서는 의결권은 행사할 수 없다.

ⓓ 전환의 효력

전환권의 법적 성질은 형성권이다. 그러므로 회사의 승낙을 요하지 않으며, 전환권자가 전환을 청구한 때에 당연히 전환의 효력이 발생한다.

회사는 전환기간 중 전환에 의하여 발행할 주식의 수만큼 미발행주식으로 유보하고 있어야 한다(제516조 제1항, 제346조 제2항).

사채의 이자지급 또는 주식의 이익이나 이자배당에 관하여는 (일할계산에 따른 번잡을 방지하기 위하여) 그 청구를 한 때가 속하는 영업년도 말에 전환된 것으로 보고, 신주에 대한 이익이나 이자배당에 관하여는 정관규정에 따라 그 청구를 한 때가 속하는 영업년도의 직전영업년도 말에 전환된 것으로 할 수 있다(소급효 인정, 회사의 자율권).

(전환사채를 목적으로 하는 질권이 있을 때) 전환된 주식에 대한 물상대위가 인정된다(제516조, 제339조).

전환전의 사채의 발행가액을 신주의 발행가액으로 한다(제516조 제2항). 이것은 자금조달에 급급하여 무모한 조건으로 전환사채를 발행하여 자본금의 충실을 해하는 것을 방지하기 위함이다.

전환사채의 사채권자가 전환권을 행사하면 부채가 자본금으로 바뀌므로 자본금은 증가하나 재산에는 변동이 없다.[176]

전환사채를 인수한 자가 이사와 통모하여 현저하게 불공정한 발행가액으로 인수한 때에는 회사에 대하여 공정한 발행가액과의 차액에 상당한 금액을 지급할 의무가 있다(제516조 제1항, 제424조의 2).

ⓔ 전환등기

회사가 전환사채를 발행한 때에는 납입이 완료된 날로부터 2주 내에 본점 소재지에서 전환사채의 등기를 하여야 한다(제514조의 2).[177]

ⓕ 전환사채발행무효의 소

상법은 전환사채발행무효의 소 또는 전환사채발행부존재확인의 소에 관하여 아무런 규정을 두고 있지 않다. 판례는 전환사채발행의 경우에도 신주발행무효의 소에 관한 제429조가 유추적용된다고 보아 전환사채발행무효의 소를 인정하고 있다.[178][179]

---

176) 전환주식의 전환이 수권주식총수에 어떠한 영향을 미치는가의 문제는 상환주식의 경우와는 달리 수권주식총수의 범위 내에서의 주식의 종류 상호 간의 교체에 불과하므로(정관규정의 유무에 불구하고) 전환으로 인하여 소멸된 주식만큼 그 종류의 미발행주식(전환주식)으로 부활하여 재발행이 가능하다고 본다(다수설).

177) 통상의 사채발행의 경우에는 등기를 요하지 않는다(제477조의 삭제).

178) 대법원 2004년 6월 25일 선고 2000다37326 판결에 따르면, 상법은 제516조 제1항에서 신주발행의 유지청구권에 관한 제424조 및 불공정한 가액으로 주식을 인수한 자의 책임에 관한 제424조의 2 등을 전환사채의 발행에 준용한다고 규정하면서도 신주발행무효의 소에 관한 제429조의 준용 여부에 대해서는 아무런 규정을 두고 있지 않으나, 전환사채는 전환권의 행사에 의하여 장차 주식으로 전환될 수 있는 권리가 부여된 사채로서, 이러한 전환사채의 발행은 주식회사의 물적 기초와 기본 주주들의 이해관계에 영향을 미친다는 점에서 사실상 신주를 발행하는 것과 유사하므로, 전환사채의 발행의 경우에도 신주발행무효의 소에 관한 상법 제429조가 유추적용된다고 봄이 상당하고, 이 경우 당사자가 주장하는 개개의 공격방법으로서의 구체적 무효원인은 각각 어느 정도 개별성을 가지고 판단할 수밖에 없는 것이기는 하지만, 전환사채의 발행에 무효원인이 있다는 것이 전체로서 하나의 청구권인이 된다는 점을 감안할 때 전환사채의 발행을 무효라고 볼것인지 여부를 판단함에 있어서는 구체적인 무효원인에 기재된 여러 위법요소가 종합적으로 고려되어야 한다.

179) 전환사채발행의 경우에도 신주발행무효의 소에 관한 상법 제429조가 유추적용되므로 전환사채발행무효의 소에 있어서도 상법 제429조 소정의 6월의 제소기간의 제한이 적용된다 할 것이나, 이와 달리

ㄷ. 신주인수권부사채

(a) 의의

신주인수권부사채(BW: Bond with Warranty)란 신주인수권이 부여된 사채를 말한다. 사채의 확실성과 주식의 투기성을 병유하는 것으로서, 자금조달의 편의를 꾀하고, 장기의 외화표시채권을 갖는 회사로서는 환시세의 변동으로 인한 손실방지에 적합한 장점이 있다.[180)]

(b) 종류

(i) 신주인수권부사채에는 '분리형'과 '비분리형'이 있는데, 상법은 비분리형을 원칙으로 하고 이사회에서 분리형의 발행을 결의한 경우에 한하여 분리형을 발행할 수 있다.

(ii) 대용납입(신주인수권을 행사하려는 자가 있는 때에는 신주인수권부사채의 상환에 갈음하여 그 발행가액으로 신주의 납입으로 보는 것)을 인정할 수도 있고 인정하지 않을 수도 있다.

(c) 발행

신주인수권부사채의 발행은 전환사채와 거의 마찬가지의 절차에 의한다.

ⓐ 발행사항의 결정

신주인수권부사채의 발행사항에 관한 것은 정관으로 정하고, 정관에서 주주총회에서 결정하기로 정한 것을 제외하고, 정관에 규정이 없는 것은 이사회에서 정한다.

주주배정 · 제3자배정 · 모집의 3 방법이 있는데, 이사회의 공통결정사항은 다음과 같다(제516조의 2 제2항 제1호~제6호).

(i) 신주인수권부사채의 총액

(ii) 각 신주인수권부사채에 부여된 신주인수권의 내용(신주인수권부여비율 · 신권행사에 의하여 발행할 주식의 종류 · 주식의 발행가액)

(iii) 신주인수권행사기간

(iv) 신주인수권만을 양도할 수 있는 것에 관한 사항

(v) 대용납입

(vi) 이익이나 이자배당에 관하여 신주인수권행사에 의한 신주의 납입을 한 때가 속하는 영업년도 말에 신주의 발행이 있는 것으로 본다는 뜻

전환사채발행의 실체가 없음에도 전환사채발행의 등기가 되어 있는 외관이 존재하는 경우 이를 제거하기 위한 전환사채발행부존재확인의 소에 있어서는 상법 제429조 소정의 6월의 제소기간의 제한이 적용되지 아니 한다(대법원 2004년 8월 16일 선고 2003다9636 판결).

180) 일반적으로 통상의 사채에 비하여 이자율이 4~5% 낮다.

이 외에, 주주배정의 경우에는 주주에게 신주인수권부사채인수권을 준다는 뜻과 인수권의 목적인 신주인수권부사채의 액을 정하고, 제3자배정 · 모집의 경우에는 주주 이외의 자에게 신주인수권부사채를 발행한다는 것과 신주인수권부사채의 액을 정한다.

특히 주주 이외의 자에게 발행하는 경우, 주주의 이익보호상 신주인수권부사채의 액 · 신주인수권의 내용과 행사기간에 관하여 정관에 정함이 없으면 주주총회 특별결의로 정한다.

ⓑ 발행가액의 제한

사채액에 비하여 과대한 신주인수권의 부여를 방지하여 주주의 이익을 보호하고자(전환사채에 관한 제516 제2항에 근거한 제348조상), 주식의 발행가액에 관하여는 그 합계액이 각 신주인수권부사채의 금액을 초과할 수 없다(제516조의 2 제3항). 이 제한의 시기에 관하여는 주주의 이익보호상 신주인수권부사채 발행시 외에 신주인수권의 행사시에도 적용된다.

신주인수권의 행사에 따라 신주발행을 할 수 있도록 미발행주식분을 보유하고 있어야 한다.

ⓒ 발행절차

신주인수권부사채의 발행은 보통사채의 발행과 비슷하나, 다음과 같은 차이가 있다.

(i) 원칙적인 비분리형을 전제로 하여, 사채청약서 · 채권 · 사채원부에 신주인수권부사채라는 뜻, 각 신주인수권부사채에 부여된 신주인수권의 내용, 신주인수권을 행사할 수 있는 기간, 신주인수권만을 양도할 수 있는 것만에 관한 사항, 대용납입, 신주인수권의 행사에 의한 신주의 납입을 맡을 은행 기타 금융기관과 납입장소 등을 기재하여야 한다.[181]

(ii) 주주 배정의 경우에 인수권을 가진 주주는 그가 가진 주식수에 따라 신주인수권부사채의 배성을 받을 권리가 있다(최저액에 미달하는 단수의 경우는 제외). 주주는 당연히 신주인수권부사채의 인수권을 갖는 것이 아니고 정관 또는 이사회(드물게는 주주총회)의 결의가 있어야 한다. 그리고 배정일의 지정, 배정일의 2주 전까지 공고, 실권예고부최고 등이 있어야 한다.

(iii) 제3자배정 · 모집의 경우에 대하여는 상법에 규정이 없다. 그러나 제474조의 공모발행에 관한 규정이 유추적용된다.

(iv) 청약(신주인수권부사채청약서에 의하여 청약)

(v) 배정

(vi) 납입(납입기일까지 납입하여야 한다. 그러나 납입이 부족한 경우에는 부족한 대

181) 분리형채권의 경우에는 신주인수권증서에 이러한 기재가 있으므로 사채권상에는 이러한 기재를 요하지 않는다.

로의 사채발행이 성립한다.)

(vii) 채권 · 신주인수권증권의 발행, 전자등록부에의 등록(제516조의 7), 사채원부작성

(viii) 신주인수권부사채의 발행이 위법 또는 불공정한 경우, 불이익의 염려가 있는 주주는 신주인수권부사채발행의 유지청구를 할 수 있고, 불공정한 가액에 의한 인수인은 그 차액에 대한 지급책임을 지고, 그 책임추궁을 위하여 대표소송을 제기할 수 있으며, 이사는 회사 · 주주에 대하여 손해배상책임을 부담한다.

(ix) 등기

회사가 신주인수권부사채를 발행한 때에는 납입이 완료된 날로부터 2주 내에 본점의 소재지에서 전환사채의 등기를 하여야 한다(제516조의 8, 제514조의 2 제1항).

이때 등기할 사항은 다음과 같다: 신주인수권부사채라는 뜻 · 신주인수권의 행사로 인하여 발행할 주식의 발행가액의 총액 · 각 신주인수권부사채의 금액 · 각 신주인수권부사채의 납입금액, 신주인수권부사채의 총액 · 각 신주인수권부사채에 부여된 신주인수권의 내용 · 신주인수권을 행사할 수 있는 기간 등.

(d) 신주인수권의 양도

ⓐ 비분리형의 경우

비분리형 신주인수권부사채의 양도는 신주인수권부사채권의 교부에 의한다.

ⓑ 분리형의 경우

분리형 신주인수권부사채의 경우에는 채권과 함께 신주인수권증권을 발행하는데, 양자를 분리하여 양도할 수 있고, 이때 신주인수권의 양도는 신주인수권증권의 교부에 의한다(제516조의 6 제1항).

'신주인수권증권'이란 분리형 신주인수권부사채에 있어서 신주인수권만을 표창하는 유가증권을 말하며, 신주발행시의 '신주인수권증서'와는 구별을 요한다.

(e) 신주인수권의 행사

ⓐ 행사방법

사채권과 함께, 청구서 2통을 회사에 제출한다(제516조의 9 제1항). 청구서를 제출하는 경우에 신주인수권증권이 발행된 때(분리형의 경우)에는 신주인수권증권도 첨부하여야 하고, 이를 발행하지 않은 때에는 채권을 제시하여야 한다. 다만, 제478조 제3항 또는 제516조의 7에 따라 채권(債券)이나 신주인수권증권을 발행하는 대신 전자등록기관의 전자등록부에 채권이나 신주인수권을 등록한 경우에는 그 채권이나 신주인수권을 증명할 수 있는 자료를 첨부하여 회사에 제출하여야 한다(제516조의 9 제2항).

신주인수권의 행사기간 중에는 언제든지 행사할 수 있다. 그러나 주주명부폐쇄기간 중에 신주인수권을 행사한 신주는 그 기간 중의 결의에 있어서는 의결권이 없다.

ⓑ 납입

청구대상주식의 발행가액 전부에 대하여 사채권 또는 신주인수권증권에 기재된 은행 기타 금융기관의 납입장소에서 납입하여야 한다. 납입금보관은행의 변경 및 증명과 책임에 관하여는 회사설립의 경우와 같다.

현금납입이 원칙이고, 정관 또는 신주인수권부사채의 발행결의에 따라 대용납입을 할 수 있다.

(f) 효과

ⓐ 신주의 발행

신주인수권을 행사한 자는 신주의 발행가액 전액 납입시 주주가 된다(보통의 신주발행시는 납입기일의 익일). 그러므로 신주의 발행을 위하여, 정관에서 정한 동종의 주식의 수만큼 유보하고 있어야 하고, 신주인수권의 행사시에는 그 종류의 미발행주식의 수가 감소하게 된다.

신주가 발행되면 신주의 액면가액만큼 자본금이 증가하고, 대용납입의 경우를 제외하고는 회사의 재산도 증가한다.

ⓑ 효력발생시기

신주발행의 효력발생시기는 (i) 현금납입시에는 신주발행가액의 전액 납입시이고, (ii) 대용납입시에는 신주발행가액 전액에 해당하는 금액의 채권을 첨부한 대용납입청구서가 회사 또는 회사로부터의 청구접수수임자에게 도달한 때이다(제516조의 10: 통상의 신주발행시에는 납입기일의 익일).

그러나 이익이나 이자의 배당에 관하여는 배당의 분할계산의 번잡을 방지하기 위하여 납입을 한 때가 속하는 영업년도 말에 효력이 있는 것으로 보고, 정관에 의하여 신주인수권을 행사한 때가 속하는 영업년도의 직전 영업년도 말에 신주가 발행된 것으로 할 수 있다(예외적인 소급효, 제350조 참조).

(g) 변경등기

등기사항인 신주인수권부사채총액이 감소하고 회사의 발행주식총수와 자본금총액이 증가하게 되므로 변경등기를 하여야 한다.

(h) 전환사채와의 이동(異同)

ⓐ 공통점

양자 모두 원칙적으로 이사회결의로 발행관련사항을 결정하고, 사채권자에게 신주취득권이 인정되며, 회사의 자본금조달을 용이하게 하는 점에서 공통한다.

ⓑ 차이점

한편 다음과 같은 차이점이 있다.

전환사채	신주인수권부사채
사채소멸 - 주식화	사채와 주식 병존(대용납입시 사채소멸)
재산증가 · 신자본조달의 기능 없음	재산증가 · 신자본조달의 기능 있음 (대용납입시 예외)
사채권 내에 전환권 표창	비분리형시 사채권 내에 신주인수권 포함 분리형시 사채권 + 신주인수권증권
(제516조 - 제348조) 전환으로 인하여 신주식을 발행하는 경우에는 전환 전의 주식의 발행가액을 신주식의 발행가액으로 한다	(제516조의 2 제3항) 신주인수권행사로 인한 발행주식의 총액은 신주인수권부사채의 총액을 초과하지 않는 범위 내에서 자유조종 가능
전환청구시 주주가 됨	신주납입시 주주가 됨

d. 이익참가부사채

이익참가부사채란 상장회사가 발행하는 소정의 이율에 따른 이자를 받는 외에 이익배당에도 참가할 수 있는 사채를 말한다(제469조 제2항 제1호, 자본시장법시행령 제176조의 12 제2항).

e. 교환사채

교환사채란 상장회사가 정관으로 주주총회에서 정하기로 한 경우를 제외하고는 이사회의 결의를 통하여 발행하는 당해 법인이 소유하고 있는 주식 기타 상장유가증권[182]과의 교환을 청구할 수 있는 권리가 부여된 사채를 말한다(제469조 제2항 제2호, 자본시장법 제165조의 11 및 동시행령 제176조의 13).[183]

Ⅱ. 회사의 회계

1. 총설

대표적 영리법인인 주식회사의 경우 (i) 회사의 경영합리화를 통하여 일반주주와 장래주주의 이익을 보호하고, (ii) 회사의 재산을 유지함으로써 회사채권자보호를 도모하며,

182) 예컨대 사채권, 신주인수권증권, 국채증권, 지방채증권 등.

183) 1989년 5월 (주)선경이 (주)유공의 보통주식과의 교환권이 주어진 교환사채를 발행한 바 있다.

(iii) 회사채권자 · 주주 · 이사 등으로 하여금 회사의 재정상태를 공정하게 평가할 수 있도록 하는 회사의 체계를 확립하기 위하여 회계에 관한 규정을 마련하고 있다.

주식회사의 회계는 상법과 대통령령으로 정하는 것을 제외하고는 '일반적으로 공정하고 타당한 회계관행'에 따르도록 하고 있다(제446조의 2). 여기서 일반적으로 공정타당한 회계관행이란 기업회계기준을 가리킨다.

기업회계기준은 '일반기업회계기준(외감법 등에서 정한 회계처리기준)'과 '한국채택국제회계기준(K-IFRS: Korea-International Financial Reporting Standards, 국제회계기준위원회의 국제회계기준을 채택하여 정한 회계처리기준)' 등으로 구성된다(외감법 제13조 제2항).

일반기업회계기준은 금융위원회가 증권선물위원회의 심의를 거쳐 제정하여 시행하는 것으로(외감법 제13조 제1항), 외감법 제2조에 의하여 동 법률을 적용받는 회사(즉 외부감사의 대상이 되는 회사)에 적용된다. 2011년 개정상법에서는 외부감사의 대상이 되는 회사 중 주권상장법인 등은 한국채택국제회계기준을 적용하도록 하고 있으며, 그 밖의 기업은 일반기업회계기준을 적용하도록 하고 있다(외감법시행령 제7조의 2). 외부감사의 대상이 되는 회사가 아닌 경우에도 한국채택국제회계기준을 적용할 수 있다. 또한 기업회계기준에서도 외감법의 적용대상기업이 아닌 기업의 경우에도 동 기준을 준용할 수 있도록 규정하고 있다(일반기업회계기준 1.3).

2. 회계절차

주식회사의 이사(집행임원)는 매 결산기에 대차대조표 · 손익계산서 · 기타 회사의 재무상태와 경영성과를 표시하는 것으로서 대통령령으로 정하는 서류와 그 부속명세서를 작성하여야 하는데(제447조 제1항), 부속명세서를 제외한 이 3을 가리켜 '재무제표'라고 한다.[184]

(1) 재무제표의 작성

① 재무제표

재무제표란 기업의 재무상태를 구성하는 자산·부채·자본에 대한 정보를 제공하는 회계장부로서 대차대조표·손익계산서·자본변동표·현금흐름표 등으로 구성된다.

184) 영업보고서(제447조의 2)는 전영업연도의 영업의 경과나 상황의 설명서로서 재무제표에 포함되지 않는다.

	합명회사 합자회사	유한책임회사 주식회사 유한회사	외부감사 대상인 주식회사
재무상태표	O	O	O
손익계산서		O	O
자본변동표		O	O
이익잉여금처분계산서 결손금처리계산서		O	O
현금흐름표			O
주석			O
연결재무제표			△ 지배회사 한정 (상법 제447조 제2항, 상법시행령 제16조 제2항)

a. 대차대조표[185)]

대차대조표(B/S: Balance Sheet)이란 일정시기의 자산과 부채 및 자본을 게기하여 회사의 재산상태를 총괄적으로 표시하는 서류를 말한다(유도법, 자산 = 부채 + 자본).

b. 손익계산서

손익계산서란 일정 영업년도의 경영성적을 밝히기 위하여 그 기간에 발생한 수익과 이에 소요된 비용을 기재하여 영업년도의 순손익을 명확히 표시한 서류를 말한다. 대차대조표에도 손익의 결과는 나타나지만 그 원인과 내용의 상세는 손익계산서에 의하여 알 수 있다.

c. 기타 대통령령으로 정하는 서류

(a) 자본변동표

자본변동표란 일정기간동안 자본금, 자본잉여금, 자본조정, 기타 포괄손익누계액, 이익잉여금의 변동에 대한 포괄적인 정보를 제공하는 재무제표의 일종을 말한다.

(b) 이익잉여금처분계산서 · 결손금처리계산서

이익잉여금처분계산서란 대차대조표와 손익계산서에 나타난 이익금의 처분에 관한 계획서를 말한다. 일명 '배당의안'이라고도 한다.

결손금처리계산서란 대차대조표나 손익계산서에 나타난 결손금의 처리에 관한 계산서를 말한다.

185) 주식회사의 외부감사에 관한 법률 등은 '대차대조표'라는 용어를 '재무상태표'로 개정하였으나, 상법은 계속 '대차대조표'라는 용어를 사용하고 있다.

- 잉여금
  - 자본잉여금 — 자본준비금
    - 주식발행초과금
    - 주식교환잉여금
    - 주식이전잉여금
    - 감자잉여금
    - 합병잉여금
    - 회사분할잉여금
    - 기타 자본잉여금(자산수증이익, 채무면제이익, 기주식처분이익)
    - 재평가적립금
  - 이익잉여금
    - 처분된 이익잉여금
      - 이익준비금
      - 임의준비금
    - 미처분 이익잉여금(또는 결손금)

(c) 현금흐름표

현금흐름표(C/F, cash flow statement, statement of cash flow)란 영업활동·투자활동·재무활동별로 기업의 일정기간 동안의 현금성 자산의 변동에 관한 정보를 제공하는 재무제표를 말한다. 손익계산서가 이익을 중심으로 만들어졌다면, 현금흐름표는 현금을 중심으로 만들어진다고 볼 수 있다.[186)]

d. 연결재무제표 · 결합재무제표

연결재무제표란 2 이상의 회사가 법률적으로는 독립되어 있지만 실질적으로는 지배 · 종속의 관계에 있는 경우[187)] 지배회사의 재무실적이 종속회사의 경영실적에 따라 크게 영향을 받을 수 있기 때문에 지배회사로 하여금 하나로 연결된 재무제표를 작성하도록 하고 있는데, 이를 '연결재무제표'라고 한다(외감법 제1조의 2 제2호, 기업회계기준서 제25호 5).

2011년 개정상법에서는 외감법 제2조에 따른 외부감사의 대상이 되는 회사 중 제1조의 2 제2호에 규정된 지배회사의 이사는 연결재무제표를 작성하도록 하고 있다(제447조 제2항).

연결재무제표를 보면 기업집단 전체의 재무상태는 물론 기업 간 상호출자나 내부거래 등을 알 수 있다. 그러나 우리나라 기업의 소유주들은 친인척이나 비영리법인 등 특수관계인을 통하여 계열사를 지배하는 경우가 많아 연결재무제표만으로는 실질적인 지배관계

---

186) 회사의 1년간의 이익은 손익계산서로 표시되지만, 이익이 났다고 현금이 반드시 플러스 상태로 되는 것은 아니다. 아무리 많은 이익을 내더라도 현금이 고갈되면 원자재를 구입할 수도 없고 종업원의 급여도 지불할 수 없다.

187) 지배 · 종속의 관계란 주식회사가 경제활동에서 효용과 이익을 얻기 위하여 다른 회사(조합 등 법인격이 없는 기업을 포함한다)의 재무정책과 영업정책을 결정할 수 있는 능력을 가지는 경우로서 그 주식회사와 다른 회사와의 관계를 말한다. 이 경우 지배 · 종속의 관계는 외감법 제13조 제1항 제1호에 따른 회계처리기준 또는 외감법 제13조 제1항 제2호에 따른 회계처리기준에 따라 판단하여야 한다(동법 시행령 제1조의 3).

를 찾아내지 못할 수 있어, 2 이상의 기업이 특정인에 의하여 지배되는 경우 모든 회사를 하나의 회사로 간주하고 재무제표를 작성하도록 하는데 이를 가리켜 '결합재무제표'라고 한다.

② 부속명세서

부속명세서란 재무제표 중 주로 대차대조표와 손익계산서의 중요항목에 관하여 그 명세를 기재한 서류로서 재무제표의 내용을 보충하기 위하여 작성한 것을 말한다.

재무제표에는 개략적인 것만 기재되므로 주주와 채권자에게 정보를 공개할 필요가 있다고 생각되는 세부사항은 이에 상세히 기재하고, 재무제표상 기재되지 않은 사항이라도 주주와 채권자에게 정보의 공개가 필요하다고 생각되는 사항도 기재한다.

③ 영업보고서

재무제표가 회사의 재무상황을 나타내는 서류라면 영업보고서는 회사의 영업상황을 나타내는 서류이다. 이 서류는 회사의 영업에 관한 총괄적 보고와 아울러 재무내용의 보조적 설명을 함으로써 회사정보를 널리 제공하는 기능을 가지고 있다.

(2) 재무제표 등의 감사와 비치 · 공고

① 재무제표 등의 감사

이사는 재무제표 · 부속명세서 및 영업보고서를 작성하여 이사회의 승인을 얻은 후, 다시 감사의 감사를 받아야 한다. 이를 위하여 이사는 상기 서류를 정기총회 회일의 6주 전에 감사에게 제출하여야 한다(제447조의 3).

감사는 상기 서류를 받은 날로부터 4주 내에 감사를 실시하고 감사보고서를 이사에게 제출하여야 한다(447조의 4 제1항).

감사보고서의 기재사항으로는 제447조의 4 제2항에 10개 사항이 규정되어 있다. 이 중 (i) 회계장부에 기재될 사항이 기재되지 않거나 부실기재된 경우 또는 대차대조표나 손익계산서의 기재내용이 회계장부와 맞지 아니 하는 경우에는 그 뜻 · 대차대조표 및 손익계산서가 법령과 정관에 따라 회사의 재무상태와 경영성과를 적정하게 표시하고 있는 경우에는 그 뜻 · 대차대조표 또는 손익계산서가 법령이나 정관을 위반하여 회사의 재무상태와 경영성과를 적정하게 표시하지 아니 하는 경우에는 그 뜻과 이유 · 대차대조표 또는 손익계산서의 작성에 관한 회계방침의 변경이 타당한지 여부와 그 이유 · 영업보고서가 법령과 정관에 따라 회사의 상황을 적정하게 표시하고 있는지 여부 · 이익잉여금의 처분 또는 결손금의 처리가 법령 또는 정관에 맞는지 여부 · 제447조의 부속명세서에 기재할 사항이 기재되지 않거나 부실기재된 경우 또는 회계장부 · 대차대조표 · 손익계산서나 영업보고서의 기재내용과 맞지 않게 기재된 경우에는 그 뜻(제2호 내지 제7호와 제9호)은 '회계감사에 관한 사항'이고, (ii) 이익잉여금의 처분 또는 결손금의 처리가 회사의 재무상태나 그 밖의 사정에 비추어 현저하게 부당한 경우에는 그 뜻 · 이사의 직무수행에 관하여 부정한 행위 또는 법령이나 정관의 규정을 위반하는 중대한 사실이 있는 경우에는 그 사실(제8호와 제10호)은 '업무감사'에 관한 사항이며, (iii) 감사방법의 개요 · 회계장부에 기재될 사항이 기재되지 아니 하거나 부실기재된 경우 또는 대차대조표나 손익계산서의 기재 내용이 회계장부와 맞지 아니 하는 경우에는 그 뜻(제1호와 제2호)은 '회계 · 업무 모두의 감사사항'이다.

외감법 제2조에 따라 외부감사의 대상이 되는 주식회사의 감사인은 감사보고서를 대통령이 정하는 기간 내에 회사 · 증권선물위원회 및 한국공인회계사회에 제출하여야 한다(외감법 제8조).

② 재무제표 등의 비치 · 공고

이사는 정기총회 회일의 1주 전부터 재무제표 · 부속명세서 및 영업보고서와 감사보고서를 본점에 비치하여야 한다(제448조 제1항).

자본시장법 또는 외감법상 감사인의 회계감사를 받는 주식회사는 감사인의 감사보고서도 함께 비치하여야 한다.

이사는 정기총회 종료 후에도 재무제표 · 부속명세서 및 영업보고서와 감사보고서를 본점에 5년간 · 그 등본을 지점에 3년간 각각 비치하여야 한다.

주주와 회사채권자는 영업시간 내에 언제든지 상기 비치된 서류를 열람할 수 있으며 회사가 정한 비용을 지급하고 그 서류의 등본이나 초본의 교부를 청구할 수 있다(제448조 제2항).

(3) 재무제표 등의 승인과 공고

① 주주총회에서의 보고와 승인

이사 또는 집행임원은 재무제표를 정기총회에 제출하여 그 승인을 요구하여야 한다. 재무제표의 승인은 주주총회 보통결의에 의한다(제449조). 이때 내용을 수정하여 승인할 수 있다.

영업보고서는 정기총회에 제출하되 그 내용을 보고하기만 하면 된다.

감사보고서는 본 · 지점에 비치하면 되고, 정기총회에 제출할 필요는 없다.

주주총회는 이사가 제출한 재무제표 · 영업보고서 및 감사의 보고서를 조사하고자 검사인을 선임할 수 있다(제367조).

② 재무제표 승인의 효과

a. 재무제표의 확정

주주총회에서 재무제표에 대하여 승인을 하면 재무제표의 내용대로 '이익배당, 준비금의 적립 또는 결손금의 처리'가 결정된다.

b. 이사와 감사의 책임해제(주주총회 승인의 효과)

주주총회에서 재무제표를 승인한 후 2년 내에 다른 결의가 없으면 회사는 이사 · 감사의 책임을 해제한 것으로 본다(제450조). 여기서 '다른 결의'란 책임해제를 부정하는 결의, 승인철회결의, 이사 · 감사에 대한 책임추궁결의 등을 가리킨다. 그러나 이사 또는 감사의 부정행위(회사에 대하여 악의 또는 중과실로 가해행위를 한 경우)가 있으면 그러하지 아니 하다.

③ 대차대조표의 공고

이사 또는 집행임원은 재무제표에 대한 승인을 얻은 때에는 지체 없이 대차대조표를 공고하여야 한다(제449조 제3항).

외부감사 대상회사는 감사인의 명칭과 감사의견도 병기하여야 한다.

3. 준비금

(1) 총설

준비금(적립금)이란 회사가 장래에 생길지도 모르는 필요에 대비하기 위하여 대차대조표상의 순재산액으로부터 자본금을 공제한 금액 중 일부를 회사 내에 유보하여 두는 금액으로서 자본금보존 · 자본금강화 · 이익배당규제의 기능을 갖는다.[188]

자본금과 마찬가지로 계산상의 수액으로서 대차대조표의 자산의 부에 자본과 함께 기재되고 이익산정시 공제항목이다.[189]

준비금은 법정준비금과 임의준비금으로 나누인다.

---

188) 회계학상으로는 잉여금(자산-(부채+자본))의 일부를 장래의 필요에 대비하여 비축하여 두는 것을 말한다.

189) 준비금은 자본금과 같은 재산상의 수액으로서 그 액수만큼 순재산을 보유하여야 한다는 것이지, 반드시 금전으로 보유하여야 한다는 의미는 아니다.

(2) 법정준비금

① 의의

법정준비금이란 회사재산이 자본금을 하회하는 경우 회사채권자보호에 대비하기 위하여 법률상 적립이 강제되는 준비금을 말하고, 재원에 따라 '이익준비금과 자본준비금'으로 나누인다.

그러나 합병 또는 회사의 분할이나 분할합병의 경우 소멸 또는 분할되는 회사의 이익준비금이나 그 밖의 법정준비금은 합병 · 분할 · 분할합병 후 새로 설립되는 회사가 승계할 수 있다(제459조 제2항).

② 이익준비금

이익준비금이란 이익잉여금을 재원으로 하여 적립하는 법정준비금을 말한다.

매 결산기의 금전 또는 현물에 의한 이익배당액의 10분의 1 이상의 금액을 자본금의 2분의 1에 달할 때까지 이익준비금으로 적립하여야 한다. 그러나 주식배당의 경우에는 그러하지 아니 하다(제458조).

③ 자본준비금

자본준비금이란 자본잉여금(영업활동 이외의 자본거래를 원천으로 하는 잉여금)을 재원으로 하여 적립하는 법정준비금을 말한다(제459조 제1항). 합병이나 분할 또는 분할합병(제530조 의 2)의 경우 소멸 또는 분할되는 회사의 이익준비금이나 그 밖의 법정준비금은 합병 · 분할 · 분할합병 후 존속되거나 새로 설립되는 회사가 승계할 수 있다(동조 제2항). 자본준비금의 재원에 대하여 대통령령에 위임하고 있다.[190]

④ 법정준비금의 사용

법정준비금의 사용은 원칙적으로 자본금의 결손보전에만 사용하여야 하고(제460조), 예외적으로 자본금으로 전입할 수 있다.

a. 자본금결손전보

법정준비금은 원칙적으로 자본금결손전보[191]에 충당하기 위하여만 사용하여야 한다(제460조).

자본금결손은 '회사의 순자산액 〈 자본 + 법정준비금'의 상태를 말한다. 손실이 발생하

190) 이익잉여금 〉자본잉여금인 경우에 회사가 건전한데, 우리 기업은 대부분 이익잉여금 〈 자본잉여금인 상태이라고 한다.

191) 결손전보란 자본잉여금의 부에 기재된 법정준비금의 액을 감소시키고 그 대신 결손금의 부에 계상될 당기손실의 액을 감소시키는 계산상의 행위를 말한다.

더라도 임의준비금으로써 전보할 수 있으면 결손이 아니고, 이러한 것은 영업년도 말에 확정된다.

준비금의 사용은 적립목적의 여하를 불문하고 임의준비금 · 법정준비금의 순으로 사용하여야 한다.[192)]

b. 준비금의 자본금전입

(a) 의의

준비금의 자본금전입이란 법정준비금의 전부 또는 일부를 자본금에 전입하여 자본을 증가하는 것, 즉 준비금의 액이 방대하여 자본의 구성이 적절하지 못하게 된 경우에 준비금을 자본금으로 전입하더라도 주주에게 해가 없고 회사채권자에게도 유리하므로 이사회결의로써 법정준비금의 전부 또는 일부를 자본에 전입하여 자본금을 증가하는 것을 말한다.

준비금의 자본금전입이 행하여지면 신주의 무상교부로 인하여 주식수가 증가하고 그 결과 자본금도 증가한다(제461조 제1항).

(b) 기능

준비금을 자본금으로 전입하면 다음과 같은 기능이 있다: (i) 전입 후 자본금충실의 원칙상 회사재산의 확실한 사내유보의 확보, (ii) 후속적립에 의하여 회사채권자보호, (iii) 자본금 < 법정준비금으로 인하여 자본금과의 사이의 불균형시 시정, (iv) 너무 높은 주식의 시가를 끌어내려 주식거래와 신주발행을 쉽게 하는 경제적 효과 등.

(c) 법적 성질

준비금의 자본금전입의 법적 성질은 '신주의 무상교부'이다. 이것은 주식분할과는 다르다: 신주의 무상교부로 보는 경우에는 주식수와 자본금 둘 다 증가하는 데 반하여, 주식분할로 보는 경우에는 주식수는 증가하나 회사의 자본금에는 변동이 없다.

(d) 대상

자본금으로 전입되는 준비금은 '법정준비금'에 한한다. 임의준비금은 자본금으로 전입할 수 없다. 왜냐하면 (i) 주식배당제도가 인정되고 있으므로 굳이 임의준비금까지 자본금전입을 인정할 필요가 없고, (ii) 임의준비금은 정관 또는 주주총회결의로 적립하는 것이므로 그 처분도 정관 또는 주주총회결의에 의할 것인 데 대하여, 준비금의 자본전입은 이사회결의사항이고, (iii) 임의준비금은 (주주총회결의를 통하여) 이익배당의 재원이 되는데 자본금으로 고정되면 배당이 없어지므로 주주의 이익에 위해가 되기 때문이다.

---

192) 자본금의 결손보전에 있어서 이익준비금을 먼저 사용하고 그래도 부족한 경우에 자본준비금을 사용하도록 한 법정준비금의 사용순서상의 제약은 2011년 상법개정에서 폐지되었으므로(제460조 제2항 삭제) 어느 것이든 먼저 충당할 수 있다.

자본금전입은 이익준비금이든 자본준비금이든 무방하고, 순서도 불문하며, 전입한도에 제한이 없다.

(e) 절차

준비금의 자본금전입은 (법정준비금을 장부상 자본금으로 이체할 뿐 주주에게 특별한 불이익을 주지 않으므로 주주총회결의를 요하지 않고) 이사회결의에 의한다. 다만 정관에 의하여 주주총회의 결정으로 할 수 있다(제461조).

이사회에서 신주배정일을 정한 때에는 이를 공고하여야 한다.

(f) 시기 · 효력

이사회는 언제든지 준비금의 자본금전입을 결의할 수 있다.

이사회결의시에는 이사회가 정한 신주배정일에 · 주주총회결의시에는 결의가 있는 때에 각각 효력이 발생한다. 다만 결의에 조건이나 기한을 붙인 때에는 조건의 성취나 기한의 도래로써 효력이 발생한다.

결의의 효력이 발생하면 준비금이 자본금으로 전입되어 그만큼 법정준비금은 감소하고 자본금은 증가하게 된다.

(g) 신주의 발행

준비금이 자본금으로 전입되면 '신주의 무상교부'가 있게 된다. 이때 주식평등의 원칙상 지주수에 비례하여 발행하여야 한다. 다만 단주에 대하여는 모아서 경매하여 각 주수에 따라 종전 주주에게 지급하는 것이 원칙이고, 거래소의 시세가 있는 때에는 거래소를 통하여 매각하고 거래소의 시세가 없는 때에는 법원의 허가를 얻어 경매 이외의 방법으로 매각할 수 있다.

이 경우 신주의 수는 정관에 정한 발행예정주식총수의 범위 내 그리고 정관상 인정된 종류주식의 발행예정주식총수의 범위 내이어야 한다.

신주의 발행가액은 액면가액으로 한다(할인발행 또는 할증발행은 불가).

(h) 통지 · 공고 · 질권의 물상대위

신주발행시 또는 주주총회결의시 주주명부상 주주가 신주의 주주로 확정되면, 이사는 지체 없이 신주를 받은 주주와 주주명부에 기재된 질권자에게 주주가 받은 주식의 종류와 수를 통지하여야 한다.

이익이나 이자의 배당에 관하여는 '신주의 효력발생시기'를 기준으로 하는 것이 원칙이나(일할배당, 日割配當), 정관으로 주주가 되는 시기가 속하는 영업년도의 직전 영업년도 말을 기준으로 할 수 있다(동액배당, 同額配當).

종전 주식의 질권자는 신주와 단주처분에 의한 매득금 위에도 질권이 인정된다.

(i) 등기

준비금의 자본금전입의 결과, 자본금액과 발행주식의 총수가 증가하므로 변경등기를 요한다.

(j) 위법한 준비금의 자본금전입

위법한 준비금의 자본금전입은 무효이다.

(3) 임의준비금

임의준비금이란 회사가 정관 또는 주주총회결의에 의하여 자주적으로 적립하는 준비금을 말하고, 회사의 자유처분이 가능한 이익이다.

임의준비금에는 일정목적적립금(사업확장적립금 · 감채적립금 · 배당평균적립금 · 결손전보적립금)과 (불특정목적의) 별도적립금이 있다.

또한 (기업의 순자산을 증대시키기 위한) 적극적 적립금(사업확장적립금 · 감채적립금)과 (기업의 순자산의 감소방지를 위한) 소극적 적립금(배당평균적립금 · 결손전보적립금)으로도 나눌 수 있다.

임의준비금의 사용 · 폐지 · 변경 · 유용은 적립근거 여하에 따라 정관의 변경 또는 주주총회결의에 의하여 자유로이 할 수 있다.

임의준비금은 자본금전입의 목적이 되지 못한다. 임의준비금은 그 적립율과 한도에 관하여 제한이 없다.

(4) 준비금의 감소

회사는 적립된 자본준비금 및 이익준비금의 총액이 자본금의 1.5배를 초과하는 경우에 주주총회의 결의에 따라 그 초과한 금액 범위에서 자본준비금과 이익준비금을 감액할 수 있다(제461조의2).

4. 이익배당

(1) 이익배당

① 의의

이익배당이란 회사의 이익을 주주에게 분배하는 것을 말하고, 기업회계기준상으로는 당기순이익[193]에 해당한다.

193) 당기순이익 = 경상이익(영업이익 + 영업외이익) + 특별손익법인세 기타 제세

주주는 '투자자주주 · 경영자주주 · 투기자주주'로 나눌 수 있는데, 투자자주주가 꾀하는 것이 바로 이익배당이다. 그러나 부당하게 이익배당을 하면 주주나 회사채권자를 해하게 되므로 상법은 이러한 폐해를 방지하기 위하여 이익배당의 요건을 엄격하게 규정하고 배당지급시기에 관하여 명시규정을 두고 있다.

이익배당에는 '현금배당(금전배당) · 현물배당(재산배당) · 주식배당'의 세 가지 방법이 있다(제462조, 제462조의 2, 제462조의 4). 광의의 이익배당은 배당금지급수단을 불문하는바 이 세 가지 방법을 모두 의미하는 한편, 협의의 이익배당은 현금배당을 의미한다.

② 요건[194]

이익배당을 하기 위하여는 자본금유지의 원칙상 배당가능한 이익이 있어야 한다(제462조 + 자산재평가법 제28조상의 재평가적립금도 공제). 즉 회사는 대차대조표의 순자산액으로부터 다음의 금액을 공제한 액을 한도로 하여 이익배당을 할 수 있다. (i) 자본금의 액, (ii) 그 결산기까지 적립된 자본준비금과 이익준비금의 합계액, (iii) 그 결산기에 적립하여야 할 이익준비금의 액, (iv) 대통령령으로 정하는 미실현이익[195]

이미 적립된 임의준비금은 이익배당에 사용한다는 결정으로 · 주주총회결의로 적립된 임의준비금은 주주총회결의로 · 정관상 적립된 임의준비금은 정관을 변경함으로써 각각 이익배당에 사용할 수 있다.

자본금결손[196] 또는 대차대조표상 손실이 있으면 이익배당을 할 수 없고, 자본금결손의 경우 제460조상 (임의준비금이 있으면) 임의준비금 → 이익준비금 → 자본준비금의 순서로 결손전보에 충당한다.

194) 2011년 개정전 상법은 순자산액을 기초로 이익배당액을 결정하도록 규정하고 있었고, 채권자보호를 위하여 일반적으로 취득원가주의를 채택하고 있었다(제452조). 한편 기업회계기준은 자산평가시 시가주의를 채택하고 있었다. 그러다가 2011년 상법 개정시 제452조를 삭제하고 제446조의 2에서 '회사의 회계는 이 법과 대통령령으로 규정하는 것을 제외하고는 일반적으로 공정하고 타당한 회계관행을 따른다'라는 규정을 둠으로써 상법과 기업회계기준 사이의 괴리를 해소하게 되었다. 그 해소의 일환으로 상법은 회사가 이익배당을 할 때에 배당가능이익을 산정함에 있어서 순자산액으로부터 대통령령으로 정하는 미실현이익을 공제하도록 하였다(제462조 제1항 제4호). 아직 실현되지 않은 단순한 평가이익을 당기순이익에 포함시켜 이를 배당재원으로 하여 주주들에게 배당하면 자분의 충실이 유지되지 못하기 때문이다. 즉 자산의 평가방법을 기업회계기준과 일치시켜 취득원가방식에서 시가평가방식으로 바꾸면서 시가평가에 따라 발생하는 미실현이익에 대하여는 배당가능이익 산정시 이를 공제하게 함으로써 주주 · 회사 · 회사채권자 등의 이해관계자들의 이익조정을 도모한 것이다. 다만 미실현이익이 다양하여 이를 구체적으로 규정하지 못하고 대통령령에 위임하여 그 범위를 정도록 하고 있다. 그런데 대통령령인 '상법시행령'에서도 회계원칙에 따른다는 추상적인 규정을 두고 있을 뿐이다.

195) 미실현이익이란 회사가 가진 주식 · 채권 · 파생상품이 가격이 올라 장부상으로는 이익이 생겼지만 아직 팔지 않음으로써 실제로는 수중에 들어오지 않은 이익을 말한다.

196) 순재산액 〈 자본금 + 법정준비금

③ 이익배당의 결정

이익배당은 이사가 결산기에 이익잉여금처분계산서를 작성하여 이사회의 승인과 감사의 감사를 받은 후 정기총회에 제출하여 승인을 받음으로써 결정한다(제449조, 주주총회의 이익배당에 대한 승인권한은 전속적인 것이므로 이익잉여금처분계산서를 수정하거나 변경할 수 있다).[197)]

각 주주는 회사에 대하여 확정액의 배당금지급청구권을 취득한다.

④ 이익배당의 기준

a. 주식평등의 원칙

이익배당은 주식평등의 원칙상 지주수에 따라 지급한다(제464조). 그러나 종류주식의 경우에는 차등하여 배당할 수 있다.

일반주주에게는 배당하지 않으면서 특정대주주에게 증여형식으로 일정금액을 지급하는 약정은 주식평등의 원칙에 위배되므로 무효이고, 대주주가 스스로 양보하여 소액주주보다 저율의 배당을 받기로 결의하는 경우는 이익배당청구권의 일부포기로서 유효하다.

b. 일할배당 · 동액배당

일할배당이란 영업년도 중의 신주발행시 신주의 효력발생일로부터 결산기일까지의 일수를 따져 일할계산액을 배당하는 것을 말한다(주주의 실질적 평등에 합치하므로 적법).

동액배당이란 구주와 신주에 대하여 형식적 평등상 동액을 배당하는 것을 말한다.

회사는 양자 중에서 임의로 선택할 수 있다. 실제도 보통의 신주발행(즉 유상신주발행)의 경우에는 일할배당을 하고, 주식배당 · 무상교부에 의한 신주발행의 경우에는 동액배당을 하는 것이 보통이다.

⑤ 이익배당의 지급

a. 배당금을 지급받을 주주

배당금을 지급받을 주주는 (본래는 승인결의 당시의 주주이어야 할 것이나, 주주명부폐쇄상) 결산기의 주주명부상의 주주이다.

b. 배당금지급시기

회사의 고의적인 지급지연으로 인한 주주의 손해를 방지하기 위하여, 회사는 제464조에 따른 이익배당을 제462조 제2항의 주주총회나 이사회결의 또는 제462조의 3 제1항의 결의가 있은 날로부터 1개월 내에 지급하여야 한다. 그러나 주주총회 또는 이사회에서 배

---

197) 중간배당은 이사회결의사항이다.

당금지급시기를 따로 정한 경우에는 그러하지 아니 하다(제464조의 2).

이에 위반하는 경우, 이사 등은 과태료에 처하고, 주주는 이사에 대하여 손해배상청구를 할 수 있고, 회사에 대하여 지연손해금의 지급을 청구할 수 있다.

c. 중간배당

(a) 의의

중간배당(interim dividend)이란 '결산을 하기 전에 결산의 결과 예상되는 이익을 재원으로 하여 실시하는 배당' 즉 연 1회의 결산기를 정한 회사가 정관규정에 의하여 영업연도 중 1회에 한하여 이사회의 결의로 일정한 날을 정하여 그 날의 주주에 대하여 이익을 배당하는 것을 말한다(제462조의 3). 그러나 이익이 확정되기 전에 회사의 재산을 유출시키는 것인데다 이사회결의만으로 가능하므로 자본금충실을 해할 위험이 크므로 엄격한 요건 하에 가능하며, 이와 관련하여 이사에게 무거운 책임을 지우고 있다.

(b) 요건

ⓐ 회사의 요건

6개월을 주기로 배당을 가능하게 하기 위한 입법의도상, 연 1회의 결산기를 정한 회사에 한하여 중간배당을 할 수 있고, 연 2회의 결산기를 정한 회사는 중간배당을 할 수 없다.

ⓑ 정관규정

중간배당은 정관에 규정이 있는 경우에 한하여 할 수 있다.

ⓒ 시기

영업연도 중 1회에 한하여 가능하고, 그 시기는 정관으로 정하여야 한다. 상법규정상 이사회가 배당시기를 정할 수 있는 것으로 볼 수 있으나, 사안의 중요성상 이사회결의에 의할 것은 아니고 정관으로 정한 날이 중간배당의 기준일이 된다.

ⓓ 이사회의 결의

중간배당은 이사회의 결의를 요한다. 이사회의 결의로써 확정되고, 추후 주주총회의 추인을 요하지 않는다.

자본금총액이 10억원 미만으로서 이사를 1명 또는 2명을 둔 소규모주식회사는 이사회가 없으므로 이러한 이사회의 권한을 주주총회가 대신한다(제383조 제4항).

ⓔ 방법

금전배당과 현물배당은 가능하되, 주식배당은 불가능하다. 주식배당은 주주총회결의를 요하므로 이사회결의만으로 행하는 중간배당에는 적합하지 않기 때문이다.

ⓖ 대상

중간배당을 받을 수 있는 자격주주는 정관에서 정한 특정일의 주주이다. 그러므로 주주명부의 폐쇄나 기준일의 설정은 불필요한데, 제462조의 3 제5항은 기준일의 설정에 관한 제354조 제1항을 준용하고 있는바 내용상 충돌이 생기는 문제가 있다.

ⓗ 배당재원

제462조의 3 제2항은 중간배당가능금액의 범위에 관하여 정하고 있는데, 중간배당은 직전결산기의 대차대조표상의 순재산액에서 '직전결산기의 자본액 + 직전결산기까지 적립된 법정준비금 + 직전결산기의 정기총회에서 이익으로 배당하거나 지급하기로 정한 금액 + 중간배당에 따라 적립하여야 할 이익준비금'을 공제한 잔액을 한도로 한다(즉 직전결산기에 관한 정기총회에서 이익잉여금을 처분하고 남은 잔액이 한도). 이 의미에서는 중간배당은 이익배당의 후급이라 할 수 있다.

이익배당이란 원래 결산에 의한 것이므로 중간배당은 법률적인 의미에서는 이익배당이 아니라 할 것이나, 상법은 이익배당이라는 용어를 사용하고 있고, '주주총회결의를 제외한 다른 모든 이익배당'에 관한 규정을 준용하고 있다.

(c) 배당의 제한

중간배당은 직전결산기의 대차대조표를 기준으로 하여 정기총회에서 미처분한 이익을 재원으로 실시하는 것인 바, 당해결산기의 손익계산결과 손실이 발생한다면 배당요건을 위반하여 이익 없이 배당을 한 결과가 되므로, 상법은 중간배당으로 인한 자본금충실의 저해를 염려하여 당해결산기의 대차대조표상의 순재산액이 제462조 제1항 각 호의 금액의 합계액에 이르지 않을 우려가 있는 때(즉 당해결산기에 손실발생의 우려가 있는 때)에는 중간배당을 할 수 없도록 하고 있다(제462조의 3 제2항).

(d) 이사의 책임

배당제한규정의 실효성을 확보하기 위하여, 제462조의 3 제4항은 당해결산기의 대차대조표상의 순재산액이 제462조 제1항 각 호의 금액의 합계액에 미치지 못함에도 불구하고 중간배당을 한 경우 이사는 회사에 대하여 연대하여 그 차액을 배상할 책임이 있다. 그러므로 이사는 당해결산기에 이익이 발생하거나 최소한 손실이 발생하지 않는다는 확신 하에 실시할 수 있게 된다.

그러나 이사에게 이와 같이 무과실책임을 지우는 것은 가혹하므로 과실책임으로 하되 이사에게 무과실의 입증책임을 부담시키고 있다(이사의 책임에 관한 일반원칙에 대한 예외).

d. 현물배당

회사는 정관으로 금전 외의 재산으로 배당을 할 수 있음을 정할 수 있다(제462조의 4 제1항). 현물배당을 결정한 회사는 다음 사항을 정할 수 있다. (i) 주주가 배당되는 금전 외의 재산 대신 금전의 지급을 회사에 청구할 수 있도록 한 경우에는 그 금액 및 청구할 수 있는 기간, (ii) 일정 수 미만의 주식을 보유한 주주에게 금전 외의 재산 대신 금전을 지급하기로 한 경우에는 그 일정 수 및 금액(동조 제2항).[198]

현물은 현금 외에 '주식・사채・옵션・기타의 재산'을 말한다.

모회사가 보유하고 있는 자회사의 주식을 배당하는 경우, 기업의 분할 등 구조조정을 용이하게 할 수 있어 편리할 것이다.

⑥ 이익배당청구권

이익배당청구권은 '추상적 이익배당청구권'과 '구체적 이익배당청구권'으로 구성된다.

추상적 이익배당청구권은 주주의 지위와 불가분의 관계에 있는 고유권의 성질을 갖는 것이므로 이것만 별도로 양도하거나 입질할 수 없고 시효에 걸리지도 않는다.

주주총회의 승인결의를 통하여 비로소 인정되는 구체적 이익배당청구권(배당금지급청구권)은 이것만 별도로 양도하거나 입질할 수 있으며 5년의 소멸시효에 걸린다(제464조의 2 제2항).

⑦ 위법배당의 효과

a. 의의

위법배당이란 회사가 이익배당요건에 위반하여(배당가능한 이익이 없음에도 또는 배당가능한 이익을 초과하여) 주주에게 이익배당을 하는 것을 말하며, 위법배당은 당연 무효이다.[199]

위법배당에는 숨은 이익지급(주주의 회사에 대한 급여에 대하여 과도한 대가를 지급하거나, 회사의 주주에 대한 급여에 대하여 과소한 대가를 수령하는 경우)과 분식결산(자산과대평가・가공전표이용・감가상각의 부족 등에 의한 실질적인 위법배당) 등도 포함된다.

b. 주주의 반환의무

주주가 받은 위법배당액은 부당이득으로서 회사에 반환하여야 한다.

회사채권자는 주주에 대하여 (선의・악의를 불문하고) 직접 위법배당액 전액을 회사에 반환할 것을 청구할 수 있다(제462조 제3항).

---

198) 제463조 건설이자의 배당에 관한 규정은 삭제되었다.

199) 위법배당은 당연무효이므로, 그 반환청구는 소의 방법으로도 가능하고 소 이외의 방법으로도 가능하다.

반환청구의 방법은 반드시 소에 의하여 하는 것은 아니다.

c. 이사 · 감사 · 감사인의 손해배상책임

이사가 위법적인 이익배당에 관한 의안을 주주총회에 제출한 경우, 제출이사와 이사회에서 승인결의에 찬성한 이사는 회사에 대하여 위법배당으로 인한 손해(통상 위법배당액과 그 이자)에 대하여 연대하여 배상책임을 진다(제399조).

감사가 위법배당안을 포함한 이익잉여금처분계산서에 대하여 허위의 감사보고를 한 경우에는 회사에 대하여 연대하여 손해배상책임을 진다(제414조 제1항).

이사 · 감사의 회사에 대한 손해배상책임을 추궁하기 위하여 주주의 대표소송이 인정된다(제403조, 제415조).

이사 · 감사에게 악의 또는 중대한 과실로 인한 임무해태가 있는 때 제3자(채권을 회수하지 못한 회사채권자나 재무제표의 허위기재를 믿고 고가로 주식을 매수한 주주)에 대하여 연대하여 손해배상책임을 진다(제401조).

감사인도 일정한 경우 회사와 제3자에 대하여 손해배상책임을 진다(외감법 제17조).

d. 벌칙

위법배당을 한 이사 · 감사 등은 5년 이하의 징역 또는 1,500만 원 이하의 벌금에 처한다(제625조 제3호).

(2) 주식배당

① 의의

주식배당이란 주식회사가 주주에게 배당할 수 있는 이익의 일부를 이익배당총액의 1/2의 범위 내에서 '새로이 발행하는 주식'으로써 주주에게 지분율에 따라 무상으로 배당하는 것을 말한다(제462조의 2).[200] 영미의 stock dividend제도를 도입한 것이다.

배당가능이익을 사내에 유보할 수 있도록 하여 회사의 자금조달을 원활히 하고 주가가 너무 높은 경우에 주가를 조정하고 주가가 높은 경우에는 주주에게 현금배당보다 이익이 되는 장점이 있는 한편, (특히 주가가 액면가에 미달하는 경우) 주주의 이익배당청구권을 침해할 우려가 있는 단점도 있다. 그리하여 상법은 이익배당총액의 1/2까지만 주식배당을 할 수 있도록 제한하고 있다.

---

200) 금고주(treasury shares: 기발행한 회사보유자기주식)를 나누어 주는 것은 주식배당이 아니다.

② 성질

a. 이익배당설

이익배당설이란 주식배당의 법적 성질을 '이익배당'으로 보는 견해이다.

(a) 형식적 근거

이익배당설의 형식적 근거는 현금배당과 마찬가지로 배당가능한 이익이 존재하는 것을 전제로 하고 정기총회에서 이익배당결정시 함께 결정하며(보통결의) 일부현금배당 · 일부주식배당의 경우에 현금배당이 있다는 것이다.

(b) 실질적 근거

이익배당설의 실질적 근거는 주주가 받아야 할 현금배당을 받지 않은 만큼 출자가 있는 것, 즉 회사의 재산이 증가한다는 것이다.

b. 주식분할설

주식분할설이란 주식배당의 법적 성질을 '주식분할'로 보는 견해이다.

(실질적인 면을 중시하여) 주식배당의 전후에 회사재산의 증가가 없다고 보고(이익배당설에서 주식배당의 효과라고 하는 회사재산의 증가는 현금배당이 행하여지지 않은 것에 불과), 따라서 주식배당은 회사재산의 증가 없이 주식수만 증가하므로 주식분할(주주총회 특별결의 필요) 즉 배당가능한 이익의 자본전입에 의한 '신주의 무상교부'라고 보는 견해이다.[201)]

c. 주식배당 · 주식분할 · 신주의 무상교부의 이동

(a) 공통점

이들 3은 신주가 지주수에 따라 무상으로 교부되는 점 · 주가가 높은 경우에 낮게 하여 접근을 용이하게 함으로써 주식의 시장성을 높이는 점 등에서 공통점이 있다.

201) 이익배당설 · 주식분할설의 여하에 따라, (i) 회사가 자기주식에 대하여 주식배당을 받을 수 있는지(X, ○), (ii) 수종의 주식의 경우 배정할 신주의 종류가 종전주식과 같아야 하는지(획일, 동종), (iii) 신주에 대하여 일할배당을 할 것인지(○, X), (iv) 주주총회 보통결의 · 주주총회 특별결의에 의하여야 하는지 등에서 차이가 있게 된다.

(b) 차이점

	주식배당	주식분할	신주의 무상교부
법적 성질	이익배당설 주식분할설	주식분할	주식분할
자본증가	있음	없음	있음
재산증가	소극적 증가	없음	없음
재원	배당가능이익 필요	배당가능이익 불요	배당가능이익 불요
신주발행절차	주주총회 보통결의	주주총회 특별결의 (1주 금액의 변경상)	원칙적 이사회결의 (정관상 주주총회)
신주효력 발생시기	주주총회 종결시	주주총회 결의시	이사회 결의시

③ 요건

(i) 배당가능한 이익이 있을 것(제462조의 2 제1항).

(ii) 현금배당을 보장하기 위하여 또는 환금성이 떨어지는 주식이 과도하게 배당되지 않도록 하기 위하여, 주식배당은 배당가능이익의 1/2을 초과할 수 없다(동 규정 단서).

(iii) 신주발행에 의하므로 미발행주식 이상으로 주식배당을 하려면 수권주식수의 증가를 위한 정관변경절차를 요한다.

④ 절차

a. 주식배당의 결정

주식배당의 결정은 주주총회 보통결의로 한다(주식배당의 뜻 · 신주의 종류와 수 등).

발행가액은 권면액(액면가)으로 한다(할인발행과 할증발행은 불가).

b. 주식배당의 기준

주식배당은 주식평등의 원칙상 지주수를 기준으로 한다(제464조). 일부주주에게는 현금배당을 하고 다른 주주에게는 주식배당을 하는 것은 불가능하다.

종류주식을 발행한 경우, (주식배당의 법적 성질과 관련하여) 주식배당을 이익배당의 형태로 보는 한 종류주식의 주주에게 획일적인 주식을 발행할 수 있는 한편, 각각 같은 종류의 주식으로 배당할 수 있다(제462조의 2 제2항).

회사의 자기주식의 경우, (주식분할설에서는 긍정하나) 이익배당설에서는 자기주식에의 현금배당은 부당하므로 주식배당도 부정하여야 할 것이다.[202]

202) 주식배당의 법적 성질을 어떻게 보느냐에 따라 다른 견해도 있다.

c. 주식배당의 실행

(i) 신주발행의 통지 · 공고

주주총회의 주식배당결의시, 이사는 지체 없이 배당을 받을 주주와 주주명부에 기재된 질권자에게 주주가 받을 주식의 종류와 수를 통지하여야 한다(제462조의 2 제5항).

(ii) 주권의 발행

주주배당에 의한 신주에 관하여는 신주발행의 효력발생 후(주주총회 종결시) 지체 없이 주권을 발행하여야 한다(제355조 제1항).

(iii) 단주의 처리

단주를 모아 1주를 만들어서 그것을 경매하여 지주수에 따라 대금을 지급한다. 그러나 거래소의 시세 있는 주식은 거래소를 통하여 매각하고 시세 없는 주식은 법원의 허가를 받아 경매 이외의 방법으로 매각할 수 있다(제462조의 2 제3항, 제443조 제1항).

d. 등기

주식배당의 결과 발행주식총수가 증가함에 따라 자본액이 변경되므로 변경등기를 하여야 한다.

⑤ 효과

a. 자본의 증가

주식배당의 결과 발행주식의 수가 증가하므로, 그에 따라 자본금도 증가하게 된다.[203)]

b. 신주발행의 효력발생시기

(인수 · 납입절차가 필요 없으므로) 주식배당결의가 있는 주주총회의 종결시에 신주의 주주가 된다(제462조의 2 제4항).[204)]

c. 질권의 효력

주식등록질권자의 권리는 주식배당에 의하여 주주가 받을 주식에도 미친다. 즉 유치권 · 우선변제권 · 전질권 · 물상대위권 등의 권리가 인정된다(제462조의 2 제6항, 제340조 제1항 · 제3항)

⑥ 위법한 주식배당의 효과

a. 의의

위법한 주식배당이란 이익배당을 함에 있어서 필요한 요건 및 절차를 위반한 주식배당을 말한다.

---

203) 회사의 이익을 주주에게 배당하는 대신에, 이익을 자본전입하고 주주에게 주식을 발행 · 교부하므로 자본금이 증가한다.

204) 결의 즉시로 하면 주주총회의 도중에 출석주주의 지주수의 변동으로 인하여 복잡하게 된다.

b. 요건을 위반한 주식배당(배당가능한 이익이 없는 경우의 주식배당)

배당 전에는 신주발행유지청구의 소의 원인이 되고, 배당 후에는 (주식의 액면미달발행에 해당하므로) 신주발행무효의 소의 원인이 된다.[205]

위법한 주식배당을 받은 주주가 (위법한 현금배당수령시와 같이) 주식반환의무를 갖는지 여부에 대하여, 긍정설 · 부정설 · 신주발행무효의 소에 의하여 무효가 아닌 한 신주반환청구불가설 등이 있으나, 회사재산이 사외로 유출된 바가 없으므로 주주의 회사에 대한 위법배당의 반환의무는 없다. 그러므로 회사채권자가 주주에 대하여 배당된 신주를 회사에 반환하라는 청구는 할 수 없다.

이사 · 감사가 법령위반 · 임무해태를 이유로 하여 회사에 손해를 준 경우에는 회사에 대하여 연대하여 손해배상책임을 진다.

이사의 신주발행변경등기 후에는 자본금충실책임의 여하에 관하여 견해가 나누이나 부정하는 것이 타당하다고 본다.

c. 형식적 절차를 위반한 주식배당

형식적 절차를 위반한 주식배당은 상법 제429조상 신주발행무효의 소의 원인이 된다. 이 경우 상법 제399조와 제414조에 의하여 이사 · 감사는 법령위반 · 임무해태로 인한 손해배상책임을 진다.

5. 주주의 경리검사권

(1) 주주의 재무제표 등의 열람권

(이사는 정기총회 회일의 1주 전부터 재무제표 및 부속명세서, 영업보고서와 감사보고서를 본점에 비치하고 등본을 지점에 비치하여야 하는데) 주주는 영업시간 내에는 언제든지 이를 열람할 수 있고 회사가 정한 비용을 지급하고 그 서류의 등본이나 초본의 교부를 청구할 수 있다(제448조 제2항). 회사채권자도 마찬가지이다.

(2) 소수주주의 회계장부열람권

(재무제표 등의 서류는 간접적인 정보에 불과하고 분식의 가능성이 있으므로) 발행주식총수의 3/100 이상에 해당하는 주식을 가진 소수주주는 이유를 붙인 서면으로써 회계의 장부와 서류의 열람 또는 등사를 청구할 수 있다(제466조, 미국법제의 도입).[206] 이때 공인회계사 ·

205) 배당가능한 이익이 없음에도 불구하고 주식배당을 한 경우에는 법률관계의 안전상 신주발행 자체는 유효하다는 견해도 있다.

206) 상법 제466조 제1항에서 정하고 있는 소수주주의 열람 · 등사청구의 대상이 되는 회계의 장부 및

변호사 · 세무사 · 속기인 등의 보조인을 사용할 수 있다. (자회사가 실질상 모회사의 일부라고 인정될 정도로 일체관계에 있는 경우에는) 모회사의 각 주주는 직접 자회사의 회계장부를 열람할 수 있다.

이때 회사는 소수주주의 청구가 부당함을 증명하지 않으면 회계장부의 열람 또는 등사를 거부할 수 없다. 여기서 '소수주주의 청구가 부당한 경우'란 주주가 주주로서 갖는 권리의 확보나 행사를 위하여 청구하는 것이 아닌 경우 또는 열람의 허용이 회사의 이익에 반하는 경우(주주의 자격을 떠나서 회사와의 거래 또는 근로계약에 기한 권리를 확보하고자 하는 경우가 이에 해당한다)를 말한다.[207)]

회사가 정당한 사유 없이 열람청구를 거부하는 경우, 소수주주는 열람청구의 소를 제기할 수 있다. 또 은닉 · 변경의 염려가 있는 경우에는 장부 · 서류보존의 가처분신청을 할 수 있다.[208)]

(3) 소수주주의 검사인을 통한 업무 · 재산상태 조사권

주주의 재무제표 등의 열람권과 소수주주의 회계장부열람권은 회계에 국한되고, 업무와 재산상태에 대하여는 권한남용의 방지상 엄격한 요건 하에 업무 · 재산상태 조사권을 행사하도록 하고 있다(제467조).

① 검사인의 선임청구

회사의 업무집행에 관하여 부정행위 또는 법령이나 정관에 위반한 중대한 사실이 있음을 의심할 만한 사유가 있을 때 발행주식총수의 3/100 이상에 해당하는 주식을 가진 소수주주는 법원에 검사인의 선임을 청구할 수 있다(제467조 제1항).

서류는 소수주주가 열람 · 등사를 구하는 이유와 실질적으로 관련이 있는 회계장부와 그 근거자료가 되는 회계서류를 가리키는 것으로서, 그것이 회계서류인 경우에는 그 작성명의인이 반드시 열람 · 등사제공의무를 부담하는 회사로 국한되어야 하거나 원본에 국한하는 것은 아니며, 열람 · 등사제공의무를 부담하는 회사의 출자 또는 투자로 성립한 자회사의 회계장부라 할지라도 그것이 모자관계에 있는 모회사에 보관되어 있고, 또한 모회사의 회계상황을 파악하기 위한 근거자료로서 실질적으로 필요한 경우에는 모회사의 회계서류로서 모회사 소수주주의 열람 · 등사청구의 대상이 될 수 있다(대법원 2001년 10월 26일 선고 95다58051 판결).

207) 상법 제391조의 3 제3항, 제466조 제1항에서 규정하고 있는 주주의 이사회의 의사록 또는 회계의 장부와 서류 등에 대한 열람 · 등사청구가 있는 경우, 회사는 그 청구가 부당함을 증명하여 이를 거부할 수 있는바, 주주의 열람 · 등사권 행사가 부당한 것인지 여부는 그 행사에 이르게 된 경위, 행사의 목적, 악의성 유무 등 제반 사정을 종합적으로 고려하여 판단하여야 할 것이고, 특히 주주의 이와 같은 열람 · 등사권의 행사가 회사업무의 운영 또는 주주 공동의 이익을 해치거나 주주가 회사의 경쟁자로서 그 취득한 정보를 경업에 이용할 우려가 있거나, 또는 회사에 지나치게 불리한 시기를 택하여 행사하는 경우 등에는 정당한 목적을 결하여 부당한 것으로 보아야 한다(대법원 2004년 12월 24일 선고 2003마1575 결정)

208) 대법원 1999년 12월 21일 선고 99다137 판결.

검사인의 자격에는 제한이 없다. 다만 성질상 이사 · 감사 · 지배인 기타 상업사용인 등은 제외된다.

② 검사인을 통한 조사와 단체적 처리

검사인은 회사의 업무와 재산상태를 조사할 수 있고 그 조사결과를 법원에 보고하여야 한다(동조 제2항).

법원은 필요시 주주총회의 소집을 명할 수 있다. 검사인은 주주총회에 조사보고서를 제출하고, 이사 · 감사는 검사인의 조사보고서의 정확 여부를 조사한 후 주주총회에 보고하여야 한다(동조 제4항).

주주총회는 그 결과에 따라 이사해임 등의 대책을 강구할 수 있다.

6. 회계와 관련한 기타의 문제

(1) 주주의 권리행사와 관련한 이익공여금지

① 총설

주주의 권리행사와 관련한 이익공여금지제도는 직업적인 총회꾼의 발호를 원천적으로 봉쇄하여 주주총회의 정상적인 운영을 꾀하고 회사의 이익을 보호하기 위한 것이다.

② 금지되는 이익공여

회사는 누구에게든지 주주의 권리행사와 관련하여 재산상의 이익을 공여할 수 없다(제467조의 2 제1항).

a. 이익공여당사자

이익공여당사자는 회사이다. 그러므로 이사 후보자가 자기의 선임을 위하여 대주주에게 이익을 공여하는 경우는 이에 해당하지 않는다.

이익을 공여받는 상대방에 대하여는 제한이 없다. 법문상 '누구에게든지'라고 규정되어 있으므로 주주에 국한하지 않고, 회사 및 주주에게 영향력이 있는 제3자도 포함된다.

b. 주주의 권리행사와의 관련성

회사에 의한 이익공여금지는 주주의 권리행사와 관련하여 행하여지는 경우이다.

'주주의 권리행사와 관련하여'란 주주의 공정한 권리의 행사에 영향을 미치는 모든 경우를 말한다. 즉 주주권의 행사 · 불행사 · 행사방법 등에 관한 것 전부를 포함한다.[209]

구체적인 경우에 있어서 회사의 이익공여가 주주의 권리행사와 관련하여 이루어졌다는

209) 여기서 주주권에는 의결권 외에도 대표소송권 · 주주총회결의취소의 제소권 등이 포함된다. 한편 종업원의 자녀에 대한 장학금의 지급 · 공익사업을 위한 기부 등은 관련 없는 것의 예이다.

사실은 입증하기가 곤란하므로 상법상 추정규정을 두고 있다. 즉 회사가 특정주주에 대하여 무상으로 재산상의 이익을 공여한 경우 및 회사가 특정주주에 대하여 유상으로 재산상의 이익을 공여한 경우에 회사가 얻은 이익이 공여한 이익에 비하여 현저하게 적은 때에는 주주의 권리행사와 관련하여 공여한 것으로 추정한다(동조 제2항). 따라서 주주 측에서 이와 무관함을 입증하여야 한다.

c. 재산상의 이익

재산상의 이익은 그 종류 여하를 불문한다. 그러나 주주총회 참석주주에 대한 의례적인 기념품제공은 해당하지 않는 것으로 본다.

d. 회사의 계산

회사의 계산으로 한 것이어야 한다.

③ 금지위반의 효과

a. 주주 등의 이익반환의무

이익을 공여받은 자는 회사에 반환하여야 하고, 회사에 지급한 것이 있으면 반환받을 수 있다(동조 제3항).

이익공여계약은 법률위반으로서 무효이므로 부당이득반환의무를 부담하나, 경우에 따라서는 비채변제(非債辨濟) 또는 불법원인급여에 해당하여 회사가 반환받지 못할 수도 있으므로 상법상 부당이득에 대한 특칙이 마련된 것이다.[210]

공여받은 이익과 대가의 청구는 동시이행의 관계이다.

반환청구는 회사가 대표이사를 통하여 스스로 할 수 있으나, 소수주주의 대표소송을 통하여도 할 수 있다(동조 제4항).

b. 이사 · 감사 등의 형사책임

이사 · 감사 · 이사직무대행자 · 지배인 기타 사용인 등이 본조에 위반하여 재산상의 이익을 공여하거나 이익을 수수하거나 제3자에게 공여하게 한 자에게는 형사제재를 할 수 있다.

(2) 사용인의 우선변제권

신원보증금반환채권 · 급여 · 퇴직금채권 등 사용인이 고용관계상 회사에 대하여 갖는 채권의 보호상 (회사가 적립하는 경우도 있으나 불충분하므로) 사회정책적 견지에서 특별규정을 마련하고 있다. 즉 회사와 사용인 간의 고용관계로 인한 채권이 있는 자는 회사

---

210) 상법이 부당이득(민법 제741조 이하 참조)에 관한 특칙으로서 회사의 이익반환청구권을 인정한 것이다.

의 총재산에 대하여 우선변제권이 인정된다(제468조 본문).

우선변제권의 성질에 관하여, 일본의 경우에는 선취특권[211]의 하나로 규정하고 있으나 우리는 선취특권제도가 없으므로 우선변제를 받을 권리를 인정한 것이다. 그러므로 상법상의 특정법정담보권으로서 회사의 일반재산에 대하여 경매청구권이 인정된다. 그러나 회사사용인의 우선변제권은 채권발생의 전후를 불문하고 질권, 저당권, '동산 · 채권 등의 담보에 관한 법률'에 따른 담보권에는 우선하지 못한다(동조 단서).

제6절 기본적 변경

Ⅰ. 총설

'회사의 기본적 변경' 또는 '회사의 비상사항'이란 회사의 자본적 및 법적 기초를 변경하는 것을 말하며, 정관변경 · 자본감소 · 합병 및 분할 · 조직변경 · 정리 · 기업결합 · 회사의 영업의 전부 또는 중요한 일부의 양도나 임대차 등이 이에 해당한다.

회사의 기본적 변경은 주주의 이해관계에 중대한 영향을 미치므로 보호장치가 필요하여 상법은 다음과 같은 장치를 마련하고 있다.

(i) 주주총회결의에 의한 승인: 주주총회 특별결의 또는 총주주의 동의

(ii) 반대주주의 주식매수청구권

(iii) 회사채권자보호절차: 회사의 기본적 변경은 회사채권자에게도 중대한 영향을 미치기 때문이다(제232조). 이절차는 자본금감소 · 합병 · 조직변경의 경우에도 준용한다.

(iv) 회사채권자에 대한 채무변제 후가 아니면 주주에게 잔여재산분배를 할 수 없다. 주식회사의 기본적 변경에 있어서의 주주와 회사채권자에 대한 보호절차는 다른 종류의 회사의 기본적 변경에도 동일하게 규정되어 있다.

---

211) 선취특권(先取特權)이란 법률이 정한 특수채권을 가진 자가 다른 채권자보다 앞서 채무자의 재산에서 채권을 변제받을 수 있는 권리를 말한다. 구 민법에서는 이 권리가 인정되었었으나 현행 민법에서는 인정되지 않는다.

Ⅱ. 정관변경

1. 의의

정관변경이란 회사의 조직과 활동에 관한 근본규칙인 정관의 내용을 변경하는 것을 말한다. 이것은 실질적 변경을 의미하는 것이지 형식적 변경을 의미하는 것은 아니다.

2. 내용

절대적 · 상대적 · 임의적 기재사항의 여하를 불문하고 정관을 자유로이 변경할 수 있음이 원칙이다.

그러나 (i) 강행규정 또는 주식회사의 본질에 반하여서는 안 되며, 주주의 고유권 또는 주식평등의 원칙 등을 침해할 수 없다. (ii) 원시정관상에 정관변경불가규정이 있더라도(정관의 1 내용에 불과하기 때문이라고 하기도 하지만, 이러한 규정은 주식회사의 본질에 반하여 무효이므로) 변경할 수 있다. (iii) 법령의 개폐에 의한 정관규정의 변경은 정관변경절차를 요하지 않는다.[212]

3. 절차

(1) 주주총회 특별결의

정관의 변경은 주주총회의 결의에 의하여야 한다(전속사항, 제434조제1항). 정관변경을 위한 주주총회 결의는 출석한 주주의 의결권의 2/3 이상의 수와 발행주식총수의 1/3 이상의 수로써 하여야 한다(제434조, 특별결의). 그러나 사실에 기초를 둔 사항의 변경은 주주총회결의 없이 당연히 변경된다(예컨대 본점소재지의 변경).

(2) 종류주주총회의 결의

종류주주총회의 결의를 요하는 경우에는 종류주주총회의 결의가 없으면 주주총회 특별결의는 효력이 발생하지 않는다(제435조, 일종의 타협).

212) 과거 회사의 지점소재지가 절대적 기재사항에서 임의적 기재사항으로 변경된 사례가 있다(제289조 참조).

(3) 등기

정관변경 자체는 등기를 요하지 않으나, 등기사항인 정관규정의 변경시에는 변경등기를 하여야 한다.

4. 효력

주주총회결의가 있은 때에는 조건부 또는 기한부의 예외적인 경우를 제외하고는 즉시 효력이 발생한다.

서면인 정관의 변경은 주주총회결의 후에 하게 되는바, 이는 정관변경의 효력발생요건이 아니다. (회사설립시에는 법률관계가 복잡하기 때문에 필요로 하나) 정관변경의 경우에는 공증인의 인증을 요하지 않는다.[213] 변경등기도 효력발생요건이 아니다. 그러나 정관의 변경으로 등기사항이 변경된 때에는 변경등기를 하여야 한다(제2317조 제4항, 제183조)

5. 특수한 효력

(1) 발행예정주식총수의 증감

발행예정주식총수의 변경은 정관변경절차를 요한다(제289조). 다만 전환주식 등의 경우에는 유보분을 확보하여 두어야 한다.

(2) 주금액의 변경

1주의 금액은 정관의 절대적 기재사항이므로, 1주의 금액이 인상 · 인하되는 경우에는 정관변경절차를 요한다.

① 주금액의 인상

주주에게 그에 상응하는 금액을 추가납입시키는 방법에 의하는 경우에는 (주주의 유한책임에 위배되므로) 총주주의 동의를 요한다.

주식병합의 방법에 의하는 경우에는 (i) 병합에 의하여 단주가 발생하지 않는 경우에는 주주총회 특별결의를 요하고, (ii) 병합에 의하여 단주가 발생하는 경우에 대하여는 (주식평등의 원칙에 위배되므로) 제443조에 따라 단주를 처리하면 된다는 설과 총주주의 동의를 요한다는 설로 견해가 나누인다.

---

213) 주식회사의 원시정관은 공증인의 인증을 받음으로써 효력이 생기는 것이지만 일단 유효하게 작성된 정관을 변경할 경우에는 주주총회의 특별결의가 있으면 그때 유효하게 정관변경이 이루어지는 것이고,, 서면인 정관이 고쳐지거나 변경내용이 등기사항인 때의 등기 여부 내지는 공증인의 인증 여부는 정관변경의 효력발생에는 아무 영향이 없다(대법원 2006년 1월 27일 선고 2004다44575, 44582 판결).

② 주금액의 인하(주주총회 특별결의)

주식분할방법에 의하는 경우(10,000원 × 5,000주 → 5,000원 × 10,000주: 즉 1주 → 2주)에는 정관변경절차를 요한다.

1주의 금액을 인하하는 방법에 의하는 경우에는 자본감소절차(즉 주주총회 특별결의)를 요한다(6,000원 × 10,000주 → 5,000원 × 10,000주).

Ⅲ. 자본금의 감소

1. 의의

자본금의 감소(감자, 減資)란 회사재산이 과잉으로 되거나 회사에 결손이 생긴 경우 필요에 의하여 회사의 자본금의 액을 감소하는 것을 말한다.

자본금감소는 회사재정의 건전화를 꾀하는 기능이 있는 한편, 자본금감소에 따라 회사가 보유하여야 하는 현실재산이 감소되므로 대외적으로는 회사채권자에게 불리하게 되며(담보의 감소) 대내적으로는 주주의 권리의 존재와 범위에 영향을 주게 되므로, 회사채권자보호 등의 엄격한 요건 하에 이루어진다.[214]

2. 종류

(1) 실질상의 감소

실질상의 감소란 회사재산이 사업에 비하여 과잉이 된 때 과잉재산을 주주에게 반환하기 위하여 행하는 자본금감소(사실상 주주에 대한 출자이 환급)를 말하며, 그 결과 회사의 재산도 현실적으로 감소한다.

(2) 명목상의 감소

명목상의 감소란 자본금에 결손이 생겨 이익배당이 곤란한 경우에 이익배당을 가능하도록 하기 위하여 행하는 자본금감소를 가리키며, 자본금감소에도 불구하고 회사재산은 감소되지 않는다. '계산상의 자본금감소'라고도 하며, 이것이 통상적인 자본금감소이다.

214) 이를 위하여 자본금감소제한의 원칙이 있다. 즉 회사의 자본금은 신용의 기초이므로 함부로 감소를 허용하지 않는다.

3. 방법

(1) 주금액의 감소

① 환급

환급이란 주금액의 일부를 감소하여 그 감소액을 주주에게 반환하고 남은 납입금을 새로운 주금액으로 하는 것을 말한다. 실질적인 감자의 경우에 활용한다.

② 삭감

삭감이란, 절기라고도 하는데, 주금액의 반환 없이 주주의 손실에서 주금액을 감소하고 남은 납입금을 새로운 주금액으로서 하는 것을 말한다. 명목상의 감자의 경우에 활용한다.

그러나 액면가 미만으로는 감소하지 못하며, 주금액 균일의 원칙을 유지하여야 하므로, 1주의 금액의 감소시에 정관변경절차를 요한다.

(2) 주식수의 감소

① 주식의 병합

주식의 병합이란 여러 개의 주식을 합하여 그보다 소수의 주식으로 하는 회사의 행위를 말한다.

주식의 병합은 명목상의 자본금감소의 방법으로 활용되며, 실제 가장 많이 이용되는 자본금감소방법이다.

일반적으로 주식병합의 경우에도 주식평등의 원칙이 적용되나, 다만 병합으로 단주가 생기는 것이 보통이므로 (제443조가 준용되어) 병합에 적당하지 않은 수의 주식이 있는 때에는 그 병합에 적당하지 않은 부분에 대하여 발행한 신주를 경매하여 각 주수에 따라 그 대금을 종전의 주주에게 지급하여야 한다. 그러나 거래소의 시세 있는 주식은 거래소를 통하여 매각하고, 거래소의 시세 없는 주식은 법원의 허가를 받아 경매 이외의 방법으로 매각할 수 있다.

주식의 병합은 원칙적으로 주권제출기간이 만료됨으로써 효력이 발생한다.

② 주식의 소각

주식의 소각이란 특정주식의 절대적 소멸을 말하며,[215] 여기에도 주식평등의 원칙이 적용된다.

주식의 소각에는 강제소각 · 임의소각, 무상소각 · 유상소각 등의 방법이 있는데, 이

215) 이에 대하여 모든 주식이 절대적으로 소멸하는 경우는 주식회사의 해산이 된다.

중 '임의유상소각(즉 매입소각)'이 전형적인 방법이다. 강제소각은 추첨 · 안분비례 등을 가리키고, 임의소각은 매매 · 증여 등을 가리키고,[216] 무상소각은 대가를 지급하지 않는 명목상의 소각을 가리키며, 유상소각은 대가를 지급하는 실질상의 소각을 가리킨다.

4. 절차

(1) 주주총회 특별결의

자본금감소에는 주주총회 특별결의를 요한다(제438조). 그럼에도 불구하고 결손의 보전을 위한 자본금의 감소는 주주총회의 보통결의에 의한다(제438조 제1항, 제2항).

주주총회의 소집과 공고에는 회의의 목적사항 외에 의안의 요령을 기재하여야 한다.

자본금감소결의에서는 자본금의 감소액과 감소방법도 정하여야 한다(이사회에 일임할 수 없다, 제439조 제1항).

(2) 회사채권자보호절차

자본금감소의 경우에는 제232조를 준용한다.[217] 그러나 결손의 보전을 위하여 자본금을 감소하는 경우에는 그러하지 아니 하다(제439조 제2항).

(3) 자본금감소의 실행

상법은 자본금감소와 관련하여 '강제소각과 주식병합'에 대하여 특별히 규정을 두고 있다. 그 이외의 방법에 관하여는 규정이 없다. 다만 (i) 환급 또는 삭감은 회사가 주주에게 그 뜻을 통지 · 공고하고 주권을 제출받아 주금액을 정정하고, (ii) 임의소각은 주주와의 계약에 의하여 자기주식을 취득하여 소멸시킨다.

① 강제소각의 경우

회사는 강제소각을 한다는 뜻과 1월 이상의 일정기간 내에 주권을 회사에 제출할 것을 공고하고, 또 주주명부상의 주주와 채권자에게는 개별통지하여야 한다(제343조, 제440조 · 제441조).

상기 기간만료시 또는 회사채권자보호절차종료시 각각 강제소각의 효력이 발생한다.

② 주식병합의 경우

회사는 주식병합을 한다는 뜻과 1월 이상의 일정기간 내에 주권을 회사에 제출할 것을

216) 임의소각의 경우에는 회사가 그 주식을 취득하고 상법 소정의 자본금감소절차 뿐만 아니라 제342조가 정한 주식실효절차까지 마친 때에 소각의 효력이 생긴다(대법원 2008년 7월 10일 선고 2005다24981 판결).

217) 자본금감소에 대한 반대채권자의 이의제출은 특별한 방식을 필요로 하지 않으므로, 반드시 서면에 의하여야 하는 것은 아니다(제439조 제2항, 제232조). 사채권자가 이의를 제기하려면 사채권자집회의 결의를 거쳐야 한다(제439조 제3항).

공고하고 또 주주명부상의 주주와 채권자에게는 개별통지하여야 한다(제440조): 주식의 강제소각과 절차가 유사하다.

주식을 병합하는 경우에 구 주권을 회사에 제출할 수 없는 자가 있는 때에는 회사는 그 자의 청구에 의하여 3월 이상의 기간을 정하고 이해관계인에 대하여 그 주권에 대한 이의가 있으면 그 기간 내에 제출할 뜻을 공고하고 그 기간이 경과한 후에 신 주권을 청구자에게 교부할 수 있다(제442조 신주권의 교부). 이때 공고비용은 청구자의 부담으로 한다.

주식의 병합에 적당하지 않은 수의 주식이 있는 때에는 그 병합에 적당하지 않은 부분에 대하여 발행한 신주를 경매하여 각 주수에 따라 그 대금을 종전의 주주에게 지급하여야 한다. 그러나 거래소의 시세 있는 주식은 거래소를 통하여 매각하고, 거래소의 시세 없는 주식은 법원의 허가를 받아 경매 외의 방법으로 매각할 수 있다(제443조 단주의 처리).

③ 무액면주식 발행회사의 자본금감소의 방법 및 절차

무액면주식을 발행한 회사의 경우에는 액면이 없으므로 액면가의 조종에 의한 자본금감소가 있을 수 없다. 또한 무액면주식을 발행한 회사는 발행가의 일부 또는 전부를 자본금으로 계상한 후에는 발행주식수와 자본금은 관련이 없으므로 자본금을 감소하는 경우 반드시 주식수의 감소가 수반되지는 않는다. 따라서 무액면주식을 발행한 회사의 자본금감소시에는 주주총회에서 감소될 자본금의 크기 및 자본금감소의 효력발생일을 정하여 (i) 실절적 자본감소의 경우에는 특별결의, (ii) 결손보전을 위한 자본금감소의 경우에는 보통결의를 거치면 된다. 다만 주주총회가 정한 효력발생일에 아직 회사채권자보호절차가 종료하지 않았다면 제441조 단서를 유추적용하여 회사채권자보호절차가 종료한 때에 자본금감소의 효력이 생긴다고 보아야 할 것이다. 무액면주식발행회사는 발행주식수를 줄이지 않고도 자본금감소를 할 수 있지만 경우에 따라서는 주식을 병합 · 소각하여 주식수를 감소시킬 수도 있다.

④ 등기

자본금이 감소되면 변경등기를 하여야 한다. 그러나 이 등기가 자본금감소의 효력발생요건인 것은 아니다.

5. 효력

(1) 효력발생시기

강제소각 · 주식병합의 방법의 경우에는 주권제출기간의 만료시(자본금감소 실행시)이고, 채권자가 있는 경우에는 채권자보호절차의 종료시이다.

기타의 방법에 의한 자본금감소의 경우에는 주주총회 특별결의 · 채권자보호절차 · 감자실행절차 등의 완료시이다.

자본금감소의 효력발생시기로부터 본점소재지에서는 2주 내에 · 지점소재지에서는 3주 내에 자본금감소의 등기를 하여야 한다.

(2) 미발행주식수와의 관계

주식수감소의 방법에 의한 자본금감소의 경우에는 발행주식수는 감소하나 미발행주식수는 감소하지 않는다.

(3) 자본금감소차익의 처리

회사는 자본거래에서 발생한 잉여금을 대통령령으로 정하는 바에 따라 자본준비금으로 적립하여야 한다(제459조 제1항).

6. 자본금감소의 무효

(1) 원인

자본금감소무효의 원인은 자본금감소의 절차 또는 그 내용에 하자가 있는 경우이다. 즉 (i) 자본금감소의 절차 또는 내용에 하자가 있는 경우(즉 결의 무효 · 취소의 경우), (ii) 회사채권자보호절차의 흠결시, (iii) 자본금감소방법의 주식평등의 원칙 위반의 경우 등이다.

(2) 자본금감소무효의 소

민법의 일반원칙을 적용하는 경우에는 법률관계의 안정에 있어 문제가 있으므로, 상법은 자본금감소무효의 주장을 가급적 억제하고 획일적 처리를 하기 위하여 소송제도에 의하도록 하고 있다(제445, 형성의 소).[218]

① 당사자

원고는 주주 · 이사 · 감사 · 청산인 · 파산관재인 또는 자본금감소를 승인하지 않은 채권자이고, 피고는 회사이다.

---

218) 상법 제445조는 자본감소의 무효는 주주 등이 자본감소로 인한 변경등기가 있은 날로부터 6월 내에 소만으로 주장할 수 있다고 규정하고 있으므로, 설령 주주총회의 자본감소결의에 취소 또는 무효의 하자가 있다고 하더라도 그 하자가 극히 중대하여 자본감소가 존재하지 아니 하는 정도에 이르는 등의 특별한 사정이 없는 한 자본감소의 효력이 발생한 후에는 자본감소의 소에 의해서만 다툴 수 있다(대법원 2010년 2월 11일 선고 2009다83599 판결).

② 제소기간

제소기간은 자본금감소로 인한 변경등기가 있은 날로부터 6개월 내이다. 제소기간이 경과한 후에는 새로운 무효사유를 추가하여 자본감소의 무효를 주장할 수 없다.[219]

③ 소의 절차

자본금감소무효의 소의 절차는 신주발행무효의 소와 같다: 소의 관할, 소제기의 공고, 병합심리, 하자의 보완 등과 청구의 기각, 패소원고의 책임, 무효판결의 등기, 제소권자의 담보제공의무 등이 준용된다(제446조, 제176조 제4항, 제186조~제189조, 제190조 본문, 제191조, 제192조, 제377조).

④ 판결의 효과

원고승소시 대세적 효력이 있으며, 회사설립무효의 소와는 달리 소급효가 인정되지 않기도 하지만 소급효가 인정되기도 한다. 소급효가 인정되는 것은 제446조상 제190조의 본문은 준용되지만 단서가 준용되지 않기 때문이다.

Ⅳ. 해산과 청산

1. 해산

(1) 총설

제3편 제2장 제4절 Ⅰ. 해산의 의의 참조.

(2) 해산사유

① 각종의 해산사유

주식회사는 다음의 사유로 인하여 해산한다.

(i) 존립기간만료 · 정관으로 정한 사유발생, (ii) 회사의 합병, (iii) 회사의 파산, (iv) 법원의 명령 또는 판결, (v) 주주총회결의, (vi) 휴면회사의 해산 등(제517조 - 합명회사의 해산사유에 관한 제227조와 비교).[220]

---

219) 상법 제445조는 자본감소의 무효는 주주 · 이사 · 감사 · 청산인 · 파산관재인 또는 자본감소를 승인하지 아니 한 채권자에 한하여 자본감소로 인한 변경등기가 있은 날로부터 6개월 내에 소만으로 주장할 수 있다고 규정하고 있는바, 이는 자본감소에 수반되는 복잡한 법률관계를 조기에 확정하고자 하는 것이므로 새로운 무효사유를 출소기간의 경과 후에도 주장할 수 있도록 하면 법률관계가 불안정하게 되어 위 규정의 취지가 몰각된다는 점에 비추어 위 규정은 무효사유의 주장시기도 제한하고 있는 것이라고 해석함이 상당하고 자본감소로 인한 변경등기가 있는 날로부터 6개월의 출소기간이 경과한 후에는 새로운 무효사유를 추가하여 주장할 수 없다(대법원 2010년 4월 29일 2007다12012 판결).

② **해산명령**(제176조)

제3편 제2장 제4절 Ⅱ. 해산사유의 1. 법원의 해산명령 참조.

③ **해산판결**(제520조)

제3편 제2장 제4절 Ⅱ. 해산사유의 2. 해산판결 참조.

④ **휴면회사의 해산의제**

휴면회사란 영업을 폐지하여 실체가 없음에도 불구하고 등기부상으로만 남아 있는 회사를 말한다. 그런데 휴면회사는 거래상 악용의 염려 · 타인의 상호선정의 지장 등의 폐해가 있어 상법은 휴면회사의 해산의제에 관한 규정을 마련하고 있다(제520조의 2). 즉 법원행정처장은 관보로써 최후의 등기 후 5년이 경과한 회사는 본점소재지 관할법원에 아직 영업을 폐지하지 않았다는 신고를 할 것을 공고할 수 있고(공고가 있었다는 뜻을 당해회사에 통지), 이때 공고일 현재 이미 최후의 등기 후 5년이 경과한 회사는 공고한 날로부터 2개월 내에 대통령령이 정하는 바에 의하여 신고하여야 하며 이 기간 내에 신고하지 않은 때에는 신고기간 만료시 해산한 것으로 본다.

휴면회사는 해산된 것으로 의제된 때로부터 3년 내에 주주총회 특별결의에 의하여 회사를 계속할 수 있다. 회사를 계속하지 않는 때에는 3년 경과시에 청산이 종료된 것으로 본다.

(3) 해산의 효과

① **청산절차의 개시**

회사가 해산하면 청산절차가 개시되는 것이 원칙이다. 그러나 합병의 경우에는 청산을 요하지 않으며, 파산의 경우에는 파산절차로 이어진다.

청산중의 회사는 '청산의 목적범위 내'로 권리능력의 범위가 축소된다(제245조).

② **해산의 공시**

파산의 경우를 제외하고 이사는 지체 없이 주주에 대하여 회사의 해산통지를 하여야 한다.

합병과 파산의 경우를 제외하고는 해산등기를 하여야 한다.

(4) 해산후의 회사의 계속

회사의 계속이란 해산된 회사가 다시 해산전의 회사로 복귀하는 것을 말한다.

---

220) 주식의 포괄적 교환 · 영업의 폐지 등은 주식회사의 해산사유가 아니다.

회사의 의사에 의하여 회사가 해산한 경우[221]에는 늦어도 청산종결등기 전까지는 주주총회 특별결의에 의하여 회사를 계속할 수 있다(제519조). 이때 회사계속에 대하여 등기하여야 한다.

휴면회사가 해산의제된 때는 의제된 때로부터 3년 내에 한하여 주주총회 특별결의에 의하여 회사를 계속할 수 있다(제520조의 2 제3항).

2. 청산

(1) 총설

회사채권자의 이익을 보호하고 대주주의 자의로부터 일반주주의 이익을 보호하기 위하여, 주식회사의 청산절차는 인적 회사와는 대조적으로 강행법적으로 규정하고 있다(법정청산).

주식회사의 청산에 관한 사건은 본점소재지의 지방법원 합의부의 관할에 속하며, 회사의 청산은 법원의 감독을 받는다.

(2) 청산절차의 개시

주식회사가 해산하면 합병과 파산의 경우를 제외하고는 청산절차로 들어간다(제531조 제1항).

(3) 청산절차의 담당자

주식회사의 청산의 경우에는 '청산인 · 청산인회 · 대표청산인'이 청산을 담당한다.

그 밖에 청산중의 회사에 대하여 영업을 전제로 하지 않는 규정은 그대로 적용되므로 주주총회 · 감사는 그대로 존속하고 검사인의 선임도 인정된다.

① 청산인

a. 선임 · 해임

정관이나 주주총회에서 청산인을 정하지 않은 경우에는 해산 전의 이사 전원이 당연히 청산인(법정청산인)이 된다.

해산 전에 이사의 임기가 만료하였으나 후임자가 선임되지 않아 이사로서의 권리의무를 가지고 있던 자는 해산과 동시에 청산인으로서의 권리의무를 가진다.

법정청산인이 없는 경우에는 이해관계인의 청구에 의하여 법원이 청산인을 선임한다.

회사가 해산명령이나 해산판결에 의하여 해산한 경우에 법원이 이해관계인이나 검사의

---

221) 존립기간의 만료 기타 정관에 정한 사유의 발생 또는 주주총회결의에 의한 해산의 경우를 말한다.

청구에 의하여 청산인을 선임하고, 회사설립무효의 판결 확정시에도 법원이 이해관계인의 청구에 의하여 청산인을 선임한다.

대표청산인이 되는 자는 (i) 해산 전의 이사가 청산인이 되는 경우에는 종전의 대표이사이고, (ii) 법원이 청산인을 선임하는 경우에는 법원이 정하며, (iii) 기타의 경우에는 청산인회의 결의로 정한다.

청산인은 법원이 선임하는 경우를 제외하고는 언제든지 주주총회 보통결의로써 해임할 수 있다(제539조 제1항). 법원은 청산인이 업무를 집행함에 현저하게 부적임하거나 중대한 임무에 위반한 행위가 있을 때에는 발행주식총수의 3/100 이상에 해당하는 주식을 가진 주주의 청구에 의하여 청산인을 해임할 수 있다(동조 제2항).

청산인의 선임과 해임은 등기사항이다(제542조, 제253조).

b. 수 · 임기

청산인의 수에 관한 규정은 없다. 그러나 청산인회제도가 있으므로 2인 이상이어야 한다는 해석이 통설이다.[222)]

임기에 관한 규정은 없다. 그러므로 청산종결에 이르기까지 임기가 계속되는 것으로 해석된다.

c. 청산인과 회사와의 관계

청산인과 회사와의 관계는 '위임관계'이다. 그러므로 청산인은 회사에 대하여 선량한 관리자의 주의로써 청산사무를 집행하여야 한다.

이사에 관한 많은 규정이 청산인에 준용된다(제542조 참조).

청산중의 회사는 영업활동을 할 수 없다. 그러므로 경업금지의무위반 또는 위법배당책임 등에 관한 규정은 적용되지 않는다.

청산인의 보수에 관하여는 이사의 보수에 관한 규정이 준용되고(제542조, 제388조), 법원이 선임한 청산인에 대하여는 특칙이 적용된다.

청산인의 책임해제에 관한 특칙으로서, 청산이 종결된 경우에는 비록 주주총회의 결산보고서의 승인 후 2년이 경과하지 않았다 하더라도 당연히 청산인의 책임이 해제된다.

② 청산인회

청산인회란 청산인으로 구성되는 합의체로서, 청산회사의 청산업무집행에 관하여 결의하는 기관을 말한다. 청산인은 그 전원으로 청산회사의 업무집행기관인 청산인회를 구성

222) 대법원 1989년 9월 12일 선고 87다카2691과 일본 최고재판소는 청산인의 수에 관한 규정이 없으므로 1인만이라도 무방하며 그 1인의 청산인이 대표청산인이라고 판시한 바 있다.

한다(제542조 제2항). 청산회는 그 결의의 집행과 청산에 관한 업무의 결행·집행을 담당할 대표 청산인을 정하여야 한다(동규정, 제389조).

청산인회의 소집 · 의사 · 결의에 관하여는 모두 이사회에 관한 규정이 준용된다.

③ 대표청산인

회사는 청산인회결의로써 대표청산인을 선임한다.

대표청산인은 청산사무에 관하여 재판상 · 재판외의 모든 행위를 할 수 있고, 그 권한에 대하여 제한이 있어도 선의의 제3자에게는 대항할 수 없다(제542조 제2항, 제389조, 제209조).

(4) 청산사무의 내용

(기본적 · 부수적) 청산사무[223]는 청산인회와 대표청산인에 의하여 행하여진다.

① 주된 청산사무

청산은 잔여재산을 금전의 형태로 주주에게 분배하는 것을 최종목적으로 한다.

a. 현존사무의 종결

퇴직금 또는 공로자에 대한 위로금의 지급 등이 이에 해당한다.

b. 채권의 추심과 채무의 변제

채권의 추심이란 변제수령 · 대물변제수령 · 채권양도 · 상계 · 화해 등을 가리킨다.

청산인은 취임한 날로부터 2월 내에 회사채권자에 대하여 2월 이상의 일정기간 내에 채권을 신고할 것과 기간 내에 신고하지 않으면 청산에서 제외될 것을 2회 이상 공고로써 최고하여야 하고, 알고 있는 채권자에 대하여는 개별로 채권의 신고를 최고하여야 하며 채권자가 신고하지 않은 경우에도 청산에서 제외할 수 없다(제535조).

청산인은 최고신고기간 내에는 채권자에 대하여 변제하지 못하고 회사는 변제의 지연으로 인한 손해배상책임을 진다. 다만 소액채권 · 담보 있는 채권 기타 변제로 인하여 다른 채권자를 해할 염려가 없는 채권에 대하여는 법원의 허가를 얻어 변제할 수 있다(제536조).

회사가 모르는 채권자로서 채권신고기간 내에 채권을 신고하지 않아 청산에서 제외된 채권자는 미분배잔여재산에 대하여만 변제청구를 할 수 있다. 일부 주주에 대하여 재산분배를 한 경우에는 동일한 비율로 다른 주주에게 분배할 재산을 위 잔여재산에서 공제한다(제537조).

(변제기에 변제하는 것이 원칙이나) 변제기를 기다리다가는 청산종결이 늦어지므로 청

223) 청산단계에 들어갔으므로, 영리를 전제로 하는 업무는 불가능하고 단지 사무만 할 수 있게 된다.

산인은 변제기에 이르지 않은 회사채무도 변제할 수 있다.

c. 재산의 환가처분

재산의 환가처분이란 회사재산을 청산의 목적에 적합하도록 금전으로 바꾸는 처분행위를 말한다. 환가의 방법으로는 재산을 개별적으로 매각하는 외에 영업의 전부 또는 일부를 일괄하여 양도하는 것도 무방하다.

d. 잔여재산의 분배

청산인은 회사의 모든 채무를 변제하지 않으면 주주에게 잔여재산을 분배할 수 없다. 위반시 회사는 주주에게 그 반환을 청구할 수 있다.

잔여재산분배기준은 각 주주가 가진 주식의 수(지주수)에 따라 주주에게 분배하여야 한다(제538조). 다만 우선주 · 열후주에 관하여는 정관규정에 따라 달리 취급할 수 있다.

② 부수적 청산사무

a. 법원에 대한 신고

청산절차의 감독기관인 법원의 감독의 실효를 기하기 위하여, 청산인은 취임한 날로부터 2주 내에 해산의 사유와 연월일 · 청산인의 성명 주민등록번호 및 주소를 법원에 신고하여야 한다(제532조).

b. 회사재산의 조사 · 보고

청산인은 취임 후 지체 없이 회사의 재산상태를 조사하여 재산목록과 대차대조표를 작성하여 주주총회의 승인을 받아야 하고, 승인 후에는 지체 없이 법원에 제출하여야 한다(제533조).

c. 주주총회의 소집

청산인은 회사재산의 조사보고를 하기 위하여 청산인회결의로 주주총회를 소집하여야 한다. 이에 앞서, 청산인은 대차대조표 및 부속명세서와 사무보고서를 작성하여 정기총회 회일로부터 4주 전에 감사에게 제출하여 감사를 받아야 한다(제534조).

d. 서류의 비치 · 공시

대차대조표 및 그 부속명세서와 사무보고서를 감사보고서와 함께 정기총회 1주 전부터 본점에 비치하여 주주와 회사채권자에게 공시하여야 한다(정기총회 종료 후에도 존속).

정기총회에서 승인이 있으면 지체 없이 대차대조표를 공고하여야 한다.

주주총회 및 청산인회의 의사록 · 정관 · 주주명부 등의 서류를 본점 등에 비치하여 주주 및 회사채권자의 열람 · 등사 청구에 응하여야 한다.

소수주주의 회계감사열람청구를 허용하여야 한다.

(5) 청산의 종결

청산종결등기 후라도 잔무가 있으면 그 처리범위 내에서는 청산회사는 법인격을 갖고 소송상의 당사자능력도 갖는다.

청산종결시 청산인은 지체 없이 결산보고서를 작성하고 주주총회에 제출하여 승인을 얻어야 하고, 승인이 있으면 회사는 청산인에게 부정행위가 있는 경우를 제외하고는 청산인의 책임이 해제된 것으로 본다.

청산인은 총회의 결산보고서승인 후 청산종결등기를 하여야 한다(제542조, 제264조). 그러나 이 등기가 효력발생요건인 것은 아니다.

청산종결이더라도 회사의 장부 기타 영업과 청산에 관한 중요서류는 본점소재지에서 청산종결등기 후 10년간 보존하여야 한다. 보존인과 보존방법은 청산인 기타 이해관계인의 청구에 의하여 법원이 정한다.

Ⅴ. 회사의 합병과 조직변경

1. 회사의 합병

(제3편 회사 제2장 회사법 통칙 제3절 회사의 변경 Ⅰ. 회사의 합병 참조)

〈주식회사의 흡수합병절차〉

<table>
<tr><td colspan="3"></td><td>존속회사</td><td>소멸회사</td></tr>
<tr><td colspan="3">1. 합병계약서 작성</td><td colspan="2">당사회사의 대표기관</td></tr>
<tr><td rowspan="3">2. 합병결의</td><td>(1) 주주총회 특별결의</td><td>출석한 주주의 의결권의 2/3 이상의 수와 발행주식총수의 1/3 이상의 수</td><td>O</td><td>O</td></tr>
<tr><td>(2) 간이합병</td><td>합병으로 인하여 소멸하는 회사의 총주주의 동의가 있거나 그 회사의 발행주식총수의 90/100 이상을 합병 후 존속하는 회사가 소유하고 있는 때</td><td>O</td><td>X
(이사회 승인)</td></tr>
<tr><td>(3) 소규모합병</td><td>① 합병 후 존속하는 회사가 합병으로 인하여 발행하는 신주의 총수가 그 회사의 불행주식총수의 10/100을 초과하지 않으며,
② 합병으로 인하여 소멸하는 회사의 주주에게 지급할 금액을 정한 경우에 그 금액이 존속하는 회사의 최종 대차대조표상으로 현존하는 순자산액의 5/100을 초과하지 않으며,
③ 합병 후 존속하는 회사의 발행주식 총수의</td><td>X
(이사회 승인)</td><td>O</td></tr>
</table>

		20/100 이상에 해당하는 주식을 소유한 주주가 소규모합병의 공고 또는 통지를 한 날부터 2주 내에 회사에 대하여 서면으로 소규모합병에 반대하는 의사를 통지하지 아니한 때		
	(4) 종류주주총회 결의	어느 종류의 주주에게 손해가 돌아가는 경우	O	O
	(5) 주식매수 청구권	총회의 결의일로부터 20일 이내에 서면으로 주식의 매수를 청구	O (소규모 합병제외)	O

2. 회사의 조직변경

(제3편 회사 제2장 회사법 통칙 제3절 회사의 변경 Ⅲ. 회사의 조직변경 참조)

Ⅵ. 회사분할

1. 의의

회사의 분할이란 1 회사의 영업을 2 이상으로 분리하고, 분리된 영업재산을 자본으로 하여 회사를 신설하거나 다른 회사와 합병시키는 조직법적 행위를 말한다. 그 결과, 본래의 회사는 소멸하거나 축소된 상태로 존속하고, 주주는 분할회사의 권리의무를 승계한 회사의 주식을 취득하게 된다.224)

2. 경제적 효용

(i) 복잡다양한 대기업으로부터 그 일부를 분리시킴으로써, 경영의 전문화와 효율화를 도모할 수 있다.

(ii) 모기업으로부터 위험도가 높은 사업을 분리시켜 위험부담을 덜 수 있다.

(iii) '공정거래법'과의 저촉을 사전·사후적으로 해결할 수 있다.

(iv) 주주 간의 이해관계 대립시, 소극적 해결수단으로 될 수 있다.

---

224) 우리나라는 1980년대부터 고임금화로 인하여 기업의 인건비부담이 커졌는데, 인사관리의 실정상 동일기업 내에서 임금을 차별화하기가 매우 어려우므로, 회사를 분할하여 고임금의 인력과 저임금의 인력을 구분·배치함으로써 인건비절감과 효율적 인사관리를 꾀하고자 도입하였다. 특히 IMF 외환사태 이후 기업의 조직개편이 요구되었는데, 이 제도가 마련되기 전에는 자회사를 설립하고 영업을 양도하는 방식을 취하여 기업분할의 효과를 꾀하였으나, 이러한 우회적인 방법은 과다한 비용을 수반하기 때문에 업계로부터 기업분할에 대한 요구가 있었다.

(v) 동일회사 내 현존인력의 임금과 인사관리를 차별화하는 방법으로 될 수 있다.

3. 분할방법

(1) 단순분할

단순분할이란 회사의 영업을 1개 또는 수개로 분할하고, 분할된 영업 중의 1개 또는 수개를 각각 출자하여 1개 또는 수개의 회사를 신설하는 것을 말한다(제530조의 2 제1항).

단순분할은, 분할회사의 운명 여하에 따라, 분할회사가 소멸하는 경우(소멸분할)과 소멸하지 않는 경우(존속분할)로 나누인다.

① 소멸분할

소멸분할이란 분할회사의 영업을 분할하여 2 이상의 회사를 신설하면서 분할회사는 해산하는 방법을 말한다.

② 존속분할

존속분할이란 분할회사의 영업 중 일부를 신설회사에 출자하고 분할회사는 나머지 영업을 가지고 존속하는 방법을 말한다.

(2) 분할합병

분할합병이란 분할회사의 영업을 분할하는 동시에 분할하는 일부영업을 다른 회사에 합병시키는 방법을 말한다(이로 인하여 회사의 일부만의 합병도 가능하게 된다).

① 소멸분할합병 · 존속분할합병

a. 소멸분할합병

소멸분할합병이란 분할회사가 자신의 영업을 존속 중인 2 이상의 회사에 출자하고 자기는 소멸하는 방법을 말한다. 이때 다른 회사는 신주발행을 하여야 한다.

b. 존속분할합병

존속분할합병이란 분할회사가 자신의 영업의 일부를 다른 회사에 출자하고 나머지 영업으로 존속하는 방법을 말한다.

② 흡수분할합병 · 신설분할합병

a. 흡수분할합병

흡수분할합병이란 분할회사의 영업의 일부를 다른 기존의 회사에 출자하여 그 다른 회사의 일부로 만드는 식으로 자기의 사업을 분할하는 방법을 말한다(제530조의 6 제1항).

b. 신설분할합병

신설분할합병이란 분할회사의 영업의 일부와 다른 기존의 회사의 영업의 전부 또는 일부를 합하여 새로운 회사를 설립하는 방법을 말한다(동조 제2항).

③ 분할합병방법의 조합

'소멸분할합병 · 존속분할합병'과 '흡수분할합병 · 신설분할합병'이 조합을 이루어, '소멸흡수분할합병 · 소멸신설분할합병 · 존속흡수분할합병 · 존속신설분할합병'의 4가지 형태가 가능하게 된다.

(3) 단순분할과 분할합병의 병행

단순분할과 분할합병의 병행이란 단순분할과 분할합병을 동시에 진행하는 방법을 말한다.

(4) 물적 분할

물적 분할이란 분할회사가 영업재산의 일부를 기존 또는 신설회사에 포괄승계의 방법으로 양도하고, 그 대가로서 분할회사가 기존 또는 신설회사의 주식을 부여받는 경우를 말한다. 물적 분할은 영업재산의 양도의 대가인 주식이 분할회사의 주주가 아니라 분할회사에게 부여된다는 점에서 인적 분할인 협의의 분할과 구별된다.

상법은 분할회사가 분할 또는 분할합병으로 인하여 설립되는 회사의 주식의 총수를 취득하는 형태의 물적 분할에 대하여만 규정하고 있다(제530조의 12).

4. 회사분할의 제한

회사의 분할은 주식회사에서만 인정되며, 합명회사 · 합자회사 · 유한책임회사 · 유한회사에서는 인정되지 않는다.

해산후의 회사는 존립중의 회사를 존속하는 회사로 하거나 새로 회사를 설립하는 경우에만 분할 또는 분할합병할 수 있다(제530조의 2 제4항. 소멸분할과 흡수분할합병만이 가능). 즉 해산한 회사는 자신이 존속하는 방법으로 분할할 수 없으며 또한 신설분할합병을 할 수 없다.

이 규정은, 합병 · 파산 · 해산명령 · 해산판결로 인하여 해산하는 때에는 관련절차가 진행되어야 하므로 분할을 할 여지가 없기 때문에, 존립기간의 만료 기타 정관에 정한 사유 · 주주총회 결의에 의하여 해산하는 경우에만 적용된다.

5. 분할절차

(1) 분할계획서 및 분할합병계약서의 작성 · 공시

회사가 분할하기 위하여는 먼저 일정한 법정기재사항(제530조의 5, 제530조의 6)을 기재한 분할계획서 또는 분할합병계약서를 작성한다(제530조의 3 제1항). 분할계획서 또는 분할합병계약서, 분할되는 부분의 대차대조표, 분할합병의 경우 분할승계회사의 대차대조표, 분할 또는 분할합병을 하면서 신주를 발행하는 경우에는 분할회사의 주주에 대한 주식의 배정에 관하여 그 이유를 기재한 서면도 주주총회 회일의 2주 전부터 분할의 등기를 한 날 또는 분할합병을 한 날 이후 6개월간 본점에 비치하여야 한다(제530조의 7 제1항).

분할승계회사의 이사도 분할합병계약서, 분할회사의 분할되는 부분의 대차대조표, 분할합병의 경우 분할합병의 상대방 회사의 대차대조표, 분할합병을 하면서 신주를 발행하거나 자기주식을 이전하는 경우에는 분할회사의 주주에 대한 신주의 배정 또는 자기주식의 이전에 관하여 그 이유를 기재한 서면을 분할합병을 승인하는 주주총회 회일의 2주 전부터 분할합병의 등기를 한 후 6개월간 본점에 비치하여야 한다(제530조의 7 제2항).

주주 및 회사채권자는 영업시간 내에는 언제든지 위의 서류의 열람을 청구할 수 있고, 회사가 정한 비용을 지급하고 그 등본 또는 초본의 교부를 청구할 수 있다(제530조의 7 제3항-제522조의 2 제2항).

(2) 분할결의

① 주주총회 특별결의

회사의 분할은 주주총회 특별결의에 의한 승인을 받아야 한다(제530조의 3 제1항 · 제2항). 주주총회 특별결의에는 의결권이 배제되는 주식을 가진 주주도 의결권을 행사할 수 있다(동조 제3항). 이를 위한 주주총회를 소집할 때에는 분할계획 또는 분할합병계약의 요령을 소집통지에 기재하여야 한다(동조 제4항).

② 종류주주총회

분할회사가 종류주식을 발행한 경우, 분할로 인하여 어느 종류의 주주에게 손해를 미치게 될 때에는 종류주주총회의 결의를 얻어야 한다(제436조).

③ 주주의 부담을 가중시키는 경우의 특수결의

분할 또는 분할합병으로 인하여 분할에 관련된 각 회사의 주주의 부담이 가중되는 경우에는 주주총회의 특별결의와 종류주주총회 이외에 그 주주 전원의 동의를 얻어야 한다(제530조의 3 제6항).

④ 간이분할합병 · 소규모분할합병의 경우

간이분할합병의 경우, 분할회사의 주주총회결의를 분할회사의 이사회결의로 갈음할 수 있다(제530조의 11 제2항-제527조의 2).

소규모분할합병의 경우, 존속회사의 주주총회결의는 존속회사의 이사회결의로 갈음할 수 있다(제530조의 11 제2항-제527조의 3).

(3) 회사채권자보호절차

① 단순분할의 경우

분할회사의 재산의 일부가 분할회사에 남고 다른 일부가 단순분할신설회사로 옮겨지거나 분할회사의 재산이 2개 이상의 단순분할신설회사로 나누어져 전부 옮겨지게 되므로 분할회사의 채권자를 위한 책임재산이 줄어드는 듯이 보이지만, 단순분할신설회사들이 분할회사의 채권자에 대하여 원칙적으로 연대책임을 지므로(제530조의 9 제1항) 채권자보호절차는 요하지 않는다. 그러나 단순분할신설회사가 분할회사의 채무에 대하여 출자한 재산에 관한 채무만을 부담하기로 정한 경우(동조 제2항) 또는 분할회사의 주주에게 교부금을 지급하는 경우(제530조의 5 제1항 제5호)에는 채권자보호절차가 필요하다(제530조의 9 제4항-제527조의 5).

② 분할합병의 경우

분할합병의 당사회사의 채권자가 책임재산을 공유하게 되므로 분할회사의 채권자에게 있어서는 담보재산과 책임주체에 중대한 변화를 가져온다. 그러므로 당사회사의 채권자보호절차가 필요하다(제530조의 11 제2항-제527조의 5). 사채권자의 보호절차에 관하여는 제439조 제3항이 준용된다(제530조의 11 제2항).

(4) 반대주주의 주식매수청구권

단순분할의 경우에는 반대주주에게 주식매수청구권을 인정하지 않으나, 분할합병의 경우에는 반대주주의 주식매수청구권을 인정한다(제530조의 11 제2항, 제522조의 3). 반대주주의 주식매수청구권이 인정되는 범위에 있어서 의결권 없는 주식을 가진 주주도 의결권이 있으므로 주식매수청구권이 인정된다. 다만 소규모분할합병의 경우에는 반대주주의 주식매수청구권이 인정되지 않는다(제530조의 11 제2항-제527조의 3 제5항).

(5) 분할승계회사의 모회사의 주식취득(삼각분할합병)

흡수분할합병의 경우에 분할회사의 주주에게 제공하는 재산이 분할승계회사의 모회사 주식을 포함하는 경우에는 분할승계회사는 그 지급을 위하여 주식을 취득할 수 있다(제530조의 6 제4항). 이 경우 분할승계회사가 취득한 모회사의 주식을 분할합병 후에도 계속 보유하는 경우에는 분할합병의 효력이 발생하는 날부터 6개월 이내에 그 주식을 처분하여야 한다(제530조의 6 제5항).

(6) 기타의 절차

분할 후 신설 또는 존속하게 되는 수혜회사(분할 후의 신설회사)의 창립총회와 보고총회는 합병의 규정이 준용된다(제530조의 11 제1항-제527조, 제526조 제3항).

단순분할에 의하여 설립되는 신설회사는 주식회사의 설립에 관한 규정이 준용되지만, 분할회사의 영업재산의 출자만으로도 설립할 수 있는데, 이 경우 상법 제299조의 검사인의 설립조사 및 법원에 대한 보고절차는 배제된다(제530조의 4).

분할합병의 경우에는 특별규정이 없기 때문에 검사인의 조사 및 법원에 대한 보고가 있어야 한다. 검사인의 조사 · 보고는 감정인의 감정 · 보고로써 갈음할 수 있다. 회사분할 또는 분할합병에 따라 주식분할 · 병합 · 단주처리가 필요한 때에는 각각 제329조의 2 · 제440조 내지 제443조가 준용된다(제530조의 11 제1항).

6. 분할등기

회사분할의 효력은 분할등기를 함으로써 발생한다(동조 제1항, 제234조).

분할당사회사의 등기에 관하여는 회사의 합병등기에 관한 규정이 준용된다(동조 제1항-제528조 제1항). 그러므로 신설되는 회사는 설립등기, 분할회사는 존속분할의 경우에는 변경등기 · 소멸분할의 경우에는 해산등기 · 흡수분할합병의 경우 상대방회사는 변경등기를 하여야 한다. 또한 회사의 분할 이후에 존속하는 회사나 설립되는 회사가 회사의 분할 또는 분할합병으로 인하여 전환사채나 신주인수권부사채를 승계한 때에는 분할등기와 사채의 등기를 하여야 한다(제530조의 11 제1항-제528조 제2항).

7. 분할의 효과

(1) 법인격의 동일성 상실

회사합병의 경우에는 법인격이 합일되므로 합병 전의 회사의 법인격이 합병 후의 회사에서 그 동일성이 유지되나, 회사분할의 경우에는 분할후회사가 분할전회사의 법인격을 승계하지 않는다.

(2) 권리 · 의무의 포괄적 이전

① 권리의 이전

단순분할신설회사, 분할합병승계회사 또는 분할합병신설회사는 분할회사의 권리의무를 분할계획서 또는 분할합병계약서에서 정하는 바에 따라 승계한다(제530조의 10). 따라서 분할회사의 재산은 별도의 이전행위나 공시방법을 요하지 않고 분할로 인한 등기를 한 때에 이전되는 것으로 본다.

② 채무의 승계

제530조의 10에 따라 신설회사 또는 흡수분할합병의 상대방회사는 분할계획 또는 분할합병계약에 의하여 특정된 채무만을 인수할 뿐이다. 분할합병의 경우 채권자이의절차를 거치므로 이의하지 않은 채권자는 채무자의 변경을 승낙한 것으로 볼 수 있다.

단순분할의 경우, 분할전회사의 채무에 대하여 신설회사가 연대책임을 부담하므로 채권자는 채무의 승계로 인하여 특별히 불이익을 받지 않기 때문에 채권자의 승낙을 요하지 않는다.

소멸분할의 경우, 채무의 승계에 채권자가 승낙한다는 것은 무의미하므로, 회사분할로 인한 채무의 승계는 채권자의 승낙을 요하지 않는다.

(3) 분할후회사의 책임

① 연대책임

분할회사, 단순분할신설회사, 분할합병승계회사, 분할합병신설회사는 분할 또는 분할합병 전의 회사채무에 관하여 연대하여 변제할 책임이 있으며(제530조의 9 제1항. 부진정연대책임), 제530조의 9 제1항에 따라 단순분할회사, 분할합병승계회사, 분할합병신설회사가 회사채권자에 대하여 연대하여 변제할 책임이 있는 분할 또는 분할합병 당시에는 아직 그 변제기가 도래하지 않은 채무도 포함한다.[225] 그러나 분할 또는 분할합병 후에 확정 또는 발생된 채무는 포

함되지 않는다.[226]

② 분할책임

a. 단순분할의 경우

분할회사가 제530조의 3 제2항에 의한 결의로 분할에 의하여 회사를 설립하는 경우 단순분할신설회사가 분할회사의 채무 중에서 분할계획서에 승계하기로 정한 채무에 대한 책임만을 부담하게 할 수 있다. 이 경우 분할회사가 분할 후에 존속하는 경우에는 단순분할회사가 부담하지 않는 채무에 대한 책임만을 부담한다(제530조의 9 제2항). 단순분할신설회사가 분할계획서에 승계하기로 정한 채무에 대한 책임만을 부담하는 경우에는 회사채권자보호절차를 거쳐야 한다(제530조의 9 제4항·제527조의 5). 이를 위반한 경우에는 분할무효의 원인이 되며, 일부의 회사채권자보호절차를 거치지 않은 경우에는 분할후회사는 피분할회사와 연대하여 분할전 회사의 채무를 이행할 책임이 있다.[227]

b. 분할합병의 경우

분할회사가 제530조의 3 제2항에 따른 결의로 분할합병에 따른 출자를 받는 분할승계회사 또는 분할합병신설회사가 분할회사의 채무 중에서 분할합병계약서에 승계하기로 정한 채무에 대한 책임만을 부담하는 것으로 정할 수 있고, 이 경우 분할회사가 분할 후에 존속하는 경우에는 분할합병승계회사 또는 분할합병신설회사가 부담하지 않는 채무에 대한 책임만을 부담한다(제530조의 9 제3항).

c. 회사가 분할 또는 분할합병되고 분할회사가 분할 후에도 존속하는 경우

단순분할회사 또는 분할합병승계회사나 분할합병신설회사가 분할 또는 분할합병 전의 회사채무를 전혀 승계하지 않기로 하는 내용의 합의는 제530조의 9 위반이어서 제527조의 5에서 정한 회사채권자보호절차를 거쳤는지 여부를 불문하고 채권자에 대한 관계에서는 아무런 효력이 없다.[228]

(4) 이사 · 감사의 선임, 정관변경

단순분할의 경우 또는 신설분할합병의 경우, 각각 분할계획서 또는 분할합병계약서에 신설회사의 이사와 감사를 정할 수 있다(제530조의 5 제1항 제9호, 제530조의 6 제2항 제1호). 흡수분할합병의 경우에는 분할합병계약서에 상대방회사의 이사와 감사를 정할 수 있다(제530조의 6 제1항 제10호). 또한 흡수분할합병계

225) 대법원 2008년 2월 14일 선고 2007다73321 판결 참조.
226) 대법원 2007년 11월 29일 선고 2006두18928 판결 참조.
227) 대법원 2011년 9월 29일 선고 2011다38516 판결 참조.
228) 대법원 2006년 10월 12일 선고 2006다 26380 판결 참조.

약서에 상대방회사의 정관변경사항을 기재할 수 있다(동 규정 제11호).

(5) 주식의 귀속

인적 분할의 경우에는 분할회사의 주주들은 분할계획서 또는 분할합병계약서에서 정한 바에 따라 신설회사의 신주 또는 흡수분할합병의 상대방회사의 신주 또는 자기주식을 교부받게 된다. 다만 흡수분할합병의 상대방회사(분할승계회사)는 분할회사의 주주에게 신주 또는 자기주식을 이전하는 대신에 그 대가의 전부 또는 일부를 금전이나 기타의 재산으로 제공할 수 있다(제530조의 6 제4항). 분할승계회사가 제530조의 6 제4항에 따라 취득한 모회사의 주식을 분할합병 후에도 계속 보유하고 있는 경우 분할합병의 효력이 발생하는 날부터 6개월 이내에 그 주식을 처분하여야 한다(동조 제5항). 분할회사가 소멸하는 완전분할이나 분할과 함께 분할회사의 자본금의 감소가 행하여지는 불완전분할의 경우에는 분할회사의 주식과 수혜회사(분할후신설회사)의 주식의 교환이 이루어지고, 자본금의 감소 없이 행하여지는 분할의 경우에는 수혜회사의 주식만을 발행받게 된다. 다만 물적 분할의 경우에는 신설회사 또는 기존회사의 증가된 자본금에 해당하는 주식은 분할회사 자신이 발행받게 된다.

(6) 법정준비금의 승계

분할 또는 분할합병으로 인하여 설립된 회사 또는 존속하는 회사에 출자된 재산의 가액이 출자한 회사로부터 승계한 채무액, 출자한 회사의 주주에게 지급한 금액과 설립된 회사의 자본금액 또는 존속하는 회사의 자본금증가액을 초과한 때에는 그 초과금액 중 분할되는 회사의 이익준비금 기타 법정준비금은 분할 · 분할합병 후 존속 또는 신설되는 회사가 이를 승계할 수 있다(제459조 제2항).

(7) 소송상의 효력

기존의 존속회사로부터 신설회사가 분할되어 새로 설립되는 방식으로 회사를 분할한 경우 존속회사에 관하여 진행 중인 소송에서 신설된 소송의 당연승계가 인정된다(민소법 제234조 · 제243조 참조).

8. 회사분할의 무효

(1) 무효원인

회사분할의 무효에 관하여는 '합병무효의 소'에 관한 규정이 준용되며(제530조의 11 제1항-제529조), 그 원인으로는 분할계획서 또는 분할합병계약서의 내용이 강행법규에 위반하거나 현저하게 불공정한 경우 등을 들 수 있다.

(2) 소의 당사자

① 원고

분할무효의 소의 원고는 각 회사의 주주 · 이사 · 감사 · 파산관재인 · 분할을 승인하지 않은 채권자 등이다. 여기서 주주 · 이사는 존속하는 분할회사나 신설회사 또는 분할합병에 있어서의 상대방회사의 주주 · 이사를 가리킨다.

② 피고

피고는 회사이다.

(3) 기타의 소송절차

소의 전속관할 · 소 제기의 공고 · 소의 병합심리 · 법원의 자유재량권 등에 대하여는 '회사설립무효의 소'에 관한 규정이 준용된다(제530조의 11 제1항-제240조, 제186조 내지 제189조).

회사채권자가 분할무효의 소를 제기한 때에는 회사가 채권자의 악의를 소명하고 채권자에게 담보를 제공할 것을 법원에 청구할 수 있고, 이때 법원은 담보제공명령을 할 수 있다(동 규정-제237조).

(4) 무효판결의 효력

분할무효판결의 효력은 당사자 이외에 제3자에 대하여도 효력이 있고(대세적 효력), 판결의 효력은 소급하지 않는다(동 규정-제240조, 제190조). 그 밖의 무효판결의 효력에 대하여는 합병무효판결의 효력에 관한 규정(제239조)를 준용한다.

단순분할의 무효의 경우, 분할에 의하여 신설된 회사의 설립이 무효로 되어 분할당사회사 간의 법률관계가 회복된다.

분할합병의 무효의 경우, 신설회사가 분할회사 및 상대방회사로부터 승계한 재산과 채무는 각각 분할 전의 상태로 회복되는바, 분할 후의 신설회사가 취득한 재산은 분할회사와 그 상대방회사의 공유로 되고 분할 후의 회사가 부담한 채무는 양 회사의 연대채무로 된다(제530조의 11 제1항-제239조).

〈각종의 변경〉

	근거조문	주주총회 특별결의	주식매수청구권	채권자보호절차
현물출자 (소규모현물출자)	제290조 제2호 (299조 제2항)	불필요	X	X
주식의 포괄적 교환	제360조의 2	필요 (제360조의 3 제1항, 제2항, 제5항)	X (제360조의 5)	X
간이주식교환	제360조의 9	불필요	O (제360조의 5 제2항)	X
소규모 주식교환	제360조의 10 제1항	불필요	X (제360조의 10 제7항)	X
주식의 포괄적 이전	제360조의 15	필요 (제360조의 16 제1항)	O (제360조의 22, 제360조의 5)	X
영업의 양도·양수·임대	제374조	필요	O (제374조의 2)	X
합병	제522조	필요 (제522조 제3항)	O (제522조의 3)	O (제527조의 5)
간이합병	제527조의 2	불필요	O (제522조의 3 제2항)	O (제527조의 5
소규모합병	제527조의 3	불필요	X (제527조의 3 제5항)	O (제527조의 5)
삼각합병	제523조의 2	불필요	X	X
분할	제530조의 2 제1항	필요 (제530조의 3 제1항·제2항, 제434조)	X	X
분할합병	제530조의 2 제2항	필요 (제530조의 3 제1항·제2항, 제434조)	O (제530조의 11 제2항, 제522조의 3)	O (제530조의 11제2항, 제527조의 5)
간이분할합병	제530조의 11 제2항	불필요 (제527조의 2)	O (제527조의 3 제2항)	O (제527조의 5)
소규모분할합병	제530조의 11 제2항	불필요 (제527조의 3)	X (제527조의 3 제5항)	O (제527조의 5)

제 7 장

유한회사

제1절 총 설

Ⅰ. 의의

유한회사란 일정한 자본금을 가지고, 그 자본금은 사원의 균등액단위의 출자로 이루어지며, 사원은 회사에 대하여 원칙적으로 출자금액을 한도로 하는 책임을 질 뿐 회사채권자에 대하여는 직접 아무런 책임을 지지 않는 회사이다. 자본금 · 일정한 비례적 단위의 형태를 취하는 출자에 따르는 지분 · 사원의 유한책임의 특질상 기본적 성질에 있어서는 주식회사와 유사하나, 주식회사가 대기업에 적합한 회사형태임에 대하여 유한회사는 중소기업에 적합한 회사형태이다.1)

유한회사는 '자본금 · 출자 · 사원의 유한책임'으로 구성된다. 유한회사의 자본금은 자본금의 균등한 비례적 단위인 출좌 1좌의 금액은 100원 이상이어야 한다(제546조). 사원은 원칙적으로 출자금액을 한도로 하는 유한의 출자의무를 질 뿐 회사채권자에 대하여는 아무런 책임을 지지 않으나(제553조, 간접 · 유한책임), 일정한 경우에는 명문규정상(제550조 · 제551조 · 제593조) 예외적으로 자본금의 전보책임을 지며 이 점에서 주주의 경우와 차이가 있다.

---

1) 최근 유한회사의 설립이 꾸준히 증가하고 있다. 한국마이크로소프트, 한국휴렛팩커드, 애플코리아, 페이스북코리아, 구글코리아, 한국오라클 등 대부분의 외국계기업이 유한회사로 운영 중이다. 2011년 상법개정으로 인하여 유한회사의 설립과 운용이 수월해져서 2013년 현재 국내 유한회사는 21,336개사이다.

Ⅱ. 특색

유한회사는 자본이 회사채권자에 대한 신용의 기초가 된다는 점에서 기본적으로는 물적 회사이면서, 소규모 · 폐쇄적 · 비공개적인 인적 회사의 특색도 가미된 특이한 회사이다. 그러므로 주식회사에 관한 규정이 많이 적용되거나 실질적으로 동일한 규정이 많은 한편, (사원 상호 간의 인적 신뢰를 기초로 하므로) 합명회사와 유사하고 주식회사와는 다른 점도 있다: (i) 회사설립절차의 간소화: 주식회사의 발기설립에 해당하는 설립방법만 인정되고, 법원선임의 검사인에 의한 설립경과조사절차가 없으며, 정관에서 각 사원이 인수할 출자좌수가 확정된다. (ii) 회사기관의 간소화: 이사는 1인이어도 무방하고, 이사회와 대표이사의 구분이 없고, 감사가 임의기관이며, 사원총회는 소집절차가 간소하고 서면결의가 인정된다. (iii) 소규모로서 사원의 개성이 중시되므로 지분의 양도 역시 제한되며, 지분에 대하여 지시식 · 무기명식의 증권을 발행하지 못한다. (iv) 폐쇄적 · 비공개적 회사로서, 사원의 출자인수권을 법정하여 사채의 공모를 금지하고, 사채의 발행도 부인한다. (v) 수권자본제도를 채택하지 않고, 공시주의를 완화하여 대차대조표의 공고를 요구하지 않으며, 회사정리절차도 인정되지 않는다. (vi) 외감법의 적용을 받지 않아 외부감사의 대상이 아니고 재무제표의 공시 또는 공시 의무 · 결산법인의 감사보고서 및 사업보고서 제출의무도 없어, 외부감사비용을 줄일 수 있고 외부에 정보가 노출될 가능성도 적다.[2]

한편 유한회사는 사채를 발행할 수 없고 공모에 의한 투자유치를 할 수 없으며 지분을 유가증권화할 수 없는 단점이 있다.

---

2) '자산유동화에 관한 법률'에 의하여 설립되는 유동화전문회사는 유한회사로만 설립할 수 있다(동법 제17조 제1항).

제2절 설 립

Ⅰ. 설립절차

유한회사의 설립절차는 (i) 정관의 작성, (ii) 실체의 형성(출자의 이행, 기관의 선임), (iii) 설립등기로 구성된다. 기관(이사 · 감사)을 선임하고 사원이 출자 전액을 납입하여야 하는 점에서 인적 회사와 다르고, 정관작성에서 사원과 출자가 확정되므로 발기인이라는 개념과 지분인수행위가 필요하지 않은 점 및 조사인에 의한 조사제도가 없는 점 등에서 주식회사와도 다르다.

1. 정관의 작성

사원이 정관을 작성하고 각 사원이 기명날인 또는 서명하여야 한다. 자본금 총액이 10억원 미만의 소규모회사를 설립하는 경우를 제외하고 정관이 공증인의 인증을 받아야 효력이 발생하는 점은 주식회사의 경우와 같다(제543조, 제292조). 2001년 개정 상법은 '유한회사의 설립에는 2인 이상의 사원이 공동으로 정관을 작성하여야 한다'는 요건을 삭제함으로써 1인 사원에 의한 유한회사의 설립을 허용하였다. 이것은 주식회사에서 1인의 발기인에 의한 1인 회사의 설립을 인정한 것(제288조)와 같은 취지이다.

정관의 절대적 기재사항은 목적 · 상호 · 사원의 성명과 주소 · 자본금총액 · 출자 1좌의 금액 · 각 사원의 출자좌수 · 본점소재지 등이다.[3]

상대적 기재사항으로는 현물출자 · 재산인수 · 설립비용 등 변태설립사항(제544조)과 감사의 설치(제568조 제1항) · 이익배당의 차별(제580조) 등이 있다.

임의적 기재사항으로는 유한회사의 본질이나 강행법규에 반하지 않는 한 (이사의 수 · 영업양도 · 결산기 등) 회사의 조직과 운영에 관한 여타의 사항도 기재할 수 있다.

2. 이사 · 감사의 선임

이사는 정관으로 직접 지정할 수도 있으나, 그렇지 않은 경우에는 회사설립 전에 사원총회를 열어 선임하여야 한다(제547조).

---

3) 자본금이 정관기재사항이므로 '자본금확정의 원칙'이 주식회사보다 명확하다.

감사는 임의기관으로서, 감사를 두는 경우에는 정관에서 1인 또는 수인의 감사를 지정할 수 있고, 그렇지 않은 경우에는 이사와 같은 방법으로 사원총회에서 선임한다(제568조, 제547조).

유한회사의 이사 · 감사의 임기에 대하여는 상법에 규정이 없으므로 정관의 규정에 따른다.

3. 출자의 이행

이사는 사원으로 하여금 출자금액의 납입 또는 현물출자의 목적인 재산 전부의 급여를 하도록 시켜야 하고, 현물출자의 경우 목적재산의 인도 외에 등기 · 등록 기타 권리의 설정 또는 이전을 요할 때에는 관련서류를 완비하여 교부하여야 한다(제548조).[4] 현물출자는 사원이 될 자는 누구나 할 수 있으며, 주식회사에서 요구되는 검사인의 조사 또는 법원의 처분제도가 없다.

유한회사에서는 노무 또는 신용의 출자가 허용되지 않는다.

유한회사에서는 설립 · 증자 · 조직변경시에 현물출자 기타 출자의 이행 및 그 정확성 여부에 관한 검사 내지 조사절차가 없는 대신 사원 · 이사 · 감사 등에게 재산실가전보책임(제550조,07조 제3항) 및 출자미필액전보책임(제551조)을 지도록 하고 있다.

4. 설립등기

출자 전액의 납입 또는 현물출자의 이행이 있은 날로부터 2주간 내에 설립등기를 함으로써 유한회사가 성립한다(제549조). 등기사항은 법정되어 있다.

Ⅱ. 설립관련문제

1. 설립의 하자

(1) 설립무효의 소

유한회사의 설립무효는 사원 · 이사 · 감사에 한하여 회사성립의 날로부터 2년 내에 소만으로 주장할 수 있다(제552조 제1항). 설립무효의 원인이나 절차는 합명회사(및 주식회사)의 설립무효에 관한 규정이 준용된다(제552조 제2항, 제186조 내지 제193조, 제328조 제2항).

상법에 규정은 없으나 유한회사의 경우 합명회사와 마찬가지로 사원 개인의 주관적 무

---

4) 금전출자와 현물출자는 가능하지만, 노무출자 · 신용출자는 불가능하다.

효원인(예: 사원의 의사무능력)에 의한 설립무효의 소가 인정된다고 생각된다.[5)]

(2) 설립취소의 소

유한회사에서는 합명회사나 합자회사에 있어서와 마찬가지로 주식회사에서는 인정되지 않는 '설립취소의 소'가 인정된다(제552조 제1항). 유한회사에 있어서는 사원 간에 인적 신뢰관계와 개성이 중요하므로 각 사원의 주관적 사유로 인한 설립취소를 인정하는 것이 타당하다고 생각된다. 그러므로 (행위무능력 · 의사표시의 하자 · 사해설립 등의) 각 사원의 주관적 사유가 회사설립취소의 원인이 된다(동조 제2항, 제184조 제2항, 제185조, 민법 제140조).

설립취소의 소는 취소권이 있는 자에 한하여 회사성립의 날로부터 2년 내에 소만으로 이를 주장할 수 있고(제552조 제1항), 그 절차는 합명회사의 설립취소의 소와 같다(제184조 제2항, 제185조 내지 제193조).

2. 설립관여자의 책임

유한회사는 설립절차가 간소화되고 설립과정에 대하여 법원이 선임한 검사인에 의한 공권적 감독은 없으나, 자본금충실을 꾀하기 위하여 설립에 관여한 사원 · 이사에게 무거운 책임을 지우는 바, 이 경우 사원의 유한책임에 대한 예외가 인정된다.

(1) 사원의 재산실가전보책임(부족재산가격전보책임: 변태설립사항)

현물출자 또는 재산인수의 목적인 재산의 회사성립시의 실가가 정관에 정한 가격에 현저하게 부족한 때(재산의 과대평가로 인한 경우뿐만 아니라 경제의 변동에 의한 재산가격의 하락도 포함)에는 회사성립 당시의 사원은 회사에 대하여 그 부족액을 연대하여 지급할 책임이 있으며(제550조 제1항), 이 책임은 무과실책임이며 절대 면제할 수 없다(동조 제2항).

유한회사는 변태설립사항에 대하여 주식회사에서와 같은 조사제도가 없으므로 그 대신 사원에게 책임을 지우고 있는 것이다.

(2) 사원 · 이사 · 감사의 출자미필액전보책임

회사성립 후에 출자금액의 납입 또는 현물출자의 이행이 완료되지 않은 것이 발견된 때에는 회사성립시의 사원 · 이사 · 감사는 회사에 대하여 납입되지 않은 금액 또는 이행되지 않은 현물의 가액을 연대하여 지급할 책임이 있다(제551조 제1항, 무과실책임).

주식회사의 발기인의 책임과 같은 취지의 것이나 인수담보책임은 지지 않고 따라서 이

5) 사원의 주관적 사유에 의한 설립취소의 소가 인정되는바, 그보다 무거운 무효의 주장은 당연히 인정될 수 있기 때문이다.

러한 경우에는 설립무효 또는 취소의 원인으로 된다. 또한 (발기인의 자본금충실책임은 현물출자의 이행이 없는 경우에는 미치지 않는 데 반하여) 이행되지 않은 현물출자가 있는 때에는 그 가액을 지급할 책임이 있다. 이때 사원의 책임은 면제할 수 없으나 이사 · 감사의 책임은 총사원의 동의가 있으면 면제할 수 있다(동조 제2항 · 제3항).

제 3 절 사원의 지위

Ⅰ. 사원의 자격과 수

사원의 자격에는 별다른 제한이 없으므로 자연인이나 회사 기타의 법인도 사원이 될 수 있다.

사원의 수에는 제한이 없다(제545조의 삭제). 종전에는 '사원이 1인으로 된 때'가 회사의 해산사유이었으나 지금은 아니다. 따라서 유한회사도 1인 사원만으로 설립 및 존속이 가능하게 되었다(제609조 제1항).

사원의 성명 · 주소 · 출자좌수를 기재하기 위하여 사원명부가 작성된다(제566조).

Ⅱ. 사원의 지분

1. 의의

유한회사에 있어서의 사원의 지분이란 회사에 대하여 가지는 권리의무의 총체 또는 법률상의 지위, 즉 사원권을 가리킨다.[6] 지분은 수인이 공유할 수 있다(제558조).

2. 지분복수주의

지분에 관한 입법주의로는 (i) 지분단일주의(지분불평등주의: 각 사원은 하나의 지분을 가지는 반면 그 양이 출자가액에 따라 달라진다는 입장)와 (ii) 지분복수주의(지분평등주의: 각 사원이 출자좌수에 따라 수개의 지분을 가진다는 입장)가 있는데, 상법은 각

6) 주식의 경우에는 '사원권과 자본금의 구성단위'라는 2 가지 의미를 부여하는데, 자본금의 구성단위로서의 지위에 대하여는 '출자좌'라는 용어로써 구분하여 사용한다.

사원이 출자좌수에 따라 지분을 갖고(제554조) 1좌의 금액이 균등하고 이익배당은 원칙적으로 출자좌수에 따라 하며 사원은 지분에 따라 출자를 인수할 권리가 있는 점 등에 비추어 지분복수주의를 취한 것으로 보는 것이 타당하다.

지분의 공유는 인정되나(제558조), 유한회사의 폐쇄성 때문에 지분의 비개성화를 허용하지 않는다. 이에 위반하여 발행한 경우에는 과태료의 처분을 받는다(제635조 제1항 제31호). 이는 유한회사의 폐쇄성・비공개성 때문에 유통성 있는 유가증권을 발행하지 못하게 한 것이다. 그러나 '자산유동화에 관한 법률'에 의하면 자산유동화업무를 행하는 유동화전문회사는 유한회사이어야 하므로 자산유동화계획에 따라 출자증권을 발행할 수 있다(동법 제28조 제1항, 제31조 제1항, 제32조 제1항, 제33조).

3. 증권발행금지

사원의 지분에 대하여, 유한회사의 폐쇄성상 지시식 또는 무기명식의 증권은 발행할 수 없고(제555조), 기명식 지분증권은 발행할 수 있다. 이 경우에도 유가증권이 아니라 단순한 증거증권에 불과하다.

Ⅲ. 사원의 권리・의무・책임

1. 사원의 권리

사원의 권리는 기본적으로는 주주와 같다.

우선 자익권과 공익권이 있다. 자익권으로는 이익배당청구권(제580조)・잔여재산분배청구권(제612조)・출자인수권(제588조) 등이 있고, 공익권으로는 의결권(제575조)・사원총회소집청구권(제572조)・각종의 제소권(총회결의에 대한 소권・회사의 설립무효 취소 증자무효 감자무효 합병무효의 소권)・대표소송제기권・이사의 위법행위유지청구권(제564조의 2)・회사의 업무재산상태에 대한 검사청구권(제582조) 등이 있다.

또한 단독사원권과 소수사원권이 있다. 단독사원권으로는 의결권・총회결의를 다투는 소권・설립의 무효와 취소・증자 감자 합병의 무효의 소권・서류열람청구권 등이 있고, 소수사원권으로는 자본의 3/100 이상에 해당하는 출자좌수를 가진 사원이 행사할 수 있는 사원총회소집청구권・회계장부열람권 등이 있다(제572조 제2항, 제581조 제1항). 그러나 일부의 소수사원권에 대하여는 정관에 의하여 회사운영상 사원들에게 어느 정도의 자유를 허용하고 있다

(제581조 제2항). 즉 회사는 정관으로 각 사원으로 하여금 회사장부열람권을 행사하게 할 수 있다.

2. 사원의 의무

(1) 출자의무

사원은 출자금액을 한도로 하는 간접유한책임을 지므로(제553조) 인수한 출자에 대한 출자의무가 있을 뿐이며 그 외의 추가출자의 의무는 없다(제553조). 출자는 '현금출자 원칙 · 현물출자 예외'이며, 어느 경우이든 회사성립 전 또는 자본증가의 효력발생 전에 모두 이행하여야 한다.

(2) 전보의무

회사성립시의 사원 · 증자결의에 동의한 사원 · 조직변경결의시의 사원은 일정한 전보 · 담보책임을 부담하는 경우가 있다(제550조 · 제551조 · 제593조 · 제605조).

(3) 충실의무

유한회사의 사원 간에는 인적 신뢰관계가 있으므로 다른 사원에 대하여 충실의무를 부담한다고 할 것이다. 위반의 경우에는 위반행위의 중지 및 그로 인한 손해배상을 요구할 수 있고, 의결권의 행사가 충실의무에 반하는 때에는(부당한 결의방법에 해당) 결의의 취소를 구할 수 있다.

3. 사원의 책임

유한회사의 사원의 책임은 본법에 다른 규정이 없으면 그 출자금액을 한도로 한다(제553조). 이 책임은 정관 또는 사원총회의 결의로 가중시킬 수 없다. 다만 설립시 또는 증자시에 자본금전보책임(제550조, 제551조, 제593조)을 지는 예외가 있다.

Ⅳ. 사원의 변동

사원의 지위(지분)는 수시로 변동될 수 있다. 지분의 취득으로는 원시취득과 승계취득이 있으며, 지분의 상실로는 상대적 상실(승계취득의 반면)과 절대적 상실(회사의 소멸 또는 지분의 소각)이 있다.

1. 지분의 양도

유한회사의 사원의 투자회수책으로서 (i) 회사로부터 감자에 의한 지분의 유상소각 또는 환급을 받거나 이익에 의한 지분의 소각을 받는 방법이 있고, (ii) 다른 사원 또는 제3자에게 지분을 양도하는 방법이 있다(지분의 양도).

지분의 양도는 중요한 투자회수책이지만, 폐쇄적인 유한회사의 성격상 사원의 개성이 중시되는바, 지분의 양도는 원칙적으로 자유이지만 다른 사원이 좋아하지 않는 자에로의 지분의 양도는 곤란하므로, 양자 간의 조화를 꾀하기 위하여 지분의 양도성을 인정하면서 일정한 제한을 두고 있다. 즉 정관으로써 지분의 양도를 제한할 수 있다(제556조).

지분의 양도방법에는 특별한 형식을 요하지 않으므로 '당사자 간의 합의'에 의할 것이며, 지분의 양도는 취득자의 성명 · 주소 · 출자좌수를 사원명부에 기재하지 않으면 회사와 제3자에 대하여 대항할 수 없다(제557조).

질권의 물상대위권(제339조), 지분의 등록질(제340조 제1항 · 제2항), 특정목적에 의한 자기지분의 취득의 자기지분의 질취(제341조의 3), 자기지분의 처분(제342조), 지분의 소각(제343조) 등에 관하여는 주식에 관한 규정이 준용된다(제560조 제1항).

2. 지분의 상속

사원의 지분은 상속에 의하여 당연히 상속인에게 이전한다(상속인이 사원이 아니더라도 사원총회의 결의를 요하지 않으며, 지분의 상속성은 정관에 의하여도 배제하거나 제한할 수 없다).

3. 지분의 입질

지분은 재산적 가치가 있으므로 질권의 목적으로 할 수 있다(제559조 제1항). 그러나 유한회사 사원의 지분은 증권화가 불가능하므로 (약식질은 인정되지 않고) 등록질만이 인정된다.

지분입질의 요건과 방법 등은 지분양도의 경우와 같다(제559조 제2항). 질권설정을 회사에 대항하기 위하여는 질권자의 성명 · 주소와 질권의 목적이 되는 출자좌수를 사원명부에 기재하여야 한다(제559조 제2항, 제556조, 제557조).

지분에 대한 질권의 효력은 주식의 등록질의 경우와 같다(제560조, 제339조 · 제340조).

4. 자기지분의 취득과 질취

자기지분의 취득과 질취는 자기주식의 경우와 마찬가지로 총발행출자좌수의 20분의 1을 초과하지 못하며(제560조, 제341조의 2·제341조의 3), 그 처분과 소각도 마찬가지이다(제560조, 제342조·제343조 제1항).

V. 지분증권과 사원명부

1. 지분증권

지분에 대하여 지시식 또는 무기명식의 유가증권을 발행할 수 없고(제555조), 다만 증거증권으로서의 기명식 지분증권은 사원권의 행사나 양도를 위한 것이 아니라 사원임을 증명하는 정도에 불과하므로 발행할 수 있다.

2. 사원명부

유한회사의 사원명부는 주식회사의 주주명부에 해당하는 것이다. 이사는 사원명부를 본점에 비치하여야 하고, 사원명부에는 사원의 성명·주소·출자좌수를 기재하여야 하며, 사원과 회사채권자는 영업시간 내에 언제든지 그 열람 또는 등사를 청구할 수 있다(제566조).

지분의 양도와 입질은 사원명부에 기재함으로써 대항요건을 갖추게 되고(제557조, 제559조 제2항), 회사의 사원에 대한 통지 또는 최고는 사원명부에 기재된 주소 또는 그 자가 회사에 통지한 주소로 하면 족하다(제560조 제2항, 제353조).

제4절 기 관

유한회사가 중소기업을 위한 회사형태이므로 번거로운 형식으로부터 탈피할 수 있도록 하기 위하여 기관을 간소화하고 그 활동을 자유롭게 하고자, 업무집행기관인 이사와 의사결정기관인 사원총회를 요구하고 있을 뿐,[7] 감독기관인 감사는 임의기관으로 하고 있으며, 필요시에는 검사인을 선임할 수 있다.

7) 이사회와 대표이사도 분화되어 있지 않다.

Ⅰ. 사원총회

1. 의의

사원총회란 사원으로 구성되고 회사에 관한 모든 사항을 결정할 수 있는 최고의 필요적 상설기관이다. 그러나 소규모 · 폐쇄적 성격상 그 소집절차나 결의방법은 주주총회에 비하여 매우 간소화되어 있다.

2. 소집

(1) 소집권자

소집권자는 상법상 달리 규정하는 외에는 정기총회 · 임시총회를 불문하고 원칙적으로 이사이며, 이사가 수인인 경우에는 각 이사가 단독으로 소집할 수 있다(제571조: 제564조에 대한 특별규정).

소수사원은 회의의 목적사항과 소집의 이유를 기재한 서면을 이사에게 제출하여 사원총회의 소집을 청구할 수 있고(제571조), 이사가 지체 없이 총회소집절차를 밟지 않는 때에는 법원의 허가를 얻어 사원총회를 소집할 수 있으며, 이 총회에서는 회사와 업무와 재산상태를 조사하게 하기 위하여 검사인을 선임할 수 있다(제572조 제3항). 한편 자본금총액의 3/100 이상에 해당하는 출자좌수를 가진 소수사원의 소집청구에 대하여는 정관으로 달리 정할 수 있다(예: 각 사원에게 소집청구권 부여)(동조 제1항 · 제2항).

감사는 임시총회를 소집할 수 있다(제571조 제1항 단서).

청산중에는 청산인이 소집한다.

(2) 소집절차 · 소집지

이에 관하여는 주주총회에 관한 규정이 일부 준용되어, 사원총회소집의 경우 회일을 정하고 그 1주일 전에 각 사원에 대하여 회의의 목적사항을 기재한 서면 또는 각 사원의 동의를 받은 경우에는 전자문서로써 통지를 발송하여야 하며, 이 기간은 정관으로 단축할 수 있다(제571조). 또한 총사원의 동의가 있는 때에는 소집절차를 생략할 수 있다(제573조, 전원출석총회).

사원총회는 정관에 달리 정함이 없으면 본점소재지 또는 이에 인접한 지에서 소집하여야 한다(제571조 제3항).

(3) 소집시기

총회에는 매년 정기적으로 소집되는 정기총회와 필요한 경우에 임시로 소집되는 임시총회가 있다(제578조, 제365조).

3. 의결권

각 사원은, 정관에 달리 정함이 없는 한[8] 출좌 1좌마다 1개의 의결권을 가진다(제575조, 1 출자좌 1 의결권의 원칙).

의결권의 대리행사(제368조 제2항)·특별이해관계인의 의결권제한(동조 제3항, 제371조 제2항)·자기지분의 의결권휴지(제369조 제2항·제3항)·출석사원의 의결권수의 계산에 있어서 특별이해관계인의 의결권의 불산입 등은 주주총회의 경우와 같다(제578조). 그러나 (주식회사와는 달리) 사원의 권리행사와 관련한 이익공여금지의 규정(제467조의 2)은 없다.

4. 사원총회의 의사

의사의 진행(제372조)과 의사록의 작성(제373조)에 관하여도 주주총회의 경우와 같다.

5. 결의

(1) 보통결의

보통결의는 정관 또는 상법에 다른 규정이 없으면 원칙적으로 총사원의 의결권의 과반수를 가지는 사원이 출석하고 그 의결권의 과반수로써 정한다. 그러나 이사·감사의 선임 또는 이익배당의 결의 등의 경우에는 정관에 의하여 다른 결의요건을 정할 수 있다(제574조).

(2) 특별결의

특별결의는 출자좌수와는 상관없이 사원의 수를 기준으로 총사원의 반수 이상이며(사원의 개성을 중시하여 두수주의 채택), 총사원의 의결권의 3/4 이상을 가지는 자의 동의를 요한다(제585조 제1항).[9] 이 경우 의결권을 행사할 수 없는 사원은 이를 총사원의 수에, 그 행사할 수 없는 의결권은 이를 의결권의 수에 각각 산입하지 아니 한다(동조 제2항).

---

8) 정관으로써 일정수 이상의 출자좌를 갖는 사원의 의결권을 제한하거나 1 사원 1 의결권과 같이 두수에 의하여 결정할 수 있으며 1 출자좌당 복수의결권도 부여할 수 있다(제575조).

9) 사원총회의 특별결의요건은 주주총회의 특별결의요건보다 가중되어 있다.

사원 간의 인적 신뢰관계상 특별결의사항도 많은 바, 지분의 양도(제556조)·영업의 양도·임대·경영위임계약·사후설립(제576조)·정관변경(제584조·제585조)·자본증가시의 현물출자·재산인수·출자인수권의 부여·설립위원의 선임·회사의 해산(제609조 제2항)·회사의 계속(제610조)·자본감소 등이 이에 해당한다.

(3) 총사원의 일치에 의한 사원총회결의

주식회사로의 조직변경은 총사원의 일치에 의한 사원총회의 결의를 요한다. 다만 정관에 정하는 바에 따라 사원총회의 특별결의로 할 수 있다(제607조 제1항).

이 밖에 사원총회결의에 의할 필요는 없으나 총사원의 동의를 요하는 사항으로서 이사와 감사의 책임면제(제551조 제3항, 제594조 제3항), 사원총회의 소집절차생략(제573조), 서면결의에 대한 동의(제577조 제1항) 등이 있다.

(4) 결의방법

원칙적으로 사원이 모여 회의를 개최하고 토의를 거쳐 결의하고, 소규모적인 유한회사의 운영을 간편하게 하기 위하여, 예외적으로 서면에 의한 사원의 찬부(贊否)의 의사표시를 집계하여 회사의 의사를 결정하는 방법이 인정된다(제577조, 서면결의 또는 회의 없는 결의).

서면결의는 두 경우에만 인정된다: (i) 총사원이 총회의 결의사항에 관하여 서면결의를 할 것을 동의한 때(동조 제1항), (ii) 총사원이 결의의 목적사항에 대하여 서면으로 동의한 경우(동조 제2항). 여기서 동의란 특정사항에 관하여 회사의 의사결정의 방법으로서 서면에 의할 것을 동의한다는 것이다. 이는 의사결정의 형식에 대한 동의를 뜻하는 것이므로 결의내용에 대하여 필요한 결의요건을 갖추어야 한다.10)

(5) 결의의 하자

사원총회의 결의에 하자가 있는 경우에 관하여는 '주주총회의 결의의 하자에 관한 규정'이 준용된다(제578조-제376조 내지 제381조).11)

---

10) 미리 일반적으로 사원총회를 소집하지 않고 서면에 의한 결의에 동의하는 것은 허용되지 않는다.

11) 대법원 2017년 3월 30일 선고 2016다21643 판결은, 임용계약의 내용으로 이미 정해진 유한회사 이사의 보수를 일방적으로 감액하거나 박탈하는 사원총회의 결의는 이사의 보수청구권에 아무 영향을 미칠 수 없기 때문에 이같은 사원총회의 결의가 있더라도 결의무효를 다툴 소의 이익이 없다고 하였다.

Ⅱ. 이사

1. 의의

유한회사의 이사는 회사의 업무집행과 회사의 대표를 담당하는 필요적 · 상설기관이다. 유한회사의 이사는 이사회제도를 채택한 주식회와 달리 각 이사가 독립한 업무집행기관이다. 그 결과 주식회사와 달리 이사회와 대표이사로 분화되어 있지 않고 이사회와 사외이사를 둘 필요도 없다. 그러나 주식회사의 이사에 관한 규정을 대부분 준용하고 있다(제567조).

2. 선임 · 종임

이사의 선임은 사원총회의 보통결의에 의하되(제567조, 제382조 제1항), 초대이사는 정관으로 정할 수 있다(제547조 제1항).

이사의 자격에는 제한이 없으며, 정관에 의하여 사원으로 제한할 수 있을 것이다(자기기관이나 제3자기관 모두 가능).

이사의 수와 임기에 관하여도 제한이 없다.

이사는 사원총회의 특별결의에 의하여 언제든지 해임될 수 있다. 그러나 이사의 임기를 정한 경우에 정당한 이유 없이 임기만료 전에 해임한 때에는 회사는 이사에 대하여 이로 인한 손해배상책임을 진다(제567조-제385조 제1항), 이사가 그 직무에 관히여 부정행위 또는 정관에 위반한 중대한 사실이 있음에도 불구하고 사원총회에서 그 해임을 부결한 때에는 소수사원은 총회결의일로부터 1월 내에 이사해임의 소를 제기할 수 있으며(제385조 제2항 참조), 그 밖의 일반적인 위임종료사유로 인하여 종임이 되는 것은 주식회사의 이사와 같다.

이사의 결원의 경우 등에 관한 처리도 주식회사의 경우와 같다(제567조, 제386조, 제407조, 제408조).

3. 권한

(1) 업무집행권

이사는 업무집행기관이다. 그러나 업무집행에 관한 의사결정 · 집행 · 대표 등이 분리되어 있지 않으므로, 이사가 수인 있는 경우에 정관에 다른 정함이 없으면 회사의 업무집행은 과반수결의에 의한다. 이때 이사 과반수의 결의는 반드시 회의를 개최하여야 하는 것은 아니고 적당한 방법으로 이사 과반수의 동의를 얻으면 된다(제564조 제1항, 제393조 참조).

이 결의에 근거한 업무집행행위는 각 이사가 단독으로 행한다(단독집행의 원칙).

이사의 업무집행과 관련하여 법정된 중요한 직무에는 정관 · 사원총회의 의사록 · 사원명부 등의 비치(제566조 제1항), 사원총회의 소집(제571조 제1항), 재무제표 등의 작성 · 비치 · 공시 · 제출 · 보고(제579조 제1항 · 제2항, 제579조의 2, 제579조의 3, 제383조, 제449조 제1항 · 제2항) 등이 있다.

(2) 회사대표권

이사는 회사의 대표기관이다. 이사는 각자가 회사를 대표하나, (유한회사에는 이사회가 없으므로) 이사가 수인인 경우에는 정관에 달리 정함이 없으면 사원총회에서 회사를 대표할 이사를 선정하여야 한다(제562조 제2항).[12)]

정관 또는 사원총회는 수인의 이사가 공동으로 회사를 대표하는 것을 정할 수 있다(공동대표이사, 동조 제3항).

이사와 회사 간의 소에 있어서는 사원총회에서 회사를 대표할 자를 선정하여야 한다(제563조).

표현대표이사에 관한 규정은 유한회사에 준용된다(제567조-제395조).

4. 의무

이사와 회사 간의 관계에는 위임에 관한 규정이 준용되므로(제570조-제382조 제2항), 이사는 회사에 대하여 선량한 관리자로서의 주의의무를 부담한다(민법 제681조). 유한회사의 이사는 주식회사의 이사와 같은 경업금지의무가 부과되나 (유한회사에는 이사회제도가 없으므로 이사회가 아니라) 사원총회의 승인을 받아 경업을 할 수 있다(제567조, 제397조). 이사의 자기거래도 제한되는데, 감사가 있는 때에는 감사의 승인을 받아야 하고 감사가 없는 때에는 사원총회의 승인을 받아야 한다(제564조 제3항).

그리고 우리나라의 다수설은 부정하고 있으나, 이사의 경업금지의무(제567조-제397조)와 자기거래제한의무(제564조 제3항)의 규정을 감안할 때, 주식회사의 이사와 마찬가지로 충실의무도 부담한다고 보아야 할 것이다.

이 밖에 정관 · 사원총회의사록 · 사원명부의 비치의무, 재무제표의 작성 · 제출 · 비

12) 이 규정을 축어적으로 해석하는 경우에는 이사가 수인인 경우 반드시 대표사원을 선임하여야 하나 유한회사에서 대표어사를 꼭 두어야 하는지 의문이며, 따라서 각자대표를 원칙으로 하고 회사가 원하는 경우에만 대표이사를 선임하도록 하는 것이 바람직할 것이다.

치 의무 등을 부담한다.

5. 책임

(1) 손해배상책임

유한회사 이사의 회사에 대한 손해배상책임은 주식회사 이사의 회사에 대한 손해배상책임과 같다. 이사의 제3자에 대한 책임도 주식회사의 이사의 경우와 같다(제567조, 제401조). 이 책임은 총사원의 동의로써만 면제되거나 최근 1년간의 이사의 보수액의 6배로 감경될 수 있다(제567조-제400조).

(2) 자본금전보책임(자본금충실책임)

이사는 회사의 설립시 · 증자시 · 조직변경시에 납입담보책임(제551조) · 인수담보책임(제594조) · 출자미필액전보책임(제607조)을 지게 되는데, 설립시 · 조직변경시에는 사원 · 감사와 더불어 연대책임을 지고, 증자시에는 감사와 더불어 연대책임을 진다.

6. 사원의 대표소송과 사원의 위법행위유지청구권

유한회사의 자본금총액의 3/100 이상에 해당하는 출자좌수를 가진 사원은 회사에 대하여 이사의 책임을 추궁할 소의 제기를 청구할 수 있고(제565조 제1항), 그럼에도 불구하고 회사가 30일 내에 소를 제기하지 않는 때에는 사원은 회사를 위하여 소를 제기할 수 있다(동조 제2항).

이때 제소 전의 절차 · 회사에 대한 청구방법 · 담보의 제공 · 소송절차 등은 주식회사의 대표소송의 경우와 같다.

이사가 정관 또는 법령에 위반하는 행위를 하여 회사에 회복할 수 없는 손해가 생길 염려가 있는 경우에는 감사 또는 자본금총액의 3/100 이상에 해당하는 출자좌수를 가진 소수사원은 이사에 대하여 그 행위를 유지할 것을 청구할 수 있다(제567조-제402조).

7. 제 규정의 준용

이 밖에 대표사원의 권한의 범위 · 대표사원의 손해배상책임 · 결원시 조치 · 이사의 보수 · 표현대표이사 · 직무집행정지 및 직무대행자의 선임과 권한에 관하여 '합명회사의 대표사원 및 주식회사의 이사에 관한 규정'이 준용된다(제567조).

Ⅲ. 감사 · 검사인

1. 감사

(1) 감사의 지위

유한회사의 감사도 (주식회사의 경우와 마찬가지로) 회계사감사와 업무감사의 권한을 가지는 감사기관이다. 그러나 주식회사의 감사는 필요적 상설기관이나 유한회사의 감사는 임의기관에 불과하므로, 유한회사는 그 사정에 따라 감사를 두어도 되고 두지 않아도 된다. 또한 유한회사에는 이사회제도가 없으므로 감사위원회제도도 있을 수 없다.

(2) 인원수와 선해임

유한회사의 감사는 임의기관으로서 1인 또는 수인의 감사를 둘 수 있다(제568조 제1항).[13]

초대감사는 정관으로 정할 수 있고, 정관에서 초대감사를 정하지 않은 경우와 2대 이후의 감사는 사원총회에서 선임한다(동조 제2항, 제547조).

감사의 해임은 사원총회의 특별결의에 의하여 언제든지 할 수 있으나(제570조-제385조 제1항), 주식회사의 경우와는 달리 소수사원에 의한 해임의 소는 인정되지 않는다.

이 밖에 감사결원시 · 감사의 보수 · 직무집행정지 및 직무대행자선임 · 이사겸임금지 등은 주식회사의 경우와 같다.

(3) 권한

감사는 언제든지 회사의 업무와 재산상태를 조사할 수 있고 이사에 대하여 영업에 관한 보고를 요구할 수 있고(제569조), 임시사원총회를 소집할 수 있고(제571조 제1항 단서), 설립무효의 소와 증자무효의 소를 제기할 수 있으며(제552, 제595조), 이사와 회사 간의 거래에 대한 승인을 할 수 있다(제564조 제3항).

(4) 의무와 책임

감사는 이사가 사원총회에 제출할 의안 · 서류에 관하여 조사하고 사원총회에 보고할 의무가 있고(제570조 -제413조), 감사보고서를 이사에게 제출하여야 한다(제579조 제3항). 감사가 임무를 해

13) 유한회사의 감사는 임의기관이므로 (주식회사에서와 같이) 이사와 회사 간의 소에서 감사가 회사를 대표할 수는 없다. 그러므로 사원총회에서 그 소에 관하여 회의를 대표할 자를 선정하여야 한다(제563조).

태한 때에는 회사에 대하여 연대하여 손해배상책임이 있고 악의 또는 중과실로 인하여 임무를 해태한 때에는 제3자에 대하여 연대하여 손해를 배상할 책임이 있다(제570조-제414조). 또한 감사는 회사성립 후의 출자미필액과 자본증가 후의 미인수출자 등에 대하여는 자본금충실책임을 진다. 감사의 이러한 책임을 추궁하기 위하여는 사원의 대표소송이 인정되고, 감사의 책임을 면제하기 위하여는 총사원의 동의가 있어야 한다(제551조 제1항 · 제3항).

2. 검사인

검사인은 회사의 업무와 재산상태를 조사하는 임시적 · 임의적 기관이다.

사원총회의 소집절차나 결의방법의 적법성을 조사하기 위하여 총회 전에 법원이 검사인의 선임을 청구할 수 있고(제578조, 제367조), 회사의 업무집행에 관하여 부정행위 또는 법령이나 정관에 위반한 중대한 사유가 있는 때에는 회사의 업무와 재산상태를 조사하게 하기 위하여 자본금 총액의 3/100 이상에 해당하는 출좌자수를 가진 소수사원의 청구에 의하여 법원이 선임하는 경우(제582조)가 있는데, 그 예는 드물다.

유한회사의 설립경과와 변태설립은 주식회사와는 달리 조사인의 조사를 받지 않는다.

제 5 절 재정질서

Ⅰ. 총설

유한회사의 재정질서와 관련하는 문제로는 자금금조달 · 자본금유지 · 자본금불충분의 처리 · 회사의 계산 등을 들 수 있는데, 유사한 종류의 회사라는 점에서 주식회사의 회계규정을 대부분 준용한다.

유한회사의 자기자본추가조달방법은 자본금의 증가이고(이 경우 자본금이 정관기재사항이므로 정관변경을 요한다), 반면에 타인자본조달의 사채의 발행은 인정되지 않는다.

자본금이 불충분한 경우의 운영자금조달책으로는, 금융기관 기타 타인으로부터 자금을 차입하는 것(실질적 출자부족)과 사원으로부터 차입하는 것(명목적 출자부족 또는 자기자본금보충적인 사원소비대차)의 2 가지가 있고, 이 중 후자가 많이 이용된다(이 경우 유한회사도 자본단체이고 자본금이 회사채권자에 대한 담보기능을 하므로 자본금이 불충분한 유한회사에 있어서의 사원소비대차는 이를 출자로 보아 회사의 파산시 대여금반환 청구를 허용하지 말아야 할 것이다).

Ⅱ. 회사의 회계

유한회사도 물적 회사이므로 전술한 바와 같이 회사재산을 확보하는 것이 중요한 과제인 바, 주식회사와 마찬가지로 자본금에 관한 여러 가지 원칙이 요구되며, 소규모 · 폐쇄성으로 인하여 대차대조표의 공고의무가 강제되지 않는다.

1. 결산절차

이사는 매 결산기에 재무제표와 부속명세서 및 영업보고서를 작성하여, 감사가 있는 경우에는 정기총회회일 4주간 전에 감사에게 제출하고, 감사는 서류수령일로부터 3주간 내에 감사보고서를 이사에게 제출하여야 한다(제579조 · 제579조의 2: 주식회사의 경우와 거의 유사함).

이사는 감사가 없는 때에는 재무제표를 직접 사원총회에 제출하고, 감사가 있는 때에는 감사보고서를 제출받은 후 제무제표를 총회에 제출하여 그 승인을 요구하여야 한다. 또한 이와 별도로 이사는 영업보고서를 총회에 제출하여 그 내용을 보고하여야 한다(제583조-제449조 제2항).

이사는 정기총회의 1주 전부터 5년간 재무제표와 부속명세서 및 영업보고서를 감사보고서와 함께 본점에 비치하여야 한다(제579조의 3 제1항). 사원과 회사채권자는 영업시간 내에는 언제든지 위 서류를 열람할 수 있고, 회사가 정한 비용을 지급하고 당해 서류의 등본이나 초본의 교부를 청구할 수 있다(동조 제2항, 제448조 제2항).

사원총회에서 재무제표의 승인이 있으면 당해 연도의 재무제표가 확정되고, 이에 따라 이익배당이 행하여진다. 또한 재무제표의 승인이 있은 후 2년 내에 다른 결의가 없으면 회사는 이사와 감사의 책임을 해제한 것으로 본다. 그러나 이사 또는 감사의 불법행위가 있을 때에는 그러하지 아니 하다(제583조 제1항-제450조).

2. 재무제표의 형식 · 내용

유한회사의 경우 준비금의 자본금전입이 인정되지 않을 뿐, 재무제표의 작성에 있어서 따라야 할 기업회계의 제 원칙 · 재무제표의 형식 · 자산평가방식 · 이연자산 · 준비금 등은 주식회사와 대체로 같다(제583조). 다만 유한회사의 폐쇄성상, 대차대조표의 공고의무

(제449조 제3항)에 관한 규정은 준용되지 않으나, 재무제표·영업보고서·감사보고서는 정기총회 회일의 1주간 전부터 5년 간 회사의 본점에 비치하여야 하고(제579조의 3 제1항), 사원과 회사채권자는 영업시간 내에는 언제든지 위 서류의 열람을 청구할 수 있으며, 회사가 정한 소정의 비용을 지급하고 그 등본이나 초본의 교부를 청구할 수 있다(동조 제2항, 제448조 제2항).

회사는 원칙적으로 소수사원에게 부여된 회계장부와 서류의 열람권을 정관으로써 단독사원권으로 할 수 있고, 이 경우 재무제표부속명세서는 작성을 요하지 않는 점(제581조 제2항)에서 주식회사의 경우(제466조)와 다르다.

3. 이익배당

이익배당의 요건은 주식회사의 경우와 같으며, (예컨대 회사설립시 사원의 우대·사원의 경력연수 배려 등) 정관에 다른 정함이 없는 한, 원칙적으로 각 사원의 출자좌수에 따라야 한다(제580조).

이익배당의 실질적 요건으로는 대차대조표상의 순재산액으로부터 (i) 자본액, (ii) 그 결산기까지 적립된 자본준비금과 이익준비금의 합계액, (iii) 그 결산기에 적립하여야 할 이익준비금의 액을 공제한 액을 한도로 하여야 하며(제583조 제1항, 제462조 제1항), 형식적 요건으로서 사원총회의 결의가 있어야 한다(제583조 제1항, 제449조 제1항).

주식회사의 경우와 마찬가지로 중간배당도 할 수 있으나(제583조 제1항 -제462조의 3), 주식배당과 현물배당은 인정되지 않는다(제583조).

위법배당의 효과도 주식회사의 경우와 같다(제583조 제1항-제462조 제3항). 사원총회의 회계서류승인에 의한 배당금의 확정과 배당에 관한 결의가 없는 경우에는 사원의 회사에 대한 이익배당금청구가 인정되지 않는다.[14]

4. 기타 주식회사와의 차이점

유한회사의 폐쇄성상 사채모집(제469조 이하 참조)이 인정되지 않으며, 법정준비금제도는 유한회사에 준용되지만(제583조, 제458조 ~ 제460조) 자본금전입에 관한 규정은 준용되지 않는다.

5. 사원의 경리검사권

사원은 주주처럼 결산기의 재무제표 등을 열람할 수 있고, 소수사원은 회계장부열람권을 가지며(제581조 제1항. 한편 정관에 의하여 각 사원도 회계장부열람권을 행사할 수

14) 대법원 1983년 3월 22일 선고 81다343 판결.

있으며, 이때 재무제표의 부속명세서는 작성할 필요가 없다), 회사의 업무집행에 관하여 부정행위 또는 법령이나 정관에 위반한 중대한 사유가 있는 때 자본금총액의 3/100 이상에 해당하는 출자좌수를 가진 소수사원은 회사의 업무와 재산상태를 조사하게 하기 위하여 법원에 검사인의 선임을 청구할 수 있다. 검사인은 조사결과를 서면으로 법원에 보고하여야 하고, 법원은 필요한 경우 감사가 있는 때에는 감사에게 감사가 없는 때에는 이사에게 사원총회의 소집을 명할 수 있다(제582조).

6. 사용인의 우선변제권

신원보증금의 반환을 받을 채권 기타 회사와 사용인 간의 고용관계로 인한 채권이 있는 자의 우선변제권은 주식회사의 경우와 같다(제583조 제2항-제468조).

제6절 기본적 변경

유한회사의 기본적 변경으로는 정관변경, 주식회사로의 조직변경, 해산 · 청산 등이 있다. 유한회사에서는 수권자본제도가 채택되어 있지 않고 자본금총액이 정관의 절대적 기재사항이므로 자본금의 증가 · 감소 양자 모두 정관변경사항에 해당한다.

Ⅰ. 정관의 변경

유한회사의 정관변경은 사원총회의 특별결의를 요한다(제584조, 제585조 제1항). 이때 의결권을 행사할 수 없는 사원은 이를 총사원의 수에 산입하지 않는다(제585조 제2항).

1. 자본금의 증가

(1) 의의

자본금의 증가란 자금조달을 위하여 정관에 정한 자본금의 총액을 증가하는 것을 말한다.

유한회사에서는 사채의 발행이 인정되지 않으므로 장기적이고 다액의 자금의 조달을 위하여는 자본금조달에 의하는 수밖에 없다.

(2) 방법

자본금증가의 방법으로는 (i) 출자좌수의 증가, (ii) 출자 1좌의 금액의 증가, (iii) 양자 병용의 3 방법이 있는데, 출자 1좌의 금액을 증가하는 방법은 사원에게 추가출자를 필요로 하여 사원의 유한책임에 반하므로 총사원의 동의를 요하는 바, (ii) (iii)의 방법은 활용되지 않는다.

(3) 절차

① 사원총회 특별결의

자본금을 증가하기 위하여는 정관을 변경하여야 하므로 사원총회의 특별결의를 요한다. 이 결의에서는 정관에 다른 정함이 없더라도 현물출자 · 재산인수 · 출자인수권을 부여할 자와 그 권리의 내용에 관하여 정할 수 있다(제586조).

② 출자의 인수

사원은 증가할 자본금에 대하여 그 지분에 따라 인수할 권리를 갖는다(법정출자인수권. 제588조 본문). 다만 자본금증가결의에서 출자인수권을 부여할 자를 정한 경우 또는 사원총회 특별결의에 의하여 특정한 자에 대하여 출자인수권을 부여할 것을 약속한 경우에는 사원의 출자인수권이 제한된다(동조 단서).

사원을 비롯한 출자인수권자가 출자를 인수하지 않는 때에는 달리 출자인수인을 구하여야 할 것이나 유한회사의 폐쇄성상 광고 기타의 방법으로 인수인을 공모할 수는 없다(제589조 제2항).

출자인수의 방법은 요식행위로서, 출자의 인수를 하고자 하는 자는 인수를 증명하는 서면에 인수한 출자의 좌수와 주소를 기재하고 기명날인 또는 서명하여야 한다(동조 제1항). 이 방법에 의하지 않은 출자의 인수는 무효이다.

③ 출자의 이행

출자 전부의 인수가 있는 때에는 이사는 설립의 경우와 마찬가지로 출자 전액의 납입 또는 현물출자의 목적인 재산 전부의 급여를 행하도록 시켜야 하며(제596조-제548조), 이때 인수인은 납입에 관하여 상계로써 회사에 대항할 수 없다(제596조-제421조 제2항).

자본금증가분에 해당하는 신출자의 전부에 관한 인수 및 출자의 이행이 없는 경우, 주식회사의 경우와는 달리(제423조), 자본금의 증가는 성립하지 않는다.

④ **자본금증가의 등기**

자본금증가로 인한 출자 전액의 납입 또는 현물출자의 이행이 완료된 날로부터 일정기간 내에 자본금증가로 인한 변경등기를 하여야 한다(제591조). 자본금의 증가는 본점소재지에서 증자등기를 함으로써 비로소 효력이 발생한다(제592조). 그러나 이익배당에 관하여는 출자의 납입기일 또는 현물출자의 목적인 재산의 급여기일로부터 사원과 동일한 권리를 갖는다(제590조).

(4) 자본금증가에 관한 책임

자본금충실의 원칙상 자본금증가에 관여한 자들에 대하여 무거운 책임을 지운다.

① **사원의 재산가격전보책임(증자재산실가전보책임)**

현물출자 또는 재산인수의 목적인 재산의 자본금증가 당시의 시가가 자본금증가의 결의에 의하여 정한 가격에 현저하게 부족한 때에는, 법원선임검사인에 의한 조사를 받지 않는 대신에, 그 결의에 동의한 사원은 회사에 대하여 그 부족액을 연대하여 지급할 책임이 있다(제593조 제1항, 설립시의 재산가격전보책임에 대응하는 것이며, 사원유한책임의 원칙에 대한 예외).

사원의 재산가격전보책임은 무과실책임이며 면제할 수 없다(동조 제2항-제550조 제2항).

② **이사 · 감사의 자본금충실책임(증자미필액전보책임)**

자본금증가 후에 아직 인수되지 않은 출자가 있는 때에는 이사와 감사가 공동으로 인수한 것으로 보고(인수담보책임, 제594조 제1항), 자본금증가 후에 아직 출자 전액의 납입 또는 현물출자의 목적인 재산의 급여가 미필된 출자가 있는 때에는 이사와 감사는 그 납입 또는 급여미필재산의 가액을 연대하여 지급할 책임이 있다(납입 또는 지급담보책임, 동조 제2항).

이사 · 감사의 자본금충실책임은 무과실책임이며, 납입담보책임은 총사원의 동의에 의하여 면제될 수 있다(동조 제3항-제551조 제3항).

(5) 사후증자

유한회사가 증자 후 2년 내에 증자 전부터 존재하는 재산으로서 영업을 위하여 계속하여 사용할 것을 자본금의 20분의 1 이상에 상당하는 대가로 취득하는 계약을 체결하는 경우에는 사원총회 특별결의가 있어야 한다(제596조-제576조 제2항). 이 사원총회특별결의는 계약의 효력발생요건이다.

(6) 자본금증가의 무효

자본금증가의 무효는 사원 · 이사 · 감사에 한하여 본점소재지에서 자본금증가의 등기를 한 날로부터 6월 내에 소만으로 주장할 수 있다(제595조 제1항). 이 경우 주식회사의 신주발행무효의 소에 관한 규정이 준용된다(제595조 제2항상의 제430조 내지 제432조).

2. 자본금의 감소

(1) 의의

자본금의 감소란 정관에 정한 자본금총액을 감소하는 것으로서, 이에는 실질상의 자본금감소와 명목상의 자본금감소가 있는데, 많은 결손이 생긴 회사에서 행하는 명목상의 자본금감소가 대부분이다.

(2) 방법

자본금감소의 방법으로는 출자좌수의 감소(지분의 소각 또는 병합) · 출자 1좌의 금액의 감소(환급 또는 삭감) · 양자 병행의 3이 있다.

(3) 절차

유한회사의 자본금감소절차는 주식회사의 자본금감소절차와 마찬가지이며, 제597조 단 1개의 조문만 두고 있다.

자본금을 감소하기 위하여는, 사원총회 특별결의가 필요하고, 이 결의에서는 자본금감소의 방법을 정하여야 하고(제597조·제439조 제1항), 회사채권자보호절차를 밟아야 하고(동 제2항), 병합에 부적당한 단지분(端持分)이 있는 경우에는 단주의 처리에 관한 규정에 따라 처분하며, 자본금감소의 등기를 하여야 한다.

자본금감소의 등기는 효력발생요건이 아니므로 그 자본금감소의 효력은 감자의 실행절차가 종료된 때에 발생한다. 주식회사에서의 단주의 처리(제443조) 및 감자무효의 소(제445조, 제446조)에 관한 규정은 유한회사에서의 단지분의 처리 및 감자무효의 소에 준용된다(제597조).

(4) 무효

자본금감소의 무효는 사원 · 이사 · 감사 · 청산인 · 파산관재인 또는 자본금감소를 승인하지 않은 채권자에 한하여 자본금감소로 인한 변경등기가 있은 날로부터 6월 내에 소만으로 주장할 수 있다(제597조상의 제445조).[15]

소의 절차 · 판결의 효력 등은 자회사의 자본금감소무효의 소와 같다(제597조-제446조).

Ⅱ. 조직변경

(제3편 회사 제2장 회사법 통칙 제3절 회사의 변경 Ⅲ. 회사의 조직변경 참조)

유한회사는 총사원의 일치에 의한 총회의 결의로 주식회사로 조직을 변경할 수 있다(제340조 제3항, 제601조 제1항, 제604조 제3항 및 제606조 준용). 다만, 회사는 그 결의를 정관으로 정하는 바에 따라 사원총회 특별결의로 할 수 있다. 이 경우 발행하는 주식의 발행가액의 총액은 회사에 현존하는 순재산액을 초과하지 못한다. 주식회사로의 조직변경은 법원의 인가를 받지 않으면 효력이 없다. 조직변경시 회사에 현존하는 순재산액이 조직변경으로 발행하는 주식의 발행가액 총액에 부족할 때에는 조직변경의 결의 당시의 이사, 감사 및 사원은 연대하여 회사에 그 부족액을 지급할 책임이 있다(이 경우 제550조 제2항, 제551조 제2항 · 제3항 준용).

Ⅲ. 해산과 청산

1. 해산

(1) 해산사유

유한회사의 해산사유로는 (i) 존립기간의 만료 기타 정관으로 정한 사유의 발생, (ii) 합병, (iii) 파산, (iv) 법원의 해산명령 또는 해산판결, (v) 해산을 위한 사원총회의 특별결의 등이 있다(제609조-제227조). 이것은 주식회사의 해산사유과 대체로 같다.16)

(2) 회사의 계속

회사가 존립기간의 만료 기타 정관으로 정한 사유의 발생 또는 사원총회의 해산결의로 인하여 해산한 경우에는 사원총회의 특별결의로써 회사를 계속할 수 있다(제610조 제1항). 이 경우 이미 회사의 해산등기를 한 때에는 일정기간 내에 회사계속의 등기를 하여야 한다(제611조-제229조 제3항).

청산 중이거나 파산선고를 받은 유한회사의 경우에도 주식회사의 경우와 마찬가지로

15) 주식회사의 경우에는 제소기간의 기산점이 신주를 발행한 날(즉 납입기일의 다음 날)이다(제429조).
16) 유한회사는 (주식회사와 마찬가지로) 1인 회사가 인정된다(제609조 제1항 제1호).

정관변경에 관한 규정에 따라 회사를 존속하게 할 수 있다(통합도산법 제241조, 제540조)

(3) 해산등기

회사가 해산한 때에는 합병과 청산의 경우 외에는 일정기간 내에 해산등기를 하여야 한다(제613조 제1항-제228조).

2. 청산

해산시, 합병과 파산의 경우를 제외하고는 청산절차에 들어가는데, 청산방법으로는 인적 회사에서 인정되는 임의청산은 인정되지 않으므로 '법정청산'에 의하여야 하며(제613조), 청산절차는 주식회사의 청산절차와 비슷하여 많은 규정이 준용되나 유한회사에는 이사회제도가 없으므로 청산인회도 없다. 따라서 각 청산인이 청산회사의 업무집행기관 · 대표기관이 되는 점이 주식회사와 다르다.

회사가 청산단계에 들어가면 이사는 그 지위를 잃게 되고 청산인이 대신하여 청산사무를 담당한다. 청산 전의 이사가 청산인이 되는 것이 원칙이며(법정청산인: 제613조 제1항 제531조 제1항 본문), 정관으로 청산인이 될 자를 정하거나 사원총회에서 청산인을 선임할 수도 있다(제531조 제1항 단서). 이 규정에 의한 청산인이 없는 때에는 법원이 이해관계인의 청구에 의하여 청산인을 선임한다(동규정 제2항). 한편 청산인은 법원이 선임한 경우 외에는 언제든지 사원총회의 결의로써 해임할 수 있고(제613조 제2항-제539조 제1항), 중요한 사유가 있는 때에는 소수사원은 법원이 선임한 청산인을 포함하여 모든 청산인의 해임을 법원에 청구할 수 있다(제539조 제2항).

각 청산인은 청산사무의 집행과 대표의 권한을 가진다(제613조 제1항-제255조), 청산인은 현존사무의 종결 · 채권의 추심과 채무의 변제 · 재산의 환가처분 · 잔여재산의 분재를 주된 직무로 하고 있으며, 원칙적으로 회사의 모든 채무를 완료한 후가 아니면 회사재산을 사원에게 분배할 수 없다(분배에 관하여 정관에 달리 정함이 없으면 각 사원의 출자좌수에 따라 분배, 제612조).

3. 제 규정의 준용

유한회사의 청산에 관하여는 이외에도 합명회사 또는 주식회사의 많은 규정이 준용된다.

제 8 장
외국회사

Ⅰ. 의의

상법은 외국회사에 관한 규정을 두고 있으나, 외국회사의 의의에 관하여는 아무런 규정을 두고 있지 않고, 단지 제617조에서 '외국법에 의하여 설립된 회사'라고만 규정하고 있다.

내국회사와 외국회사의 구별표준에 관하여는 주소지주의(본점소재지주의와 영업중심지주의) · 설립준거법주의(회사가 설립시 준거한 나라의 법을 속인법으로 하여 이 속인법을 구별의 표준으로 삼는 입장) · 설립지주의 · 사원의 국적주의 · 주식인수지주의 등으로 견해가 나누이고 있는데, 이 중 본점소재지주의와 설립준거법주의가 유력하며, 우리 상법도 '설립준거법주의'를 채택하고 있다.

외국회사의 요건은 우리 상법상의 회사와 동일한 실체를 갖는 영리주체이어야 하므로 내국회사와 마찬가지로 영리목적의 존재이어야 하지만, 법인격을 가질 필요는 없다. 그러므로 외국에서 법인격을 갖지 않는 회사[1]도 상법상의 외국회사에 해당한다.

Ⅱ. 외국회사의 지위

외국회사가 국내에서 영업활동을 하려면 국내법에 의하여 인허가 또는 승인을 받도록 하는 입법례가 많으나 우리나라는 요구하지 않고 있다. 또한 우리 상법은 외국회사는 다른 법률의 적용에 있어서는 법률에 달리 정함이 있는 경우를 제외하고는 우리나라에서 성립된 동종 또는 가장 유사한 회사로 본다(제621조: 외국회사에 대하여 내국회사와 동

1) 예컨대 합명회사 · 합자회사 · 영국의 partnership 내지 limited partnership 등.

일한 권리능력을 인정한 규정 - 내외국법인평등주의).

우리 상법의 규정을 회피하기 위하여 외국법에 의하여 설립된 이른바 유사외국회사를 규제하기 위하여, 외국에서 설립된 회사라도 우리나라에 본점을 설치하거나 우리나라에서 영업할 것을 주된 목적으로 하는 때에는 우리나라에서 설립된 회사와 동일한 규정에 의하여야 한다(제617조).

Ⅲ. 외국회사에 대한 감독

1. 대표자의 결정 및 영업소의 설치와 등기

(1) 외국회사가 대한민국에서 영업을 하고자 할 때에는 대한민국에서의 대표자를 정하고 영업소를 설치하거나 대표자 중 1명 이상이 대한민국에 그 주소를 두어야 한다(제614조 제1항). 이때 외국회사는 그 영업소의 설치에 관하여 대한민국에서 설립되는 동종의 회사 또는 가장 유사한 회사의 지점과 동일한 등기를 하여야 한다(동조 제2항).[2] 이 등기에서는 회사설립의 준거법과 대한민국에서의 대표자의 성명 · 주소를 등기하여야 한다(동조 제3항). 이 등기사항이 외국에서 생긴 때에는 등기기간은 그 통지가 도달한 날로부터 기산한다(제615조).

(2) 이 경우의 대표자는 회사의 영업에 관하여 재판상 또는 재판외의 모든 행위를 할 권한이 있으나, 이 권한에 대한 제한은 선의의 제3자에게 대항할 수 없고(제614조 제4항-제209조), 대표자가 그 업무집행으로 인하여 타인에게 손해를 가한 때에는 외국회사는 그 대표자와 연대하여 손해배상책임을 진다.

2. 등기 전의 계속거래의 금지

등기를 하기 전에는 영업소의 소재지에서의 계속적 거래가 금지되어 있으므로, 그 규정에 위반하여 거래를 한 자는 그 거래에 대하여 회사와 연대하여 책임을 진다(제616조). 이는 거래상대방을 보호하기 위한 것이다.

또한 회사는 과태료 제재를 받는다(제636조 제2항).

2) 외국회사의 사장·부사장 등 이사 전원이 한국 내에 주소를 두고 사무소를 설치한 때에는 그 사무소의 명칭 여하에 상관 없이 국내에 지점을 설치한 것이라 할 것인즉, 지점설치의 등기를 하여야 하고, 이를 하지 아니 한 때에는 외국회사의 설립을 부인할 수 있다(대법원 1959년 7월 30일 선고 4291민상331 판결).

3. 외국회사의 주권 또는 사채의 발행과 그 유통

외국회사의 주권 또는 사채의 발행과 그 주식의 이전 · 입질 또는 사채의 이전에 대하여는 주식회사의 당해 규정이 준용된다(제618조 제1항).

4. 대차대조표 등의 공고

외국회사로서 상법에 따라 등기를 한 외국회사(대한민국에서의 같은 종류의 회사 또는 가장 비슷한 회사가 주식회사인 것만 해당)는 주식회사의 재무제표의 승인(제449조)과 같은 종류의 절차 또는 이와 비슷한 절차가 종결된 후 지체 없이 대차대조표 또는 이에 상당하는 것으로서 대통령령으로 정하는 것을 대한민국에서 공고하여야 한다(제616조의 2 제1항). 공고는 일간신문 또는 전자적 방법에 의한 공고를 할 수 있다(제616조의 2 제2항, 제289조 제3항 ~ 제6항).

5. 영업소의 폐쇄와 청산

법원은 (내국회사의 해산명령에 준하여) 외국회사의 영업소의 폐쇄명령을 할 수 있다(제619조, 제176조 제2항 ~ 제4항). 이 경우 한국에 있는 회사재산의 전부에 대한 청산의 개시를 명할 수 있다(제620조).

폐쇄명령사유는 다음과 같다. (i) 영업소의 설치목적이 불법한 것인 때, (ii) 영업소의 설치등기를 한 후, 정당한 사유 없이 1년 내에 영업을 개시하지 않거나 1년 이상 영업을 휴지한 때 또는 정당한 사유 없이 지급을 정지한 때, (iii) 회사의 대표 기타 업무를 집행하는 자가 법령 또는 선량한 풍속 기타 사회질서에 위반한 행위를 한 때에는 법원은 이해관계인 또는 검사의 청구에 의하여 그 영업소의 폐쇄를 명할 수 있다(제619조 제1항).

제 9 장

회사에 관한 벌칙

Ⅰ. 총설

회사는 사회에 공헌하기도 하지만 남용되는 경우에는 그 폐단이 적지 않아(특히 상대적으로 규모가 큰 주식회사의 경우), 상법은 회사의 운영에 관여하는 임원의 위법행위에 대하여 특수한 민사책임을 지우고, 나아가 엄격한 벌칙규정(형벌인 징역 · 벌금 · 몰수, 행정벌인 과태료 등 제622조 이하 참조)을 두고 있다.

상법 벌칙규정은 주로 주식회사를 대상으로 하고 있고, 유한회사의 경우에는 처벌행위의 종류가 제한되고 제재내용이 경감되어 있으며, 인적 회사의 경우에는 행정벌에 그치고 있다.

Ⅱ. 형벌

1. 특별배임죄 · 독직죄

(1) 특별배임죄

회사의 발기인, 업무집행사원, 이사, 임시이사, 이사의 직무대행, 집행임원, 감사, 감사위원회 위원, 가사의 직무대행자, 지배인, 청산인, 청산인직무대행자, 합병설립위원, 기타 회사운영에 관한 어떤 종류 또는 특정한 사항의 위임을 받은 사용인이 그 임무에 위배한 행위로써 재산상의 이익을 취득하거나 제3자로 하여금 이를 취득하게 하여 회사에 손해를 가한 때에는 10년 이하의 징역 또는 3,000만원 이하의 벌금에 처한다(제622조).[1)]

사채권자집회의 대표자 또는 집행자 등이 이러한 행위를 한 때에도 7년 이하의 징역 또는 2,000만원 이하의 벌금에 처하며(제623조), 그 미수범도 처벌한다(제624조).

(2) 독직죄

상기된 자 또는 검사인 · 공증인 · 감정인 등이 그 직무에 관하여 부정한 청탁을 받고 재산상의 이익을 수수 · 요구 또는 약속한 때에는 5년 이하의 징역 또는 1,500만원 이하의 벌금에 처한다. 이러한 이익을 약속 · 공여 또는 공여의 의사표시를 한 자도 같다(제630조).[2)]

(3) 기타

형법, 자본시장법, 특정경제범죄가중처벌법 등에 의한 처벌을 받는 경우도 있다.[3)]

2. 회사재산을 위태롭게 하는 죄

발기인 · 이사 등 상법 제622조 제1항에 기재된 자, 검사인, 공증인 또는 감정인이 (i) 주식 또는 출자의 인수나 납입, 현물출자의 이행, 변태설립사항에 관하여 법원 · 총회 또는 발기인에게 부실한 보고를 하거나 사실을 은폐한 때, (ii) 누구의 명의로 하거나를 불문하고 회사의 계산으로 부정하게 그 주식 또는 지분을 취득하거나 질권의 목적으로 이를 받은 때, (iii) 법령이나 정관에 위반하여 이익배당을 한 때, (iv) 회사의 영업범위 외에서 투기행위를 위하여 회사재산을 처분한 때 등의 경우에는 5년 이하의 징역 또는 1,500만원 이하의 벌금에 처한다(제625조).

3. 주식과 사채에 관한 특칙

① 모회사주식취득금지의무 또는 취득한 모회사주식처분의무를 위반한 이사나 감사는 2,000만원 이하의 벌금에 처한다(제6625조의 2, 제342조의 2 제2항, 제360조의 3 제7항, 제523조의 2 제2항, 제530조의 6 제5항).

② 가장납입행위를 한 회사의 발기인, 업무집행사원, 이사, 집행임원, 감사위원회 위원, 감사 또는 직무대행자, 지배인 기타 사용인 등과 이를 중개한 자 등에 대하여는 5년 이

1) 부존재한 주주총회결의에 의하여 선임된 이사는 특별배임죄의 주체가 될 수 없고(대법원 1986년 9월 9일 선고 85도218 판결), 포괄대리권이 없는 사용인도 특별배임죄의 주체가 될 수 없다(대법원 1978년 1월 24일 77도1637 판결).

2) 단지 감독청의 행정지시에 위반한다거나 사회상규에 반하는 것이라 해서 부정한 청탁이라고 할 수는 없다(대법원 1971년 4월 13일 선고 71도326 판결).

3) 회사의 대표이사 혹은 그에 준하여 회사자금의 보관이나 운용에 관한 사실상의 사무를 처리하여 온 자가 적법한 절차 없이 회사를 위한 지출 이외의 용도로 거액의 회사가금을 가지급금 등의 명목으로 인출 · 사용한 행위는 횡령죄를 구성한다(대법원 2006년 4월 27일 선고 2003도135 판결).

하의 징역 또는 1,500만원 이하의 벌금에 처한다(제628조).

③ 주식회사의 설립을 위하여 은행에 납입하였던 주식인수가액을 설립등기 후 바로 인출하였다 하더라도 그 인출금을 주식납입금 상당액에 해당하는 자산을 양수하는 대금으로 사용한 경우에는 납입가장죄가 성립하지 않는다.[4] 설립등기 후의 인출금이 회사의 운영자금으로 사용되었는가의 여부가 납입가장죄의 성립 여부의 기준이 된다.[5] 그러나 회사설립에 있어서 주금액의 위장납입방법이 공공연하게 묵인되는 것이 관례가 되어 있다는 사유만으로 가장납입행위가 범죄가 된다고 생각하지 않은 것을 정당화할 수 있는 사유가 아니라고 한다.[6]

④ 회사가 발행할 주식의 총수를 초과하여 주식을 발행한 발기인 · 이사 · 집행임원 · 이사직무대행자 등에 대하여는 5년 이하의 징역 또는 1,500만원 이하의 벌금에 처한다(제629조).

⑤ 납입의 책임을 면하기 위하여 타인 또는 가설인의 명의로 주식 또는 출자를 인수한 자는 1년 이하의 징역 또는 300만원 이하의 벌금에 처한다(제634조).

⑥ 이사 · 발기인 등 상법 제622조 제1항에 기재된 자, 외국회사의 대표자, 주식 또는 사채모집을 위탁받은 자가 주식 또는 사채를 모집함에 있어 중요한 사항에 관하여 부실한 기재가 있는 주식청약서 · 사채청약서 · 사업계획서 · 주식 또는 사채의 모집에 관한 광고 기타 문서를 행사한 때에는 5년 이하의 징역 또는 1,500만원 이하의 벌금에 처하고, 주식 또는 사채를 매출한 자가 그 매출에 관한 문서로서 중요한 사항에 관하여 부실한 기재가 있는 것을 행사한 때에도 같다(제627조).

4. 권리행사방해 등에 관한 증 · 수뢰죄

부정한 청탁을 받고 창립총회 · 사원총회 · 주주총회 또는 사채권자집회에서의 발언 또는 의결권의 행사, 각종의 소의 제기, 소수주주 · 소수사원 · 소수사채권자의 권리행사 및 유지청구권의 행사와 관련하여 재산상의 이익을 수수 · 요구 또는 약속한 자, 그러한 이익을 약속 · 공여 · 공여의 의사표시를 한 자는 1년 이하의 징역 또는 300만원 이하의 벌금에 처한다(제631조).

---

4) 대법원 2001년 8월 21일 선고 2000도5418 판결.
5) 대법원 1986년 9월 9일 선고 85도2297 판결.
6) 대법원 1976년 1월 27일 선고 75도3287 판결.

5. 주주의 권리행사에 관한 이익공여의 죄

주식회사의 이사 · 집행임원 · 감사위원회 위원 · 감사 또는 그 직무대행자 · 지배인 기타 사용인이 주주의 권리행사와 관련하여 회사의 계산으로 재산상의 이익을 공여한 때에는 1년 이하의 징역 또는 300만원 이하의 벌금에 처한다(제634조의 2 제1항). 이러한 이익을 수수하거나 제3자에게 이를 공여하게 한 자도 같다(동조 제2항).

Ⅲ. 행정벌

발기인, 설립위원, 업무집행사원, 업무집행자, 이사, 집행임원, 감사, 외국회사의 대표자, 검사인, 공증인, 감정인, 지배인, 청산인, 명의개서대리인, 수탁회사, 이사 · 감사 직무대행자 등이 제635조 제1항 제1호 내지 제32호에 열거한 행위를 하는 때에는 500만원 이하의 과태료에 처한다(제635조). 그런데 제635조 제1항 제21호에는 제542조 제2항을 위반하여 주주가 제안한 사항을 주주총회의 목적사항으로 하지 않은 경우, 과태료에 처할 사항으로 규정하고 있다.

회사성립 전 회사의 명의로 영업을 한 자 및 외국회사의 영업소설치등기를 하기 전에 영업을 한 자는 설립 및 영업소설치등록세의 배액에 상당하는 과태료에 처한다(제636조).

참고문헌

김건식 외, 회사법 제4판, 박영사, 2013년.
김선광 외, 상법요해, 피앤씨미디어, 2016년.
김화진, 상법강의 제3판, 박영사, 2016년.
김홍수, 회사법강의, 글누리, 2007년.
김홍수 외, 상법강의, 세창출판사, 2008년.
류시창, 상법총칙·상행위법, 법문사, 2013년.
손주찬, 상법(상) 제15보정판, 2005년.
______, 상법개설 제5정판, 박영사, 2001년.
손진화, 상법강의 제4판, 신조사, 2013년.
안강현, 상법총칙·상행위법, 박영사, 2008년.
이상수, 상법개론 제3판, 피앤씨미디어, 2016년.
이철송, 회사법강의 제21판, 박영사, 2013년.
______, 상법강의 제11판, 박영사, 2010년.
정찬형, 상법강의(상) 제16판, 박영사, 2013년.
______, 상법강의(하) 제15판, 박영사, 2013년.
______, 상법강의요론 제12판, 박영사, 2013년.
최준선, 회사법 제15판, 삼영사, 2020년.
홍복기, 회사법강의 제4판, 2016년.
주석서, 상법-총칙·상행위편 제3판, 한국사법행정학회, 2003년.
______, 상법-회사편 제4판, 2003년.

찾아보기

(ㅊ)

〈저자 약력〉

• 경 익 수
연세대학교 법학과 졸업(법학사)
연세대학교 대학원 법학과 졸업(법학석사)
연세대학교 대학원 법학과 졸업(법학박사)
대전대학교 법학연구소장 · 법정대학장 · 교학부총장 역임
일본 쿠마모토학원대학(熊本學園大學) 교환교수
뉴질랜드 오클랜드대학 객원교수
중국 심천대학(深圳大學) 교환교수
사법시험위원 · 공인회계사시험위원 · 입법고시위원 · 세무사시험위원
(현) 대전대학교 법학과 명예교수

저서: 법학입문(공저)(도서출판 두남)
주석 상법[해상](공저)(한국사법행정학회)

• 송 달 섭
대전대학교 대학원 법학과 졸업(법학박사)
대전대학교 법학연구소장
입법고시, 행정(5급사무관)고시 시험 등 각종 시험출제위원
(현) 대전대학교 법학과 교수

저서: 법학입문(공저)(도서출판 두남)

상법(상)

2022년 3월 10일 초판인쇄
2022년 3월 15일 초판발행

저 자 경익수 · 송달섭
발행인 유 성 열
발행처 청목출판사
서울특별시 영등포구 신길로 40길 20
전화 (02) 849-6157(代) · 2820 / 833-6091
FAX (02) 849-0817
등록 제318-1994-000090호

파본은 바꾸어 드립니다. 값 35,000원

http : //www.chongmok.co.kr

ISBN 978-89-5565-806-4(93360)